Le choix du succès

Collection dirigée par Franck ATTELAN

LA BIBLE DU TAGE MAGE®

Franck ATTELAN & Matthieu DUBOST

à Agnès P.

à Meirav
le souffle
de
ma
vie
ma
reine
ma
neshama
à
Shalom
et
Tamar
mes
joies
à mes
parents
chéris
je vous dois
tout
à Charles
mon fidèle
compagnon
du vendredi
soir
à Fabrice
mon ami
sans
toi
cette
Bible
ne serait
pas
merci
A Gladys

SOMMAIRE

PREMIERE PARTIE

Cours fondamentaux / applications cles / methodes / savoir-faire / astuces

DEUXIEME PARTIE

10 TESTS BLANCS INEDITS ACCOMPAGNES DE LEURS CORRIGES

AVANT-PROPOS

Ceux qui sèment dans les larmes, moissonneront dans la joie.
Extrait du Livre des Psaumes

Le TAGE MAGE a de quoi dérouter les candidats les plus sérieux ! Il se présente sous une forme peu courante, il pose des questions parfois surprenantes et il ne ressemble que très peu aux exercices scolaires auxquels sont habitués les candidats.

C'est afin de le rendre plus familier que nous avons rédigé cet ouvrage. Nous observons et préparons des étudiants depuis de nombreuses années et lorsqu'ils viennent nous voir, nous savons quels sont leurs besoins, leurs difficultés et surtout leurs possibilités. C'est pourquoi nous nous sommes toujours attachés à construire pour eux des exercices adaptés et stimulants, respectant leur rythme mais leur permettant également de ne plus être surpris par ce type de tests.

Cet ouvrage se nourrit donc essentiellement d'une expérience de professeurs aguerris et d'un long dialogue avec les milliers de préparationnaires passés par AURLOM. D'année en année, nous nous sommes efforcés de suivre l'évolution du test et de cerner les demandes et les besoins spécifiques des candidats.

La certitude que nous avons rapidement acquise, c'est que les épreuves que l'on retrouve au TAGE MAGE ne sauraient être abordées « instinctivement ». Comme face à tout exercice, il faut une méthode. Ce test n'est pas réservé à une élite au QI insondable, pas plus qu'à ceux qui ont de la chance. Il s'aborde comme tout exercice, c'est-à-dire d'autant plus facilement que l'on s'y est patiemment et intelligemment préparé.

Les méthodes spécifiques à chacune des épreuves ont donc pour but de vous guider de manière à les réussir avec leurs particularités. Elles résument les années d'observations, de concertations et de réflexions que nous avons menées auprès de nos étudiants.

Elles ne seraient rien cependant si nous ne vous proposions pas un entraînement digne de ce nom. C'est pourquoi vous trouverez 10 tests blancs complets, corrigés et commentés, c'est-à-dire près de 1 000 questions de TAGE MAGE ! Surtout, nous nous sommes attachés à vous restituer les dernières évolutions du test pour vous préparer à toute éventualité.

Nous vous proposons ainsi une véritable « Bible » du TAGE MAGE ! Dans ce livre, vous trouverez résumées en un seul volume toutes les connaissances nécessaires à l'obtention d'un score optimal, et cela pour l'ensemble du test. Si notre ouvrage est imposant, c'est parce qu'il prétend vous donner tout en un : méthodes, entraînements, savoir-faire, mémentos, astuces…

Nous espérons donc qu'il vous accompagnera durant toute votre préparation. Si vous suivez nos conseils et si vous prenez le temps de bien les assimiler, vous devrez vous attendre à obtenir les meilleurs scores !

Bon courage à toutes et à tous, et bonne préparation.

Franck ATTELAN et Matthieu DUBOST

PRESENTATION DU TAGE MAGE

Le TAGE MAGE a été créé en 1996 par la Fondation nationale pour l'enseignement de la gestion des entreprises (FNEGE). En moins de 15 ans, le TAGE MAGE est devenu un outil de sélection incontournable pour les candidats souhaitant se former au sein des meilleures Ecoles de commerce et de gestion françaises.

Trois publics différents sont régulièrement amenés à passer le TAGE MAGE :

(1) Les candidats qui souhaitent intégrer en admission parallèle (*i.e.* au niveau Licence 3, M1, M2 ou plus) les *programmes Grande Ecole* des prestigieuses ESSEC, EM Lyon, Audencia Nantes, ESC Grenoble, ESC Reims, ESC Rouen, EM Strasbourg, SKEMA, Euromed Marseille, ESC Toulouse ou encore EM Normandie.

(2) Les candidats à l'admission en *Mastère spécialisé (MS)* des prestigieuses HEC, ESSEC, ESCP Europe, EM Lyon, Audencia Nantes, SKEMA…

(3) Les candidats français et étrangers ayant acquis *a minima* une licence à l'étranger, qui souhaitent intégrer les *programmes Grande Ecole* d'HEC, de l'ESCP Europe, de l'EM Lyon, d'Audencia Nantes et de SKEMA par le biais du Service des admissions internationales (SAI), de l'Essec MBA ou encore de l'ICN Nancy, de l'ESC Reims, de l'ESC Rouen, de l'ESC Bordeaux, d'Euromed Marseille et de l'ESCEM Tours-Poitiers par le biais du concours UNIVERSA.

Les questions qui composent le TAGE MAGE sont créées par des professeurs reconnus pour leur expertise du test, des psychologues et des logiciens. Elles sont renouvelées chaque année par la FNEGE.

[Le TAGE MAGE est un test d'aptitudes]

Le TAGE MAGE ne repose pas sur des connaissances spécifiques (littérature, droit, histoire, économie…) mais sur des compétences, des aptitudes générales de nature mathématique, linguistique et logique. Il permet en outre de sélectionner des candidats de formations diverses. C'est ainsi que des étudiants issus de filières comme le Droit, l'Economie, les Langues, la Médecine, la Musicologie, les Sciences politiques, la Pharmacie, les Lettres modernes, l'Histoire, la Philosophie ou encore les Mathématiques appliquées se retrouvent chaque année autour de ce test dont l'ambition est de permettre à chacun de le passer avec les mêmes chances de réussite. La filière d'origine du candidat n'a donc pas d'impact sur ses chances de succès. Si un ingénieur ou un économiste aura, *a priori,* plus de facilités à aborder l'épreuve de calcul ou de conditions minimales, l'étudiant en droit ou en sciences politiques fera quant à lui preuve d'une plus grande aisance pour déchiffrer les textes de l'épreuve de raisonnement/argumentation ou d'expression. Cela étant, ces aspérités sont gommées dès lors que les candidats prennent connaissance des spécificités relatives à chacune des épreuves du test et qu'ils entreprennent une préparation personnelle sérieuse et assidue visant à mettre en pratique des stratégies efficaces pour chacune des épreuves.

[Le TAGE MAGE : un outil de sélection ambitieux]

Le TAGE MAGE se propose de vérifier que le candidat possède bien les qualités irréductibles de tout dirigeant (maîtrise de la langue française et de ses rouages, capacités de calcul endurcies, agilité à conduire un raisonnement logique fluide et « straight to the point »), qu'il est capable de gérer le temps mis à sa disposition, qu'il sait contenir son stress et surtout qu'il parvient à s'adapter rapidement à des situations nouvelles tout en maintenant un très haut niveau de concentration.

1. 6 EPREUVES, 90 QUESTIONS, 5 CHOIX DE REPONSES, 2 H, 600 PTS

[6 épreuves]

Le TAGE MAGE évalue *via* 6 épreuves, des aptitudes verbales, des aptitudes à la résolution de problèmes ainsi que des aptitudes au raisonnement logique.

Epreuve 1 : **compréhension de textes** {aptitudes verbales}
Epreuve 2 : **calcul** {aptitudes à la résolution de problèmes}
Epreuve 3 : **raisonnement/argumentation** {aptitudes au raisonnement logique}
Epreuve 4 : **conditions minimales** {aptitudes à la résolution de problèmes}
Epreuve 5 : **expression** {aptitudes verbales}
Epreuve 6 : **logique** {aptitudes au raisonnement logique}

[2 heures pour 90 questions]

Chacune des 6 épreuves du TAGE MAGE est composée de **15 questions** et le temps alloué à chaque épreuve est de **20 minutes.** Vous disposez donc au total de 2 heures (6 x 20 minutes) pour résoudre un total de 90 questions (6 x 15 questions). **Mais attention !** Vous n'avez pas la possibilité d'utiliser le temps alloué comme bon vous semble. Ainsi, si vous avez terminé, disons, l'épreuve de compréhension de textes en 15 minutes, vous devez attendre la fin des 20 minutes allouées à l'épreuve avant de pouvoir passer à l'épreuve suivante de calcul ou à toute autre épreuve. De même, si vous terminez par exemple l'épreuve d'expression en 15 minutes, vous ne pouvez revenir sur l'une des épreuves précédentes ni ne pouvez avancer sur la dernière épreuve de logique.

Enfin, vous devez savoir que le test débute par 10 minutes d'explication sur la façon dont vous devez remplir la grille de réponses. Vous disposez également de 3 ou 4 minutes entre les épreuves pendant lesquelles le responsable de salle lit les consignes de l'épreuve suivante.

En conclusion, le TAGE MAGE dure au total **2 heures et 30 minutes** si l'on prend en compte le temps consacré aux différentes explications relatives au bon fonctionnement du test et les temps de lecture des consignes des épreuves.

[5 choix de réponses]

Le TAGE MAGE se présente sous la forme d'un QCM. Vous n'aurez absolument rien à rédiger. Vous devrez seulement cocher des cases. Chaque question comporte 5 choix de réponses possibles : A, B, C, D et E. **Une seule est bonne.**

[Score minimal : -150 points / Score maximal : 600 points]

Au TAGE MAGE, les bonnes réponses sont créditées de 4 points, les mauvaises réponses font perdre 1 point et vous obtenez 0 lorsque vous ne répondez pas.

Bonne réponse : +4
Mauvaise réponse : - 1
Pas de réponse : 0

Comme il y a 6 batteries de 15 questions, soit 90 questions, vous pouvez donc potentiellement obtenir entre -150 et +360. Le score total sur 360 points est ensuite ramené sur 600 points (100 points par épreuve donc) pour une meilleure lisibilité. Pour votre information, si vous souhaitez convertir un score sur 360 en un score sur 600, **il vous suffit simplement de multiplier le score sur 360 par 5/3.** Ainsi, si vous obtenez par exemple 294/360 (c'est tout le mal que nous vous souhaitons !), alors votre score sur 600 sera égal à (294 x 5) / 3, soit 490 sur 600.

Votre score final établi sur un total de 600 points est détaillé par catégorie d'aptitudes (aptitudes verbales, résolution de problèmes et raisonnement logique). Il est ainsi possible pour certaines Ecoles (dans le cas des admissions en Mastère spécialisé notamment) d'effectuer des évaluations relativement fines en fonction des profils de recrutements souhaités.

2. LE TAGE MAGE EN PRATIQUE

[Quand et auprès de qui s'inscrire au TAGE MAGE ?]

Il vous est possible de passer le TAGE MAGE pratiquement à tout moment de l'année. De très nombreuses dates vous seront proposées, en France comme à l'étranger, vous offrant ainsi une souplesse très appréciable pour organiser au mieux vos révisions.

Vous devez cependant respecter deux contraintes.
Tout d'abord, pour que votre test soit pris en compte, vous devez vous renseigner sur les dates des concours des écoles que vous visez puisqu'elles imposent toujours une date limite au-delà de laquelle il ne vous est plus possible de leur communiquer votre score.
Ensuite, vous ne pouvez passer le TAGE MAGE qu'une fois par an. **Il n'est en effet possible de passer le test qu'une seule fois du 1er décembre au 30 novembre de l'année suivante.**

Concernant la procédure d'inscription, cette dernière est aujourd'hui totalement dématérialisée et se fait obligatoirement sur le site **tagemage.fr**

[Où passer les épreuves ?]

L'organisation des épreuves est assez souple puisque l'on trouve de nombreux centres en France, mais également un peu partout dans le monde. Si vous devez voyager dans les mois qui précèdent votre intégration dans une école, sachez que vous pouvez même passer le test à l'étranger. Vous trouverez la liste complète de ces lieux sur le site officiel : **tagemage.fr**

Il faut aussi savoir que certaines Ecoles de commerce proposent de passer ce test dans leur enceinte. C'est notamment le cas de l'Essec par exemple pour les admissions en Mastères spécialisés (MS).

[Pas de brouillon. Pas de calculatrice]

Pendant l'épreuve, vous aurez le droit d'avoir avec vous un ou deux stylos… Et c'est tout ! Pas de brouillon, ni de calculatrice. Votre seul et unique brouillon sera votre livret lui-même qui, il faut l'avouer, contient suffisamment de place pour y gribouiller calculs et autres schémas.

Voici un précieux retour d'expérience de Julie GVERIC (un grand merci au passage), ancienne préparationnaire à AURLOM, actuellement à l'EM LYON (programme Grande Ecole).

« J'ai passé le TAGE MAGE jeudi dernier. Cela s'est déroulé de la manière suivante :

Convocation à 13 h 30, pour un début d'épreuve prévu à 14 h. Chacun prend place (les noms sont étiquetés sur les tables), le surveillant vérifie les identités, fait signer la fiche de présence. Il distribue ensuite un cahier scellé contenant les 6 épreuves du TAGE MAGE. Le format du cahier est un peu plus grand qu'un A4 et ce dernier est scellé à l'aide d'un bout de scotch qui empêche ainsi son ouverture avant le début officiel du test. La feuille sur laquelle on coche ses réponses est distribuée de façon séparée et est donc indépendante du cahier (feuille volante).

Une fois les cahiers distribués, le surveillant nous explique comment remplir la feuille de réponses et comment reporter nos nom et numéro d'identifiant sur la feuille de réponses.

Au premier signal, tout le monde ouvre alors son cahier à la première page sur laquelle figurent les consignes de la première épreuve (compréhension de textes). Le surveillant lit alors les consignes, puis déclenche le chrono, et on a alors 20 minutes pour répondre aux questions de l'épreuve. Ce qui est appréciable et tout aussi stressant, c'est que le surveillant annonce successivement "Il vous reste 10 minutes", "Il vous reste 5 minutes" et "Il vous reste 2 minutes". Stressant donc… Mais également très stimulant.

Une fois le temps écoulé, le surveillant nous dit de passer à la page sur laquelle figurent les consignes de l'épreuve suivante (l'épreuve de calcul), les lit, déclenche le chrono… Et ainsi de suite jusque la sixième et dernière épreuve du test.

Lorsque l'on travaille sur une épreuve, on n'a le droit ni de passer à l'épreuve suivante, ni de revenir sur une épreuve précédente sous peine d'expulsion. Et si on a fini avant les 20 minutes, et bien... on attend l'épreuve suivante !

*La grande question que je me posais avant d'entrer en salle était : comment fait le surveillant pour vérifier que les dizaines de candidats qui passent le test sont bien à la bonne page et que personne ne triche ? Et bien en fait, vous verrez que dans le cahier, tout en haut de la première épreuve, il y a une rangée de gros / / / / / / / / ou §§§§§§§§ (je ne sais plus vraiment mais peu importe !), pour la deuxième épreuve, ce sont des * * * * * * * *. Etc. Ainsi, en un coup d'œil, le surveillant peut vérifier si quelqu'un est ou non en train de travailler sur la bonne épreuve. Pas de triche possible donc !*

Pour ce qui est du brouillon, tout se passe sur le cahier. Vous aurez largement la place d'écrire ce que vous voulez ! Et même si les cahiers sont ramassés par le surveillant à la fin du test, personne ne s'amuse à lire votre cahier et vos brouillons car les cahiers sont immédiatement détruits.

Enfin, il n'y a pas de pause durant le test. Les seules "pauses" sont celles qu'il y a entre une épreuve et une autre, et il s'agit en fait du temps pendant lequel le surveillant lit les consignes d'une épreuve (à ce propos, pendant qu'il lit les consignes, vous n'avez pas le droit de travailler sur une épreuve !!). Comptez entre 2 et 3 minutes à chaque fois qu'il lit les consignes, soit le temps de boire un peu d'eau, d'avaler un morceau de chocolat et de souffler un coup !

Bon courage à toutes et à tous ! »

Julie GVERIC

Si vous souhaitez obtenir davantage d'informations pratiques relatives à l'organisation pratique du TAGE MAGE, nous vous invitons à consulter tout d'abord le site **tagemage.fr** puis le site **aurlom.com**

OBJECTIF 600 AU TAGE MAGE ?

1. OBJECTIF 600 ? NON ! OBJECTIF 400 ? OUI !!!

L'expérience montre qu'il n'est pas toujours nécessaire d'obtenir un score de 480 ou de 500 sur 600 au TAGE MAGE (encore moins 600 !) pour être admis dans l'école de commerce de ses rêves.

Tout d'abord parce que ce score n'a jamais été atteint et que surtout, les candidats qui terminent majors de concours (*i.e.* 1ers sur les listes d'admission) obtiennent en moyenne des scores avoisinant plutôt 430 ou 450 sur 600. Ensuite parce que ce n'est pas stratégique de se fixer comme objectif d'atteindre ce score maximal.

Est-ce à dire qu'il faille se contenter de 400 ou de 420 ? Certainement pas !
Nous espérons bien que vous vous êtes procurés cet ouvrage avec la ferme et sincère intention de viser les meilleurs scores (et pourquoi pas 500 ou 550 !!).
Seulement, il faut se rendre à l'évidence : rares sont les candidats qui dépassent les 400 sur 600. Ce n'est d'ailleurs pas un hasard si la barre d'admissibilité d'un concours sélectif comme celui de l'EM Lyon en admission sur titre en deuxième année avoisine les 11 sur 20, avec des scores TAGE MAGE de l'ordre de 350 à 370 *en moyenne* pour les candidats admissibles.
Inutile donc de s'imposer une pression démesurée pour obtenir un 480 ou un 500 au TAGE MAGE alors qu'en réalité, vous pourrez très bien être admis à l'EM Lyon, à Audencia, à l'ESC Reims, à l'ESC Grenoble, à Skema ou en MS à HEC avec un « très bon » 390 ! En partant du principe, bien sûr, que vous réussissez correctement les autres épreuves des concours auxquels vous vous présentez (dossiers de candidature, épreuves de synthèse et de dissertation, entretiens de personnalité, etc.).

2. POURQUOI SE FIXER UN PREMIER OBJECTIF DE 400 ?

En visant dans un premier temps 400 sur 600 au TAGE MAGE, vous vous fixez des objectifs réalistes sur la base desquels il vous est possible de construire les meilleurs scores.

Retenez bien que viser 400 au TAGE MAGE, c'est viser 10 réponses justes sur 15 (en partant du principe que vous ne répondez pas aux 5 autres questions). Autrement dit, en ne répondant « qu'à » 10 questions sur 15 en moyenne à chacune des épreuves du TAGE MAGE, vous vous assurez le score de 400 au TAGE MAGE !

Cette stratégie est riche d'enseignements :

Tout d'abord, vous vous fixez un premier objectif réaliste : les statistiques montrent en effet clairement qu'il y a davantage de chances que vous répondiez, en moyenne, juste à 10 questions sur 15 qu'à 13 ou 14 !

Surtout, vous vous fixez un objectif qui, si vous l'atteignez, vous apportera, épreuve après épreuve, une grande satisfaction. Sans objectif, vous demeurerez toujours insatisfaits et aigris. Aigris de ne pas avoir fait un « sans faute ». Alors que si vous parvenez à atteindre votre premier objectif de 10 bonnes réponses sur 15, alors vous saurez que vous êtes dans un bon « mood » et que vous aurez une chance réelle d'obtenir un très bon score, *i.e.* un score avoisinant les 400 sur 600.

Ensuite, vous prenez le luxe de ne répondre en moyenne qu'aux 10 questions pour lesquelles vous êtes sûrs de votre réponse.

Une question de calcul trop longue et alambiquée à votre goût ? Vous ne la faites pas ! (Dans un premier temps en tout cas.) Une question de raisonnement pour laquelle vous hésitez terriblement ? Oust ! Vous la reverrez à la fin de l'épreuve, une fois que vous aurez validé votre quota de 10 bonnes réponses.

Enfin, cela signifie que vous avez le droit d'avoir une épreuve faible… A condition bien sûr de l'assumer et de ne pas baisser les bras à la première incartade.

Ce qui suit est très important ! Nous avons malheureusement vu certains étudiants manquer le coche au TAGE MAGE en obtenant des scores qui ne reflètent pas leur vraie valeur. Pourquoi cela ? Et bien tout simplement parce qu'ils ont « paniqué » et qu'ils n'ont pas été en mesure de **construire leur score tout au long du test, épreuve après épreuve.** Arrivés à l'épreuve de calcul ou de raisonnement, ils « rataient » l'une ou l'autre de ces deux épreuves difficiles et baissaient alors les bras… Pire encore, ils s'improvisaient alors kamikazes et répondaient sans conviction (sans vraiment réfléchir, trop déçus d'avoir « planté » une épreuve) à de nombreuses questions des épreuves suivantes.

Suivez donc le scenario suivant :

Compréhension	Calcul	Raisonnement	Cond. Min.	Expression	Logique
9	**5**	**10**	**11**	**12**	**13**

La seconde ligne indique, vous l'avez compris, le nombre de réponses justes. **Rappel :** nous partons du principe que vous ne répondez jamais au hasard (car qui dit répondre au hasard, dit perdre du temps sur une question, temps que vous pourriez plutôt utiliser à bon escient pour résoudre une autre question, plus facile).

Comme vous le voyez, ce scénario nous dit simplement que vous démarrez le test TAGE MAGE doucement… Doucement mais sûrement… en ne répondant juste « qu'à » 9 questions sur 15 à une épreuve où il est pourtant courant d'obtenir raisonnablement 10 ou 11 réponses justes à l'issue d'un entraînement sérieux. **Mais bon, vous ne prenez pas de risque et vous avez raison,** car vous savez que répondre faux à UNE question représente un manque à gagner potentiel de 8,33 points sur 600 !! Donc autant éviter !

Cela étant, vous n'avez aucune raison de vous inquiéter puisque vous gravitez autour de votre premier objectif moyen de 10 réponses justes sur 15.

Vous planchez alors sur l'épreuve de calcul et là… c'est le drame ! Vous espériez sincèrement obtenir 8 ou 9 réponses justes (parce que vous avez travaillé dur pour cela), mais vous avez paniqué. Cela étant, comme vous avez lu les conseils et les astuces contenus dans cet ouvrage, vous avez quand même réussi à résoudre 2 questions très faciles et 3 questions très classiques que vous avez faites et refaites pendant votre entraînement. Résultat : vous avez quand même répondu juste à 5 questions seulement. **Et c'est justement maintenant qu'il ne faut pas baisser les bras !** Car vous savez mieux que quiconque que le TAGE MAGE se construit épreuve après épreuve et que si le calcul est votre bête noire, et bien soit ! Vous ferez avec.

Vous relevez donc les manches, respirez un grand coup et attaquez l'épreuve de raisonnement avec une motivation sans faille. Et, bien entendu, vous ne prenez pas de risque, car cette épreuve est difficile et que souvent, on est amenés à hésiter entre deux propositions. Cela étant dit, vous vous êtes bien préparés et êtes donc capables de repérer les questions que vous savez faire. Résultat : 10 bonnes réponses sur 15. Vous avez le droit de vous féliciter.

Suivent enfin les épreuves de conditions minimales, d'expression et de logique où **vous êtes bien déterminés à faire parler votre classe et votre talent** (bon, parce que ce n'est pas tout, mais il en faut quand même un peu de talent pour décrocher son 400+ au TAGE MAGE !) Consciencieux et méthodiques, vous appliquez alors vos méthodes et vos techniques de résolution pour décrocher successivement 11, 12 et 13 bonnes réponses (non ! n'ouvrez pas les yeux grand comme cela ! Il est possible d'avoir 13 bonnes réponses en logique… Et c'est d'ailleurs certainement la seule épreuve où l'on peut même raisonnablement viser 15 bonnes réponses sur 15 !).

Résultat final : vous obtenez 400 sur 600 au TAGE MAGE et conservez ainsi intactes toutes vos chances d'être déclarés admissibles aux différents concours auxquels vous vous êtes portés candidats.

3. SURTOUT, NE PAS SE LIMITER A 400 !

Nous espérons qu'après avoir lu ce scénario, vous ne vous limiterez pas pour autant à 400 ! Surtout que 1. nombreux sont les cas à Aurlom où nos étudiants dépassent les 430 ou 450 au TAGE MAGE (comme quoi, c'est faisable !), et que 2. cet ouvrage vise clairement comme objectif de vous faire atteindre des sommets.

Pour dépasser les 400 et côtoyer les 500, vous devrez identifier et combler petit à petit vos lacunes. Vous devrez aussi parfois travailler dur pour progresser de sorte que votre 9 en compréhension passe à 11, que votre 5 en calcul passe à 8 et que votre 10 en raisonnement passe à 12… Et dans ce cas de figure, vous serez déjà à 447 sur 600 !

A vous maintenant d'écrire la suite…

WWW.AURLOM.COM

L'intérêt de cet ouvrage est renforcé par un site Internet (www.aurlom.com) où il vous sera donné d'accéder à du contenu exclusif et gratuit.

En plus de vous donner accès à des fiches bonus gratuites (listes complémentaires de mots de vocabulaire pour l'épreuve d'expression, fiches de synthèse en calcul, etc.), vous aurez surtout la possibilité de poser vos questions aux auteurs et de leur faire part de toutes vos remarques et/ou idées susceptibles de valoriser le contenu que vous trouverez dans cet ouvrage.

Code à saisir pour accéder aux fiches bonus spéciales *Bible du TAGE MAGE* sur le site **www.aurlom.com** :

7ASTDNVJYD18NHRMM5A

Nous serons très sensibles à toutes vos remarques et suggestions et vous remercions par avance du temps que vous prendrez pour nous les communiquer.

Ceux qui le souhaitent pourront également consulter **notre offre de stages intensifs de préparation aux concours.**

Organisés principalement pendant les week-ends et les vacances scolaires, ces stages (où les groupes sont limités à 20 étudiants), vous permettent de prendre la mesure de votre niveau comparativement aux autres étudiants et apportent toujours à votre préparation ce supplément d'âme qui fait toute la différence aux concours.

PREMIERE PARTIE

COURS FONDAMENTAUX / APPLICATIONS CLES /
METHODES / SAVOIR-FAIRE / ASTUCES /

1. COMPREHENSION DE TEXTES

II. PRESENTATION DE L'EPREUVE

L'épreuve de compréhension du TAGE MAGE est l'une des étapes les plus littéraires du test. Elle se présente sous la forme de deux ou trois textes accompagnés de 15 QCM auxquels il faut répondre en 20 minutes. **Comme pour les autres épreuves, les bonnes réponses rapportent 4 points, les mauvaises en retirent 1 et l'absence de réponse équivaut à 0.**

1. POURQUOI UNE EPREUVE DE COMPREHENSION DE TEXTES ?

Par bien des aspects, le TAGE MAGE ressemble à un test de QI. Il permet d'apprécier les qualités mathématiques et logiques parfois très abstraites. C'est un outil intéressant pour mesurer les facultés du candidat, mais il ne faudrait pas croire que cela résume toute l'intelligence. Un être performant dans le monde du commerce ou de la gestion, c'est certes un homme qui raisonne bien, mais c'est aussi quelqu'un qui sait sélectionner les informations importantes de son environnement, les structurer et en retenir l'essentiel. C'est enfin quelqu'un qui sait s'exprimer en bon français et qui le prouve en comprenant des textes qui ne sont pas forcément immédiatement accessibles.

L'épreuve de compréhension est une manière de vérifier ces compétences. En exigeant du candidat qu'il lise bien deux ou trois textes relativement longs et qu'il réponde à des questions très précises, on teste en lui ses facultés de lecture, d'assimilation, de synthèse et plus généralement sa rigueur.

Même si l'épreuve paraît immédiatement plus abordable parce qu'elle comporte un support textuel, elle n'est pas plus facile que les autres. Savoir lire, et bien lire, réclame de l'entraînement et de la précision, à plus forte raison lorsque les questions sont posées en vue de tester ces réflexes.

Nous allons tout d'abord détailler le contenu de l'épreuve, puis nous vous donnerons tous les conseils pour améliorer votre score.

2. QUELS SONT LES TEXTES SUSCEPTIBLES DE VOUS ETRE PROPOSES ?

Les textes que l'on vous soumet sont de longueur variable, entre 320 et 500 mots. Cette variabilité explique que des épreuves se composent de 2 ou de 3 textes. Si les textes sont courts, votre épreuve en comportera 3. Si les textes sont longs, votre épreuve en comportera seulement 2.

De quoi traitent-ils ? De tout ! On trouve en effet quantité de thèmes dans les annales de ce test et rien n'indique de thématique dominante. Vous devez donc vous attendre à tout et vous y préparer toute l'année. On trouve des textes qui portent sur l'actualité, les sciences, la société, l'économie, l'anthropologie, la technologie, les arts, l'histoire et l'histoire des idées…

Aucun domaine n'est ainsi interdit et vous devrez vous exercer sur des types de textes différents, à l'image des exercices de cette leçon et des tests blancs que nous avons créés spécialement pour vous. Rassurez-vous cependant en vous disant que les connaissances sur lesquelles on vous interroge dans les QCM sont toutes dans le texte. Il ne s'agit pas d'une épreuve de culture générale comme on en trouve dans certains tests. De même, vous n'avez pas besoin d'autant de connaissances extérieures que pour l'épreuve d'expression ou de mathématiques. Vous devez arriver avec des connaissances normales de vocabulaire et une bonne faculté de synthèse.

Il peut arriver cependant que certains textes ou certains passages soient plus denses que ce à quoi vous êtes habitués. Là encore, tout est question d'entraînement et les conseils qui vont suivre vous aideront à surmonter cette difficulté.

Certes, vous pouvez avoir à lire des textes dont le nombre de thématiques est infini. En revanche, on peut les présenter plus synthétiquement à partir de leur style. En effet, nous avons remarqué d'année en année que ce sont toujours certains types de textes qui sont proposés. On en recense 6 sortes.

1. LES ARTICLES D'ACTUALITE

Ils sont parmi les plus représentés et leurs thèmes sont aussi variés que l'actualité peut l'être. Ils peuvent être écrits dans un style journalistique ou bien témoigner d'une analyse déjà plus précise. Le vocabulaire de ces textes n'est donc pas inquiétant le plus souvent, mais ils contiennent énormément d'informations, ce qui fait toute leur difficulté.

Voici un cours extrait de ce type de textes :

La dernière Coupe du monde de football a été riche en rebondissements. Certes, celle de 2006 nous avait habitués à cela, mais l'on ne pouvait guère soupçonner qu'en plus des événements sportifs habituels, on devrait cette année faire face à des conflits internes aux équipes. L'équipe de France en a souffert particulièrement et son entraîneur en a été la première victime.

*Si des conflits peuvent toujours surgir à l'intérieur des équipes (on le sait pour l'Angleterre en 1998, ou pour le Brésil en 1992), on ne le découvre en général qu'*a posteriori*. Or, c'est en plein tournoi que le conflit a éclaté ici, aux yeux de tous. Ce qui aurait dû n'être qu'une dispute de vestiaire en est sorti, a été repris et amplifié pour créer ensuite une vive polémique. Le gouvernement n'y a pas échappé, notamment en la personne du ministre des Sports.*

Ce type de textes n'a pas de quoi effrayer la plupart des candidats qui se trouvent souvent rassurés de connaître le thème en question. En revanche, il y a une différence entre ce que l'on se rappelle au sujet de l'actualité et le degré de précision des textes. C'est pourquoi il faudra face à ce genre de textes, faire preuve de vigilance. On se rend compte à la lecture de ce court extrait qu'il y a là pléthore d'informations créant autant de questions possibles et donc d'imprécisions éventuelles. En citant des dates, des pays, des personnes… on accumule des faits qui font la densité et la difficulté de ce genre d'extraits.

2. Les interviews

Vous pouvez avoir au TAGE MAGE une interview ou un extrait d'interview. Là encore les thèmes sont trop nombreux pour qu'on les recense, mais l'on peut raisonnablement s'attendre à ce que ces interviews soient plutôt récentes et portent sur des thèmes d'actualité.

Ce qui est rassurant avec ce genre de textes, c'est qu'en général le propos est assez spontané et relativement facile à lire. Mais vous devinez bien que les interviews choisies sont sélectionnées pour leur qualité, aussi ne devez-vous pas vous attendre à des commentaires vagues et sans consistance. Surtout, la difficulté majeure de ces textes, c'est qu'ils n'ont pas forcément la structure à laquelle on est habitués pour des textes journalistiques ou scientifiques. Le caractère oral des réponses peut parfois ouvrir des parenthèses ou laisser certaines réponses inachevées.

Vous verrez que l'un de nos conseils sera de structurer la lecture autant que possible. Ce type de textes rend l'exercice plus difficile, même s'il est plus facile du point de vue du vocabulaire et de la densité.
En voici un court extrait :

> ***Qu'est-ce qui vous a motivé à devenir tapissier ?***
> *En vérité, je m'intéressais à beaucoup de choses de la décoration, je faisais quand j'étais enfant de petits bricolages mais j'avais un métier dans l'automobile qui m'empêchait d'exprimer ce goût professionnellement. Il a fallu un concours de circonstances pour que je fasse de la déco mon métier.*
> ***Quel a été l'événement déclencheur ?***
> *On m'a proposé dans l'usine où je travaillais une formation rémunérée et au même moment une école d'artisanat a ouvert ses portes près de chez moi. Double aubaine ! Je voulais l'ébénisterie, malheureusement il n'y avait plus de place, alors j'ai pris tapisserie, ce qui me plaisait beaucoup. Et puis j'en avais déjà fait.*
> ***Pas de regret pour l'ébénisterie ?***
> *Non parce que je touche aussi au bois, avec les fauteuils, et puis j'aime beaucoup les tissus. Je n'aurai pas découvert cela en ébénisterie. Ce sont deux beaux métiers, voilà tout !*
> ***Cela a changé votre vie ?***
> *Oui, je suis davantage passionné par ce que je fais et puis je crée de beaux objets. Avant, je faisais des fiches pour un service du personnel ; vous savez, à l'époque des ordinateurs à fiches cartonnées. Cela vous paraît loin mais le début de l'informatique, c'est très récent.*
> ***La conversion a été facile ?***
> *Comme je suis organisée, oui. Et puis là, je gère moi-même mes horaires. C'est plus souple. Evidemment, faut trouver les clients, et les garder aussi ! Et puis on s'inquiète parfois du paiement, et il y a ceux qui voudraient la qualité sans y mettre le prix. Mais bon, je suis satisfaite.*

Voilà une interview que l'on pourrait trouver par exemple dans un journal professionnel et qui porte sur le parcours d'une personne. On voit que le vocabulaire est standard et le style bien oral. La difficulté, c'est qu'à chaque question, il y a une ou plusieurs idées nouvelles, ce qui rend le texte difficile à synthétiser. Nous verrons plus loin les stratégies à mettre en œuvre.

3. Les récits historiques

Voici un autre type de textes de ce test. Ces textes sont connus pour contenir énormément de données, de dates, de faits… Ils sont rédigés au présent ou au passé et se présentent tantôt comme essentiellement descriptifs, tantôt comme analytiques.
En voici un court exemple :

Alexandre arriva avec ses 40 000 hommes à Gaugamèle. Certes, il avait remporté de nombreuses batailles et conquis beaucoup de terres d'Europe et de la Turquie actuelle. Mais l'armée de Darius à laquelle il faisait face comportait 150 000 hommes et son empire était le plus vaste du monde. La Perse était l'ennemie séculaire de la Grèce et il n'était pas un Grec qui ne rêvait du jour où cet empire serait défait et conquis. Seuls les héros des légendes et des mythes s'étaient aventurés sur ces terres.

Or le rêve d'Alexandre, fidèle en cela aux valeurs grecques, c'était la gloire. Il pensa donc qu'il se devait d'accomplir ce que nul autre n'avait accompli auparavant. Non seulement il devait vaincre les Perses, mais surtout il devait le faire à l'occasion d'un combat qui marquerait le triomphe de la liberté sur Darius.

Ses généraux s'y opposèrent. La tâche leur paraissait insurmontable et le massacre assuré. Alexandre était victime selon eux de sa folie des grandeurs. Mais Alexandre parvint à les convaincre. En contournant l'armée adverse, il devait être possible d'atteindre Darius lui-même, soit en le tuant, soit en provoquant sa fuite. L'armée perse, armée d'esclaves dépourvue de maître, devrait alors se rendre.

Ce texte est en l'occurrence au passé simple et relate un fait de l'Antiquité dont on nous parle peu de nos jours. Mais il est écrit de manière très classique et très linéaire. Les idées sont bien distinctes et les paragraphes remplissent en cela leur fonction. Le caractère exotique de ce récit ne doit donc pas vous effrayer.

4. Les textes argumentatifs

Moins fréquents, ils sont cependant parfois proposés aux candidats.
En voici un court extrait :

L'artiste selon Balzac ou Cézanne ne se contente pas d'être un animal cultivé car il assume la culture depuis son début et la fonde à nouveau, il parle comme le premier homme a parlé et peint comme si l'on n'avait jamais peint. L'expression ne peut alors pas être la traduction d'une pensée déjà claire. La « conception » ne peut pas précéder l'« exécution ». Avant l'expression, il n'y a rien qu'une fièvre vague et seule l'œuvre faite et comprise prouvera que l'on devait trouver là quelque chose plutôt que rien.

En cela l'artiste trouve son style et sa parole. C'est comme cela que Merleau-Ponty décrit Breton, Proust et Baudelaire, notamment dans le Manuscrit préparatoire à La Prose du monde. *Il écrit ainsi : « L'écrivain est celui qui sait "apprivoiser" l'implexe, c'est-à-dire se servir du fragment donné pour en obtenir d'autres par bourgeonnement. » L'art est un mixte de reprise et de création. Comme dans la parole, l'artiste part de significations déjà établies et leur imprime une inflexion. On voit donc que le mouvement de l'expression n'est pas neutre. Il s'agit d'un développement qui donne naissance à un contenu.*

Or imprimer une inflexion à des significations déjà présentes, c'est reconnaître que ces sens se sont déjà cristallisés et maintenus après leur inauguration. Pour comprendre cette permanence, il faut saisir qu'ils se fixent en un système. Merleau-Ponty reconnaît qu'il est impossible de le penser en dehors de sa dimension systématique et qu'à la suite des travaux de Saussure la langue ne peut être conçue que comme système. Cette composition systématique est capitale car elle fait la spécificité du langage humain.

Vous voyez que ces textes se caractérisent par leur densité et leur structure : on y trouve nombre de connecteurs logiques et de références qui apparaissent nécessaires à la thèse que l'auteur veut déployer.

5. Les textes polemiques

Voici un autre type de texte sur lequel vous êtes susceptibles d'être testés :

En définissant la langue comme « système de différences », Saussure affirme qu'il n'y a pas de sens pur. Le sens n'existe pas en soi mais par la confrontation avec les autres significations au sein d'un seul système. La langue n'est donc faite que de différences, celles des phonèmes entre eux, des morphèmes entre eux et enfin des monèmes entre eux. Le fonctionnement des signes n'a de sens que selon un ordre interne. Les linguistes contemporains adhèrent en grand nombre à cette thèse qui fait l'économie de cause tout en envisageant la dimension différentielle du sens.

Ensuite, pour Saussure, la parole est l'usage individuel de la langue. C'est bien la parole, non la langue, qui vise autrui comme comportement, non comme « psychisme », qui répond à autrui avant qu'il ait été compris comme « psychisme », dans un affrontement qui repousse ou accepte ses paroles comme paroles, comme événements. C'est bien elle qui constitue en avant de moi comme signification et sujet de signification, un milieu de communication, un système diacritique intersubjectif qui est la langue au présent.

Cependant, on tend aujourd'hui à la critiquer et à se distinguer trois fois de Saussure. Tout d'abord, on ne défend pas nécessairement l'idée d'un arbitraire du signe. Qu'il y ait certaines contingences dans le langage, c'est inévitable. Pour autant, comme on l'a vu, on peut retrouver des motivations, des modulations et des rythmes corporels dans certains mots.

De plus, tous ne sont pas d'accord sur la manière de présenter le détenteur de la parole. En effet, lire Saussure et comprendre le sens comme différentiel, c'est en dernier lieu comprendre aussi la subjectivité comme différentielle, et plus précisément comme différenciation.

Enfin, beaucoup refusent la dichotomie du synchronique et du diachronique. A leurs yeux, on ne peut envisager une synchronie abstraite car diachronie et synchronie sont toujours mêlées.

Sa rédaction est très proche du texte argumentatif. La différence, c'est que des idées s'y trouvent franchement opposées, ce qui réclame du lecteur qu'il « slalome » entre elles pour ne jamais les confondre.

6. Les discours

Plus rares, on propose parfois des discours aux candidats de ces tests.
En voici un exemple :

« Le thème de l'entreprise citoyenne est apparu très récemment dans la littérature consacrée à l'éthique des affaires. C'est pourtant une préoccupation déjà ancienne dans le cadre de la philosophie et de l'économie politique.

L'Expansion Management Review *en donne la définition suivante : "Dans le cadre d'une perception claire de son intérêt à long terme, c'est la volonté de*

l'entreprise d'agir de la manière la plus responsable possible dans les interactions avec l'environnement au sens large."
Vous comprenez à quel point ce concept, au demeurant fréquemment mobilisé, est difficile à cerner. Mais si la notion d'environnement est très large, celle d'interaction permet en revanche de concevoir l'entreprise et plus généralement l'activité économique localisée comme élément d'un ensemble où elle prend place et sens. C'est donc sur l'entreprise comme terme d'une relation qu'il nous faut d'abord réfléchir pour distinguer les relations les plus significatives et comprendre si cette conception révèle ou freine ses potentialités. En reprenant la problématique classique du rapport du micro et du macroéconomique et en interrogeant la relation de l'éthique et de la politique, on sera ainsi conduit à interroger la notion même d'entreprise. Cette question donnera l'occasion de reprendre des travaux philosophiques anciens ou récents (Platon, Aristote, Hegel...), ainsi que des monographies sociologiques (notamment celles de la sociologie des organisations).
Il faudra donc comprendre les impératifs attenants à la notion d'entreprise citoyenne. On prendra notamment le temps d'apprécier les positions d'Alain Etchegoyen. »

Le discours comporte des signes d'adresse à l'auditoire et se présente comme l'expression d'un « je » ou d'un « nous ». Il n'est pas différent des autres types par son thème ou sa structure mais par son mode d'adresse à l'auditeur ou au lecteur.

Vous aurez l'occasion de vous entraîner sur tous ces types de textes dans les exercices de cette leçon, ainsi que dans les tests blancs que nous avons créés pour vous.
Il importe maintenant de connaître les types de questions que vous pouvez rencontrer.

3. COMMENT SE PRESENTENT LES QUESTIONS ?

Comme pour les autres épreuves, on vous demande de répondre à 15 questions pour lesquelles on vous propose chaque fois 5 options. Le barème est le même que pour les autres tests.

La seule différence notable, **c'est que l'on peut parfois vous demander de choisir une option qui combine plusieurs possibilités.** C'est là une spécificité du test de compréhension.

Par exemple, si l'on devait poser une question sur le texte de l'interview, ce pourrait être la suivante :

Question

Le choix de la tapisserie fut un choix :

1. heureux 2. par défaut 3. assumé

A. 1 seulement.
B. 2 seulement.
C. 1 et 2.
D. 2 et 3.
E. 1, 2 et 3.

La bonne réponse est ici la E. La personne a choisi la tapisserie par défaut car il n'y avait plus de place en ébénisterie, mais en assumant ce choix qui finalement est très heureux.

Il faut donc savoir combiner les réponses selon les options que l'on vous propose.

En dehors de cette spécificité, les règles restent les mêmes que pour les autres épreuves. **Il y a toujours une et une seule bonne réponse.** Celle-ci n'est pas toujours parfaite mais ce doit être la meilleure de toutes, autrement dit parfois la moins mauvaise. Et si plusieurs réponses sont réellement possibles, il faut choisir celle qui répond avec le plus de rigueur à la question.

Pour bien se préparer à l'épreuve, vous devez surtout vous habituer aux différents types de questions. Nous vous en proposons la liste suivante.

1. Les questions de detail

Ce sont celles auxquelles vous êtes en général le plus habitués par les cours de français du collège. Ces questions ressemblent à celles que l'on vous posait il y a quelques années pour vérifier la qualité de votre lecture.

Elles sont rarement difficiles par elles-mêmes, mais elles supposent soit d'avoir retenu avec précision le contenu de votre lecture, soit d'être capable de retrouver le passage correspondant dans le texte.

En voici un exemple. Nous expliquerons toutes les stratégies à suivre à partir de celui-ci :

Dans les films de Sennett, les scénarios sont :

A. bien ficelés.
B. bien agencés.
C. des aventures claires.
D. des histoires où les fonctions sont claires.
E. destinés à donner à chacun sa place morale.

Il s'agit d'une question qui porte sur un qualificatif au sein de tout un texte. De surcroît, les options jouent sur des proximités trompeuses. Il s'agit bien de vérifier la rigueur de votre lecture.

2. Les questions d'ensemble

Les questions d'ensemble sont aussi incontournables. On ne peut y répondre que si l'on a lu attentivement tout le texte et si l'on fait preuve d'esprit de synthèse. Cela vous permet d'ores et déjà de comprendre qu'il ne faut pas brûler les étapes en lisant trop vite mais qu'il faut bien comprendre le texte d'abord.

Ces questions sont classiques et peuvent être distinguées dans quelques sous-catégories récurrentes. En voici cinq :

[1. La question de titre]

C'est la plus courante au TAGE MAGE. On vous demande de choisir le titre qui conviendrait le mieux parmi plusieurs, souvent tous possibles.

Ce type de questions met à jour votre esprit de synthèse comme peuvent par ailleurs le faire certaines épreuves de contraction.
En voici un exemple, que l'on pourrait poser sur l'exemple du texte polémique :

> Quel titre convient le mieux au texte ?
>
> A. Saussure et ses amis
> B. Saussure et ses détracteurs
> C. Les innovations de Saussure
> D. Les critiques de Saussure
> E. Critiquer Saussure aujourd'hui ?

La bonne réponse serait ici la B.

[2. La question de source]

C'est là aussi un grand classique du TAGE MAGE. Aucun texte n'est attribué, on n'en connaît ni l'auteur ni la source. On vous demande alors de raisonner à partir des indices du texte, de son style, de son ton… pour en découvrir la source probable.
En voici un exemple :

> Ce texte provient :
>
> A. d'un essai sur Sennett.
> B. d'une revue d'actualité cinématographique.
> C. d'une vieille revue d'art.
> D. d'un livre d'histoire des fins de films.
> E. d'un livre sur le cinéma au XXe siècle.

[3. La question d'auteur]

Dans la même veine que la précédente, on vous demande de deviner à quoi ressemble l'auteur d'un texte. Bien sûr, on ne vous demandera jamais son nom exactement, mais plutôt son style ou sa fonction.

Ainsi, pour l'extrait de discours présenté plus haut, cela donnerait ceci :

> Qui pourrait avoir écrit ce discours ?
>
> A. Un passionné d'économie.
> B. Un professeur.
> C. Un homme politique.
> D. Léonard de Vinci.
> E. Un animateur.

La bonne réponse serait ici la B.

[4. La question de synthèse]

On peut aussi vous demander de tirer une conclusion ou de relever une thèse majeure du texte.
Cela donne ceci :

> Le happy end, c'est un rêve d'un monde :
>
> A. social.
> B. de droit.
> C. d'esprit.
> D. de paix.
> E. de richesse.

[5. La question de situation]

Où se trouve le texte ? On vous demande de repérer s'il s'agit d'un extrait, d'un texte entier, de son début, de sa fin… c'est-à-dire d'être sensibles à tout ce qui peut en signaler la nature.
Cela donne souvent ceci :

> Le texte présenté est :
> 1. un extrait 2. la fin d'un texte 3. le début d'un texte
>
> A. 1 seulement.
> B. 1 et 2.
> C. 1 et 3.
> D. On ne peut répondre.
> E. 1, 2 et 3.

3. Les questions deductives

On peut vous demander d'inférer un résultat ou de retrouver un présupposé immédiat à partir du texte. Ces interrogations peuvent porter sur le détail ou sur l'ensemble. Pour le texte sur Alexandre le Grand, cela donnerait ceci :

> La modestie pour un Grec, c'est :
>
> A. une vertu.
> B. un leurre.
> C. le pire de tout.
> D. une faute.
> E. une facilité.

Il faudrait choisir la D car le texte vous présente la gloire comme une vertu principale.

4. Les interro-negatives

Elles peuvent concerner toutes les catégories précédentes, mais leur formulation constitue souvent un piège pour les candidats qui lisent trop vite. En effet, on ne vous demande pas alors la bonne réponse mais celle qui convient le moins. C'est un piège que l'on vous tend aussi en raisonnement/argumentation.

Si l'on reprend l'une des questions précédentes, cela donne :

> Quel titre convient le moins au texte ?
>
> A. Saussure et ses amis.
> B. Saussure et ses détracteurs.
> C. Les innovations de Saussure.
> D. Les critiques de Saussure.
> E. Critiquer Saussure aujourd'hui ?

Il faut répondre E ici.

Ces questions ne sont pas les plus dures mais elles supposent alors de raisonner « à l'envers ».

Vous comprenez à présent la nature de l'épreuve et connaissez les types de questions que l'on peut vous proposer.

Il reste à définir la méthode et les stratégies pour y bien répondre et réussir votre test.

III. METHODES ET STRATEGIES

Beaucoup de candidats se jettent tête baissée dans l'épreuve et ne valorisent pas suffisamment leurs compétences. Ici comme ailleurs, on peut mettre en place une méthode à la fois claire et simple dont l'objectif est de répondre correctement à toutes les questions. En la suivant, vous ne serez pas perturbés par la pression du temps et vous pourrez répondre avec rigueur.

Cette méthode se décline en 7 étapes.

ETAPE 1 : FRACTIONNER LE TEMPS

Selon que vous avez deux ou trois textes, vous devez **compartimenter vos 20 minutes** selon leur nombre. En effet, normalement les 7 ou 8 premières questions portent sur le premier texte, les suivantes sur le second. Si vous avez trois textes, vous trouverez environ 5 questions par texte.

De toute évidence, il est plus facile de répondre à des questions sur quelque chose que l'on vient de lire plutôt que de tout lire pour ensuite répondre à toutes les questions. Cela vous fera gagner du temps, de la précision et de l'énergie.

Par ailleurs, vous ne devez pas perdre de temps même si ce n'est pas l'épreuve où habituellement vous en manquez le plus. Compte tenu de la longueur moyenne de ces textes, si vous en avez deux, vous pouvez vous donner 4 minutes pour bien lire le premier texte et 6 minutes pour bien répondre aux questions. Ce temps est identique pour le second. Mais attention : **au bout de 10 minutes, il faut absolument passer au texte suivant !** Ne vous dites pas : « j'irai plus vite ensuite » car on ne rattrape jamais les retards dans ce genre d'épreuves.

En résumé, nous vous conseillons de fractionner le temps ainsi :

> **Si vous avez 2 textes**
> - 4 minutes pour bien lire le texte 1
> - 6 minutes pour bien répondre aux questions 1 à 7
> - passage obligatoire au texte 2 au bout de 10 minutes
> - 4 minutes pour bien lire le texte 2
> - 6 minutes pour bien répondre aux questions 8 à 15

Si vous avez 3 textes
- 3 minutes pour bien lire le texte 1
- 3,5 minutes pour bien répondre aux questions 1 à 5
- 3 minutes pour bien lire le texte 2
- 3,5 minutes pour bien répondre aux questions 6 à 10
- 3 minutes pour bien lire le texte 3
- 3,5 minutes pour bien répondre aux questions 11 à 15

Vous optimiserez ainsi le temps de lecture comme celui des réponses.

ETAPE 2 : BIEN LIRE LES TEXTES

Pendant les 3 ou 4 minutes de lecture par texte, vous devez avoir une lecture plus active que celle que vous pratiquez dans la vie quotidienne. C'est une lecture assez proche de celle que vous pratiquerez peut-être pour une épreuve de note de synthèse. On peut préciser ce conseil en 3 points.

[1. Tout d'abord vous devez structurer votre lecture]

En effet, la plupart des textes que l'on vous soumet sont choisis pour leur qualité rédactionnelle. Cela veut dire qu'ils sont écrits selon les règles académiques, avec un découpage par paragraphe, une idée principale, des arguments ou des illustrations…

Autrement dit, vous avez tout intérêt à **repérer l'essentiel, les connecteurs logiques, les articulations…** Plus vous le ferez, mieux vous comprendrez le texte et mieux vous retiendrez son contenu. Ce sera autant de temps de gagné pour la suite.

Plus précisément, vous devez vous poser les questions suivantes pour toute lecture :
- Quelle est l'idée principale ?
- Comment est-elle justifiée ?
- Quelle est la structure globale du texte ?

[2. Pour cela, vous devez souligner les éléments importants du texte]

C'est de nouveau une technique qui rappelle celle de la note de synthèse. Pour répondre dans votre tête aux trois questions précédentes et plus généralement pour vous permettre d'avoir une lecture active, vous devez **souligner** les mots importants, **entourer** les termes qui doivent être distingués, **placer** un ou deux mots **dans la marge, regrouper** deux ou trois paragraphes avec une idée… Chacun peut avoir ses habitudes : feutres, fluos, crayons… le tout étant d'accompagner la structuration intellectuelle de votre lecture par des gestes concrets qui vous y poussent.

Nous allons illustrer cela ci-dessous.

[3. Prenez le temps de lire !]

Ce conseil peut vous paraître bien accessoire, mais nous observons régulièrement des stagiaires qui veulent brûler les étapes, lire en 2 minutes, s'emparer trop vite des questions… et qui obtiennent *in fine* de très mauvais scores.

Obligez-vous à lire **activement mais calmement.** Vous en avez le temps dans cette épreuve et cela décidera de la qualité de vos réponses.

Certains vous diront de commencer par lire les questions. Ce n'est pas une mauvaise idée mais ce n'est pas indispensable. Si vous lisez attentivement et activement le texte, vous retrouverez très vite les réponses.

[4. Exemple]

Illustrons cette méthode par un exemple. Voici le premier texte d'une épreuve et ses questions :

Les films de Sennett se terminent toujours bien. Ils n'inventent certes pas le happy end qui reste l'un des éléments du comique général, mais ils le systématisent et lui donnent une signification propre. En effet, intégré à un rythme frénétique qui signale un vrai danger des choses, apparaissant comme l'issue à des situations souvent périlleuses, le happy end prend un sens original. Plus encore, dans un univers où les personnages sont peu ambigus et où l'on parvient à distinguer assez facilement les bons des méchants, le happy end prend une signification à la fois morale et sociale. Dans une société censée être déjà démocratique et juste, le happy end est comme le rétablissement rêvé de la justice.

C'est ainsi que dans Tillies' Punctured Romance, *en 1914, Mack Sennett construit un scénario autour de la concupiscence du héros interprété par Charlie Chaplin et de son amante, jouée par Mabel Normand, qui trahissent ensemble la femme de Chaplin jusqu'à ce que celle-ci hérite d'une grosse fortune. Sennett met ainsi en scène la fragilité du sentiment amoureux dont la poésie est contrariée par les contraintes sociales et la malignité de certains.*

Comme souvent dans ces films, le monde apparaît moralement lisible puisque la femme de Chaplin est l'innocente victime tandis que Chaplin est l'homme concupiscent et cupide. On retrouve tout l'enchevêtrement habituel de causalités et de péripéties qui font le burlesque de Sennett, mais ce qui importe, c'est que dans ces séries, les actions mauvaises et mal intentionnées finissent par être dénoncées. Les personnages mauvais sont rattrapés par la vie. Chaplin retombe inévitablement sur sa femme chaque fois qu'il veut la fuir et doit de la même façon payer ses mensonges à son amante. Chaplin n'a finalement ni femme ni argent, même si rien de tragique ne lui arrive, tandis que son épouse repart avec son trésor.

On pourrait certes dire que le happy end n'est qu'une façon moderne et sans intérêt de clore les récits en supprimant ce que l'épreuve ou l'expiation tragique avaient de vraiment instructif. Cela revient à reprendre le procès ancestral de la comédie et à dénoncer une identification trop rapide du spectateur au faux héros. Il faut cependant comprendre que dans les films de Sennett, le happy end n'est pas un deus ex machina *ou une facilité scénaristique. Si ses films se terminent par une réparation, ce n'est pas malgré la médiocrité des personnages ou grâce à la sympathie qu'ils inspirent aux spectateurs, mais parce qu'il a du mérite ou une certaine vertu. Par conséquent, cela ne suggère pas un univers absolument déconnecté du réel où tous les désirs sont satisfaits mais un monde où la combativité et l'honnêteté sont récompensées.*

Le happy end sennettien peut ainsi être interprété non comme le rêve d'une vie spontanément heureuse mais comme celui d'une société juste. Si les causalités sont nombreuses et emmêlées dans le burlesque de Sennett, elles le sont parce que la vie est cette complexité même, bien que cet enchevêtrement paraisse moins sensible. Ce qui compte ici, c'est que tout en assumant cette complexité que le rythme exprime, tout en renvoyant ainsi à la réalité d'une société et d'une époque, Sennett veut que ses histoires se résolvent en un happy end. Aussi la complexité réaliste des rythmes et des causalités s'appuie autant sur le réel qu'elle renvoie au rêve d'une justice accomplie. Le happy end reprend la critique sociale qui traverse le slapstick, et fort de ce réalisme, il poursuit cette contestation en suggérant une société plus parfaite.

Cette société plus parfaite, c'est celle où l'on reçoit les coups de pied que l'on donne. C'est ainsi que dans Barney Oldfield's Race for a Life, *en 1913, deux personnages honnêtes et bien intentionnés, interprétés par Mack Sennett et Mabel Normand, sont dérangés dans leur quiétude par un être méchant et concupiscent. Risquant la mort, Mabel est finalement sauvée de justesse et le coupable vaincu. On pourrait certes croire que ces histoires, souvent identiques, sont naïves et ne font que satisfaire les attentes simplistes d'un public en attente de divertissement léger. Mais dans la mesure où le burlesque de Sennett est aussi le cinéma d'une époque, qu'il en dit la vérité et les rythmes, l'artifice du happy end prend alors une signification morale, politique et contestataire. Le happy end sennettien rêve et suggère une société plus parfaite et plus juste sur fond d'une observation attentive des contradictions d'une époque.*

On comprend donc que sous ses apparences frivoles, le cinéma de Mack Sennett se partage entre une vive sensibilité aux changements de son temps et le rêve d'une société plus accomplie. Ces deux aspects sont liés et c'est leur lien qui à la fois rend le rêve crédible et empêche la critique de devenir pessimiste ou cynique.

Or il n'est pas fortuit que ce soit au cinéma qu'une telle conjonction se produise. Car s'il existe à cette époque des contestations dans tous les arts, cette combinaison du rire, du rythme, du réalisme de la critique et du fantasme ne se produit véritablement qu'à l'écran.

Le cinéma se présente en effet à Sennett comme le plus grand moyen de communication universelle, pouvant atteindre des personnes de tous milieux sociaux et de toutes origines géographiques. Sennett déclarait en ce sens : « Le cinéma était en passe de créer un nouveau type d'êtres humains : la vedette de cinéma, mi-homme, mi-dieu, source d'adoration pour tous, que l'on soit vendeuse ou ouvrier agricole, milliardaire ou faisant partie de la haute société. » Le cinéma est d'autant plus légitimement un lieu de contestation possible qu'il peut traverser tous les milieux. En cela les scandales et les réactions ont donné raison à l'auteur. Il n'a certes pas modifié en profondeur la société américaine par ses seuls films, mais il a construit un genre adapté au cinéma, qui en exprime les possibilités à la fois techniques et artistiques, en inventant une forme significative de l'époque, de ses contradictions et des rêves qu'elles impliquent.

Questions

1. Le happy end, c'est un rêve d'un monde :

A. social.
B. de droit.
C. d'esprit.
D. de paix.
E. de richesse.

2. Le texte présenté est :
   1. un extrait 2. la fin d'un texte 3. le début d'un texte

A. 1 seulement.
B. 1 et 2.
C. 1 et 3.
D. On ne peut répondre.
E. 1, 2 et 3.

3. Ce texte ne provient pas :

A. d'un essai sur Sennett.
B. d'une revue d'actualité cinématographique.
C. d'une vieille revue d'art.
D. d'un livre d'histoire des fins de films.
E. d'un livre sur le cinéma au XXe siècle.

4. Le happy end chez Sennett est :
   1. une invention 2. un réflexe 3. une forme signifiante

A. 1.
B. 2.
C. 3.
D. 1 et 2.
E. 2 et 3.

5. Le genre des films de Sennett, c'est le :

A. comique.
B. tragique.
C. comique réfléchi.
D. burlesque.
E. tragico-comique.

6. D'après le texte, le cinéma est un art :

A. simple.
B. accessible à tous et donc formidable pour exprimer ses idées.
C. réjouissant.
D. onirique et réaliste.
E. utopique.

7. Dans les films de Sennett, les scénarios sont :

A. bien ficelés.
B. bien agencés.
C. des aventures claires.
D. des histoires où les fonctions sont claires.
E. destinés à donner à chacun sa place morale.

8. En définitive les films de Sennett sont :
1. comiques 2. réalistes 3. fictifs

A. 1 seulement.
B. 2 seulement.
C. 3 seulement.
D. 1 et 3.
E. 1, 2 et 3.

Lors de votre lecture, vous devez relever les éléments importants. Nous les avons surlignés ici et mettons entre crochets ce qui devrait apparaître dans la marge.

[IDEE PRINCIPALE] Les films de Sennett se terminent toujours bien. Ils n'inventent certes pas le happy end qui reste l'un des éléments du comique général, mais ils le systématisent et lui donnent une signification propre. En effet, intégré à un rythme frénétique qui signale un vrai danger des choses, apparaissant comme l'issue à des situations souvent périlleuses, le happy end prend un sens original. Plus encore, dans un univers où les personnages sont peu ambigus et où l'on parvient à distinguer assez facilement les bons des méchants, le happy end prend une signification à la fois morale et sociale. Dans une société censée être déjà démocratique et juste, le happy end est comme le rétablissement rêvé de la justice.

[ARGUMENT ET ILLUSTRATION] C'est ainsi que dans *Tillies' Punctured Romance,* en 1914, Mack Sennett construit un scénario autour de la concupiscence du héros interprété par Charlie Chaplin et de son amante, jouée par Mabel Normand, qui trahissent ensemble la femme de Chaplin jusqu'à ce que celle-ci hérite d'une grosse fortune. Sennett met ainsi en scène la fragilité du sentiment amoureux dont la poésie est contrariée par les contraintes sociales et la malignité de certains.

[IDEE PRINCIPALE] Comme souvent dans ces films, le monde apparaît moralement lisible puisque la femme de Chaplin est l'innocente victime tandis que Chaplin est l'homme concupiscent et cupide. On retrouve tout l'enchevêtrement habituel de causalités et de péripéties qui font le burlesque de Sennett, mais ce qui importe, c'est que dans ces séries, les actions mauvaises et mal intentionnées finissent par être dénoncées. Les personnages mauvais sont rattrapés par la vie. Chaplin retombe inévitablement sur sa femme chaque fois qu'il veut la fuir et doit de la même façon payer ses mensonges à son amante. Chaplin n'a finalement ni femme ni argent, même si rien de tragique ne lui arrive, tandis que son épouse repart avec son trésor.

On pourrait certes dire que le happy end n'est qu'une façon moderne et sans intérêt de clore les récits en supprimant ce que l'épreuve ou l'expiation tragique avaient de vraiment instructif. Cela revient à reprendre le procès ancestral de la comédie et à dénoncer une identification trop rapide du spectateur au faux héros. Il faut cependant comprendre que dans les films de Sennett, le happy end n'est pas un *deus ex machina* ou une facilité scénaristique. Si ses films se terminent par une réparation, ce n'est pas malgré la médiocrité des personnages ou grâce à la sympathie qu'ils inspirent aux spectateurs, mais parce qu'il a du mérite ou une certaine vertu. Par conséquent, cela ne suggère pas un univers absolument déconnecté du réel où tous les désirs sont satisfaits mais un monde où la combativité et l'honnêteté sont récompensées.

[IDEE PRINCIPALE] Le happy end sennettien peut ainsi être interprété non comme le rêve d'une vie spontanément heureuse mais comme celui d'une société juste. Si les causalités sont nombreuses et emmêlées dans le burlesque de Sennett, elles le sont parce que la vie est cette complexité même, bien que cet enchevêtrement paraisse moins sensible. Ce qui compte ici, c'est que tout en assumant cette complexité que le rythme exprime, tout en renvoyant ainsi à la réalité d'une société et d'une époque, Sennett veut que ses histoires se résolvent en un happy end. Aussi la complexité réaliste des rythmes et des causalités s'appuie autant sur le réel qu'elle renvoie au rêve d'une justice accomplie. Le happy end reprend la critique sociale qui traverse le slapstick, et fort de ce réalisme, il poursuit cette contestation en suggérant une société plus parfaite.

[ILLUSTRATION] Cette société plus parfaite, c'est celle où l'on reçoit les coups de pied que l'on donne. C'est ainsi que dans *Barney Oldfield's Race for a Life,* en 1913, deux personnages honnêtes et bien intentionnés, interprétés par Mack Sennett et Mabel Normand, sont dérangés dans leur quiétude par un être méchant et concupiscent. Risquant la mort, Mabel est finalement sauvée de justesse et le coupable vaincu. On pourrait certes croire que ces histoires, souvent identiques, sont naïves et ne font que satisfaire les attentes simplistes d'un public en attente de divertissement léger. Mais dans la mesure où le burlesque de Sennett est aussi le cinéma d'une époque, qu'il en dit la vérité et les rythmes, l'artifice du happy end prend alors une signification morale, politique et contestataire. Le happy end sennettien rêve et suggère une société plus parfaite et plus juste sur fond d'une observation attentive des contradictions d'une époque.

On comprend donc que sous ses apparences frivoles, le cinéma de Mack Sennett se partage entre une vive sensibilité aux changements de son temps et le rêve d'une société plus accomplie. Ces deux aspects sont liés et c'est leur lien qui à la fois rend le rêve crédible et empêche la critique de devenir pessimiste ou cynique.

[ARGUMENT] Or il n'est pas fortuit que ce soit au cinéma qu'une telle conjonction se produise. Car s'il existe à cette époque des contestations dans tous les arts, cette combinaison du rire, du rythme, du réalisme de la critique et du fantasme ne se produit véritablement qu'à l'écran.

Le cinéma se présente en effet à Sennett comme le plus grand moyen de communication universelle, pouvant atteindre des personnes de tous milieux sociaux et de toutes origines géographiques. Sennett déclarait en ce sens : « Le cinéma était en passe de créer un nouveau type d'êtres humains : la vedette de cinéma, mi-homme, mi-dieu, source d'adoration pour tous, que l'on soit vendeuse ou ouvrier agricole, milliardaire ou faisant partie de la haute société. » Le cinéma est d'autant plus légitimement un lieu de contestation possible qu'il peut traverser tous les milieux. En cela les scandales et les réactions ont donné raison à l'auteur. Il n'a certes pas modifié en profondeur la société américaine par ses seuls films, mais il a construit un genre adapté au cinéma, qui en exprime les possibilités à la fois techniques et artistiques, en inventant une forme significative de l'époque, de ses contradictions et des rêves qu'elles impliquent.

On voit que dans ce texte, l'idée principale est diffractée, mais on peut en retrouver la cohérence. On distingue bien la thèse essentielle des arguments et des illustrations. En pratiquant ces gestes simples, on ne perd pas de temps et l'on s'oblige à une lecture active et féconde.
Il est temps de présenter les stratégies de réponse.

ETAPE 3 : BIEN LIRE CHAQUE QUESTION

Là encore, c'est un conseil de bon sens que les étudiants oublient parfois. On peut avoir bien lu le texte et l'avoir bien compris, et tout perdre au moment de la lecture des questions.
Comment éviter cela ? En prenant le temps nécessaire pour bien les lire. En 6 minutes, on doit répondre à environ 7 questions, soit environ 50 secondes par question. C'est assez pour la lire correctement, c'est-à-dire 2 fois. Tel est le conseil très concret que nous vous donnons : **lisez d'abord 2 fois la question.** Cela ne vous prendra pas plus de 5 secondes et vous éviterez les lectures erronées dues à la précipitation.
Il y a certaines questions pour lesquelles cela semble en effet ne pas poser problème. Mais songez à celles qui sont posées de manière négative, comme à celles qui vous demandent de déduire des choses. Alors qu'on a bien lu le texte, on peut les lire trop vite et répondre à l'envers.
Non seulement on perd alors le bénéfice de la bonne réponse, c'est-à-dire 4 points, mais on obtient de plus 1 point négatif. Finalement, vous avez 5 points de moins que ce que vous méritez normalement et c'est ainsi que l'on n'est pas reçu dans une école.

Prenons l'exemple suivant :

3. Ce texte ne provient pas :

A. d'un essai sur Sennett.
B. d'une revue d'actualité cinématographique.
C. d'une vieille revue d'art.
D. d'un livre d'histoire des fins de films.
E. d'un livre sur le cinéma au XXe siècle.

Si on lit trop vite la question en enchaînant tout de suite avec les options, on a toutes les chances de choisir l'option la plus proche du texte, à plus forte raison parce que c'est souvent de manière positive que la question est posée. Celui qui a bien lu le texte mais qui va trop rapidement ici va se dire que c'est un article assez spécialisé et qu'il doit être dans une œuvre elle-même très spécialisée sur son auteur, soit la réponse A. Et il est vrai que ce texte a des chances d'en provenir. Cependant ce n'est pas la question posée ! Il faut au contraire chercher la source la moins probable d'un tel texte !

Suivez donc ce conseil scrupuleusement : il ne vous fera pas perdre de temps et vous serez sûrs de maximiser vos points.

ETAPE 4 : ANTICIPER LES REPONSES DANS LA MESURE DU POSSIBLE

Il est certain que cette épreuve n'est pas un test de mémorisation. Néanmoins, on sait qu'**une personne qui prend 4 minutes pour bien lire son texte selon une attitude active va retenir beaucoup de choses.**
Plus précisément, elle va retenir à la fois la structure, des informations, mais aussi les endroits où telle ou telle information se loge. A partir de cette mémoire, elle pourra aller rechercher l'information.

Pour l'heure, on doit d'abord se faire un minimum confiance et se poser systématiquement la question suivante : **« Si aucune option ne m'était proposée, qu'est-ce que je répondrais ? »**

Cette question a un but principal : vous éviterez de tomber dans les pièges que l'on vous a volontairement tendus. En effet, il arrive souvent que le concepteur du test mette des options qui sont proches de la réponse ou qui jouent sur des *a priori,* ou sur de fausses associations d'idées ou de mots.

Lorsqu'on lit les options directement, on a tendance à se laisser prendre à de tels pièges. Et c'est bien naturel, puisqu'ils ont été conçus ainsi. Or il existe une manière simple de les éviter : **prendre 5 secondes et se demander ce que l'on répondrait en l'absence d'option.**

Voyez l'exemple suivant :

5. Le genre des films de Sennett, c'est le :

A. comique.
B. tragique.
C. comique réfléchi.
D. burlesque.
E. tragico-comique.

Une fois la question lue 2 fois, on n'a pas besoin de lire les options ! Tout le texte parle du burlesque ! Il est vrai que d'autres options sont tentantes parce que les termes figurent dans le texte. Mais le relevé des idées principales vous permet de ne pas les confondre.
Certes, il n'est pas toujours possible d'anticiper la réponse, d'où notre réserve : « dans la mesure du possible ». C'est le cas lorsque la question est tellement précise que l'on ne se rappelle plus très bien la réponse, ou encore lorsque la question est ouverte.

En voici un exemple, toujours dans le test précédent :

8. En définitive les films de Sennett sont :
1. comiques 2. réalistes 3. fictifs

A. 1 seulement.
B. 2 seulement.
C. 3 seulement.
D. 1 et 3.
E. 1, 2 et 3.

Après une question telle que « les films de Sennett sont », on a bien du mal à savoir vers quelle réponse on veut vous entraîner. C'est pourquoi il faut ici soit lire les options, soit recourir à un autre outil de méthode, le repérage.

ETAPE 5 : RETROUVER LES PASSAGES UTILES

Vous avez les textes sous les yeux durant toute l'épreuve. Vous auriez donc tort de ne pas vous en servir ! Cela ne veut évidemment pas dire que vous allez relire tout à chaque question. Mais dans la mesure où vous avez lu lentement et activement, vous retrouverez facilement le ou les passages utiles à la réponse.

C'est là que le **travail de surlignage** va être fécond. Grâce à lui, vous avez toutes les chances de retrouver les endroits précis dont vous avez besoin.

Prenons l'exemple suivant :

> 6. D'après le texte, le cinéma est un art :
>
> A. simple.
> B. accessible à tous et donc formidable pour exprimer ses idées.
> C. réjouissant.
> D. onirique et réaliste.
> E. utopique.

La question est un peu difficile parce que tous ces adjectifs sont employés dans le texte. De plus, le texte parle des films de Sennett et très peu du cinéma en général. En revanche, en soulignant les passages importants, on a justement relevé quelque chose d'utile ici, à la fin du texte :

« Le cinéma se présente en effet à Sennett comme le plus grand moyen de communication universelle, pouvant atteindre des personnes de tous milieux sociaux et de toutes origines géographiques. »

C'est donc cela qu'il faut retrouver. Donnez-vous environ 25 secondes pour le faire, sachant de surcroît que vous aurez parfois directement la solution en tête. Une fois le passage retrouvé, il deviendra facile de dégager la bonne réponse.

Faut-il toujours retrouver le passage ? Si vraiment vous êtes sûrs de vous, ce n'est pas nécessaire. Certaines questions portant de surcroît sur l'ensemble du texte, cela serait impossible. Pour certaines questions, vous n'aurez pas besoin de ces 25 secondes. Un coup d'œil plus rapide, en diagonale par exemple, pourra suffire.

ETAPE 6 : DISTINGUER LA BONNE OPTION

Maintenant que vous possédez le texte et que vous avez éventuellement retrouvé le passage utile à la réponse, maintenant seulement **vous pouvez lire les options.** Alors que les candidats mal préparés se précipitent sur elles, vous avez pris le temps de lire deux fois la question, vous avez tenté d'anticiper la réponse, vous avez retrouvé si nécessaire les réponses dans le texte. Vous êtes donc préparés à ne pas tomber dans les pièges que l'on vous a tendus.
Deux méthodes sont possibles.

> **Méthode 1**
> Soit vous procédez **par élimination :** vous les lisez toutes, puis vous éliminez les réponses impossibles, et enfin les mauvaises réponses. Il vous en reste en général deux.

> **Méthode 2**
> Soit vous les comparez **deux à deux :** entre A et B, quelle est la meilleure ? Si vous retenez la B, est-elle meilleure que la C ? Si vous retenez la B, est-elle meilleure que la D ? Etc. En général, là aussi vous aboutissez finalement à un couple de réponses proches qu'il va falloir distinguer par leur degré de précision.

Les deux méthodes se valent : ce sera à vous de sentir celle qui vous convient le mieux.

C'est souvent cela qui fait la différence entre un candidat qui gagne 4 points et un autre qui en perd 1. Deux réponses proches ont souvent été placées de manière à vous faire hésiter. Qu'est-ce qui vous permet de bien choisir ?
Deux choses : tout d'abord lisez bien attentivement les réponses pour être attentifs à chaque mot ; ensuite, référez-vous précisément aux passages que vous avez sélectionnés avant de regarder les options. Entre des réponses proches, la plus précise apparaîtra alors par comparaison.

Prenons l'exemple suivant :

8. En définitive les films de Sennett sont :
   1. comiques 2. réalistes 3. fictifs

A. 1 seulement.
B. 2 seulement.
C. 3 seulement.
D. 1 et 3.
E. 1, 2 et 3.

Comme nous l'avons déjà dit, ici **l'anticipation de la réponse n'est pas possible.** En revanche, quand on lit les options 1, 2 et 3, on est un peu perdus. Il semble que ces termes soient présents de le texte, mais non tels quels et peut-être pas tous.

Votre repérage rapide des idées va vous permettre d'y voir plus clair. Trois passages peuvent servir ici :

1. *« Les films de Sennett se terminent toujours bien. Ils n'inventent certes pas le happy end qui reste l'un des éléments du comique général, mais ils le systématisent et lui donnent une signification propre. »*
2. *« Le happy end reprend la critique sociale qui traverse le slapstick, et fort de ce réalisme, il poursuit cette contestation en suggérant une société plus parfaite. »*
3. *« On comprend donc que sous ses apparences frivoles, le cinéma de Mack Sennett se partage entre une vive sensibilité aux changements de son temps et le rêve d'une société plus accomplie. »*

La réponse n'est donc plus qu'une question de vocabulaire. On élimine facilement les options B, C et D.

Mais l'on peut encore hésiter entre A et E. Pourquoi ? Parce que souvent, « réaliste » et « fictif » sont antinomiques. Et cette question a été spécialement conçue pour créer ce piège. Comme ces films se caractérisent par un happy end, on serait tenté d'écrire qu'ils sont fictifs en priorité. Or le texte assume la conjonction des deux, comme le montrent les passages ci-dessus. C'est donc en lisant précisément la question et les passages sélectionnés que vous échapperez à ces pièges. En l'occurrence, il faudra combiner les 3 options et préférer la réponse E.

Prenons un autre exemple, toujours en référence au même test :

7. Dans les films de Sennett, les scénarios sont :

A. bien ficelés.
B. bien agencés.
C. des aventures claires.
D. des histoires où les fonctions sont claires.
E. destinés à donner à chacun sa place morale.

Là encore, le travail préparatoire vous permet de retrouver rapidement le passage et d'éliminer les réponses les plus improbables :
« Plus encore, dans un univers où les personnages sont peu ambigus et où l'on parvient à distinguer assez facilement les bons des méchants. »

On peut alors éliminer rapidement les réponses A et B. On peut hésiter entre les trois restantes. C'est ici que l'on peut comparer deux à deux celles qui subsistent. Entre C et D, on peut se dire que D est plus précis : en effet, « des histoires où les fonctions sont claires » englobe « des aventures claires » et colle parfaitement au texte qui nous parle surtout des personnages. On élimine donc la C. Comparons maintenant D et E. Une « fonction » est un terme général qui peut par exemple désigner une utilité, un métier… Or le texte évoque la valeur morale des personnages : les bons, les méchants, les justes, les injustes… On voit alors que la E est beaucoup plus proche de cette thématique et précise réellement la D. La bonne réponse est donc la E.

Il faut enfin faire quelques remarques au sujet des questions consacrées à la situation du texte ainsi qu'à ses sources. Reprenons l'exemple précédent :

2. Le texte présenté est :
   1. un extrait   2. la fin d'un texte   3. le début d'un texte

A. 1 seulement.
B. 1 et 2.
C. 1 et 3.
D. On ne peut répondre.
E. 1, 2 et 3.

Ce type de questions est récurrent. Les techniques pour y répondre sont les mêmes à une remarque près. Vous devez être attentifs à **la cohérence de l'ensemble.** Si quelque chose à la fin du texte vous donne le sentiment qu'il y a là une conclusion forte, c'est très probablement que c'est la fin d'un texte. Si le texte commence de manière abrupte, c'est que ce n'est pas le début. Si en revanche tout vous est expliqué pas à pas dès le début du texte et que par ailleurs vous avez une conclusion ferme, alors c'est que le texte vous a été donné en entier.

Pour les questions portant sur les sources du texte, vous devez vous rendre attentifs en priorité au ton du texte (est-il académique ? familier ? technique ?), à son thème (est-ce de l'actualité ? est-ce technique ? est-ce plutôt difficile ?) ainsi qu'à sa spécialisation (aborde-t-il un thème en général ? est-ce très précis, voire pointu ?). En répondant à ces questions, vous pourrez trouver le type d'œuvre dont il s'agit. Ainsi, un texte pointu et technique ne peut pas provenir d'un quotidien mais plutôt d'une revue spécialisée ou d'un essai. Un texte très bien écrit et avec beaucoup de style a davantage de chances d'être extrait d'une revue universitaire ou d'un essai.

Il vous reste donc à vous entraîner, et cela en commençant par lire des choses plus variées que vous ne le faites habituellement.

ETAPE 7 : TRAVAILLER ET LIRE TOUTE L'ANNEE

En effet, comme nous vous l'avons dit, ce test peut se composer de textes très variés, sur des thématiques et avec un vocabulaire parfois différents de ceux auxquels vous êtes habitués par votre cursus actuel. Si les économistes seront ainsi à l'aise sur des textes d'économie, ils le seront moins sur des textes d'histoire, d'art ou de sciences naturelles. Et ce problème, c'est bien celui de tout candidat.

Comment le dépasser ? **En lisant toute l'année beaucoup et surtout des choses très variées !** Si vous êtes dans un cursus plutôt scientifique, alors lisez des textes d'histoire, de littérature, de sociologie… Si vous êtes déjà littéraires, alors lisez des articles d'actualité, de sciences, d'économie.

Voici quelques ouvrages et revues qui sont tout à fait dans le style des textes du test :

> - quotidiens : *Le Monde, Les Echos ;*
> - mensuels : *Sciences humaines, Science et vie, L'Histoire ;*
> - ouvrages : *Toute l'histoire du monde : de la préhistoire à nos jours,* de Jean-Claude Barreau et Guillaume Bigot (Le Livre de poche)

Ces références se trouvent pour un grand nombre d'entre elles directement en ligne.

Ces lectures seront autant de préparation au TAGE MAGE, mais choisissez-les pour qu'elles sortent de vos champs de pensée habituels. Dans tous les cas, dites-vous que l'on apprend d'autant mieux que l'on aime ce qu'on lit, c'est pourquoi vous devrez essayer parmi ces lectures de vous faire aussi plaisir !

Réponses complètes au test donné comme exemple

1. Le texte parle précisément de justice et de perfection. Il faut donc préférer le terme le plus proche : **B.** Les autres sont proches mais jouent sur des associations d'idées plus que sur un contenu explicite du texte.

2. La réponse E est absurde. Pour le reste, la question paraît très difficile. Il faut donc guetter les signes d'une coupe ou d'une conclusion, c'est-à-dire de tout ce qui indiquerait la situation de ce texte. Son début est un peu brutal puisque l'on engage directement sur le happy end des films de Sennett sans amorcer aucune présentation de l'auteur ni de problématisation. Le texte est donc un extrait et le début a été coupé. Mais le dernier paragraphe constitue une conclusion nette et dont aucune suite n'est prévisible. La bonne réponse est donc la **B.**

3. Il faut préférer la **B** car c'est la moins proche du texte. Toutes les autres sont plus ou moins possibles, mais celle-ci est vraiment la plus éloignée et la plus vague.

4. Il faut choisir la **E.** Le texte parle bien d'une reprise, mais en explicite tout du long le sens.

5. C'est la **D.** Il faut retrouver la phrase où ce terme est prononcé, mais aussi repérer que le burlesque est une espèce du comique.

6. C'est la **D.** Le texte insiste sur le fait qu'il est un art réaliste mais qu'il permet de présenter une société rêvée. On a bien la conjonction des deux termes et c'est celle-ci qu'il faut rendre.

7. En dépit d'une formulation un peu alambiquée, la bonne réponse est la **E.** Cette question de détail porte sur la notion de « lisibilité morale », explicitement évoquée dans le texte.

8. Il faut répondre **E.** Le texte évoque bien ces trois termes : le rêve, la critique sociale et le rire. Il faut donc les combiner entre elles.

2. CALCUL

2.1. PRESENTATION DE L'EPREUVE ET COURS FONDAMENTAL APPLIQUE

I. PRESENTATION DE L'EPREUVE ET CONSEILS PRELIMINAIRES

1. UNE EPREUVE STRATEGIQUE

L'épreuve de calcul du TAGE MAGE convoque des aptitudes et des réflexes que vous avez généralement peu sollicités au cours de vos études supérieures. Pour beaucoup, les derniers calculs de vitesses/temps/distances ou de volumes de cylindres et autres parallélépipèdes remontent à la classe de troisième… Sans parler du fait que pour une grande majorité d'entre vous, poser une division, une multiplication ou un produit en croix est source d'anxiété et tend même parfois à constituer un défi en soi.

Et bien, ne comptez pas sur nous pour vous plaindre !
Vous allez rencontrer dans les pages qui suivent un cours de mathématiques et de calcul complet et dense avec ce qu'il faut de formules, d'applications clés et d'astuces en tous genres… De grâce, ne les fuyez pas et ne les regardez jamais d'un mauvais œil ! Dites-vous toujours que ces pages ont été écrites *pour votre bien* et que la réussite à l'épreuve de calcul vous permettra assurément de prendre le large en engrangeant de précieux points d'avance. Notre but est et sera toujours de vous aider à obtenir les meilleurs scores au TAGE MAGE, et sachez dès maintenant que nous avons la ferme intention de mener notre tâche à bien. Il faut ce qu'il faut pour intégrer les meilleures écoles de commerce et de gestion, non ?

1. LE CALCUL AU CŒUR DE LA VIE DES AFFAIRES

Vous vous êtes certainement déjà demandés pourquoi les premiers concepteurs du TAGE MAGE avaient inclus dans le test une épreuve de calcul… Et bien la réponse est simple : le calcul est au cœur de la vie des affaires. Si vous souhaitez créer votre entreprise ou travailler comme analyste en fusions acquisitions chez JP Morgan ; si vous rêvez d'occuper le poste de directeur marketing de la filiale brésilienne de Total ; ou si vous rêvez d'être la future directrice des achats de la division produits de luxe du groupe L'Oréal… Alors vous êtes condamnés à être bons en calcul !
Le calcul est partout dans la vie des affaires et partout il sera. Voyez donc ! Vous démarrez votre carrière en tant que chef de produit marketing chez Danone, et bien vous devrez très rapidement estimer le potentiel de chiffre d'affaires de la nouvelle

crème dessert dont vous êtes responsable. Et pour cela, vous devrez combiner beaucoup d'informations comme le nombre de consommateurs potentiels, le niveau de consommations moyen de crèmes desserts annuel, mensuel, hebdomadaire ; le chiffre d'affaires en volume et en valeur du marché des crèmes desserts, les parts de marché de vos concurrents… Et surtout, vous devrez faire des hypothèses de ventes moyennes hebdomadaires, de pourcentage de points de vente qui référenceront votre produit, des hypothèses de parts de marché, des hypothèses de proportions de produits non vendus parce qu'ils auront dépassé la date de péremption. Bref, il sera question de moyennes, de pourcentages, de produits en croix, de divisions, de multiplications et même parfois… d'équations ! Alors, oui, vous aurez souvent une calculatrice sous la main… mais pas toujours ! En plein déjeuner d'affaires, il ne fait jamais bon sortir une calculatrice pour estimer ce que valent les 6 % de commission que vous devrez verser à votre invité pour avoir réalisé un chiffre d'affaires de 250 000 euros.

Si le calcul est un prérequis nécessaire au chef de produit marketing d'une multinationale ou au responsable des achats d'une jeune PME, imaginez donc combien **le calcul investit le quotidien du gestionnaire de patrimoine ou de l'analyste financier** qui modélise en continu sur Excel des simulations de valorisation d'entreprise dans le cadre d'une acquisition ou d'une fusion ; mais aussi celui de directeur des ressources humaines qui doit veiller à ce que la masse salariale de l'entreprise ne dépasse jamais les 18,2 % du CA net réalisé par la société. Le calcul est partout et vous ne pourrez jamais y échapper.

Pour terminer, **intéressons-nous de plus près aux premiers mois qui vont suivre votre intégration au sein de l'école de vos rêves.** Ce n'est pas franchement compliqué à imaginer : vous allez tout bonnement et simplement étudier des disciplines comme la comptabilité, la gestion, la finance, l'optimisation sous contraintes, la théorie des jeux, la stratégie d'entreprise, la logistique, le marketing, les études de marché, la microéconomie, le droit des affaires, la fiscalité… Vous devez savoir que toutes ces matières incluent des calculs mathématiques, souvent de base certes, mais des calculs mathématiques quand même. Alors, avouez que c'est finalement normal (pour ne pas dire responsable) si les écoles de commerce exigent des étudiants qui seront amenés à rejoindre leurs bancs qu'ils maîtrisent les notions de base du calcul et qu'ils sachent jongler avec elles.

Voilà, nous espérons sincèrement avoir convaincu les plus réticents d'entre vous à faire la paix (ou à faire le deuil) avec le calcul et à apprendre dès maintenant à vivre et à composer avec Pythagore, V=D/T, le carré de 12 et le cube de 8 !
Sachez en tout cas que de notre côté, **nous ferons tout pour vous donner envie de calculer, calculer et calculer encore !** Dans la joie et dans la paix !

2. Le format de l'epreuve de calcul

- 15 questions à résoudre en 20 minutes.
- Bonne réponse : +4 ; mauvaise réponse : -1 ; pas de réponse : 0.
- Les questions ne sont jamais classées par ordre de difficulté.
- La calculatrice est interdite et vous n'avez pas de feuille de brouillon.

3. Une epreuve de rapidite

1 minute et 20 secondes : c'est le temps moyen dont vous disposez pour répondre à une question de calcul au TAGE MAGE. C'est court et c'est long quand on sait que deux facteurs entrent en effet en ligne de compte. Le premier, c'est bien entendu le **caractère relatif du temps** dont chacun dispose. Le second, c'est **le type de questions.**

Intéressons-nous au caractère relatif du temps dont vous disposez.

Comment expliquez-vous que certains candidats mettent montre en main 20 secondes pour répondre à une question comme « Que vaut 20 % du double du cube de 4 ? » quand d'autres candidats mettent, toujours montre en main, près de 2 minutes (soit 6 fois plus de temps que les premiers !) ? Sans parler de ceux qui n'ont aucune idée de la façon dont il faut s'y prendre pour y répondre et qui passent à la question suivante… La raison est simple : **il est question de cours et d'automatismes en calcul.** Ceux qui savent, instantanément, que le cube de 4 vaut 64, que le double de 64 vaut 128 et que 20 % de 128 vaut 0,2 multiplié par 128 soit 25,6 mettent montre en main entre 20 et 25 secondes pour répondre à la question. Mais ces 20 secondes peuvent durer près de 2 minutes pour ceux qui doivent passer 40 secondes pour retrouver ce que vaut le cube de 4, puis encore 20 secondes pour calculer le double de 64 et encore 50 secondes pour calculer la valeur de 20 % de 128.

Nous insisterons donc tout au long de ce chapitre sur l'impératif catégorique que constitue l'**apprentissage rigoureux et par cœur du cours** accompagné d'un **entraînement intensif et régulier** sur les grandes questions clés.

Mais vous devez savoir également qu'objectivement, **toutes les questions de calcul du TAGE MAGE ne se ressemblent pas en termes de difficulté.** Certaines questions seront courtes et faciles et exigeront que vous y passiez entre 15 et 20 secondes. Certaines, au contraire, seront plus longues ou plus difficiles et vous mettrez vraisemblablement entre deux et trois minutes pour en venir à bout. A vous donc d'identifier ces questions faciles pour les traiter en priorité et **libérer ainsi du temps additionnel** pour celles qui sont difficiles.

2. DEUX CONSEILS PRELIMINAIRES ESSENTIELS

Nous ne saurions que trop vous conseiller de lire scrupuleusement les deux conseils qui suivent si vous souhaitez réussir votre épreuve de calcul, et ce, quel que soit votre niveau initial.

1. Un : apprenez votre cours. Deux : comprenez-le !

Si vous avez la ferme intention d'obtenir les meilleurs scores aux épreuves de calcul et de conditions minimales du TAGE MAGE, alors vous n'avez pas le choix : vous devez apprendre votre cours sur le bout des doigts pour être ensuite en mesure de le comprendre parfaitement

Nous tenons à faire ici la distinction entre apprendre et comprendre.

Apprendre son cours convoque un effort de mémoire qui consiste à lire puis à retenir un ensemble de définitions, de formules et autres cas particuliers. Il est certain que lorsqu'il est question de retenir les dates d'anniversaire de vos proches ou les noms de vos amis sur Facebook, cela ne vous pose pas trop de problèmes. En revanche, quand il est question de réciter d'un trait la liste de vos 20 premiers carrés entiers, celle des 50 premiers nombres premiers ou encore toutes les formules relatives aux questions de vitesse, temps et distance… alors là, cela devient tout de suite moins évident.

Et pourtant ! Que vous soyez à l'origine bons ou mauvais en calcul et en mathématiques, cela n'a pas d'importance.

Vous êtes tous égaux devant l'apprentissage par cœur des définitions et des formules mathématiques. Car le fait d'apprendre dans un premier temps n'exige pas que vous compreniez quoi que ce soit ! Il suffit juste de lire et de répéter (bêtement), répéter (simplement) et répéter (inlassablement) encore et toujours… Chaque jour s'il le faut, comme une récitation. **Faites donc des fiches ! Des fiches qui vous ressemblent et qui rassemblent l'ensemble des notions qui vous font défaut.**

Le but final est que toutes les définitions et formules mathématiques soient définitivement ancrées dans votre esprit, une bonne fois pour toutes ! Et ce, afin que vous puissiez les convoquer de façon quasi instantanée le jour du test.

Et vous allez me dire à présent qu'il faut quand même comprendre ce que l'on apprend si l'on souhaite résoudre les questions proposées. La réponse est « oui » bien sûr, mais pas forcément. Car ce qui est assez « bluffant » au TAGE MAGE, c'est qu'il vous sera possible de résoudre certains énoncés sans pour autant comprendre votre cours, mieux encore, sans comprendre vraiment ce que l'on vous demande de trouver. Cela étant dit, comme votre objectif est, nous l'espérons, d'obtenir d'excellents scores au TAGE MAGE (des scores supérieurs à 400-420 sur 600), vous allez nécessairement devoir comprendre ce que vous apprenez afin d'être à la hauteur de toutes les situations auxquelles vous serez confrontés.

Prenons donc cette question qui est tombée telle quelle au TAGE MAGE.

Que vaut le tiers de 27^4 ?

A. 3
B. 3^{11}
C. 3^{20}
D. 2^{23}
E. 2^{73}

Il s'agit ici d'une simple question de cours ! Et il y a de fortes chances que vous résolviez cette question en 20 secondes, montre en main. En effet, vous avez appris par cœur quatre choses – que vous n'avez pas forcément eu besoin de comprendre.

1) $27^4 = (3^3)^4$ car vous avez appris que 27 était le cube de 3.
2) $(3^3)^4 = 3^{12}$ car vous avez appris que $\left(A^B\right)^C = A^{BxC}$
3) Enfin : le tiers de 3^{12} vaut $3^{12}/3 = 3^{12-1} = 3^{11}$ car vous avez appris que $\frac{A^B}{A^C} = A^{B-C}$

Et le tour est joué !

2. Dopez votre calcul mental

Comme vous le savez, **la calculatrice est strictement interdite** au TAGE MAGE.

Aussi, vous ne pourrez espérer viser un score maximal si vous n'adoptez pas dès maintenant les réflexes que tous les champions du TAGE MAGE acquièrent très tôt au cours de leur entraînement à ce test.

[Réflexe 1 : vous devez connaître vos tables de multiplication]

Pour commencer, apprenez sur le bout des doigts vos **tables de multiplication de 1 à 20** (voir cours). Nous comprenons aisément que cela peut vous paraître un peu « sauvage », mais croyez-nous, cela vous permettra de gagner énormément en rapidité de calcul et surtout d'arriver au test avec des repères calculatoires plus larges et plus denses que ceux définis par les tables de 1 à 10. Il faut ce qu'il faut pour avoir un score de champion, non ?

[Réflexe 2 : calculez de tête dès que vous en avez l'occasion et abandonnez définitivement l'utilisation de la calculatrice]

Toute occasion, toute situation est bonne pour calculer de tête.
Que ce soit au supermarché, au bureau de tabac, à la banque ou au café, **entraînez-vous inlassablement à tout calculer de tête.** Vous conduisez et êtes coincés dans les embouteillages ? Tant mieux ! Profitez-en pour multiplier entre eux les nombres qui figurent sur les plaques d'immatriculation des voitures qui sont devant vous… De tête bien sûr. On ne vous le répétera jamais assez, toute occasion est bonne à prendre pour doper son cerveau.

[Réflexe 3 : quand les calculs sont complexes, posez proprement vos multiplications et autres divisions]

Posez proprement vos additions, vos multiplications, vos divisions lorsqu'un calcul de tête n'a pas été concluant. Soyez combatifs et ne lâchez rien. Si vous ne savez plus poser une division, tapez « poser une division » sur Google et tout rentrera vite dans l'ordre. Surtout, ne baissez jamais les bras quand bien même la division comporte des chiffres après la virgule ou que vos multiplications vous paraissent plus longues que prévues. C'est l'entraînement qui paie et soyez certains que le TAGE MAGE fait partie de ces tests standardisés pour lesquels un entraînement rigoureux et intensif porte toujours ses fruits.

[Réflexe 4 : développez des automatismes essentiels à l'obtention des meilleurs scores en apprenant vos tables de carrés et de cubes]

Apprenez enfin vos tables de carrés (de 1 à 20) et vos tables de cubes (de 1 à 10) par cœur (voir cours). Ces tables vous seront utiles non seulement pour l'épreuve de calcul mais encore pour les épreuves de conditions minimales et de logique dans lesquelles les carrés de 12 ou 18 et les cubes de 5 ou 7 jouent régulièrement les *guest stars*. Vous verrez surtout que ces tables représenteront un atout de taille pour gagner en dextérité et en agilité calculatoire.

II. COURS FONDAMENTAL ET APPLICATIONS CLES

1. PARLEZ-VOUS CALCUL ?

L'épreuve de calcul est d'abord une épreuve de vocabulaire. Inutile de vous lancer dans la résolution de quelque question de calcul ou de conditions minimales que ce soit si vous ne comprenez pas la langue avec laquelle on vous parle, autrement dit si vous ne saisissez pas du premier coup le vocabulaire utilisé dans les énoncés qui vous sont proposés.

Connaissez-vous la définition de *tous* les mots suivants ?
Ces listes de mots de vocabulaire vous seront très utiles pour les épreuves de calcul et de conditions minimales.
Si ce n'est pas encore le cas, pas d'inquiétude. Le cours qui suit se fixe pour objectif de remédier à cela. N'hésitez pas à revenir sur ces pages au fil de vos révisions pour vérifier que tous ces points sont parfaitement maîtrisés.

1. ALGEBRE

- notion de contrainte dans une équation
- développement
- distributivité
- équation du premier degré
- équation du second degré
- factorisation
- inconnues
- inéquation
- résolution d'un système d'équations linéaires par addition
- résolution d'un système d'équations linéaires par substitution
- solutions
- systèmes d'équations linéaires

2. Arithmetique

- chiffre / nombre
- critères de divisibilité de 2 à 11
- décomposition unique en un produit de facteurs premiers
- divisible par…
- division euclidienne
- double, triple, quadruple, quintuple, sextuple, septuple, octuple, nonuple, décuple, centuple
- entier impair
- entier naturel
- entier pair
- entier relatif
- multiple de…
- nombre décimal
- nombre irrationnel
- nombre premier
- nombre réel
- nombres consécutifs
- pgcd / ppcm
- table de carrés de 1 à 20
- table de cubes de 1 à 10
- tables de multiplication de 1 à 20

3. Geometrie

- angle
- angle aigu
- angle obtus
- angle plat
- angle supplémentaire
- angles adjacents
- angles droits
- arc
- arête
- axe
- base
- bissectrice
- carré
- cercle
- circonférence
- circonscrire
- coïncider
- commun

- complémentaire
- concourir
- cône
- cube
- décaèdre
- décagone
- degré
- demi-cercle
- diagonale
- diamètre
- disque
- dodécagone
- équilatéral
- hauteur
- heptagone
- hexagone
- hypoténuse
- intersection
- isocèle
- losange
- médiane
- médiatrice
- milieu
- octogone
- opposé
- parallélépipède
- parallélogramme
- pentagone
- périmètre
- pyramide
- quadrilatère
- rayon
- rectangle
- régulier
- sommet
- sphère
- superficie
- théorème de Pythagore
- théorème de Thalès
- trapèze
- triangle

4. Moyennes

- barycentre
- formule de la moyenne arithmétique
- corollaire de la formule de la moyenne arithmétique
- moyenne harmonique
- moyenne pondérée
- nombre rajouté
- nombre retiré
- somme des termes dans une moyenne arithmétique

5. Operations usuelles

- addition de fractions
- dénominateur
- fraction irréductible
- fractions
- identités remarquables
- numérateur
- produit de deux racines carrées
- produit de fractions
- puissances
- racines carrées
- simplification de fractions

6. Pourcentages

- augmentation en pourcentage
- baisse en pourcentage
- baisses et/ou hausses successives en pourcentages
- calculer un pourcentage de baisse ou d'augmentation
- formule pourcentage de hausse
- pourcentages de pourcentages
- pourcentages et équivalents décimaux (ex : 10 % = 0,1)
- pourcentages et équivalents fractions (ex : 20 % = 1/5 ou 12,5 % = 1/8)
- retrouver une quantité d'origine

7. Proportionnalite, unites de mesure et conversions

- centi-
- déca-
- déci-
- distances
- hecto-
- kilo-
- masses
- méga-
- micro-
- milli-
- multiples et sous-multiples de conversion
- proportionnalité multiple
- règle de trois

- surfaces
- tableaux de conversion
- temps
- unités d'aires
- unités de longueur
- unités de masse
- unités de volume
- unités légales

8. Vitesses, temps et distances

- convertir des km/h en m/s
- convertir des m/s en km/h
- distance
- le cas aller-retour
- le cas croisement
- le cas de changement de vitesse
- le cas rattrapage
- tableau VTD
- temps / durée
- vitesse

9. Autres

- additivité des tâches
- intérêts composés
- intérêts simples
- nombre de rectangles dans un rectangle
- nombre de rencontres
- nombre de salutations
- progression arithmétique
- progression géométrique
- somme des n premiers entiers naturels
- temps de travail et productivité

2. ARITHMETIQUE ET MANIPULATION DES NOMBRES

Il est souvent question de manipuler des chiffres et des nombres pendant l'épreuve de calcul du TAGE MAGE. Des nombres divers et variés, aux propriétés bien définies. **Rassurez-nous !** Vous ne vous aventureriez quand même pas à déchiffrer une partition de musique sans connaître au préalable la signification précise des signes sibyllins que sont les pauses, les demi-soupirs, les blanches, les rondes et autres clés de sol. Il en est de même en arithmétique. Il n'est pas question une seconde que vous vous aventuriez à résoudre les questions qui vous sont posées au TAGE MAGE sans maîtriser parfaitement au préalable l'ensemble des définitions et formules relatives à ce chapitre.

Nous vous invitons à apprendre sans plus tarder absolument toutes les définitions, formules et propriétés dont vous aurez besoin le jour J pour répondre à une belle majorité de questions.

Nous attirons enfin votre attention sur le fait que **ce chapitre est assurément le plus important du cours fondamental de calcul et de mathématiques.**

1. RAPPELS SUR LES NOMBRES

[1. Chiffres ou nombres ?]

Il n'existe que dix chiffres : **0, 1, 2, 3, 4, 5, 6, 7, 8 et 9.**
En revanche, on dit qu'il existe une infinité de nombres (124, 67 615 273 ou encore 17 387 837 929). Les nombres s'écrivent donc avec un ou plusieurs chiffres et vous aurez donc compris que si les chiffres sont considérés comme des nombres (ainsi 3 est un chiffre mais aussi un nombre), les nombres eux, ne sont pas tous des chiffres !

[2. Entiers naturels]

Il s'agit de l'ensemble des nombres entiers positifs, 0 inclus : 0, 1, 2, 3, 4… 100 050, 185 175 719 617, etc. il y en a une infinité ! C'est avec l'ensemble des entiers naturels que nous avons tous appris à compter.

[3. Entiers relatifs]

L'ensemble des nombres entiers relatifs contient l'ensemble des nombres entiers naturels ***plus*** l'ensemble des nombres entiers naturels précédés du signe « - » (ce sont des nombres entiers *négatifs*).

Exemples : 918 ; -12 ; -2 232 ; -11 ; 176 516 ; -10 013 303 ; etc. Là encore, il en existe une infinité.

[4. Nombres décimaux]

Un nombre décimal est un nombre possédant un développement décimal **limité (*i.e.* que le nombre éventuel de chiffres après la virgule est limité)** et pouvant s'écrire sous la forme a x 10^p (où a et p sont des entiers relatifs).

Ainsi, des nombres comme -12,87 ; 1,783 ; 8,819716517 ou tout simplement 10 003 sont des nombres décimaux.

Attention ! Le nombre pi n'est pas un nombre décimal car il possède un développement décimal illimité. En revanche, il existe des approximations dites décimales de pi telles que 3,14 ; 3,14159 ou encore 3,1415926.

[5. Nombres rationnels]

Il s'agit de l'ensemble des nombres qui s'écrivent sous forme fractionnaire p/q avec p et q des entiers relatifs, q étant naturellement toujours différent de 0. Ces nombres admettent un développement décimal **illimité.**

Ainsi : 1/3, 3/4, 2/7, ou encore -12/11 sont des nombres rationnels.

Remarque : les nombres rationnels présentent une particularité qui vous est peut-être déjà familière, à savoir que leur écriture sous la forme de nombres décimaux donne après la virgule une séquence finie de chiffres se répétant continuellement. Ainsi, si vous prenez par exemple la fraction 2/7, vous remarquerez que son écriture décimale donne : 0,285714**285714**28571428… et qu'ici la séquence finie de chiffres qui se répètent continuellement est précisément 285714.

[6. Nombres irrationnels]

Il s'agit de l'ensemble des nombres **que l'on ne peut écrire** sous la forme fractionnaire p/q avec p et q des entiers relatifs (q étant différent de 0).

Les premiers nombres irrationnels découverts sont les racines carrées des entiers qui ne sont pas des carrés parfaits. Vous noterez ainsi que les racines de 2, de 7 ou encore de 11 sont des nombres irrationnels. Mais ce n'est pas tout. D'autres nombres tels que **pi** ou **e** (nombre exponentiel) sont également des nombres irrationnels puisqu'ils ne peuvent s'écrire, eux non plus, sous formes de fractions.

[7. Nombres réels]

L'ensemble des nombres réels est l'ensemble le plus large sur lequel on peut vous demander de travailler aux concours. Cet ensemble contient notamment l'ensemble des nombres entiers naturels et relatifs, des nombres décimaux mais encore l'ensemble des nombres rationnels et irrationnels.

En résumé :

1. L'ensemble des **nombres rationnels** contient l'ensemble des **nombres décimaux** qui comprend **l'ensemble des nombres entiers.**
2. L'ensemble des **nombres rationnels** et l'ensemble des **nombres irrationnels** ne contiennent aucun élément commun, mais, ensemble, ils forment **l'ensemble des nombres réels.**

[8. Les nombres premiers]

Un nombre premier est un nombre qui n'est divisible **que par lui-même et par 1.**
Attention : 1 n'est pas considéré comme un nombre premier et 2 est le seul nombre premier pair.

Apprenez par cœur les premiers nombres premiers… jusqu'à 101 : **2, 3, 5, 7, 11, 13, 17, 19, 23, 29, 31, 37, 41, 43, 47, 53, 59, 61, 67, 71, 73, 79, 83, 89, 97, 101.**

2. Decomposition unique en un produit de facteurs premiers

Vous venez d'apprendre vos nombres premiers (n'est-ce pas ?) et vous n'allez pas le regretter puisque nous allons aborder ici *le* théorème fondamental de l'arithmétique, à savoir la décomposition de tout nombre entier en un produit unique de facteurs premiers.
Si les nombres premiers sont des nombres entiers incassables, transparents… qui n'ont rien à cacher, les autres nombres entiers ont pour leur part *tous* une histoire à raconter. Et pour connaître leur histoire, il suffit de les décomposer en produits uniques de facteurs premiers.

Tout nombre entier peut se décomposer comme un produit unique de facteurs premiers.

Autrement dit, 91 par exemple, se décompose en 7 x 13 avec 7 et 13 qui sont des nombres premiers.

Si l'on qualifie cette décomposition d'**unique,** c'est parce qu'aucun autre nombre ne peut se décomposer de la même façon. On dit ainsi qu'il existe une **correspondance parfaite** entre [7 x 13] et 91. Pour utiliser une jolie image, on pourrait dire que 7 x 13 représente le noyau, l'ADN… l'oxygène de 91.

3. Divisibles par… et multiples de…

Si A est divisible par B alors A est un multiple de B.

Prenons à présent le nombre 42. Si l'on décompose 42 en un produit unique de facteurs premiers, cela nous donne : **42 = 2 x 3 x 7** avec 2, 3 et 7 des nombres premiers.

Comme vous l'aurez deviné, il y a d'autres façons d'écrire 42 en un produit de nombres entiers, mais *une seule* en un produit de nombres premiers. Voici toutes les façons d'écrire 42 comme un produit de nombres entiers :

(1) 42 = 1 x 42 (3) 42 = 3 x 14 (5) 42 = 2 x 3 x 7
(2) 42 = 2 x 21 (4) 42 = 6 x 7

Si l'on dresse à présent la liste de tous les nombres qui permettent de décomposer 42 en un produit de nombres entiers, cela nous donne : **1, 2, 3, 6, 7, 14, 21 et 42.**
On dira alors que 42 **est divisible par** 1, 2, 3, 6, 7, 14, 21 et 42 puisque la division de 42 par l'un de ces nombres donne un nombre entier.

On dira également que 42 **est un multiple de** 1, 2, 3, 6, 7, 14, 21 et 42 puisqu'il est possible d'écrire 42 comme le produit de l'un des nombres « 1, 2, 3, 6, 7, 21, 42 » par un autre nombre entier.

En règle générale, on dit qu'**un nombre entier A est un multiple d'un nombre entier B s'il existe un entier C tel que A = B x C.**
On dit également qu'**un nombre entier A est divisible par un nombre entier B si le reste de la division de A par B donne un quotient entier et un reste nul.** Cette dernière règle constitue une excellente transition pour notre prochain point : la division euclidienne.

4. Division euclidienne

Si A et B sont deux entiers naturels, B différent de 0, il existe des entiers Q et R déterminés de manière unique par les conditions suivantes :

A = B x Q + R avec R compris entre 0 et B - 1

Q s'appelle le quotient de la division de A par B et R s'appelle le reste de cette division. Si le reste est nul, cela signifie qu'il existe un entier Q tel que A = B x Q. On dit alors que B divise A, ou encore que A est un multiple de B.

5. PPCM

Le Plus Petit Commun Multiple (PPCM) de deux entiers naturels A et B est le plus petit entier naturel qui soit à la fois multiple de A **et** de B.

[Exemple 1 : quel est le PPCM de 30 et 84 ?]

Prenons les nombres 30 et 84 et décomposons-les en produits de facteurs premiers. Cela nous donne : 30 = **2 x 3 x 5** et 84 = 2 x 2 x 3 x 7 = $\mathbf{2^2 \times 3 \times 7}$

Pour calculer le PPCM de ces deux nombres, **nous allons sélectionner les facteurs qui figurent au moins une fois dans l'un des produits. Si ces facteurs figurent avec des exposants, nous leur attribuerons leur plus grand exposant et nous effectuerons alors le produit de tous ces nombres.**
Pour le nombre premier 2, le plus grand exposant est 2. Pour les nombres premiers 3, 5 et 7, le plus grand exposant est 1.

On trouve alors PPCM [30, 84] = $2^2 \times 3 \times 5 \times 7 = 420$

[Exemple 2 : quel est le PPCM 72 et 132 ?]

Prenons nos deux nombres et décomposons-les en produits de facteurs premiers. Cela nous donne : 72 = 2 x 2 x 2 x 3 x 3 = $\mathbf{2^3 \times 3^2}$ et 132 = 2 x 2 x 3 x 11 = $\mathbf{2^2 \times 3^1 \times 11^1}$
Pour le nombre premier 2, le plus grand exposant est 3. Pour le nombre premier 3, le plus grand exposant est 2 ; et pour le nombre premier 11, le plus grand exposant est 1.

On trouve alors : PPCM [72, 132] = $2^3 \times 3^2 \times 11 = 8 \times 9 \times 11 = 792$

Entraînez-vous à présent à trouver le PPCM des nombres suivants :
[36 et 24] ; [100 et 12] ; [144 et 81] puis [18 et 16]

Réponses : [36 et 24] : 72 ; [100 et 12] : 300 ; [144 et 81] : 1 296 ; [18 et 16] : 144

6. PGCD

Le Plus Grand Commun Diviseur (PGCD) de deux entiers naturels A et B est le plus grand entier naturel qui divise à la fois A **et** B.

[Exemple : quel est le PGCD de 72 et 132 ?]

La décomposition de ces deux nombres en produits de facteurs premiers nous donne : $72 = 2 \times 2 \times 2 \times 3 \times 3 = \mathbf{2^3 \times 3^2}$ et $132 = 2 \times 2 \times 3 \times 11 = \mathbf{2^2 \times 3^1 \times 11^1}$

Pour calculer le PGCD de ces deux nombres, **nous allons sélectionner les facteurs communs (*i.e.* présents dans les deux produits). S'ils figurent avec des exposants, nous leur attribuerons leur plus petit exposant et nous effectuerons alors le produit de tous ces nombres.**

On trouve alors : PGCD [72, 132] $= 2^2 \times 3^1 = 4 \times 3 = 12$

Entraînez-vous à présent à trouver le PGCD des nombres suivants :
[36 et 24] ; [100 et 12] ; [144 et 81] puis [18 et 16]

Réponses : [36 et 24] : 12 ; [100 et 12] : 4 ; [144 et 81] : 9 ; [18 et 16] : 2

7. Criteres de divisibilite

Vous devez savoir que les épreuves de **calcul** et de **conditions minimales** font largement appel à votre maîtrise parfaite du calcul mental : vous serez en effet souvent amenés à faire des calculs simples mais rapides de tête (additions, multiplications, puissances, simplification de fractions). Souvenez-vous que vous n'avez jamais le droit à la calculatrice et que vous serez condamnés à identifier rapidement si tel nombre est divisible par 4 ou si tel autre est divisible par 6.

Connaître vos critères de divisibilité est également un prérequis nécessaire si vous souhaitez décomposer rapidement un nombre en un produit de facteurs premiers ou si vous souhaitez simplifier une fraction. Sachez enfin que reconnaître en **logique** (épreuve numéro 6 du TAGE MAGE) une série composée de nombres qui sont tous divisibles par 9 ou 11 vous permettra de gagner très facilement des points ô combien précieux.

[1. Critère de divisibilité par 2]

Un nombre N est divisible par 2 si, et seulement si, il se termine par les chiffres 0, 2, 4, 6 ou bien 8… Autrement dit, si, et seulement si, il est pair.

Exemples de nombres divisibles par 2 : **0, 14, 898, 123 456**

[2. Critère de divisibilité par 3]

Un nombre N est divisible par 3 si, et seulement si, la somme de ses chiffres est divisible par 3.

Exemples de nombres divisibles par 3 : **0, 12, 45, 99, 111, 189, 768, 123 456**

[3. Critère de divisibilité par 4]

Un nombre N est divisible par 4 si, et seulement si, il se termine par 2 chiffres AB constituant un nombre divisible par 4.

Exemples de nombres divisibles par 4 : **0, 12, 96, 144, 2 028, 162 536, 7 115 308**

[4. Critère de divisibilité par 5]

Un nombre N est divisible par 5 si, et seulement si, il finit par 0 ou 5.

Exemples de nombres divisibles par 5 : **0, 10, 125, 121 175, 1 971 860**

[5. Critère de divisibilité par 6]

Un nombre N est divisible par 6 si, et seulement si, il est divisible par 2 et par 3.

Exemples de nombres divisibles par 2 : **0, 42, 54, 114, 594, 612, 6 172 194**

[6. Critère de divisibilité par 9]

Un nombre N est divisible par 9 si, et seulement si, la somme de ses nombres est divisible par 9.

Exemples de nombres divisibles par 9 : **0, 18, 54, 117, 234, 504, 927, 617 891 751**

[7. Critère de divisibilité par 10]

Un nombre N est divisible par 10 si, et seulement si, il se termine par 0.

Exemples de nombres divisibles par 10 : **0, 10, 110, 278 270**

[8. Critère de divisibilité par 11]

Critère général : un nombre N est divisible par 11 si, et seulement si, la différence entre la somme de ses chiffres de rang impair et celle de ses chiffres de rang pair est un multiple de 11 (0, 11, 22, etc.). Ainsi, le nombre 1 485 est divisible par 11 puisque que l'on a bien (1 + 8) - (4 + 5) = 9 - 9 = 0

Exemples de nombres divisibles par 1 : **0, 22, 88, 99, 275, 451, 704, 814, 72 556**

Attention ! Erreur fréquente : 111 ou 333 ne sont pas divisibles par 11.

8. Pair ou impair ?

Un nombre pair est un entier positif qui se termine par 0, 2, 4, 6 ou 8.
Un nombre impair est un entier positif qui se termine par 1, 3, 5, 7 ou 9.

[Addition de nombres pairs / impairs]

Soit P un nombre pair et I un nombre impair ; on a :

P + P = P   P + I = I   I + I = P

[Multiplication de nombres pairs / impairs]

Soit P un nombre pair et I un nombre impair ; on a :

P x P = P   P x I = P   I x I = I

9. Nombres successifs

On dit que deux nombres entiers sont successifs s'ils… se suivent ! Ainsi : 3 et 4 sont successifs, de même que 167 et 168.

On dit également que 9, 10, 11 et 12 (par exemple) sont des **nombres entiers successifs croissants,** tandis que 19, 18, 17, 16 et 15 (par exemple) sont des **nombres entiers successifs décroissants.**

On dit enfin que 22, 24, 26, 28 et 30 (par exemple) sont des **nombres entiers pairs successifs croissants** et que 87, 85, 83 et 81 (par exemple) sont des **nombres entiers impairs successifs décroissants.**

Concernant les nombres successifs, nous vous invitons à connaître les propositions suivantes qui pourront vous être utiles dans les épreuves de calcul et de conditions minimales au TAGE MAGE :

(1) La somme de deux nombres entiers successifs (croissants ou décroissants) est toujours **impaire.** Ainsi, 16 + 17 = 33 et 224 + 223 = 447. **Rappel : P + I = I.**

(2) La somme de quatre nombres entiers successifs (croissants ou décroissants) est toujours **paire.** Ainsi, 2 + 3 + 4 + 5 = 14.

(3) La moyenne de trois nombres entiers consécutifs (croissants ou décroissants) est égale au deuxième d'entre eux. Ainsi, la moyenne des nombres 3, 4 et 5 est égale à 4 et la moyenne de 98, 97 et 96 est égale à 97.

(4) Le produit de deux nombres entiers consécutifs (croissants ou décroissants) est toujours **pair. Rappel : P x I = I.**

10. JARGON ARITHMETIQUE

Dans certains énoncés du TAGE MAGE, vous aurez affaire à du jargon arithmétique qui pourra parfois s'avérer quelque peu déstabilisant.

Si vous savez en effet ce que signifie « le double de », « le triple de » ou le « le quadruple de », vous hésitez parfois sur la signification des mots « quintuple », « nonuple » ou « décuple ». Petit rappel donc :

- Quadruple	4 fois
- Quintuple	5 fois
- Sextuple	6 fois
- Septuple	7 fois
- Octuple	8 fois
- Nonuple	9 fois
- Décuple	10 fois
- Dodécuple ou Duodécuple	12 fois
- Centuple	100 fois

11. TABLES DE MULTIPLICATION, DE CARRES ET DE CUBES

Aussi bizarre que cela puisse vous paraître, vous devez absolument connaître par cœur vos carrés de 1 à 20 et vos cubes de 1 à 10, absolument par cœur ! **Et oui, que ce soit en calcul, en conditions minimales ou en logique, vous devrez dans de nombreux cas faire appel à eux pour gagner en rapidité et en efficacité.**

Prenez donc cette question tombée au TAGE MAGE dans l'épreuve de conditions minimales dont l'énoncé commençait par : « Y est un cube de trois chiffres. Que vaut Y ? ». Et bien, dans la salle, il y avait ceux qui connaissaient leurs cubes par cœur et qui en un coup de crayon, notaient sur le sujet : 125, 216, 343, 512 et 729 ; et il y avait les autres… qui s'évertuaient à calculer à la main 6 x 6 x 6 ou 9 x 9 x 9.

Ainsi, pendant qu'ils terminaient de calculer le cube de 9, les plus malins étaient déjà passés à la question suivante. Ce type de détails peuvent vous paraître dérisoires, mais croyez-moi, si vous avez la ferme intention d'obtenir un excellent score et de figurer parmi les meilleurs candidats, vous comprendrez que gagner 45 secondes dans une épreuve de 20 minutes est clairement ce qui peut vous permettre de faire la différence le jour du test. D'ailleurs, si l'on réfléchit un peu, gagner 45 secondes dans une épreuve de 20 minutes, c'est comme gagner 9 minutes dans une épreuve de dissertation ou de synthèse de 4 heures. Avouez quand même que parfois, on rêverait bien de pouvoir « gratter » 9 minutes supplémentaires pour terminer la rédaction de sa conclusion, non ? Assez parlé. Au travail maintenant ! **Tournez la page et apprenez sans plus tarder vos tables de multiplication, vos cubes et vos carrés.**

[Astuce 1 : calculer les carrés de nombres qui se terminent par 5]

Pour calculer le carré d'un nombre qui se termine par **5,** il suffit dans un premier temps d'isoler le chiffre ou le nombre qui se trouve avant le dernier chiffre (5, donc) et de le multiplier par son suivant. Et il suffit ensuite d'associer au résultat obtenu le nombre 25.

Premier exemple : si vous désirez calculer 25^2, il suffit de multiplier le premier chiffre (qui vaut 2) par son suivant (qui vaut 3) : 2 x 3 = <u>6</u> puis d'associer **25** à <u>6</u> pour obtenir <u>6</u>**25**. Ainsi, 25 au carré est égal à 625.
Deuxième exemple : calculons 115^2 (pourquoi pas !). Pour cela, on multiplie 11 par son suivant (12) pour obtenir 11 x 12 = 132 et on associe ensuite 25 à 132 soit 13 225 et on trouve donc que le carré de 115 est égal à 13 225.

[Astuce 2 : calculer des carrés consécutifs]

Si vous connaissez le carré d'un entier N, il suffit d'**ajouter** $\mathbf{2N + 1}$ à ce carré pour trouver la valeur du carré de l'entier suivant.
Ainsi, si vous connaissez le carré de 20 (soit $N = 20$ et $N^2 = 400$) alors il est très facile de trouver le carré de 21 qui vaut 400 + **(2 x 20 + 1)** = 441.

[Astuce 3 : jouer les écarts !]

Cette astuce est absolument géniale !
En fait, lorsque vous connaissez vos carrés par cœur, il devient très facile de calculer certains produits de nombres entiers.

Exemple 1 : si vous connaissez par exemple le carré de 12, alors 12 x 13 ne doit plus avoir de secret pour vous puisqu'il suffit d'ajouter 12 au carré de 12. En effet : $12 \times 13 = 12 \times (12 + 1) = 12^2 + 12 = 144 + 12 = 156$. Mais ce n'est pas tout.

Exemple 2 : disons que vous souhaitiez calculer à présent 13 x 17.
Dans ce cas, vous devez constater que 13 comme 17 sont « écartés » de 15 de façon égale (17 = **15** + 2 et 13 = **15** - 2) pour conclure que 13 x 17 = 221. Il suffit en effet de constater simplement que $13 \times 17 = (15 - 2) \times (15 + 2) = 15^2 - 2^2 = 225 - 4 = 221$.

Exemple 3 : Calculons à présent 19 x 21.
19 et 21 sont « écartés » de 20 de façon égale. On peut donc appliquer l'astuce des écarts puisque $19 \times 21 = (20 - 1) \times (20 + 1) = 20^2 - 1^2 = 400 - 1 = 399$.

Quelques applications pour terminer **(rappel : $A^2 - B^2 = (A - B)(A + B)$) :**

13 x 14
$13 \times 14 = 13^2 + 13 = 169 + 13 = 182$

12 x 16
$12 \times 16 = 14^2 - 4 = 196 - 4 = 192$

23 x 27
$23 \times 27 = 25^2 - 4 = 625 - 4 = 621$

26 x 34
$26 \times 34 = 30^2 - 16 = 900 - 16 = 884$

97 x 103
$97 \times 103 = 100^2 - 9 = 10\,000 - 9 = 9\,991$

17 x 19
$17 \times 19 = 18^2 - 1 = 324 - 1 = 323$

Tables de multiplication, carrés, et premiers nombres premiers

	1	2	3	4	5	6	7	8	9	10	11	12	13	14	15	16	17	18	19	20
1	**1**	2	3	4	5	6	7	8	9	10	11	12	13	14	15	16	17	18	19	20
2	2	**4**	6	8	10	12	14	16	18	20	22	24	26	28	30	32	34	36	38	40
3	3	6	**9**	12	15	18	21	24	27	30	33	36	39	42	45	48	51	54	57	60
4	4	8	12	**16**	20	24	28	32	36	40	44	48	52	56	60	64	68	72	76	80
5	5	10	15	20	**25**	30	35	40	45	50	55	60	65	70	75	80	85	90	95	100
6	6	12	18	24	30	**36**	42	48	54	60	66	72	78	84	90	96	102	108	114	120
7	7	14	21	28	35	42	**49**	56	63	70	77	84	91	98	105	112	119	126	133	140
8	8	16	24	32	40	48	56	**64**	72	80	88	96	104	112	120	128	136	144	152	160
9	9	18	27	36	45	54	63	72	**81**	90	99	108	117	126	135	144	153	162	171	180
10	10	20	30	40	50	60	70	80	90	**100**	110	120	130	140	150	160	170	180	190	200
11	11	22	33	44	55	66	77	88	99	110	**121**	132	143	154	165	176	187	198	209	220
12	12	24	36	48	60	72	84	96	108	120	132	**144**	156	168	180	192	204	216	228	240
13	13	26	39	52	65	78	91	104	117	130	143	156	**169**	182	195	208	221	234	247	260
14	14	28	42	56	70	84	98	112	126	140	154	168	182	**196**	210	224	238	252	266	280
15	15	30	45	60	75	90	105	120	135	150	165	180	195	210	**225**	240	255	270	285	300
16	16	32	48	64	80	96	112	128	144	160	176	192	208	224	240	**256**	272	288	304	320
17	17	34	51	68	85	102	119	136	153	170	187	204	221	238	255	272	**289**	306	323	340
18	18	36	54	72	90	108	126	144	162	180	198	216	234	252	270	288	306	**324**	342	360
19	19	38	57	76	95	114	133	152	171	190	209	228	247	266	285	304	323	342	**361**	380
20	20	40	60	80	100	120	140	160	180	200	220	240	260	280	300	320	340	360	380	**400**

Table de carrés

CARRES									
1	1	6	36	11	121	16	256	21	441
2	4	7	49	12	144	17	289	22	484
3	9	8	64	13	169	18	324	23	529
4	16	9	81	14	196	19	361	24	576
5	25	10	100	15	225	20	400	25	625

Table de cubes

CUBES			
1	1	7	343
2	8	8	512
3	27	9	729
4	64	10	1000
5	125	11	1331
6	216	12	1728

3. ARITHMETIQUE : APPLICATIONS CLES

Les applications clés qui suivent ont pour objectif de vous familiariser avec l'ensemble des notions exposées dans le point de cours précédent. N'oubliez jamais qu'un excellent score au TAGE MAGE se gagne avec une agilité et une dextérité qui doit toujours résister à l'épreuve du temps. Ne négligez donc jamais ces applications.
Rappel : vous n'avez jamais le droit à la calculatrice. Essayez donc autant que possible de répondre aux questions qui suivent en faisant vos calculs de tête.

1. Enonces

1. Parmi les nombres suivants, soulignez ceux qui sont divisibles par 7 :
   1 484 – 786 – 128 – 429 – 567 – 111 – 198 – 81 – 91 – 101 – 113 – 1 897 – 896

2. Parmi les nombres suivants, soulignez ceux qui sont divisibles par 13 :
   716 – 403 – 123 – 373 – 918 – 767 – 818 – 156 – 838 – 119 – 8 163 – 91

3. Que vaut 9 999 + 99 + 9 999 ?

4. Que vaut 654 - 98 ?

5. Que vaut 6 760 - 95 ?

6. Décomposez 716, 123, 365 et 868 en produits uniques de facteurs premiers.

7. Que vaut W sachant que $W + W = W^2$?

8. Que vaut la somme de tous les entiers naturels qui divisent 28 hormis lui-même ? Que remarquez-vous ?

9. Parmi les nombres suivants, lesquels sont divisibles par 11 ?
   222 – 465 – 909 – 671 – 704 – 869 – 99 – 4 404 – 3212 – 8 107 – 817 – 762

10. Que vaut la somme de tous les diviseurs de 220 ? Et que vaut la somme de tous les diviseurs de 284 ? Que remarquez-vous ?

11. Vous avez 6 minutes pour effectuer les opérations suivantes, et pas une de plus !

25 + 7 =	25 + 8 =	51 + 73 =
42 + 59 =	56 + 13 =	79 + 14 =
58 + 69 =	77 + 9 =	76 + 67 =
41 + 63 =	90 + 77 =	42 + 49 =
22 + 24 =	62 + 19 =	20 + 63 =
66 + 74 =	46 + 16 =	100 + 43 =
62 + 13 =	86 x 88 =	65 x 80 =
47 + 82 =	93 + 45 =	32 + 21 =
55 + 9 =	9 + 12 =	68 + 46 =
98 + 86 =	87 + 67 =	55 + 31 =
100 + 34 =	72 x 5 =	46 x 33 =
20 + 28 =	60 + 58 =	56 + 4 =
78 + 23 =	99 + 56 =	37 + 25 =
32 + 27 =	88 + 40 =	42 + 39 =
70 + 20 =	81 + 66 =	82 + 6 =
44 x 71 =	32 + 9 =	53 + 13 =
13 + 71 =	39 + 39 =	96 + 40 =
27 x 25 =	86 + 59 =	6 x 63 =
38 + 7 =	48 + 16 =	61 + 53 =
28 + 23 =	56 + 60 =	92 + 47 =
65 + 88 =	58 + 44 =	20 + 61 =
6 x 78 =	24 + 77 =	95 + 46 =
79 + 19 =	48 x 73 =	67 x 53 =
18 + 24 =	11 + 15 =	27 + 76 =
80 + 8 =	19 + 34 =	81 + 23 =
86 + 6 =	76 + 19 =	64 + 56 =
9 + 10 =	85 + 54 =	27 + 64 =
73 x 9 =	98 + 30 =	63 + 60 =
103 + 56 =	8 + 23 =	63 + 75 =
56 + 55 =	37 + 70 =	63 + 37 =

12. Le signe « : » signifie « divisé par » et vous avez 8 minutes, et pas une de plus, pour effectuer les opérations suivantes.

100 : 5 =	60 - 3 =	63 : 7 =
144 : 12 =	84 : 12 =	60 : 10 =
36 : 2 =	33 : 11 =	14 : 7 =
36 : 4 =	72 x 6 =	80 x 8 =
84 x 12 =	64 : 8 =	100 : 10 =
88 : 8 =	54 : 9 =	16 x 8 =
16 - 4 =	21 : 7 =	45 : 5 =
99 x 9 =	27 x 3 =	91 : 13 =
60 : 12 =	132 : 12 =	30 : 5 =
38 : 2 =	28 : 7 =	50 x 21 =
77 : 11 =	14 - 2 =	36 : 4 =
120 : 12 =	14 : 1 =	22 x 2 =
35 + 7 =	36 : 9 =	12 : 4 =
132 : 11 =	24 x 8 =	121 : 11 =
96 : 12 =	77 : 11 =	48 : 12 =
40 : 10 =	40 - 8 =	27 : 9 =
42 - 6 =	60 : 10 =	132 : 12 =
28 x 4 =	65 : 13 =	66 : 11 =
36 : 9 =	66 : 11 =	10 : 5 =
10 : 5 =	121 : 11 =	42 : 6 =
110 : 10 =	60 x 19 =	16 : 4 =
72 x 12 =	42 : 7 =	77 : 7 =
143 : 13 =	48 : 12 =	88 : 22 =
60 : 10 =	54 : 6 =	35 : 7 =
56 - 7 =	100 - 10 =	36 : 4 =
81 : 9 =	40 : 4 =	22 : 11 =
108 : 9 =	12 : 2 =	65 : 13 =
34 : 2 =	24 : 3 =	24 x 4 =
20 : 4 =	40 : 8 =	56 : 7 =
50 : 5 =	70 : 10 =	30 : 2 =

13. Que vaut le reste de la division euclidienne de 12 718 par 17 ?

14. Que vaut le quotient de la division euclidienne de 12 345 par 12 ?

15. Que vaut le PPCM de 102 et 124 ?

16. Que vaut le PGCD de 36 et 54 ?

17. Ecrivez trois nombres qui sont à la fois des carrés et des cubes.

18. Que vaut 15 x 17 ?

19. Que vaut 18 x 22 ?

20. Que vaut le carré de 23 sachant que le carré de 22 vaut 484 ?

21. Que vaut la moitié du quart du cube de 8 ?

22. Le carré de 64 est-il plus grand ou plus petit que le cube de 16 ?

23. Parmi les nombres suivants, soulignez ceux qui sont égaux à trois fois la valeur d'un cube entier :
2 187 – 3 – 91 – 192 – 75 – 648 – 865 – 325 – 24 – 375 – 81 – 1 024 – 1 029
Ne sortez pas la calculatrice ! Non ! Rangez-la immédiatement.

24. Les **3 C** en action ! Calcul mental / Concentration / Combativité. C'est parti !

51 754 536	+	52 636 239	=
6 536 725 435	+	6 554 541	=
876 352 637	+	626 712 761	=
64 352 435	+	920 893	=
275 324 176	+	716 526	=
63 526 356 827	+	6 152 415 524	=
86 375 263	+	712 767 162	=
8 637 627	+	15 251 652	=
5 623 452	+	162 761	=
7 536 526	+	72 465 785 555	=

2. Corriges

1. **<u>1 484</u>** – 786 – 128 – 429 – **<u>567</u>** – 111 – 198 – 81 – **<u>91</u>** – 101 – 113 – **<u>1 897</u>** – **<u>896</u>**

S'il existe bien un critère de divisibilité par 7, nous éviterons bien sûr de l'utiliser dans le cadre du TAGE MAGE. L'application de ce critère sur des nombres à trois chiffres prend plus de temps qu'une simple division à la main ou qu'un calcul mental à tâtons (voir la question suivante pour ce qui concerne la technique de calcul mental à tâtons).

2. 716 – **<u>403</u>** – 123 – 373 – 918 – **<u>767</u>** – 818 – **<u>156</u>** – 838 – 119 – 8 163 – **<u>91</u>**

Pour savoir si un nombre est multiple de 13, nous allons raisonner à tâtons. Autrement dit, pour savoir si 716 est multiple de 13, nous allons commencer par multiplier 13 par 10 (ce qui nous donne 130), multiplier ensuite 130 par 5 pour obtenir 650 et remarquer enfin que pour aller de 650 à 716, il faut ajouter 66, autrement dit un nombre qui n'est pas divisible par 13 (puisque les premiers multiples de 13 sont : 13, 26, 39, 52, 65, 78…). En conclusion 716 ne pouvant s'écrire du début à la fin comme une **composition** de nombres multiples de 13, ce nombre n'est donc pas multiple de 13. En revanche, vous aurez noté que 715 est bien un multiple de 13 puisque 715 = 13 x 10 x 5 + 65 (soit une composition de nombres divisibles par 13).

3. Que vaut **9 999 + 99 + 9 999** ?

Il suffit ici d'ajouter 1 à chacun des trois nombres et on retranchera 3 du total facilement obtenu. Soit : 10 000 + 100 + 10 000 - 3 = 20 100 - 3 = 20 097

4. Que vaut **654 - 98** ?
On ajoute 2 à chaque nombre, ce qui ne change rien au résultat.
Soit 656 - 100 = 556

5. Que vaut **6 760 - 95** ?
On ajoute 5 à chaque nombre, ce qui ne change rien au résultat. Soit 6 765 - 100 = 6 665

6. Décomposez 716, 123, 365 et 868 en **produits uniques de facteurs premiers.**

716 = 2 x 358 = 2 x 2 x 179. Stop ! Car 179 est un nombre premier.
123 = 3 x 41. Stop ! Car 41 est un nombre premier.
365 = 5 x 73. Stop ! Car 73 est un nombre premier.
868 = 2 x 434 = 2 x 2 x 217 = 2 x 2 x 7 x 31. Stop ! Car 31 est un nombre premier.

Toute la question est maintenant de savoir comment on reconnaît un nombre premier autre que ceux que l'on connaît déjà par cœur.
Et bien il suffit en fait de tester la divisibilité de ce nombre par les nombres premiers inférieurs ou égaux à la racine carrée du premier carré entier supérieur à ce nombre (ouf !).
Ainsi, pour 179, le premier carré supérieur est 196 et la racine carrée de 196 vaut 14. On teste alors la divisibilité de 179 par les nombres premiers inférieurs à 14, soit 13, 11, 7, 5, 3 et 2. Pour cela, il suffit d'appliquer quand c'est possible les différents critères de divisibilité ou de poser tout simplement une division. Ici, la division de 179 par 13 ne donne pas un nombre entier (179 n'est donc pas divisible par 13) et l'application des critères de divisibilité par 11, 7, 5, 3 et 2 nous permet de conclure que 179 n'est divisible par aucun de ces nombres. 179 est par conséquent un nombre premier !

7. Que vaut W sachant que $W + W = W^2$?
W = 0 ou 2 ! Ecrivez par exemple : $2W = W^2$ soit W (W - 2) = 0. Concluez ensuite qu'un produit de facteurs est nul si l'un ou l'autre des facteurs est nul, soit W = 0 ou W = 2.

8. Que vaut la somme de tous les entiers naturels qui divisent 28 (hormis lui-même) ?
Les entiers naturels qui divisent 28 sont (hormis lui-même) sont : 1, 2, 4, 7 et 14.
Vous remarquez alors que 1 + 2 + 4 + 7 + 14 = **28.** Autrement dit, 28 est égal à la somme de ses diviseurs. On dit alors que 28 est un **nombre parfait.**
Autres nombres parfaits : 6 ; 496 ; 8 128 ou encore 33 550 336.

9. Parmi les nombres suivants, lesquels sont divisibles par 11 ?
222 – 465 – 909 – **671** – **704** – **869** – **99** – 4 404 – **3 212** – **8 107** – 817 – 762

10. Que vaut la somme de tous les diviseurs de 220 ? Et que vaut la somme de tous les diviseurs de 284 ? Que remarquez-vous ?
220 a pour diviseurs : 1, 2, 4, 5, 10, 11, 20, 22, 44, 55 et 110. La somme de tous ces nombres est égale à **284.**
284 a quant à lui pour diviseurs : 1, 2, 4, 71 et 142 dont la somme est égale à **220.**
Vous ne remarquez toujours rien ?

11. Si vous avez répondu juste à moins de 75 % des opérations, alors cela signifie que vous avez du mal en calcul ! Entraînez-vous encore et encore, chaque jour, sans cesse en calculant tout de tête.

12. Si vous avez répondu juste à plus de 60 % des opérations, alors vous avez toutes les chances de réussir à conduire de nombreux calculs de tête le jour du test, ce qui est de bonne augure pour vous !

13. Que vaut le **reste** de la division euclidienne de 12 718 par 17 ?
12 718 = 17 x 748 + **2**. Le reste est donc égal à 2.

14. Que vaut le quotient de la division euclidienne de 12 345 par 12 ?
12 345 = **1 028** x 12 + 9. Le quotient est donc égal à 1 028.

15. Que vaut le PPCM de 102 et 124 ? PPCM [102 ; 124] = 6 324

16. Que vaut le PGCD de 36 et 54 ? PPCM [36 ; 54] = 18

17. Ecrivez trois nombres qui sont à la fois des carrés et des cubes : **0, 1 et 64** !

18. Que vaut **15 x 17** ?
$15 \times 17 = (16 - 1) \times (16 + 1) = 16^2 - 1 = 255$

19. Que vaut **18 x 22** ?
$18 \times 22 = (20 - 2) \times (20 + 2) = 20^2 - 2^2 = 400 - 4 = 396$

20. Que vaut le carré de 23 sachant que le carré de 22 vaut 484 ?

Rappel : deux carrés entiers consécutifs N^2 et $(N + 1)^2$ sont distants de 2N + 1 unités. Ici N = 22 et 22^2 et 23^2 sont donc distants de 2 x 22 + 1 soit 45.
En conclusion : $23^2 = 484 + 45 =$ **529**

21. Que vaut la moitié du quart du cube de 8 ?

On cherche le huitième (la moitié du quart signifie 1/2 x 1/4 = 1/8) du cube de 8… Autrement dit le carré de 8, *i.e.* **64.**

22. Le carré de 64 est-il plus grand ou plus petit que le cube de 16 ?

Voici des jeux d'écriture. Très TAGE MAGE !
$16^3 = (2 \times 8)^3 = (2^3 \times 8^3) = (8 \times 8)^3 = 8^4$
$64^2 = (8^2)^2 = 8^{2\times2} = 8^4$

En conclusion : le carré de 64 est EGAL au cube de 16 !

23. Parmi les nombres suivants, soulignez ceux qui sont égaux à trois fois la valeur d'un cube entier :
<u>2 187</u> – **<u>3</u>** – 91 – **<u>192</u>** – 75 – **<u>648</u>** – 865 – 325 – **<u>24</u>** – **<u>375</u>** – **<u>81</u>** – 1 024 – **<u>1 029</u>**

24.

51 754 536	+	52 636 239	=	104 390 775
6 536 725 435	+	6 554 541	=	6 543 279 976
876 352 637	+	626 712 761	=	1 503 065 398
64 352 435	+	920 893	=	65 273 328
275 324 176	+	716 526	=	276 040 702
63 526 356 827	+	6 152 415 524	=	69 678 772 351
86 375 263	+	712 767 162	=	799 142 425
8 637 627	+	15 251 652	=	23 889 279
5 623 452	+	162 761	=	5 786 213
7 536 526	+	72 465 785 555	=	72 473 322 081

Retrouvez sur www.aurlom.com des exercices pour doper votre calcul mental.

4. OPERATIONS USUELLES

Au TAGE MAGE, les opérations usuelles recouvrent les fractions, les puissances, ainsi que les racines carrées. Si vous êtes condamnés à maîtriser parfaitement ces opérations, c'est parce que l'on vous demandera ici et là de simplifier la fraction 91/14, de donner une expression équivalente à 27^9, de calculer le quart du douzième du cube de 6 ou encore de vous servir de l'inégalité $\sqrt{a+b} < \sqrt{a}+\sqrt{b}$ avec a et b des nombres réels positifs non nuls. Nous comptons sur vous pour connaître ces opérations **par cœur !**

1. FRACTIONS

[A retenir !]

Dans la fraction $\frac{a}{b}$, a est appelé **numérateur** et b est appelé **dénominateur.**

Soient a, b, c et d des nombres entiers non nuls, alors :

$$\frac{a}{b} = \frac{c}{d} \Leftrightarrow a \times d = b \times c$$

Soient a, b et x des nombres entiers non nuls, alors :

$$x = a \times b \Leftrightarrow a = \frac{x}{b} \Leftrightarrow b = \frac{x}{a} \Leftrightarrow \frac{a}{x} = \frac{1}{b} \Leftrightarrow \frac{b}{x} = \frac{1}{a}$$

[Manipulations fondamentales]

Soient a, b, x *et* y des nombres entiers non nuls.

(1) $\frac{a}{b} + \frac{x}{y} = \frac{a \times y + b \times x}{b \times y}$ (2) $a \times \frac{x}{y} = \frac{a \times x}{y}$ (3) $\frac{a}{b} \times \frac{x}{y} = \frac{a \times x}{b \times y}$

(4) $\frac{1}{\frac{1}{a}} = a$ (5) $\frac{\frac{a}{b}}{x} = \frac{a}{b \times x} = \frac{a}{b} \times \frac{1}{x}$ (6) $\frac{\frac{a}{b}}{\frac{x}{y}} = \frac{a}{b} \times \frac{y}{x}$

[Simplifier une fraction]

Simplifier une fraction consiste à transformer une fraction en une autre **avec un numérateur et un dénominateur qui sont les plus petits possibles.**

Si les fractions 2/3 ou 13/7 ne sont pas simplifiables (2 et 3 comme 13 et 7 n'ont pas de facteur commun), des fractions comme 14/4 ou 21/105 en revanche le sont !

Pour simplifier une fraction, on utilise le principe suivant :

> **On ne change pas la valeur d'une fraction si l'on divise ou multiplie le numérateur et le dénominateur par un même nombre non nul.**

Ainsi : $\frac{3}{5}=\frac{3\times 4}{5\times 4}=\frac{12}{20}$; $\frac{3}{5}=\frac{3\times 7}{5\times 7}=\frac{21}{35}$ et $\frac{3}{5}=\frac{3\times 2}{5\times 2}=\frac{6}{10}$

Et on conclut alors que : $\frac{14}{4}=\frac{\cancel{2}\times 7}{\cancel{2}\times 2}=\frac{7}{2}$ et $\frac{21}{105}=\frac{\cancel{7}\times 3}{\cancel{7}\times 15}=\frac{3}{15}=\frac{\cancel{3}\times 1}{\cancel{3}\times 5}=\frac{1}{5}$

7/2 et 1/5 sont appelées **fractions irréductibles,** *i.e.* on ne peut simplifier davantage.

2. Puissances

Soit n un entier naturel supérieur ou égal à deux et A un nombre réel.

$$A^n = A \times A \times \ldots \times A \ (n \text{ fois})$$

$\boldsymbol{A^n}$ est lu « A puissance n » ou « A exposant n ». En particulier, le **carré** et le **cube** sont des puissances d'exposant 2 et 3 respectivement.

[Manipulations fondamentales]

Soit A, B et C des nombres réels non nuls ; soit n et p des entiers naturels.

(1) $A^0 = 1$ (2) $A^{-n} = \frac{1}{A^n}$ (3) $A^n \times A^p = A^{n+p}$

(4) $(A^n)^p = A^{n\times p}$ (5) $\frac{A^n}{B^n} = \left(\frac{A}{B}\right)^n$ (6) $\sqrt{A} = A^{\frac{1}{2}}$ (A positif)

(7) $A^n \times B^n \times C^n = (A \times B \times C)^n$ (8) $A^n \times A^{-n} = 1$

[Identités remarquables]

Trois petites égalités à connaître par cœur !
Soit A et B des nombres réels.

(1) $(A+B)^2 = A^2 + B^2 + 2AB$ (2) $(A-B)^2 = A^2 + B^2 - 2AB$
(3) $(A-B)(A+B) = A^2 - B^2$

3. Racines carrees

La racine carrée d'un nombre réel positif A est le nombre positif dont le carré vaut A.

[Manipulations fondamentales]

Soit A et B deux nombres réels positifs non nuls et C un nombre réel quelconque.

(1) $\sqrt{C^2} = C$ si C est positif ou $-C$ si C est négatif

(2) $\sqrt{A} = A^{\frac{1}{2}}$ (3) $\sqrt{A} \times \sqrt{B} = \sqrt{A \times B}$ (4) $\dfrac{\sqrt{A}}{\sqrt{B}} = \sqrt{\dfrac{A}{B}}$

(5) $\left(\sqrt{A}\right)^n = A^{\frac{n}{2}}$ (6) $\sqrt{A+B} < \sqrt{A} + \sqrt{B}$

Quelques approximations pour terminer :

$\sqrt{2} \approx 1{,}414$ $\sqrt{3} \approx 1{,}732$ $\sqrt{5} \approx 2{,}236$ $\sqrt{7} \approx 2{,}646$ $\sqrt{10} \approx 3{,}162$

5. POURCENTAGES

1. LES TROIS DEFINITIONS DU POURCENTAGE

[1. Un pourcentage est une fraction]

Un pourcentage permet d'exprimer un nombre comme une fraction de cent, généralement en utilisant le signe « % ». Un pourcentage permet alors de comparer une quantité par rapport à la quantité de référence 100 :

$$X\,\% = X/100$$

Ainsi, n'oubliez jamais qu'un pourcentage est d'abord une fraction. Justement, transformez donc **80 %, 72 %, 36 %, 44 %** en fractions irréductibles (*i.e.* en fractions qui ne peuvent pas être simplifiées davantage).

80 % = 80/100 = (4 x 4 x 5)/(4 x 5 x 5) = 4/5

72 % = 72/100 = (9 x 2 x 4)/(5 x 4 x 4) = 18/25

36 % = 36/100 = (4 x 9)/(4 x 25) = 9/25

44 % = 44/100 = (4 x 11)/(4 x 25) = 11/25

[2. Un pourcentage est une part]

Le pourcentage représente une proportion, une part d'un ensemble.
Le total est en fait ramené à 100 et le pourcentage représente donc le rapport d'un *sous-ensemble* à son ensemble :

$$\text{Pourcentage} = [(\text{Part}/\text{Total}) \times 100]\,\%$$

Exemple :

Une galette des rois est coupée en 16 parts. Joe prend 2 parts de galette.
Quel pourcentage de la galette Joe a-t-il mangé ?
Réponse : 2 parts = (2/16) x 100 % = (1/8) x 100 % = 12,5 %

Dans une classe de 30 élèves, il y a 12 garçons. Quel pourcentage de la classe, les garçons représentent-ils ?
Réponse : part des garçons = 12/30 x 100 % = 40 %

[3. Un pourcentage est un nombre décimal]

Le pourcentage est un **nombre décimal** compris entre 0 et 1 lorsque le pourcentage est inférieur à 100 %, et au-dessus de 1 lorsque le pourcentage est supérieur à 100 %.

Exemple :

> Transformez 25 % ; 112 % ; 72 % ; 0,5 % en nombres décimaux.
> Réponse : 25 % = 0,25 ; 112 % = 1,12 ; 72 % = 0,72 ; 0,5 % = 0,005.

2. Tableau fondamental de correspondances

Voici les principales correspondances pourcentages / fractions / nombres décimaux que vous devez absolument connaître sur le bout des doigts et entre lesquelles vous serez amenés à jongler régulièrement en calcul !
N'oubliez jamais qu'un bon candidat est un candidat qui sait en une fraction de seconde que 1/8 est égal à 12,5 % et que 80 % est égal à 4/5 ! C'est à ce prix que l'on devient une « bête » dans les épreuves de calcul des concours.

1 % = 1/100 = 0,01	2 % = 1/50 = 0,02	4 % = 1/25 = 0,04
5 % = 1/20 = 0,05	10 % = 1/10 = 0,1	12,5 % = 1/8 = 0,25
16,66 % ≈ 1/6 ≈ 0,166	20 % = 1/5 = 0,2	25 % = 1/5 = 0,2
33,33 % ≈ 1/3 ≈ 0,333	40 % = 2/5 = 0,4	50 % = 1/2 = 0,5
60 % = 3/5 = 0,6	66,6 %… = 2/3 = 0,66…	70 % = 7/10 = 0,7
75 % = 3/4 = 0,75	80 % = 4/5 = 0,8	100 % = 1
200 % = 2	250 % = 2,5	1 000 % = 10

Doubler revient à multiplier par **2** ou à ajouter **100 %.**

Tripler revient à multiplier par **3** ou à ajouter **200 %.**

Quadrupler revient à multiplier par **4** ou à ajouter **300 %.**

Décupler revient à multiplier par **10** ou à ajouter **900 %.**

Augmenter du **cinquième** revient à ajouter **20 %** ou a multiplier par **1,2.**

Diminuer du **cinquième** revient à baisser de **20 %** ou a multiplier par **0,8.**

Augmenter du **quart** revient à ajouter **25 %** ou a multiplier par **1,25.**

Diminuer du **quart** revient à baisser de **25 %** ou a multiplier par **0,75.**

3. Les grands classiques du TAGE MAGE

[1. Appliquer une augmentation ou une baisse en pourcentage]

Si on **augmente** X (ex. : un prix) de *a* %, alors on obtient une valeur X^+ telle que :

$$X^+ = (1 + a/100) \times X$$

X^+ signifie que l'on a fait subir à X une augmentation en pourcentage.

Retenez ainsi par exemple qu'augmenter X de 35 % revient à multiplier X par 1,35 et qu'augmenter X de 12,8 % revient à multiplier X par 1,128.

Si on **diminue** X (ex. : un prix) de *a* %, alors on obtient une valeur X^- telle que :

$$X^- = (1 - a/100) \times X$$

X^- signifie que l'on a fait subir à X une baisse en pourcentage.

Retenez ainsi par exemple que diminuer X de 35 % revient à multiplier X par 0,65 et que diminuer X de 12,8 % revient à multiplier X par 0,872.

Exemple :

> L'action d'une entreprise cotée à 42 € en ouverture du marché gagne 5 % lors de la séance. Quelle est la côte de l'action à la clôture ?
> Réponse : 42 € + 5 % x 42 € = 42 € x 1,05 = 42 € + 2,1 € = 44,1 €

[2. Appliquer des augmentation(s)/baisse(s) successives en pourcentages]

Lors d'augmentations ou de baisses successives en pourcentages, **les pourcentages se multiplient entre eux, mais ne s'ajoutent pas !**

Augmentations successives :
Si on **augmente** X de *a* % et qu'on **augmente** ensuite la quantité obtenue de *b* %, alors on obtient une valeur X^{++} telle que :

$$X^{++} = (1 + a/100) \times (1 + b/100) \times X$$

Baisses successives :

Si on **diminue** X de *a* % et qu'on **augmente** ensuite la quantité obtenue de *b* %, alors on obtient une valeur X^{--} telle que :

$$X^{--} = (1 - a/100) \times (1 - b/100) \times X$$

Augmentation et baisse successives :

Si on **augmente** X de *a* % et qu'on **diminue** ensuite la quantité obtenue de *b* %, alors on obtient une valeur X^{+-} telle que :

$$X^{+-} = (1 + a/100) \times (1 - b/100) \times X$$

Si on applique à X une **augmentation** de *a* % suivie d'une **baisse** de *b* %, suivie d'une **baisse** de *c* %, suivie d'une **hausse** de *d* %, alors on obtient une valeur X^{+--+} telle que :

$$X^{+--+} = (1 + a/100) \times (1 - b/100) \times (1 - c/100) \times (1 + d/100) \times X$$

Remarque : dans des augmentations/baisses successives en pourcentages, l'ordre des variations n'importe pas. Cela revient ainsi strictement au même d'appliquer une hausse de *a* % suivie d'une hausse de *b* % que l'inverse (*i.e.* une hausse de *b* %, puis une hausse de *a* %). Aussi, cela revient strictement au même d'appliquer une baisse de *a* % suivie d'une hausse de *b* % que l'inverse (*i.e.* une hausse de *b* % suivie d'une baisse de *a* %).

Par exemple, si vous effectuez une hausse de 10 % suivie d'une baisse de 20 % en partant d'une valeur égale à 100, alors les deux ordres possibles sont :

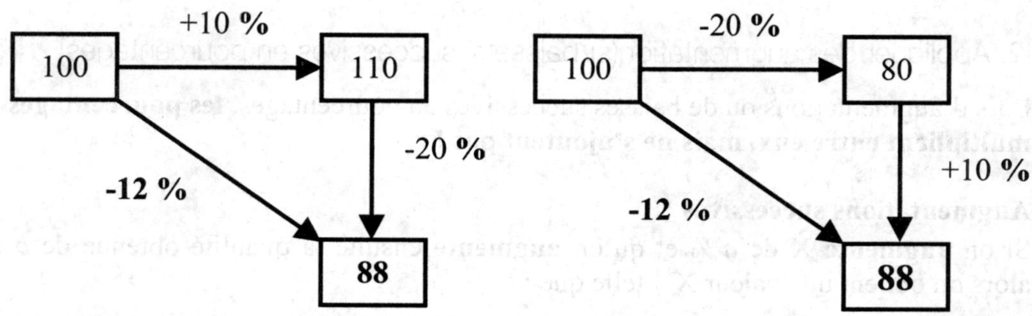

[3. Trouver un pourcentage d'augmentation ou de baisse]

Un problème classique aux concours consiste à vous demander de calculer l'évolution en pourcentage d'une valeur. La variation en pourcentage d'une valeur est égale à :

$$\left[\frac{Vf - Vi}{Vi} \times 100\right]\%$$

Avec ***Vf* la valeur finale** (après la baisse ou l'augmentation en pourcentage) et ***Vi* la valeur initiale** (avant la baisse ou l'augmentation en pourcentage).
Si $Vf > Vi$ alors on trouvera un pourcentage d'augmentation.
Si $Vf < Vi$ alors on trouvera un pourcentage de baisse.

Exemple :

Hier, le prix du litre d'essence à la pompe était égal à 1,40 €. Aujourd'hui, il est égal à 1,428 €. Quel est le pourcentage d'augmentation du prix du litre d'essence entre hier et aujourd'hui ?

Réponse : ici, $Vf = 1{,}428$ et $Vi = 1{,}4$.
Le pourcentage d'augmentation est donc égal à :

$$\left[\frac{1{,}428 - 1{,}4}{1{,}4} \times 100\right]\% = \left[\frac{0{,}028}{1{,}4} \times 100\right]\% = \frac{2{,}8}{1{,}4}\% = 2\%$$

Astuce !
Lorsque vos valeurs finale et initiale *Vf* et *Vi* sont des fractions, nous vous conseillons de calculer le rapport $\frac{Vf}{Vi}$ puis d'en déduire la valeur de l'augmentation ou de la baisse en pourcentage.

Exemple :

On passe de 5/6 à 3/8. Quelle est la variation en pourcentage ?

Réponse : -55 %.

En effet : $\frac{Vf}{Vi}=\frac{\frac{3}{8}}{\frac{5}{6}}=\frac{3}{8}\times\frac{6}{5}=\frac{18}{40}=\frac{9}{20}=1-\frac{11}{20}=1-55\%$

Rappel : si 1/20 = 5 %, alors 11/20 = 55 %.

[4. Retrouver une quantité d'origine]

Nous attirons ici votre attention sur une erreur terrible que nous continuons de rencontrer régulièrement en tant que professeurs. Cette erreur consiste à penser curieusement que si l'on diminue X de *a* % et que l'obtient alors une valeur Y, alors il suffit d'augmenter Y de *a* % pour retrouver la valeur X.

Cette erreur n'est pas acceptable ! Imaginez en effet que vous perdiez **50 %** des 100 € que vous possédez, alors il vous reste 50 €, n'est-ce pas ? A présent, augmentez ces 50 € de **50 %,** quelle somme retrouvez-vous ? Vous ne retrouvez certainement pas les 100 € que vous aviez au départ, mais la somme de 75 € puisque 50 € + 50 % x 50 € = 1,5 x 50 € = 75 €. Attention donc à ne pas tomber dans ce piège suffisamment classique pour être évité.

Une règle importante :

Si vous retranchez $\frac{1}{N}$ à une valeur, alors vous devez rajouter $\frac{1}{N-1}$ pour retrouver la valeur d'origine. (*N* étant ici un entier naturel strictement plus grand que 1)

Exemple :

Une action perd 25% à la clôture ce mardi. Combien l'action devra-t-elle gagner mercredi en pourcentage pour effacer ses pertes de la veille ?

Réponse : vous avez appris grâce au tableau fondamental de correspondances que 25 % est égal à 1/4. Autrement dit, l'action a perdu 1/4 de sa valeur. Aussi, pour effacer ses pertes, l'action devra regagner 1/(4-1) = 1/3 de sa valeur, autrement dit environ 33,33 %. Vous l'avez compris, dans cet exemple : $N = 4$.

Le problème maintenant c'est lorsqu'une action perd 23,2 % par exemple, il ne nous plus possible d'appliquer la règle vue précédemment. En effet, cette dernière s'applique avec efficacité lorsque l'on est en mesure de transformer un pourcentage en fraction (ex. : 20 % = 1/5 ou 10 % = 1/10 etc.)

Voici donc comment nous ferons avec les pourcentages qui ne figurent pas dans le tableau fondamental de correspondances :
Soit X le prix initial et *Y* le prix final (*i.e.* après la baisse ou l'augmentation de *a* %).
L'énoncé vous donne les valeurs de *a* et de *Y*. Vous résoudrez alors les équations :

$$\mathrm{X} = \frac{Y}{\left(1 - \frac{a}{100}\right)}$$ dans le cas où X a subi une baisse en pourcentage.

$$\mathrm{X} = \frac{Y}{\left(1 + \frac{a}{100}\right)}$$ dans le cas où X a subi une augmentation en pourcentage.

Exemple :

Après une **baisse** de 15 %, un produit coûte 89,70 €. Quel était son prix initial ?
Réponse : soit X le prix initial, *Y* = 89,70 et *a* % = 15 % = 0,15.

On pose $$\mathrm{X} = \frac{Y}{\left(1 - \frac{a}{100}\right)} = \frac{89{,}70}{1-0{,}15} = \frac{89{,}70}{0{,}85} = \frac{8970}{85} = 105{,}53$$

[5. Calculer des pourcentages de pourcentages]

Exemple :

15 % de la population française habite en Ile-de-France. Parmi les habitants d'Ile-de-France, 20 % habitent Paris intra-muros. Quel est le pourcentage de la population française qui habite Paris intra-muros ?
Réponse : le pourcentage de Français franciliens est égal à 20 % de 15 %, soit : 20 % x 15 % = 1/5 x 15 % = 15 %/5 = 3 % (facile non, quand on connaît son tableau de correspondances ?).

6. MOYENNES

1. MOYENNES ARITHMETIQUES

[Définition]

La **moyenne arithmétique** est la moyenne « ordinaire », c'est-à-dire, par définition, la somme des valeurs numériques divisée par le nombre de ces valeurs numériques :

Moyenne arithmétique = somme des termes / nombre de termes

Exemple :

Trois amies vont faire du shopping : la première dépense 50 €, la deuxième 70 € et la troisième 120 €. Combien ces trois amies ont-elles dépensé en moyenne ?

Réponse : ici, on vous demande de calculer une moyenne arithmétique. La somme des dépenses est égale à 50 + 70 + 120 = 240. La dépense moyenne (moyenne arithmétique) est donc égale à : (50 + 70 + 120) / 3 = 80 €.

[Deux corollaires de la moyenne arithmétique à connaître par cœur !]

Somme des termes = moyenne arithmétique x nombre de termes
Nombre de termes = somme des termes / moyenne arithmétique

Exemple :

La moyenne des âges des frères de David est 23 ans. David a trois frères. Quelle est la somme des âges des frères de David ?

Réponse : pour trouver la somme des âges des frères de David, il suffit d'appliquer le corollaire de la moyenne arithmétique suivant :
Somme des âges = moyenne x nombre de frères = 23 x 3 = 69

2. MOYENNES PONDEREES

[Définition]

Soient N termes $T_1, T_2, T_3... ,T_N$, auxquels on associe des poids respectifs $P_1, P_2, P_3... P_N$. Alors la moyenne (M) pondérée des N termes est égale à :

$$M = \frac{T_1 \times P_1 + T_2 \times P_2 + T_3 \times P_3 + ... + T_N \times P_N}{P_1 + P_2 + P_3 + ... + P_N}$$

Exemple :

Au cours du dernier trimestre, Frédéric a obtenu la moyenne de 12 en maths, 11 en français, 10 en histoire et 15 en anglais. Sachant que les coefficients des matières sont respectivement 6, 4, 2 et 2 en maths, français, histoire et anglais, quelle est la moyenne générale de Frédéric au dernier trimestre ?

Réponse :
Moyenne = (12 x 6 + 11 x 4 + 10 x 2 + 15 x 2) / (6 + 4 + 2 + 2) = 168 / 14 = 12

[L'approche par la notion de barycentre]

En géométrie, la moyenne pondérée prend le nom de **barycentre. Le barycentre est le centre de gravité de plusieurs points auxquels des poids différents ont été associés.**

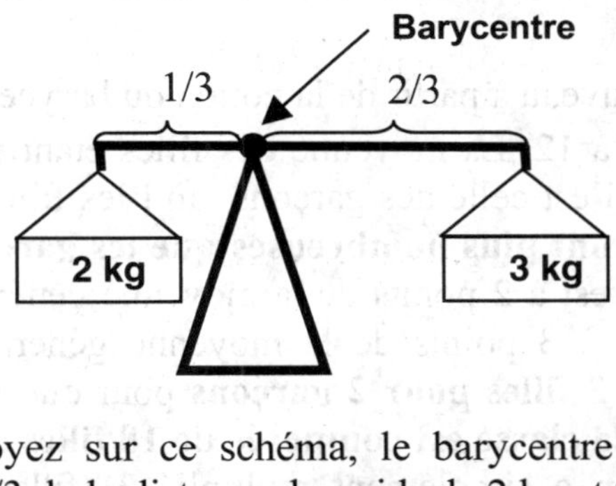

Comme vous le voyez sur ce schéma, le barycentre (point d'équilibre ou point moyen) est situé à 1/3 de la distance du poids de 2 kg et 2/3 de la distance du poids de 1 kg. En d'autres termes, pour atteindre le point d'équilibre, le poids de 1 kg doit compenser le poids de 2 kg par un écart de distance au point d'équilibre deux fois plus grand.

Par une approche analogue, le barycentre permet de trouver une moyenne pondérée grâce aux écarts à la moyenne de chaque terme et en comparant les poids des termes entre eux.

Exemples :

1. Dans une classe de 42 élèves, les garçons ont obtenu 12 de moyenne à un contrôle et les filles ont obtenu 15 de moyenne au même contrôle. La moyenne générale de la classe s'élève à 14. Combien y a-t-il de filles dans la classe ?

Réponse : raisonnons à partir de la notion du barycentre.
Le barycentre est ici égal à 14 (c'est la moyenne générale, **le point d'équilibre** de la classe pour ce qui concerne ce contrôle). La moyenne des filles étant plus proche de la moyenne générale que ne l'est celle des garçons, on en déduit que les filles seront plus nombreuses que les garçons. Plus précisément, elles seront **deux fois plus nombreuses** que les garçons. **En effet, comme elles sont deux fois plus proches de la moyenne générale que ne le sont les garçons, elles sont donc deux fois plus nombreuses** (elles pèsent deux fois plus « lourd » que les garçons !). En d'autres termes, **il faut deux filles pour un garçon,** soit : **28 filles et 14 garçons.** Pour trouver 28 et 14, on a simplement multiplié 2 (filles) et 1 (garçon) par 14… Le but étant d'arriver à un nombre total d'élèves égal à 42 !

2. Dans une classe de 30 élèves, les garçons ont obtenu 9 de moyenne à un contrôle et les filles ont obtenu 14 de moyenne au même contrôle. La moyenne générale de la classe s'élève à 12. Combien y a-t-il de filles dans la classe ?

Réponse : raisonnons à nouveau à partir de la notion du barycentre.
Le barycentre est ici égal à 12. La moyenne des filles étant plus proche de la moyenne générale que ne l'est celle des garçons (ah ! les filles !), on en déduit là encore que **les filles seront plus nombreuses que les garçons.** Etant donné que la moyenne des filles est à 2 points de la moyenne générale (**14** vs 12) et que celle des garçons est à 3 points de la moyenne générale (**9** vs 12), on comprend qu'**il va falloir 3 filles pour 2 garçons** pour que le barycentre soit bien à 12. En conclusion, **la classe est composée de 18 filles et de 12 garçons.** Pour trouver 18 et 12, on a simplement multiplié 3 (filles) et 2 (garçons) par 6… Le but étant d'arriver à un nombre total d'élèves égal à 30 !

7. PROPORTIONNALITE

Les questions de proportionnalité sont fréquemment posées au TAGE MAGE. Soyez donc attentifs aux notions qui vont suivre.

On dit que deux grandeurs sont proportionnelles à partir du moment où l'on peut trouver un *« facteur de proportionnalité »* les liant.
Rien de mieux qu'un exemple pour illustrer cela :

> On dit souvent que la consommation d'essence C tous les 100 km d'une voiture est **proportionnelle** à sa vitesse V. C'est-à-dire que l'on peut trouver un « facteur de proportionnalité » F tel que C = V x F. Imaginons que F soit égal à 0,1. Alors si la voiture roule à 100 km/h, elle consommera C = 0,1 x 100 = 10 L tous les 100 km. Si elle roule à 200 km/h, elle consommera C = 0,1 x 200 = 20 L tous les 100 km, et ainsi de suite.

Ainsi, lorsque deux grandeurs sont proportionnelles, il suffit de connaître la valeur de l'une pour immédiatement connaître la valeur de l'autre, à condition de connaître le facteur de proportionnalité.

La question qui vient alors naturellement est : **que faire si l'on ne connaît pas ce fameux facteur par lequel il faut multiplier une grandeur pour obtenir la valeur de l'autre ?** C'est là qu'intervient la très célèbre *règle de trois*.

1. LA REGLE DE TROIS OU « PRODUIT EN CROIX »

Reprenons l'exemple de la consommation d'essence C proportionnelle à la vitesse V. Imaginons que l'on ne vous donne pas la valeur de F mais que l'on vous présente les choses ainsi :

> Une voiture parcourt la distance de Paris à Marseille. Sa consommation d'essence est proportionnelle à sa vitesse. Sachant qu'elle consomme 10 L tous les 100 km lorsqu'elle roule à 100 km/h, quelle sera sa consommation d'essence si elle roule à 125 km/h ?

Vous savez ici que les deux grandeurs sont proportionnelles mais vous ne connaissez pas la valeur du facteur de proportionnalité F. Qu'à cela ne tienne, calculons-le !

Première approche : sachant que V et C sont proportionnelles, il existe un réel F tel que C = V x F. En remplaçant C et V par leur valeur dans la première ligne du tableau vous trouvez : 10 = 100 x F, soit F = 10 / 100 = 0,1
Ayant la valeur de F, il ne vous reste plus qu'à écrire que :
C = 125 x 0,1 = 12,5 L tous les 100 km.

Seconde approche : heureusement, il existe une méthode beaucoup plus systématique et rapide pour s'en sortir dans ce genre de situations. En effet, la situation peut se représenter ainsi :

Vitesse	Consommation
100	10
125	*C*

La règle de trois nous dit que les produits des cases diagonales doivent être égaux. Soit : 10 x 125 = 100 x C ; soit : C = 125 x 10 / 100 = 12,5 L

2. La proportionnalite « multiple »

Ce que l'on appelle **proportionnalité multiple** est la mise en parallèle de trois grandeurs proportionnelles deux à deux dont il faut trouver la valeur de l'une d'entre elles. Autrement dit, vous allez devoir modifier la valeur de deux grandeurs pour obtenir la troisième, alors que les deux premières varient déjà l'une en fonction de l'autre ! Un vrai casse-tête ? Pas vraiment !

Prenons un exemple :

> Un camion consomme 8 litres aux 100 km quand il roule à 80 km/h. Consommation et vitesse sont proportionnelles. Sachant qu'il a consommé 32 litres en roulant à la vitesse de 40 km/h, quelle distance ce camion a-t-il parcourue ?

En retranscrivant la situation dans un tableau, cela donne :

Vitesse	Consommation	Distance
80 km/h	8 L	100 km
40 km/h	32 L	?

Vous commencez à saisir la difficulté de la chose : pour passer de la première à la seconde ligne, il faudrait diviser la vitesse par 2 (de 80 à 40 km/h) et par conséquent la consommation aussi :

Vitesse	Consommation
80 km/h	8 L
40 km/h	4 L

Mais celle-ci passerait alors à 4 L et non pas 32 L. Il suffirait alors de multiplier le tout par 8 pour tomber sur la bonne consommation :

Vitesse	Consommation
80 km/h	8 L
320 km/h	32 L

Mais la vitesse deviendrait alors égale à 320 km/h ! On tourne en rond.

> Pour résoudre ce problème, il faut se dire que pour consommer 8 fois plus, il suffit de rouler 8 fois plus vite… Ou encore rouler sur 8 fois plus de distance (à la même vitesse bien sûr). La clé de la proportionnalité multiple est donc de **toujours changer deux grandeurs en laissant la troisième fixe.**

Dans notre exemple, nous allons d'abord diviser la vitesse du camion par 2 et impacter cela sur la consommation. La distance, elle, ne bouge pas. Si je roule 2 fois moins vite **sur la même distance,** le camion consomme 2 fois moins d'essence.

Vitesse	Consommation	Distance
40 km/h	4 L	100 km

Enfin, **s'il roule à la même vitesse** mais consomme 8 fois plus d'essence, c'est qu'il a alors roulé sur 8 fois plus de distance. Réponse : 800 km.

Vitesse	Consommation	Distance
40 km/h	32 L	800 km

8. EQUATIONS ET SYSTEMES D'EQUATIONS

Ce chapitre est fondamental puisqu'il va vous permettre de résoudre un grand nombre de questions des épreuves de calcul et de conditions minimales du TAGE MAGE.

1. DEFINITIONS

[1. Inconnues]

Il est vrai qu'avant de parler d'équations, il vaut mieux introduire la raison d'être de celles-ci : les inconnues. En effet, elles peuvent être multiples, et leur définition commune serait la suivante :

> « Une inconnue est une valeur que l'on ne connaît pas *a priori,* souvent définie par une lettre, mais qu'il ne faut pas forcément trouver. »

Et c'est là toute la subtilité. **Pour trop de personnes, une inconnue doit au bout du compte se transformer en valeur numérique connue, même si on ne leur demande pas de trouver cette valeur.** C'est une erreur à ne pas commettre au TAGE MAGE où le temps vaut de l'or : reconnaissez vos inconnues, classez-les, déterminez celles dont vous aurez besoin et celles qui sont purement accessoires. Et, surtout, comme nous allons le voir, résolvez vos systèmes intelligemment, *i.e.* de façon à faire ressortir avant tout la valeur des inconnues que vous cherchez.

[2. Equations]

> « Une équation est une égalité liant une ou plusieurs inconnues. »

Ainsi, toute égalité mettant en jeu des inconnues, quel que soit leur nombre, sera une équation, comme par exemple :

> $X = Y$
> $X + Y - Z = 265$
> $X^2 - 2ab + 7u = -576 + X - 2z^3$

Cette notation particulière possède également son propre vocabulaire : on parlera, de part et d'autre du signe « = », des deux membres d'une équation : le membre de gauche (situé à gauche du « = ») et le membre de droite (à droite du « = » !). Dans une équation, les deux membres sont totalement interchangeables, autrement dit :
$X + 2Y - Z = 7 + 3T$ équivaut t à : $7 + 3T = X + 2Y - Z$

[3. Inéquations]

> « Une inéquation est une inégalité liant une ou plusieurs inconnues. »

Voici quelques exemples d'inéquations :

> $X \leq Y$
> $X + Y - Z \geq 265$
> $X^2 - 2ab + 7u < -576 + X - 2z^3$

Comme vous le voyez, les inégalités peuvent être de **quatre types** :

1. Supérieur ou égal : ≥
2. Inférieur ou égal : ≤
3. Strictement supérieur : >
4. Strictement inférieur : <

Attention à la symétrie rencontrée dans les équations ; **elle n'est pas valable dans les inéquations.** Vous avez ici :

$X + 2Y - Z < 7 + 3T$ équivaut à : $7 + 3T > X + 2Y - Z$. Le signe a changé de sens.

Explication : « **Pierre** a le même âge [=] que **Paul** » est équivalent à « **Paul** a le même âge [=] que **Pierre** ». Mais, « **Pierre** est plus grand [>] que **Paul** » n'est pas équivalent à « **Paul** est plus grand [>] que **Pierre** ». L'équivalent de « **Pierre** est plus grand [>] que **Paul** » est « **Paul** est plus petit [<] que **Pierre** ».

[4. Systèmes]

Les inconnues sont liées par des (in)équations et les (in)équations sont à leur tour liées entre elles par des… Systèmes ! En effet, la définition la plus simple d'un système d'(in)équations est :

> « Un système d'(in)équations est une suite d'(in)équations mettant en jeu les mêmes inconnues. »

Ainsi, en continuant avec les exemples précédents, on peut considérer que :

$\begin{cases} X = Y \\ X + Y - Z = 265 \end{cases}$ est un système d'équations.

L'**accolade** sur la gauche sert à réunir toues les (in)équations d'un même système.

Les systèmes possèdent également leur propre terminologie et même plus : leur propre classification. **En effet, vous pouvez classer les systèmes e*n fonction de leur nombre d'inconnues et de leur nombre d'équations.*** Par exemple, on dira du système présenté plus haut qu'il s'agit d'un système de deux équations à trois inconnues.

[5. Contraintes]

En plus des équations et des inéquations, vous pourrez rencontrer au sein d'un système ce que l'on nomme des contraintes.

> « Une contrainte est une qualité possédée par une ou plusieurs inconnues réduisant le nombre de valeurs que ces dernières peuvent prendre. »

Les plus perspicaces auront déjà compris qu'équations et inéquations étaient elles-mêmes des contraintes. Mais vous pouvez encore en trouver beaucoup, comme par exemple : X est un entier ; X est un multiple de 3 ; X est un carré d'entier ou encore X est pair.

Il est vrai que certaines de ces contraintes peuvent se traduire sous la forme d'équations, mais il sera bien souvent plus pratique de les voir telles qu'elles sont pour diminuer petit à petit le nombre de solutions possibles du système.

[6. Equations liées, incompatibles, indépendantes]

Jalouses, les équations ont également développé leur propre classification les unes par rapport aux autres. En effet, deux équations se rencontrant au sein d'un système peuvent être liées, incompatibles ou indépendantes. Voici les trois classes :

> **Classe 1 :** « Deux équations **liées** sont deux équations donnant exactement la même information. »

Exemple : les équations $X + Y = 2Z$ et $Z = (X + Y) / 2$ sont liées.

> **Classe 2 :** « Deux équations **incompatibles** sont deux équations donnant deux informations contradictoires. »

Exemple : les équations $X + Y = 0$ et $2X + 2Y = 2$ sont incompatibles.

> **Classe 3 :** « Deux équations **indépendantes** sont deux équations qui ne sont ni liées, ni incompatibles ! »

Exemple : les équations $X + 5Y - 3Z = 0$ et $X / Y = 4$ sont indépendantes.

Mais attention, tout cela sera rarement visible du premier coup d'œil. Un petit calcul sera souvent nécessaire pour se rendre compte que des équations sont indépendantes, liées ou incompatibles.

2. Applications cles

Modèle :

> Roland va au marché. Il achète 10 pommes et 7 bananes, et paye un montant total de 24 €. S'il avait acheté 4 pommes et 12 bananes, il aurait payé 28 €. Combien coûte une banane ?

Inconnues à trouver	Inconnues-outils
B = prix d'une banane	P = prix d'une pomme

A vous !

1. La somme des âges de trois frères donne un diviseur de 121. Quelle est la différence d'âge entre les deux plus vieux sachant qu'il n'y a pas de jumeaux et qu'ils ont tous moins de 20 ans et plus de 2 ans ?

Inconnues à trouver	Inconnues-outils

2. Ce matin, on m'a livré un bouquet de 33 fleurs : 12 roses, des tulipes et des marguerites. Sachant que si l'on m'avait livré 7 tulipes de plus, j'aurais eu deux fois plus de tulipes que de roses, combien de marguerites ai-je reçues ?

Inconnues à trouver	Inconnues-outils

3. Sachant que l'équipe des filles est plus nombreuse que celles des garçons mais que si l'on retirait 10 % de leur groupe il y aurait exactement le même nombre de joueurs dans les deux équipes, combien vaut le rapport du nombre de filles sur le nombre de garçons ?

Inconnues à trouver	Inconnues-outils

Réponses :

1.

Inconnues à trouver	Inconnues-outils
$X - Y$ = Différence d'âge entre les deux plus vieux frères	X = âge du frère le plus âgé Y = âge du deuxième frère Z = âge du troisième frère

2.

Inconnues à trouver	Inconnues-outils
M = nombre de marguerites	R = nombre de roses T = nombre de tulipes

3.

Inconnues à trouver	Inconnues-outils
F/G = rapport du nombre de filles sur le nombre de garçons	F = nombre de filles G = nombre de garçons

[L'art de la traduction]

Après l'analyse de vos inconnues vient la fameuse mise en équation. Et là, aucun secret : seul l'entraînement vous apprendra à faire cela plus rapidement. Attention, en plus de traduire les équations et inéquations proposées, nous vous invitons également à mettre en forme toutes les contraintes vérifiées par les inconnues.

Pour bien commencer, nous vous proposons de reprendre les trois questions présentées plus haut et de traduire à présent les énoncés sous la forme de systèmes d'une ou plusieurs équations mettant en jeu toutes ces inconnues.

Pour vous aider, nous avons traité l'exemple :

Roland va au marché. Il achète 10 pommes et 7 bananes, et paye un montant total de 24 €. S'il avait acheté 4 pommes et 12 bananes, il aurait payé 28 €. Combien coûte une banane ?

Cela nous donne le système d'équations suivant : $\begin{cases} 10P + 7B = 24 \\ 4P + 12B = 28 \end{cases}$

Réponses :

1. $\begin{cases} X + Y + Z \textit{ est un diviseur de } 121 \\ X \neq Y \\ Y \neq Z \\ X \neq Z \\ 2 \leq X, Y, Z \leq 20 \\ X, Y \textit{ et } Z \textit{ sont des entiers} \end{cases}$

2. $\begin{cases} 12 + T + M = 33 \\ T + 7 = 2 \times 12 \\ M \textit{ et } T \textit{ sont des entiers} \end{cases}$

3. $\begin{cases} F > G \\ F - F \times 10\% = G \\ F \textit{ et } G \textit{ sont entiers} \end{cases}$

[Opérations autorisées sur les équations et inéquations]

Maintenant que vous savez traduire des énoncés sous forme d'équations, il va vous falloir les résoudre. Mais avant cela, un petit rappel sur les opération « autorisées » dans un système d'équations :

1. Dans une équation, vous avez le droit de :

• **Ajouter** la même quantité aux deux membres : $X + Y = Z \Leftrightarrow X + Y + 2 = Z + 2$

• **Soustraire** la même quantité aux deux membres : $X + Y = Z \Leftrightarrow X + Y - 7 = Z - 7$

• **Multiplier** les deux membres par la même quantité : $X + Y = Z \Leftrightarrow 2 \times (X + Y) = 2 \times Z$

• **Diviser** les deux membres par la même quantité non nulle : $X + Y = Z \Leftrightarrow \frac{X + Y}{21} = \frac{Z}{21}$

En revanche, attention, dans une inéquation, vous devez prendre vos précautions au moment de multiplier ou diviser. En effet, réaliser ce genre d'opérations avec une quantité négative inversera le sens de l'inégalité alors qu'une quantité positive conservera celui-ci. Par exemple :

$X + Y \leq Z \Leftrightarrow 2(X + Y) \leq Z$ mais $X + Y \leq Z \Leftrightarrow -2 \times (X + Y) \geq -2 \times Z$

2. Aussi, vous pouvez appliquer des opérations entre les équations elles-mêmes. En effet, dans un système vous avez le droit de :

• **Sommer** deux équations
• **Soustraire** deux équations
• **Multiplier** deux équations
• **Diviser** deux équations à condition que les membres soient non nuls

En revanche, une seule opération est autorisée sur des inéquations : vous ne pouvez que **sommer** deux inéquations, à condition qu'elles soient **dans le même sens.** Par exemple, vous avez :

$$\begin{cases} X + Y \leq Z \\ X - Y \leq 2Z \end{cases} \Leftrightarrow \begin{cases} X + Y + X - Y \leq Z + 2Z \\ X - Y \leq 2Z \end{cases} \Leftrightarrow \begin{cases} 2X \leq 3Z \\ X - Y \leq 2Z \end{cases}$$

Bien évidemment, la dernière opération autorisée dans une équation (et jamais dans une inéquation) est de remplacer une inconnue par sa valeur dans une autre équation. Par exemple :

$$\begin{cases} X + Y = Z \\ Y = 2X \end{cases} \Leftrightarrow \begin{cases} X + 2X = Z \\ Y = 2X \end{cases}$$

Vous voici avec toutes les cartes en main pour résoudre un système : des inconnues intelligemment posées, des mises en équations raisonnées et une liste d'opérations autorisées et maîtrisées. Il ne vous reste plus qu'à appliquer une méthode…

[Résolution d'un système d'équations]

La première des choses que vous devez déterminer est la classification de votre système : combien d'inconnues, combien d'équations, combien de contraintes (à partir de maintenant les inéquations seront considérées comme des contraintes) ?
A partir de là, vous pouvez en tirer quelques règles :

- Si le système a plus d'inconnues que d'équations et aucune contrainte, vous ne pourrez pas trouver une unique valeur pour toutes les inconnues (mais peut-être pour certaines).
- Si le système a autant d'équations que d'inconnues et aucune contrainte, alors vous pourrez trouver une unique valeur pour toutes les inconnues à condition que les équations soient toutes indépendantes.
- Si le système a plus d'équations que d'inconnues, c'est que deux équations au moins sont forcément liées.

Grâce à ces observations, vous pourrez aisément vous débarrasser du superflu si vous avez trop d'informations, ou au contraire vous concentrer sur les inconnues les plus importantes si vous savez que toutes n'auront pas une valeur unique.

Le deuxième point capital est celui des contraintes : elles peuvent être très puissantes. N'oubliez jamais que, par exemple, dire que A x B = 2 signifie qu'il existe une infinité de valeurs possibles pour A comme B, **alors que si l'on précise** que A et B sont des entiers naturels, et bien il ne nous reste plus que deux couples de solutions possibles à savoir : A = 1 et B = 2 ou A = 2 et B = 1. Ainsi, des contraintes apparemment insignifiantes peuvent limiter de façon drastique le nombre de solutions et vous amener à trouver la solution en deux coups de cuillère à pot ! Ne négligez donc jamais ces contraintes.

Enfin, dernier point, et pas des moindres : il va falloir résoudre votre système de façon intelligente, à savoir en faisant en sorte de trouver en priorité la valeur des inconnues que vous recherchez. Reprenons notre exemple :

> Roland va au marché. Il achète 10 pommes et 7 bananes, et paye un montant total de 24 €. S'il avait acheté 4 pommes et 12 bananes, il aurait payé 28 €. Combien coûte une banane ?

Comme nous l'avons vu, le système correspondant à cette question est :

$$\begin{cases} 10P + 7B = 24 \\ 4P + 12B = 28 \end{cases}$$

Méthode de résolution par substitution :
Sachant que nous cherchons la valeur de *B*, nous allons tenter d'y arriver le plus rapidement possible en exprimant *P* en fonction de *B* dans la seconde équation :

$$\begin{cases} 10P + 7B = 24 \\ 4P + 12B = 28 \end{cases} \Leftrightarrow \begin{cases} 10P + 7B = 24 \\ 4P = 28 - 12B \end{cases} \Leftrightarrow \begin{cases} 10P + 7B = 24 \\ P = 7 - 3B \end{cases}$$

Il ne vous reste plus qu'à remplacer *P* par sa valeur dans la première équation pour obtenir :

$$\begin{cases} 10 \times (7 - 3B) + 7B = 24 \\ P = 7 - 3B \end{cases}$$

Votre première équation ne comporte donc plus qu'une inconnue *(B)*. Etant donné que c'est celle que vous cherchez, vous pouvez à présent faire abstraction de la seconde équation. En faisant l'inverse, c'est-à-dire en exprimant *B* en fonction de *P* dans la seconde, le calcul aurait duré deux fois plus longtemps : il aurait fallu trouver la valeur de *P* (dont on n'a pas besoin) puis la remplacer dans la seconde équation pour obtenir *B*.
Vous trouvez donc au final : $70 - 30B + 7B = 24 \Leftrightarrow -23B = -46 \Leftrightarrow B = 2$ €

Pour clore ce chapitre somme toute assez dense, nous vous proposons de résoudre, si l'énoncé le permet, les trois questions dont vous avez déjà analysé les inconnues et

posé les systèmes. Si vous trouvez plus d'une réponse mais que vous pouvez lister les solutions possibles, faites-le. Non ! Ne regardez pas encore les réponses ! Revenez en arrière, retroussez vos manches et trouvez des réponses à ces trois questions !
On compte sur vous.

Réponses :

1. Ici, la situation est très particulière car vous n'avez que des contraintes. Cela va nous permettre de vous démontrer leur puissance : sachant que $X + Y + Z$ divise 121 et que 121 ne possède que 3 diviseurs, vous avez déjà que :
$X + Y + Z = 1$ ou $X + Y + Z = 11$ ou $X + Y + Z = 121$
De plus, comme chaque frère a entre 2 et 20 ans et qu'il n'y a aucun jumeau, c'est donc que : $2 + 3 + 4 \leq X + Y + Z \leq 18 + 19 + 20$ soit encore : $9 \leq X + Y + Z \leq 57$

Vous en déduisez donc forcément que $X + Y + Z = 11$
Le plus vieux peut, au plus, avoir 6 ans. En effet, s'il avait 7 ans, alors les deux autres frères auraient 4 ans à se partager et :
- soit les deux ont 2 ans, ce qui est impossible car il n'y a pas de jumeaux ;
- soit l'un a 3 ans et l'autre 1 an, ce qui est impossible car $1 < 2$

Si le plus vieux a 6 ans, la répartition est donc forcément la suivante : $X = 2$, $Y = 3$ et $Z = 6$. Mais il peut également avoir 5 ans, auquel cas une seconde répartition est possible : $X = 2$, $Y = 4$ et $Z = 5$

Finalement, vous trouvez deux valeurs possibles pour $Z - Y$, qui peut valoir 2 ou 3.
Le système a donc deux solutions distinctes.

2. $$\begin{cases} 12 + T + M = 33 \\ T + 7 = 2 \times 12 \end{cases} \Leftrightarrow \begin{cases} T + M = 21 \\ T = 17 \end{cases} \Leftrightarrow \begin{cases} M = 21 - 17 = 4 \\ T = 17 \end{cases}$$

3. La première inéquation est contenue dans l'équation. Cette inéquation est donc inutile. Vous avez donc une équation et deux inconnues. Impossible ? Attention à ne pas baisser les bras trop vite ! Nous vous rappelons que l'inconnue cherchée est F/G.

$$F - F \times 10\% = G \Leftrightarrow 0{,}9F = G \Leftrightarrow \frac{F}{G} = \frac{1}{0{,}9} = \frac{10}{9}$$

3. EQUATION DU SECOND DEGRE

Même si cette notion se fait de plus en plus rare au TAGE MAGE, voici ce que vous devez savoir :

Soit *a*, *b* et *c*, trois nombres réels. L'équation : $aX^2 + bX + c = 0$ est appelée équation du second degré.

Pour résoudre cette équation, vous devez d'abord calculer son discriminant ***D***, qui est égal à : $D = b^2 - 4 \times a \times c$

Trois cas se présentent alors à vous :

(1) : $D < 0$

Dans ce cas, l'équation $aX^2 + bX + c = 0$ n'admet **aucune solution réelle.**

(2) : $D = 0$

Dans ce cas, l'équation $aX^2 + bX + c = 0$ admet une **solution réelle unique.**

Cette solution unique vaut : $\frac{-b}{2a}$

(3) : $D > 0$

Dans ce cas, l'équation $aX^2 + bX + c = 0$ admet **deux solutions réelles distinctes.**

La première solution vaut : $\frac{-b + \sqrt{D}}{2a}$

Et la seconde solution vaut : $\frac{-b - \sqrt{D}}{2a}$

9. VITESSES, TEMPS ET DISTANCES

1. TROIS LETTRES : V, T ET D

On considère les trois variables suivantes :

- **V**, la vitesse d'un objet pendant une durée **T** pour parcourir une distance **D**.
- **T**, le temps/la durée mis par l'objet pour parcourir une distance **D** à la vitesse **V**.
- **D**, la distance parcourue par objet à une vitesse **V** pendent un temps/une durée **T**.

Les problèmes VTD s'appuient sur **les trois formules suivantes** :

(1) V = D/T (2) D = V x T (3) T = D/V

Dans chaque problème, posez-vous d'abord la question suivante : quelle est précisément la variable que je cherche ?

- Si vous cherchez une vitesse, utilisez la formule (1).
- Si vous cherchez une distance, utilisez la formule (2).
- Si vous cherchez un temps, utilisez la formule (3).

Ensuite, **soyez toujours attentifs aux unités** avant d'utiliser ces formules, et assurez-vous toujours que les unités soient bien homogènes (identiques) au sein de la formule. Par exemple, si la vitesse est exprimée en km/h, alors le temps doit être exprimé en heures et la distance en kilomètres.

Exemples :

1. Un avion reliant Paris à New York a parcouru la distance de 5 200 km en 6 h 30 min. Quelle a été sa vitesse de vol ?

Réponse : ici, vous cherchez une vitesse et vous devez donc bien sûr appliquer la formule : V = D/T = 5 200 km / 6,5 h = 800 km/h. (Attention ! 6 h 30 = 6,5 h… Pas 6,3 h (erreur fréquente).

2. Un marcheur parcourt 13 km à la vitesse de 4 km/h. Combien de temps a-t-il mis pour parcourir cette distance ?

Réponse : on remplace tout simplement la distance et la vitesse dans la formule : T = D/V = 13 km / 4 km/h = 3,25 h = 3 h 15 mn.

3. Une voiture roule pendant 2 h 20 mn à 90 km/h. Quelle distance a-t-elle parcourue ?

Réponse : vous devez convertir les minutes en heures (ici 2 h 20 = 7/3 h) puis appliquer la formule : D = V x T = 7/3 h x 90 km/h = 210 km.

[Conversion des km/h en m/s]

Apprenez la règle suivante par cœur :

> **Pour passer des m/s aux km/h, on multiplie les m/s par le coefficient 3,6.**
> **Pour passez des km/h aux m/s, on divise les m/s par le coefficient 3,6.**

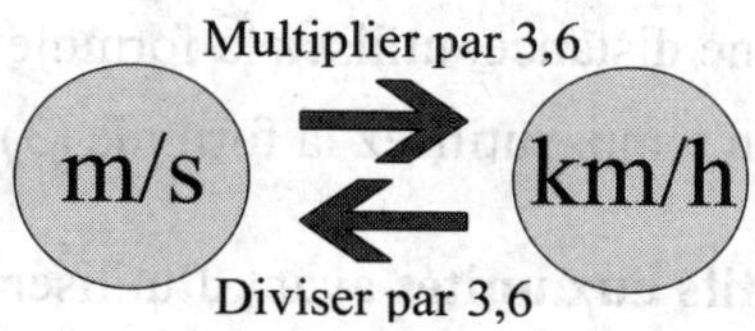

2. Le tableau VTD

Le tableau VTD est un outil très utile pour simplifier la compréhension d'un énoncé. Il n'est pas obligatoire pour résoudre une question, mais il s'avère souvent utile pour celles et ceux qui ont besoin de « tout mettre à plat ». Voici ce tableau :

	V	***T***	***D***
Acteur 1	V_1	T_1	D_1
Acteur 2	V_2	T_2	D_2

3. Les grands classiques du TAGE MAGE

[1. Le cas de rattrapage]

Deux objets quittent le même lieu à deux moments différents et avec deux vitesses différentes. Ils se dirigent vers le même endroit. L'un des objets est parti en avance et le second rattrape le premier, grâce à une vitesse supérieure. **Dans un cas de rattrapage, vous devez appliquer l'équation clé :**

$$D_1 = D_2$$

Exemple :

> Jeanne part en voiture de la ville A en direction de la ville B à 12 h à la vitesse de 48 km/h. A 13 h, Jean part de la ville A en direction de la ville B à la vitesse de 60 km/h. A quelle heure Jean va-t-il rattraper Jeanne ?

Utilisons dans un premier temps un tableau VDT.
On applique l'égalité $D_1 = D_2$. On sait en outre que comme Jean part avec une heure de retard par rapport à Jeanne : $T_{Jean} + 1 = T_{Jeanne}$

	V	***T***	***D***
Jeanne	48 km/h	$T_{Jean} + 1$	$D_{rattrapage}$
Jean	60 km/h	T_{Jean}	$D_{rattrapage}$

Pour trouver T_{Jeanne}, on applique l'égalité suivante :

$$D_{Jean} = D_{Jeanne} \Leftrightarrow V_{Jean} \times T_{Jeanne} = V_{Jeanne} \times T_{Jeanne} \Leftrightarrow 60T_{Jean} = 48(T_{Jean} + 1)$$

Par conséquent, $T_{Jeanne} = 5$ h.

Vous auriez pu également raisonner autour de la vitesse de rattrapage.
Jean va à la vitesse de 60 km/h et Jeanne à la vitesse de 48 km/h. Par conséquent, la vitesse de rattrapage est de 12 km/h (60 - 48 = 12). Cela signifie qu'en 1 heure, Jean rattrape Jeanne de 12 km. Etant donné que Jeanne a 48 km d'avance sur Jean (la distance parcourue par Jeanne à la vitesse de 48 km/h pendant 1 heure), il faut 4 heures (48 / 4 = 12) à Jean pour rattraper Jeanne. Jean rattrape donc bien Jeanne à 17 h.

[2. Le cas croisement]

Deux acteurs partent de deux endroits éloignés d'une distance D_{Total}. **Dans un cas de croisement, vous devez résoudre l'équation clé suivante :**

$$D_{Total} = D_1 + D_2$$

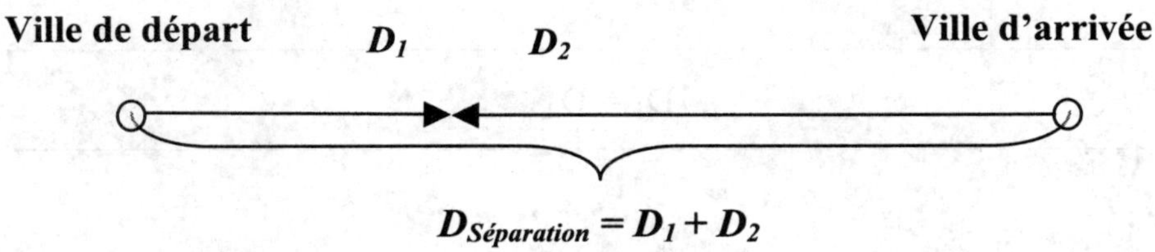

Exemple :

> Un train part d'Auxerre à 10 h et roule à la vitesse de 200 km/h. A la même heure, un train part de Marseille et roule à 300 km/h. A quelle distance de Marseille les trains se croisent-ils, sachant que les deux villes sont éloignées de 700 km ?

Vous cherchez ici la distance entre le point de rencontre des deux trains et la ville de Marseille, soit la distance $D_{Marseille}$. Utilisez là encore un tableau VTD :

	V	***T***	***D***
Auxerre	200 km/h	$T_{Auxerre}$	$700 - D_{Marseille}$
Marseille	300 km/h	$T_{Marseille}$	$D_{Marseille}$

Les deux trains se croisent au même moment, soit $T_{Auxerre} = T_{Marseille}$, ou encore :
$V_{Auxerre} / D_{Auxerre} = V_{Marseille} / D_{Marseille} \Leftrightarrow (700 - D_{Marseille}) / 200 = D_{Marseille} / 300$
Après résolution, vous obtenez $D_{Marseille} = 420$ km.

Vous pouviez également raisonner à partir du rapport des vitesses (la notion utilisée étant celle du barycentre, étudiée dans le chapitre consacré aux Moyennes).

Le train d'Auxerre roule à 200 km/h et le train de Marseille roule à 300 km/h. Par conséquent, le rapport est de 2 pour 3. Entre autres, quand le train d'Auxerre parcourt 200 km en 1 heure, le train de Marseille parcourt 300 km. Ou encore, quand le train de Marseille parcourt 3 tronçons, le train de d'Auxerre parcourt 2 tronçons (voir schéma ci-dessous). Donc, si l'on divise la distance de séparation en 5 tronçons de même distance, alors chaque tronçon est égal à 140 km. Le train de Marseille doit parcourir 3 tronçons de 140 km, soit 420 km.

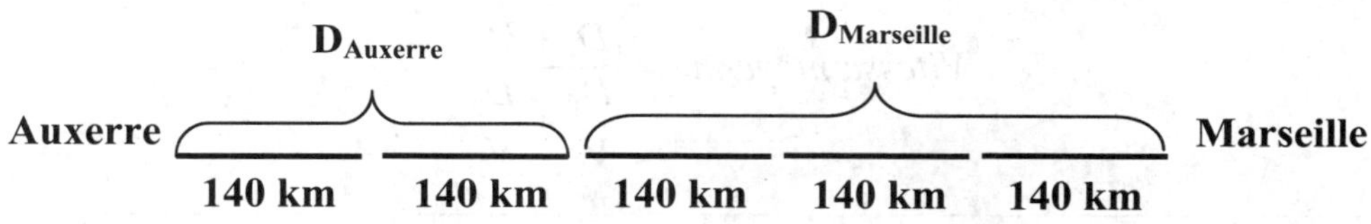

[3. Le cas aller-retour]

On considère un objet effectuant l'aller d'un parcours à une vitesse V_1, puis le retour du même parcours à la vitesse V_2. Alors la vitesse moyenne de l'objet sur l'aller-retour est donnée par :

$$\textit{Vitesse moyenne} = H = \frac{2 \times V_1 \times V_2}{V_1 + V_2}$$

Cette vitesse moyenne est également appelée **moyenne harmonique.**

Exemple :

Un coureur part de Paris pour aller à Versailles, puis revient par le même chemin. Il effectue l'aller à 8 km/h et le retour à 14 km/h. Quelle est la vitesse moyenne du coureur sur l'ensemble du parcours ?

Réponse : la vitesse moyenne du coureur l'aller-retour Paris Versailles est égale à :

$$\textit{Vitesse moyenne} = \frac{2 \times 8 \times 14}{8 + 14} \quad 10{,}2\ km/h$$

[4. Le cas changement de vitesse]

On considère un objet parcourant une distance D_1 à la vitesse V_1, puis une distance D_2 à une vitesse V_2. On étudie donc l'impact d'une accélération, ou d'une décélération, sur une vitesse moyenne. La vitesse moyenne de l'objet sur la distance $D_1 + D_2$ est égale à la moyenne harmonique des vitesses, donnée par la formule suivante :

$$Vitesse\ moyenne = \frac{D_1 + D_2}{\frac{D_1}{V_1} + \frac{D_2}{V_2}}$$

Application :

Une voiture roule pendant 1 heure à la vitesse de 80 km/h, puis accélère et roule pendant 60 km à la vitesse de 120 km/h. Quelle est la vitesse moyenne de l'automobiliste sur l'ensemble du parcours ?

Réponse : l'automobiliste a effectué dans un premier temps 80 km à la vitesse de 80 km/h, puis dans un second temps 60 km à la vitesse de 120 km/h. Il a roulé au total 1,5 heure pour parcourir une distance totale de 140 km. La vitesse moyenne est donc égale à 140 / 1,5 = 93,33 km/h.
La vitesse moyenne était aussi directement calculable par la formule suivante :

$$Vitesse\ moyenne = \frac{80 + 60}{\frac{80}{80} + \frac{60}{120}} \quad 93,33\ km / h$$

10.UNITES ET CONVERSIONS

1. UNITES

[1. Les unités de longueur]

Les unités de longueur sont utilisées pour mesurer une distance entre deux points.

km	Kilomètre	1 000 m
hm	Hectomètre	100 m
dam	Décamètre	10 m
m	Mètre	1 m
dm	Décimètre	0,1 m
cm	Centimètre	0,01 m
mm	Millimètre	0,001 m
nm	Nanomètre	10^{-9} m

Les multiples vont de 10 en 10 car l'unité légale (le mètre) est de dimension 1 (à la puissance 1).

[2. Les unités d'aire]

L'aire est la mesure d'une surface et l'unité légale d'aire est le mètre carré dans le système métrique.

km^2	$Kilomètre^2$	10^6 m^2
hm^2	$Hectomètre^2$	10^4 m^2
dam^2	$Décamètre^2$	10^2 m^2
m^2	$Mètre^2$	1 m^2
dm^2	$Décimètre^2$	10^{-2} m^2
cm^2	Centimètre ^{2}	10^{-4} m^2
mm^2	$Millimètre^2$	10^{-6} m^2

Les multiples vont de 10^2 (100) en 10^2 (100) car l'unité légale (le mètre carré) est de dimension 2 (à la puissance 2). Retenez bien que les mètres carrés sont des mètres multipliés par des mètres.

[3. Les unités agraires]

Vous serez parfois confrontés aux unités agraires pour mesurer des surfaces agricoles. L'unité de base est l'are (a), qui possède comme seul multiple l'hectare (ha), principalement utilisé. Les équivalences avec les mesures d'aire du système métrique sont les suivantes :

1 are = 1 a = 100 m^2	1 hectare = 1 ha = 10 000 m^2	
1 centiare = 1ca = 1 m^2	1 verge = 0,25 a	1 préau = 30 a

Exemple :

Rangez par ordre décroissant :
2 m^2 – 0,0002 km^2 – 0,02 ha – 200 000 cm^2

Convertissez toutes les surfaces en m^2 pour pouvoir comparer les expressions :
2 m^2 – 0,002 km^2 = 20 m^2 – 0,02 ha = 200 m^2 – 2 000cm^2 = 0,2 m^2
En conclusion : 0,02 ha $\geq$ 0,002 km^2 $\geq$ 2 m^2 $\geq$ 2 000 cm^2

[4. Les unités de volume]

Le volume d'un objet est son « extension dans l'espace ». L'unité de base du volume est le mètre cube.

km^3	Kilomètre^3	10^9 m^3
hm^3	Hectomètre^3	10^6 m^3
dam^3	Décamètre^3	10^3 m^3
m^3	Mètre^3	1 m^3
dm^3	Décimètre^3	10^{-3} m^3
cm^3	Centimètre^3	10^{-6} m^3
mm^3	Millimètre^3	10^{-9} m^3

Les multiples vont de 10^3 (1 000) en 10^3 (1 000) car l'unité légale (le mètre cube) est de dimension 3 (à la puissance 3).

[5. Les unités de capacité]

Le litre est une unité de contenance. Elle est utilisée pour mesurer un volume de liquide ou de gaz contenu dans un récipient.

hL	L'hectolitre	100 L
daL	Le décalitre	10 L
L	Le litre	1 L
dL	Le décilitre	0,1 L
cL	Le centilitre	0,01 L
mL	Le millilitre	0,001 L

Par convention, le litre est défini comme la capacité de contenance d'un cube de 10 cm de côté, soit un volume de 10 dm^3.
Retenez les correspondances litre/mètre cube suivantes :

1 kL = 1 m^3 = 1 000 L   1 L = 1 dm^3 = 1 000 cm^3 1 mL = 1 cm^3

[6. Les unités de masse]

Le tableau ci-dessous résume les principaux multiples et sous-multiples de la masse.

kg	Kilogramme	1 000 g
hg	Hectogramme	100 g
dag	Décagramme	10 g
g	Gramme	1 g
dg	Décigramme	0,1 g
cg	Centigramme	0,01 g
mg	Milligramme	0,001 g

Dans l'industrie et le commerce, il arrive d'utiliser la tonne (T) et le quintal (q) pour exprimer une masse. Les correspondances tonne/quintal/kilogramme sont les suivantes :

1 T = 10 q	1 T = 1000 kg	1 q = 100 kg

[7. Les unités de temps]

Pour les unités de temps, à la place des multiples et des sous-multiples habituels, on utilise des heures, des minutes et des secondes qui suivent une base 60. Les correspondances sont les suivantes :

1 h = 60 mn	1 mn = 60 s	1 h = 3 600 s

Dans les conversions heures/minutes/secondes, la méthode essentielle consiste à former des ensembles de 60 minutes et de 60 secondes pour les convertir ensuite respectivement en heures et en minutes.
Le tableau suivant vous rappelle les principales correspondances heures / minutes / secondes / jours **à connaître par cœur :**

1 h = 60 mn	1 h = 3 600 s	1 j = 24 h = 1 440 mn	**0,1 h = 6 mn**
1/6 h = 10 mn	1/5 h = 12 mn	1/4 h = 15 mn	1/3 h = 20 mn
1/2 h = 30 mn	1 an = 365 jours (366 pour les années bissextiles)		

Application :

Convertissez les données suivantes :

72 mn en h	192 s en mn	84 s en mn	1,4 h en mn
1,2 j en mn	36 mn en h	1 h 06 mn en s	3 j 4 h en h

Réponses :

72 mn = 1,2h	192 s = 3,2 mn
84 s = 1,4 mn	1,4 h=1 h 24mn
1,2 j = 1 728 mn	36 mn= 0,6 h
1 h 06 mn = 3 960 s	3 j 4 h = 100 h

11. PROGRESSIONS ARITHMETIQUES ET GEOMETRIQUES

1. PROGRESSION ARITHMETIQUE

[Définition]

Soit U_n une suite arithmétique, définie par $\mathbf{U_n = U_0 + n \times r}$

U_0 est le premier terme de la suite U_n, ***n*** le nombre de termes de la suite U_n et ***r*** la raison de la suite U_n.

Exemple : dans la suite $U_n = 4 + 3n$, le premier terme vaut 4, et la raison vaut 3.
Ainsi, la suite progressera de la façon suivante : **4 – 7 – 10 – 13 – 16 – 19 – 22...**

[Somme des termes d'une suite arithmétique]

La somme des termes d'une suite arithmétique vaut :

1/2 x (premier terme + dernier terme) x nombre de termes

Ainsi, si l'on vous demande de calculer par exemple la somme de tous les nombres suivants : 7, 13, 19, 25, 31, 37, 43, 49, 55, 61 et bien c'est très simple puisqu'il vous suffit de remarquer que le premier terme de cette suite de nombre est 7, que le dernier est 61 et qu'il y en a 10.

Ce qui nous donne :

$$\frac{7+61}{2} \times 10 = \frac{68}{2} \times 10 = \frac{680}{2} = 340$$

[Un cas particulier : la somme des *N* premiers entiers naturels]

La somme des *N* premiers entiers naturels est égale à : $\frac{N \times (N+1)}{2}$

2. PROGRESSION GEOMETRIQUE

[Définition]

Soit U_n une suite géométrique, définie par $\mathbf{U_n = U_0 \times q^n}$

U_0 est le premier terme de la suite U_n, $\boldsymbol{n}$ le nombre de termes de la suite U_n et $\boldsymbol{q}$ la raison de la suite U_n.

Exemple : dans la suite $U_n = 5 \times 3^n$, le premier terme vaut 5, et la raison vaut 3.
Ainsi, la suite progressera de la façon suivante : **5 – 15 – 45 – 135 – 675 – 3375 …**

[Somme des termes d'une suite géométrique]

La somme des termes d'une suite géométrique vaut :

$$\text{Premier terme} \times [(q^{\text{nombre de termes}} - 1) / (q - 1)]$$

Ainsi, si l'on vous demande de calculer par exemple la somme de tous les nombres suivants : 8, 40, 200, 1 000, 5 000, 25 000 et bien c'est encore très simple puisqu'il vous suffit de remarquer que le premier terme de cette suite de nombre est 8, que la raison vaut 5 et qu'il y a 6 nombres (ou termes) différents.

Ce qui nous donne :

$$8 \times \frac{5^6 - 1}{5 - 1} = \cancel{8} \times \frac{15625 - 1}{\cancel{4}} = 2 \times 15624 = 31248$$

Dans ce cas précis, il est vrai que l'on aurait fait plus vite de calculer de tête la somme 8 + 40 + 200 + 1000 + 5000 + 25 000… Mais bon, au moins maintenant, vous savez comment appliquer cette formule !

12. TEMPS DE TRAVAIL

Pour connaître le temps T que vont mettre N personnes **ensemble** pour réaliser un travail, il vous suffit d'appliquer la formule suivante :

$$\frac{1}{T} = \sum_{k=1}^{N} \frac{1}{T_k} = \frac{1}{T_1} + \frac{1}{T_2} + \ldots + \frac{1}{T_N}$$

Avec T_1, T_2,..., T_N sont les temps respectifs mis par les N personnes pour réaliser ce même travail, **mais** seules.

Voici un exemple pour illustrer tout cela :

> Sacha doit ranger sa chambre. Il sait que tout seul, cela lui prendra 3 h. Son ami Ilan, qui vient l'aider, est capable de ranger la chambre en 2 h sans l'aide de personne. S'ils s'y mettent ensemble, la formule vous indique qu'ils mettront un temps total T de :
>
> $$\frac{1}{\mathrm{T}} = \frac{1}{3} + \frac{1}{2} = \frac{2}{6} + \frac{3}{6} = \frac{5}{6}$$
>
> Soit : T = 6/5 = 1,2 h = 1 h 12

Attention à ne pas vous dire que si l'un met 2 h et l'autre 3 h, alors ensemble ils mettront 2 h 30, soit plus de temps qu'Ilan tout seul !

Ainsi, si vous connaissez le temps mis indépendamment par chacun des membres du groupe pour réaliser la tâche, vous pouvez en déduire le temps total mis par le groupe s'ils la réalisent tous ensemble. Et réciproquement, vous pouvez déduire le temps mis seul par une personne parmi le groupe à condition de connaître le temps de tous les autres membres, ainsi que le temps total mis par le groupe.

13. GEOMETRIE

1. PRESENTATION DES FIGURES USUELLES ET DE LEURS CARACTERISTIQUES

[1. Cercle]

Courbe formée de points situés à la même distance r (appelée « rayon ») d'un point nommé « centre ». La longueur $2r$ est appelée « diamètre du cercle ». Un arc de cercle est la portion d'un cercle, définie par un angle.

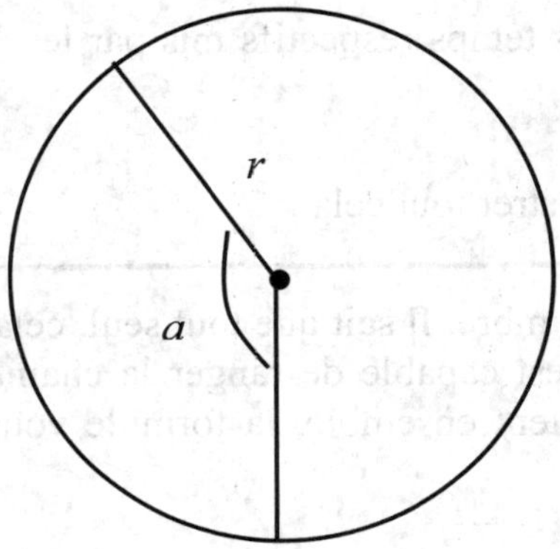

[2. Triangle]

Figure à 3 côtés.

- **Triangle rectangle** : triangle possédant un angle droit.
- **Triangle isocèle** : triangle possédant 2 côtés égaux.
- **Triangle équilatéral** : triangle ayant 3 côtés et 3 angles égaux.

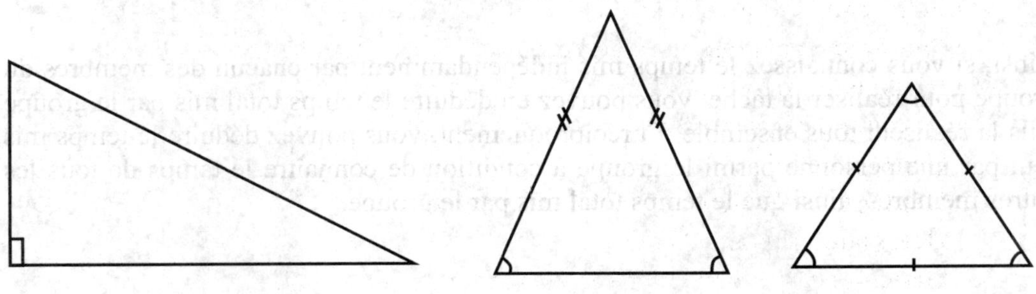

[3. Quadrilatère]

Figure à 4 côtés.

- **Trapèze** : quadrilatère possédant 2 côtés opposés parallèles.
- **Parallélogramme** : quadrilatère dont les côtés opposés sont parallèles deux à deux. Les diagonales du parallélogramme se coupent en leur milieu.
- **Losange** : parallélogramme dont les diagonales sont perpendiculaires.
- **Rectangle** : quadrilatère qui possède quatre angles droits.
- **Carré** : rectangle dont les 4 côtés sont égaux. Nota bene : un carré est à la fois un rectangle ET un losange.

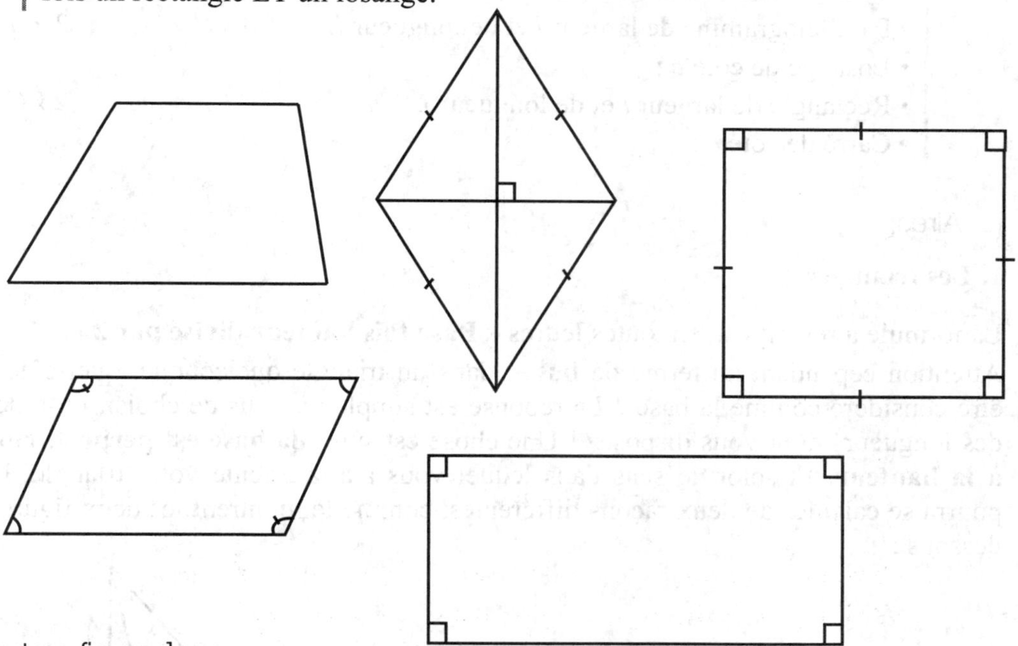

[4. Autres figures]

- **Pentagone** : figure à 5 côtés.
- **Pentagone régulier** : pentagone possédant 5 côtés égaux.
- **Hexagone** : figure à 6 côtés.
- **Hexagone régulier** : hexagone possédant 6 côtés égaux.
- **Heptagone** : figure à 7 côtés.
- **Heptagone régulier** : heptagone possédant 7 côtés égaux.
- **Octogone** : figure à 8 côtés.
- **Octogone régulier** : octogone possédant 8 côtés égaux.

2. PERIMETRES, AIRES, VOLUMES : DEFINITIONS, FORMULES ET METHODES

[1. Périmètres]

- Cercle de rayon r : $2\pi r$
- Arc de cercle de rayon r et d'angle a : $2\pi r \times \frac{a}{360}$
- Triangle isocèle de base b et de côté c : $b + 2c$
- Triangle équilatéral de côté c : $3c$
- Parallélogramme de largeur l et de longueur L : $2 \times (l + L)$
- Losange de côté c : $4c$
- Rectangle de largeur l et de longueur L : $2 \times (l + L)$
- Carré de côté c : $4c$

[2. Aires]

1. Les triangles

La formule à retenir est, en toutes lettres **« Base fois hauteur divisé par 2 ».**

Attention cependant au terme de **base** : dans un triangle quelconque, quel côté doit être considéré comme la base ? La réponse est simple : à vous de choisir en fonction des longueurs dont vous disposez ! Une chose est sûre : **la base est perpendiculaire à la hauteur.** Et selon le sens dans lequel vous aurez orienté votre triangle, l'aire pourra se calculer de deux façons différentes, comme le montrent les deux figures ci-dessous :

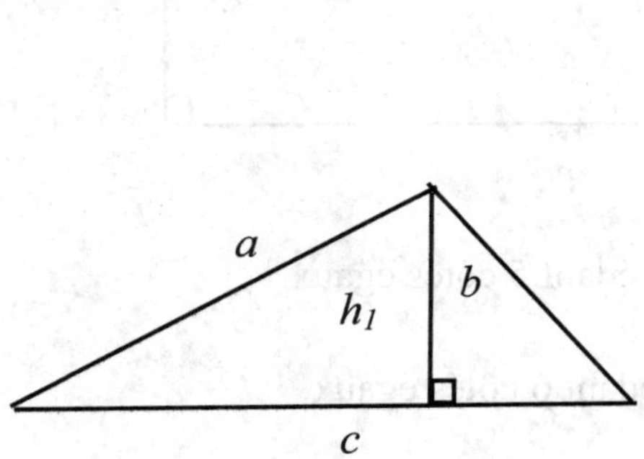

Base choisie : c

Aire = $(h_1 \times c) / 2$

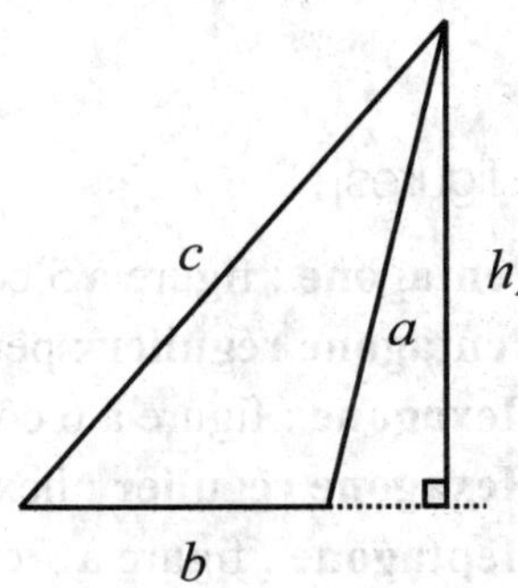

Base choisie : b

Aire = $(h_2 \times \text{b}) / 2$

Les cas particuliers des triangles rectangle et isocèle sont remarquables :

• Dans un **triangle rectangle,** la hauteur est confondue avec l'un des deux côtés de l'angle droit, l'autre jouant le rôle de base. Vous pouvez également remarquer qu'un triangle rectangle est la moitié d'un rectangle et retrouver ainsi le résultat.

• Dans un **triangle isocèle,** à condition de choisir la bonne base (aucun des deux côtés égaux), la hauteur sera également la bissectrice, la médiane et la médiatrice de la base. Cela peut servir.

2. Les parallélogrammes

L'aire d'un parallélogramme se calcule de diverses manières : tout dépend une fois de plus des longueurs dont vous disposez. Le plus simple est de remarquer qu'un parallélogramme peut se séparer en deux triangles égaux en coupant le long de la diagonale. Il suffit alors de choisir une base (la diagonale ou l'un des deux côtés) et de calculer la hauteur correspondante.

La formule qui en découle est alors **Base x Hauteur.**

Cette formule vient de [2 x (Base x Hauteur)] / 2 car le parallélogramme est formé de deux triangles égaux comme nous l'avons déjà fait remarquer.

3. Les rectangles

Un rectangle de longueur *L* et de largeur *l* est certes un parallélogramme, mais le fait qu'il possède des angles droits permet de calculer encore plus facilement son aire à l'aide de la formule ***L* x *l*.**

On peut bien évidemment la retrouver en considérant qu'un rectangle est formé de deux triangles rectangles de base *L* et de hauteur *l*.

4. Les losanges

Pour les losanges, vous aurez remarqué qu'ils sont constitués de quatre triangles rectangles réunis. L'aire d'un losange est égale au produit des diagonales divisé par deux, autrement dit avec *d* la petite diagonale et *D* la grande diagonale, l'aire est égale à **(*d* x *D*) / 2.**

5. Les trapèzes

Ici, pas beaucoup de choix en ce qui concerne le sens à donner à votre figure : un trapèze aura toujours une petite base *b* et une grande base *B*, qui sont les deux côtés parallèles. La formule de l'aire d'un trapèze est : **[*h* x (*b* + *B*)] / 2.**

6. Les disques et portions de disques

L'aire d'un disque de rayon r est égale à πr^2 tandis que l'aire d'une portion de disque de même rayon et d'angle a est donnée par la formule $\pi r^2 \times \frac{a}{360}$

[3. Volumes et aires latérales]

Si vous savez ce qu'est un « volume », vous ignorez parfois ce qu'est l'aire latérale d'une figure. L'**aire latérale** d'une figure est égale à la somme des aires de tous les côtés de la figure.

1. Parallélépipède rectangle (pavé droit)

Volume = $L \times l \times h$

Aire latérale = $2 \times (L \times l + l \times h + L \times h)$

2. Cône

Volume = $1/3 \times \pi r^2 h$

3. Sphère

Volume = $4/3 \times \pi r^3$

Aire latérale = $4\pi r^2$

4. Cylindre

Volume = $\pi r^2 h$

Aire latérale = $2\pi rh$

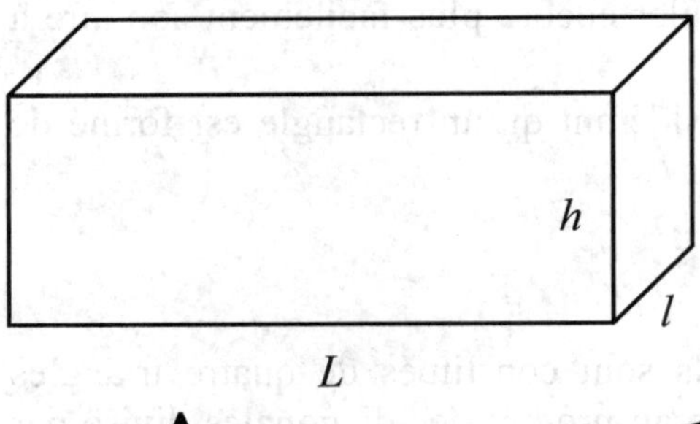

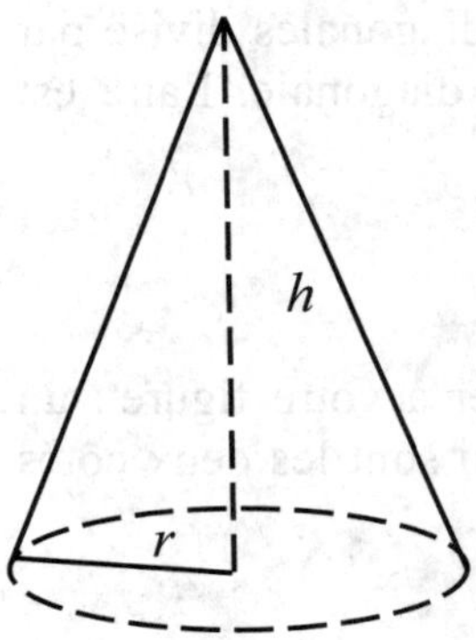

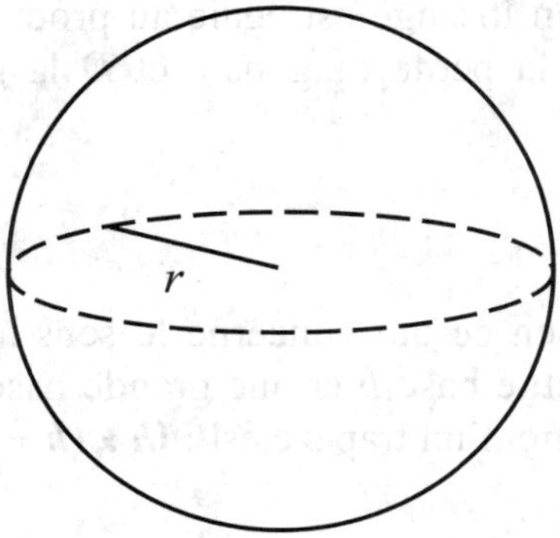

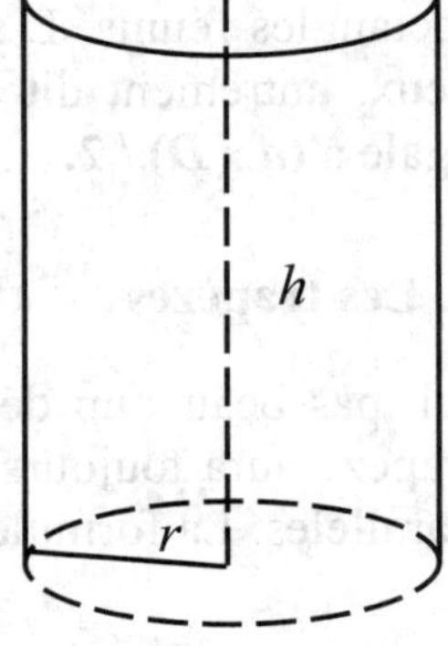

3. DES FORMULES TRES PRATIQUES...

[1. Théorème de Pythagore et triangles pythagoriciens]

Dans un triangle rectangle, la somme des carrés des côtés de l'angle droit est égale au carré de l'hypoténuse. Autrement dit : $a^2 + b^2 = c^2$

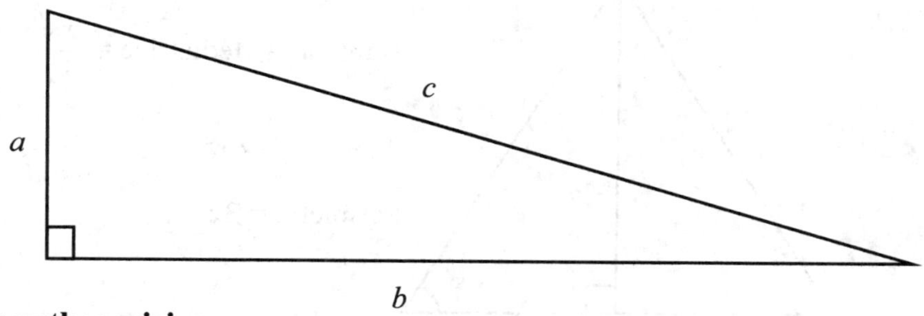

Triangles pythagoriciens

Les triangles pythagoriciens sont des triangles dont les longueurs des côtés sont des entiers naturels.
Les 4 triangles à connaître :

1. [$a = 3$, $b = 4$, $c = 5$]
2. [$a = 6$, $b = 8$, $c = 10$]
3. [$a = 5$, $b = 12$, $c = 13$]
4. [$a = 8$, $b = 15$, $c = 17$]

[2. Théorème de Thalès]

Toute droite parallèle au côté d'un triangle sépare ce dernier en un triangle de mêmes proportions.

$$\frac{AD}{AC} = \frac{AE}{AB} = \frac{DE}{CB}$$

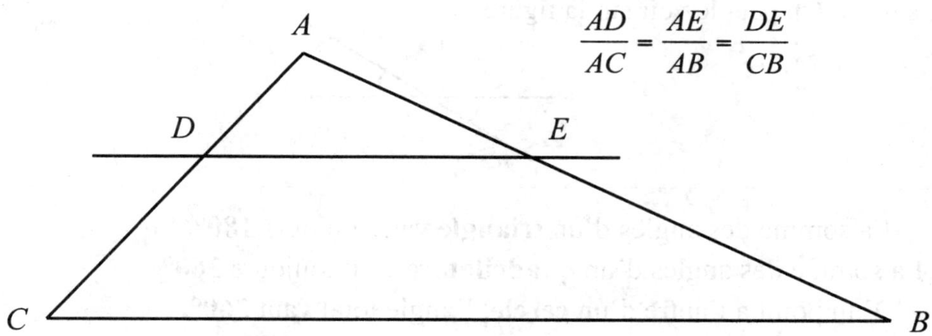

[3. Pythagore et les triangles équilatéraux]

Sachez qu'un triangle équilatéral est totalement défini par la longueur de l'un de ses côtés. Il est alors possible d'en déduire la totalité des informations souhaitées (aire, périmètre, hauteur, médiane, bissectrice, médiatrice…). En effet, comme le montre la formule suivante, on a :

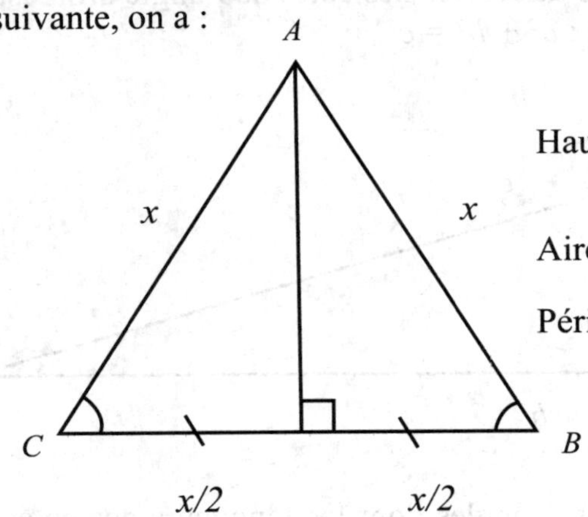

$$\text{Hauteur} = \text{Médiatrice} = \frac{x\sqrt{3}}{2}$$

$$\text{Aire} = \frac{\sqrt{3}}{4} \times x^2$$

$$\text{Périmètre} = 3x$$

[4. Angles]

Les angles alternes internes

Si deux droites parallèles sont toutes deux coupées par une même autre droite, les angles formés sont égaux deux à deux.

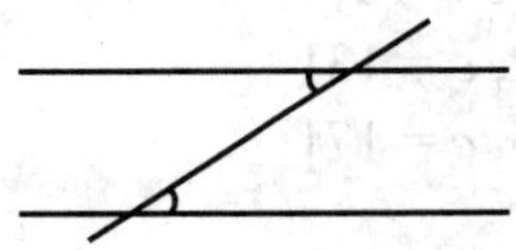

Les angles opposés par le sommet

Lorsque deux droites se croisent, elles forment des angles opposés par le sommet égaux deux à deux. On peut le voir sur la figure :

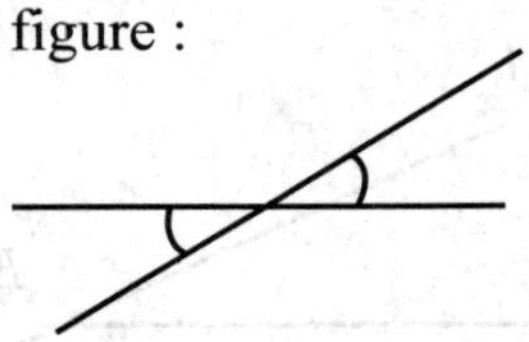

La somme des angles d'un **triangle** vaut toujours **180°.**
La somme des angles d'un **quadrilatère** vaut toujours **360°.**
D'un point à l'autre d'un **cercle**, l'angle total vaut **360°.**

14. QUELQUES NOTIONS DE MATHEMATIQUES FINANCIERES

Lorsque vous placez votre argent sur un compte bancaire, quatre variables entrent en jeu dans le calcul du capital final et des intérêts obtenus :

- **Le capital initialement placé,** ou la somme d'argent de départ notée C_0.
- **La durée du placement,** qui correspond au nombre de périodes de capitalisation noté n.
- **La valeur acquise par le capital de départ au bout de n périodes** de placement notée C_n.
- **Le taux d'intérêt fixe du placement** noté r, souvent exprimé en pourcentage.

1. LES INTERETS SIMPLES

Un capital est placé à intérêts simples lorsque les intérêts sont calculés en fin de placement proportionnellement au capital, au taux et à la durée du placement. Dans le cas simple, les intérêts ne sont pas capitalisés au cours des périodes suivantes, et par conséquent ils ne rapportent pas d'intérêts supplémentaires. La valeur acquise C_n du capital initial C_0 est définie par :

$$C_n = C_0 \times (1 + n \times r)$$

Les intérêts sont dits « simples » car à chaque période, les intérêts se calculent par la formule :

$$I = r \times C_0$$

Remarquez que <u>les intérêts sont toujours constants</u> d'une période à l'autre, qu'ils soient calculés à la première ou à la $n^{ième}$ période.

La somme des intérêts reçus au cours de n périodes vaut :

$$I = n \times r \times C_0 = C_n - C_o$$

Comprenez bien que dans le cas des intérêts simples, les intérêts ne sont pas réinvestis aux périodes suivantes et sont en fait « mis sur un compte séparé non rémunéré ». En résumé, comme les intérêts simples ne sont pas placés, **il n'y a pas d'intérêts sur les intérêts.**

Application :

> On place 1 000 € sur un compte rémunéré à 10 % par an pendant 8 ans. Que vaut la somme au bout de 3 ans de placement ?
>
> Réponse : $C_8 = C_0 \times (1 + n \times r)$ = 1 000 € x (1 + 8 x 10 %) = 1 000 € x 1,8 = 1 800 €

2. Les interets composes

Un placement est dit à intérêts composés **lorsque le montant des intérêts produits à la fin de chaque période de capitalisation s'ajoute au capital placé pour devenir lui-même productif d'intérêts à la période suivante.** La valeur acquise C_n par le capital initial C_0 au bout de n périodes de placement est égale à :

$$C_{n+1} = C_n \times (1 + r) \quad \text{et} \quad C_n = C_0 \times (1 + r)^n$$

Dans le cas des intérêts composés, les intérêts produits à chaque période augmentent la base à partir de laquelle on calcule les intérêts par la suite. Il faut bien comprendre que contrairement au cas des intérêts simples, les intérêts restent sur le compte bancaire, et par conséquent les intérêts obtenus par le placement sont croissants période après période.

Application :

> On place 1 000 € à un taux d'intérêt de 10 % par an pendant 3 ans. Que vaut la somme placée au bout de 3 ans de placement ?
>
> Réponse : $C_3 = C_0 \times (1 + r)^3$ = 1 000 € x (1 + 10 %)^3 = 1 000 € x 1,331 = 1 331 €

2.2. METHODES, TECHNIQUES, SAVOIR-FAIRE ET ASTUCES

I. METHODE DE LECTURE & TECHNIQUES D'APPROCHE ET DE RESOLUTION DES QUESTIONS

Comme vous le savez à présent, trop de candidats échouent à l'épreuve de calcul du fait que le cours a été appris à la va-vite et de façon superficielle. Mais l'expérience montre que les candidats échouent par-dessus tout à cause d'un manque évident de méthode dans l'approche et la résolution des questions qui leur sont posées.
Ce chapitre va donc nous permettre d'aborder précisément les méthodes d'approche et de résolution des questions de l'épreuve de calcul car il est possible d'augmenter très sensiblement son score au TAGE MAGE en adoptant les comportements des champions, ceux qui parviennent à répondre à au moins 12 ou 13 questions sur 15 en moyenne aux différentes épreuves du test.

1. LIRE LE SUJET DANS SON INTEGRALITE

Si ce savoir-faire apparaît aux premières loges de ce chapitre, c'est parce que nous constatons avec regret que les élèves que nous préparons chaque année au TAGE MAGE font de la résistance et s'entêtent terriblement à ne jamais l'appliquer !
Vous vous souvenez pourtant que dès la classe de troisième au collège, vos professeurs de mathématiques vous conseillaient avec plus ou moins de fermeté de « parcourir » tout le sujet avant de vous lancer tête baissée dans sa résolution. Sans parler des professeurs que vous avez eus en terminale qui vous ont forcément conseillé de procéder ainsi afin de gagner du temps et de limiter nombre d'erreurs qui résultent souvent d'une précipitation injustifiée.

Alors pourquoi êtes-vous si nombreux à résister ?

Notre expérience montre que c'est souvent parce que vous redoutez la montre ; que le temps d'une épreuve, le temps devient sacré et vous avez le sentiment que si vous ne démarrez pas à toute vitesse, comme dans une course de Formule 1, alors vous perdez toute chance de terminer le sujet. Sauf que c'est là que vous vous trompez, parce qu'à la veille d'une guerre comme à la veille d'une course de Formule 1, les protagonistes font du repérage : quelles sont les contours du champ de bataille ? Qui sont les autres pilotes de la course ? A quel endroit faudra-t-il tenter de doubler un concurrent ? Dans quelle région faudra-t-il éviter de se battre ? Et à quel moment de la bataille faudra-t-il craindre l'adversaire ?... Vous n'iriez pas en guerre sans connaître les contours du champ de bataille, n'est-ce pas ? Vous ne participeriez pas non plus à une course de Formule 1 sans découvrir au préalable le parcours qui vous attend.

Et bien au TAGE MAGE, c'est pareil ! Il faut faire du repérage ! C'est là un impératif catégorique. **On ne peut pas ne pas parcourir un sujet de calcul au TAGE MAGE avant de s'attaquer à la résolution d'une question.** Repérer les questions courtes, les questions longues, les questions qui vous font peur, celles qui vous semblent *a priori* faciles, celles qui vous rappellent vaguement une question déjà vue dans un livre ou pendant un stage de préparation, celles encore que vous ne ferez pas (souhaitons qu'il n'y en ait jamais plus de 2 !), par choix et non parce que vous manquerez de temps à l'approche des 20 minutes fatidiques... Autant de raisons donc de prendre 1 minute pour faire du repérage. Pendant ces 60 secondes, et 60 secondes, c'est long (faites le test lorsque vous travaillerez sur les tests blancs de la deuxième partie de cet ouvrage), vous serez en mesure de lire les questions en diagonale, d'entourer celles que vous ferez en premier ou encore celles que vous ferez en dernier, s'il vous reste du temps ! Vous verrez, vous pouvez espérer améliorer très sensiblement votre score en procédant ainsi. A bon entendeur...

NB : ce savoir-faire vaut naturellement pour toutes les épreuves.

2. NE JAMAIS RESTER BLOQUE PLUS DE 2 MINUTES SUR UNE QUESTION

Il peut être tentant au TAGE MAGE de se battre corps et âme avec une question, surtout lorsque l'on croit que l'on tient la réponse ; qu'elle est là, tout près... Bien sûr, on veut bien croire que vous finirez par venir à bout de cette question. Mais la question est *« quand ? »*. Quand finirez-vous par résoudre cette question ?

Il ne fait pas de doute que si vous disposez en moyenne de 5 ou 6 minutes par question, vous parvenez généralement à résoudre quasiment toutes les questions d'une épreuve. **Le problème, c'est que vous ne disposez que de 1 minute et 20 secondes en moyenne** et que dès lors que vous passez plus de 2 minutes sur une question, vous mettez sérieusement en péril vos chances de répondre à une majorité de questions. Ne restez donc jamais bloqués plus de 2 minutes sur une question. Et croyez-nous, 2 minutes... c'est déjà très long, pour peu que vous soyez sereins et concentrés.

3. COMMENT LIRE UNE QUESTION DE CALCUL AU TAGE MAGE ?

Notre expérience dans l'enseignement du TAGE MAGE à Aurlom nous a montré que les candidats abordent l'épreuve de calcul dans un étrange état d'excitation et de frénésie, prêts à en découdre, comme si tout le test se jouait au terme de cette épreuve. On découvre ainsi malheureusement trop souvent des comportements qui n'ont pas leur place ici : précipitation extrême où l'on passe d'un énoncé à l'autre à toute vitesse, lecture partielle des énoncés où l'on réalise après coup que l'on est passé à côté de la question parce que l'on a sauté un mot-clé ou parce que l'on a confondu un mot avec un autre, découragement total cinq minutes après le début de l'épreuve… Tous ces comportements et ces erreurs sont bien sûr à bannir au TAGE MAGE et **s'il y a bien une erreur qu'il vous est strictement interdit de commettre durant l'épreuve, c'est de vous précipiter… d'aller trop vite.**

Retenez donc que **plus vous irez lentement dans la lecture et la résolution des questions, et plus vous irez vite !**

Voici deux réflexes qui vous permettront assurément d'améliorer votre score. Veillez bien à adopter ces réflexes en toutes circonstances.

- Lire le plus lentement possible chacune des questions de l'épreuve.
- Injecter, pendant la lecture, un maximum de valeur ajoutée.

[Réflexe 1 : lire le plus lentement possible chacune des questions de l'épreuve]

Le plus lentement possible signifie ici que **vous devez lire votre question comme si cette dernière devait disparaître de votre vue à la fin d'une première et unique lecture.**

L'expérience montre que les questions de calcul posées au TAGE MAGE sont le plus souvent composées d'énoncés relativement courts (jamais plus de 3 ou 4 lignes) que les candidats abordent souvent de façon superficielle en les lisant vite ; ce comportement s'expliquant par la pression du temps alloué à l'épreuve (seulement 20 minutes pour 15 questions à résoudre).

Nous pensons que la meilleure façon de comprendre au mieux la question qui vous est posée est de la lire le plus lentement possible, **mot à mot,** comme si vous n'étiez autorisés à lire la question qu'une seule fois. Ainsi, vous serez sûrs de ne perdre aucune information en cours de route et de disposer de tous les éléments nécessaires à la bonne résolution de la question.

Surtout, en lisant lentement la question, vous n'aurez plus besoin de la relire une deuxième ou une troisième fois car c'est précisément pendant ces moments de relecture que l'on panique à la vue du temps qui file et que l'on perd vraiment du temps. N'oubliez donc jamais qu'à vouloir aller trop vite, vous brûlerez assurément vos chances de répondre juste à une majorité de questions.

[Réflexe 2 : injecter un maximum de valeur ajoutée pendant la lecture]

A la lecture trop rapide des énoncés vient s'ajouter une erreur que commettent beaucoup de candidats pendant qu'ils lisent la question, à savoir la retranscription quasi automatique des informations contenues dans l'énoncé, et ce, dès les premiers mots qui sont lus. Ainsi, un énoncé qui débuterait par exemple par : *« Aurélie est actuellement âgée de 8 ans... »* est immédiatement retranscrit sur le brouillon en *« Aurélie : 8 ans »* et ce, en plein pendant la lecture.

Alors, est-ce bien grave de faire cela ? Non, évidemment, ce n'est pas très grave en soi, mais l'expérience montre que les meilleurs candidats, ceux qui obtiennent des scores supérieurs à 450 au TAGE MAGE, ne lisent pas leurs énoncés comme les autres... **Les meilleurs candidats injectent en effet au cours de leur lecture une valeur ajoutée exceptionnelle qui consiste à « traduire », « raffiner » et « mettre en relation » l'ensemble des informations des éléments mis en avant dans la question.**

Ce que vous devez comprendre, c'est qu'écrire sur son brouillon *« Aurélie : 8 ans »* ou *« A = 8 »* quand l'énoncé dit *« Aurélie est actuellement âgée de 8 ans »,* ou encore *« X > 0 »* quand l'énoncé dit *« X est un nombre réel strictement positif »* **n'apporte aucune valeur ajoutée à votre lecture** et c'est la raison pour laquelle vous devez éviter ce type de retranscription frénétique sur votre brouillon.

La bonne attitude à adopter est en fait la suivante : **en lisant lentement votre énoncé, vous devez être capables « de convoquer dans le même temps un maximum de connaissances et d'injecter de la valeur ajoutée » à que vous lisez.**

Ainsi, par exemple, quand vous lisez un énoncé qui débute par *« Le périmètre d'un carré de 24 cm est découpé en 2 rectangles »,* vous devez immédiatement faire une pause afin de comprendre mentalement absolument tout ce que cette phrase implique. Autrement dit, ici, vous devez mobiliser, de tête, le fait que le périmètre d'un carré est égal à $4a$ avec a la longueur d'un côté et que si $4a = 24$, alors $a = 6$ cm. Il s'ensuit donc que si ce carré est découpé en 2 rectangles, alors ces 2 rectangles auront nécessairement deux de leurs côtés dont la longueur sera égale à 6 cm.

Vous admettrez que l'on est beaucoup mieux armé ainsi pour découvrir la suite de l'énoncé que si l'on avait simplement dessiné dans un coin de notre brouillon un carré séparé en 2 rectangles avec écrit à côté : « P = 24 cm ».

Nous terminerons ce chapitre par l'analyse d'un nouvel énoncé, tombé tel quel au TAGE MAGE, lu sous l'influence de nos deux réflexes. Voici l'énoncé :

> Dans une école, 65 % des élèves sont des filles. Parmi les garçons, 75 % ont l'âge normal pour leur classe ; 15 % sont en avance et 20 garçons sont en retard scolaire. Quel est le pourcentage de garçons en retard scolaire par rapport au nombre total d'élèves ?

En lisant lentement cet énoncé et en y injectant un maximum de valeur ajoutée, vous allez voir qu'il est possible de le résoudre **de tête** en moins de 40 secondes et sans trop d'efforts. En gras, en italiques et entre crochets, la valeur ajoutée injectée de tête pendant que l'on lit l'énoncé.

> Dans une école, 65 % des élèves sont des filles ***[j'en déduis que (100 - 65) % = 35 % sont des garçons]***. Parmi les garçons ***[qui représentent donc 35 % de la classe]***, 75 % ont l'âge normal pour leur classe ; 15 % sont en avance et 20 garçons sont en retard scolaire ***[ces 20 garçons en retard scolaire représentent donc (100 - 75 - 15) % = 10 % des garçons de la classe]***. Quel est le pourcentage de garçons en retard scolaire par rapport au nombre total d'élèves ? ***[On me demande donc en fait de calculer ce que vaut 10 % de 35 %, soit 10 % x 35 % = 0,1 x 35 % = 3,5 %, et un rapide coup d'œil sur les réponses m'apporte la satisfaction espérée puisque 3,5 % figure parmi les réponses proposées !]***

4. ANALYSE DES DIFFERENTS TYPES DE QUESTIONS

Nous vous proposons ici de lister tous les types de questions qui peuvent vous être proposées dans une épreuve de calcul au TAGE MAGE.

1. Les questions courtes

Qu'elles soient posées sous une forme textuelle ou numérique, les questions courtes (une à deux lignes au maximum) trouvent toujours leur place au sein d'une épreuve de calcul au TAGE MAGE. D'un niveau relativement facile, elles permettent aux candidats de trouver leurs marques et d'éviter ainsi un flop total en assurant un score « minimal ». Malheureusement, ces questions courtes et faciles demeurent assez minoritaires dans une épreuve classique de calcul.

Nous pensons clairement que **ces questions doivent être traitées en priorité,** puisqu'elles ne laissent pas de place à quelque tergiversation que ce soit. Autrement dit, *on sait* ou *on ne sait pas* ! Et c'est pour cette raison qu'il faut « aller les chercher » où qu'elles se trouvent – pour rappel : au TAGE MAGE, les questions ne sont jamais posées par ordre de difficulté croissante ou décroissante et il est donc possible de trouver une question courte et facile en début, en milieu ou en fin d'épreuve.

Voici quelques exemples de questions courtes d'un niveau facile…

1. Que vaut la moyenne de 2 008 et 8 002 ?

2. Que vaut le quart du tiers de vingt-quatre ?

3. La somme de trois nombres entiers consécutifs est égale à 9. Que vaut le plus petit de ces trois nombres ?

4. Que vaut l'octuple du cinquième de 135 ?

5. Quel est le 1er terme, représenté par le point d'interrogation, dans cette série ?

?	4	6	10	18

Retrouvez les corrections de ces questions sur www.aurlom.com

Comme vous le voyez, les questions de l'épreuve de calcul mettent déjà en scène des notions diverses et variées : calcul mental, arithmétique, calcul de moyenne, progressions géométriques. Attendez-vous donc à tomber sur à peu près tout et… n'importe quoi ! Dans la limite du programme bien sûr !

Si vous venez de découvrir – avec une joie à peine dissimulée – un échantillon de questions courtes d'un niveau facile, nous attirons à présent votre attention sur le fait que **certaines questions courtes peuvent être difficiles, voire très difficiles.**
Ne modifiez pas pour autant votre stratégie d'approche des questions et essayez de les traiter en priorité, car elles ont le mérite d'être courtes et ne sont pas gourmandes en temps de lecture. Vous serez ainsi très vite fixés sur le sort que vous leur réserverez.

Voici quelques exemples de questions courtes d'un niveau assez difficile :

1. Dans la multiplication SM x NZ = 840, S, N, M et Z sont dans cet ordre des nombres consécutifs croissants. Que vaut N ?

2. A est un entier positif non nul et strictement inférieur à 7.
Quelle est la valeur de H sachant que $H^2 - A^3 = A^2$?

3. Que vaut $1/3^8 + 1/3^9 + 1/3^9 + 1/3^9$?

4. Après avoir scié 5 bûches en deux, un bûcheron se retrouve avec 22 bûches. Combien avait-il de bûches au départ ?

Retrouvez les corrections de ces questions sur www.aurlom.com

2. Les questions longues

Si les questions longues ne sont pas forcément les plus difficiles, elles exigent en revanche toujours **une lecture lente, attentive et efficace.**

Nous vous conseillions un peu plus haut de lire lentement les énoncés de calcul, très lentement même, comme si la question disparaissait au terme de la première lecture. Et bien ce conseil est encore plus valable pour les questions longues. Il n'est en effet pas question que vous relisiez 2 ou 3 fois un énoncé long… Vous risqueriez de perdre beaucoup de temps et de vous priver alors des précieuses minutes nécessaires à la résolution des autres questions.

En plus de lire lentement les énoncés des questions longues, nous ne saurions que trop vous conseiller de convoquer **une lecture critique et sélective** devant ces questions qui contiennent parfois des informations périphériques qui ne vous seront d'aucune utilité… Pire, ces questions peuvent même vous faire perdre du temps.
Voici deux exemples de questions longues :

1. Valérie, Yaëlle et Danielle entrent dans une bijouterie du cours Mirabeau à Aix-en-Provence. Danielle achète 2 broches et 1 collier. Le collier coûte 520 €. Yaëlle achète 1 broche et 1 bague. Elle a dépensé plus que Danielle. La bague coûte 1 100 €. Valérie achète 3 broches et 1 bracelet. Valérie a dépensé plus que Danielle. Le bracelet coûte 110 €. Sachant que toutes les broches sont au même prix, parmi les 5 propositions suivantes, quelle est la seule qui pourrait correspondre au prix d'une broche ?

A. 570 B. 590 C. 610
D. 630 E. 690

2. Deux automobilistes partent en même temps, l'un de la ville A vers la ville B, l'autre de la ville B vers la ville A. Ces deux villes sont distantes de 8 km. Le premier roule à 20 km/h et le second à 60 km/h.
Une mouche volant à 100 km/h part en direction de B en même temps que le premier automobiliste. Arrivée à destination, elle repart en sens inverse. Elle continue ainsi à faire la navette entre les deux villes jusqu'à ce que les deux automobilistes se rencontrent. Quelle distance en tout la mouche aura-t-elle parcourue ?

A. 5 km B. 8 km C. 10 km
D. 12 km E. 15 km

Ces deux questions sont riches d'enseignement.

La première **illustre l'exigence d'une lecture critique et sélective** visant à mettre de côté certaines informations périphériques parasitaires. La seconde question illustre quant à elle la nécessité de lire lentement les énoncés afin de procéder aux bons calculs du premier coup.

1. Vous aurez remarqué ici que la mise en scène est digne d'un court métrage avec son lot de petits détails tels que les prénoms des trois jeunes filles qui entrent dans la bijouterie. Mais attention, pas n'importe quelle bijouterie, puisqu'il s'agit quand même de celle du cours Mirabeau à Aix !

Vous aurez compris ici que de tels détails ne vous sont d'absolument aucune utilité et que **vous devez par conséquent être capables de faire le tri entre les informations utiles et celles qui sont purement et simplement parasitaires.**

Si l'on s'attache à présent à la résolution de la question, on remarque que l'on nous demande de choisir, parmi les 5 propositions données, celle qui est la seule à pouvoir correspondre au prix d'une broche, sachant que toutes les broches sont au même prix. **Et bien c'est là qu'une lecture lente et critique prend tout son sens** puisque certains d'entre vous auront remarqué que l'on n'a que faire des achats de Valérie et du fait que cette dernière a dépensé plus que Danielle. Il est en effet possible ici de répondre à la question sur la seule base des informations suivantes : « Danielle achète 2 broches et 1 collier. Le collier coûte 520 €. Yaëlle achète 1 broche et 1 bague. Elle a dépensé plus que Danielle. La bague coûte 1 100 € », que l'on peut traduire par l'inéquation : $B + 1\,100 > 2B + 520$ soit $B < 580$. Réponse A.

Attention donc à ne pas vous laisser distraire par des mises en scène farfelues. Attention également à ne pas toujours chercher à exploiter absolument toutes les informations fournies par un énoncé long.

2. Cette question est *a priori* assez difficile. Vous allez pourtant voir que grâce à une lecture lente et « digérée » de l'énoncé, la situation décrite est somme toute assez simple à comprendre. Sachez de toute façon que notre expérience des questions de l'épreuve de calcul du TAGE MAGE nous conduit à affirmer sans l'ombre d'un doute que **vous disposez objectivement d'un temps suffisant à la résolution des 15 questions de l'épreuve.** Autrement dit, les questions ne sont pas « impossibles » à résoudre et n'exigent jamais que l'on sorte l'artillerie lourde pour en venir à bout.

Bon alors, quelle réponse avez-vous trouvée ?

Il y a en fait deux choses à trouver ici : l'heure de rencontre des automobilistes, puis la distance parcourue par la mouche. Les deux automobilistes roulent à une vitesse conjuguée de $60 + 20 = 80$ km/h. Autrement dit, en s'appuyant sur la formule $t = d/v$, on déduit qu'en $8/80 = 1/10$ d'heure, soit 6 minutes, ils auront parcouru à eux deux les 8 km séparant les deux villes. Et de conclure qu'en 6 minutes, la mouche aura parcouru une distance égale à $d = v \times t = 100$ km/h $\times$ (6/60) h $= 10$ km.

3. Les questions ou les reponses proposees sont plus importantes que les enonces…

Ce qu'il y a d'intolérable et de très dur à accepter dans une question à choix multiples avec réponse unique, **c'est que la réponse est devant vous, sous vos yeux !** On ne vous la cache jamais… Et c'est bien là le problème.

Lorsque malgré tous vos efforts, vous ne parvenez pas à répondre à une question de calcul (ce que nous allons dire s'applique tout aussi bien à une question de raisonnement, de logique ou d'expression), vous vous retrouvez alors soudainement, et malgré vous, dans un incontrôlable état émotionnel qui résulte de l'empêchement à atteindre votre but ultime qui n'est autre que répondre juste à la question qui vous est posée… Pour faire simple, **vous développez ce que l'on appelle un sentiment de frustration** et ça, c'est très dur à vivre !

Alors au lieu d'accumuler ces inutiles sentiments de frustration, efforcez-vous plutôt d'acquérir les quelques réflexes développés dans cet ouvrage. Ces réflexes vous permettront assurément de gagner en confiance et de déjouer ainsi la majorité des difficultés et pièges qui vous seront tendus… Surtout, même si par le plus grand des malheurs vous ne parvenez pas à répondre à une question, pire encore, si vous répondez faux, vous aurez au moins gagné le sentiment d'avoir mis tout en œuvre pour y arriver (bon, évitez tout de même de gagner ce type de sentiments trop souvent !).
Savoir que l'on a tout mis en œuvre pour parvenir à ses fins n'a pas de prix car s'il y a bien un impératif catégorique à respecter le jour du test, c'est de préserver son moral au beau fixe pendant toute la durée des épreuves.

Dans le chapitre 1 « Comment lire une question de calcul ? », vous avez abordé deux réflexes essentiels qui consistent à lire vos questions très lentement et à apporter à votre lecture un « supplément d'âme » qui se traduit par une lecture active, valorisée, raffinée. **A présent, nous allons étudier un nouveau réflexe très important, celui qui consiste à regarder attentivement les réponses qui accompagnent l'énoncé.**

En identifiant en amont (*i.e.* avant d'entamer quelque résolution que ce soit) le type des réponses proposées ou encore leur format, vous gagnerez assurément du temps.
Vous pourrez en effet parfois éliminer certaines réponses absurdes ou impossibles et ainsi mieux conduire votre raisonnement. Vous verrez également qu'en vous attardant par exemple sur le dernier chiffre d'une réponse, vous aurez vite fait de mettre un terme à vos calculs et de passer à la question suivante.

Voyez donc les exemples qui suivent !

1. J'ai acheté une collection de disques au prix de 845,75 € sur laquelle il y avait une réduction de 13 %. Quel était le prix initial de cette collection ?

A. 921,36 €
B. 943,61 €
C. 955,09 €
D. 964,11 €
E. 972,13 €

Pour résoudre cette question, on peut par exemple poser une règle de trois. Soit :

X €	100 % [prix normal]
845,75 €	87 % [du prix normal (100 % - 13 %)]

Sachant que 100 % = 1 et 87 % = 0,87, on pose alors la division à la main suivante :
X = (845,75 x 1) / 0,87

Cette division avec des virgules vous semble compliquée ? Et bien ne vous inquiétez pas. Regardez plutôt ! Tout d'abord, vous transformez (845,75 x 1) / 0,87 en 84 575 / 87. Vous prenez ensuite 845 que vous divisez par 87. Pas besoin de calculer ce que cela vaut puisque cela vaut 9. Et oui, regardez vos réponses ! Elles commencent toutes par le chiffre 9 ! Le chiffre des centaines du résultat ne peut donc valoir que 9. Ensuite, vous calculez 9 x 87, qui vaut 783 et vous faites 845 - 783 = 62. Vous abaissez alors 5 et vous divisez 625 par 87… Et cela y va 7 fois. Et maintenant, **STOP !**
Vous savez en effet que le chiffre des centaines de votre résultat vaut 7 et que la seule et unique solution qui démarre par les chiffres 9 et 7 est la solution E. La division est donc déjà terminée et cela nous a pris entre 30 et 40 secondes.

Nous espérons que cela vous donne envie à présent de regarder un peu mieux à quoi ressemblent vos réponses avant de commencer à conduire quelque calcul que ce soit. Quelqu'un qui n'avait pas regardé ses réponses serait encore en train de résoudre la division à l'heure où vous lisez ces lignes… Et croyez-nous : un jour de test, où vous êtes stressés par le temps qui passe à toute allure, une simple division peut vite devenir un cauchemar tant il y a de chances que vous vous emmêliez les pinceaux… Alors autant en faire le moins possible et assurer un maximum de bonnes réponses.

NB : vous n'aurez peut-être pas toujours des réponses qui commencent toutes avec le même chiffre, mais vous aurez certainement des solutions avec des chiffres des dizaines ou des unités différents… Tout concepteur de tests qui se respecte (et nous en faisons partie) n'oublie jamais de favoriser l'étudiant qui aura eu la lucidité de regarder attentivement ses réponses.

2. Le produit de 3 entiers consécutifs est 2 184. Que vaut la somme des deux plus grands entiers ?

A. 24	D. 27
B. 25	E. 28
C. 26	

La question que l'on vous pose ici est « que vaut la somme des deux plus grands entiers ? ». Ces deux plus grands entiers sont, comme le dit l'énoncé, consécutifs. Or si l'on regarde de plus près deux nombres consécutifs, on remarque qu'il y en a toujours un qui est pair quand l'autre est impair (prenez 7 et 8 ou 12 et 13). **Aussi, la somme de deux nombres consécutifs est-elle nécessairement un nombre impair !**

Si vous regardez à présent attentivement vos réponses, il n'y en a que deux qui sont impaires : **25** et **27.** Vous éliminez donc sans vous poser de question les réponses A, C et E.

Si la bonne réponse est 25, alors cela veut dire que les deux nombres sont 12 et 13. Le troisième, qui est le plus petit, vaut alors 11, et 11 x 12 x 13 n'est pas égal à 2 184 mais à un nombre qui finit par 6 (nous vous expliquerons un peu plus tard comment on arrive à savoir que c'est un nombre qui finit par 6… soyez patients).

Nous concluons donc par élimination que la bonne réponse n'est pas 25 mais 27 et qu'encore une fois, en prenant le temps de regarder soigneusement les réponses proposées, nous sommes parvenus à raisonner sans équations ni calculs superflus et à répondre rapidement à la question.

En conclusion, n'oubliez jamais que vos réponses contiennent des informations qui valent de l'or et qui sont tout aussi importantes (sinon plus importantes) que votre énoncé lui-même. Apportez-leur donc toute l'attention qu'elles méritent !

II. DES TECHNIQUES ET DES ASTUCES

1. LE « BACKSOLVING » OU COMMENT RESOUDRE UNE QUESTION EN TESTANT LES REPONSES PROPOSEES

Le *backsolving* est une technique fondamentale de résolution des questions.
Les concepteurs aiment beaucoup cette technique qu'ils utilisent fréquemment pour concevoir de nouvelles questions, que vous retrouverez ici et là dans un test TAGE MAGE, TAGE 2, ou autre SCORE IAE MESSAGE.

Le *backsolving* consiste à **trouver la bonne réponse en testant avec méthode les réponses qui vous sont proposées.**

En plus de vous expliquer la façon dont vous devez vous y prendre pour tester vos réponses, nous tenterons d'identifier dans quelle mesure il est possible, sinon fortement recommandé, d'utiliser la technique du *backsolving*.

Appliquons la technique du *backsolving* sur deux exemples :

1. Une somme de 6 500 € est composée de 79 billets de 50 et 100 €. Quel est le nombre de billets de 100 € ?

A. 30	D. 51
B. 35	E. 55
C. 42	

A première vue, nous avons affaire à un problème qui peut se résoudre en posant un système de deux équations à deux inconnues… A première vue !
Un rapide coup d'œil sur nos réponses indique qu'elles donnent le nombre de billets de 100 € et que l'on peut ainsi en déduire le nombre de billets de 50 €. En effet, s'il y a par exemple 42 billets de 100 €, alors il y a 79 - 42 = 37 billets de 50 €.

Posons-nous à présent la question suivante : peut-on dans cette question tester nos réponses pour trouver *la* bonne réponse ? La réponse est *oui* !

Souvenez-vous que dans une question de calcul, **il est recommandé de tester les réponses lorsque vous êtes en mesure de vérifier quelque chose.**

Ici, en testant les réponses, vous êtes en mesure de vérifier que vous obtiendrez au final la somme de 6 500 € (en multipliant le nombre de billets de 100 € par 100, somme à laquelle vous ajoutez le nombre de billets de 50 € multiplié par 50).

1. Comment tester les reponses ?

La méthode est simple :

1. Vous classez vos réponses par ordre croissant (ce qui sera déjà souvent le cas au TAGE MAGE).
2. Vous commencez toujours par tester la réponse du milieu, autrement dit, la réponse C.
   2.1. La réponse C est la bonne réponse ? Vous passez à la question suivante.
   2.2. La réponse C n'est pas la bonne réponse ? Dommage. Mais rien d'inquiétant puisque vous allez tester à présent l'une des deux réponses qui se trouvent « au-dessus » de la réponse C (la A ou la B) ou « en dessous » de la réponse C (la D ou la E). Imaginons que vous testiez une réponse d'au-dessus comme la A par exemple, alors deux cas de figure se présentent à vous : (1) la A est la bonne réponse, tant mieux et vous passez à la question suivante ; (2) la A n'est pas la bonne réponse, mais par élimination, vous en déduisez finalement que la bonne réponse est la B.

> **A retenir !**
>
> Grâce à cette méthode efficace de résolution, vous effectuez au mieux une seule vérification (quand la bonne réponse est la C) et au pire seulement deux. Autrement dit, vous n'avez jamais besoin de vérifier toutes les réponses une à une lorsque vous testez les réponses. Et c'est en cela que cette méthode est efficace.
>
> La seule difficulté consistera à choisir quelles réponses tester après avoir vérifié que la réponse C n'est la bonne réponse : les réponses d'au-dessus ou les réponses d'en dessous ?

Levons cette difficulté en appliquant notre méthode à notre premier exemple.

Comme vous le savez maintenant, nous devons tester dans un premier temps la réponse C. Supposons donc qu'il y ait effectivement 42 billets de 100 € (4 200 €). Cela signifie alors qu'il y a 79 - 42 = 37 billets de 50 € (1 850 €). Nous obtenons ainsi la somme de 4 200 € + 1 850 € = 6 050 € et concluons que la somme de 6 500 € n'est pas vérifiée. La réponse C n'est donc pas la bonne réponse et il faut aller chercher du côté des réponses d'en dessous (les réponses D et E). En effet, pour passer de 6 050 € à 6 500 € avec un nombre total de billets identique, il faut « charger » un peu plus en billets de 100 € (*i.e.* avoir plus de billets de 100 € et moins de 50 €).
Nous testons donc la réponse D qui marche alors parfaitement puisque s'il y a 51 billets de 100 €, alors il y a :
79 - 51 = 18 billets de 50 € et 51 x 100 + 28 x 50 = 5 100 + 1 400 = 6 500 € !

Une remarque importante : si nous avions testé la réponse E, nous aurions trouvé une somme de 6 700 € avec 55 billets de 100 € et 79 - 55 = 24 billets de 50 € et nous aurions alors conclu que la bonne réponse était nécessairement la D.

Un autre exemple :

2. Un concours comporte 20 questions. Chaque bonne réponse rapporte 2 points mais chaque mauvaise réponse fait perdre 1 point. Danielle a passé ce concours et a obtenu 19 points. Elle a répondu à toutes les questions mais est sûre de s'être trompée au moins une fois. A quel intervalle appartient le nombre de réponses fausses ?

A. [0 ; 2]
B. [2 ; 4]
C. [5 ; 8]
D. [10 ; 13]
E. [14 ; 16]

Si l'on regarde de près les réponses que l'on a sous les yeux, on remarque que le nombre de réponses fausses appartient à un intervalle de nombres entiers. Ainsi, la réponse D dit par exemple que le nombre de mauvaises réponses est compris entre 10 et 13 et que Danielle a répondu à 10, 11, 12 ou 13 mauvaises réponses.

Testons nos réponses en commençant par la réponse C. Le nombre de mauvaises réponses est dans ce cas compris entre 5 et 8.
Si c'est 5, alors le nombre de bonnes réponses est 15 (20 - 5) et le score total obtenu est : 15 x 2 - 5 x 1 = 25.

Si c'est 8, le nombre de bonnes réponses est 12 (20 - 8) et le score total obtenu est : 12 x 2 - 8 x 1 = 16.

Conclusion : la solution C nous dit que le nombre total de points obtenus par Danielle est compris entre 16 et 25. Or comme Danielle a obtenu 19 et que 19 est bien compris entre 16 et 25, c'est que la réponse C est la bonne réponse. Et c'est terminé.

2. UNE REMARQUE TRES IMPORTANTE

Il n'y a jamais qu'une et une seule façon de répondre à une question de calcul au TAGE MAGE.

Si le *backsolving* était ici une technique bienvenue, il n'en demeurait pas moins qu'une méthode de résolution plus classique (mais en même temps plus confidentielle) était possible. Ainsi, la notion de « score absolu » permettait de fournir ici une résolution élégante de cette question. En effet, une bonne réponse apporte +2 points et une mauvaise réponse apporte -1 point. Le score maximal (meilleur score) est donc potentiellement égal à 20 x 2 = 40 points et le score minimal (pire score) égal à 20 x (-1) = -20 points. Vous avez donc dans l'absolu un stock de 60 points à gérer. Et ce que vous devez comprendre, c'est que lorsque vous répondez faux à une question, vous perdez effectivement 1 point, mais dans l'absolu, vous vous privez en réalité de 3 (les 2 points que vous auriez pu avoir en répondant juste *plus* le point que l'on vous retire). En conclusion : si Danielle a eu 19 points sur un total maximal de 40, c'est qu'elle s'est privée de 40 - 19 = 21 points, soit l'équivalent de 21/3 = 7 questions. Elle a donc répondu faux à 7 questions. Et comme 7 appartient à l'intervalle [5 ; 8], c'est que C est bien la bonne réponse.

Si nous vous avons recommandé de lire le sujet dans son intégralité avant de démarrer la résolution des questions, de résoudre en priorité les questions courtes ou encore d'utiliser la technique du *backsolving* pour ne pas rester pantois face à une question à l'allure délicate, et bien nous devons à présent vous apprendre à **minimiser le temps passé sur chacune des questions que vous traiterez,** car n'oubliez jamais qu'au TAGE MAGE, votre principal adversaire s'appelle le temps.

Les astuces qui suivent sont reconnues pour être redoutablement efficaces dans bon nombre de situations et il est relativement facile de reconnaître le moment où il va falloir les utiliser. Notez toutefois que ces astuces ne sauraient se suffire à elles seules pour venir à bout d'une question. Une excellente maîtrise du cours et une lecture attentive des chapitres précédents sont en effet indispensables au bon apprentissage de ce qui va suivre.

2. LE DERNIER CHIFFRE

Le dernier chiffre du produit de deux nombres est le même que le dernier chiffre du produit des derniers chiffres des deux nombres en question.

Prenons par exemple le produit de 12 673 267 et 7 812 763 789.
En notant X le dernier chiffre du produit de deux nombres, la phrase en gras devient, après traduction :

X est égal au dernier chiffre du produit des derniers chiffres des deux nombres.

Dans notre cas, les deux nombres dont nous cherchons le produit sont 12 673 267 et 7 812 763 789, soit après une nouvelle traduction : **X est égal au dernier chiffre du produit des derniers chiffres de 12 673 267 et 7 812 763 789.** Soit enfin : **X est égal au dernier chiffre du produit de 7 et 9.**
Et comme le produit de 7 et 9 est 7 x 9 = 63, on conclut que X est égal au dernier chiffre de 63… *i.e.* : **3** !!!

Retenez donc la méthode à appliquer pour trouver le dernier chiffre du produit de nombres :

1. Isolez les derniers chiffres des deux nombres dont vous souhaitez faire le produit.
2. Calculez ensuite le produit de ces deux derniers chiffres.
3. Identifiez enfin le dernier chiffre de ce produit.

Application :

1. Jean a décidé de repeindre les quatre murs de son sous-sol. Les quatre murs sont hauts de 2,6 mètres. Deux murs ont pour largeur 13,7 mètres et deux autres murs ont pour largeur 11,9 mètres. Sachant qu'il faut 0,3 litre de peinture pour 1 mètre carré de mur à peindre, quelle quantité de peinture Jean utilisera-t-il pour repeindre les murs de son sous-sol ?

A. 33,713 litres
B. 37,768 litres
C. 38,874 litres
D. 39,936 litres
E. 40,762 litres

Il n'est pas question ici de calculer précisément la quantité de peinture dont Jean a besoin pour repeindre les murs de son sous-sol. Nous remarquons en effet – comme par hasard – que les derniers chiffres de nos solutions sont tous différents. Nous allons donc appliquer l'astuce du dernier chiffre et trouver la bonne réponse en… 15 secondes !

Surface totale des quatre murs à peindre : **2** x 2,**6** x 13,**7** + **2** x 2,**6** x 11,**9**.
En appliquant l'astuce du dernier chiffre, on trouve que **2** x 2,**6** x 13,**7** se termine par le chiffre **4** [**2** x **6** se termine par 2 et un nombre qui se termine par 2 fois un nombre qui se termine **7** est un nombre qui se termine par 4] et que **2** x 2,**6** x 11,**9** se termine par le chiffre **8**.
La somme **2** x 2,**6** x 13,**7** + **2** x 2,**6** x 11,**9** se termine donc par le dernier chiffre de **4 + 8**, c'est-à-dire 2. Il ne nous reste plus qu'à multiplier 2, le dernier chiffre de la surface totale des quatre murs, par 3 (le dernier chiffre de 0,3) pour trouver 6. Et on sait à présent avec certitude que le nombre de litres de peinture dont Jean a besoin pour repeindre son sous-sol est un nombre dont le dernier chiffre est 6. Réponse D.

Cette astuce vous permet donc de gagner des secondes précieuses et d'abréger rapidement vos souffrances. Mais ce n'est pas tout. **Car ce qui est prodigieux avec cette astuce, c'est qu'elle fonctionne également dans l'autre sens,** c'est-à-dire lorsque vous cherchez non pas le dernier chiffre du produit de deux nombres mais celui de l'un des (ou même des deux) nombres que vous multipliez entre eux.

Application :

2. Que vaut N + P sachant que le produit des nombres à trois chiffres 48N et 87P est égal à 42 853 ?

A. 16
B. 13
C. 10
D. 8
E. 7

Lorsque l'on vous demande de trouver les chiffres N et P sachant que le nombre de trois chiffres **48N** multiplié par le nombre de trois chiffres **87P** vaut **42 853,** votre premier réflexe doit être de vous dire que le produit N x P se termine nécessairement par le chiffre. Vous obtenez alors les valeurs suivantes pour N et P :

N	P	Dernier chiffre de N x P
1	**3**	3
3	**1**	3
7	**9**	3
9	**7**	3

L'on comprend donc que pour obtenir un nombre qui se termine par 3 en faisant le produit de deux nombres, ces deux nombres doivent nécessairement et respectivement se terminer par 1 et 3 ou 3 et 1 ou 7 et 9 ou 9 et 7.
La somme N + P vaut donc 1 + 3 = **4** ou 7 + 9 = **16**. Réponse A !

Surtout ne nous inquiétez pas, vous n'aurez jamais deux réponses possibles au TAGE MAGE puisque le format même de ce test consiste à n'avoir qu'une seule et unique réponse possible à une question. Autrement dit, ici, parmi les réponses proposées, il ne pouvait y avoir que 4 ou que 16, mais pas les deux en même temps !

3. LES INCONNUES ENTIERES

Arrêt sur lecture : l'astuce des inconnues entières est tout simplement géniale, alors suivez bien ce qui va suivre.
S'il y a bien un type de questions sur lesquelles vous devez vous arrêter particulièrement, ce sont celles où les inconnues sont entières. En effet, avec des nombres entiers comme inconnues, et à condition bien sûr de connaître son cours sur le bout des doigts (ce dont nous ne doutons pas, n'est-ce pas ?), il est possible de traiter certaines questions en un temps éclair grâce aux astuces relatives aux inconnues entières.

1. MAIS D'ABORD, UNE INCONNUE ENTIERE, C'EST QUOI ?

Une majorité de questions au TAGE MAGE vous demandent de trouver la valeur d'une inconnue : *Que vaut X ? Quel est l'âge de Robert ? Quel est le prix d'une figue ? Que vaut* R^2 *-* G^3 *? Quelle somme a été placée sur le compte C ? A quelle heure les deux trains se croiseront-ils ?...*

Quelle que soit l'inconnue, vous devrez toujours vous demander si cette dernière est entière ou non ; car si elle est entière, vous pourrez dans la majorité des cas, appliquer l'une des astuces qui suivent. Si l'on vous demande par exemple de trouver l'âge d'un adulte, et bien vous devez savoir que vous êtes face à une inconnue entière.

Nous voyons déjà les puristes parmi vous allumer leur ordinateur pour trouver nos coordonnées et nous indiquer qu'une faute s'est glissée dans le livre : oui, vous avez raison, un âge peut être un nombre à virgule si l'on considère qu'avoir 10,5 ans revient à avoir 10 ans et demi. Mais ce n'est pas le cas au TAGE MAGE. Eteignez donc votre ordinateur et permettez-nous de dresser une liste non exhaustive d'inconnues entières sur lesquelles vous pouvez être amenés à travailler. Cette liste est le fruit d'un long travail d'analyse des questions tombées au TAGE MAGE.

- Les êtres et les objets sont toujours des inconnues entières : des hommes, des femmes, des voitures, des chats, des chiens, des chaussettes, des abeilles, des bonbons, des enfants, des livres…
- Les âges : toujours entiers (10 ans, 37 ans).
- Les distances : très souvent entières (30 km ; 200 m).
- Les vitesses : très souvent entières (12 km/h ; 5 m/s).
- Les aires et les volumes : très souvent entiers (34 m^2 ; 100 m^3).
- Les sommes d'argent : très souvent entières (1 200 euros ; 432 yens).

En plus de cette liste, vous devez retenir une règle majeure qui s'applique en particulier aux prix et aux distances : **si toutes les données de l'énoncé ainsi que les réponses proposées sont entières, c'est que les données implicites le sont aussi.**

Prenons un exemple : si l'on vous parle de trois amis, Pierre, Paul et Jacques, qui ont commandé au restaurant des plats différents avec des prix différents et qui ont réglé à eux trois une addition s'élevant à 124 euros ; que l'inconnue est le prix du plat commandé par Paul et que les cinq propositions sont des nombres entiers, alors vous pouvez, sans prendre trop de risque, en déduire que les prix respectifs des plats commandés par Pierre et par Jacques sont, eux aussi, des nombres entiers.

2. Et si les inconnues ne sont pas entieres ?

Si votre énoncé ne contient pas d'inconnues entières, pourquoi vous priveriez-vous d'en créer vous-mêmes ?

En effet, si l'on vous parle d'une distance de 12,56 km, personne ne vous empêche de convertir cette distance en 12 560 m. Si vous découvrez qu'un coureur a mis 1 h 45 pour parcourir un chemin, pourquoi ne pas vous dire tout simplement qu'il a mis exactement 105 mn pour faire ce parcours ? Nous vous invitons donc à bien vous imprégner du cours de mathématiques relatif aux conversions heures/minutes, mètres/kilomètres, etc. Cela vous sera très utile pour transformer si nécessaire vos inconnues en inconnues entières.

Entrons à présent dans le vif du sujet : **pourquoi le fait que vos énoncés contiennent des inconnues entières va vous permettre de gagner des secondes précieuses tout au long de l'épreuve ?**

3. Tables de multiplication

Vos pires ennemies sont de retour, sorties tout droit de vos livres de primaire : les tables de multiplication ! Mais bon, nous sommes sûrs qu'elles vous sont à présent plus douces et plus dociles et qu'elles sont même en passe de devenir vos meilleures amies…

Si l'on vous dit par exemple que A x B = 42 et qu'il vous faut trouver la valeur de la somme A + B et ce, sans aucune précision particulière, il est tout simplement impossible ne serait-ce que de se rapprocher de la solution du fait qu'il en existe une infinité. En revanche, si l'on vous précise dans l'énoncé de la question que les nombres A et B sont des nombres entiers, alors dans ce cas, le nombre de possibilités diminue considérablement. Voyez donc !

A	B	A	B
1	42	7	6
2	21	14	3
3	14	21	2
6	7	42	1

Et voilà comment d'une infinité de valeurs possibles pour A et B nous sommes passés à seulement 8 valeurs possibles. Il ne vous reste plus qu'à trouver parmi les 5 réponses proposées la seule qui vaut 43 (1 + 42), 23 (2 + 21), 17 (3 + 14) ou 13 (6 + 7).

Une autre application :

Si vous devez résoudre l'équation du second degré suivante : $N^2 - N - 42 = 0$, au lieu de calculer le discriminant delta et tout ce qui s'ensuit, écrivez tout simplement que $N^2 - N - 42 = 0$ équivaut à $N (N - 1) = 42$ et déduisez-en alors que les seuls nombres consécutifs (N - 1 et N sont consécutifs) dont le produit vaut 42 sont 6 et 7 et -7 et -6. Ainsi N = -6 ou N = 7.

4. Criteres de divisibilite

Tout comme vos tables de multiplication, il vous faut connaître ces critères sur le bout des doigts pour espérer augmenter votre vitesse de résolution des questions.

Prenons un exemple :

> Un libraire a liquidé ce mois-ci tous ses livres. Un tiers des livres vendus a été payé en chèques, trois dixièmes par carte bancaire et les 704 livres restants ont été payés en espèces. Combien de livres le libraire a-t-il vendus ?
>
> A. 1 803
> B. 1 920
> C. 2 242
> D. 2 565
> E. 3 110

La méthode classique consiste à poser et résoudre l'équation :
N = (1/3) N + (3/10) N + 704. Nous ne voulons pas de cette méthode, trop longue et trop risquée en termes de calculs, et nous vous proposons donc de résoudre la question en appliquant vos critères de divisibilité.

Sachant qu'un livre est un nombre entier (on ne peut pas acheter de quart ou de tiers de livre… non, même en déchirant les pages, oubliez !), **il faut bien que le nombre de livres payés en chèque soit lui même un nombre entier,** autrement dit qu'un tiers de N soit un nombre entier et que N soit donc divisible par 3.
En appliquant le même raisonnement aux livres payés par carte bancaire, vous trouvez que N doit être divisible par 10.
Si vous regardez à présent les réponses proposées : 1 803, 1 920, 2 242, 2 565 et 3 110, vous en avez terminé puisqu'il n'y en a qu'une **qui est à la fois divisible par 3** (la somme des chiffres du nombre proposé en réponse doit être divisible par 3) **et par 10** (le dernier chiffre du nombre proposé en réponse doit être égal à 0)… 1 920 ! Et c'est donc la bonne réponse.

Alors, ils ne sont pas beaux nos nombres entiers ?

4. QUESTIONS ORIGINALES : ASTUCES

1. Combien de rectangles ?

Pour cette question, il existe une astuce qui permet de calculer directement le nombre de rectangles différents qu'il y a dans le grand rectangle.

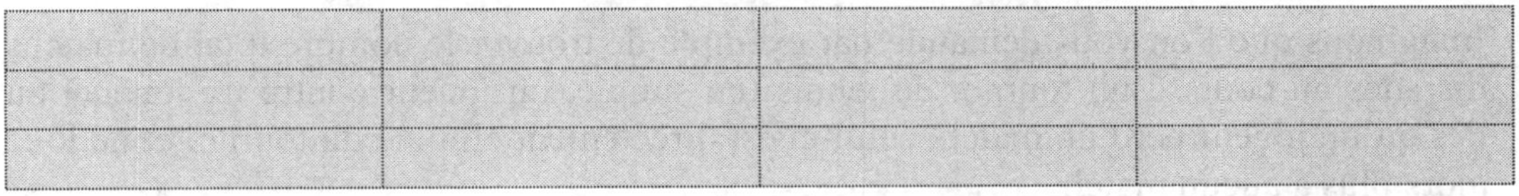

Soit C le nombre de colonnes et L le nombre de lignes qu'il y a dans le grand rectangle. Le nombre total de rectangles différents est égal à :

$$\frac{C \times (C+1) \times L \times (L+1)}{4}$$

Ici, $C = 4$ et $L = 3$, ce qui nous donne : $\frac{4 \times (4+1) \times 3 \times (3+1)}{4} = 60$ rectangles différents. Oui, oui ! Vous avez bien lu : 60 rectangles différents.

2. Combien de salutations ?

Imaginons que l'on vous demande de trouver le nombre de salutations que s'échangent N personnes (en supposant bien sûr qu'une personne ne salue toutes les autres personnes qu'une seule fois), ou encore le nombre de matchs que se disputent N équipes de football (en supposant là encore qu'une équipe ne rencontre toutes les autres équipes qu'une seule fois), ou enfin le nombre de couples différents qu'il est possible de constituer au cours d'une soirée parmi N personnes.

Alors vous devez savoir que le nombre total de salutations échangées ou encore le nombre total de matchs disputés est égal à :

$$\frac{N \times (N-1)}{2}$$

Ainsi, si vous allez à une soirée où il y a 22 invités, en supposant que chacun des invités salue une fois tous les autres invités, il y aura eu au total : $\frac{22 \times (22-1)}{2} = 231$

3. Combien de rencontres ?

Imaginons que l'on vous demande par exemple de trouver le nombre total de matchs disputés au cours d'un tournoi de tennis (en simple, un joueur contre un joueur) où dès qu'un joueur perd un match, celui-ci est directement éliminé du tournoi et ne joue alors plus à aucun match.

Vous devez savoir que si N joueurs participent à un tel tournoi, le nombre total de matchs disputés est égal à :

$$N - 1$$

Ainsi, si 128 joueurs participent à un tournoi de tennis (comme c'est le cas par exemple lors du premier tour du tournoi simple hommes ou simple dames de Roland-Garros), alors un total de 127 matchs auront été disputés au cours du tournoi.

A présent, que se passe-t-il si 17 joueurs participent à un tournoi ? Et bien le raisonnement sera le même et vous trouverez un total de 17 - 1 = 16 matchs disputés. En effet, lorsqu'il y a 17 joueurs, il n'y aura eu que 8 matchs disputés au premier tour éliminatoire car le « 17e » joueur devra sagement attendre qu'une place se libère pour entrer dans la compétition. Au deuxième tour, les 8 joueurs sortis gagnants à l'issue du premier tour se rencontrent et on compte alors 4 matchs. Au troisième tour, les 4 joueurs sortis gagnants à l'issue du deuxième tour se rencontrent et on compte alors 2 matchs. Au quatrième tour, les 2 joueurs sortis gagnants à l'issue du troisième tour se rencontrent et on compte alors 1 match et c'est là que le 17e joueur (veinard) entre dans la partie et rencontre le joueur sorti gagnant au quatrième tour, ce qui nous fait un dernier match à comptabiliser.

Faisons nos comptes : premier tour : 8 matchs ; deuxième tour : 4 matchs ; troisième tour : 2 matchs ; quatrième tour : 1 match ; dernier tour : 1 match.
Soit au total : 16 matchs !

3. RAISONNEMENT ET ARGUMENTATION

I. PRESENTATION DE L'EPREUVE

Proche des épreuves de compréhension et d'expression par sa présentation, le raisonnement surprend souvent les candidats parce qu'il réclame aussi des compétences logiques. C'est en cela qu'il est à la fois plus concret que les épreuves de logique numérique, verbale ou spatiale, et plus abstrait que les épreuves purement littéraires du concours. Il ne se résume pas à une connaissance de la langue française et vous entraîne dans des raisonnements auxquels vous ne vous attendez pas nécessairement.

1. POURQUOI UNE EPREUVE DE RAISONNEMENT ?

L'épreuve de raisonnement critique combine en réalité des compétences diverses. Comme elle se présente de manière littéraire, elle permet d'apprécier vos **qualités de lecteurs,** comme le fait déjà l'épreuve de compréhension. Comme elle propose des réponses souvent structurées par des différences subtiles, elle évalue également vos **qualités de vocabulaire et d'expression.** Comme elle présente des textes denses, elle est enfin et surtout l'occasion de vérifier vos **compétences en logique classique.**

Que ce dernier terme ne vous effraye pas ! Vous passez votre temps à utiliser la logique, même si comme monsieur Jourdain vous n'en avez pas souvent conscience. La logique n'est pas une discipline réservée aux mathématiciens ou aux philosophes, elle est ce qui permet de raisonner en général, dans toutes les disciplines mais aussi dans la vie quotidienne.

Cette épreuve a donc un caractère synthétique et peut en cela distinguer les candidats : **il faut savoir bien lire, bien décrypter un ensemble d'informations, bien raisonner et bien s'exprimer.** Bien préparée, cette épreuve vous permettra de gagner beaucoup de points et d'intégrer les écoles de votre choix.

Pour cela, vous devez d'abord apprendre à repérer les questions les plus importantes dont nous vous avons fait la liste. Nous vous donnerons ensuite non seulement les techniques à utiliser, mais aussi toutes les astuces et les pièges à éviter. Ces méthodes vous permettront d'améliorer rapidement votre score.

2. PRESENTATION DE L'EPREUVE

L'épreuve de raisonnement critique comporte 15 questions auxquelles il faut répondre en 20 minutes. Comme pour les autres épreuves, les bonnes réponses rapportent 4 points, les mauvaises en retirent 1 et l'absence de réponse équivaut à 0.

Chaque question se présente sous la forme d'un texte de longueur variable suivi d'une question et de cinq options. Nous allons détailler chacun de ces aspects.

1. COMMENT SE PRESENTENT LES TEXTES ?

Les textes du raisonnement critique sont très variés. Si leurs thèmes sont en nombre infini, on peut cependant les classer selon des critères formels : **la longueur, le vocabulaire et la complexité.** Ils sont en effet de longueur variable selon les années et les types de questions qui suivent. Ils se distinguent par leur type de vocabulaire ou encore par leur degré de complexité.

Vous trouverez dans cette épreuve **tous les thèmes possibles et imaginables.** Ils traitent d'économie, de géographie, de sociologie, de psychologie, de généalogie, de zoologie, d'histoire, de philosophie… ou traitent même de situations fictives.

Un classement par thème est donc absolument impossible. En revanche, on doit noter d'emblée que les textes se distinguent par leur ampleur. Certains sont courts voire très courts, d'autres au contraire vont jusqu'à 15 lignes.

[1. Des textes courts ou longs]

Voici un exemple de **texte très court :**

Durant le mois de janvier 1719, deux lundis étaient impairs.
Quel jour s'est terminé le mois de février ?

A. Lundi.
B. Mardi.
C. Mercredi.
D. Jeudi.
E. Vendredi.

La bonne réponse est la B.

1719 est un nombre non divisible par 4 donc ce n'est pas une année bissextile. Il y a donc 28 jours à prendre en compte en février. Soit arbitrairement le lundi 1er janvier, le 15 janvier, puis le 30 janvier. On s'aperçoit que c'est la seule combinaison possible car si l'on prend le lundi 3 janvier, on n'a que deux lundis impairs. Il suffit ensuite de compter jusqu'au 28 février : lundi 30 janvier, mercredi 1er février, mercredi 22 février, mardi 29 février.

Voici un exemple de **texte long :**

> Paul est un amateur d'antiquités. Il s'est habitué à chiner et à dénicher les meilleures affaires. Comme tous les amateurs éclairés, il côtoie les brocanteurs et les antiquaires de sa ville ou des environs. Il lui arrive aussi d'aller visiter ceux qui se trouvent sur la route lors de ses déplacements professionnels. Il s'étonne toujours de la facilité des marchands à baisser leurs prix. Sitôt que Paul témoigne un intérêt pour un objet, le vendeur s'empresse de proposer de faire un prix spécial. En règle générale, Paul a remarqué que le vendeur baisse systématiquement de lui-même le prix d'au moins 10 %.
> Quelle conclusion peut-on en tirer ?
>
> A. Dans la brocante, c'est tous les jours les soldes.
> B. Tous les prix affichés sont faussés.
> C. Les brocanteurs sont de drôles d'individus.
> D. Les étiquettes des objets à vendre affichent toujours un prix exagéré.
> E. Il vaut mieux acheter aux particuliers directement.

La bonne réponse est la D.
La A manque de rigueur car le terme « soldes » est mal employé ici. La B est tentante mais parle des prix en général alors qu'il n'est question que de brocante ici. La C est très vague : qu'est-ce qu'être « drôle » ? La E va trop loin : on sait juste que Paul fait des achats auprès des particuliers aussi, mais on ne dit rien qui devrait le conduire à ne faire que cela. La D est la bonne car si la baisse est systématique avant toute négociation, c'est que le prix affiché n'est pas le prix que souhaite recevoir le vendeur. Il mise sans doute sur l'effet psychologique de la « bonne affaire ».

On devine aisément qu'on ne lira pas ces textes de la même façon et qu'il faudra apprendre à bien gérer son temps. On perçoit aussi dans le second texte que beaucoup d'informations inutiles traversent l'énoncé et qu'il faudra apprendre à repérer l'essentiel, comme c'est aussi le cas dans l'épreuve de compréhension.

Les textes se distinguent encore par le type de vocabulaire qu'ils emploient. Plus précisément, cette complexité est relative à vos habitudes. Quand le vocabulaire est courant, comme dans le premier exemple, alors tous peuvent le lire. Mais s'il traite d'histoire, de psychologie ou de philosophie, alors c'est la formation de chaque candidat qui déterminera la perception de ce vocabulaire.

Soyez sûrs que l'**on n'utilisera pas de mots techniques ou inconnus de tous.** Mais il est probable que l'on fasse appel à des termes abstraits que vous connaissez mais que vous n'avez pas l'habitude d'utiliser.

> La meilleure manière de se préparer à cela, c'est de lire des textes qui vous éloignent de vos habitudes de lecture de manière à n'être surpris par aucun texte, tout comme nous vous le conseillons pour le test de compréhension.

[2. Des énoncés plus ou moins alambiqués]

Enfin, les énoncés sont plus ou moins alambiqués. On doit s'attendre à des textes rédigés de manière parfois très complexe puisqu'il s'agit en l'occurrence de tester vos facultés d'analyse.

L'exemple parfait de l'énoncé simple, c'est l'exercice de calendrier du premier exemple. Le vocabulaire est courant, la phrase simple. La difficulté de la question consiste alors dans l'aptitude du candidat à bien dénombrer les jours recherchés.

Voici *a contrario* un exemple de **rédaction particulièrement tortueuse :**

> L'autre du même que moi opposé au même de l'autre de l'autre de mon même se trouve à mes côtés. Même là, j'ai du mal à le reconnaître alors que je le pourrais. Car comment savoir qui l'on est vraiment ou qui sont les autres ? C'est ainsi qu'hier j'ai rencontré l'autre de mon autre identique à lui-même mais autre que son autre. Qui d'autre aurait pu m'aider à dire qui c'était ? Le problème de l'identité est autant une question de savoir, de logique de métaphysique et même de psychologie.
>
> La personne que j'ai rencontrée hier et celle qui est à mes côtés sont :
>
> A. jumelles entre elles et pareilles à un autre.
>
> B. différentes.
>
> C. presque identiques.
>
> D. proches.
>
> E. jumelles.

Quelle est la réponse ici ?

Il faut considérer que l'autre de mon autre est moi, comme en arithmétique (-1) multiplié par -1 multiplié par +1 (moi) font +. La première personne est ainsi :

(-1) x (+1) x (-1) x (-1) x (+1) x (+1) x (-1) x (1) soit 1 par réduction, autrement dit je suis à mes côtés. C'est donc mon jumeau. L'autre personne est :

(-1) x (-1) x (+1) x (1) soit +1, c'est-à-dire moi.

J'ai donc rencontré mon double. La bonne réponse est A puisque nous sommes trois êtres identiques, trois triplés parfaits.

Il est évident que **de tels textes sont rédigés pour perturber le candidat.** On ne parle pas ainsi dans la vie courante et l'on a bien du mal à imaginer que l'on rédige ainsi un ouvrage. Le but est de tester vos qualités d'analyse à partir de textes d'une complexité inhabituelle. Il faudra donc se préparer et s'habituer à décrypter ce type d'énoncés.

2. Comment se presentent les questions ?

Une autre manière d'aborder l'exercice, c'est de repérer les types de questions que l'on peut vous poser à la suite du texte. S'ils sont nombreux, on peut cependant en recenser **une vingtaine.** Vous avez tout intérêt à vous imprégner de ces catégories de manière à n'être jamais surpris. Même si les thèmes sont variables, les types de raisonnements sont récurrents et vous gagnerez du temps le jour du concours : on va plus vite à lire et à comprendre ce que l'on a déjà rencontré et classé !

Plus précisément, on peut recenser **18 types de questions** qui se regroupent sous **6 grands genres.** Ils reviennent à propos de tous les thèmes, sur des textes de longueurs très variables, de complexité faible ou forte et dans un vocabulaire courant ou non. Il vous sera donc très utile de bien les connaître pour les aborder avec aisance ! En voici la liste :

1. Implication (conséquence, renforcement, affaiblissement, contradiction, présupposé, illustration).
2. Analogie.
3. Comparaison.
4. Réflexivité (classique ou paradoxe du menteur).
5. Dénombrement (combinaison, calendrier, logique d'ensembles).
6. Relations d'ordre (classement, généalogie, plan de table, figures spatiales).

3. Comment se presentent les options ?

Vous devez toujours choisir la meilleure des 5 options. Il peut arriver que la réponse parfaite ne s'y trouve pas, vous devrez alors donner celle qui vous semble la moins mauvaise. Tel est le sens de certaines formulations comme celle-ci :

Quelle proposition contredit le plus le texte ?

Attention : comme dans tout le TAGE MAGE, les questions peuvent être formulées négativement ! Ne perdez pas bêtement des points. Par exemple, en reprenant la question précédente, on peut avoir :

La personne que j'ai rencontrée hier et celle qui est à mes côtés ne sont pas :

au lieu de

La personne que j'ai rencontrée hier et celle qui est à mes côtés sont :

On peut aussi vous proposer des formulations négatives en utilisant l'expression « le moins », comme dans l'exemple suivant :

Quelle proposition contredit le moins le texte ?

Parmi les options, vous en trouverez souvent une très éloignée de la réponse attendue que vous pouvez éliminer tout de suite ; d'autres en revanche sont construites pour introduire des confusions avec la bonne réponse.

Nous allons maintenant détailler toutes les questions pour vous, les illustrer et vous donner quelques conseils pour les réussir toutes.

II. METHODES ET STRATEGIES

La méthode que nous vous proposons se veut à la fois générale et spécifique. Générale parce que des techniques peuvent s'appliquer indifféremment à toutes les questions. Spécifique parce qu'en reconnaissant les grands types de questions, on peut relever quelques « trucs » ou « astuces » qui vous aideront à accroître votre score.

Retenez donc bien les conseils généraux ainsi que la typologie des questions que nous vous proposons.

1. METHODE GENERALE EN 7 ETAPES

Pour bien répondre aux questions de cette épreuve, vous devrez suivre notre méthode en 7 points.

1. AVANT L'EPREUVE, CONNAITRE LES GRANDES LOIS LOGIQUES

Il n'y a pas énormément de choses à savoir pour cette épreuve, moins qu'en calcul notamment. Cependant, vous devez avoir bien en tête les lois logiques les plus générales qui sont celles de la logique traditionnelle classique que vous utilisez spontanément.

Voici la liste de ces lois :

- Le principe d'identité

Une proposition est identique à elle-même : A = A.

- Le principe de non-contradiction

Une proposition ne peut pas être vraie en même temps que sa proposition contraire.

- Le principe du tiers exclu

Une proposition est exclusivement vraie ou fausse.

- La loi de la double négation

La négation de la négation vaut l'affirmation.

- La loi de transitivité
Si A implique B et si B implique C, alors A implique C.

- La loi de Morgan
Si on nie à la fois A et B, alors cela revient à nier ou bien A ou bien B.

- La loi de contraposition
Si A implique B, alors si B est faux A est faux.

- La loi de réduction à l'absurde
Si A implique B et si A refuse B, alors A est impossible.

Quelques négations classiques :

« Tous les Français sont grands » *se nie en* « Quelques Français ne sont pas grands » ou « Certains Français ne sont pas grands. » **(Piège classique !)**

« Je suis grand » *se nie en* « Je ne suis pas grand. »

« Quelques chats sont noirs » *se nie en* « Aucun chat n'est noir. »

Ces lois sont peu nombreuses et assez intuitives. Vous avez donc tout intérêt à bien les clarifier dans votre esprit pour bien répondre à la suite.

2. Pendant l'epreuve, fractionner le temps

Comme pour les autres QCM, votre ennemi reste le temps. Les textes étant assez complexes, vous ne devrez pas espérer revenir en arrière. Certes, sur certaines questions, vous pourrez gagner du temps, notamment en suivant les astuces que nous vous proposons. **Mais vous devrez être disciplinés et ne pas dépasser en moyenne 1 minute 20 par question.**

> Si vous ne parvenez pas à répondre au terme de cette durée, passez à la suivante. On ne rattrape pas le temps que l'on perd dans cette épreuve.

Et si vous hésitez entre plusieurs réponses au moment où vous devez passer à la suivante, alors comme dans les autres QCM, jouez sur l'espérance mathématique. Compte tenu du barème, lorsque vraiment vous n'avez plus d'alternative, vous pouvez répondre au hasard si vous hésitez entre 3 réponses, mais pas si vous hésitez entre 4.

La présente méthode vise cependant à vous éviter ce genre de dilemmes.

3. Lire d'abord la question (5 secondes)

Bien que le texte se présente d'abord à vous, et même s'il est nécessaire d'en avoir une connaissance sourcilleuse, vous devez lire d'abord la question. **Elle se situe toujours juste avant les options.** Le but est simple : en repérant le type de question que l'on vous pose, vous lirez le texte avec plus d'acuité et de précision. Vous saurez tout simplement ce que vous recherchez et vous serez plus efficaces.

Vous aurez alors à inclure la question dans la typologie que nous vous avons proposée :

1. Implication (conséquence, renforcement, affaiblissement, contradiction, présupposé, illustration).
2. Analogie.
3. Comparaison.
4. Réflexivité (classique ou paradoxe du menteur).
5. Dénombrement (combinaison, calendrier, ordre non décimal, logique d'ensembles).
6. Relations d'ordre (classement, généalogie, plan de table, figures spatiales).

4. Lire le texte de maniere selective et attentive (30 secondes)

Grâce à la précédente étape, vous allez lire le texte efficacement. En effet, si je cherche à déduire quelque chose du texte, alors je le lis comme une suite de conditions ou de prémisses qui doivent entraîner une conclusion. Si je cherche un présupposé, alors je cherche dans le texte les conditions mais aussi la condition qui semble absente. Autrement dit, dans les deux cas, vous vous référez **au cours de votre lecture** au schéma de l'implication. Il en va de même pour toutes les autres questions, qui s'inscrivent toujours dans les 6 genres que nous avons distingués.

Cela veut dire bien entendu que vous n'allez pas lire sans outil : **utilisez le crayon, les feutres, les fluos** pour repérer les termes les plus utiles à la question.

Considérons l'exemple suivant :

> Avec la Révolution française, les hommes ont commencé à voir l'Histoire autrement. Auparavant s'affrontaient deux conceptions traditionnelles. Pour les Grecs, le temps était quasiment arrêté puisque l'univers était régi par une répétition cyclique qui n'introduisait pas de variation conséquente sur le long terme. Pour les chrétiens, le temps était marqué par la création, la venue du Christ et se terminera par l'Apocalypse. Le point commun, c'est que les dieux, ou Dieu, veillent sur tout, que l'on se réfère à la doxa du moment ou à la Bible. Les croyants n'ont jamais envisagé un monde sans providence car Dieu, le créateur de toute chose, ne peut pas se désintéresser de ce qu'il a produit par pur amour. Cette conception a prévalu pendant plusieurs siècles et il a fallu attendre la Révolution pour que les choses prennent une autre tournure. Avec 1789, les hommes comprennent en effet qu'ils peuvent prendre une part active à leur destin. Et la suite des événements pourrait être rationnelle.
>
> Quel présupposé soutient le mieux ce texte ?
>
> A. Les hommes considèrent 1789 comme une bonne chose.
> B. 1789 aurait pu mieux se passer.
> C. 1789 a une valeur universelle.
> D. 1789 est un événement indépendant des hommes qui l'ont fait.
> E. Les Grecs connaissaient mieux la philosophie que les Français.

Que faut-il retenir de ce texte ?
Nous avons surlignés les éléments importants :

> Avec la Révolution française, les hommes ont commencé à voir l'Histoire autrement. Auparavant s'affrontaient deux conceptions traditionnelles. Pour les Grecs, le temps était quasiment arrêté puisque l'univers était régi par une répétition cyclique qui n'introduisait pas de variation conséquente sur le long terme. Pour les chrétiens, le temps était marqué par la création, la venue du Christ et se terminera par l'Apocalypse. Le point commun, c'est que les dieux, ou Dieu, veillent sur tout, que l'on se réfère à la doxa du moment ou à la Bible. Les croyants n'ont jamais envisagé un monde sans providence car Dieu, le créateur de toute chose, ne peut pas se désintéresser de ce qu'il a produit par pur amour. Cette conception a prévalu pendant plusieurs siècles et il a fallu attendre la Révolution pour que les choses prennent une autre tournure.

> Avec 1789, les hommes comprennent en effet qu'ils peuvent prendre une part active à leur destin. Et la suite des événements pourrait être rationnelle.
> Quel présupposé soutient le mieux ce texte ?

On doit repérer tout de suite que l'on cherche un présupposé dans un schéma global d'implication.

Il faut donc souligner toutes les prémisses et la conclusion. C'est tout ce que l'on a surligné dans ce texte. Cela réduit le texte des deux tiers et l'on peut alors se concentrer sur l'étape suivante.

5. Reformuler le texte dans sa propre langue (20 secondes)

Comme nous l'avons dit, les textes peuvent être rendus complexes ou l'être par la nature même du raisonnement. Vous aurez à vous habituer à ce style d'exercices mais dans tous les cas, vous serez d'autant plus à même de répondre à la question que vous aurez pris le temps de **reformuler le texte avec vos mots à vous, pour vous obliger à le clarifier et à le synthétiser.**

Il y a beaucoup de manières d'exprimer un même raisonnement. L'essentiel est que ce soit dans votre langue à vous et que cela simplifie le contenu initial. Pour certains textes, une phrase sera utile, pour d'autres plusieurs. Pour d'autres encore, vous gagnerez à esquisser un schéma ou un arbre généalogique. C'est même indispensable pour les questions de parenté, de figures spatiales ou de plans de table. C'est très utile par exemple pour les raisonnements de type économique où une donnée qui monte implique qu'une autre descend et où quelques flèches sont plus parlantes qu'un texte.

Illustrons cela à l'aide de l'exemple précédent. Si l'on doit au terme de la lecture sélective reformuler le contenu de ce texte en le simplifiant, on peut écrire :

> A partir de 1789, les hommes agissent dans l'Histoire qui n'est plus seulement l'œuvre de Dieu. Cela ouvre la voie à une perception rationnelle du devenir.

6. Anticiper les reponses dans la mesure du possible (5 secondes)

C'est alors que vous aurez raisonné et, dans la mesure du possible, cherché par vous-mêmes la réponse que vous auriez écrite si la question était ouverte. En effet, **les options sont là pour vous tendre des pièges en introduisant des confusions.** Or, une fois sur deux, il est possible dans cette épreuve d'anticiper la réponse. Il n'est pas certain que cela fonctionne tout le temps, mais cela vous évitera quelques pièges.
En poursuivant l'exemple précédent, on peut proposer plusieurs réponses par anticipation :

- Dieu n'est pas rationnel.
- L'homme est rationnel.
- L'homme n'a pas de liberté si Dieu organise l'Histoire.
- 1789 est un vrai progrès de l'avis de tous.

Il reste à voir si ces options coïncident avec celles qui sont offertes.

7. Distinguer la bonne option (20 secondes)

Comme pour les autres QCM, vous aurez souvent avantage à **procéder par élimination** : vous les lisez toutes, puis vous éliminez les réponses impossibles et enfin les mauvaises réponses. Il vous en reste en général deux. Vous pouvez aussi **comparer deux à deux les options :** entre A et B, quelle est la meilleure ? Si vous retenez la B, est-elle meilleure que la C ?
Illustrons cela par l'exemple précédent. Voici les options :

A. Les hommes considèrent 1789 comme une bonne chose.
B. 1789 aurait pu mieux se passer.
C. 1789 a une valeur universelle.
D. 1789 est un événement indépendant des hommes qui l'ont fait.
E. Les Grecs connaissaient mieux la philosophie que les Français.

La dernière proposition que nous avions anticipée coïncide avec la A et c'est en effet la bonne réponse. Pour que les hommes estiment après 1789 être maîtres de leur destin, il faut que leurs actions répondent à leurs attentes. On peut donc considérer que 1789 est une bonne chose. Mais l'Histoire doit aussi leur paraître rationnelle. Or la notion de bien peut inclure cette notion. Certes la C est possible, mais « les hommes » de la proposition A renvoient à l'universel. A inclut donc la C ; D et E sont contraires au texte et B affaiblit l'ensemble.

Il reste maintenant à vous entraîner. Pour cela, il faut toute l'année s'exercer et retenir la méthode et les astuces qui suivent.

2. METHODE SPECIFIQUE : ASTUCES, QUESTION PAR QUESTION…

Nous allons maintenant spécifier cette méthode en relevant pour chaque type de questions ce qui la distingue.
Essayez de faire les exercices au fur et à mesure de votre lecture, de manière à bien assimiler son contenu.

1. L'IMPLICATION

C'est **la famille la plus fréquente et la plus proche des raisonnements que vous utilisez tous les jours.** Elle comprend 7 types de questions que nous allons décrire.

[1. Tirer une conséquence, ou une implication, ou une déduction]

Il s'agit là de la question la plus classique. Un texte élabore un raisonnement d'où l'on peut inférer un certain nombre de propositions que l'on a omis d'énoncer. C'est à vous d'en écrire la conclusion. C'est ce que vous faites le plus souvent dans la vie quotidienne ou ce que les professeurs de sciences vous demandent de faire. Dans le vocabulaire de la science classique, cela revient à tirer une conclusion à partir des prémisses : **des conditions initiales permettent de parvenir à une conclusion.** Vous devez absolument repérer ce type de raisonnements quand ils se présentent à vous !

Vous devez donc vous habituer aux formulations du type :
- **Quelle conclusion peut-on en tirer ?**
- **Quelle conclusion s'impose alors ?**
- **De cela, que peut-on déduire ?**
- **Qu'en résulte-t-il ?**
- **Quelle conséquence peut-on envisager ?**
- **Que risque-t-il alors d'arriver ?**
- **Que peut-on logiquement prévoir ?**

Ces formulations sont nombreuses mais reviennent toutes au même mécanisme logique : celui de **la déduction.**

En voici un exemple :

> Je suis un homme comme les autres et j'ai du mal à résister à la tentation et au péché. Mais je me connais, à la différence de beaucoup d'autres, et je sais éloigner de moi les objets qui me feraient succomber.
> Quel avenir se dessine pour moi ?
>
> A. Je serai triste.
> B. Je vais tout réussir.
> C. Je ne succomberai jamais à aucune tentation.
> D. Je réussirai ma vie.
> E. Je commettrai moins de péchés dans ma vie que d'autres.

Astuces

• Même si l'on ne vous demande pas explicitement une implication, c'est pourtant bien ce dont il s'agit ici. Habituez-vous à repérer cette figure, c'est l'une des plus courantes.

• Plusieurs conditions peuvent avoir une implication ou plusieurs implications.

• Il faut parfois deux conditions pour conclure, parfois davantage.

• Il faut parfois savoir faire preuve de subtilité pour distinguer deux options. Soyez vigilants et obligez-vous à être rigoureux. C'est ce que vous devrez apprendre à faire au fur et à mesure des exercices.

Appliquons la méthode précédente à l'exercice.

On nous demande d'anticiper un futur à partir d'un texte, c'est-à-dire de trouver des conséquences. Cela revient à dégager une implication. Cela veut dire pour nous qu'il faut **souligner les éléments du texte qui renvoient à des conditions ou à des prémisses.**

Le texte contient les éléments utiles suivants :

> Je suis un homme comme les autres et j'ai du mal à résister à la tentation et au péché. Mais je me connais, à la différence de beaucoup d'autres, et je sais éloigner de moi les objets qui me feraient succomber.

A quelle reformulation aboutit-on ? On peut dire : « Je résiste d'autant plus à la tentation que rien ne me tente immédiatement. » On pourrait aussi faire un petit schéma :

Tentation + loin → + je résiste → - de péchés

Peut-on anticiper les réponses ? On peut imaginer des options comme :
- je finirai par succomber un jour ;
- je pécherai moins que les autres si je sais construire l'environnement adapté.

Parmi les options, on voit que la E est assez proche de celle que nous avons anticipée. Le texte dit bien que j'éloigne de moi les objets de tentation, plus que ne le font les autres hommes parce que je me connais. Cela signifie que je résisterai à ceux-ci. Pour autant, le texte ne dit pas qu'il n'y aura plus du tout d'objets de tentation. La conclusion qui s'impose est que je m'éloignerai en partie du péché. La bonne réponse est bien la E.
Parmi les options, certaines sont hors champ (comme la A) et il faut les éliminer tout de suite. Parmi les autres, certaines ne respectent pas rigoureusement la chaîne logique décrite dans le texte et l'on ne garde que la plus rigoureuse.

Vous allez voir qu'en réalité, beaucoup de questionnements renvoient à l'implication mais se présentent différemment. Cette redondance est bien naturelle puisqu'il s'agit de la forme logique la plus élémentaire et la plus utile. Nous ferons varier cet exemple pour vous faire saisir que sur la base d'un même texte, plusieurs types d'exercices sont possibles. Cela tient au fait que toutes ces questions appartiennent à la même famille, celle des implications.
Soyez attentifs aux différentes attentes formulées dans l'énoncé.

[2. Renforcer un raisonnement]

On peut aussi vous présenter un raisonnement complet, à la différence de la question précédente, et vous demander de **consolider sa conclusion.** Autrement dit, alors que l'on vous donne la conclusion et ce qui la soutient (les prémisses), on vous demande de faire en sorte que la conclusion soit plus certaine encore.

Ce type de questions se formulent de la manière suivante :
- Comment renforcer ce raisonnement ?
- Qu'est-ce qui confirme ce point de vue ?
- Quelle proposition va le plus dans le sens de l'auteur ?
- Comment être sûr que la conclusion est bonne ?
- Qu'est-ce qui rendrait ce raisonnement plus solide encore ?

> **Astuces**
> • Dans ce type d'exercices, vous devez repérer les conditions et la conclusion pour voir ce qui manquerait à ces conditions.
> • Entre deux propositions qui renforcent un raisonnement, prenez toujours celle qui le renforce le plus.
> • La proposition qui renforce peut parfois accentuer la force d'une condition déjà explicite dans le texte.

Si l'on part du texte précédent, cela revient à cela :

Je suis un homme comme les autres et j'ai du mal à résister à la tentation et au péché. Mais je me connais, à la différence de beaucoup d'autres, et je sais éloigner de moi les objets qui me feraient succomber. Je résisterai donc à toute tentation.
Qu'est-ce qui assure le plus cette conclusion ?

A. Je suis très fort, plus que les autres.
B. Je suis beaucoup plus intelligent que les autres.
C. J'ai en moi beaucoup de bonté.
D. Je saurai m'isoler de tout.
E. Dieu m'aidera.

Les ressources logiques sont les mêmes que dans l'exercice précédent. On ne doit donc pas craindre ce type de problèmes mais seulement s'y habituer.

Appliquons la méthode précédente.
La question laisse très clairement penser que l'on cherche à renforcer le raisonnement. Il faut donc dans la lecture chercher la condition et la conclusion :

> Je suis un homme comme les autres et j'ai du mal à résister à la tentation et au péché. Mais je me connais, à la différence de beaucoup d'autres, et je sais éloigner de moi les objets qui me feraient succomber [CONDITION]. Je résisterai donc à toute tentation [CONCLUSION].

On voit que l'on a seulement une condition pour une conclusion et que la condition porte sur quelques objets alors que la conclusion porte sur tous les objets.
La reformulation est donc la suivante :
« En éloignant TOUS *(élément ajouté)* les objets de tentation, je ne succombe plus. »

On peut alors observer le type de renforcements nécessaires :
- je vais éloigner toutes les tentations ;
- j'ai très peu de tentations en général.

Demandez-vous quelle option est la plus proche de celle que nous avions anticipée. Quelle est alors la bonne réponse ? Comme dans l'exercice précédent, le problème consiste à s'éloigner de TOUTE tentation. Or c'est précisément ce que propose l'option D : « en étant loin de tout, je ne peux plus succomber à rien ». C'est l'une des motivations de la vie érémitique.

[3. Affaiblir un raisonnement]

Ce type d'exercices est contraire au précédent. Là encore, on vous propose le raisonnement complet et vous devez faire en sorte que la conclusion soit moins évidente qu'initialement.

Ce type de questions se formulent de la manière suivante :
- Comment affaiblir ce raisonnement ?
- Qu'est-ce qui affaiblit ce point de vue ?
- Quelle proposition va le moins dans le sens de l'auteur ?
- Comment rendre la conclusion incertaine ?
- Qu'est-ce qui rendrait ce raisonnement plus faible ?

> **Astuces**
>
> • Là aussi, repérez bien dans la lecture conditions et conclusions.
>
> • Entre deux propositions qui affaiblissent le raisonnement, prenez toujours celle qui l'affaiblit le plus.

Toujours à partir du même texte modifié seulement dans sa question, cela donne ceci :

> Je suis un homme comme les autres et j'ai du mal à résister à la tentation et au péché. Mais je me connais, à la différence de beaucoup d'autres, et je sais éloigner de moi les objets qui me feraient succomber. Je résisterai donc à toute tentation.
> Qu'est-ce qui affaiblit le plus cette conclusion ?
>
> A. Je suis très fort, plus que les autres.
> B. Je suis beaucoup moins intelligent que les autres.
> C. J'ai en moi peu de bonté.
> D. Je ne saurai pas m'isoler de tout.
> E. Dieu m'aidera.

Les éléments importants sont les mêmes que dans l'exercice précédent. Raisonnez selon la même méthode et trouvez par vous-mêmes la solution.
A quelle option doit-on aboutir ?
La bonne réponse est la D. La tentation s'éloigne à mesure que l'on en réduit les objets. En les éloignant tous, comme dans l'exemple précédent, on n'est plus tenté par rien. Mais s'il est impossible d'éloigner de soi toutes les occasions de succomber, alors je ne pourrai pas résister à tout.

[4. Contredire un raisonnement]

De l'affaiblissement à la contradiction, il y a tout au plus quelques degrés de différence. En effet, si affaiblir ne veut pas forcément dire ruiner, contredire signifie **affaiblir à l'extrême.** La logique est donc semblable à la figure précédente, mais de manière radicale.

Ce type de questions se présentent ainsi :
- Quelle proposition contredit ce raisonnement ?
- Quelle proposition infirme cette conclusion ?
- Comment rendre cette conclusion fausse ?

> **Astuces**
> • Ne tombez pas dans le piège classique qui consiste à nier « tous sont » en « aucun n'est pas ». La négation de « tous sont » est « certains ne sont pas ».

> • Lorsque vous avez à nier une proposition complexe, la négation peut porter sur chaque membre ou sur tous (loi de Morgan). Ainsi, pour nier « je suis intelligent et je suis de bonne volonté », vous pouvez dire « je suis idiot et de bonne volonté » ou « je suis idiot et de mauvaise volonté » ou encore « je suis intelligent et de mauvaise volonté ».

Toujours en reprenant le même texte de départ, cela donne ceci :

> Je suis un homme comme les autres et j'ai du mal à résister à la tentation et au péché. Mais je me connais, à la différence de beaucoup d'autres, et je sais éloigner de moi les objets qui me feraient succomber. Je résisterai donc à toute tentation.
>
> Qu'est-ce qui infirme cette conclusion ?
>
> A. Je suis très fort, plus que les autres.
> B. Je suis beaucoup moins intelligent que les autres.
> C. Je n'ai en moi aucune bonté.
> D. Il est impossible de s'isoler de quoi que ce soit.
> E. J'ai raté mon dernier essai.

La bonne réponse est la D. En effet, B, C et E peuvent être considérées comme des affaiblissements du raisonnement, mais la D est une contradiction majeure. Si pour ne pas succomber à la tentation il faut s'isoler, l'impossibilité de s'isoler de quoi que ce soit m'empêchera de résister.

[5. Dégager un présupposé]

Dans ce type d'exercices, la trame argumentative est la même que précédemment. On a des faits ou des prémisses qui entraînent une conclusion. La différence, c'est que l'on a retiré une condition de la conclusion. On vous demande alors de **retrouver la prémisse manquante pour que la conclusion demeure.** Cela revient en quelque sorte à renforcer l'argument, à ceci près que cette fois on n'a même pas de prémisse à renforcer : il faut la constituer.

Remarquez au passage que les mécanismes logiques que l'on présente dans ces premiers exercices reposent tous sur la forme classique de l'implication, même s'il est possible de constituer des entraînements différents sur elle.

Ce type d'exercices peuvent se formuler ainsi :
- Que suppose cette conclusion ?
- Quel est le présupposé de ce raisonnement ?
- Que faut-il expliciter pour que ce raisonnement soit juste ?

> **Astuces**
> • Soyez précis. En effet, comme dit la logique, du faux on peut inférer n'importe quoi. Si votre présupposé manque de précision, vous aurez l'impression qu'il fonctionne alors que vous avez lu trop vite.
> • Si plusieurs présupposés sont possibles, prenez le plus général qui inclut les autres par définition.

A partir du texte précédent, cela donne ceci :

> Je suis un homme comme les autres et j'ai du mal à résister à la tentation et au péché. Mais je me connais, à la différence de beaucoup d'autres, et je sais éloigner de moi les objets qui me feraient succomber. Je résisterai donc à toute tentation.
> Quel est le présupposé de cette démarche ?
>
> A. Je suis très fort, plus que les autres.
> B. Je souhaite m'éloigner du mal.
> C. Je suis un être mauvais.
> D. Je saurai m'isoler de tout.
> E. Le péché est un mal.

La bonne réponse est la B. Toute cette démarche est logique en supposant cependant que je souhaite m'éloigner du mal. Un être indifférent à la morale, à supposer que ce soit possible, ne rentrerait jamais dans ce raisonnement, même renforcé au maximum.

[6. Trouver la meilleure illustration de ce raisonnement]

On vous demande tout simplement de **trouver l'exemple qui colle le mieux au raisonnement que l'on vient de vous présenter et qui est complet.** Ce n'est pas un exercice difficile pour celui qui prend le temps de bien repérer les étapes logiques du texte initial.

Cette question se formule ainsi :
- Qu'est-ce qui illustre le mieux ce raisonnement ?
- Comment illustrer ce texte ?
- Quelle situation est la plus proche du texte ?

> **Astuce**
> La meilleure illustration d'un raisonnement n'est pas seulement celle qui exemplifie un aspect du texte mais tout le texte. Essayez donc toujours de retrouver les articulations et la complexité propre au raisonnement dans l'illustration !

A partir du même texte, cela donne :

> Je suis un homme comme les autres et j'ai du mal à résister à la tentation et au péché. Mais je me connais, à la différence de beaucoup d'autres, et je sais éloigner de moi les objets qui me feraient succomber. Je résisterai donc à toute tentation.
> Qu'est-ce qui illustre le mieux cette démarche ?
>
> A. Je ne mangerai pas de sucre si je n'en achète plus.
> B. Je souhaite réussir tout ce que j'entreprends.
> C. On n'est pas surpris par ce que l'on a bien préparé.
> D. Je saurai m'isoler de beaucoup de choses.
> E. J'ai tué tous les moustiques en mettant de l'insecticide.

La bonne réponse est la A. Le raisonnement consiste à supprimer tout ce qui est tentant et à obtenir au futur le résultat escompté. Seule la A comporte ces deux aspects. La D est au futur mais ne précise pas que ce dont je m'éloignerai est tentant.

[7. Résumer un raisonnement]

On peut vous demander de **trouver la formule la plus synthétique d'un raisonnement.** Cela revient à le comprendre, à en distinguer les étapes pour finalement parvenir à le contracter de la manière la plus efficace. Cela suppose d'être très vigilant sur les options qui ne sont pas toujours rigoureusement proches du texte.

Pour corser la difficulté, on peut vous proposer parmi les options des proverbes, ce qui mêle alors des compétences d'expression aux compétences logiques.

Les formulations les plus courantes sont :
- Quelle sentence résume le mieux cette démarche ?
- Quelle maxime pourrait être celle de l'auteur ?

> **Astuce**
> Le meilleur résumé n'est pas toujours le mieux formulé dans cette épreuve. L'essentiel est qu'il rende compte des éléments les plus importants du texte que vous aurez dégagés au cours de votre lecture sélective.

En voici un exemple :

Je suis un homme comme les autres et j'ai du mal à résister à la tentation et au péché. Mais je me connais, à la différence de beaucoup d'autres, et je sais éloigner de moi les objets qui me feraient succomber. Je résisterai donc à toute tentation.
Qu'est-ce qui dit le mieux cette démarche ?

A. Tel est pris qui croyait prendre.
B. Un tiens vaut mieux que deux tu l'auras.
C. « Le hasard ne favorise que les esprits préparés. » (Pasteur)
D. « Qui veut faire l'ange fait la bête. » (Pascal)
E. Mieux vaut prévenir que guérir.

Que faut-il répondre ici ?
La bonne réponse est la E. En effet, elle comporte une perspective d'avenir et elle signale que l'on prend au présent des précautions pour éviter un mal au futur. C'est la seule réponse possible ici, les autres étant trop éloignées par leur thème ou leur structure logique.

2. L'ANALOGIE

Une analogie est un **raisonnement qui reproduit la forme logique appliquée à un autre objet.** Ou encore, elle **transpose un rapport entre deux termes différents de deux termes initiaux tout en conservant leur rapport.** Ainsi, si je dis que le père est au fils ce que la mère est à la fille, je fais une analogie.
En vous demandant d'en trouver une, on vous oblige à repérer la forme logique du texte pour tenter de l'appliquer à quelque chose qui apparemment n'a rien à voir.

On peut vous demander cela de plusieurs manières :
- Quelle situation est analogue à la précédente ?
- Qu'est-ce qui rappelle la situation précédente ?
- Quelle situation se rapproche le plus de la précédente ?

> **Astuce**
> L'analogie devient facile si une fois que l'on a repéré le type de questions on cherche les éléments qui sont mis en relation dans le texte et le type de relations. On n'a plus alors qu'à la transposer !

Cela donne par exemple :

Je suis un homme comme les autres et j'ai du mal à résister à la tentation et au péché. Mais je me connais, à la différence de beaucoup d'autres, et je sais éloigner de moi les objets qui me feraient succomber. Je viens de mettre à la poubelle tout ce qui me détourne habituellement du bien. Je résisterai donc à toute tentation.
Quelle situation est la plus proche ?

A. Je ne mange que ce qui est sur la table, aussi, pour maigrir, je n'y mets pas grand-chose.

B. Bien mal acquis ne profite jamais.

C. L'enfant a rangé tous ses jouets et caché toutes ses friandises.

D. Je dois être puni quand je cède à la tentation.

E. J'ai honte lorsque j'agis mal.

Que répondre ?
La bonne réponse est la A. Le texte met en avant le rapport entre la présence d'une tentation et le fait d'y succomber, pour ensuite supprimer les objets de tentation et ne plus succomber. C'est exactement la structure de la A, à ceci près qu'il ne s'agit plus de moralité mais de nourriture. On a ici une analogie parfaite.

3. La comparaison

On vous demande ici de **comparer des éléments logiques** afin de tester votre aptitude à **cerner les identités et les différences.** On peut vous proposer des éléments très divers et vous demander de trouver celui qui se distingue le plus. Il peut s'agir de phrases simples, de proverbes, ou même de figures de style.

Cela revient à poser les questions suivantes :
- Quelle proposition se distingue le plus ?
- Quel proverbe, dans la liste suivante, est le plus éloigné des autres ?
- Quelle proposition fait figure d'exception ici ?

> **Astuce**
> Pour trouver l'exception, on doit s'efforcer de trouver un point commun et vérifier qu'il fonctionne bien pour 4 propositions. On doit vérifier ensuite si une autre caractéristique n'est pas plus forte. Si ce n'est pas le cas, on a trouvé le critère de comparaison et l'on peut distinguer l'exception.

En voici un exemple :

Quelle affirmation se distingue le plus des autres du point de vue de la structure logique ?

A. Je t'aime.
B. Nous nous aimons.
C. Ces deux amis s'estiment beaucoup.
D. Je me coiffe le matin.
E. Nous nous regardons.

Ce qu'il faut repérer ici, c'est la réflexivité. Seule la A n'a pas de structure réflexive, c'est-à-dire où le sujet du verbe agit sur lui-même.

4. La reflexivite

Beaucoup de textes reposent sur des figures de réflexivité. Comme en conjugaison, **le sujet du verbe agit sur lui-même.** On peut ainsi dire que « je pense que je pense » est une figure réflexive, ou encore « je me regarde dans un miroir ».

[1. La réflexivité classique]

Le premier type de questions consiste à reconnaître cette structure de la réflexivité entre plusieurs propositions. C'était le cas dans l'exemple précédent où on la juxtaposait à la comparaison.

Astuce

Pour que ce type de questions ne vous paraisse pas trop dur, pensez à l'image d'un peintre qui se peint en train de peindre ! Ce n'est pas impossible et c'est l'image même de la réflexivité !

En voici un autre exemple :

Je pense et je peux me mettre à penser que je pense. Cette opération est en réalité répétable, même si j'attrape alors de beaux maux de tête.

Quelle conclusion en tirer ?

A. Je pense donc je suis.
B. Penser, c'est pouvoir tout penser.
C. Penser, c'est penser au présent.
D. La pensée est à la fois action et objet de cette action.
E. Pour penser, il faut être.

Quelle option choisir ici ?

La bonne réponse est la D. Tout le texte s'articule autour de la réflexivité. Or la réflexivité, c'est agir sur soi-même. S'il s'agit de penser, cela revient à penser la pensée, c'est-à-dire à prendre la pensée à la fois comme action et comme objet d'une action. On voit que la conclusion revient ici à exhiber ce qui est déjà dans le texte.

Plusieurs exercices sont possibles et l'on peut combiner cela à une comparaison ou une implication. L'essentiel est de repérer que **le sujet de l'action agit sur lui-même.** Vous trouverez dans les exercices beaucoup d'exemples avec des miroirs, grand classique de la réflexivité.

[2. Le menteur]

Le TAGE MAGE est truffé d'exercices portant sur la sincérité et le mensonge. Il est en cela héritier d'une longue tradition philosophique dite du « paradoxe du menteur » et que l'on trouvait déjà dans la Grèce antique.

En effet, lorsque je dis « je mens », j'affirme quelque chose d'absurde, puisque ma parole n'est pas crédible. Si je dis vrai, alors « je mens » est faux, mais alors je ne dis pas vrai ; si je dis faux, alors « je mens » est faux et je ne suis pas un menteur.

Là encore il s'agit de tester votre capacité à repérer des figures de réflexivité.

Astuces

• Pour que ces exercices ne soient pas des casse-tête, il faut faire des arbres de possibilités. Il faut toujours se dire : « Si ce que dit X est vrai, alors… mais si ce que dit X est faux, alors… » et vous pouvez tirer le fil pour parvenir à la bonne réponse.

• Lorsque l'on combine des calendriers et des menteurs, en disant par exemple que je mens tel ou tel jour seulement, alors on peut partir des réponses pour essayer et voir si cela fonctionne. Cette méthode est identique à celle que vous utilisez parfois en calcul (« la résolution à rebours »).

En voici un exemple :

J'ai dit avant-hier, au moment où je rentrais chez moi et que je pensais fortement à toi : « Après-demain, je serai là pour vous dire à tous la vérité. » Et je suis bien là aujourd'hui, avec tout mon cœur et toute mon énergie. Tu as dit hier : « Demain, je ferai pareil. » Moi, je mens normalement mardi et mercredi même si je sais que ce n'est pas une bonne chose. Tous les hommes ont des faiblesses. Toi, en revanche, tu dis la vérité mardi, mercredi, samedi et dimanche. Tu as tout de même des qualités.

Quel jour sommes-nous ?

A. Lundi.

B. Mercredi.

C. Vendredi.

D. Samedi.

E. Dimanche.

Appliquons l'ensemble de la méthode à cet exercice.
On cherche une date, il s'agit donc d'un exercice de dénombrement.

Les éléments du texte à retenir sont les suivants :

J'ai dit avant hier, au moment où je rentrai chez moi et que je pensai fortement à toi : « Après-demain, je serai là pour vous dire à tous la vérité. » Et je suis bien là aujourd'hui, avec tout mon cœur et toute mon énergie. Tu as dit hier : « Demain, je ferai pareil. » Moi, je mens normalement mardi et mercredi même si je sais que ce n'est pas une bonne chose. Tous les hommes ont des faiblesses. Toi, en revanche, tu dis la vérité mardi, mercredi, samedi et dimanche. Tu as tout de même des qualités.

Une reformulation, dans ce type d'exercices, revient à :
- *Moi je dis vrai L, J, V, S et D.*
- *Toi tu dis vrai M, Me, S et D.*

Appliquons la première méthode.
Le rendez-vous a lieu. Il faut donc que les deux aient tenu leur promesse et qu'ils parlent sincèrement en rappelant cette promesse. Moi, je parle donc un jour où je dis la vérité et il y a deux jours, j'ai parlé sincèrement. Pour avoir ces deux jours, le rendez-vous ne peut avoir lieu que du samedi au mardi. Toi, tu dois dire la vérité deux jours de suite au moins et me retrouver le second jour. Le seul jour commun est donc le dimanche, réponse E.

Utilisons la seconde méthode.
Supposons que nous soyons lundi. J'ai donc dit samedi que je viendrai, ce qui est cohérent puisque je dis la vérité le samedi et le lundi. Mais toi tu m'as promis de venir lundi pour dire la vérité. Or tu ne dis jamais la vérité le lundi.
En faisant de même avec les autres jours, on trouve bien la réponse E.

5. Le denombrement

Beaucoup d'exercices portent sur le dénombrement qui vous rappellera ce que l'on vous demande en mathématiques. La différence, c'est que les calculs sont plus simples mais les structures logiques moins immédiates et présentées sans formalisme. On en dénombre plusieurs types.

[1. Les combinaisons]

Très proches des exercices de probabilité de la section calcul, elles sont surtout l'occasion de **vérifier si vous lisez rigoureusement un texte.**
Les questions sont souvent formulées de la manière suivante :
- Dans quelle urne vais-je trouver une boule rouge ?
- Combien de fois dois-je prendre une boule pour être sûr de tomber sur la verte ?

Astuce

La méthode est la même que dans les exercices de calcul mais l'on s'arrange parfois pour glisser des informations fausses ou inutiles qui ont pour but de vérifier votre aptitude à l'analyse. Prenez-y-vous donc à deux fois pour vérifier que vous raisonnez sur les bons chiffres. Les calculs sont souvent faciles dans ces exercices mais la collecte des informations l'est moins !

En voici un exemple :

Je range dans un tiroir les boules vertes et jaunes et dans un autre, les boules jaunes et rouges. Elles sont numérotées de 1 à 89 et j'ai au total 89 boules. Les jaunes sont numérotées de 1 à 9, toutes dans le même tiroir, puis de 19 à 59 dans le même tiroir. Les numérotations se suivent dans la même couleur.
En tirant dans l'un des deux tiroirs au hasard, combien ai-je de chances de trouver la 17 ?

A. On ne sait pas.
B. 1/89
C. 1/78
D. 1/10
E. 1/30

La méthode la plus simple est la méthode que vous avez vue dans la section calcul, mais attention à relever les bonnes informations.
Quelle est la bonne réponse ? La numérotation des couleurs ici n'a aucune importance si ce n'est pour répartir les boules dans les deux tiroirs. Dans le premier tiroir, on a les jaunes qui vont de 1 à 9 et dans le second les jaunes de 19 à 59. Cela veut dire que les rouges sont soit numérotées de 10 à 18, soit de 60 à 89. Mais on ne connaît pas précisément avec quel ensemble de jaunes elles sont réparties. Autrement dit, on ne connaît pas le nombre de boules de chaque tiroir, ce qui empêche de répondre à la question. Il faut opter pour la réponse A.

[2. Les calendriers]

Exercice extrêmement fréquent au TAGE MAGE, on vous demande à partir de quelques informations de savoir **retrouver une date ou bien un jour de la semaine,** en ayant pris soin d'alambiquer volontairement le texte.

> **Astuces**
>
> • Attention aux années bissextiles : vérifier qu'une année divisible par 4 n'est pas à prendre en compte dans votre dénombrement. Le mois de février comporte 29 jours dans ce cas, et l'année 366 jours.
>
> • N'oubliez pas que le nombre de jours respectifs pour les différents mois de l'année est chronologiquement **31/28/31/30/31/30/31/31/30/31/30/31.** Juillet et août ont tous deux 31 jours !
>
> • Lorsque vous cherchez le jour d'une semaine, n'oubliez pas qu'à chaque multiple de 7 jours, on retombe sur le même jour qu'au départ.
>
> • Pour savoir quel jour on est à partir du jour d'une autre date, plusieurs méthodes sont possibles :
>
> 1. on compte le nombre de jours total, on divise par 7, puis on observe le reste et on ajoute le reste au jour de départ. On a alors le jour recherché, s'il est postérieur. S'il est antérieur, on retire le nombre de jours restant au terme de la division ;
>
> 2. on peut savoir que chaque mois qui passe change le jour de 0, 1, 2 ou 3 jours : janvier 3 jours ; février 0 ou 1 jour ; mars 3 jours ; avril 2 jours ; mai 3 jours ; juin 2 jours ; juillet 3 jours ; août 3 jours ; septembre 2 jours ; octobre 3 jours ; novembre 2 jours : décembre 3 jours. Connaître ces « modulos » peut éviter de faire des erreurs de calcul ;
>
> 3. de même, si une année passe on ajoute 52 semaines entières et 1 jour quand l'année n'est pas bissextile. Cela peut éviter des divisions complexes par 7.
>
> • Attention : le XXe siècle commence le 01/01/1901 et se termine le 31/12/2000. C'est normal, puisqu'il n'y a jamais eu d'an 0 !

En voici un exemple :

> Le 16 août 2010 tombe un lundi. Quel jour sera-t-on le 30 avril 2012 ?
>
> A. Lundi.
> B. Mardi.
> C. Jeudi.
> D. Samedi.
> E. Dimanche.

Quelle est la réponse ici ?

Attention : 2012 est une année bissextile ! Du 16 août 2010 au 30 avril 2012 il y a : 15 + 30 + 31 + 30 + 31 + 365 + 31 + 29 + 30 + 30 = 623 jours,
ce qui fait 623/7 = 89 semaines exactement. La bonne réponse est la A.

[3. L'ordre selon des bases non décimales]

On peut vous demander d'assimiler une logique de classement numérique ou alphabétique pour ensuite **déterminer le rang d'un élément.**

Cette question peut se formuler ainsi :
- Quelle étiquette posera-t-on sur le dernier ouvrage ?
- Combien de livres peut-on classer selon ce système ?

> **Astuce**
> Cela revient souvent à apprendre à classer des objets selon une base non décimale, comme dans l'exemple, selon les 26 lettres de l'alphabet. Au lieu de changer d'unité toutes les dizaines, vous changez toutes les « 26-aines ». La méthode la plus facile est alors de compter le nombre total d'unités et de deviser par 26, voire de recommencer si les quotients entiers sont supérieurs à 26. Le reste vous donne le rang de la lettre antérieure au quotient.

Appliquez cela à l'exemple suivant :

Une bibliothèque classe ses 260 001 livres en attribuant un code à chaque ouvrage, de la manière suivante : AAAA, AAAB, AAAC…, AABA, AABB…
Quel est le dernier code ?

A. ATTP.
B. BTOP.
C. NTPB.
D. JJKO.
E. ROSS.

Le code AAAZ est attribué au 26e livre. Le code AABZ est quant à lui attribué au 52e livre. Le code AAZZ est alors attribué au 26 x 26 = 676e livre. On doit donc diviser le nombre total de livres par 26 : 260 001 / 26 = Q = 10 000 + R = 1. On a ainsi 10 000 alphabets entiers et 1 lettre supplémentaire. Dans les 10 000 alphabets entiers, on a 10 000 / 26 = Q = 384 + R = 16. On itère l'opération, ce qui fait 14 alphabets complets et 20 lettres.

De tout cela, on déduit que la 4e lettre du code est la 2e lettre de l'alphabet, la 3e lettre du code est la 16e de l'alphabet, la 2e lettre du code est la 20e de l'alphabet, la 1re lettre du code est la 14e de l'alphabet. Le code du dernier livre est NTPB.

Remarque : cet exercice revient à compter en base 26 plutôt qu'en base 10.

[4. Les ensembles]

On raisonne sur des **familles de termes qui sont reliés ou non.** C'est ce que l'on appelle en logique classique des ensembles.

> **Astuce**
> Faites un schéma avec des cercles dans lesquels se trouvent d'autres cercles. C'est logiquement rigoureux et c'est le plus rapide !

En voici un exemple :

Les animaux ne sont pas tous vertébrés, mais les invertébrés sont en grande partie terrestres. Les vertébrés aquatiques sont rarement amphibies.
Que penser des invertébrés aquatiques ?

A. Ils sont amphibies.
B. Ce sont des animaux.
C. Ils sont aussi amphibies.
D. Ils ont des branchies.
E. Ils sont intelligents.

Quelle est la bonne option ?

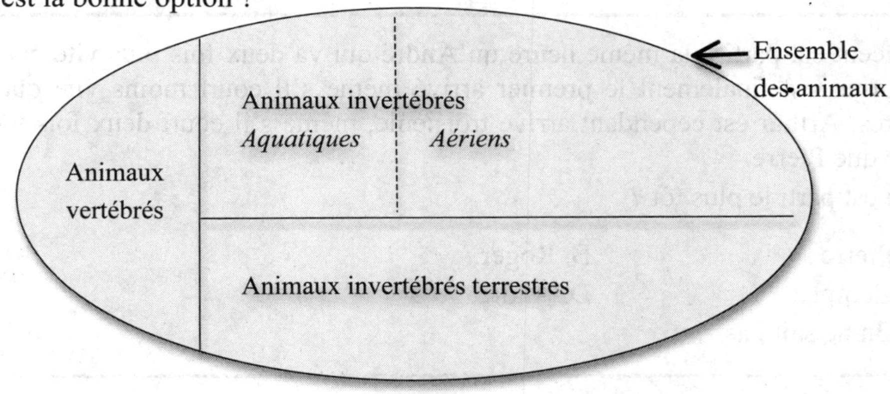

La seule réponse possible est ici la B. En effet, le classement commence par les animaux, ce qui veut dire que la distinction vertébré/invertébré n'intervient que là.

6. Les relations d'ordre

Le dernier type de relations logiques sur lesquelles vous pouvez avoir à réfléchir, ce sont les relations d'ordre, c'est-à-dire les **relations comparatives et quantitatives** du type « plus grand que », « plus fort que… ».
Plusieurs exercices sont possibles en l'espèce.

[1. Le classement]

Grand classique du TAGE MAGE, on vous décrit un certain nombre de relations et l'on vous demande de les **synthétiser.** Vous devez alors trouver le rang d'un élément, d'un objet ou d'un personnage.

> **Astuces**
> • Il faut formaliser ces relations par les signes mathématiques classiques : > + = etc.
> • Attention au piège classique : les relations d'ordre ne se superposent pas toujours. **Si A > B et si A > C, on n'a pas B > C** car on ne sait rien de la relation de B à C. En revanche, **si A > B, et si B > C, alors on a bien A > C.**
> • Beaucoup de ces exercices n'ont pas de solution et l'on vous propose cette option dans ce cas. En effet, si l'on formalise et si l'on l'obtient deux lignes non reliées, on ne peut répondre. Ainsi, si **A > B > C > F > G et si R > T > B > G, il est impossible de dire si A > R ou non.**

Entraînez-vous sur l'exemple ci-dessous :

> Vincent est parti à la même heure qu'André qui va deux fois plus vite que lui. Georges est finalement le premier arrivé même s'il court moins vite que les autres. Arthur est cependant arrivé troisième, même s'il court deux fois moins vite que Pierre.
> Qui est parti le plus tôt ?
>
> A. Pierre. B. Roger.
> C. Georges. D. André.
> E. On ne sait pas.

Que faut-il sélectionner ?

Ici, on ne peut pas répondre car les relations d'ordre ne se recoupent pas. On peut comparer deux à deux les personnages, mais on ne peut pas les classer tous ensemble.

[2. La généalogie]

Autre grand classique du TAGE MAGE, on vous demande de **clarifier des relations de parenté** que l'on a volontairement alambiquées. Vous devez alors situer l'une des personnes de l'arbre.

Regardez l'exemple ci-dessous :

> La cousine du père de mon frère m'a donné rendez-vous. Elle porte le prénom de ma sœur. Elle souhaite rencontrer un de mes cousins, le fils de la sœur de mon père. Pour cette cousine qui porte le même prénom que ma sœur, qui est mon cousin ?
>
> A. Un cousin.
>
> B. Son fils.
>
> C. Son petit-fils.
>
> D. Son neveu.
>
> E. Son frère.

Quelle option choisir ?

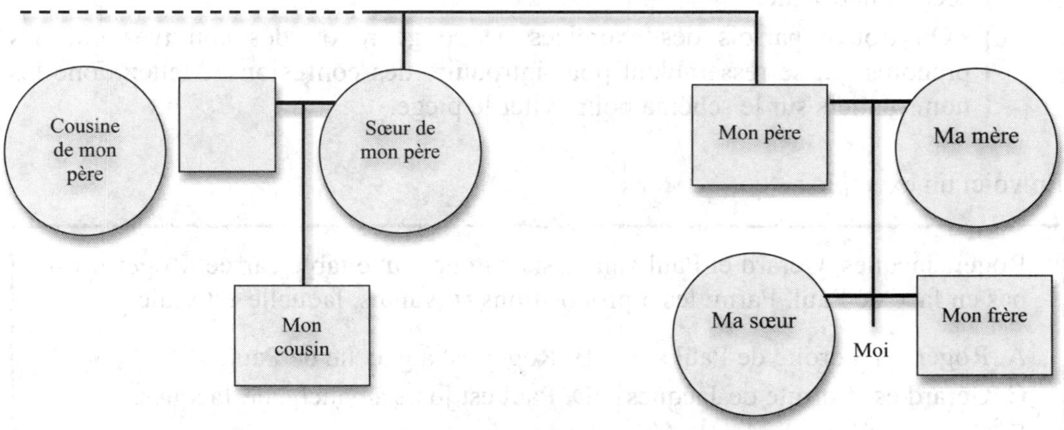

La bonne réponse est la D. On voit que les deux personnes appartiennent à deux générations différentes. A, C et E sont impossibles. Sur un schéma, on voit qu'il ne peut s'agir de son fils. La bonne réponse est donc la D.

> **Astuces**
> • Il est impossible de réussir ce genre d'exercices sans esquisser rapidement un petit arbre généalogique. Entraînez-vous à en faire dans l'année.
> • Ces exercices ne sont pas durs si l'on ne se laisse pas impressionner par la complexité des phrases. Lisez-les avec patience !
> • Méfiez-vous des prénoms épicènes qui font faire bien des bêtises ! Il s'agit des prénoms qui s'attribuent aux hommes comme aux femmes sans modification de l'orthographe. Par exemple, le prénom Claude.

[3. Le plan de table]

Vous pouvez enfin avoir à situer spatialement des personnages autour d'une table à partir de relations décrites partiellement.

> **Astuces**
> • Vous devez toujours commencer par faire un schéma de la table ou du lieu et installer peu à peu les personnages.
> • Si plusieurs possibilités sont ouvertes dans le texte, faites plusieurs schémas pour vérifier si votre réponse va convenir dans tous les cas.
> • Distinguez bien ce qui est « à droite » de quelque chose de ce qui est « juste à droite ». Dans le premier cas, plusieurs positions sont possibles, dans le second une seule.
> • On trouve parfois des exercices de ce genre où des convives ont des prénoms qui se ressemblent pour introduire des confusions. Mettez donc les noms entiers sur le schéma pour éviter le piège.

En voici un exemple :

Roger, Jacques, Gérard et Paul sont assis autour d'une table carrée. Roger n'est pas en face de Paul. Parmi les 5 propositions suivantes, laquelle est vraie ?

A. Roger est à droite de Paul. B. Roger est à gauche de Paul.
C. Gérard est à droite de Jacques. D. Paul est juste à gauche de Jacques.
E. Gérard est juste à côté de Jacques.

Quelle est la bonne réponse ?
Au départ, nous avons :

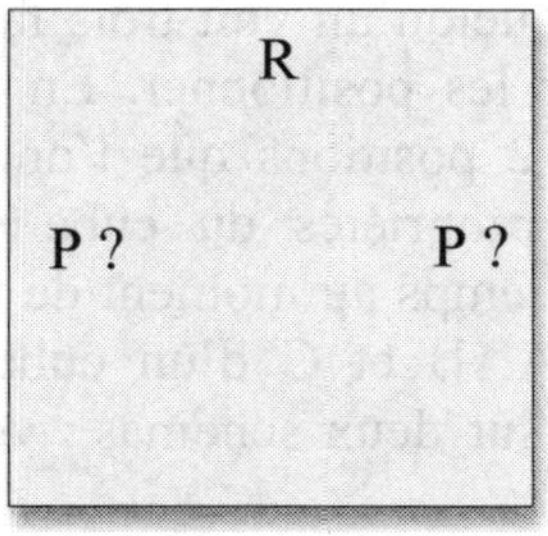

Ce qui nous donne 4 combinaisons possibles :

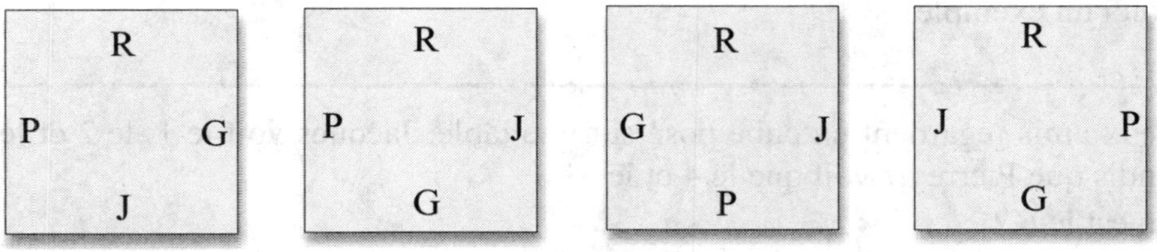

Comme Roger n'est pas en face de Paul, il est à droite ou à gauche. Cela fait donc deux combinaisons possibles mais non certaines, ce qui élimine A et B. Cela donne alors deux schémas possibles qui passent à 4 schémas si l'on répartit les deux derniers personnages selon les deux dernières possibilités de répartition. La seule certitude que l'on ait alors, c'est que Gérard est juste à côté de Jacques, réponse E.

[4. Les figures spatiales]

On vous demande enfin de visualiser une figure spatiale comme une sphère ou un cube et l'on joue sur des **localisations.** Ce sont des questions qui apparaissent dans les annales depuis quelques années.

Astuces

- Le mieux est de faire un cube en perspective et de noter en transparence les lettres que l'on ne voit pas.
- Si plusieurs possibilités sont ouvertes dans le texte, faites plusieurs schémas pour vérifier si votre réponse va convenir dans tous les cas.

• Quand quelqu'un voit deux ou trois faces d'un objet, elles sont nécessairement contiguës. Cela réduit alors les possibilités pour les placer.

• Quand quelqu'un voit deux faces d'un cube, vous n'avez que deux possibilités pour les placer. De même, quand quelqu'un voit trois faces d'un cube, vous n'avez que deux possibilités pour les positionner. En effet, en faisant tourner le cube sur lui-même, les 3 x 2 positions que l'on imagine reviennent à 2 ! C'est la conséquence des propriétés du cube et de la perception humaine. Cela vous fera gagner du temps au moment de faire vos schémas. Par exemple, si je vois les faces A, B et C d'un cube, placez arbitrairement le A puis intervertissez B et C sur deux schémas : vous avez toutes les combinaisons !

En voici un exemple :

Deux amis regardent un cube posé sur une table. Jacques voit le 1, le 2 et le 4, tandis que Pierre ne voit que le 4 et le 3.
Où est le 6 ?

A. Face au 1.
B. Face au 3.
C. Contigu au 5.
D. Contre la table.
E. On ne sait pas.

Que répondre ?
On doit faire un petit schéma au brouillon. On doit dessiner deux cubes différents qui correspondent à deux combinaisons possibles en tenant compte du fait que les faces vues par une même personne sont contiguës. Il y a une face cachée contre la table. Comme Jacques voit 3 faces, il voit forcément le dessus du cube. Comme Pierre en voit 2 dont une identique à celle que voit Jacques, il voit forcément au moins une face verticale. A eux deux, ils voient 3 faces verticales et celle du dessus. Les faces 5 et 6 qu'ils ne voient pas occupent les places restantes : une verticale et celle qui est cachée, qui sont dès lors contiguës. La bonne réponse est donc la C. C'est la seule réponse absolument certaine.

4. CONDITIONS MINIMALES

4.1. PRESENTATION DE L'EPREUVE ET METHODOLOGIE APPLIQUEE

I. PRESENTATION DE L'EPREUVE CONSEILS PRELIMINAIRES

1. UNE EPREUVE AU FORMAT ORIGINAL…

L'épreuve de conditions minimales est une épreuve originale que l'on retrouve dans le test TAGE MAGE et dans son équivalent anglo-saxon le GMAT – où elle est connue sous le nom de *Data Sufficiency*. Comme pour toutes les épreuves du TAGE MAGE, elle est composée de 15 questions, chacune accompagnée de 5 choix de réponses possibles. Vous disposez comme toujours de 20 minutes pour répondre à ces 15 questions. La calculatrice ou toute autre aide sont formellement interdites.

Très déstabilisante lorsqu'on la découvre pour la première fois, il ne fait aucun doute que cette épreuve est celle qui fait perdre beaucoup de points aux candidats peu ou mal préparés.

Si son caractère original en fait donc une épreuve à part, **cette dernière n'en demeure pas moins très abordable à condition de se forger une méthode efficace de résolution et surtout de s'y tenir.** Car il est tentant « d'y aller au flair » dans cette épreuve et de répondre à toutes les questions puisque l'on ne vous demande pas, comme en calcul, de trouver une réponse précise à une question, mais de dire s'il est possible ou non de répondre à la question… Et si oui… comment. Et comme l'on ne vous demande jamais de justifier officiellement votre choix de réponse (le format étant un QCM), et bien vous êtes malheureusement nombreux à vous faire régulièrement avoir en imaginant qu'avec un peu de feeling, vous pourrez vous prononcer avec succès sur la façon dont la question peut être résolue.

[Important : le format d'une question de conditions minimales]

Une question de conditions minimales **se présente toujours de la même façon :**

> Un **énoncé {E}** ponctué d'une question vous est toujours proposé avec **deux informations** – information **(1)** et information **(2)** –, qui servent de base à votre réflexion.

<u>Votre mission</u> : déchiffrer et explorer les informations (à la lumière de l'énoncé) afin de déterminer si elles vous aident ou non à répondre à la question posée. Ça a l'air *a priori* plutôt simple vu sous cet angle… Mais vous allez vite comprendre que vous devrez faire preuve de beaucoup de prudence et de vigilance devant les énoncés de cette épreuve et les informations qui les accompagnent.

Ce qui est très particulier dans cette épreuve, c'est que les **cinq réponses proposées sont toujours les mêmes, et ce, pour les 15 questions qui vous sont posées. Ces cinq réponses représentent en fait cinq façons différentes de dire comment les informations vous aident – ou non – à répondre à la question.**

En choisissant la réponse **A**, vous direz ainsi que seule l'information (1) permet de répondre à la question mais pas la (2). En répondant **B**, vous direz cette fois-ci que seule l'information (2) permet de répondre à la question mais pas la (1). En répondant **D**, vous direz que l'information (1) comme l'information (2) permettent à elles seules de répondre à la question. En répondant **C**, vous admettrez dans un premier temps qu'aucune des deux informations ne permet à elle seule de répondre à la question mais qu'ensemble, elles permettent d'y répondre. Enfin en répondant **E**, vous direz que quand bien même on considère les deux informations ensemble, cela ne permet toujours pas de répondre à la question posée.

On récapitule. Une question est composée des 3 éléments suivants…

> Un énoncé
> Une première information (1)
> Une seconde information (2)

… Et de 5 choix de réponses, qui seront toujours les mêmes !

> (A) Si l'information (1) permet à elle seule de répondre à la question, et si l'information (2) à elle seule ne permet pas de répondre à la question.
> (B) Si l'information (2) permet à elle seule de répondre à la question, et si l'information (1) à elle seule ne permet pas de répondre à la question.
> (C) Si les deux informations (1) et (2) ensemble permettent de répondre à la question, et aucune séparément ne le peut.
> (D) Si chaque information permet séparément de répondre à la question.
> (E) Si les deux informations ensemble ne permettent pas de répondre à la question.

2. … AVEC TROIS REGLES FONDAMENTALES A RESPECTER !

Avant de développer la méthode de résolution consacrée aux questions de conditions minimales, nous vous invitons à découvrir trois grandes règles à respecter tout au long de l'épreuve de conditions minimales.

Notez bien que ce n'est pas simplement un conseil que nous vous donnons en vous demandant de respecter ces règles. Vous **devez** respecter ces règles et les appliquer scrupuleusement, sinon vous tomberez assurément dans les nombreux pièges que tend régulièrement cette épreuve.

1. DE GRACE, NE TERMINEZ PAS VOS CALCULS

Contrairement à l'épreuve de calcul où il est vous est demandé de trouver une réponse précise à une question, l'épreuve de conditions minimales n'exige jamais que vous trouviez précisément la réponse à la question posée **mais plutôt si vous êtes en mesure de trouver cette réponse et si oui, comment.**

En fait, imaginez qu'un jour l'un de vos collègues vous demande de lui donner la valeur du PIB (produit intérieur brut) par habitant du Brésil en 2011. Et imaginez à présent que pour lui répondre, vous disposez de la valeur du PIB du Brésil en 2010, du pourcentage d'augmentation de la valeur du PIB du Brésil entre 2010 et 2011, ainsi que du nombre d'habitants au Brésil en 2011. Alors on est d'accord que vous serez parfaitement en mesure de répondre à la question, n'est-ce pas ?

Et bien si vous êtes d'accord avec cela, **vous percevez déjà la frontière qui existe entre l'épreuve de calcul et celle de conditions minimales**. Dans l'épreuve de calcul, vous devez trouver précisément la valeur du PIB par habitant du Brésil en 2011 alors que dans l'épreuve de conditions minimales, peu importe ce que vaut précisément ce PIB par habitant…

Ce qui importe par-dessus tout, c'est de savoir si vous êtes en mesure de trouver cette valeur à partir des éléments contenus dans l'énoncé et les deux informations qui l'accompagnent ; et si oui, comment.

Prenons un exemple :

Que vaut l'aire du rectangle ABCD ? (1) Si on multiplie la longueur du rectangle ABCD par 3 et sa largeur par 4 alors l'aire obtenue est égale à 228 cm^2. (2) La largeur du rectangle ABCD représente 10 % de sa longueur.

Dans cet exemple, l'énoncé ne comporte aucune zone d'ombre et demande simplement que l'on fournisse la valeur de l'aire d'un rectangle. Votre connaissance du cours vous amène à écrire dans un coin de votre brouillon : **A = *l* x *L*** avec A l'aire du rectangle ABCD, *l* sa longueur et *L* sa largeur.

N'oubliez pas qu'en conditions minimales, ce qui importe, c'est de savoir **si l'on peut répondre à la question et si oui, comment.**

La bonne réponse est la A.

Si la seconde information ne permet guère de répondre à la question (savoir que $L = 10\ \% \times l$ ne vous permet pas de trouver la valeur de l'aire du rectangle), la première vous permet en revanche à elle seule de répondre à la question puisque si vous la traduisez sous forme d'équation, vous obtenez : $3l \times 4L = 228$ avec $3l$ la nouvelle longueur du rectangle et $4L$ sa nouvelle largeur soit : $3 \times 4 \times (l \times L) = 228$.

Arrivé là, vous devez vous arrêter tout net car vous êtes en mesure de répondre précisément à la question posée. En effet, il est possible d'isoler $l \times L$ (autrement dit l'aire du rectangle) dans l'équation $3 \times 4 \times (l \times L) = 228$ et de trouver alors sa valeur : $l \times L = 228 / (3 \times 4)$.

Il est par conséquent strictement hors de question ici de calculer ce que vaut exactement 228 / (3 x 4).

Nous savons bien que cela vous démange de trouver précisément cette valeur – surtout que ce calcul n'a rien de franchement dissuasif –, mais n'oubliez jamais que ce n'est pas ce que l'on vous demande. Attention donc à ne pas perdre de temps dans cette épreuve où le temps justement vient souvent à manquer.

2. CACHEZ TOUR A TOUR L'INFORMATION (2) PUIS L'INFORMATION (1)

Cette règle est fondamentale. Vous devez savoir que nombreux sont les candidats qui commettent l'erreur courante d'analyser l'information (1) à la lumière de l'information (2) et l'information (2) à la lumière de l'information (1).

Cette erreur n'est pas acceptable puisqu'elle peut conduire par exemple, sans que l'on s'en rende compte, à répondre la réponse C à la place de la réponse B, ou encore la réponse D à la place de la réponse C. C'est ainsi que chaque année, des candidats qui sont quasiment sûrs d'obtenir à l'issue du test un bon score en conditions minimales ont finalement la mauvaise surprise de décrocher un tout petit 11 sur 60. Et comme vous allez le voir dans l'exemple qui suit, il arrive parfois que l'on se fasse piéger sans s'en rendre compte une seconde !
Exemple :

> ABC est un triangle dont la base AB est égale à 10 cm. Que vaut son aire ?
>
> (1) ABC est rectangle en A.
> (2) La longueur AC est égale à 5 centimètres.

Après avoir lu et analysé l'énoncé, vous vous attaquez naturellement à la première information. Vous dessinez alors sur votre brouillon un rectangle ABC rectangle en A dont la base vaut 10 cm et concluez alors que l'information est insuffisante pour trouver l'aire du rectangle (l'aire du triangle ABC rectangle en A est en effet égale à la base AB multipliée par la hauteur AC du rectangle, le tout divisé par 2… Or il nous manque la valeur de AC !).

Vous vous attaquez ensuite à la seconde information et continuez, sans vous en rendre compte, à travailler sur le joli triangle rectangle précédemment esquissé dans le cadre de la première information. Et, sûrs de vous, vous concluez que cette seconde information est suffisante puisque vous vous dites que vous disposez à présent de la valeur de AC et que vous pouvez donc trouver l'aire du triangle ((10 x 5) / 2 = 25)… **SAUF QUE…** Lorsque vous travaillez sur la seconde information, vous devez faire abstraction de la première information et vous devez donc travailler à partir d'un triangle quelconque, pas un triangle rectangle ; ce qui change tout, puisque si le triangle est quelconque, il est tout bonnement impossible de connaître son aire, quand bien même nous connaissons la valeur de la base du rectangle et de l'un de ses côtés.

La seconde information est donc, à elle seule, insuffisante pour répondre à la question.

Comme vous le voyez, il est facile de se faire piéger, notamment lorsque l'on dessine des schémas sur votre brouillon.

[Ne vous faites pas piéger !]

Faire comme si une information n'a jamais existé est plus facile à dire qu'à faire dans le sens où le cerveau a tendance à avoir une très bonne mémoire immédiate et à enregistrer contre votre gré des données lues dans l'information (1) ou (2). Vous devez donc vous battre avec votre cerveau et le plus simple pour cela est de toujours cacher l'autre information.

Notre conseil est donc le suivant : pendant l'épreuve de conditions minimales, cachez **mentalement** et **physiquement** l'information (2) quand vous travaillez sur l'information (1) puis cachez **mentalement** et **physiquement** l'information (2) quand vous travaillez sur l'information (2) seule.

Cacher **mentalement** signifie qu'au moment où vous analysez l'information (1), vous devez absolument **oublier** ce qui est dit dans l'information (2) et qu'au moment où vous analysez l'information (2), vous devez **oublier** toutes les données et conclusions issues de l'analyse de l'information (1).

Et si nous vous conseillons également de cacher **physiquement** ces informations, c'est parce que l'expérience montre qu'en les cachant avec votre règle, votre stylo ou encore votre main, vous diminuez nettement le risque de vous laisser influencer.

3. ATTENTION A LA REPONSE C !

Retenez que la réponse C ne s'envisage qu'en fin d'analyse, jamais en début !

Comme vous le verrez dans le chapitre suivant consacré à la méthode de résolution des questions de conditions minimales, l'analyse conjointe des informations (1) et (2), que nous noterons d'ailleurs « (1) & (2) » tout au long de cet ouvrage, **n'intervient que lorsque vous avez constaté au préalable que les informations (1) et (2) prises seules, *i.e.* indépendamment l'une de l'autre, ne permettent pas de répondre à la question.**

Si nous insistons sur ce point, c'est parce que de nombreux candidats sont tentés chaque année d'envisager la réponse C à un stade prématuré de leur analyse, anéantissant alors pratiquement toute chance de répondre juste à la question posée.

Utilisons une image qui, nous l'espérons, vous amènera à réfléchir à deux fois avant de foncer tête baissée sur la réponse C. Imaginons donc que vous souhaitiez boire de l'eau et que vous vous trouviez au beau milieu d'un village désert. **Question :** « Serais-je en mesure d'étancher ma soif ? » **(énoncé).** A droite, vous apercevez au loin un seau avec une corde posée à même le sol **(information (1)**). Vous vous approchez de ces objets et constatez, déçu, que la corde est attachée au seau mais que ce dernier est vide. Vous concluez alors que ces deux objets ne vous seront d'aucune utilité pour étancher votre soif. Puis vous vous retournez et apercevez au loin un puits (**information (2)**). Vous vous en approchez également et constatez, déçu, que s'il y a bien de l'eau potable au fond du puits, ce dernier n'abrite aucun objet susceptible de vous aider à puiser l'eau et d'étancher ainsi votre soif. C'est alors qu'en vous naît une riche idée : aller récupérer le seau et la corde, revenir au puits et extraire l'eau qui s'y trouve au fond. Et c'est gagné ! Vous serez bien en mesure d'étancher votre soif. Conclusion : réponse C ! (Je peux boire de l'eau grâce au seau auquel une corde est accrochée et grâce au puits au fond duquel se trouve de l'eau potable.)

Cette image est riche d'enseignements. En effet, comme vous le savez à présent, de nombreux candidats font l'erreur de commencer tout de suite leur analyse en étudiant ensemble les deux informations dont ils disposent. En fait, c'est comme s'ils traversaient le village désert en hélicoptère et qu'ils voyaient au loin, dans un même champ de vision, le seau, la corde et le puits et qu'ils concluaient sans plus attendre qu'en rassemblant le seau, la corde et le puits, ils pourront aisément étancher leur soif. Sauf que du haut de leur hélicoptère, ils ne sont en réalité pas capables de savoir si le seau est vide ou s'il est rempli d'eau potable, de même qu'ils ne sont pas capables de savoir si le puits est sec ou s'il est rempli d'eau potable, ou encore si à l'intérieur du puits sont discrètement accrochées un seau et une corde. Parce que si le seau était déjà rempli d'eau mais que le puits était sec, la bonne réponse aurait été la **A**. Si le seau était vide mais que le puits était rempli d'eau potable et qu'il abritait un seau et une corde, alors la réponse aurait été la **B**. Enfin, si d'un côté le seau était rempli d'eau potable et que de l'autre le puits contenait de l'eau potable et abritait un seau et une corde, alors la réponse aurait été la **D**. La question est donc : comment savoir si le seau est rempli d'eau potable ou si le puits abrite un seau et une corde…?

Et bien c'est en s'approchant de ces objets l'un après l'autre, autrement dit en les analysant, en les étudiant… de près ! Et surtout pas en survolant le village en hélicoptère !

N'oubliez donc jamais que la réponse C n'est envisagée qu'à partir du moment où vous êtes d'abord sûrs et certains que les informations (1) et (2) ne vous permettent pas, à elles seules, de répondre à la question.

EN RESUME

1. **Soyez très familiers avec le format original de l'épreuve.**

2. **Comme en calcul, la maîtrise du cours fondamental de mathématiques et de calcul est un prérequis nécessaire à la bonne réussite de cette épreuve.**

3. **Pensez « efficace » et ne terminez pas vos calculs.**
   Pensez toujours en termes de minimalité et de suffisance. Contrairement à l'épreuve de calcul, on ne vous demande pas ici de trouver un résultat particulier mais de dire si vous **êtes en mesure d'aboutir à ce résultat**, si vous êtes capables de répondre à la question et si oui, comment !

4. **Cachez tour à tour vos informations… Cachez-les vraiment !**

5. **Méfiez-vous de la réponse C comme de la peste !**

II. METHODOLOGIE

1. UNE METHODE DE RESOLUTION EFFICACE EN 4 ETAPES CLES

L'épreuve de **conditions minimales** convoque une méthode systématique et rigoureuse d'approche et d'analyse des questions.

Systématique, parce que la méthode est la même, quelle que soit la question, qu'elle soit courte ou longue, facile ou difficile. **Rigoureuse,** parce qu'elle ne laisse aucune place à quelque talent ou improvisation que ce soit. Retenez donc que si vous respectez scrupuleusement la méthode qui suit, vous devriez en toute logique obtenir un bon score à cette épreuve très discriminante – l'épreuve de conditions minimales fait partie, avec l'épreuve de calcul, des deux épreuves les moins bien réussies au TAGE MAGE.

Nous allons donc vous proposer **une méthode de résolution en 4 étapes clés, toutes aussi importantes les unes que les autres**. Nous n'avons pas la prétention de vous livrer quelque formule magique que ce soit, mais nous pouvons néanmoins vous certifier que si vous vous tenez à cette méthode, alors plus aucune question de l'épreuve de conditions minimales ne saura raisonnablement vous résister !

ETAPE 1 : ANALYSEZ L'ENONCE {E}

Nous noterons {E} l'étape qui consiste à analyser l'énoncé de la question.

Très souvent, l'énoncé constitue une mine d'or pour la résolution de votre question. Qu'il soit court ou long, il vous donnera systématiquement des informations sur les différentes **inconnues** et leurs **contraintes**.

[1. Les inconnues]

Quelles sont les inconnues et que représentent-elles ?

Qu'il s'agisse de trouver la valeur du périmètre d'un triangle ou le montant de la somme placée sur un compte rémunéré à 4 % l'an, vous devez à chaque fois identifier et lister très précisément l'inconnue ou les inconnues sur lesquelles on vous demande de travailler.

Y a-t-il des inconnues implicites ?

On vous demande de trouver la valeur de l'aire d'un triangle ? Et bien si votre inconnue est certes l'aire de ce triangle, il n'empêche que cette aire est égale à la moitié de la base du triangle multipliée par sa hauteur et que vous serez certainement amenés à travailler sur les deux inconnues implicites que sont la hauteur et la base du triangle. On vous demande de trouver la distance parcourue par un marathonien ? N'oubliez pas alors de penser aux deux inconnues implicites que sont la vitesse moyenne de ce marathonien et le temps qu'il met pour parcourir la distance.

[2. Les contraintes]

En réfléchissant aux contraintes de vos inconnues, vous balisez parfaitement les questions qui vous sont posées. Vous avez ainsi toutes les chances de prendre en compte les différents cas de figure possibles.

Certaines inconnues sont naturellement contraintes comme l'âge d'une personne, qui est nécessairement un entier naturel différent de zéro, une date, une heure ou encore un jour de la semaine qui ne peut être que lundi, mardi, mercredi, jeudi, vendredi, samedi ou dimanche. D'autres inconnues ne sont pas contraintes. Ainsi, si l'on vous demande « Que vaut X ? » alors X est par défaut un nombre réel et peut potentiellement être égal à tout ce qui peut vous passer par la tête.

D'autres inconnues sont encadrées par les énoncés des questions. Ainsi, on vous dira par exemple que « X est un cube entier à trois chiffres » ou « X est un nombre réel strictement inférieur à 30 ». Dans le premier cas, vous devrez lister tous les cubes entiers à trois chiffres que vous connaissez (125, 216, 342, 512 et 729). Dans le second cas, vous n'oublierez pas d'écrire que $X < 30$ et c'est tout.

Dans tous les cas, vous devrez toujours vous demander si les inconnues étudiées sont soumises à une ou plusieurs contraintes ou si, au contraire, elles ne sont soumises à aucune contrainte. Cette étape est cruciale car elle vous incite à développer un esprit critique et vous évite d'oublier de prendre en compte les différents cas de figure possibles.

Pour terminer, **retenez bien que vous ne devez jamais lire les informations qui accompagnent l'énoncé pendant que vous travaillez sur ce dernier.**

ETAPE 2 : ANALYSEZ L'INFORMATION 1 {1}

Nous noterons {1} l'étape qui consiste à analyser l'information (1).

Souvenez-vous que pendant que vous analysez l'information (1), vous devez penser à cacher mentalement et physiquement l'information (2) afin de ne pas vous laisser influencer par cette dernière.

Si au terme de votre analyse, vous jugez que l'information (1) vous permet de répondre à la question, autrement dit qu'elle est suffisante, alors **vous devez éliminer les réponses B, C et E et conserver les réponses A et D.**

Si vous jugez en revanche que l'information (1) ne vous permet pas de répondre à la question, autrement dit qu'elle est insuffisante, **alors vous devez éliminer les réponses A et D et conserver les réponses B, C et E.**

ETAPE 3 : ANALYSEZ L'INFORMATION 2 {2}

Nous noterons {2} l'étape qui consiste à analyser l'information (2).

Souvenez-vous que pendant que vous analysez l'information (2), vous devez penser à cacher mentalement et physiquement l'information (1) afin de ne pas vous laisser influencer par cette dernière.
N'oubliez pas que vous devez faire comme si l'information n'avait jamais existé. Vous devez donc faire comme si la dernière chose que vous venez de faire est l'analyse de l'énoncé (étape 1).

Si au terme de votre analyse, vous considérez l'information (2) comme étant suffisante et que l'information (1) est également suffisante, **alors la réponse est D** et l'exercice est terminé.
Si au terme de votre analyse, vous considérez l'information (2) comme étant suffisante et que l'information (1) n'est pas suffisante, **alors la réponse est B** et l'exercice est terminé.
Si au terme de votre analyse, vous considérez l'information (2) comme étant insuffisante et que l'information (1) est suffisante, **alors la réponse est A** et l'exercice est terminé.

Si au terme de votre analyse, vous considérez l'information (2) comme étant insuffisante et que l'information (1) est également insuffisante, **alors vous devez passer à la dernière étape : combiner les deux informations.**

ETAPE 4 : COMBINEZ LES DEUX INFORMATIONS {&}

Nous noterons {&} l'étape qui consiste à combiner les deux informations dans le cas où les deux informations ont été au préalable considérées comme étant insuffisantes.

Cette dernière étape est probablement la plus simple car elle n'impose de masquer aucune information : vous devez mettre en parallèle tous les renseignements obtenus au cours de trois étapes précédentes et, comme cela a été décrit lors des étapes {1} et {2}, vous demander si ces deux informations prises ensemble – autrement dit combinées – permettent ou non de répondre à la question.

Si les deux informations ensemble permettent de répondre à la question, alors la **réponse est C** et l'exercice est terminé.
Si les deux informations ensemble ne permettent toujours pas de répondre à la question, alors la **réponse est E** et l'exercice est terminé.

ASTUCE ! ELIMINEZ LES REPONSES AU FUR ET A MESURE DE VOTRE ANALYSE

Le jour du test, notez sur votre brouillon (rappel : vous n'avez pas de brouillon mais vous avez votre sujet sur lequel vous avez beaucoup de place) **à gauche ou juste au dessus de la question** une ligne avec les lettres **A, B, C, D et E** (*i.e.* les 5 réponses possibles, qui sont toujours les mêmes).
Vous pourrez ainsi pour chaque question faire clairement état de votre processus d'élimination et de choix de réponses, **en barrant au fur et à mesure les réponses que vous souhaitez éliminer.**
Un avantage certain que l'on peut tirer de cette astuce est que si vous avez initié la résolution d'une question mais que vous peinez à trouver la réponse (ex : vous n'avez aucun problème avec la première information, mais la seconde vous résiste), et bien lorsque vous reviendrez sur la question en fin d'épreuve, vos saurez parfaitement où vous en êtes et ce sur quoi, précisément, vous devrez travailler.

A ~~B~~ ~~C~~ D ~~E~~

2. L'ARBRE DE DECISION

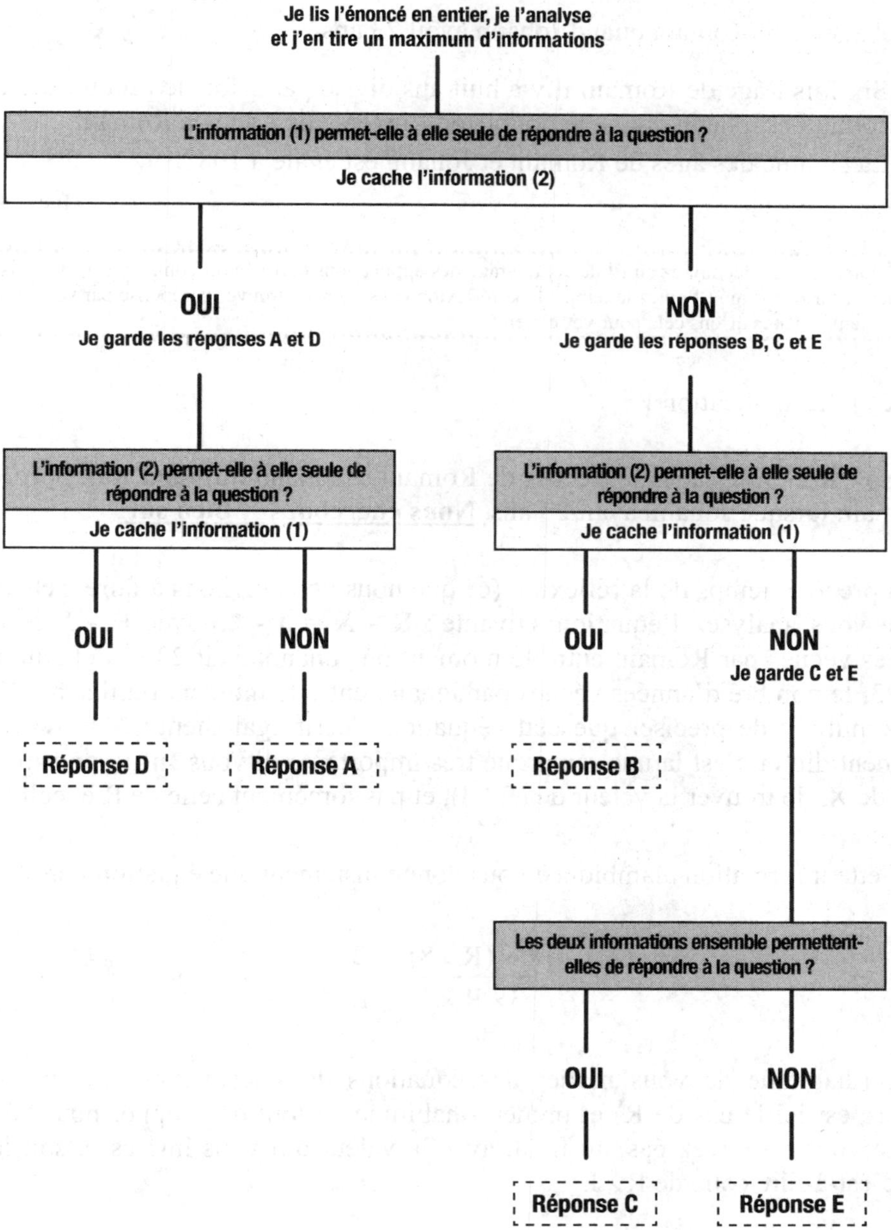

3. QUELQUES APPLICATIONS CLES

Quel âge avait Romain quand Johann avait 23 ans ?

(1) Six fois l'âge de Romain il y a huit ans divisé par 3 fois le produit des âges de Romain et Johann donne le double de l'inverse de l'âge de Romain.
(2) La somme des âges de Romain et Johann est égale à 108.

De grâce, lorsque vous découvrez au fil de cet ouvrage des applications corrigées et commentées, ne vous jetez pas à corps perdu sur le corrigé ! Prenez le temps de la réflexion et essayez de trouver la réponse par vous-mêmes dans un premier temps. Nous disons cela pour votre bien !

Une très jolie application !

{E} : Soit **R** et **J,** les âges respectifs de Romain et Johann **aujourd'hui.** Soit **X,** l'âge de Romain lorsque Johann avait 23 ans. **Nous cherchons X bien sûr.**

Si l'on prend le temps de la réflexion (ce que nous vous invitons à faire à chaque fois lorsque vous analysez l'équation suivante : **R - X = J - 23** avec R - X le nombre d'années vécues par Romain entre le moment où Johann avait 23 ans et aujourd'hui, et J - 23, le nombre d'années vécues par Johann entre le moment où il avait 23 ans et aujourd'hui. Et de préciser que cette équation s'écrit également : **X = R - J + 23.** Autrement dit, et c'est là une remarque très importante, il vous suffit, pour trouver la valeur de X, de trouver la valeur de (R - J), et pas forcément celle de R et celle de J.

{1} : Cette information alambiquée vous donne justement une équation liant R et J :

$$\frac{6 \times (R-8)}{3 \times R \times J} = \frac{2}{R}$$

Prenez l'habitude de vous méfier des équations dans lesquelles une inconnue se répète (c'est ici le cas de R) et prenez l'habitude de tout développer pour vérifier si vous ne vous retrouvez pas, au final, avec la valeur qui vous intéresse, soit ici celle de X, c'est-à-dire celle de R - J.

Si vous multipliez par 3 x R x J les numérateurs des membres de gauche et de droite de l'équation, vous obtenez l'équation : 6 x (R - 8) = 2 x 3 x J, soit encore en divisant par 6 à gauche et à droite de l'égalité : R - 8 = J, soit enfin : R - J = 8.

Vous vous retrouvez donc avec la valeur de R - J, c'est-à-dire celle de X, et pouvez par conséquent répondre à la question posée. La première information vous permet à elle seule de répondre à la question et vous pouvez éliminer les réponses B, C et E.

{2} : Cette information vous donne l'équation R + J = 108 et il ne vous est pas possible d'en déduire la valeur de R - J (alias X).
La seconde information ne permet donc pas, à elle seule, de répondre à la question. On élimine donc la réponse D et on répond A !

Vous l'avez compris, cette application illustre bien le fait que l'on ait souhaité vous faire prendre la direction de la réponse C en vous laissant miroiter deux belles équations à deux inconnues.

> Qui est la plus âgée : Jeanne, Stéphanie ou Marie ?
>
> (1) Marie est la sœur aînée de Stéphanie.
>
> (2) Jeanne est la tante de Stéphanie.

{E} : L'énoncé ne fait qu'introduire trois inconnues : J, S et M, représentant les âges respectifs de Jeanne, Stéphanie et Marie. Nous attirons votre attention sur le fait qu'il n'est pas demandé de trouver la valeur de leur âge respectif, mais simplement de savoir laquelle est la plus âgée des trois. Le nombre de réponses « possibles » est donc limité à trois : J, S ou M. C'est ce que l'on appelle une question semi-ouverte (elle est ouverte car il y a plus de deux réponses possibles, mais elle est en même temps fermée, puisque l'énoncé fait clairement état des réponses possibles).

{1} : Tout ce que nous dit cette information est que M > S. N'ayant aucun renseignement sur J, il est impossible de conclure : l'information est insuffisante à elle seule et il faut éliminer les réponses A et D.

{2} : Attention ici avec les idées préconçues : on peut très bien être plus âgé que sa propre tante ! En effet, on peut très bien devenir parent une fois de plus après être devenu grand-parent. Vous suivez ?!
Cette information est donc à elle seule insuffisante et nous éliminons la réponse B.

{&} : En combinant enfin les deux informations, il nous est toujours impossible de répondre à la question ; la seconde information ne nous permettant d'établir aucune relation entre les âges de Jeanne et de Stéphanie. Réponse E !

Dans cette application, nous avons souhaité mettre l'accent sur la nécessité de déployer un regard critique sur les éléments qui vous sont présentés dans chacune des informations d'une question de conditions minimales.

> Dans ce groupe où les couples mariés sont monogames, y a-t-il plus d'hommes ou de femmes ?
>
> (1) Chacun des hommes est marié avec une femme qui aime les hommes qui aiment le chocolat.
> (2) Une femme qui n'aime pas les hommes qui aiment le chocolat est la sœur d'un homme qui n'aime pas le chocolat.

{E} : L'énoncé est original de prime abord et il vous faut plus que jamais l'analyser au mieux. On vous introduit d'abord **deux inconnues** : H et F, qui représentent respectivement le nombre d'hommes et de femmes présents dans le groupe.
On vous dit ensuite que ce groupe est **monogame** : cela signifie qu'un homme ne peut avoir plusieurs femmes et réciproquement. Ce type d'information est vital et sert surtout à savoir que nous sommes en situation de **bijection :** une femme n'est mariée qu'avec un seul homme et un homme n'est marié qu'avec une seule femme.
Dernière remarque : on ne demande pas les valeurs de H et F mais lequel des deux nombres est le plus grand. Il s'agit donc ici d'une question fermée.

{1} : Cette information est assez curieuse mais son interprétation est simple. La voici : si CHACUN des hommes est marié (peu importent les goûts de sa femme), c'est qu'il y a **au plus** autant d'hommes que de femmes, soit $H \leq F$. En effet, si l'on avait plus d'hommes que de femmes, alors il serait impossible que chacun de ces hommes soit marié – une femme ne pouvant être mariée avec plus d'un homme en même temps.

L'information ne permet pas à elle seule de répondre à la question car $H \leq F$ signifie que nous pouvons fournir deux réponses possibles : $H < F$ ou $H = F$. On élimine donc les réponses A et D.

{2} : Cette information vous dit qu'il y a dans le groupe au moins une femme « qui n'aime pas les hommes qui aiment le chocolat ». Certes… Mais vous ne pouvez pas pour autant répondre à la question sur la base de cette seule information qui ne fournit pas suffisamment d'éléments pour répondre à la question. On élimine la réponse B.

{&} : En combinant les deux informations, vous trouvez d'une part que tous les hommes sont mariés avec une femme « qui aime les hommes qui aiment le chocolat » **et** qu'il y a dans le groupe au moins une femme « qui n'aime pas les hommes qui aiment le chocolat », autrement dit une femme non mariée (puisque souvenez-vous que dans ce groupe plutôt louche, les hommes n'épousent que des femmes qui **aiment** les hommes qui aiment le chocolat !).
En conclusion, il y a **nécessairement** plus de femmes que d'hommes ; soit $F > H$ et on peut répondre à la question ! Réponse C.

Une dernière application !

> On choisit un nombre entier positif. On le multiplie par X puis on lui soustrait 7. On multiplie ensuite le nombre obtenu par Y et on ajoute 5 au dernier nombre obtenu. On trouve alors le nombre $7 \times (1 - Y)$. Quel était l'entier choisi au départ ?
>
> (1) Le produit de X par Y est égal à 1.
> (2) X est égal à Y.

La bonne réponse est la D.

{E} : On vous donne trois inconnues ici : **P,** l'entier positif recherché, **X,** et **Y,** deux entiers positifs quelconques. On vous donne également une équation liant ces inconnues :

$$(P \times X - 7) \times Y + 5 = 7 \times (1 - Y) = 7 - 7 \times Y$$

Soit :

$$P \times X \times Y - 7 \times Y + 5 = 7 - 7 \times Y$$

Soit encore, après simplification :

$$P \times X \times Y = 2$$

Sachant que P, X et Y sont des entiers naturels et que 2 est un nombre premier, le nombre de solutions pour P, X et Y s'en retrouve très limité.

Vous pouvez en effet avoir 3 cas de figure :

P = 1, X = 1, Y = 2
P = 1, X = 2, Y = 1
P = 2, X = 1, Y = 1

Ainsi, P ne peut prendre que deux valeurs : 1 ou 2.

Avouez quand même que l'on peut extraire beaucoup de choses à partir d'un énoncé en conditions minimales ! Efforcez-vous donc de ne jamais lire l'énoncé du coin de l'œil mais de prendre tout le temps nécessaire à sa bonne compréhension, et du temps, normalement, vous en disposerez en conditions minimales si vous appliquez à la lettre notre méthode !

{1} : Cette information est à elle seule suffisante et vous permet, grâce à l'équation $P \times X \times Y = 2$ de trouver que P = 2. On garde A et D.

{2} : Vous n'avez ici aucune information sur les valeurs respectives de X et Y… Sauf que, en vous penchant sur les 3 cas de figure énoncés ci-avant, il n'y a qu'un seul cas où X = Y (mais ça, à dire vrai, on le savait déjà grâce au fait que X et Y sont des entiers naturels) – celui où X = 1 et Y = 1 – et qu'alors dans ce cas, P = 2.

Cette seconde information vous permet donc également de répondre à elle seule à la question. Réponse D !

4.2. QUESTIONS OUVERTES ET QUESTIONS FERMEES

I. LE CAS DES QUESTIONS OUVERTES

L'épreuve de conditions minimales est truffée de pièges. Ce chapitre consacré aux questions ouvertes vous invite à adopter les bons réflexes et à développer un esprit critique aiguisé, ce même esprit qui vous permettra d'engranger de précieux points d'avance et de prendre plusieurs longueurs d'avance sur vos concurrents !

[Qu'est-ce qu'une question ouverte ?]

En conditions minimales, les **questions ouvertes** sont celles qui vous invitent à donner une valeur à des variables telles que l'âge d'une maman, le prix d'une bouteille de vin, la valeur d'un portefeuille d'actions, le périmètre d'un champ rectangulaire, la valeur d'un nombre entier, d'un carré entier, d'un cube entier, ou tout simplement la valeur de X, une variable réelle.

1. QORU : QUESTION OUVERTE, REPONSE UNIQUE

1. Une Question Ouverte appelle une Reponse Unique

Il s'agit là d'un réflexe qui doit vous suivre tout au long de l'épreuve de conditions minimales. Car c'est de ce réflexe que dépend votre stratégie de réponse.

Dès que vous êtes face à une question ouverte, votre réflexe, votre obsession même, doit être de **trouver une et une seule réponse, autrement dit une réponse unique à la question qui vous est posée.** Ainsi, si vous trouvez une réponse unique à la question posée après l'étude d'une information, alors cette information sera considérée comme étant suffisante. En revanche, si vous trouvez deux réponses possibles – ou plus – à la question posée après étude d'une information, alors cette dernière sera considérée comme étant insuffisante.

Vous comprendrez donc à présent que lorsque l'on vous demande de trouver l'âge d'une maman, et bien si vous trouvez 35 ans après l'étude d'une information et que vous êtes sûrs qu'il s'agit là de la seule réponse possible pour l'âge de cette maman, alors vous affirmerez sans coup férir que l'information étudiée est suffisante.

En revanche, si après avoir étudié une information, vous trouvez que la maman a 35 ou 37 ans (selon les cas), ou encore que son âge est compris entre 33 et 37 ans inclus, alors vous affirmerez dans ce cas-là que l'information étudiée est insuffisante.

2. Faites preuve de rigueur et d'honnetete intellectuelle !

Nous tenons à attirer votre attention ici sur ce que nous appelons l'honnêteté intellectuelle du candidat. En effet, notre longue expérience dans l'enseignement du TAGE MAGE nous a montré que de nombreux candidats ne prennent jamais le temps de **« prouver » le caractère suffisant ou insuffisant des informations étudiées.** Certes, il s'agit d'un QCM et personne n'ira chercher comment vous vous y êtes pris pour trouver la réponse. Mais en conditions minimales, vous devrez quand même vous prouver, **à vous-mêmes**, que l'information que vous étudiez est ou n'est pas suffisante.

Nous avons remarqué au cours de nos stages de préparation qu'il est fréquent que certains étudiants analysent l'information (1) et en déduisent qu'elle est insuffisante sans même avoir pris le temps de trouver au moins deux réponses possibles à la question posée. Or c'est précisément parce que vous aurez pris le temps de trouver au moins deux réponses possibles à la question posée que vous pourrez choisir sereinement la bonne réponse et avancer ainsi dans l'épreuve avec confiance.

Ne vous y trompez pas ! L'épreuve de conditions minimales n'est pas de tout repos et apporte tout comme l'épreuve de calcul son lot de stress, de pièges et de difficultés. **Trop de candidats font encore largement appel à leur feeling durant cette épreuve** (*« Mais c'est juste évident que cette information est insuffisante !! » ; « J'ai mis insuffisant parce que… Parce que… Parce qu'en fait je ne sais pas vraiment ! » ; « J'ai répondu suffisant car je ne vois pas d'autre réponse possible… Vraiment pas ! »*) alors que cette épreuve est tout sauf une affaire d'impression. Bien au contraire, il s'agit sans aucun doute de l'épreuve la plus technique du TAGE MAGE tant elle convoque en plus d'une concentration de tous les instants, une approche on ne peut plus méthodique des énoncés (question & informations) et surtout un questionnement précis et rigoureux de tous les termes de la question afin de n'oublier aucun cas, aucune situation, aucune configuration.

Alors que les choses soient claires une bonne fois pour toutes.

Vous affirmez que l'information est suffisante… Pas de problème !! Prouvez-le en montrant que la réponse à la question posée est unique.

Vous affirmez que l'information est insuffisante… Pas de problème non plus !! Prouvez-le simplement en trouvant au moins deux réponses (*i.e.* deux réponses ou plus) à la question posée.

ON RESUME

1. J'étudie une information et je trouve une réponse unique :
   l'information est suffisante.
2. J'étudie une information et je trouve deux réponses possibles (ou plus) :
   l'information est insuffisante.

Examinons à présent les différents types de questions ouvertes qui peuvent vous être posées au TAGE MAGE puis analysons leurs spécificités ainsi que les pièges qui peuvent se cacher derrière elles.

2. UNE LISTE TYPE DE QUESTIONS OUVERTES

Voici les différents types de questions ouvertes que vous pourrez trouver dans l'épreuve de conditions minimales du TAGE MAGE.
Nous ne listons ici que les énoncés des questions elles-mêmes (pas les informations).

1. Que vaut X ?
2. Quelle est la valeur de X ?
3. Dans un lycée français, quel est le pourcentage de garçons ?
4. On a interrogé des entreprises sur les compétences clés exigées dans le cadre de leurs futurs recrutements. 20 % d'entre elles exigent à la fois des compétences en informatique et des compétences rédactionnelles. Quel pourcentage des entreprises interrogées n'exigent ni compétences en informatique, ni compétences rédactionnelles ?
5. Dans une PME exclusivement composée de techniciens supérieurs, de cadres moyens et de cadres supérieurs, quelle est la proportion de techniciens supérieurs ?
6. Quelle part des revenus des ménages français est consacrée à l'épargne ?
7. Sur un parcours circulaire, Yaël circule à la vitesse de 12 km/h. Quelle est la vitesse de Ethan ?
8. E est un cube entier de 3 chiffres. Le chiffre des unités de E est un entier impair. Que vaut la somme des chiffres de E ?
9. Quel est le périmètre d'un champ rectangulaire ABCD ?
10. Quel est le prix d'une baguette de pain en janvier 2011 ?
11. H est un entier naturel. Que vaut H ?
12. Bob, Arnaud et Cynthia parcourent le même trajet en automobile. Bob roule à 120 km/h. Quel est le plus rapide des trois ?
13. P est un nombre entier à 3 chiffres. Que vaut le chiffre des dizaines de P ?

14. Quelle est l'aire du triangle isocèle MNO ?
15. Que vaut A + B ?
16. Une fratrie est composée de trois enfants d'âges différents. Quel est l'âge du plus jeune ?
17. Une somme de 500 000 euros a été investie pendant un an à un taux d'intérêt simple annuel égal à p % a rapporté 40 000 euros d'intérêts. Quelle somme doit être investie pendant un an à un taux d'intérêt simple égal à k % si l'on veut que cette somme rapporte également 40 000 euros d'intérêts ?
18. Quelle est la température moyenne observée sur les six premiers mois de l'année 2010 ?
19. Dans la bibliothèque d'un collège, 8 000 livres sont à la disposition des élèves. Parmi ces livres, on compte 2 400 fictions et 2 300 livres écrits en anglais. Combien de livres de fiction sont écrits en anglais ?
20. Que vaut le périmètre du rectangle ABCD sachant que son aire vaut 20 centimètres carrés ?
21. Un cycliste parcourt une piste strictement circulaire. Quel est le rayon de cette piste ?
22. Une baignoire a deux robinets séparés : un robinet d'eau chaude et un robinet d'eau froide. Les deux robinets ont des vitesses de débit différentes. Si l'on ouvre les deux robinets en même temps, la baignoire se remplit entièrement en 30 minutes. En combien de temps la baignoire se remplirait-elle si l'on n'ouvrait que le robinet d'eau chaude ?
23. Des compositions florales sont vendues sous deux versions. La première comprend deux orchidées et la seconde trois orchidées. Combien a-t-on vendu de compositions de chaque version ?
24. Si $A^2 = B$, est-ce que la valeur de A est comprise entre 0 et 1 ?
25. La valeur de la surface d'un parallélogramme ABCD est égale à 24 mètres carrés. La hauteur du parallélogramme qui coupe la longueur AB en M et la longueur CD en N est égale au tiers de la longueur AB. Que vaut le périmètre du trapèze MBCN ?
26. Que vaut le volume du cylindre H dont la hauteur est égale à 50 centimètres ?
27. Que vaut $X^2 - Y^2$?
28. Dans une mallette de bois en forme de pavé droit de base 22,5 cm x 37,5 cm, on place des boules de pétanques : on peut les empiler en hauteur. Combien la mallette contient-elle de boules ?
29. Quelle est la valeur du produit $xyzt$?
30. Combien la famille Potier compte-elle d'enfants ?

3. QUESTIONS OUVERTES : REGLES ET PRINCIPAUX PIEGES

REGLE 1 : UNE VALEUR DOIT TOUJOURS ETRE CONSTANTE ET UNIQUE

1. Que vaut X ?
2. Quelle est la valeur de X ?

Ces deux questions ne doivent jamais prêter à confusion. Que ce soit « Que vaut X ? » ou « Quelle est la valeur de X ? », on attend de vous que vous attribuiez à X une valeur précise et unique.

Mais que signifie exactement « attribuer à X une valeur **constante** et **unique** » ?

Et bien cela signifie d'abord que X doit être une valeur **constante**, autrement dit -4 ; 2/3 ; 6,57 ; pi ou encore racine de 2. Vous retiendrez ainsi par exemple que si l'étude d'une information vous amène à écrire que X est égal à Y + 2, alors il ne sera jamais question pour vous de considérer Y + 2 comme étant une valeur possible pour X puisque Y + 2 est une variable est non une constante. Et vous direz naturellement que cette information est insuffisante.
Vous remarquerez ici que toutes les valeurs constantes sont permises pour X. En effet, la question ne fixe *a priori* aucune contrainte pour X et X est donc par défaut un nombre réel.

Ensuite, X doit être une valeur **unique.** Aussi, si une information vous dit que $X^2 = 4$, alors vous en déduisez que X est égal à -2 ou 2 et que cette information est par conséquent insuffisante.

Souvenez-vous en effet que pour que l'information soit considérée comme suffisante, vous devez être en mesure de fournir une valeur **unique** pour X, ce qui n'est pas le cas ici puisque vous avez le choix entre les valeurs -2 et 2.

REGLE 2 : POURCENTAGES ET PROPORTIONS

3. Dans un lycée français, quel est le pourcentage de garçons ?
4. On a interrogé des entreprises sur les compétences clés exigées dans le cadre de leurs futurs recrutements. 20 % d'entre elles exigent à la fois des compétences en informatique et des compétences rédactionnelles. Quel pourcentage des entreprises interrogées n'exigent ni compétences en informatique, ni compétences rédactionnelles ?
5. Dans une PME exclusivement composée de techniciens supérieurs, de cadres moyens et de cadres supérieurs, quelle est la proportion de techniciens supérieurs ?
6. Quelle part des revenus des ménages français est consacrée à l'épargne ?

Vous aurez remarqué ici que l'on ne vous demande pas de trouver un nombre précis de garçons (question 2), d'entreprises (question 3) ou encore de techniciens supérieurs (question 4), mais des pourcentages et une proportion. Et bien que cela ne vous pose pas de problème métaphysique ! En effet, des réponses comme 15 % ; 22,25 % ou encore 100 % pour les pourcentages et 1/3 ; 3/4 ou encore 2/7 pour les proportions seront des réponses tout à fait recevables en conditions minimales. Votre travail consistera donc, comme toujours dans le cas des questions ouvertes, à trouver un pourcentage/une proportion **unique** pour affirmer que l'information est suffisante.

REGLE 3 : BIEN FAIRE LA DIFFERENCE ENTRE VITESSE CONSTANTE ET VITESSE MOYENNE

7. Sur un parcours circulaire, Yaël roule à la vitesse de 42 km/h. Quelle est la vitesse de Ethan sur ce même parcours ?
12. Bob, Arnaud et Cynthia parcourent le même trajet en automobile. Bob roule à 120 km/h. Quel est le plus rapide des trois ?

En voici des questions pièges ! En conditions minimales, dès qu'il est question de vitesse, vous devez absolument opérer une distinction entre vitesse constante et vitesse moyenne. Toute la question est donc de savoir dans quel cas une vitesse est constante et dans quel cas une vitesse est moyenne.

Mais avant tout, deux petits rappels.
- Une **vitesse constante** est une vitesse qui, théoriquement, ne varie pas d'un point A à un point B, et ce, sur absolument toute la durée du trajet. Alors bien sûr, dans la vraie vie, il n'est pas possible de démarrer un trajet d'un point A à la vitesse de 100 km/h et de le terminer en un point B à la même vitesse, mais on pourrait quand même très bien imaginer un cas où l'on observe une machine parfaitement calée à la vitesse de 100 km/h entre un temps X et un temps Y et auquel cas, la vitesse mesurée est bien constante.
- Une **vitesse moyenne** est une vitesse que l'on mesure dans le cas où l'on vous dit par exemple qu'une voiture parcourt un trajet de 50 km en 40 minutes et que par conséquent la vitesse moyenne sur l'ensemble du parcours est de $50 / (2/3) = 75$ km/h. On dit que cette vitesse est moyenne car l'on suppose que la vitesse de la voiture n'est pas rigoureusement la même en chaque point du trajet. La voiture peut en effet faire quelques stops à des feux rouges, accélérer ou encore freiner à certains moments du trajet…

Alors comment distinguer au TAGE MAGE une vitesse constante d'une vitesse moyenne ?

Et bien c'est très simple. Si l'on vous parle de « vitesse » sans aucune autre précision, alors vous devez comprendre vitesse constante. Mais si l'on vous parle de « vitesse moyenne », alors vous devez comprendre… vitesse moyenne ! Et c'est précisément lorsqu'il s'agit de vitesse moyenne que vous devez redoubler de prudence puisque si l'on vous dit par exemple que Jeanne parcourt 10 km à la vitesse moyenne de 8 km/h, alors vous ne devez surtout pas vous limiter au cas où sa vitesse est égale à 8 km/h sur toute la durée du parcours. En effet, la vitesse de Jeanne peut être égale à 18 km/h sur le premier tiers du parcours et à 3 km/h sur les deux derniers tiers du parcours… Comme il se peut que sa vitesse soit égale à 8,1 km/h sur la première moitié du parcours et à 7,9 km/h sur la seconde moitié du parcours. **Veillez donc toujours à stimuler votre esprit critique !!**

Pour terminer, vous aurez donc compris que lorsque dans la question 12, l'on nous dit que Bob roule à la vitesse de 120 km/h, il s'agit là d'une vitesse constante. Autrement dit, à n'importe quel instant où l'on mesure la vitesse de Bob sur le trajet qu'il effectue en automobile, sa vitesse est égale à 120 km/h.

REGLE 4 : LES AGES SONT DES ENTIERS, LES TAILLES D'ETRES HUMAINS DES CENTIEMES DE METRES ET LES SOMMES D'ARGENT DES CENTIEMES D'EUROS...

16. Une fratrie est composée de trois enfants d'âges différents. Quel est l'âge du plus jeune ?

Nous terminerons notre analyse des questions clés de l'épreuve de conditions minimales en précisant que lorsqu'il sera question d'âges, et bien **ces âges seront nécessairement des nombres entiers naturels** (on ne peut avoir 32,4 ans en conditions minimales) et que dans la question 16, « l'âge du plus jeune » ne pourra en aucun être égal à… 0, tout nouveau-né qu'il soit !

Vous retiendrez en outre que **les tailles d'êtres humains seront exprimées en centièmes de mètres** : 1,12 mètres, 178 centimètres, mais en aucun cas 1,67152 mètres. Enfin, les sommes d'argent seront des centièmes d'euros, de dollars, de livres… mais bon, tout cela fait quand même appel au bon sens puisqu'une majorité des devises en circulation sont, pour des raisons pratiques, subdivisées en centièmes de la devise légale (centimes d'euros, cents de dollars…) **et que sauf indication contraire, vous raisonnerez par défaut sur la base de l'euro.**

Pour votre information, certaines devises comme le dinar tunisien sont subdivisées en millièmes de la devise légale et d'autres comme le yen n'ont aucune subdivision (la plus petite pièce de monnaie étant 1 yen).

REGLE 5 : ANALYSER RIGOUREUSEMENT L'ENONCE ET MAITRISER PARFAITEMENT SON COURS

8. E est un cube entier de 3 chiffres. Le chiffre des unités de E est un entier impair. Que vaut la somme des chiffres de E ?
24. Si $A^2 = B$, que vaut A ?
25. La valeur de la surface d'un parallélogramme ABCD est égale à 24 mètres carrés. La hauteur du parallélogramme qui coupe la longueur AB en M et la longueur CD en N est égale au tiers de la longueur AB. Que vaut le périmètre du trapèze MBCN ?

Si dans l'épreuve de conditions minimales, environ un énoncé sur deux est plutôt long et dense, et exige donc que vous le lisiez lentement pour ne rien laisser passer, vous devez aussi vous méfier des questions courtes qu'il ne faut jamais lire trop vite, au risque de passer à côté de ce que l'on attend de vous.

Notre conseil est donc le suivant : quelle que soit la question qui vous est posée, prenez toujours le temps d'analyser rigoureusement l'énoncé avant de passer à la lecture des informations qui l'accompagnent. A cet effet, nous ne saurions que trop vous recommander de maîtriser votre cours de mathématiques et de calcul dans les moindres détails et ce, afin d'être capable de prendre la pleine mesure de la question qui vous est posée.

Nous ne répéterons jamais assez que l'épreuve de conditions minimales exige que vous conduisiez une analyse poussée de l'énoncé et que vous sollicitiez dans le même temps votre connaissance intime du cours, le tout – et c'est en cela que l'exercice est difficile – en 1 minute et 20 secondes !

Rappel : 1 minute et 20 secondes est le temps moyen dont vous disposez pour résoudre une question au TAGE MAGE, quelle que soit l'épreuve.

Ainsi, lorsque l'on vous dit dans la question 8 que « E est un cube entier de 3 chiffres », et bien vous devez **instantanément** écrire que E peut être égal à 125, 216, 343, 512 ou encore 729. Et si l'on ajoute à cela que le chiffre des unités de E est un entier impair, alors les valeurs de E se réduisent à 125, 343 et 729. Arrivé là, vous êtes en mesure d'aborder l'analyse des informations qui accompagnent l'énoncé sous les meilleurs auspices.

Comprenez bien qu'au TAGE MAGE, la compétition entre les candidats est devenue telle qu'il ne vous est plus permis de faire l'impasse sur quelque notion de cours que ce soit et qu'apprendre par cœur ses formules de calcul, ses carrés et ses cubes n'est plus un « plus » mais une **nécessité.**

La question 24 est courte, mais elle n'en est pas moins riche d'informations. En lisant l'équation $A^2 = B$, vous devez d'abord noter qu'*a priori* A et B sont des nombres réels (on ne nous dit rien sur la nature des nombres A et B… ce sont donc par défaut des nombres réels). Mais vous devez noter ensuite que B est nécessairement nul ou positif du fait qu'il est égal à A^2 (et qu'un carré ne peut être que nul ou positif). Enfin, vous devez penser au fait que si A^2 est effectivement positif ou nul, A peut quant à lui être négatif, positif ou nul.

Comme vous voyez, une question aussi courte que la question 24 exige quand même que vous y passiez un peu de temps pour l'analyser sous toutes ses coutures.

Pour terminer, nous vous laissons analyser la question 25, et de conclure que si vous ne connaissez pas sur le bout des doigts les propriétés et les formules d'aires des parallélogrammes, des rectangles et autres trapèzes, alors il est inutile d'espérer quoi que ce soit… Il y a malheureusement de fortes chances que vous passiez finalement à côté de l'exercice.

II. LE CAS DES QUESTIONS FERMEES

[Qu'est-ce qu'une question fermée ?]

En conditions minimales, les questions dites fermées vous invitent à **répondre de façon binaire.** Ainsi, à la question « X est-il positif ? » ou « Est-ce Jean qui a le plus d'argent ? », la réponse peut être « oui » ou « non ». Quant à la question « L'entier P est-il pair ou impair ? », la réponse ne peut être que « pair » ou « impair ». C'est pour cela que l'on parle de réponse binaire.

En fait, c'est assez simple : dans le cas des questions fermées, si après avoir étudié une information vous êtes en mesure de répondre assurément à la question – sans douter un instant ! – « oui », « non », « pair », « impair », etc., alors c'est que cette information est suffisante. En revanche, si après avoir étudié une information, vous concluez par un « je ne sais pas » (autrement dit, par exemple : « je ne sais pas si la réponse est *oui* ou *non* » ou encore « je ne sais pas si la réponse est *pair* ou *impair* »), et bien c'est que cette information est insuffisante.

1. QFRF : QUESTION FERMEE, REPONSE FERME

1. Retenez toujours d'une Question Fermee appelle une Reponse Ferme

Il s'agit là encore d'un réflexe qui vous suivra tout au long de l'épreuve de conditions minimales. Si votre obsession pour les questions ouvertes était de trouver une réponse unique pour affirmer qu'une information est suffisante, et bien dans le cas des questions fermées, **votre obsession sera de vous assurer que votre réponse est ferme, autrement dit qu'elle est toujours la même.**

Comprenez le fait que pour que votre information soit suffisante, votre réponse doit être **« sûre et certaine », c'est-à-dire qu'elle doit être donnée sans l'ombre d'une hésitation.** L'enjeu n'est donc pas de savoir si la réponse est « oui » ou « non », « pair » ou « impair », « blanc » ou « noir »… Car peu importe la nature de la réponse que vous apportez à la question ! Ce que vous devez retenir, c'est qu'en conditions minimales, **une information est jugée suffisante si la réponse est toujours la même**, et ce, quels que soient les différents cas de figure étudiés.

Prenons un premier exemple :

X est-il positif ? (1) $2X + 3 > 1$ (2) $X + 9 > 2$

{E} : question fermée où l'on doit répondre si oui ou non X est positif. Souvenons-nous simplement que positif ne signifie pas strictement positif et que si $X = 0$, alors X est positif…

{1} : <u>l'information (1) est insuffisante</u> puisque que l'on a $2X > -2$ soit **X > -1.** Autrement dit, on ne peut connaître avec certitude le signe de X, qui peut très bien être négatif si X vaut par exemple -0,5 mais qui peut également très bien être positif si X vaut par exemple 10. On garde B, C et E.

{2} : le même raisonnement s'applique lorsque l'on analyse l'information (2), et <u>cette dernière est donc insuffisante.</u> On garde C et E.

{&} : prises ensemble, les informations ne permettent pas non plus de répondre à la question puisqu'en additionnant les termes des deux inégalités, on obtient : $3X + 12 > 3$, soit $X > -3$. Autrement dit, X peut être égal à -2 (et l'on répond alors « non ») comme il peut être égal à 20 (et l'on répond alors « oui »). Et comme vous l'avez compris à présent, **le fait de ne pouvoir répondre assurément, sans aucun doute, sans aucune hésitation, « oui » ou « non » à la question, fait que prises ensemble, les informations sont encore insuffisantes. Réponse E.**

Un second exemple, relativement simple :

A-t-on $X < Y$? (1) $X + Y = 1$ (2) $X = Y + 1$

{E} : il s'agit ici d'une question fermée pour laquelle nous devons dire si oui ou non X est strictement plus grand que Y.

{1} : l'information (1) ne nous permet pas de répondre à la question puisque dans le cas où, par exemple, X = 0 et Y = 1 on a X < Y (on répond alors « oui »), et dans le cas où X = 1 et Y = 0 alors X > Y (et on répond alors « non »). Il ne nous est donc pas possible de répondre assurément « oui » ou « non » à la question. Par conséquent, l'information (1) à elle seule ne nous permet pas de répondre à la question. On élimine les réponses A et D et on conserve les réponses B, C et E.

{2} : l'information (2) nous permet en revanche de répondre à la question puisqu'il est possible d'affirmer que quelle que soit la valeur de Y, X est plus grand que Y d'une unité. En effet, si Y vaut 0, alors X vaut 1 ; si Y vaut -10, alors X = -9 et si Y vaut 100 alors X vaut 101. Autrement dit, **dans tous les cas, nous répondons avec certitude « non » à la question** (« X n'est jamais strictement plus petit que Y »). Et comme nous sommes en mesure d'apporter une réponse ferme à la question qui est posée (cette réponse n'est pas discutable !), et bien nous concluons que la seconde information est suffisante.

Au final, nous éliminons les réponses C et E et gardons la réponse B puisque l'information (2) permet à elle seule de répondre à la question tandis que l'information (1) ne permet pas, à elle seule, de répondre à la question.

2. La encore, l'honnetete intellectuelle est de rigueur

Que les choses soient claires : si vous pensez qu'une information est insuffisante, alors vous devez le prouver en trouvant un cas où votre réponse est « oui » / « pair » / « blanc »... **ET** un autre cas où votre réponse est « non » / « impair » / « noir », etc. C'est pour vous l'unique garantie comme quoi vous pouvez être sûrs de votre réponse.

On resume

1. J'étudie une information et je suis sûr que la réponse que je peux apporter est toujours la même (oui, non, pair, impair, blanc, noir...) :
   l'information est suffisante.
2. J'étudie une information et je ne peux choisir entre deux réponses (je peux répondre oui comme je peux répondre non, blanc comme noir...) :
   l'information est insuffisante.

2. UNE LISTE DE QUESTIONS-TYPES FERMEES

Voici les différents types de questions fermées que vous pourrez trouver dans l'épreuve de conditions minimales du TAGE MAGE.
Nous ne listons ici que les énoncés des questions elles-mêmes (pas les informations).

1. A est un entier naturel. A est-il un carré ?
2. Jacques et John font une course en vélo. Qui a été le plus rapide des deux ?
3. Halim et Colette sont deux amis. Qui est le plus âgé des deux ?
4. Jérôme est l'oncle de Daniel. Lequel des deux habite Paris ?
5. A est-il plus grand que B ?
6. X est un entier naturel non nul. X est-il premier ?
7. Si $M^2 = C$, est-ce que la valeur de M est comprise entre 0 et 1 ?
8. H est-il divisible par 12 ?
9. La valeur de la surface d'un parallélogramme ABCD est égale à 16 mètres carrés. Est-il un losange ?
10. Une pile de jetons est exclusivement composée de jetons blancs et noirs. Quelle est la couleur du jeton qui se trouve à la base de la pile ?
11. *p* est-il pair ?
12. Si Elise ment alors Diane dit la vérité. Si Delphine dit la vérité, alors Samantha ment. Ludivine dit-elle la vérité ?
13. X est un nombre à trois chiffres. Ces trois chiffres sont-ils des nombres premiers ?
14. A-t-on $A + B < C + D$?
15. La somme des chiffres du nombre à trois chiffres Z est-elle égale à 10 ?

Retrouvez sur AURLOM.COM des fiches bonus pour l'épreuve de conditions minimales.

5. EXPRESSION

5.1. PRESENTATION DE L'EPREUVE / METHODES ET STRATEGIES /

I. PRESENTATION DE L'EPREUVE

L'épreuve d'expression du TAGE MAGE est l'une des étapes les plus littéraires du test avec l'épreuve de compréhension. La difficulté majeure de cette partie, c'est qu'elle réclame beaucoup de connaissances sur la langue française. Alors que beaucoup de parties du TAGE MAGE testent immédiatement votre logique sans qu'il soit nécessaire d'avoir énormément de connaissances, cette épreuve fait appel aux savoirs grammaticaux, lexicaux, orthographiques, syntaxiques et sémantiques que vous avez assimilés depuis que vous parlez et écrivez le français.

Comme les autres épreuves, celle-ci est constituée de 15 QCM auxquels il faut répondre en 20 minutes. Là aussi, les bonnes réponses rapportent 4 points, les mauvaises en retirent 1 et l'absence de réponse équivaut à 0.

[Pourquoi une épreuve d'expression ?]

Il est impensable que vous poursuiviez vos études et que vous embrassiez une carrière professionnelle sans une bonne maîtrise de l'expression écrite et orale. Quelqu'un qui sait utiliser le bon mot à la bonne place, qui veille à clarifier son expression, qui distingue la bonne articulation dans son discours ou dans son oral, celui-là ne peut que bien communiquer et c'est là un gage d'efficacité.

Ne voyez donc pas dans cette épreuve un test « de plus », mais un examen de ce qui fait et fera partie intégrante de votre formation et de votre carrière. Vous aurez nécessairement à **rédiger** des notes, des comptes-rendus, des synthèses, et cela quelle que soit votre fonction. Vous aurez à **communiquer** avec des collaborateurs ou des clients et les informations ne passeront bien que si vous possédez une **expression juste et efficace.**

1. EN QUOI CONSISTE L'EPREUVE D'EXPRESSION ?

Les 15 questions de cette épreuve sont réparties en 3 sections qui s'intitulent :

1. synonymie ;
2. correction linguistique ;
3. cohérence.

Pour chacune de ces sections, vous devez répondre à 5 questions pour lesquelles vous avez le choix parmi 5 options.

1. Comment se presente une question de synonymie ?

Vous devez donner **la meilleure équivalence d'un passage,** c'est-à-dire la plus précise et la plus respectueuse du sens initial. On teste donc ici votre connaissance du vocabulaire de la langue française mais aussi votre capacité de distinction.
Vous pouvez trouver trois types de questions en synonymie.

[1. On peut vous demander de trouver une synonymie sur seul un terme]

C'est un type d'exercices que vous avez normalement déjà rencontré dans votre cursus scolaire. Il n'est pas rare qu'au collège, on vous propose de trouver le meilleur synonyme d'un terme que l'on a pris le temps de contextualiser auparavant.
Attention : la synonymie que vous devez débusquer concerne autant le sens que le style !

En voici un exemple :

Choisissez la reformulation dont le sens se rapproche le plus du passage souligné.

La fièvre est le symptôme de la maladie. Elle indique que le corps lutte contre une infection ou un microbe.

A. le signe
B. le sens
C. le symbole
D. l'avertisseur
E. l'alarme

La bonne réponse est ici la A.
En effet, la notion de symptôme renvoie clairement à l'idée d'indice : on signale la présence d'une chose sans la montrer elle-même. On devine ce qui se passe à l'intérieur du corps à partir de ce qui se passe à l'extérieur.
Or la notion de signe dit la même chose : le signe indique quelque chose qu'il n'est pas lui-même. Les autres solutions sont moins précises : « avertisseur » est vague,

« alarme » est excessif et d'une famille de termes qui ne convient pas, « symbole » est inadéquat ici : la fièvre ne symbolise rien car ce n'est pas sa fonction ; enfin, « sens » est trop général.

> Vous trouverez dans les annales ainsi que dans les exercices qui suivent certaines questions proches mais qui vous interrogent sur **deux termes séparés dans la phrase.** Cela ne change rien à la manière de faire.

[2. On peut vous demander une synonymie sur un membre de phrase]

Le principe est rigoureusement le même, mais vous devez analyser une portion de phrase plus grande et choisir entre des options elles-mêmes plus importantes.

En voici un exemple :

Choisissez la reformulation dont le sens se rapproche le plus du passage souligné.

J'ai goûté à beaucoup de fruits dans ma vie mais <u>c'est bien celui-ci qui m'a le plus séduit.</u>

A. c'est celui-là qui m'a plu
B. c'est lui qui m'a conquis
C. celui-ci m'a emballé
D. j'ai trop aimé celui-là
E. celui-ci m'a le plus impressionné

La bonne réponse est la E.
La D est d'un ton bien trop familier pour le reste de la phrase, comme la C. La A perd toute notion superlative. La B utilise un terme relatif à la bataille ou à la déduction, mais certainement pas au goût.

[3. On peut enfin vous demander de trouver l'équivalence d'une phrase tout entière]

Là encore, l'exercice reste rigoureusement le même. La difficulté consiste à analyser une phrase dans toute son ampleur pour trouver l'équivalence la plus rigoureuse du point de vue du sens comme du style.

Voyez l'exemple suivant :

Choisissez la reformulation dont le sens se rapproche le plus du passage souligné.

<u>Les philosophes de l'Antiquité avaient compris quelque chose d'essentiel.</u> Ils savaient que pour être honnête et libre dans son discours, un homme ne doit pas avoir peur de déplaire. C'est ce qui les distinguait le plus des sophistes. Notamment, ils ne se faisaient pas payer.

A. Les philosophes antiques avaient pensé tout ce qui est essentiel.
B. Les vieux philosophes ont compris des choses importantes.
C. Les philosophes de la Grèce et de Rome avaient saisi une chose importante.
D. Les philosophes savent depuis longtemps des choses essentielles.
E. Les philosophes de l'Antiquité n'ont jamais ignoré une chose essentielle.

La bonne réponse est la C.
En effet, la A est trop générale : elle étend quelque chose d'essentiel à tout l'essentiel. La B parle de « vieux philosophes », ce qui est bien vague par rapport à l'énoncé initial, tout comme la D qui réduit le repère temporel. La E est tentante mais elle fait croire que l'on a toujours su ce que décrit le texte. Alors que l'énoncé initial explique qu'ils l'ont compris, c'est-à-dire qu'ils ont pu l'ignorer avant de le comprendre. Seule la C est rigoureuse. Elle respecte le temps et le sens.

2. COMMENT SE PRESENTE UNE QUESTION DE CORRECTION LINGUISTIQUE ?

Vous devez être capables de **débusquer les fautes d'orthographe dans un texte.** Vous pouvez avoir 3 types de questions dans cette section.

[1. On peut vous demander de distinguer la seule phrase parmi 5 qui respecte les critères d'orthographie, de ponctuation et de syntaxe]

Bien que ces questions paraissent longues et que l'on ne parvienne pas à distinguer tout de suite la bonne réponse, c'est la plus classique du test depuis plusieurs années. C'est comme si vous deviez relire les fautes d'une copie que vous venez de rédiger.
Dans certaines questions, on vous demandera de veiller à tous ces aspects en même temps. Dans d'autres, on insistera seulement sur l'un deux.

Voici un exemple où l'on vous demande de tenir compte en même temps de toutes ces dimensions :

Trouvez la meilleure orthographe, ponctuation, syntaxe ou formulation.

A. Au sujet des problèmes financiers, le ministre s'est déclaré optimiste et serein. Les derniers bilans arrivants, on ne peut que se féliciter du regain d'activité que connaît le pays et des bilans suivants. Une fois l'année terminée, on pourra y voir plus clair encore dans les comptes de la nation.

B. Au sujet des problèmes financiers, le ministre s'est déclaré optimiste et serain. Les derniers bilans arrivant, on ne peut que se féliciter du regain d'activité que connaît le pays et des bilans suivant. Une fois l'année terminée, on pourra y voir plus clair encore dans les comptes de la nation.

C. Au sujet des problèmes financiers, le Ministre s'est déclaré optimiste et serein. Les derniers bilans arrivant, on ne peut que se féliciter du regain d'activité que connaît le pays et des bilans suivants. Une fois l'année terminée, on pourra y voir plus clair encore dans les comptes de la nation.

D. Au sujet des problèmes financiers, le Ministre s'est déclaré optimiste et serein. Les derniers bilans arrivants, on ne peut que se féliciter du regain d'activité que connaît le pays et des bilans suivant. Une fois l'année terminée, on pourra y voir plus clair encore dans les contes de la nation.

E. Au sujet des problèmes financiers, le ministre s'est déclaré optimiste et serein. Les derniers bilans arrivant, on ne peut que se féliciter du regain d'activité que connaît le pays et des bilans suivants. Une fois l'année terminée, on pourra y voir plus clair encore dans les comptes de la nation.

Il faut répondre C.

« Ministre » prend une majuscule, par convention. « Serein » s'écrit avec un « e », ce que l'on retrouve dans « sérénité ». La difficulté de l'exercice tient surtout à l'accord des participes. Lorsqu'un participe présent est employé comme adjectif qualificatif, il s'accorde. Quand il se trouve dans une proposition participiale, alors il est invariable : « Les derniers bilans arrivant » est bien une proposition participiale, elle a son fonctionnement propre et autonome. En revanche, « des bilans suivants » n'est pas une proposition participiale mais une partie de proposition principale. Enfin, « compte » renvoie ici au verbe « compter » et non à « conter ».

[2. On peut aussi vous demander de dénombrer le nombre de fautes dans un texte court]

Dans ce type de questions, vous vous instaurez correcteurs et devez relever le nombre d'erreurs. Mais attention : <u>une faute de style est une erreur au même titre qu'une faute de ponctuation, d'orthographe d'usage ou d'accord.</u> Ici, il n'y a pas de barème de dictée : toutes les fautes se valent. Parfois, le passage proposé comportera beaucoup de fautes, parfois peu.

Ces questions se formulent toujours de la manière suivante :

Combien de fautes comporte le texte suivant ?

« Je ne sais pas combien de foies j'ai pu te demandé de ne plus faire ça. Il en ait probablement des petites filles comme de n'importe quelle enfant : la pédagogie réclame la répétition ! Que ne me suis-je abstenu d'être enceinte ! »

A. Deux. B. Trois. C. Quatre.
D. Cinq. E. Six.

La bonne orthographe serait : « Je ne sais pas combien de fois j'ai pu te demander de ne plus faire cela. Il en est probablement des petites filles comme de n'importe quel enfant : la pédagogie réclame la répétition ! Que ne me suis-je abstenue d'enfanter ! » Il y a donc 6 fautes, réponse E.

Une « fois » est celle que l'on compte, distincte du « foie », c'est-à-dire de l'organe. Il faut écrire « demander » car « pu » est déjà une forme au participe passé. Le texte étant écrit dans un registre soutenu, il faut préférer « cela » à « ça ». « Il en est » est une locution distincte de « il y a ». On parle ensuite de l'enfant en général, terme dès lors masculin. Enfin, c'est bien une mère qui enfante, non un père.

[3. On peut enfin vous demander de trouver la meilleure formulation]

Ces questions peuvent surprendre parce qu'elles ressemblent en l'occurrence à certaines questions de synonymie lorsqu'elles portent sur des phrases entières. Vous devez cependant vous habituer à en rencontrer dans cette section. Systématiquement, l'énoncé est repris comme première proposition. Vous devez vous demander **quelle est la phrase la mieux écrite** parmi toutes les formulations proposées, et cela encore de plusieurs points de vue : le style, l'orthographe et la syntaxe.

En voici un exemple :

> **Trouvez la formulation la plus claire et la plus soignée pour exprimer le sens du passage souligné.**
> **La réponse A reprend la formulation initiale.**
>
> <u>En dépit d'une fréquentation assidue des grands auteurs de la littérature, il a toujours préféré le cinéma et ses effets de réalisme.</u>
>
> A. En dépit d'une fréquentation assidue des grands auteurs de la littérature, il a toujours préféré le cinéma et ses effets de réalisme.
> B. Bien qu'il lût beaucoup, il préférait le cinéma.
> C. Même s'il lisait énormément les grands littérateurs, il a toujours préféré le cinéma qu'il jugeait plus réaliste.
> D. Il aimait beaucoup lire mais le réalisme lui paraissait plus parfait à l'écran.
> E. Il lisait abondamment les grands auteurs mais le cinéma avait sa préférence : pour lui, c'était l'art réaliste par excellence.

On comprend à partir de la première phrase que le critère de choix entre le cinéma et la littérature, c'est le réalisme. Cela élimine donc rapidement l'option B. Ensuite, on comprend que cet homme lisait beaucoup de grands auteurs. La D réduit ces informations et l'adverbe « énormément » de la C est un peu exagéré et familier. La E a l'avantage de clarifier le critère de préférence qui n'est qu'implicite dans la phrase initiale. C'est bien la meilleure réponse.

> Dans le même genre, on peut vous demander de travailler sur des **synonymies de proverbes.** La difficulté est rigoureusement la même.

3. Comment se presente une question de coherence ?

On vous propose **une phrase, un proverbe ou un texte court dont on a retiré une partie.** On peut n'avoir retiré qu'un mot, mais aussi davantage. On vous demande de choisir parmi 5 options celle qui rend au texte sa plus grande cohérence.
Vous avez souvent pratiqué ce type d'exercices en langues étrangères, alors qu'ici on vous demande de le faire en français. On veut vérifier que vous maîtrisez bien certaines nuances et que vous savez **apprécier la cohérence d'un texte.**
Vous pouvez trouver 3 types de questions dans cette section.

[1. Cohérence de début de texte]

On vous interroge sur un mot ou plus qui ont été omis en début de texte. A vous de deviner ce qui donne à la suite la plus grande cohérence.

Par exemple :

Complétez en remplaçant les points avec l'élément le plus cohérent.

(...) : rien n'était plus à sa place et j'étais paniqué. On m'avait cambriolé !

A. Ho
B. Je suis revenu tard et ce que j'ai vu m'a bouleversé
C. On avait tout dévalisé
D. Ils sont partis en courant
E. J'ai du mal à en croire mes yeux

La bonne réponse est la B.

Il faut être attentif à la ponctuation. Le deux-points signale une explicitation de ce qui précède, certainement pas une postériorité, ce qui élimine la D. La A est une interjection et supposerait un point d'exclamation. La C est redondante avec la dernière phrase du texte, ce qui serait particulièrement maladroit. La E est impossible en raison de la concordance des temps car elle est au présent là où il faudrait un passé.

[2. Cohérence de milieu de texte, notamment articulations logiques]

Ce type de questions est très proche du précédent à ceci près que l'on vous interroge sur un terme ou un groupe de termes situés en plein milieu du texte.

Ainsi :

Complétez en remplaçant les points avec la suite la plus cohérente.

Quoi qu'il en soit, la crise de 2008 se présente comme un événement qui doit s'interpréter. Aucune crise n'est (...) pour qui sait l'interpréter et la dépasser. Charge au système capitaliste de montrer qu'il peut se prendre en charge lui-même, c'est-à-dire se soigner et appliquer sur lui-même une médecine préventive.

A. très mauvaise
B. mauvaise
C. rédhibitoire
D. fataliste
E. triste

La bonne réponse est la C.

D ne peut convenir car le terme ne concerne que des personnes. E est un peu faible dans la mesure où le texte réclame ici un fort contraste. De ce point de vue, on doit préférer A à B. Comment distinguer alors A et C ? Les deux sont très possibles mais il faut trouver la meilleure réponse. La A est très intéressante mais crée cependant une relativité : une chose est mauvaise selon une personne, un point de vue, un besoin particulier… Parler en revanche d'une crise rédhibitoire, c'est signaler qu'on ne peut ABSOLUMENT pas la dépasser. La C est donc la meilleure réponse.

> Nous attirons votre attention sur le fait que dans ce type de questions, on peut vous interroger spécifiquement sur des **connecteurs logiques,** très pratiques pour éprouver votre logique syntaxique.

En voici une illustration :

Complétez en remplaçant les points avec la suite la plus cohérente.

Je suis revenu trois fois la revoir. C'est seulement (…) que l'on peut vraiment comprendre une toile de maître.

A. comme ça
B. dans ce cas
C. dès lors
D. ainsi
E. alors

La bonne réponse est ici la D.

Le texte décrit les meilleures conditions pour comprendre une peinture. Cela se présente comme une conclusion et en cela, A et D sont les meilleures. E exprime aussi une conclusion mais D exprime de surcroît la manière de parvenir au résultat, ce qui est aussi l'objet du texte. La A est cependant d'un style trop familier. B ne marque pas assez le lien logique ici.

[3. Cohérence de fin de texte – conclusion]

On peut enfin vous demander de compléter la fin d'un texte. Cet exercice revient donc à trouver la meilleure conclusion à un texte dont vous avez la plus grande partie. C'est une manière de **vérifier votre aptitude à la synthèse.**

Complétez en remplaçant les points avec la suite la plus cohérente.

On se demande souvent comment aurait été sa vie si l'on avait croisé d'autres personnes ou eu d'autres opportunités. Car qu'on le veuille on non, la vie est aussi faite de hasards, et c'est aussi cela qui fait qu'on peut être heureux. La joie dépend aussi de la fortune. Certains en profitent cependant pour dire que rien n'est leur faute et que tout devait arriver. Ce fatalisme oublie malheureusement que (…).

A. une hirondelle ne fait pas le printemps

B. la passivité fait son lit

C. qui veut voyager longtemps ménage sa monture

D. chacun est l'artisan de son propre bonheur

E. tel est pris qui croyait prendre

Le texte oppose une conception fataliste à une conception implicitement plus ouverte sur la liberté. On doit donc chercher les proverbes qui travaillent cette opposition : or ce sont avant tout B et C, qui concernent l'action et la responsabilité que l'on porte. La première signifie que les malheurs arrivent à ceux qui ne les préviennent pas, la seconde que le bonheur dépend de soi. Les deux pourraient convenir ici. En revanche, la D traite du thème du bonheur explicitement abordé dans le texte, ce qui en fait une conclusion plus adaptée encore. C'est donc la meilleure réponse.

2. QUELS TEXTES POUVEZ-VOUS RENCONTRER ?

Comme vous avez déjà pu vous en rendre compte, les textes à partir desquels sont fabriquées les questions sont très variés. Ils peuvent être de différents thèmes, tailles et styles et vous devrez vous attendre à tout. Il n'y aura jamais de textes hypertechniques, mais vous pouvez être confrontés à des tons ou des registres très distincts. Il faut savoir les repérer pour répondre le plus précisément à la question.

Parmi les registres les plus fréquents, distinguez **le familier, le courant et le soutenu.** Voici à titre d'exemple la même phrase écrite trois fois en suivant respectivement ces trois registres :

> **Familier :** J'vais p'têt' me ramener tard ce soir, m'attends pas !
> **Courant :** Je rentrerai peut-être tard ce soir, alors ne m'attends pas.
> **Soutenu :** Il se peut que je rentre tard ce soir : veuillez par conséquent ne pas m'attendre.

Si le premier exemple passe assez mal à l'écrit, les deux autres sont très fréquents. Vous devez sentir que le registre courant, s'il respecte bien mieux la grammaire et la syntaxe que le registre familier, est moins soigné que le registre soutenu, qui passe d'ailleurs ici par le vouvoiement.

Parmi **les tons les plus fréquents** dans ce genre de textes, distinguez **le classique, le comique, l'ironique et le dramatique.**

Voici encore une même phrase écrite sur différents tons :

> **Classique :** Il est rentré seul et s'est perdu en ville.
> **Comique :** Il est rentré seul mais il a quand même réussi à se perdre dans sa propre ville. Enfin, tant qu'il est perdu, c'est qu'il est vivant !
> **Ironique :** Il n'est pas revenu accompagné et comme il est vraiment doué en tout, il a bien sûr réussi à se perdre en ville…
> **Dramatique :** Il était seul au monde, emprisonné par cette ville tentaculaire où l'on ne peut que sombrer.

Une même idée peut ainsi se décliner sur différents tons. La première est sobre, la deuxième amusante, la troisième ironique (avec la contradiction entre « être doué » et « se perdre ») et la dernière accuse la tristesse de la situation.

Il reste maintenant à comprendre les mécanismes les plus appropriés pour remporter le meilleur score.

II. METHODE ET STRATEGIES

Nous allons vous donner des conseils généraux puis ensuite les spécifier en fonction des 3 sections de cette épreuve.

1. METHODE POUR TOUTE L'EPREUVE D'EXPRESSION

Il y a des points communs entre cette épreuve et les autres : la disposition des questions, la durée, le barème… Vous pouvez donc vous attendre à ce que certaines stratégies que nous vous avons déjà conseillées reviennent ici.

1. TOUT D'ABORD, FRACTIONNER LE TEMPS

Ne vous donnez pas plus de 1 minute 20 par question. En principe, ce n'est pas l'épreuve où vous aurez le plus de mal à finir. Aussi ce conseil peut-il paraître superfétatoire. Néanmoins, prenez-le dans ses deux sens : ne perdez pas de temps, comme dans les autres QCM, mais utilisez-le ! Parfois vous vous laissez piéger parce que vous allez trop vite et que vous ne repérez pas les subtilités ! Rappelez-vous que **le temps qu'il vous reste en fin d'épreuve ne peut pas être utilisé pour d'autres.**

2. BIEN LIRE LES TEXTES

Comme en compréhension, concentrez-vous pendant la lecture, d'autant que les textes sont courts. On vous demande une analyse fine et minutieuse, aussi devez-vous vous imprégner des phrases et textes qui vous sont proposés pour bien en saisir le sens, le style, le ton et le vocabulaire.

3. ANTICIPER LES REPONSES DANS LA MESURE DU POSSIBLE

Vous pourrez difficilement faire des erreurs de lecture d'énoncé puisqu'ils sont repris d'un exercice à l'autre pour chacune des trois sections de l'épreuve. En revanche, comme pour d'autres épreuves, essayez de vous demander par avance ce que vous pourriez proposer comme réponse, notamment pour la synonymie et la cohérence. Cela vous évitera d'être pris dans les pièges, tant certaines options sont séduisantes.

4. DISTINGUER LA BONNE OPTION

La méthode reste la même ici. A partir de la réponse anticipée, si c'est possible, cherchez la réponse la plus proche. Pour ce faire, vous pouvez procéder par élimination, ou bien comme on l'a expliqué notamment dans la leçon de compréhension, en comparant deux à deux les réponses, ce qui est parfois plus facile.

Notez au passage que pour les questions de synonymie et de cohérence, il peut arriver que la meilleure réponse que l'on distingue ne soit pas totalement satisfaisante. Le meilleur synonyme par exemple n'est pas toujours un synonyme parfait. Qu'à cela ne tienne ! Vous devez donner la meilleure réponse, même imparfaite.

5. TRAVAILLER ET LIRE TOUTE L'ANNEE

Dans la mesure où cette épreuve suppose tout un lot de connaissances sur la langue française, il est absolument impossible d'improviser. Nous avons pris le temps de joindre à cette méthode un résumé des connaissances nécessaires.

Cela ne vous dispense pas de revoir vos classiques : **le Bled, le Bescherelle et un livre d'enrichissement du vocabulaire.** Nous vous conseillons également de reprendre systématiquement vos **copies de l'année ou des dernières années** car bien souvent les professeurs corrigent des fautes qui sont récurrentes, en orthographe comme en syntaxe. Vous éviterez ainsi de tomber dans les pièges de vos propres mauvaises habitudes.

Non seulement vous devrez réviser certaines **connaissances classiques de la langue française,** mais vous devrez aussi vous obliger à lire des **textes variés** pour vous rendre sensibles à des textes de composition et de style différents, à d'autres lexiques que ceux de vos études actuelles.

Le conseil de lecture déjà donné en compréhension est donc redoublé pour cette épreuve.

Il reste à appliquer et à préciser cette méthode pour chacune de nos trois sections.

2. METHODES SPECIFIQUES

1. SYNONYMIE

Vous devez pour cette section être particulièrement attentifs à deux choses : **le ton et le sens.**

Le ton concerne les intentions qui traversent une écriture. Cela s'exprime dans le choix du vocabulaire et dans le style général du texte. **Pour cela, demandez-vous donc toujours : dans quel registre le texte est-il rédigé ? Familier, courant, soutenu, précieux ?** Cela vous évitera de choisir un terme qui ne convient pas avec le reste du texte.

Le sens se définit comme la signification précise de ce que vous devez remplacer. Certes, pour celui qui parle approximativement, toutes les options vont sembler possibles. Vous devez quant à vous observer avec une attention sourcilleuse le texte et les options que l'on vous propose.

Puisque l'on veut tester votre rigueur, **le plus simple est de vous obliger à analyser précisément le contenu que l'on vous offre, d'autant plus précisément qu'il est court.**

Pour des synonymies qui concernent un terme simple, cela revient à se demander le sens précis auquel on veut aboutir, c'est-à-dire à le définir rigoureusement. En faisant cela également pour les options, vous pourrez trouver la solution.

Voici un exercice sur lequel s'entraîner :

Choisissez la reformulation dont le sens se rapproche le plus du passage souligné.

J'ai cherché longtemps cette compagne avant de la trouver mais j'y suis parvenu. Tout arrive à point pour qui sait attendre !

A. copine
B. femme
C. femelle
D. meuf
E. épouse

1. Identifions le ton : il s'agit bien de trouver le synonyme de « compagne » dans un texte rédigé dans un français soigné.
2. Définissons le terme : une compagne est quelqu'un pour qui l'on a des sentiments et avec qui l'on partage une intimité dans beaucoup de moments de sa vie, c'est-à-dire celle qui nous « accompagne » le plus souvent.
3. Anticipons la réponse : le synonyme le plus approprié pourrait être « petite amie » ou « amoureuse ».

On peut alors observer les options. Notre anticipation élimine d'emblée A et D. Le lien est ici affectif alors que l'option C emprunte au vocabulaire biologique et scientifique. Rien cependant n'indique qu'il y ait un lien officiel entre les deux personnes, contrairement à l'option E. La bonne réponse est donc la B, même si ce synonyme n'est pas parfait.

> **Pour des synonymies portant sur des groupes de mots ou des phrases entières,** nous vous conseillons de séparer les unités de sens de la phrase et de vérifier si vous les retrouvez dans les options. Vous verrez alors, par comparaison, si elles sont en situations de sous-interprétation ou de sur-interprétation. N'hésitez pas à séparer visuellement ces unités de sens, notamment par des barres verticales.

Appliquons la méthode à l'exemple suivant :

Choisissez la reformulation dont le sens se rapproche le plus du passage souligné.

<u>Les erreurs qu'un homme commet peuvent lui être fatales mais elles peuvent aussi le renforcer.</u> Il en est de même pour les infortunes. C'est pour cela que les hommes meurtris ont quelque chose de dangereux : ils savent qu'ils ont survécu.

A. On peut se tromper mais ce qui ne nous tue pas nous rend plus fort.
B. L'essentiel est de ne pas être victime de ses erreurs.
C. L'important c'est de faire en sorte de ne pas répéter les mêmes erreurs.
D. Les fautes que l'on commet sont autant d'occasions de se racheter pour progresser.
E. Ce qui pourrait nous tuer peut permettre de s'améliorer plus tard.

Les différents éléments de sens que l'on doit retrouver sont les suivants : 1) les erreurs, 2) qu'un homme, 3) commet, 4) peuvent être fatales, 5) lui, 6) mais, 7) aussi, 8) le, 9) peuvent renforcer.
Plusieurs mots vont ensemble bien que séparés dans la phrase. Visuellement, cela donne :

<u>Les erreurs / qu'un homme / commet / peuvent / lui / être fatales / mais / elles peuvent / aussi / le / renforcer.</u>

On voit que la B annule totalement la notion 4), tout comme la C. La D supprime non seulement le sens 4) mais modifie le sens 1) : une faute comporte nécessairement une dimension morale, ce qui n'est pas toujours le cas de l'erreur. La E est très tentante mais le sens 1) ne s'y retrouve pas : le texte initial parle d'abord des erreurs en général et ensuite de celles qui peuvent être fatales en particulier. La E ne tient compte que de ces dernières. La bonne réponse est donc la A.

Il s'agit donc d'un **exercice de patience.** Méfiez-vous surtout des réponses trop rapidement données.

2. Correction orthographique

Pour cette section, nous vous donnons deux conseils spécifiques.

[1. La « lecture en escalier »]

Tout d'abord, pour les questions classiques qui vous obligent à choisir la seule formulation non fautive parmi 5, pratiquez la « lecture en escalier ». **Il s'agit de ne pas tout lire mais de lire de manière comparative.**

En effet, on sait qu'une seule réponse est possible et que toutes les autres sont fausses. Cela signifie que dès que vous avez trouvé une faute, vous pouvez regarder l'option suivante en observant d'abord si l'on retrouve la même.
Si c'est le cas, vous passez à la suivante et vous cherchez la même faute, et ainsi de suite.
Quand ce n'est pas le cas, vous reprenez l'option où les fautes déjà observées n'existent plus et vous la lisez **depuis le début.**
Nous vous conseillons d'entourer ou de surligner les fautes ainsi repérées.
Appliquons ces conseils à l'exemple suivant :

Trouvez la meilleure orthographe, ponctuation, syntaxe ou formulation.

A. Il arrivat mal habillé et s'adressat à moi sans égard. Encore eut-il fallu qu'il prit le temps de nous expliquer ce qu'il lui arrivait. Quelles avaient pu être ses aventures récentes ? Nous l'ignorions tous.

B. Il arriva mal habillé et s'adressât à moi sans égard. Encore eut-il fallu qu'il prit le temps de nous expliquer ce qu'il lui arrivait. Quelles avaient pu être ses aventures récentes ? Nous l'ignorions tous.

C. Il arriva mal habillé et s'adressât à moi sans égards. Encore eût-il fallut qu'il prît le temps de nous expliquer ce qui lui arrivait. Quelles avaient pu être ses aventures récentes ? Nous l'ignorions tous.

D. Il arriva mal habillé et s'adressa à moi sans égards. Encore eut-il fallut qu'il prit le temps de nous expliquer ce qu'il lui arrivait. Quelles avaient pu être ses aventures récentes ? Nous l'ignorions tous.

E. Il arriva mal habillé et s'adressa à moi sans égard. Encore eût-il fallu qu'il prît le temps de nous expliquer ce qui lui arrivait. Quelles avaient pu être ses aventures récentes ? Nous l'ignorions tous.

Observons la première option :

A. Il arrivat mal habillé et s'adressat à moi sans égard. Encore eut-il fallu qu'il prit le temps de nous expliquer ce qu'il lui arrivait. Quelles avaient pu être ses aventures récentes ? Nous l'ignorions tous.

Vous repérez une faute majeure au deuxième mot. Ainsi, le passé simple d'« arriver » est bien « arriva ». Vous devez alors regarder parmi les options suivantes si cette faute s'y retrouve. En l'occurrence ce n'est pas le cas. Il n'est pas nécessaire de poursuivre la lecture de la A, vous passez directement à la B.

B. Il arriva mal habillé et s'adressât à moi sans égard. Encore eut-il fallu qu'il prit le temps de nous expliquer ce qu'il lui arrivait. Quelles avaient pu être ses aventures récentes ? Nous l'ignorions tous.

On devrait lire « s'adressa ». Bonne nouvelle : il n'est pas nécessaire de poursuivre la lecture de la B et l'on voit que dans la C, on a la même faute ! On peut donc passer directement à la D, même s'il peut y avoir d'autres fautes dans la C.

C. Il arriva mal habillé et s'adressât à moi sans égards. Encore eût-il fallut qu'il prît le temps de nous expliquer ce qui lui arrivait. Quelles avaient pu être ses aventures récentes ? Nous l'ignorions tous.

D. Il arriva mal habillé et s'adressa à moi sans égards. Encore eut-il fallut qu'il prit le temps de nous expliquer ce qu'il lui arrivait. Quelles avaient pu être ses aventures récentes ? Nous l'ignorions tous.

La D est cependant fautive. La bonne réponse est donc la E.

Les distinctions opérées entre ces formulations portent essentiellement sur les temps du passé et la concordance des modes. L'expression « Encore eût-il fallu » est du conditionnel passé deuxième forme, formé sur l'auxiliaire au subjectif imparfait auquel on adjoint le participe passé et suivi d'un verbe lui-même au subjonctif, ce dont on se rend compte lorsque l'on transpose la phrase au présent : « Encore faudrait-il qu'il me dise… » et non « qu'il me dit… » Il faut donc préférer la forme « prît » dans ces phrases. « Sans égard » est une expression singulière. Il ne serait pas absurde de l'écrire au pluriel (on écrit bien un « arbre sans feuilles »), mais par habitude, on ne l'écrit qu'au singulier. Enfin, « ce qui » est ici un pronom relatif sujet du verbe « arriver », et non complément d'objet. Mais on peut écrire « ce qu'il » en considérant qu'il lui arrive quelque chose, « ce qu' » est alors complément d'objet et on ajoute le pronom impersonnel « il ». Il s'agit ici d'une distinction inutile entre les propositions. Cela tient au fait que le verbe « arriver » peut être employé comme verbe personnel ou impersonnel.

Appliquez cette méthode sur l'exemple suivant :

Trouvez la meilleure orthographe, ponctuation ou formulation.

A. Une fois ses amours passées, il se mit à réfléchir à la vie qui fut la sienne. La philosophie peut se comprendre ainsi : une prise de recul sur l'expérience et un approfondissement de savoirs implicites. En effet, ce qu'on sait déjà, on doit souvent le redécouvrir et c'est pourquoi on aurait tort de ne pas tirer tout le parti de ces moments de quiétude.

B. Une fois ses amours passés, il se mis à réfléchir à la vie qui fût la sienne. La philosophie peut se comprendre ainsi : une prise de recul sur l'expérience et un approfondissement de savoir implicite. En effet, ce qu'on sait déjà, on doit souvent le redécouvrir et c'est pourquoi on aurait tort de ne pas tirer tout le parti de ces moments de quiètude.

C. Une fois ses amours passés, il se mit à réfléchir à la vie qui fut la sienne. La philosophie peut se comprendre ainsi : une prise de recul sur l'expérience et un approfondissement de savoir implicites. En effet, ce qu'on sait déjà, on doit souvent le redécouvrir et c'est pour quoi on aurait tort de ne pas tirer tout le parti de ses moments de quiétude.
D. Une fois ses amours passées, il se mis à réfléchir à la vie qui fût la sienne. La philosophie peut se comprendre ainsi : une prise de recul sur l'expérience et un approfondissement de savoirs implicites. En effet, ce qu'on sait déjà, on doit souvent le redécouvrir et c'est pour quoi on aurait tort de ne pas tirer tout le partie de ces moments de quiètude.
E. Une fois ses amours passées, il se mit à réfléchir à la vie qui fut la sienne. La philosophie peut se comprendre ainsi : une prise de recul sur l'expérience et un approfondissement de savoir implicite. En effet, ce qu'on sait déjà, on doit souvent le redécouvrir et c'est pourquoi on aurait tort de ne pas tirer tout le parti de ces moments de quiétude.

La bonne réponse est la A.
En effet, « amour » devient féminin au pluriel, comme « délice » et « orgue ». Il faut donc accorder l'adjectif « passées ». Le verbe « mettre » est ici à la 3e personne du singulier et conjugué au passé simple de l'indicatif. Seule la forme « mit » convient donc. L'ensemble de la première phrase est à l'indicatif : on évoque le passé, mode de la certitude, ce qui explique qu'il faut préférer « fut », à « fût », temps du subjonctif. « Savoirs implicites » doit être au pluriel car si cette expression était au singulier, alors on lirait « du savoir implicite » : « de » est ici mis pour « des », comme la contraction de « de-les ». Enfin, on tire le « parti » de quelque chose, une « partie » étant une fraction par exemple, sans rapport avec cette expression.

[2. Les questions de reformulation]

Le second conseil spécifique concerne les questions de reformulation. On a dit d'elles qu'elles ressemblent beaucoup à certaines questions de synonymie à une grande réserve près : **la phrase de départ peut être à elle-même son meilleur synonyme.** C'est ce qui explique que ces exercices soient dans cette section.

> Vous aurez ici à considérer **trois critères :**
> - la clarté ;
> - la précision ;
> - l'élégance.

Le premier critère est relativement simple à apprécier : si vous devez lire une phrase dix fois avant de la comprendre, alors elle n'est pas claire ! Cela permettra déjà d'éliminer un certain nombre d'options.

Voici par exemple une phrase peu claire :

> Je me suis trompé en pensant que tu étais là quand même alors que peut-être que pas vraiment en fait.

Le style est très « brouillon » et on comprend mal ce que cela veut dire.

Voici ce que cela signifie, une fois la phrase clarifiée :

> Je n'étais pas sûr que tu serais là mais je suis venu au rendez-vous. C'était finalement une erreur.

Le deuxième critère consiste à comparer les options deux à deux et à se poser la question : quelles informations m'offre telle option que l'autre ne donne pas et en quoi clarifient-elles l'ensemble ? Il s'agit donc d'un critère comparatif. Appréciez la richesse des termes et en quoi l'un nous informe plus précisément qu'un autre ou en quoi il donne des précisions qui éclairent l'ensemble de la phrase.

Le dernier critère est esthétique : vous devrez refuser les formules ampoulées, précieuses et anormalement longues. Si une phrase comporte par exemple trois propositions subordonnées qui s'enchaînent, alors vous ne pourrez la retenir. Si une option mélange des registres de langage hétérogènes, alors vous la rejetterez. La norme est ici celle du français classique et académique. C'est notamment là que vos efforts de lecture porteront leurs fruits car vous serez plus sensibles aux phrases bien construites.

Voyez les deux phrases ci-dessous, de la plus élégante :

> L'orthographe française recèle quelques difficultés irréductibles que l'on peut cependant surmonter par la patience.

… à la moins élégante :

L'orthographe française est difficile et on ne peut pas tout surmonter, même si on peut y arriver, quand même, à force de patience.

On arrive avec la seconde formulation à quelque chose de très improvisé et de très oral. La formulation est lourde. Seule la première est claire et précise dans le choix de ses termes. La tournure est fluide et les articulations ne sont pas trop nombreuses.

Appliquons cela l'exercice suivant :

Trouvez la formulation la plus claire et la plus soignée pour exprimer le sens du passage souligné.
La réponse A reprend la formulation initiale.

<u>L'animal agit ainsi par nécessité : il chasse par besoin, il court pour échapper à un prédateur. Chez les hommes, cette source de l'agir a aussi son rôle, même si l'environnement mis en place par la civilisation la rend moins visible.</u>

A. L'animal agit ainsi par nécessité : il chasse par besoin, il court pour échapper à un prédateur. Chez les hommes, cette source de l'agir a aussi son rôle, même si l'environnement mis en place par la civilisation la rend moins visible.
B. L'animal n'agit donc qu'en vertu du besoin, quoi qu'il fasse. Cette motivation existe aussi en l'homme même si l'environnement culturel la dissimule en partie.
C. Les animaux n'agissent ainsi que par besoin. L'homme connaît aussi ce problème mais l'on s'en rend moins compte.
D. L'animal est motivé par la nécessité. Qu'il chasse ou qu'il coure, c'est toujours par besoin. On peut repérer une motivation identique chez l'homme même si la société la dissimule.
E. L'animal n'agit que par besoin, qu'il chasse ou qu'il vole. Pour l'homme, c'est pareil même si on ne s'en rend pas toujours compte.

On voit que le texte fait suite à quelque chose, ce qui impose de signaler une transition. Par ailleurs, il faut éviter les répétitions en bon français. L'autre point d'importance, c'est que la nécessité n'est pas présentée comme la seule motivation humaine. Enfin, la chasse et la course sont ici des exemples pour l'animal : l'essentiel, c'est que l'on comprenne bien que tout ce que l'animal fait, c'est par nécessité. La B répond à ces différentes exigences en utilisant l'adverbe « ne… que », en évitant les répétitions et la formulation est moins lourde qu'au départ. On garde les mêmes informations mais on les clarifie. On ne peut donc garder que l'option B.

3. Coherence

Les termes que l'on peut vous proposer d'insérer sont de natures très diverses. Il peut s'agir d'un simple mot ou d'un groupe de mots : une locution, un adverbe, un membre de phrase, voire une phrase entière. Que cela ne vous effraye pas : ces différences n'ont pas de conséquence sur la difficulté de l'exercice.

En revanche, en plus de la méthode générale à appliquer pour les trois parties de l'épreuve, vous devez suivre quelques règles spécifiques.

Comprendre la cohérence d'un texte jusqu'à en retrouver un terme suppose d'en saisir la logique propre. Cette logique interne, vous pouvez la percevoir à plus d'un titre.

Voici les 3 étapes à respecter.

[Etape 1 : continuité ou rupture de l'énoncé ?]

Demandez-vous d'abord : **ce texte défend-il une idée forte ou bien en distingue-t-il plusieurs qui peuvent même s'opposer ?** Cela revient à interroger la continuité ou la rupture d'un énoncé.

Voici un énoncé qui ne défend qu'**une idée :**

> Les élèves que nous avons rencontrés le jour de la rentrée étaient un peu intimidés et on saisit bien pourquoi. (…) Cela ne peut que nous rappeler notre propre enfance.

On voit ici que les parties visibles de la phrase **convergent.** Il n'y a ni contraste ni différence. L'option choisie, une phrase en l'occurrence, ne pourra donc pas poser de contradiction avec les autres parties.

Les réponses que l'on pourrait anticiper dans ce genre de phrases seraient alors : « Toute rentrée est difficile », ou bien « A chaque rentrée, il faut prendre ses repères. »

Voici le même énoncé modifié où l'on perçoit nettement une **contradiction** :

> Les élèves que nous avons rencontrés le jour de la rentrée étaient un peu intimidés et on saisit bien pourquoi. (…) Ils savent se maîtriser.

On sent à présent une **divergence** entre la première et la dernière partie. Si la première partie décrit la nervosité, la dernière décrit au contraire la maîtrise de soi. Cette contradiction permet d'anticiper des réponses du type : « Mais ce n'est qu'une apparence » ou bien « Ils ne sont pas vraiment nerveux en réalité. »

[Etape 2 : le repérage des formes logiques simples et récurrentes]

Dans les deux cas, vous aurez à **repérer quelques formes logiques simples et récurrentes.**

Pour bien comprendre cette technique, il faut distinguer 2 cas :

Si le texte comporte une idée forte, les liens logiques les plus courants sont la description (ou l'identité), l'explication et l'implication. Ces deux dernières sont très proches, à ceci près que l'explication donne la raison d'une implication après coup.

L'énoncé suivant est un exemple d'**illustration** :

> Il faut savoir faire face à tout événement douloureux. Ce fut mon cas lors de la mort de mon père (…).

On pourrait avoir des réponses du type : « récemment » ou « qui a été affreuse ».

Voici un exemple d'**explication** où il y a une seule idée. On n'y trouve aucune rupture, mais seulement l'explication d'un fait :

> Je n'ai pas rencontré de physicien comme lui. Il faut dire que je ne fréquente plus les colloques (…) j'ai été trop déçu par ce qui s'y dit.

On a ici un lien logique assez probable tel que « car », ou « parce que ».

Voici enfin un exemple d'**implication** :

> J'ai adoré ce film et je l'ai revu très souvent. Ce qui est gênant, c'est qu'à force de faire la même chose, on se lasse. (...)

On voit bien vers quoi va le texte : « je n'aime finalement plus ce film ». Telle serait l'implication la plus probable.

Si le texte comporte plusieurs idées fortement distinctes ou divergentes, les liens logiques les plus courants sont l'addition, l'opposition, la postériorité ou l'alternative.

Voici un texte dont le lien logique manquant est l'**addition** :

> Hier après-midi, j'ai beaucoup travaillé. (...) j'ai pensé à toi.

Les deux idées sont distinctes car penser à quelqu'un n'est pas un travail. On pourrait imaginer une addition ici telle que : « Et », « En même temps »...

Voici une expression de l'**opposition** :

> Quand nous nous sommes rencontrés, je t'ai beaucoup apprécié. (...) j'apercevais tout de même tes défauts.

On voit qu'ici les deux idées s'opposent. On pourrait imaginer l'option « Cependant ».

Voici un exemple de **postériorité :**

> Je suis rentrée tard à cause de ma réunion. (...) je me suis endormie.

On a bien deux idées distinctes. Le lien que l'on peut introduire serait logiquement la postériorité : « Et » ou « Ensuite » ou « Après cela ».

Voici enfin un exemple d'**alternative** :

Je ne sais pas où je vais : par là (…) en face ?

Le terme auquel on pense le plus est bien sûr « ou » : les deux idées sont distinctes et exposent deux options différentes et exclusives.
Ces liens logiques classiques couvrent la très grande majorité des énoncés.

[Etape 3 : le repérage des termes logiques]

Pour répondre à ces deux premières questions, vous devez **repérer les termes logiques signalant la cohérence logique du texte.**

En effet, en lisant les exemples précédents, vous avez implicitement saisi les indices des relations que vous deviez relever. Ce sont eux qui vous mettent sur la voie pour distinguer le type de cohérences en jeu et la bonne option.

> Ils sont très divers.
> - Les connecteurs logiques : *mais, ou, et, donc or, ni, car, parce que, pour que, en vue de, comme si, lorsque, après que, avant que, si bien que, cependant, pourtant, alors…*
> - Le style d'un texte : familier, courant ou soutenu.
> - Le ton d'un texte : classique, comique, ironique, dramatique…
> - La ponctuation.

Ce sont des notions que vous manipulez sans cesse dans la vie de tous les jours. Vous devrez être particulièrement vigilants ici car ce sont tous ces éléments qui vous permettront de répondre aux questions 1 et 2.

Précisons cette méthode selon les trois types de questions que l'on vous pose.

[La cohérence selon le type de questions posées]

1. Lorsqu'il s'agit d'une **cohérence de début de texte**

Vous devez **être très attentifs de surcroît aux termes qui suivent immédiatement les pointillés.** Ce sont en effet ceux-là qui sont les plus riches d'informations pour distinguer la bonne option.

En voici un exemple :

Complétez en remplaçant les points avec la suite la plus cohérente.

(…) Cependant, nous sommes revenus à plusieurs. La vie a donc plus d'imagination que nous !

A. Je ne me voyais pas vivre en couple.
B. Il aime la solitude.
C. Je suis parti seul.
D. Je reviendrai seul.
E. Je n'aime pas m'embarrasser.

Le « cependant » de la deuxième phrase oblige à poser une contradiction entre elle et la précédente. On voit que ce terme, immédiatement placé après l'espace à compléter, est d'une richesse sans commune mesure pour toute la suite. On peut alors répondre plus facilement aux questions 1) et 2) : il y a plusieurs idées et le lien est nettement celui de l'opposition.

Pour préciser votre réponse, vous devez ici être attentifs à garder un sujet proche du « nous » du texte, tel que le « je ». La contradiction ne peut en l'occurrence porter que sur « seul/plusieurs ». Par ailleurs, « plusieurs » n'indique par forcément qu'il s'agit finalement d'un couple. Il pourrait être question d'un groupe. Pour départager C et E, on doit remarquer que la notion d'embarras pourrait être appliquée à tout autre chose qu'à des personnes. C'est pourquoi la C est la meilleure réponse.

2. Lorsqu'il s'agit d'une **cohérence de milieu de texte**
Regardez **les termes qui sont les plus proches du vide à combler,** juste avant et juste après.

En voici un exemple :

En étudiant à la fois les (…) de la parenté et les mythes traditionnels, Lévi-Strauss comprit que les sociétés s'organisent autour de différences et d'oppositions, à l'image du langage tel que l'a défini Saussure.

A. motivations
B. aspects
C. formes
D. habitudes
E. structures

On parle dans ce texte d'organisation des relations de parenté. Le terme « à la fois », qui précède immédiatement les pointillés, nous invite à penser qu'il faut un mot qui rassemble la parenté et les mythes. On trouvera d'autant plus facilement la solution qu'on cherchera parmi les options un point commun possible des deux termes.

La A renvoie à une personne et non à une organisation, mais les 4 autres réponses sont de ce point de vue possibles. Quel terme concerne donc le plus précisément la famille, les mythes et le langage ? « Formes » est très général. « Habitudes » concerne peut-être les parentés mais se dit difficilement pour les mythes et le langage. « Aspects » serait ici trop vague dans le cadre d'une étude qui prétend conclure sur son sujet. L'étude serait alors trop partielle. « Structure » signale une forme d'organisation particulière et réglée. Et il faut un terme qui rende compte d'un certain type de relations d'opposition comme le texte le suggère. La meilleure réponse est alors la E.

3. Lorsqu'il s'agit d'une **cohérence de fin de texte**

Vous devez bien vous imprégner de celui-ci et vous demander **quelle est la synthèse la plus appropriée** : les derniers mots d'un texte sont ceux qui doivent la plupart du temps le résumer. Cela ne veut pas dire que ces derniers mots vont forcément résumer tout le texte, mais au moins la partie la plus significative. S'il y a une opposition dans ce texte, ce sera le terme le plus fort et souvent le plus tardif dans l'énoncé.

En voici un exemple :

L'Eglise se met toujours au service de la conscience, en l'aidant à ne pas être ballottée à tout vent au gré de l'imposture des hommes, à ne pas dévier, à ne pas s'écarter du droit chemin. (…)

A. Une mission plus que sacrée !

B. Une bien jolie mission !

C. Tout un programme !

D. A quoi servirait-elle d'autre ?

E. Une vocation d'importance.

La seule réponse acceptable ici est la E.

Il faut se rendre sensible au sens de l'ensemble du texte, extrait d'un manuel religieux. On doit donc anticiper ici une réponse qui va dans ce sens. On conçoit alors mal une quelconque ironie ou moquerie. C'est pourtant le ton des options B, C et D. La A est meilleure, mais qu'est-ce qu'être « plus que sacrée » dans le domaine religieux ? Cela n'a pas de sens, comme de dire « mieux que mieux »…

5.2. LES FONDAMENTAUX DE LA LANGUE FRANÇAISE

I. GRAMMAIRE, ORTHOGRAPHE LES 30 DIFFICULTES DE LA LANGUE FRANÇAISE

1. AFFAIRE / A FAIRE

1. S'écrit avec une majuscule pour désigner une administration : *les Affaires étrangères* ; avec une minuscule dans les autres cas : *s'occuper des affaires courantes, des affaires nationales.*

2. Est au singulier dans *se tirer d'affaire, être tiré d'affaire* ; et au pluriel dans *toutes affaires cessantes.*

On écrit **affaire** ou **à faire.**
1. **Avoir affaire à** : *Je n'ai jamais eu affaire à lui. Attention, tu vas avoir affaire à moi !* L'expression est toujours suivie de *à.*
2. **Avoir à faire** : *Ne m'importunez pas, j'ai à faire, il me reste beaucoup à faire. Qu'as-tu à faire ? Il n'y a rien à faire.* L'expression peut s'employer seule ou avec un complément d'objet.

2. ASSEZ

Indique une quantité suffisante. *J'ai assez marché.*
1. **Assez de** est suivi d'un nom non comptable au singulier : *Il a assez de pain ;* ou d'un nom comptable au pluriel : *Il y a assez de machines.*

2. **Assez pour** + infinitif, **assez pour que** + subjonctif introduisent une conséquence. *Il fait assez bon pour se promener, pour que l'on puisse se promener.*

3. AUSSI

1. S'emploie dans les comparatifs d'égalité de l'adjectif ou de l'adverbe.
Il est aussi élégant que toi. Il conduit aussi vite qu'elle.

2. Au sens de « également », **aussi** s'emploie dans des phrases affirmatives. Dans les phrases négatives, on emploie **non plus.**
Tu l'as vu ? Moi aussi. / Tu ne l'as pas vu ? Moi non plus.

3. Quand il indique un très haut degré, **aussi** entraîne le subjonctif avec inversion du sujet. *Aussi petit soit-il...* Sans inversion du sujet, on emploie **aussi... que.** *Aussi petit qu'il soit...*

4. Comme conjonction, au sens de « c'est pourquoi », **aussi** entraîne l'inversion du sujet en langue soutenue.
J'ai oublié mon téléphone chez moi, aussi n'ai-je pas pu travailler aujourd'hui.

Accord avec *aussi bien que*
1. S'il y a une pause à l'oral ou deux virgules à l'écrit, le verbe reste au singulier.
Le député, aussi bien que le sénateur, a accepté l'invitation (l'accent est mis sur « le député »).

2. S'il n'y a pas de pause à l'oral ou pas de virgule à l'écrit, le verbe se met au pluriel.
Le député aussi bien que le sénateur ont accepté l'invitation (l'un et l'autre).

4. Demi

1. Le préfixe **demi-,** toujours suivi d'un trait d'union, est invariable : *un demi-hectare, une demi-heure, trois demi-hectares, trois demi-journées.*

2. Les mots composés avec **demi-** prennent la marque du pluriel sur le second élément : *des demi-livres, des demi-cercles, des demi-mètres, des demi-douzaines, des demi-finales, des demi-frères, des demi-maux, des demi-mesures, des demi-pensions, des demi-teintes, des demi-tours.*

3. **Et demi, et demie** indiquent que l'on ajoute la moitié d'une unité. L'accord se fait en genre (masculin et féminin), mais l'expression reste au singulier : *trois mètres et demi, deux bouteilles et demie* (= deux bouteilles plus la moitié d'une bouteille). On écrit *midi et demi, minuit et demi.*

4. **A demi** est invariable. L'expression s'emploie sans trait d'union devant un adjectif ou un participe : *des coupes à demi pleines, à demi remplies ;* et avec un trait d'union devant un nom : *parler à demi-mot, une entrée à demi-tarif.*

5. Les noms des jours

1. **Les noms des jours** s'écrivent sans majuscule.
Reims, mercredi 8 mars.

2. Ils prennent la marque du pluriel. *Tous les lundis.* Mais on écrit *les mardi et samedi de la semaine* (= il n'y a qu'un mardi et qu'un samedi dans la semaine).

3. Les mots **matin, midi, après-midi, soir** restent invariables.
Tous les dimanches matin (= au matin).

6. Leur

1. *Je leur indique. Indique-leur.* On peut dire « lui », c'est un pronom personnel invariable.

2. *Ce sont leurs voitures.* On peut dire « mes », c'est un adjectif possessif variable.
Ils n'ont jamais quitté leurs pays. On peut dire « nous n'avons jamais quitté nos pays» (= il y a plusieurs pays).

7. Les majuscules

On met une majuscule

1. Au début d'une phrase.
La saison froide commence.

2. A l'initiale des noms propres : *Jean Firmin, habite en Allemagne, la planète Mars ;* et à certains noms communs employés comme noms propres : *le Créateur, vivre dans le Midi* (= la région), *la Révolution Française, le journal Le Figaro.*

3. Aux noms de marque (mots déposés) : *un Frigidaire, un Kleenex.*

4. A certains noms employés comme titres : *Votre Altesse, chère Madame, merci Docteur* (mais pas à *une altesse royale, madame votre mère, docteur en médecine*).

5. Aux noms d'habitants, de nationalités ou de peuples : *un Marseillais, un Anglais, un Tibétain* ; mais pas s'il s'agit d'une religion : *un chrétien, un bouddhiste.*

On ne met pas de majuscule

1. Aux noms de mois, sauf s'il s'agit d'une date historique : *le 3 mars,* mais *fêter le 1er Mai.*

2. Aux noms de vins, de fromages produits dans la région dont ils prennent le nom : *un bordeaux, un saint-nectaire.*

3. Aux noms de langues : *le français, le tchèque.*

4. Aux termes génériques de géographie *(océan, mer, mont, golfe...) : l'océan Indien, le mont Everest, le lac Victoria, le golfe de Gascogne...* Sauf s'ils font partie intégrante du nom propre : *le massif du Mont-Blanc, Golfe-Juan, l'Ile-de-France...*

8. Pourcentages

1. Avec un complément au singulier, l'accord se fait au singulier (avec le complément), en particulier s'il y a des adjectifs ou des participes : *20 % de la population s'est soulevée ;* ou au pluriel (avec l'expression du pourcentage), si c'est la quantité que l'on veut mettre en valeur : *30 % du budget sont dépensés pour...*

2. Avec un complément au pluriel, l'accord se fait au pluriel (avec le complément) : *20 % des prestations ont été effectuées ;* même si le complément est sous-entendu : *20 % ont été effectuées.*

3. Quand il s'agit d'un taux, l'accord se fait toujours au masculin avec l'expression du pourcentage. *1 % du bilan pourra être contesté ; 13 % du bilan pourront être contestés.*

4. Quand il s'agit d'un rendement, l'expression du pourcentage est au masculin singulier.
Cela fait du 8 % ; *25 % me semble excessif.*

9. Sans

1. *Il est venu sans son fils, il est arrivé sans. Ils s'en vont sans rien dire.*
Remarque : on écrit *sens dessus dessous.*

2. **Sans que** est suivi du subjonctif.
Il est venu sans qu'on l'entende, sans que rien le trahisse... (On n'emploie jamais « ne ».)

3. Les noms composés avec **sans** prennent un trait d'union et sont invariables : *des sans-abris, des sans-cœurs, des sans-le-sou, des sans-grade, un sans-papiers ;* sauf *sans-culotte* : *les sans-culottes.*

Singulier ou pluriel après *sans*
En général, le nom garde le nombre (singulier ou pluriel) qu'il aurait dans une tournure positive ou avec « avec » : *une rue sans voitures* (avec des voitures), *une botte sans talons* (avec des talons), *un ciel sans nuages* (avec des nuages), *un couple sans enfant(s), un homme sans idées, un débat sans passion, une vie sans amour, sans aucun frais, venez sans faute* (= à coup sûr), *une dictée sans fautes* (avec des fautes) ou *sans faute* (aucune faute).

10. Quand plusieurs noms commandent l'accord

1. Les noms sont tous au masculin, l'accord se fait au masculin pluriel.
Emmanuel, Philippe et Paul sont souriants.

2. Les noms sont tous au féminin, l'accord se fait au féminin pluriel.
Salima, Marie et Colette sont souriantes.

3. Les noms sont au masculin et au féminin, l'accord se fait au masculin pluriel.
Salima, Marie et Emmanuel sont souriants.

4. Si tous les noms au singulier représentent le même être ou la même chose, l'accord se fait au singulier.
Un homme, un inconscient, s'est présenté devant nous.

5. Si les noms sont synonymes, l'accord se fait avec le dernier.
Donnez-moi un indice, une piste qui puisse...

6. Si les noms sont repris par un mot qui résume, l'accord se fait avec celui-ci.
Les murs, le mobilier, la décoration, tout était rénové... / La maison entière était rénovée.

11. Un mot avec son complement commande l'accord

L'accord se fait selon le sens.

Le ministre de l'Agriculture français. C'est le ministre qui est français. On peut dire : *le ministre français de l'Agriculture.*

Le ministre de l'Education nationale. Il s'agit de l'Education nationale et non d'un ministre national.

12. Un mot avec un complement au pluriel commande l'accord

1. Si le mot est un **quantitatif,** l'accord se fait avec le complément au pluriel.

Beaucoup de familles sont venues. La plupart d'entre elles sont reparties.

2. Si le mot est un **collectif,** l'accord se fait avec le collectif ou avec son complément.

Un convoi de caravanes traversa (ou *traversèrent*) *la ville.*

13. Accord de l'adjectif lorsqu'il y a plusieurs noms

1. L'adjectif se rapporte à tous les noms, coordonnés ou juxtaposés.

- Si ces noms sont au masculin, l'adjectif se met au masculin pluriel.

Pierre, Henri et Paul sont souriants. / Il a un pardessus et un pull neufs.

- Si ces noms sont au féminin, l'adjectif se met au féminin pluriel.

Anne, Marie et Jeanne sont souriantes. / Elle a une jupe et une écharpe neuves.

- Si ces noms ont un genre différent, l'adjectif se met au masculin pluriel.

Pierre, Marie et Jean sont souriants. / Elle a une jupe et un manteau neufs.

2. L'adjectif ne concerne qu'un seul des noms, il s'accorde logiquement avec celui-ci.

Elle a une écharpe et un chapeau neuf (seul le chapeau est neuf).

3. Les noms juxtaposés ou coordonnés désignent le même être ou la même chose, l'adjectif s'accorde **avec le dernier nom.**

Il s'exprime avec un charisme, une prestance exceptionnelle.

4. Les noms juxtaposés sont repris, résumés par un nom ou un pronom, l'adjectif s'accorde avec ce nom ou ce pronom.

Les boulevards, les avenues, la ville entière était noire de monde.

14. Inversion du sujet

Il y a **inversion du sujet** quand le sujet est placé après le verbe alors que l'ordre habituel est sujet-verbe.
Elle parlera. – Parlera-t-elle ?

1. Dans les tournures poétiques.
Vienne l'automne, souffle le vent.

2. Dans des formes de la phrase interrogative.
Comment vas-tu ? Est-ce vous ?

3. Dans l'incise.
« Il te parle.
– J'ai entendu », rétorqua Philippe.

4. Après certains adverbes ou locutions adverbiales.
Encore faut-il que... Toujours est-il que... Tout au plus ai-je... A peine avait-elle tendu la main que...

5. Dans les subordonnées relatives.
Ce sont des conditions que connaissaient déjà nos aïeux.

[Trait d'union et liaison dans l'inversion du sujet]

1. Lorsqu'il y a inversion du sujet, le pronom sujet est lié au verbe par un trait d'union.
Viens-tu ?

2. Si le verbe se termine par *-e* ou *-a,* on ajoute un *-t* pour permettre la liaison.
Aime-t-il le caramel ?
A-t-on besoin de tout ceci ?

3. Si le verbe se termine par *-d* ou *-t,* on fait la liaison en prononçant [t].
Perd-il son temps ?
Aiment-ils le caramel ?

15. Quelque et quel que

Il ne faut pas confondre **quelque,** déterminant indéfini, qui ne varie pas en genre, et **quel(le)… que,** déterminant interrogatif, qui précède un verbe au subjonctif.

1. Déterminant indéfini
Quelque décision que tu prennes, je ne cèderai pas.
Quelque choix que tu fasses, je ne cèderai pas.

2. Déterminant interrogatif
Quelle que soit ta décision, je ne cèderai pas.
Quel que soit ton choix, je ne cèderai pas.

16. Accord de l'adjectif avec un mot et son complement

1. S'il s'agit d'un nom quelconque et de son complément, l'accord se fait selon le sens.
Une assiette de riz blanche (c'est l'assiette qui est blanche).
Une assiette de riz blanc (c'est le riz qui est blanc).

2. S'il s'agit d'un nom collectif ou d'un quantitatif, l'accord se fait soit avec le collectif ou le quantitatif, soit avec le complément.
Une bande d'adolescents nerveux. / Une bande d'adolescents joyeuse et dissipée.
Une quinzaine de jours ont été moroses. / Cette quinzaine de jours était ennuyeuse.

17. Accord lorsqu'il y a plusieurs adjectifs pour un nom au pluriel

1. Plusieurs adjectifs au pluriel se rapportent au mot pluriel dans sa globalité.
Des enfants joyeux et rieurs jouaient dans la cour.

2. Plusieurs adjectifs épithètes au singulier se rapportent à un même nom au pluriel.
Etudier les civilisations égyptienne et romaine.

18. Accord des adjectifs de couleur

1. Les adjectifs simples désignant une couleur (bleu, vert, jaune, blanc, etc.) sont variables. Ils suivent la règle générale et s'accordent en genre et en nombre avec le nom auquel ils se rapportent.
Un papier blanc, une feuille blanche, des panneaux blancs.
Une valise jaune, des tissus bleus, des cheveux blonds.

2. Lorsque l'adjectif de couleur est issu d'un nom désignant une chose dont la couleur, caractéristique, sert de référence, il reste invariable.
Des fauteuils orange (= de la couleur orange, entre rouge et jaune).
Des robes marron (= de la couleur brune du marron).

3. Lorsque l'adjectif de couleur est suivi d'un mot qui précise une teinte, une nuance, c'est un adjectif de couleur composé qui reste invariable.
Des robes bleu canard. / Des cheveux blond cendré. / Des valises vert kaki.
Lorsque l'adjectif composé est formé de deux adjectifs de couleur, on met un trait d'union : *bleu-violet.*

4. Lorsqu'un objet comporte plusieurs couleurs, les adjectifs de couleur restent invariables.
Un drapeau vert, blanc, rouge. / Des drapeaux vert, blanc, rouge.
Ainsi, on écrira *des chapeaux vert et rouge* pour désigner plusieurs chapeaux avec chacun du vert et du rouge, mais on écrira *des chapeaux verts et rouges* pour désigner un ensemble formé de chapeaux verts et de chapeaux rouges.

19. Adverbes

[1. Les adjectifs employés comme adverbes]

Certains adjectifs s'emploient au masculin singulier comme des adverbes. Ils sont alors invariables.
Ces stylos sont chers (adjectif). / *Ces stylos coûtent cher* (adverbe invariable).

[2. La formation des adverbes en *-ment, -amment, -emment*]

Les adverbes en *-ment, -amment, -emment* se forment à partir de l'adjectif.
1. L'adverbe en *-ment* se forme le plus souvent à partir du féminin de l'adjectif.

Fier	Fière	Fièrement
Vif	Vive	Vivement
Grand	Grande	Grandement
Doux	Douce	Doucement
Lent	Lente	Lentement
Fou	Folle	Follement

Remarques
Si l'adjectif masculin se termine déjà par *-e,* on ajoute *-ment : logique/logiquement, propre/proprement.* Mais le *-e* peut prendre l'accent aigu : *aveugle/aveuglément, intense/intensément.*

Si l'adjectif masculin se termine par *-é, -i* ou *-u,* on ajoute *-ment : aisé/aisément, poli/poliment, vrai/vraiment* (mais *gai/gaiement*), *absolu/absolument* (mais *assidu/assidûment, cru/crûment*). L'accent circonflexe marque la chute du *-e* féminin.

2. L'adverbe en *-amment* ou en *-emment* (toujours prononcé [a]) se forme à partir du masculin de l'adjectif en *-ant* ou en *-ent.*

Bruyant	Bruyamment	Différent	Différemment
Brillant	Brillamment	Prudent	Prudemment
Courant	Couramment	Violent	Violemment

20. Conjonctions

Une conjonction est un mot invariable qui sert à mettre en relation, à « joindre » deux mots, deux groupes ou deux propositions.

[1. Les conjonctions de coordination *mais, ou, est, donc, or, ni, car*]

Elles relient deux mots, deux groupes de mots ou deux propositions qui ont la même fonction dans la phrase.
Robert aime le thé et le café. (« Et » relie deux noms COD.)
Robert et moi sommes de la partie. (« Et » relie un nom et un pronom sujets.)
Robert parle et Jean écoute. (« Et » relie deux propositions.)

Remarque : certains adverbes, ou locutions adverbiales, jouent le même rôle qu'une conjonction de coordination, en particulier pour coordonner deux propositions : *puis, pourtant, en effet, ensuite, par contre, alors, cependant, toutefois, néanmoins,* etc.

[2. Les conjonctions de subordination]

Elles relient une proposition subordonnée à une autre proposition dont elle dépend.

Les principales conjonctions de subordination sont : *que, quand, parce que, puisque, si, comme,* etc.

On trouvera à leur ordre, dans la partie dictionnaire, toutes ces conjonctions avec l'indication du mode (indicatif ou subjonctif) qu'elles demandent.

21. Accord du participe passe employe avec l'auxiliaire *avoir*

Le participe passé conjugué avec l'auxiliaire *avoir* ne s'accorde jamais avec le sujet. Il s'accorde avec le complément d'objet direct (COD) quand celui-ci est placé devant le verbe. Sinon, il reste invariable.

Sans accord	**Avec accord**
Ils ont couru. (pas de COD)	Quelles belles fleurs tu as dessinées ! (COD avant le verbe)
Ils nous ont menti. (*nous* est COI)	Ces fleurs, je les ai dessinées pour toi.
	Cette lettre, je l'ai rédigée.
	Les fleurs que j'ai dessinées pour toi sont belles.
	Tu nous as vus ? (= des garçons ou des garçons et des filles)
	Tu nous as vues ? (= des filles)

Attention : le pronom transmet le genre (masculin ou féminin) et le nombre (singulier ou pluriel) de ce qu'il représente.

Cas particuliers

1. Avec le pronom *en,* le participe passé est le plus souvent invariable.
As-tu cueilli des cerises ? – Oui, j'en ai cueilli. (= de cela).
Des romans comme ça, je n'en ai jamais lu !
Mais il peut s'accorder si c'est l'idée de pluriel qui prédomine.
Tant de disques ! Combien en as-tu achetés ?

2. Avec le pronom *l',* le participe est invariable si le pronom représente une phrase.
Elle est plus craintive que je l'avais imaginé.

3. Avec des verbes comme *dire, donner, devoir, croire, vouloir, permettre,* etc. Il ne faut pas confondre le COD du participe et le COD d'un autre verbe (exprimé ou non). Ainsi, le participe s'accorde logiquement avec son COD dans :
J'ai compris les choses que tu m'as dit (de faire) *que tu as permis* (que je fasse).
Les mots *choses* étant COD du deuxième verbe *faire.*

4. Suivi d'un infinitif, le participe passé s'accorde logiquement avec son complément d'objet direct, mais pas avec celui de l'infinitif.
Marie, je l'ai vue danser. (= J'ai vu Marie qui dansait.)

Remarques

1. Il ne faut pas confondre le complément de mesure d'un verbe intransitif qui répond à la question « combien ? » et le complément d'objet direct d'un verbe transitif qui répond à la question « quoi ? ».
Il a vécu deux ans en Afrique. (mesure)
Les deux ans qu'il a vécu en Afrique... (invariable)
Il a vécu deux divorces. (COD)
Les deux divorces qu'il a vécus... (accord)

2. Il ne faut pas confondre le sujet réel d'un verbe impersonnel et un complément d'objet direct.
Quelle chaleur il a fait ce matin ! (invariable)
Il a fait une erreur ce matin. (COD)
L'erreur qu'il a faite ce matin... (accord)

22. Accord du participe passé des verbes pronominaux

Règle générale

Le participe passé des verbes pronominaux s'accorde avec le sujet (comme normalement avec l'auxiliaire *être*) sauf si le pronom réfléchi est complément d'objet indirect (COI). Dans ce cas, il suit les règles d'accord du participe conjugué avec l'auxiliaire *avoir :* il reste invariable ou il s'accorde avec le COD placé avant.

1. Accord avec le sujet (comme avec l'auxiliaire *être*)

a) Le pronom réfléchi ne représente rien.

Elles se sont perdues.

Ils se sont emparés du pays.

Elle s'est aperçue de sa méprise.

Ses livres se sont bien vendus.

Il s'agit essentiellement de verbes pronominaux ou de verbes pronominaux de sens passif.

b) Le pronom réfléchi est COD. Il représente le sujet.

Elle s'est vue dans la glace. (= elle-même)

Ils se sont aimés. (= l'un l'autre)

Il s'agit de verbe transitifs directs (avec COD) employés à la forme pronominale : *observer, aimer, habiller, laver,* etc.

2. Participe toujours invariable (comme avec l'auxiliaire *avoir*)

a) Il n'y a pas de COD et le pronom réfléchi est COI.

Ils se sont parlé. (= l'un à l'autre)

Les employés qui se sont succédé. (= l'un a succédé à l'autre qui a succédé à l'autre, etc.)

Il s'agit de verbes transitifs indirects employés à la forme pronominale : *parler, mentir, nuire, plaire, succéder à quelqu'un,* etc.

b) Il y a un COD placé après le verbe.

Elles se sont offert <u>des fleurs</u>.

COI COD

Ils se sont écrit des lettres.

Elle s'est permis de partir en avance.

Il s'est lavé les mains.

Il s'agit de verbes transitifs à deux compléments, l'un direct, l'autre indirect, employés à la forme pronominale : *donner, offrir, dire, écrire, demander quelque chose à quelqu'un,* etc., ou de constructions analogues : *se casser une jambe, se laver les mains.* Le complément d'objet direct suit le verbe, donc il n'y a pas d'accord.

3. Accord avec le COD placé avant le verbe (comme avec l'auxiliaire *avoir*)
Quelles fleurs elles se sont offertes !
COD verbe
Les lettres qu'ils se sont écrites.
Les privilèges qu'elles se sont arrogés.
Quelle jambe s'est-elle cassée ?
Il s'agit le plus souvent de verbes transitifs à deux compléments employés à la forme pronominale : *donner, offrir, dire, écrire, demander, acheter quelque chose à quelqu'un,* ou de constructions analogues : *la jambe qu'il s'est cassée.* Le complément d'objet direct est placé avant le verbe, donc le participe passé s'accorde.

Attention : il ne faut pas confondre : *elle s'est lavée* (= elle-même ; *s'est* COD) et *elle s'est lavé les mains* (= les mains à elle, *s'est* COI).

Remarque : le participe passé des locutions verbales est variable ou invariable selon les cas. Seul le recours au dictionnaire permet de lever la difficulté.
Elle s'est rendu compte de son oubli (= invariable).
Elle s'est rendue maître des événements (= variable).

23. Accord du participe passé suivi d'un infinitif

1. Avec l'auxiliaire *être,* l'infinitif qui suit le participe ne modifie en rien les règles de l'accord.
Ils sont partis chercher de l'aide.

2. Avec l'auxiliaire *avoir,* il faut faire attention au complément d'objet direct (COD).
- Si le COD est complément du participe et sujet de l'infinitif, il y accord.
Sarah, je l'ai entendue chanter (= j'ai entendu Sarah qui chantait).
- Si le COD est complément de l'infinitif, il n'y a pas d'accord.
Ces poèmes, je les ai entendu réciter (= j'ai entendu [quelqu'un] réciter ces poèmes).

Remarque : le participe est invariable si on peut ajouter *par* et un complément indiquant qui fait l'action exprimée par l'infinitif.
Ces poèmes, je les entendu dire par Christian.

3. Avec les verbes pronominaux, les règles sont les mêmes.
- Avec accord : *Elle s'est vue tomber.*
- Sans accord : *Elle s'est laissé approcher* (par quelqu'un).

Cas particuliers
1. Le participe passé *fait* suivi d'un infinitif est toujours invariable.
La jupe qu'elle a fait coudre. / La jupe qu'elle s'est fait coudre.

2. Le participe passé *laissé* suivi d'un infinitif est variable.
Elle s'est laissée dépérir. / Elle s'est laissé séduire.
Mais certaines grammaires, comme le texte des Recommandations Officielles de 1990, le donnent invariable sur le modèle de *fait.*

24. PARTICIPE PRESENT

Le participe présent d'un verbe est toujours terminé par *-ant,* quelle que soit la conjugaison de ce verbe.

1er groupe	*chantant*
2e groupe	*finissant*
3e groupe	*cueillant, concluant, mourant, vivant,* etc.

Le participe présent peut s'employer seul.
Nous recherchons un collaborateur parlant le russe.

Ou après la préposition *en,* on parle alors du **gérondif.**
Ils sont partis en riant.

[Participe présent et adjectif verbal]

On appelle **adjectif verbal** l'adjectif formé à partir du participe présent.
Le participe présent est toujours invariable, l'adjectif verbal est variable ; il s'accorde en genre (masculin ou féminin) et en nombre (singulier ou pluriel) avec le nom auquel il se rapporte.

1. Participe présent
Vivant à l'étranger, elle n'était pas au courant de la nouvelle.

2. Adjectif verbal
C'était une jeune femme très vivante.

Participe présent invariable ou adjectif verbal variable ?
1. Le gérondif, participe présent précédé de *en,* est toujours invariable.
Elle est partie en riant et en chantant.

2. La forme en *-ant* est un participe présent invariable :
- s'il y a un sujet (exprimé ou non) ou un complément (on peut remplacer le participe présent par une forme conjuguée)
Les élèves obéissant à leurs maîtres attendaient sagement (= les élèves qui obéissent à leurs maîtres…).
- si l'on peut l'encadrer avec la négation *ne… pas*
Ne croyant pas pouvoir arriver à l'heure, elle a préféré décommander.

3. La forme en *-ant* est un adjectif verbal variable :
- si l'on peut l'employer comme attributs (après le verbe *être*)
Ces élèves sont obéissants.
- si l'on peut lui substituer un autre adjectif
Une jeune fille croyante (= dévote).
- si l'on peut l'employer avec des adverbes comme *très*
C'est une chanson très apaisante.

Attention : quelquefois, adjectif verbal et participe présent n'ont pas la même orthographe tout en ayant la même prononciation.

Verbes en *-ger, -guer, -quer :*

Verbe	**Participe présent**	**Adjectif verbal**
Diverger	divergeant	divergent
Négliger	négligeant	négligent
Fatiguer	fatiguant	fatigant
Naviguer	naviguant	navigant
communiquer	communiquant	communicant
Suffoquer	suffoquant	suffocant

Autres verbes :

Verbe	**Participe présent**	**Adjectif verbal**
Adhérer	adhérant	adhérent
Equivaloir	équivalant	équivalent
Influer	influant	influent
Résider	résidant	résident

25. Reciproque

On dit d'un verbe pronominal qu'il a un sens réciproque quand son sujet représente plusieurs personnes ou plusieurs choses qui agissent l'une sur l'autre.

Objet direct	**Objet indirect**
Pierre et Marie s'aiment.	Pierre et Marie se plaisent.
Pierre et Marie se sont aimés.	Pierre et Marie se sont plu (= Pierre plaît à Marie et Marie plaît à Pierre).

26. Styles direct/indirect

Lorsque l'on s'adresse à quelqu'un, on lui parle de manière directe avec tous les types de phrases qui répondent aux besoins de la communication : informer, questionner, donner un ordre, s'exclamer.

La phrase peut être :
- déclarative : *Je n'ai pas pu t'appeler aujourd'hui.*
- interrogative : *Est-ce que tu as faim ?*
- impérative : *Faites-le tout de suite !*
- exclamative : *Comme je suis heureux !*

Lorsque l'on rapporte les propos de quelqu'un ou que l'on raconte une histoire, on peut utiliser le style (ou discours) direct, indirect ou direct libre.

1. **Le style (ou discours) direct** consiste à reprendre tels quels les propos que l'on rapporte.
A l'écrit, on emploie des guillemets.
Il a dit : « Je n'ai pas pu t'appeler aujourd'hui. »
A l'oral, il y a une pause entre les deux phrases.

2. **Le style (ou discours) indirect** fait intervenir une personne qui rapporte les propos. Les propos rapportés se retrouvent alors dans une proposition subordonnée :
- déclarative : *Il dit qu'il n'a pas pu t'appeler aujourd'hui.*
- interrogative : *Il m'a demandé si j'avais faim.*
- impérative : *Il m'a ordonné de le faire tout de suite.*
- exclamative : *Il nous a dit à quel point il était heureux !*

3. **Le style (ou discours) indirect libre** est propre à l'écrit, au récit, au roman. Il n'y a plus de proposition principale d'introduction (*il dit, il raconte, il demande,* etc.). Le texte est le plus souvent au passé.
Jean comprit : les autres pensaient qu'il se trompait.
Qu'ils aillent au diable !
Ils allaient voir ce qu'ils allaient voir !

27. Le subjonctif

Le subjonctif permet d'exprimer :
1. Un souhait
Je désire que tu viennes.
J'aimerais que tu viennes.
Vive le roi ! (= que le roi vive)
Puisses-tu dire vrai !

2. L'obligation ou l'ordre
Il faut que tu lui répondes.
Qu'il y aille !
Dans cet emploi, le subjonctif à la 3e personne remplace l'impératif.

D'une manière plus générale, le subjonctif indique le doute, le virtuel, le possible, alors que l'indicatif indique ce qui est réel, sûr, effectif.
C'est ainsi que l'on dira :
- à l'indicatif : *Je suis certain qu'il changera d'avis.*
- au subjonctif : *Je ne suis pas certain qu'il change d'avis.*

Remarque : le subjonctif s'emploie aussi obligatoirement après des conjonctions de subordination telles que *pour que, avant que, bien que,* etc.

28. Verbes pronominaux

On appelle **verbe pronominal** un verbe qui s'emploie avec un pronom réfléchi *(me, te, se, nous, vous, se).*

Aux temps composés, les verbes pronominaux se conjuguent toujours avec l'auxiliaire *être.*

[1. Verbes essentiellement pronominaux]

Ce sont des verbes comme *s'emparer, s'enfuir, se méfier, se souvenir, s'écrier,* etc.
Ces verbes n'existent qu'à la forme pronominale et le pronom réfléchi ne représente rien. Il ne s'analyse pas.

Aux temps composés, le participe passé des verbes essentiellement pronominaux s'accorde en genre et en nombre avec le sujet.
Ils se sont enfuis.
Elle s'est souvenue de son adolescence.
Ils se sont abstenus de voter.

Remarques
1. Le verbe *s'arroger* se construit avec un complément d'objet direct. L'accord se fait avec le COD s'il est placé avant.
Elle s'est arrogé des subsides. / Les subsides qu'elle s'est arrogés.

2. Certains verbes sont essentiellement pronominaux uniquement dans un de leurs emplois. C'est le cas par exemple du verbe *s'apercevoir* (= se rendre compte), dont le sens est bien distinct de celui du verbe *apercevoir.*
Elle s'est aperçue de son oubli.
Elle s'est aperçue dans le miroir.

[2. Construction pronominale]

La plupart des verbes transitifs (direct, indirects ou à deux compléments) peuvent s'employer à la forme pronominale. Dans ce cas, le pronom réfléchi qui représente le sujet est complément d'objet direct (COD) ou complément d'objet indirect (COI).

Verbe transitif direct
A la forme pronominale, le pronom réfléchi est COD.
Marie se regarde dans le miroir (= elle-même). (Marie observe qui ? – Marie.)
Jean et Marie s'aiment (= l'un l'autre). (Jean aime Marie ; Marie aime Jean.)

Aux temps composés, le participe passé des verbes transitifs directs employés à la forme pronominale s'accorde avec le sujet que le pronom réfléchi reprend.
Marie s'est regardée dans le miroir.
Jean et Marie se sont embrassés (= l'un l'autre).

Verbe transitif indirect
A la forme pronominale, le pronom réfléchi est COI.
Jean se ment (= à lui-même). (Jean ment à qui ? – A Jean.)
Maxime et Sylvie se plaisent (= l'un à l'autre). (Maxime plaît à Sylvie et Sylvie plaît à Maxime.)

Aux temps composés, le participe passé des verbes transitifs indirects employés à la forme pronominale est invariable.
Sylvie s'est menti (= à elle-même).
Maxime et Sylvie se sont plu (= l'un à l'autre).

Verbe transitif à deux compléments
A la forme pronominale, le pronom réfléchi est COI et il y a un complément d'objet direct.
Marie s'offre une jupe. (Marie offre quoi ? – Une jupe. A qui ? – A elle-même.)

Aux temps composés, le participe passé des verbes transitifs à deux compléments employés à la forme pronominale s'accorde avec le COD si celui-ci est placé avant le verbe.

Marie s'est offert une jupe.
verbe COD

La jupe que Marie s'est offerte.
COD verbe

[3. Verbe pronominal réfléchi ou réciproque]

On dit d'un verbe pronominal qu'il a un **sens réfléchi** quand on peut dire *lui-même, elle-même, eux-mêmes, elles-mêmes.* Le sujet peut être au singulier ou au pluriel.

Marie se regarde dans le miroir.
Les comédiens s'habillent.

On dit d'un verbe pronominal qu'il a un **sens réciproque** quand on peut dire *l'un l'autre, l'un à l'autre, les uns les autres,* etc. Le sujet a toujours un sens pluriel même s'il s'agit du pronom *on.*

Pierre et Marie se sont enlacés (= l'un l'autre).
Les enfants se sont bagarrés dans la cour (= les uns contres les autres).
Ils se sont écrit des poèmes (= l'un à l'autre).

[4. Verbe pronominal à sens passif]

Ces disques se vendent bien.
Ce genre de compétences ne se trouve pas partout.

Ces constructions pronominales correspondent à des phrases actives dont le sujet est *on.*

On a bien vendu ces disques.
On ne trouve pas partout ce genre de compétences.

Aux temps composés, le participe passé des verbes pronominaux à sens passif s'accorde avec le sujet.

Ces disques se sont bien vendus.

29. Regles de ponctuation

[1. La virgule]

La virgule indique une pause dans la phrase, moins marquée que celle indiquée par un point.
Sylvie mit son écharpe, ouvrit la porte et partit travailler.

La virgule sépare des éléments semblables (même ponctuation, même registre) dans la phrase.
Maxime acheta des légumes, du thé et le journal.

[2. Le point]

Le point se place à la fin de la phrase.
Eric alla en Russie.

Le point signale la fin d'une abréviation.
M. pour Monsieur, Abr. pour abrégé…

N.B. : on ne met pas de point lorsque des lettres sont supprimées à l'intérieur du mot.
Dr pour *Docteur* ou *Mme* pour *Madame.*

[3. Le point-virgule]

Le point-virgule s'utilise à l'intérieur d'une phrase.
La valeur de la pause du point-virgule se situe entre celle du point et celle de la virgule. On ne met pas de majuscule après le point-virgule.
Le film était fini ; il était temps de quitter la salle.

[4. Le point d'exclamation]

Il s'utilise après une interjection ou une phrase exclamative.
Oh ! (Interjection) / *Je me suis fait avoir !* (Phrase exclamative)

[5. Le point d'interrogation]

Le point d'interrogation se place à la fin d'une question.
As-tu entendu ce qu'elle a dit ?

On peut marquer le doute par un point d'interrogation entre parenthèses (?).
Léonard de Vinci est né en 1452 (?) à Vinci.

[6. Les points de suspension]

On les appelle aussi « les petits points » ou « trois petits points ». On les utilise pour marquer l'inachèvement dans l'expression d'une idée, d'une énumération.
Il y a retrouvé son père, sa mère, ses frères, ses sœurs...

On peut les utiliser avant ou après un point d'exclamation ou d'interrogation.
Hep !... Toi, là-bas !...
Tu disais... ?

On les emploie aussi après l'initiale d'un nom que l'on veut dissimuler.
Monsieur G. de R... fit son entrée.

Les points de suspension, enfin, marquent une pause, une attente, une surprise dans un texte.
Quand soudain..., il s'aperçut qu'il n'était pas seul.

[7. Les deux-points]

Les deux-points annoncent une énumération, une citation, des propos.
Tout l'irritait : ses rires, ses plaisanteries, ses expressions.
Elle s'exclama : « Comme c'est original ! »

Les deux-points annoncent parfois une explication, une justification.
Maxime annula son rendez-vous avec Julie : il n'était pas d'humeur à voir du monde.

[8. Les parenthèses et les crochets]

Les parenthèses servent à mettre à part un mot, une remarque ou un passage.
Un horloger suisse (et plus précisément, romand) s'était installé en Auvergne.

Trois points consécutifs placés entre crochets *([...])* indiquent l'omission d'un passage plus ou moins long. Il s'agit souvent d'un extrait de citation.

[9. Les guillemets]

Ils ont été imaginés par l'imprimeur Guillaume, dit Guillemet. Les guillemets encadrent une citation.

Baudelaire a écrit : « Homme libre, toujours tu chériras la mer... »

On utilise les guillemets pour mettre en évidence un titre d'article, une expression étrangère, un mot familier.

Il a enfilé ses nouvelles « grolles » pour son premier entretien d'embauche.

On utilise enfin les guillemets pour rapporter des paroles prononcées.

[10. Le tiret]

Dans un dialogue, le tiret annonce un nouvel interlocuteur.

« Voulez-vous souper avec moi ?

– Oui, avec plaisir. »

Les tirets peuvent remplacer des parenthèses. Dans le traitement de texte, le tiret est précédé d'un espace. Le second tiret n'est pas indispensable devant un point ou un point-virgule.

Quand il s'adressa à Shimon Peres – le président de l'Etat d'Israël – Daniel fut submergé par l'émotion.

30. Les noms feminins sans E

Les noms de cette liste sont féminins. Ils se terminent par un son voyelle, mais s'écrivent sans *-e* final, contrairement à la majorité des noms féminins.

la brebis	la glu	la paroi	la tribu
la bru	la loi	la perdrix	la vertu
la clé	la nuit	la souris	
la foi	la paix	la toux	

II. ORTHOGRAPHE : OBJECTIF ZERO FAUTE !

1. Une liste de mots invariables

Afin	Dehors, hors
Ailleurs	Déjà
Au-dessus, dessus, par-dessus, sus	Durant
Aujourd'hui	Entre
Auparavant, avant, devant, davantage, dorénavant	Envers, par devers, (à) travers, vers
Aussi	Environ
Aussitôt, bientôt, plutôt, sitôt, tantôt, tôt	Gré, malgré
Autant, pourtant, tant, tant pis	Guère, naguère
Autrefois, fois, parfois, quelquefois, toutefois	Hier
Avec	Hormis
Beaucoup	Ici
Cependant, pendant	Jadis
Certes	Jusque
D'abord	Mieux, tant mieux
Dans, dedans	Moins, néanmoins
Debout	Parmi
Ainsi	Partout
Alors, dès lors, lorsque	Plus, plusieurs
Après, auprès, exprès, près, presque	Quand
Arrière, derrière	Sans
Assez	Selon
Demain	Surtout
Depuis, puis, puisque	Tandis que
Désormais, jamais, mais	Trop
Donc	Volontiers

2. MASCULIN OU FEMININ ?

Dit-on *un* ou *une astérisque ?* Nous donnons ici une liste de noms sur lesquels les erreurs sont les plus nombreuses. Nous n'avons pas retenu les noms qui peuvent s'employer au masculin ou au féminin (*un* ou *une après-midi*), puisque aucune forme n'est fautive.

Masculin	**Féminin**
Acolyte	Acné
Agrume	Aérogare
Amalgame	Agape
Ambre	Agora
Amiante	Alcôve
Anathème	Algèbre
Antidote	Alvéole
Antipode	Anagramme
Antre	Anicroche
Aparté	Apothéose
Aphte	Argile
Apogée	Arrhes
Appendice	Azalée
Arcane	Camée
Armistice	Câpre
Aromate	Catacombes
Asphalte	Coriandre
Astérisque	Dartre
Augure	Décombres
Auspice	Dupe
Autoradio	Ebène
Camélia	Echappatoire
Cerne	Ecritoire
Codicille	Egide

Masculin	Féminin
Edelweiss	Ephéméride
Effluve	Epitaphe
Elytre	Epithète
Emblème	Equivoque
En-tête	Escarre
Epilogue	Espèce
Errata	Gemme
Esclandre	Icône
Exécutoire	Idylle
Girofle	Immondices
Haltère	Interview
Hémisphère	Météorite
Interclasse	Oasis
Interstice	Obsèques
Intervalle	Octave
Interview	Ogive
Ivoire	Omoplate
Jade	Orbite
Méandre	Orque
Météore	Pléthore
Obélisque	Réglisse
Opercule	Stalactite
Opuscule	Stalagmite
Pécule	Ténèbres
Pétale	Topaze
Planisphère	Urticaire
Poulpe	
Prytanée	
Sévices	
Tentacule	
Tubercule	

A vos définitions !

Le TAGE MAGE est un test où il ne faut rien laisser au hasard et pour lequel chaque point engrangé peut faire la différence.

Si dans ces listes de mots féminins et masculins, certaines définitions vous échappent, prenez le temps de consulter un dictionnaire et notez les définitions des mots méconnus dans un petit carnet.

3. EPICENES

Se dit d'un mot dont la forme ne change pas avec le genre qu'il désigne. Du grec *epikoinos,* « possédé en commun ».

Exemples : *cartouche* (une cartouche = une cartouche d'encre ou de cigarettes / un cartouche = un symbole hiéroglyphique ou encore un ornement de pierre taillée portant une inscription gravée), *critique, garde, greffe, livre, manche, mémoire, mode, moule, mousse, page, pendule, platine, poste, somme, tour, vase, voile.*

Il existe également quelques **prénoms épicènes** comme : *Claude, Maxime, Camille* et *Dominique.*
Attention : des prénoms qui ont la même prononciation à l'oral mais qui s'écrivent différemment, comme *Michel/Michelle/Michèle,* ne font pas partie de la catégorie des prénoms épicènes.

4. L'ECRITURE DES ADJECTIFS NUMERAUX CARDINAUX ET ORDINAUX

[1. Les adjectifs numéraux cardinaux]

1. On met normalement un trait d'union dans les composés inférieurs à cent sauf s'ils sont coordonnés par *et : vingt-deux* mais *vingt et un.*

2. Les adjectifs numéraux cardinaux sont invariables sauf *un, cent* et *vingt.*
- *Un* s'accorde en genre (masculin ou féminin).
J'ai lu vingt et un paragraphes. J'ai lu vingt et une pages.
- *Cent* prend un *-s* quand il est multiplié : *deux cents livres,* sauf quand il est suivi d'un autre numéral : *deux cent trois livres,* ou quand il est employé comme ordinal : *page deux cent* (= la deux centième page).
- *Vingt* ne prend un *-s* que dans le nombre *quatre-vingts : il a quatre-vingts euros,* sauf quand il est suivi d'un autre numéral : *il a quatre-vingt-cinq ans* ou quand il est employé comme ordinal : *ouvrez vos manuels page quatre-vingt* (= la quatre-vingtième page).

3. *Mille* est toujours invariable : *cinq mille hommes.*

Attention : *million* et *milliard* ne sont pas des adjectifs mais des noms. Ils prennent donc la marque du pluriel : *six milliards et cinq cent millions de personnes.*

[2. Les adjectifs numéraux ordinaux]

Ces adjectifs indiquent le rang, l'ordre. Ils sont formés d'un numéral cardinal auquel on ajoute la terminaison *-ième : deuxième, cinquième, trente et unième.*

Remarque : certains adjectifs numéraux sont des mots particuliers : *premier* (qui s'emploie pour le rang 1, mais on dit *trente et unième* pour le rang 31), *second* (qui s'emploie à la place de *deuxième* quand il n'y a pas de troisième).

1. Les adjectifs numéraux ordinaux s'accordent en nombre.
Ils sont huitièmes ex-æquo.

2. Les adjectifs *premier* et *second* s'accordent aussi en genre.
C'est le premier, c'est la première. Ils sont premiers, elles sont premières.

Attention : lorsque deux adjectifs numéraux se rapportent au même nom au pluriel, ils restent au singulier : *les dix-septième* et *dix-neuvième siècles.*

5. DES TERMINAISONS INATTENDUES

[1. Des noms masculins qui se terminent par un -e]

Des noms masculins terminés par **-ée :** *un athée, un caducée, un camée, un apogée, un hyménée, un lycée, un mausolée, un musée, un pygmée, un scarabée, un trophée…*
Des noms masculins terminés par **-ie :** *un amphibie, un génie, un incendie, un parapluie, un sosie, le foie…*
Des noms masculins terminés par **-oire :** *un accessoire, un auditoire, un conservatoire, un interrogatoire, l'ivoire, un laboratoire, un observatoire, un pourboire, un réfectoire, un territoire…*
Des noms masculins terminés par **-eure :** *le beurre, un leurre.*
Un nom masculin terminé par **-ette :** *un squelette.*

[2. Des adjectifs au masculin qui se terminent par un -e]

Les adjectifs au masculin terminés par le son **[il]** s'écrivent **-ile :** *habile, tranquille, débile, futile, sénile, immobile…* (A noter les deux *l* de *tranquille.*)
Exceptions : *civil, puéril, subtil, vil, volatil.*

Les adjectifs masculins terminés par le son **[war]** s'écrivent **-oire :** *aléatoire, illusoire, méritoire, préparatoire…*

Les adjectifs masculins terminés par le son **[ik]** s'écrivent **-ique :** *aquatique, authentique, éclectique, caractéristique, élastique, féerique…*

Exception : *public.*

[3. Des terminaisons inattendues pour des mots au singulier]

Certains noms au singulier se terminent par **-s** : *un croquis, le cambouis, une fois, un héros, un legs, un poids, un puits, un compromis, un remords, un relais, un tiers, un concours, un discours, un parcours, un recours, le velours…*

Certains noms au singulier se terminent par **-x** : *une croix, un crucifix, une faux, le flux, une noix, la paix, une perdrix, le prix, la toux, la voix…*

Tous les adjectifs masculins terminés par le son **[eü]** s'écrivent **-eux,** même au singulier : *ambitieux, mystérieux, précieux, respectueux, chanceux, honteux…*

Exception : *bleu* (qui fait au pluriel *bleus*).

[4. Des terminaisons inattendues pour des mots féminins]

Les noms féminins terminés par le sont **[tje]** s'écrivent **-tié.** Ils ne prennent jamais de *-e* final : *la pitié, l'amitié, la moitié, la piété…*

Quatre noms féminins terminés par le son **[y]** s'écrivent **-u,** sans *-e* final : *la bru, la glu, la tribu, la vertu.*

Les noms féminins terminés par le son **[eur]** s'écrivent **-eur** et **-œur,** sans *-e* final : *la douceur, l'ardeur, la fraîcheur, la fleur, la douleur, l'horreur, l'humeur, la minceur, l'odeur, la pesanteur, la rigueur… la rancœur, la sœur…*

Exceptions : *la demeure, l'heure.*

Les noms féminins terminés par le son **[te]** s'écrivent **-té,** sans *-e* final : *la beauté, la cité, la gaieté, la fierté, l'humanité, la quantité, la propriété, la satiété…*

Exceptions : *la butée, la dictée, la jetée, la montée, la nuitée, la pâtée, la portée, la tétée ;* les noms qui expriment un contenu : *une assiettée, une platée, une potée…*

6. Sigles et acronymes

Un sigle est une abréviation constituée des initiales (ou de certaines lettres) de plusieurs mots.
EDF : Electricité de France / HLM : Habitation à loyer modéré / CNRS : Centre national de la recherche scientifique.
Aujourd'hui, les sigles s'écrivent de plus en plus souvent sans point entre les lettres et même les majuscules ont tendance à disparaître.

Un sigle qui peut se lire et se prononcer comme un mot est un acronyme : *SICAV, SMIC, ONU, OVNI.* Ces acronymes s'écrivent de plus en plus souvent en minuscules : *une Sicav monétaire, un Smic brut.*

Les sigles et les acronymes prennent le genre du mot principal qui les compose.
CFDT est du féminin (= Confédération française démocratique du travail).
CNRS est du masculin (= Centre national de la recherche scientifique).

Les acronymes peuvent être invariables : *des SICAV,* ou prendre la marque du pluriel quand ils sont devenus de véritables noms communs : *des ovnis* (= objets volants non identifiés), *des faqs*, *des radars*.

Retrouvez sur www.aurlom.com une liste des principaux sigles et acronymes.

7. Le pluriel en *-ail* ou *-aux* ?

La plupart des noms qui ont une terminaison en *-ail* ont un pluriel régulier en *-s*. Ils s'écrivent donc *-ails* au pluriel : *un portail/des portails, un caravansérail/des caravansérails.*

Cas particuliers
Cependant, certains noms font leur pluriel en *-aux*. Parmi les plus courants, on trouve :

un bail – des baux	un travail – des travaux
un corail – des coraux	un vantail – des vantaux
un émail – des émaux	un vitrail – des vitraux
un soupirail – des soupiraux	

8. Le pluriel en *-x* ou en *-s* ?

La plupart des noms et adjectifs qui se terminent au singulier par *-au, -eau* ou *-eu* prennent un *-x* au pluriel.
Des noyaux de pêches. / De vieux livres. / Des signes chinois.

Seuls sept noms en *-ou* font leur pluriel en *-x*. Il faut les connaître.

des bijoux	des genoux
des choux	des joujoux
des hiboux	des poux
des cailloux	

9. *Sans* + singulier ou pluriel ?

Lorsque *sans* introduit un complément du nom sans déterminant, il faut faire appel à la logique et au bon sens pour savoir si le nom est au singulier ou au pluriel.
Un chemisier sans col et sans manches.

Dans bien des cas, on a le choix, l'analyse permettant les deux nombres.
Un ciel sans nuage (= il n'y a pas un seul nuage dans le ciel).
Un ciel sans nuages (= s'il y en avait, il y en aurait plusieurs).

Locutions figées
Il faut retenir certaines locutions figées dans lesquelles le nom précédé de *sans* est toujours au singulier.

sans arrêt	sans crainte	sans exception	sans suite
sans cesse	sans délai	sans fin	
sans conteste	sans encombre	sans pareil	

Lorsque *sans faute* (« absolument »), *sans façon* (« simplement ») et *sans doute* (« peut-être ») sont employés comme adverbes, ils s'écrivent toujours au singulier.
Elle rendra son travail ce soir sans faute et pourra sans doute t'aider à faire le tien.

III. VOCABULAIRE & STYLE

1. A L'ORIGINE...

1. ÉTYMOLOGIE – LES PRINCIPALES RACINES GRECQUES ET LATINES

Racine		Sens	Exemples
aéro-	grecque	air	aérodrome
-agogie	grecque	guide	pédagogie
-agogue	grecque	guide	démagogue
agro-	latine	champ	agriculture, agronomie
-algi(e)	grecque	douleur	névralgie, antalgique
allo	grecque	autre	allogène, allomorphe
andro	grecque	homme	androgyne
anthropo-	grecque	être humain	anthropologue, anthropophage
aqu-	latine	eau	aquiculture, aqueduc
archeo-	grecque	ancien	archéologie
-archie	grecque	commandement	anarchie
arthro-	grecque	articulation	arthrite
astro-	grecque	astre	astronomie, astronaute
auri-	latine	oreille	auriculaire
auto-	grecque	lui-même	autodestruction
avi-	latine	oiseau	avion, aviation
bary-	grecque	pression	baromètre, barycentre
biblio-	grecque	livre	bibliophile, bibliothèque
bio-	grecque	vie	biologie, antibiotique
brachy	grecque	court	brachycéphale
calor-	latine	chaleur	calorifère, calorique
cardio-	grecque	cœur	cardiogramme, cardiologue
carni-	latine	chair	carnivore

Racine		**Sens**	**Exemples**
céphal	grecque	tête	céphalopode, encéphalite
chiro-	grecque	main	chiropracteur, chirurgien
chromo-	grecque	couleur	chromatologie
chrono-	grecque	temps	chronomètre, chronologie
cinéma-	grecque	mouvement	cinématique
cinét-	grecque	mobile	cinétique
cole-	grecque	bile	colère, mélancolie
cosmo-	grecque	monde (ordre)	cosmopolite, cosmique
-crate	grecque	puissance	phallocrate
-cratie	grecque	puissance	démocratie
crypto-	grecque	caché	cryptogame, décryptage
cyano-	grecque	bleu	cyanosé, cyanure
cyclo-	grecque	cercle	bicyclette, cyclothymique
cyto-	grecque	cellule	cytoplasme
dactylo-	grecque	doigt	dactylographier
démo-	grecque	peuple	démographie, démocratie
derm(o)	grecque	peau	dermique
-derme	grecque	peau	épiderme
didact-	grecque	enseigner	didactique
digi(to)	latine	doigt	digitale
-doxe	grecque	opinion	orthodoxe, paradoxe
-drome	grecque	course, champ	aérodrome, hippodrome
dynamo-	grecque	force	dynamique
-èdre	grecque	face	polyèdre, tétraèdre
équi	latine	égal	équilatéral, équivalent
-fère	latine	porter	téléférique, aurifère
galacto-	grecque	lait	galactorrhée
gastéro-	grecque	estomac	gastéropode, gastrite
-gène	grecque	qui engendre	cancérigène, pathogène
géo-	grecque	terre	géographie, géologie
gluco-	grecque	doux (sucré)	glucide
glyco-	grecque	doux (sucré)	glycérine

Racine		Sens	Exemples
-gone	grecque	angle	pentagone, polygone
-gramme	grecque	lettre	télégramme, épigramme
grapho-	grecque	écrire	graphique, graphologie
gynéco-	grecque	femme	gynécologue
gyno-	grecque	femme	gynécée
hélio-	grecque	soleil	héliothérapie, héliotrope
hémato-	grecque	sang	hématome
hémo-	grecque	sang	hémoglobine
hétéro-	grecque	autre	hétérogène, hétérosexuel
hippo-	grecque	cheval	hippodrome, hippique
holo-	grecque	entier	holocauste (= brûler tout entier)
homéo-	grecque	semblable	homéopathie
homo-	grecque	semblable	homosexuel
homo-	latine	homme	homicide
horo-	grecque	heure	horoscope
hydro-	grecque	eau	hydravion, hydraulique
hygro-	grecque	humide	hygrométrique
hypno-	grecque	sommeil	hypnose, hypnotique
icono-	grecque	image	icône, iconographie
iso-	grecque	égal	isotherme, isocèle
kinési-	grecque	mouvement	kinésithérapeute
lacto-	latine	lait	lacté, lactique
latéro-	latine	côté	équilatéral, quadrilatère
leuco-	grecque	blanc	leucémie, leucocyte
litho-	grecque	pierre	lithographie
-lithe	grecque	pierre	paléolithique
logo-	grecque	discours	logorrhée
-logue	grecque	discours	monologue
-lyse	grecque	dissolution	analyse, électrolyse
macro-	grecque	grand	macrocosme, macrophotographie
mam(m)-	latine	mamelle	mammifère, mammaire
-manie	grecque	folie	cleptomanie

Racine		Sens	Exemples
-mane	grecque	folie	nymphomane
méga-	grecque	grand	mégalithe
mégalo-	grecque	grand	mégalomanie
mélano-	grecque	noir	mélancolie
méso-	grecque	au milieu	Mésopotamie
méta-	grecque	transformer	métamorphose
métro-	grecque	mesure	métronome
-mètre	grecque	mesure	kilomètre
micro-	grecque	petit	microphone, microscope
miso-	grecque	haïr	misogyne, misanthrope
-mobile	latine	qui se meut	automobile
mono-	grecque	seul	monarchie, monoculture
morpho-	grecque	forme	morphologie, polymorphe
multi-	latine	nombreux	multinationale, multicolore
myo-	grecque	muscle	myocarde, myopathie
mytho-	grecque	légende	mythologie, mythique
nau-	latine	matelot	nautique, cosmonaute
nécro-	latine	morte	nécrologie, nécropole
néo-	grecque	nouveau	néologisme, néophyte
neuro-	grecque	nerf	neurologue, neurone
-nome	grecque	loi	agronome
-nomie	grecque	loi	astronomie
nyct-	grecque	nuit	nyctalope
oléo-	latine	huile	oléagineux, oléoduc
oligo-	grecque	peu nombreux	oligarchie, oligospermie
omni	latine	tout	omnivore, omnisport
onom-	grecque	nom	onomatopée
-onyme	grecque	nom	homonyme, patronyme
-ope	grecque	œil	myopie, hypermétropie
ophtalmo-	grecque	œil	ophtalmie
ornitho-	grecque	oiseau	ornithologique
ortho-	grecque	droit	orthographe, orthophonie

Racine		**Sens**	**Exemples**
oto-	grecque	oreille	otite, oto-rhino-laryngologiste
ovo-	latine	œuf	ovocyte, ovulation
oxy-	grecque	acide	oxygène, oxydation
paléo-	grecque	ancien	paléolithique
pan-	grecque	tout	panorama, panthéon
patho-	grecque	souffrance	pathologie
patr(i)-	latine	père	patriarche, patronymique
péd-	grecque	enfant	pédiatre, pédagogie
pédi-	latine	pied	pédestre, pédicure
pédo-	grecque	enfant	pédologie, pédophile
pétro-	latine	pierre	pétrochimie, pétrole
phago-	grecque	manger	phagocyte
-phage	grecque	manger	anthropophage
-phane	grecque	paraître (briller)	diaphane
phanéro-	grecque	visible	phanérogame
philo-	grecque	qui aime	philosophe
-phile	grecque	qui aime	francophile
-phobe	grecque	qui craint	claustrophobe
-phobie	grecque	qui craint	xénophobie
-phone	grecque	voix, son	téléphone
phono-	grecque	voix, son	phonétique
-phore	grecque	porter	métaphore, sémaphore
photo-	grecque	lumière	photocopie, photographie
phyllo-	grecque	feuille	chlorophylle, phylloxéra
phylo-	grecque	tribu, espèce	phylogenèse
physio-	grecque	nature	physiologie, physionomie
phyto-	grecque	plante	phytoplancton, phytothérapie
pisci-	latine	poisson	piscine, pisciculture
pneumo-	grecque	souffle, poumon	pneumatique, pneumonie
podo-	grecque	pied	podologue
poli-	grecque	ville, cité	politique
-pole	grecque	ville, cité	métropole

Racine		Sens	Exemples
poly-	grecque	plusieurs, nombreux	polysémie, polygone
potam-	grecque	fleuve	hippopotame
psych(o)-	grecque	âme, esprit	psychiatre, psychologue, métempsycose
ptéro-	grecque	aile	hélicoptère, ptérodactyle
pyro-	grecque	feu	pyrogravure, pyromane
radio-	latine	rayon	radioactivité, radiologie
rect(i)	latine	droit	rectangle, rectiligne
rhé(o)-	grecque	couler	aménorrhée, logorrhée
rhino-	grecque	nez	rhinocéros, rhinite
rhizo-	grecque	racine	rhizome
-scope	grecque	examiner	microscope, télescope
séma-	grecque	signe	sémantique
sémio-	grecque	signe	sémiologie
télé-	grecque	au loin	télépathie, télévision
thalasso-	grecque	mer	thalassothérapie
théo-	grecque	dieu	polythéisme, théologie
-thèque	grecque	lieu de rangement	bibliothèque, phonothèque
thérap(eu)-	grecque	soigner	psychothérapie, thérapeute
-thèse	grecque	action de poser	hypothèse, synthèse
-tomie	grecque	action de couper	anatomie, mammectomie
topo-	grecque	lieu	topologie, toponyme
-trope	grecque	tourner	héliotrope
-trophie	grecque	nourriture	atrophie, hypertrophie
-vore	latine	manger	carnivore, herbivore
xéno-	grecque	étranger	xénophobe
xylo-	grecque	bois	xylophage, xylophone
zoo-	grecque	animal	zoologique

2. PREFIXES D'ORIGINE SAVANTE

Racine		Sens	Exemples
a-	grecque	privatif	atypique
an-	grecque	privatif	analphabète
ab-	latine	éloignement	abstraction
ana-	grecque	en remontant, par	analyse, anagramme
anté-	latine	avant, devant	antécédent, antérieur
anti-	grecque	contre	antigel, antivol
apo-	grecque	à partir de	apothéose, apogée
cata-	grecque	en bas	catacombe, catalyse
circum-	latine	autour de	circonférence, circonscription
cis-	latine	en deçà de	cisalpin
co-	latine	avec, achèvement	coopérer
com-	latine	avec, achèvement	comité, compassion
con-	latine	avec, achèvement	concevoir
dia-	grecque	à travers	diapositive, diachronie
dys-	grecque	difficulté, trouble	dyslexie, dystrophie
ecto-	grecque	en dehors	ectoplasme
en-	grecque	dans	endettement, enraciné
endo-	grecque	dedans	endogène, endogamie
épi-	grecque	sur	épiderme, épigramme
eu-	grecque	bien	euphorie, euthanasie
ex-	latine	hors de	exhumation, expatrié
exo-	grecque	dehors	exogamie
extra-	latine	au-delà	extrapolation
hyper-	grecque	sur, plus	hypertension, hypertrophie
hypo-	grecque	sous	hypothèse, hypoglycémie
in-	latine	dans	inhalation, inhérent
in-	latine	négatif	incurable, indigne
inter-	latine	entre	interaction
intra-	latine	dedans	intraveineux

Racine		Sens	Exemples
intro-	latine	dedans	introduction
juxta-	latine	à côté de	juxtaposition
méta-	grecque	après	métaphysique
para-	grecque	près	parapsychologie, paragraphe
para-	grecque	contre	parapluie, parasol
péné-	latine	presque	péninsule, pénéplaine
per-	latine	par, à travers	perforateur
péri-	grecque	autour	périphérique, périscope
pré-	latine	devant, avant	préfixe, préhistoire
pro-	latine	pour	prolongation, pronom
ré-	latine	répétition, retour	régression, réitération
rétro-	latine	en arrière	rétroviseur, rétroactif
semi-	latine	à moitié, demi	semi-conducteur
sub-	latine	sous	subaquatique, suburbain
super-	latine	sur	supermarché, supérieur
supra-	latine	au-dessus	supranational, supraterrestre
syn-	grecque	avec	synchronie, synonyme, sympathie
trans-	latine	au-delà de, à travers	transmetteur, transatlantique
ultra-	latine	au-delà	ultrason, ultraviolet

3. PREFIXES EXPRIMANT LA QUANTITE

Français	Latin	Grec
un	uni- (unicellulaire)	mono- (monologue)
deux	bi-, bis- (bicorne)	di- (diptère)
trois	tri- (trinôme)	tri- (trigonométrie)
quatre	quadri- (quadrilatère)	tétra- (tétraèdre)
cinq	quinqu- (quinquennal)	penta- (pentagone)
dix	déci- (décimètre)	déca- (décathlon)
cent	centi- (centimètre)	hecto- (hectolitre)
mille	mill- (millimètre)	kilo- (kilogramme)
demi	semi- (semi-conducteur)	hémi- (hémicycle)

2. VOCABULAIRE : LES PIEGES A EVITER

1. ATTENTION AUX PLEONASMES

L'objectif visé ici est de ne pas redoubler des mots de même sens.
Eviter les pléonasmes demande une bonne appréciation du vocabulaire : on doit être capable de reconnaître que deux mots sont porteurs du même sens afin de ne pas les employer ensemble.

Abolir entièrement
Abolir signifie déjà « faire disparaître absolument, réduire à rien ».

Allumer la lumière
Allumer se réfère déjà à la *lumière.*

L'apparence extérieure
Apparence signifie déjà « ce que l'on voit de l'extérieur ».

Commémorer un souvenir
Commémorer signifie déjà « rappeler ou célébrer le souvenir, faire mémoire ».

Comparer ensemble, comparer entre eux
Comparer signifie déjà « mettre en relation, confronter plusieurs choses entre elles ».

Se dévisager mutuellement (ou l'un l'autre)
Dévisager signifie déjà « observer le visage de quelqu'un ».

Divulguer publiquement
Divulguer signifie déjà « porter à la connaissance du public » (du latin *vulgus :* « la foule »).

Une dune de sable
Le mot *dune* désigne déjà « une colline ou un monticule de sable fin ».

Un hasard imprévu
Un hasard est, par définition, toujours imprévisible.

Marcher à pied, marche à pied
Marcher signifie déjà « aller à pied, se déplacer à pied ».

Avoir le monopole exclusif
Avoir le monopole signifie déjà « être seul détenteur », et donc « avoir l'exclusivité ».

La panacée universelle
Panacée signifie étymologiquement « qui guérit tout ».

Pondre un œuf
Pondre signifie déjà « faire et déposer ses œufs ».

La première priorité
Priorité signifie déjà « ce qui vient en premier, ce qui vient d'abord ».

Se relayer tour à tour
Se relayer signifie déjà « se remplacer l'un l'autre tour à tour ».

Répéter deux fois la même chose
Répéter signifie déjà « dire deux fois la même chose ».

Retenir d'avance
Retenir signifie déjà « réserver préalablement ».

Solidaires l'un de l'autre
Etre solidaires signifie déjà « répondre l'un de l'autre, être liés l'un à l'autre ».

Assez suffisant
Suffisant indique déjà qu'il y a assez de la chose dont on parle.

A l'unanimité de tous les présents
L'unanimité indique déjà l'approbation de tous (ou de tous les présents).

Opposer son veto
Le mot latin *veto* signifie déjà « Je m'oppose ».

2. Attention a bien distinguer les mots de sens proches

Une alternative / Un dilemme

Une alternative : une situation dans laquelle deux voies se présentent, entre lesquelles il faut choisir.

Un dilemme : une alternative particulièrement difficile à affronter, les deux voies qui se présentent étant contradictoires et les solutions également douloureuses.

Analogue / Identique

Analogue : qui présente quelques similarités, qui est semblable.

Identique : qui est en tous points pareil à autre chose.

Anoblir / Ennoblir

Anoblir : attribuer un titre de noblesse.

Ennoblir : procurer de la noblesse ou une élévation morale à quelqu'un ou à quelque chose.

Assurer / Promettre

Assurer : certifier, garantir.

Promettre : s'engager envers quelqu'un, garantir, certifier (mais ne doit être employé que pour faire référence au futur).

Ceci / Cela

Ceci : se réfère à ce qui va être dit.

Cela : se réfère à ce qui a été dit.

La cohérence / La cohésion

Cohérence : union étroite d'idées qui s'accordent entre elles.

Cohésion : attribut d'un ensemble dont les parties sont solidaires.

Colorer / Colorier

Colorer : donner de la couleur (nom dérivé : *coloration*)

Colorier : appliquer des couleurs sur une surface (nom dérivé : *coloriage*).

Congénital / Héréditaire

Congénital : qui paraît dès la naissance, qui a son origine dans la vie intra-utérine.

Héréditaire : qui se transmet aux descendants ; qui est transmis par les ascendants.

La découverte / L'invention

La découverte : elle consiste à faire connaître ce qui existe mais qui était occulté ou ignoré jusque-là.

L'invention : elle consiste à concevoir une technique ou un appareil qui n'existait pas jusque-là.

Dédicacer / Dédier

Dédicacer : signer l'exemplaire d'une œuvre dont on est l'auteur.

Dédier : mettre une œuvre sous le patronage de quelqu'un.

Délivrer / Libérer

Délivrer : on délivre celui qui est captif, entravé.

Libérer : on libère celui qui est prisonnier, incarcéré, privé de liberté.

Démythifier / Démystifier

Démythifier : priver quelque chose ou quelqu'un de sa valeur de mythe.

Démystifier : détromper des victimes d'une mystification (d'une duperie, d'une imposture).

Dessécher / Assécher

Dessécher : rendre sec.

Assécher : mettre à sec.

L'égalité / L'équité

L'égalité : se réfère à ce qui est égal, de même qualité, de même valeur.

L'équité : se réfère à ce qui est juste, équitable.

Emménager / Aménager

Emménager : s'installer dans un nouveau logement.

Aménager : disposer, organiser un espace pour une certaine finalité.

Enfantin / Infantile

Enfantin : qui touche à, qui appartient à l'enfance.

Infantile : même sens, mais avec une valeur péjorative. A noter toutefois qu'il n'y a pas de valeur péjorative dans *« les maladies infantiles »*.

Ephémère / Provisoire

Ephémère : qui est de courte durée.

Provisoire : qui n'est pas définitif.

Gourmand / Gourmet

Gourmand : qui aime manger sans modération.

Gourmet : qui apprécie les plats de qualité, connaisseur en matière culinaire.

La graduation / La gradation

Graduation : division en degrés sur un outil de mesure.

Gradation : augmentation ou la diminution progressive.

Hiberner / Hiverner

Hiberner : passer l'hiver dans une torpeur totale.

Hiverner : passer l'hiver à l'abri.

Illettré / Analphabète

Illettré : qui lit et écrit difficilement, qui a mal appris ou qui a oublié.

Analphabète : qui ne sait lire ni écrire (et n'a jamais su).

Imminence / Immanence

Imminence : se réfère à ce qui va se produire dans peu de temps.

Immanence : se réfère à ce qui fait partie de la nature d'un être ou d'une chose.

Immoral / Amoral

Immoral : qui est opposé à la morale, qui enfreint les règles morales.

Amoral : qui est sans morale, qui n'a pas de notion de la morale.

L'inclination / L'inclinaison

Inclination : mouvement du corps ou de la tête, mais aussi de l'âme ou du cœur.

Inclinaison : état de ce qui est oblique ou penché.

L'intégration / L'assimilation

Intégration : fait qu'une personne trouve sa place dans la vie sociale et les institutions d'un pays d'accueil.

Assimilation : fait qu'une communauté fasse siennes peu à peu les valeurs, les normes et la culture d'un pays d'accueil.

L'intégrité / L'intégralité

Intégrité : état de ce qui demeure intact. S'agissant d'une personne, « l'honnêteté ».

Intégralité : état de ce qui demeure complet.

Jadis / Naguère

Jadis : il y a longtemps, dans un passé lointain.

Naguère : il y a peu de temps, dans un passé proche (il n'y a guère de temps).

Judiciaire / Juridique

Judiciaire : qui a trait à la justice.

Juridique : du domaine du droit.

La justesse / La justice

Justesse : exactitude, la précision, la conformité, la pertinence.

Justice : qui respecte le droit et les mérites.

Légal / Légitime

Légal : qui est conforme à la loi.

Légitime : qui est conforme à un droit naturel ; qui est justifié, fondé.

Marin / Maritime

Marin : qui est dans la mer ou qui se rapporte étroitement à la mer.

Maritime : qui est dans le voisinage de la mer, en zone côtière.

La maturité / La maturation

Maturité : état de ce qui est mûr, qui parvient à son plein développement.

Maturation : fait de mûrir.

Médiéval / Moyenâgeux

Médiéval : de l'époque du Moyen Age.

Moyenâgeux : se dit péjorativement ou par ironie de ce qui paraît appartenir au Moyen Age.

La médisance / La calomnie

Médisance : consiste à discréditer quelqu'un en relatant des propos que l'on croit vrais.

Calomnie : consiste à nuire à la réputation de quelqu'un en propageant volontairement des mensonges.

Le mobile / Le motif

Mobile : ce qui détermine la volonté subjectivement, qui incite à agir avant l'action.

Motif : ce qui détermine rationnellement une action, en fonction du but que l'on lui fixe.

Mutuel / Réciproque

Mutuel : qui implique un échange entre deux ou plusieurs individus ou choses.

Réciproque : qui implique un échange égal entre deux personnes, deux groupes ou deux choses.

Neuf / Nouveau

Neuf : qui n'a encore jamais été utilisé (se place après le nom).

Nouveau : qui apparaît pour la première fois ou que l'on possède peu (se place avant le nom).

Notable / Notoire

Notable : qui mérite d'être noté, donc important, sérieux.

Notoire : qui est certain, connu de tous.

Officiel / Officieux

Officiel : ce qui a été établi par une autorité reconnue.

Officieux : ce qui est rapporté par une source autorisée mais qui ne fait pas l'objet d'une garantie officielle.

Oppresser / Opprimer

Oppresser : nuire à la respiration.

Opprimer : soumettre à une autorité excessive.

Original / Originel

Original : 1. qui n'a pas eu de modèle mais peut être un modèle ; 2. qui semble nouveau, qui sort de l'ordinaire.

Originel : qui remonte à l'origine.

Parmi / Entre

Parmi : situé au sein d'une série de plusieurs éléments.

Entre : situé au milieu de deux éléments.

Partial / Partiel

Partial : qui a des préférences, qui se prononce sans souci d'objectivité.

Partiel : qui n'est qu'un élément d'un ensemble plus vaste.

Pédestre / Piétonnier

Pédestre : qui se parcourt à pied.

Piétonnier : qui est réservé aux piétons.

Possible / Probable

Possible : qui est réalisable, qui est envisageable.

Probable : qui est très susceptible de se produire.

La prévoyance / Une prévision

Prévoyance : qui considère et organise ce qui peut arriver avec intelligence et sagesse.

Prévision : raisonnement sur les événements à venir.

La prolongation / Le prolongement

Prolongation : action d'étendre dans le temps.

Prolongement : ce qui s'étire en longueur dans l'espace.

Le racisme / La xénophobie

Racisme : haine ou mépris dirigés contre des personnes en raison de leur appartenance ethnique.

Xénophobie : haine de l'étranger ou de ce qui vient de l'étranger.

Raisonnable / Rationnel

Raisonnable : qui est en adéquation avec la raison pratique ; qui est sensé et réfléchi.

Rationnel : que la raison théorique peut concevoir et comprendre, qui est logique et cohérent.

Transparent / Translucide

Transparent : qui peut être traversé par la lumière et laisse voir les objets à travers son épaisseur.

Translucide : qui laisse filtrer un peu de lumière mais ne permet pas de voir au travers.

Vivable / Viable

Vivable : élément, personne, ou lieu où, avec qui, ou avec quoi l'on peut vivre.

Viable : qui est susceptible d'avoir une certaine durée de vie et se développer.

3. Attention aux paronymes

Les **paronymes** sont des mots qui sont presque homonymes. Ils se ressemblent à une ou à quelques lettres près, à un préfixe près. Ce sont des mots que l'on prend souvent l'un pour l'autre alors qu'ils ont des sens bien différents : *recouvrer/recouvrir, compréhensif/compréhensible, acceptation/acception, allocution/allocation, pandémie/épidémie,* etc. La différence est donc minime. Mais ces mots si proches par leur appartenance n'ont pas du tout le même sens.

Retrouvez sur www.aurlom.com une liste complète de paronymes.

4. Mefiez-vous des homonymes

Un abord / Les abords

Un abord : façon d'aborder quelqu'un ou de s'introduire auprès de quelqu'un. / Les abords (toujours au pluriel) : ce qui donne accès à un lieu, les alentours.

Un acquis / Acquit

Un acquis : qui a été gagné, une conquête, un héritage. / Acquit : qui a été payé.

Une arche / Une arche

Une arche : un coffre de bois. / Une arche : une voûte en forme d'arc.

Une ballade / Une balade

Une ballade : un poème (souvent mis en musique). / Une balade : une promenade (les dérivés de *balade* s'écrivent aussi avec un seul *l*).

Un cahot / Un chaos

Un cahot : un soubresaut en voiture. / Un chaos : un grand désordre.

Censé / Sensé

Censé : supposé. / Sensé : de bons sens.

Décrépi / Décrépit

Décrépi : qui a perdu son crépi. / Décrépit : dans un état de dégradation physique du fait de l'âge.

Détoner / Détonner

Détoner : exploser, émettre une détonation. / Détonner : contraster, ne pas être dans le ton juste, chanter ou jouer faux.

Différent / Différend

Différent : qui diffère, qui est singulier, distinct. / Un différend : un désaccord.

Une session / Une cession

Une session : la période pendant laquelle une assemblée tient séance. / Une cession : le fait de donner un bien, un droit.

Subi / Subit

Subi : qui est supporté, enduré. / Subit : qui se produit en très peu de temps, brusque.

5. Associations malheureuses a eviter

D'avance, avant... sont incompatibles avec les verbes composés du préfixe, **pré-** qui expriment déjà une action anticipée : *prédire, prévenir, préparer, prévoir...*

Ensemble est incompatible avec les verbes qui expriment déjà la mise en commun, l'action commune : *collaborer, se concerter, débattre, joindre, mélanger, se réunir...*

Encore est incompatible avec les verbes comportant déjà le préfixe de répétition **re-** : *recommencer, refaire, redemander...*

Faire en sorte est inutile et doit être supprimé après les verbes *tâcher, s'efforcer...*

Mutuellement, les uns les autres, réciproquement, ensemble... sont incompatibles avec les verbes composés du préfixe **entre-** qui expriment déjà une action mutuelle : *s'entre-déchirer, s'entremêler, s'entretuer, s'entretenir...*

Ne... que est incompatible avec **seulement, uniquement, juste...** On ne doit pas employer les deux tournures en même temps.

Ne... que et **seulement** sont incompatibles avec les verbes exprimant déjà la restriction : *se borner à, se résumer à, se limiter à, s'en tenir à se contenter de...*

Pouvoir est incompatible avec **(im)possible** puisque *(im)possible* signifie déjà « (ne pas) pouvoir ».

Ou est incompatible avec **sinon.** On n'emploiera donc pas les deux mots ensemble.

Permettre de... est à éviter avec **pouvoir.**

Le superlatif *(le plus, le moins)* ainsi que **très, entièrement...** sont incompatibles avec des adjectifs qui ont déjà une valeur de superlatif : *excellent, immense, imminent, omniprésent, maximum, minimum, supérieur...*

Préférer est incompatible avec **plutôt, plus, mieux...**

Il suffit de est à éviter avec **simplement.**

Trop est incompatible avec les mots qui expriment déjà l'abus, la quantité excessive : *abuser, exagérer, excessif, extrême...*

3. QUESTIONS DE STYLE

1. PRENEZ L'HABITUDE DE REMPLACER LES VERBES PASSE-PARTOUT

[1. Comment remplacer le verbe *avoir* ?]

Remplacer *avoir*	**Par un verbe de sens plus précis**
Avoir une profession	Exercer une profession
Avoir des revenus	Disposer de revenus
Avoir un grand succès	Connaître, rencontrer, remporter un grand succès
Avoir un résultat	Obtenir un résultat
Avoir tel avantage	Bénéficier de tel avantage
Avoir un handicap	Souffrir d'un handicap
Avoir un sentiment de joie	Eprouver un sentiment de joie
Avoir une voiture	Posséder une voiture
Avoir un retard ; un préjudice	Subir un retard ; un préjudice
Avoir des difficultés	Rencontrer, éprouver des difficultés
Avoir du courage	Faire preuve de courage

Remplacer *avoir*	**Par un seul verbe**
Avoir le souci de ses parents	Se soucier de ses parents
Avoir le regret de son enfance	Regretter son enfance
Avoir mal	Souffrir
Avoir à sa disposition	Disposer d'une voiture
Avoir l'espoir de travailler	Espérer travailler
Avoir peur de sortir le soir	Craindre de sortir le soir

Remplacer le groupe verbal	**Par un seul verbe**
Avoir l'air heureux	Sembler, paraître heureux
Avoir peu, n'avoir pas confiance	Manquer de confiance
Avoir un comportement normal	Se comporter normalement (adverbe)

Remplacer *avoir*	**En changeant la tournure**
Le sportif a du courage	Le sportif est courageux
Le stagiaire a des diplômes	Le stagiaire est diplômé
L'artisan a une grande habileté	L'artisan est habile
Le chanteur a soixante ans	Le chanteur est âgé de soixante ans
Il a des idées précises sur la question	Ses idées sur la question sont précises
Ils ont une maison en Provence	Leur maison est située en Provence

[2. Comment remplacer le verbe *dire* ?]

Remplacer *dire*	**Par un verbe de sens plus précis**
Dire une histoire	Raconter une histoire
Dire un secret	Confier un secret
Dire l'avenir	Prédire l'avenir
Dire son avis, son point de vue	Donner son avis, son point de vue
Dire des injures, des menaces	Proférer des menaces
Dire les faits	Exposer les faits
Dire ses remarques	Signaler ses remarques
Dire les propos de quelqu'un	Rapporter les propos de quelqu'un
Dire une nouvelle	Annoncer une nouvelle
Dire sa pensée	Exprimer sa pensée
Dire ses difficultés, ses projets	Exposer ses difficultés, ses projets
Dire ses intentions	Révéler, dévoiler ses intentions
Dire son opinion avec assurance	Affirmer son opinion
Cela me dit quelque chose	Cela m'évoque, me rappelle quelque chose

Remplacer le groupe verbal	**Par un seul verbe**
Dire des mensonges	Mentir
Dire en plus	Ajouter
Dire du mal	Médire
Dire souvent	Répéter
Dire tu, vous	Tutoyer, vouvoyer
Que veut dire cela ?	Que signifie cela ?

[3. Comment remplacer le verbe *faire* ?]

Remplacer *faire*	**Par un verbe de sens plus précis**
Faire un meuble	Fabriquer un meuble
Faire un bijou	Confectionner un bijou
Faire un procès	Intenter un procès
Faire un sport, un métier	Pratiquer un sport, exercer un métier
Faire une erreur	Commettre une erreur
Faire des bénéfices	Réaliser des bénéfices
Faire un compte rendu	Rédiger un compte rendu
Faire un croquis	Exécuter un croquis
Faire des ennuis, du tort	Causer des ennuis, du tort
Faire jeune, vieux ; faire l'idiot	Avoir l'air, donner l'impression d'être jeune, vieux ; jouer à l'idiot
Faire semblant de se fâcher	Feindre de se fâcher
Faire une liste	Etablir, dresser une liste
Faire 1 m 80, 1 kg, 100 euros	Mesurer 1 m 80, peser 1 kg, coûter (valoir) 100 euros
Faire 2 km à pied	Parcourir 2 km à pied
Faire une mission	Accomplir une mission
Faire un travail	Effectuer un travail
Faire une enquête	Procéder à une enquête

Remplacer *faire*	**Par un seul verbe**
Faire des projets	Projeter
Faire des progrès	Progresser
Faire l'effort de	S'efforcer
Faire des dettes	S'endetter
Faire des reproches	Reprocher
Faire des voyages	Voyager

Remplacer *faire*	**Par un verbe synonyme**
Faire part	Annoncer
Faire savoir	Informer, prévenir
Faire voir	Montrer
Faire durer	Prolonger
Faire peur	Effrayer
Faire tomber	Renverser
Faire penser	Rappeler, évoquer, suggérer

Remplacer *faire*	**En changeant la tournure**
Tu ferais mieux de partir	Tu devrais partir
Il s'est fait licencier	Il a été licencié
Il s'est fait rembourser 300 euros par son assurance	Son assurance lui a remboursé 200 euros

[4. Comment remplacer le verbe *mettre* ?]

Remplacer *mettre*	**Par un verbe de sens plus précis**
Mettre en place	Placer, installer
Mettre sur pied	Préparer, organiser
Mettre au courant	Informer
Mettre en confiance	Rassurer
Mettre de côté	Garder
Mettre un nom sur un document	Ecrire, inscrire un nom sur un document
Mettre de l'argent à la banque	Placer, déposer de l'argent à la banque
Mettre sur un support	Poser sur un support
Mettre à la poubelle	Jeter à la poubelle
Mettre un vêtement, des gants	Enfiler un vêtement, des gants
Mettre ensemble	Rassembler, réunir
Mettre en cause	Accuser
Mettre à part	Ecarter
Mettre à l'épreuve	Eprouver
(Se) mettre à l'abri	(S')abriter

[5. Comment remplacer le verbe *donner* ?]

Remplacer *donner*	**Par un verbe de sens plus précis**
Donner les cartes	Distribuer les cartes
Donner un conseil, des soins	Prodiguer un conseil, des soins
Donner du souci, du chagrin	Causer du souci, du chagrin
Donner un prix	Attribuer, décerner un prix
Donner un délai	Accorder un délai
Donner sa confiance	Accorder sa confiance
Donner un stage	Procurer un stage
Donner l'heure	Indiquer l'heure
Donner l'occasion de voyager	Fournir l'occasion de voyager
Donner de l'importance à un détail (le juger important)	Attacher de l'importance à un détail
Donner de l'importance à un détail (le rendre important)	Conférer de l'importance à un détail

Remplacer un groupe verbal	**Par un seul verbe**
Donner sa démission	Démissionner
Donner une réponse	Répondre
Donner des cours	Enseigner
Donner un coup de main	Aider
Donner un cadeau	Offrir
Donner un conseil	Conseiller

2. Synonymes

On dit de deux mots qu'ils sont **synonymes** lorsqu'ils ont le même sens ou à peu près le même sens, un sens voisin, un sens proche.

Ainsi, des termes comme *gendre* et *beau-fils* / *confondre* et *démasquer* / *naviguer* et *voguer* / *diminuer* et *décroître* sont synonymes.

Toutefois, il n'existe pas vraiment de mots que l'on puisse substituer les uns aux autres dans une synonymie parfaite. Tout dépend du contexte d'emploi du mot.

Manger, se sustenter, se nourrir, bouffer ou *becter* désignent la même action mais ne s'emploient pas dans les mêmes circonstances. On peut *confondre* ou *démasquer* un coupable, mais on ne peut pas *démasquer* le sel avec le sucre.

La plupart de synonymes ne sont synonymes d'un mot que pour l'un de ses emplois et il y a presque toujours une nuance ou un degré d'intensité différent.

Exemples

Un bon musicien : un musicien doué/talentueux/créatif.

De bons amis : des amis chers/loyaux/proches.

Un bon rôti : un rôti excellent/exquis/délicieux.

Un homme bon : un homme altruiste/aimable/charitable, etc.

Si vous souhaitez sincèrement enrichir votre vocabulaire et jouer sur de nombreuses nuances de la langue française, consultez le dictionnaire de synonymes du CNRS… Un véritable bijou !

http://dico.isc.cnrs.fr/dico/fr/chercher

Voici par exemple le niveau de précision que vous pourrez trouver en cherchant des synonymes du mot *délicieux.*

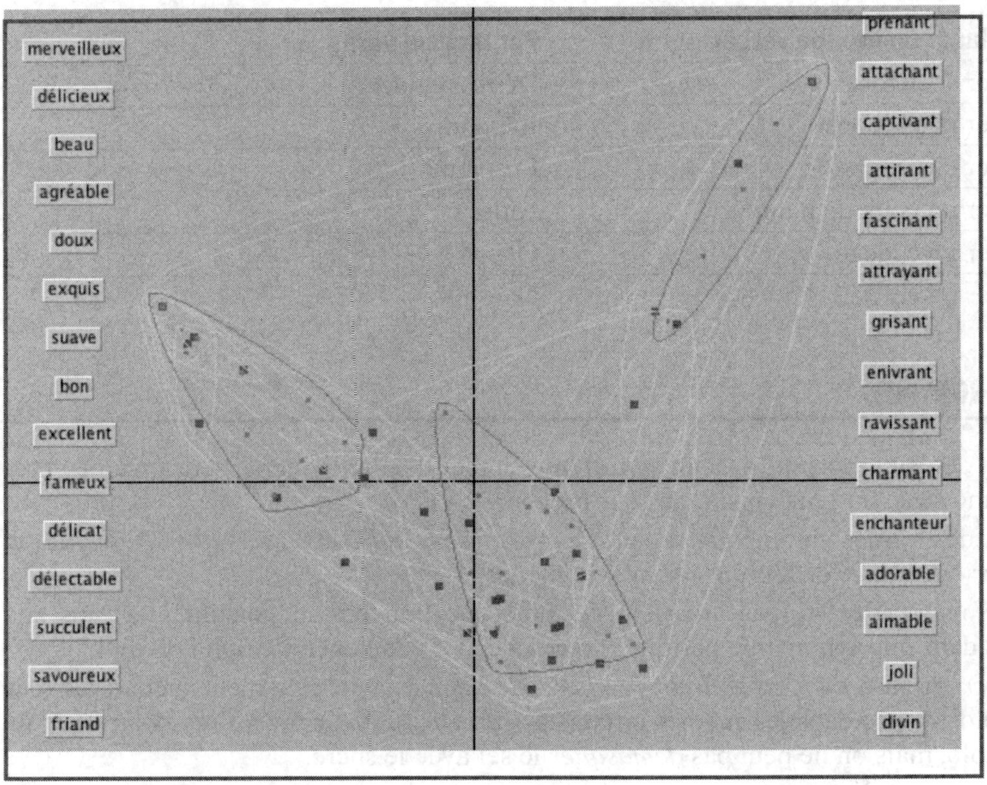

3. Antonymes

Un **antonyme** est un mot dont le sens est opposé à celui d'un autre.

Exemples : *chaud* est un antonyme de *froid, lumière* est un antonymes d'*obscurité* et *étroit* est un antonyme de *large.*

Voici quelques couples d'antonymes qui ne vous laisseront pas indifférents.

Agnat : relatif à un élément d'une famille descendant d'un même ancêtre masculin. / **Cognat :** parenté par consanguinité.

Apical : formant le sommet d'un organe. / Désigne un son produit par le contact de la pointe de la langue avec le palais. / **Basal** : fondamental, essentiel, relatif à la base.

Apocope : perte de lettre ou de syllabe finale (*alu* pour *aluminium, Théo* pour *Théophile,* etc.). / **Aphérèse** : suppression de lettres ou de syllabes en début de mot (*-car* pour *autocar, -toine* pour *Antoine,* etc.).

Esotérique : relatif à l'ésotérisme. / Se dit de l'enseignement qui, dans certaines écoles de la Grèce antique, approfondissait la doctrine pour un petit groupe de disciples très qualifiés. / Se dit d'une tradition occulte transmise à des initiés. / Hermétique, incompréhensible pour ceux qui n'appartiennent pas à un groupe restreint d'initiés. / **Exotérique** : s'emploie pour des doctrines divulguées au public, vulgarisées.

Indigène : originaire d'un pays ou d'une région. / Quelqu'un dont le peuple est établi de tout temps dans un pays, par opposition aux peuples qui ont colonisé ce pays par la suite. / Par plaisanterie, habitant d'une région ou d'une ville par rapport aux visiteurs, aux touristes. / **Allogène** : non indigène, population émigrée depuis peu. / Personne établie depuis peu dans un pays.

Lévirat : loi des anciens Hébreux, obligeant une veuve sans descendant mâle à épouser le frère de son mari défunt. / Tradition selon laquelle les veuves épousent un frère du mari défunt. / **Sororat** : qualifie le système familial selon lequel un homme veuf doit épouser l'une des sœurs de sa femme défunte.

Périhélie : point orbital d'une planète le plus proche du Soleil. / **Aphélie :** point de l'orbite d'une planète le plus éloigné du Soleil.

Prolixe : bavard. / **Concis** : bref, exprimé en peu de mots.

Psychique : relatif à l'esprit, à la pensée. / Se rapportant aux phénomènes parapsychiques. / **Somatique** : relatif au soma, à l'ensemble des cellules non reproductrices d'un organisme (s'opposant à « germen »). / Qui concerne le corps (s'oppose à « psychique »).

Senestre : qui est à gauche. / **Dextre** : qui est à droite.

Tachycardie : accélération anormale du rythme cardiaque. / **Bradycardie** : rythme cardiaque lent.

Ubac : en montagne, versant exposé à l'ombre. / **Adret** : versant d'un relief montagneux exposé au soleil.

Utérin : né de la même mère mais non du même père qu'un autre. / Frères et sœurs nés de la même mère mais d'un père différent. / **Consanguin** : lié par le sang à d'autres individus, ayant des ascendants proches identique. / Issu du même père.

Yang : force symbolique dans la pensée chinoise, s'unit et s'oppose au « yin ». / **Yin :** force symbolique dans la pensée chinoise, s'unit et s'oppose au « yang ».

Zénith : point où la verticale d'un lieu perce la sphère céleste au-dessus de l'horizon. / **Nadir** : point virtuel de la sphère céleste, situé à l'extrémité d'une ligne verticale partant d'un endroit donné du globe et passant par le centre de la Terre, opposé au zénith.

Si vous souhaitez trouver l'antonyme d'un mot, le meilleur site Internet qui soit est sans aucun doute : **http://www.cnrtl.fr/antonymie/**

4. Mots de liaison : variez les plaisirs !

[1. Comment exprimer…]

La conséquence
Alors, Ainsi, C'est pourquoi, D'où, Dans ces conditions, De sorte que, Donc, En conséquence, Par conséquent

La terminaison
Ainsi, Etant donné, Puisque

L'introduction
D'abord, En premier lieu

L'addition
Aussi, De même, De plus, Encore, Et, Egalement

L'énumération
D'abord, Enfin, Ensuite

La liaison, la transition
Bref, D'ailleurs, Donc, Ensuite, En somme, En outre, Or, Par ailleurs, Puis

L'explication
Car, C'est-à-dire, En effet, Effectivement, Etant donné que, Puisque

L'illustration
Entre autres, Notamment, Par exemple

L'opposition
Au contraire, Néanmoins, Par contre, En revanche, Pourtant, Quoique, Toutefois

[2. Synonymes des mots de liaison]

A notre avis
En ce qui nous concerne, Pour notre part, Quant à nous

Au sujet de
A cet égard, A propos de, En ce qui a trait, Pour ce qui est de, Quant à, Relativement à, Sur ce point

Car (dans une phrase)
En effet, C'est qu'en effet, De fait

De plus
En outre, De surcroît

De toute façon
De toute manière, Quoi qu'il en soit

D'ailleurs
D'un autre côté, Par contre, En revanche, Du reste

D'une part… d'autre part

A première vue…, mais toute réflexion faite, mais à bien considérer les choses, Non seulement… mais encore, mais aussi, mais en outre, Tout d'abord… ensuite

En réalité

A vrai dire, Effectivement

En résumé

Au fond, Bref, Dans l'ensemble, En d'autres termes, En définitive, En somme, Essentiellement, Somme toute, Tout compte fait

Enfin

Finalement, En dernier lieu, En fin de compte

Par conséquent

Ainsi, Ainsi donc, Aussi, C'est pourquoi, Donc, En conséquence, Partant de ce fait, Pour cette (ces) raison(s)

Pourtant

Cependant, Néanmoins, Toutefois

5. Application : question de contexte…

Il est régulièrement question de contexte au TAGE MAGE.
Dans l'application qui suit, vous trouverez des questions comportant des séries de trois phrases, qui sont généralement des phrases simples, des proverbes ou des pensées d'auteurs. **Votre mission consiste à trouver le mot manquant commun aux trois phrases, en vous référant au contexte.**

1.

- Il a recours aux ______________ les plus perfides pour arriver à ses fins.
- Il a trouvé une ______________ diabolique pour déjouer leurs plans.
- C'est la ______________ ordinaire de Satan de corrompre et abâtardir par tous moyens qu'il peut bonne semence de Dieu, afin qu'elle ne mûrisse point pour apporter fruit.

2.
- C'est avant tout la ______________ de l'expérience qui importe : la raison suivra toujours, son bandeau phosphorescent sur les yeux.
- Une folle ______________ s'est engagée entre les policiers et les braqueurs.
- La vaine ______________ d'une utopie.

3.
- Le Temps, monseigneur, a sur le dos un sac où ce monstre géant d'______________ enfouit sans cesse des aumônes pour l'oubli.
- L'______________ la plus odieuse, mais la plus commune et la plus ancienne, est celle des enfants envers leurs pères.
- Il n'y a qu'un seul vice dont on ne voie personne se vanter, c'est l'______________.

4.
- Le moment est venu de desserrer l'______________ des militaires sur les affaires.
- Les journaux se sont libérés de l'______________ du parti.
- Selon une des thèses fondamentales de Nietzsche, les valeurs traditionnelles ont perdu leur ______________ sur la vie des individus.

5.
- L'empreinte d'un homme sur un autre est éternelle, aucun ______________ n'a traversé le nôtre impunément.
- Nous tissons notre ______________, nous le tirons de nous comme l'araignée sa toile.
- Il s'agit là d'une famille cruellement marquée par le ______________.

6.
- Ses nouvelles sont d'une ______________ feutrée.
- Les dictatures fomentent l'oppression, la servilité et la ______________.
- La ______________ est le remède de l'orgueil blessé.

7.
- Le commencement et le ______________ de l'amour se font sentir par l'embarras où l'on est de se trouver seuls.
- Le mois de septembre signe le ______________ de la belle saison.
- L'amour constant ressemble à la fleur du soleil,
  Qui rend à son______________, le soir, le même hommage,
  Dont elle a, le matin, salué son réveil !

8.
- Au lieu que c'est une vertu d'avoir pitié des moindres afflictions qu'ont les autres, c'est une espèce de ______________ de s'affliger pour les nôtres propres.
- Il a eu la ______________ de témoigner à visage couvert.
- Je considère le suicide comme une ______________ : c'est un duel avec un adversaire désarmé.

9.
- C'est délicieux quand deux silences ayant cheminé parallèlement dans l'______________, soudain les deux esprits reparaissent côte à côte, avec la même phrase.
- Chacun est l'______________ de tous.
- La religion n'est autre chose que l'______________ portée de l'univers sur l'intelligence humaine.

10.
- Grands hommes ! Voulez-vous avoir ______________ demain ? Mourez aujourd'hui.
- L'ordre est le plaisir de la ______________ : mais le désordre est le délice de l'imagination.
- Ce n'est pas en enfermant ton prochain dans une maison de santé que tu prouveras ta ______________.

11.
- Il considère le travail comme une ______________ contraignante.
- Un être ne se sent obligé que s'il est libre, et chaque ______________, prise à part, implique la liberté.
- Employeur et employé ont des ______________ communes.

12.
- Il n'a personne à qui confier sa ______________.
- L'homme est un apprenti, la ______________ est son maître, et nul ne se connaît tant qu'il n'a pas souffert.
- Rien ne nous rend si grands qu'une grande ______________.

13.

- Un nouveau ______________ routier s'est produit ce matin.
- Affirmant que « la vie de l'intelligence constitue un univers lyrique incomparable, un ______________ complet où ne manquent ni l'aventure, ni les passions, ni le comique, ni rien d'humain », Valéry retrace dans *Charmes* un ______________ de l'intelligence, où chaque poème pourrait constituer une étape dans l'aventure de la connaissance.
- Il y a eu un petit ______________ familial au dîner d'hier soir.

14.

- Pas la Couleur, rien que la ______________.
- Il a répété la même chose avec une petite ______________.
- Ce tableau idyllique mérite quelques ______________.

15.

- Oh ! Attention, monseigneur, à la jalousie ; c'est le monstre aux yeux verts qui ______________ la proie dont il se nourrit.
- Ces compagnies ne survivront pas à la ______________ boursière.
- La ______________ révolutionnaire passée, les Vigny s'installèrent à Paris.

16.

- Je possède ce don d'observation appelé vulgairement ______________ par ceux qui en sont dépourvus.
- On atteint là le comble du ______________.
- Ce film dépeint la réalité de l'entreprise avec un ______________ désabusé.

17.

- Le mouvement démocratique perd un peu de son ______________.
- Choisir la vie, c'est choisir l'avenir. Sans cet ______________ qui nous porte en avant nous ne serions rien de plus qu'une moisissure à la surface de la terre.
- Il n'a pas réussi à créer un ______________ communautaire.

18.

- Point d'______________, point de Suisse, et ma porte était close.
- Mais sans ______________ l'honneur n'est qu'une maladie.
- Il y a loin de l'homme qui méprise l'______________ à celui qui est véritablement honnête.

19.
- Le mariage est le tombeau de la femme, le principe de toute ______________ féminine.
- C'est une grande ______________ qu'une grande carrière.
- Les révolutions n'ont généralement pour résultat immédiat qu'un déplacement de ______________.

20.
- La ______________, c'est le bonheur d'être triste.
- Il fut soudain submergé par la ______________.
- La ______________, n'est que de la ferveur retombée. La sagesse n'est pas dans la raison, mais dans l'amour.

[Réponses]

1. ruse(s)
2. poursuite
3. ingratitude
4. emprise
5. destin
6. cruauté
7. déclin
8. lâcheté
9. ombre
10. raison
11. obligation(s)
12. douleur
13. drame
14. nuance(s)
15. tourmente
16. cynisme
17. élan
18. argent
19. servitude
20. mélancolie

IV. 20 TABLEAUX DE CONJUGAISON

Conjuguer parfaitement les verbes de la langue française est un prérequis nécessaire à tout manager soucieux de **rédiger correctement ses mails** ou de faire mouche **en apportant à ses courriers officiels toute la précision que ces derniers méritent.**

L'usage du futur antérieur, du présent ou de l'imparfait du subjonctif, mais encore de l'impératif, est bien plus fréquent que l'on ne peut l'imaginer. On croit souvent savoir conjuguer des verbes couramment utilisés dans la langue française ; mais il n'en est souvent rien. Alors **testez-vous sans plus attendre sur les 20 verbes suivants** que nous avons sélectionnés pour vous avec soin afin que vous passiez au travers des pièges qui vous seront tendus au TAGE MAGE.

NB : les verbes entre parenthèses ont une conjugaison similaire aux verbes en gras.

1. **Avoir**
2. **Etre**
3. **Chanter** (souhaiter, penser, rester, demander, aimer, donner, hésiter, trouver, passer, parler, travailler, intéresser, arriver, profiter, continuer, etc.)
4. **Jeter** (appeler, projeter, renouveler, harceler, rejeter, s'atteler, amonceler, etc.)
5. **Finir** (choisir, réfléchir, définir, subir, investir, garantir, fournir, avertir, réunir, réjouir, remplir, aboutir, nourrir, agir, s'agir, etc.)
6. **Aller**
7. **Cueillir**
8. **Devoir**
9. **Faire** (satisfaire, défaire, parfaire, refaire, contrefaire, etc.)
10. **Prendre** (comprendre, apprendre, surprendre, entreprendre, se méprendre, etc.)
11. **Savoir**
12. **Valoir**
13. **Venir** (tenir, prévenir, soutenir, devenir, obtenir, entretenir, appartenir, etc.)
14. **Voir**
15. **Vouloir**
16. **Connaître** (paraître, apparaître, reconnaître, méconnaitre, transparaître, etc.)
17. **Acquérir** (requérir, s'enquérir, conquérir, etc.)
18. **Pouvoir**
19. **Mettre** (permettre, soumettre, transmettre, commettre, admettre, compromettre, émettre, remettre, omettre, etc.)
20. **Falloir**

[1. Avoir – Auxiliaire]

INDICATIF

Présent	Imparfait	Passé simple	Futur
J'ai	J'avais	J'eus	J'aurai
Tu as	Tu avais	Tu eus	Tu auras
Il a	Il avait	Il eut	Il aura
Nous avons	Nous avions	Nous eûmes	Nous aurons
Vous avez	Vous aviez	Vous eûtes	Vous aurez
Ils ont	Ils avaient	Ils eurent	Ils auront

Passé composé	Plus-que-parfait	Passé antérieur	Futur antérieur
J'ai eu	J'avais eu	J'eus eu	J'aurai eu
Tu as eu	Tu avais eu	Tu eus eu	Tu auras eu
Il a eu	Il avait eu	Il eut eu	Il aura eu
Nous avons eu	Nous avions eu	Nous eûmes eu	Nous aurons eu
Vous avez eu	Vous aviez eu	Vous eûtes eu	Vous aurez eu
Ils ont eu	Ils avaient eu	Ils eurent eu	Ils auront eu

SUBJONCTIF

Présent	Passé	Imparfait	Plus-que-parfait
Que j'aie	Que j'aie eu	Que j'eusse	Que j'eusse eu
Que tu aies	Que tu aies eu	Que tu eusses	Que tu eusses eu
Qu'il ait	Qu'il ait eu	Qu'il eût	Qu'il eût eu
Que nous ayons	Que nous ayons eu	Que nous eussions	Que nous eussions eu
Que vous ayez	Que vous ayez eu	Que vous eussiez	Que vous eussiez eu
Qu'ils aient	Qu'ils aient eu	Qu'ils eussent	Qu'ils eussent eu

CONDITIONNEL / **IMPERATIF**

Présent (Conditionnel)	Passé (Conditionnel)	Présent (Impératif)	Passé (Impératif)
J'aurais	J'aurais eu	Aie	Aie eu
Tu aurais	Tu aurais eu	Ayons	Ayons eu
Il aurait	Il aurait eu	Ayez	Ayez eu
Nous aurions	Nous aurions eu		
Vous auriez	Vous auriez eu		
Ils auraient	Ils auraient eu		

INFINITIF / **PARTICIPE**

Présent (Infinitif)	Passé (Infinitif)	Présent (Participe)	Passé (Participe)
Avoir	Avoir eu	Ayant	Eu, ayant eu

[2. Etre – Auxiliaire]

INDICATIF

Présent	Imparfait	Passé simple	Futur
Je suis	J'étais	Je fus	Je serai
Tu es	Tu étais	Tu fus	Tu seras
Il est	Il était	Il fut	Il sera
Nous sommes	Nous étions	Nous fûmes	Nous serons
Vous êtes	Vous étiez	Vous fûtes	Vous serez
Ils sont	Ils étaient	Ils furent	Ils seront

Passé composé	Plus-que-parfait	Passé antérieur	Futur antérieur
J'ai été	J'avais été	J'eus été	J'aurai été
Tu as été	Tu avais été	Tu eus été	Tu auras été
Il a été	Il avait été	Il eut été	Il aura été
Nous avons été	Nous avions été	Nous eûmes été	Nous aurons été
Vous avez été	Vous aviez été	Vous eûtes été	Vous aurez été
Ils ont été	Ils avaient été	Ils eurent été	Ils auront été

SUBJONCTIF

Présent	Passé	Imparfait	Plus-que-parfait
Que je sois	Que j'aie été	Que je fusse	Que j'eusse été
Que tu sois	Que tu aies été	Que tu fusses	Que tu eusses été
Qu'il soit	Qu'il ait été	Qu'il fût	Qu'il eût été
Que nous soyons	Que nous ayons été	Que nous fussions	Que nous eussions été
Que vous soyez	Que vous ayez été	Que vous fussiez	Que vous eussiez été
Qu'ils soient	Qu'ils aient été	Qu'ils fussent	Qu'ils eussent été

CONDITIONNEL / **IMPERATIF**

Présent	Passé	Présent	Passé
Je serais	J'aurais été	Sois	Aie été
Tu serais	Tu aurais été	Soyons	Ayons été
Il serait	Il aurait été	Soyez	Ayez été
Nous serions	Nous aurions été		
Vous seriez	Vous auriez été		
Ils seraient	Ils auraient été		

INFINITIF / **PARTICIPE**

Présent	Passé	Présent	Passé
Etre	Avoir été	Etant	Eté, ayant été

[3. Chanter – 1er Groupe]

INDICATIF

Présent	Imparfait	Passé simple	Futur
Je chante	Je chantais	Je chantai	Je chanterai
Tu chantes	Tu chantais	Tu chantas	Tu chanteras
Il chante	Il chantait	Il chanta	Il chantera
Nous chantons	Nous chantions	Nous chantâmes	Nous chanterons
Vous chantez	Vous chantiez	Vous chantâtes	Vous chanterez
Ils chantent	Ils chantaient	Ils chantèrent	Ils chanteront

Passé composé	Plus-que-parfait	Passé antérieur	Futur antérieur
J'ai chanté	J'avais chanté	J'eus chanté	J'aurai chanté
Tu as chanté	Tu avais chanté	Tu eus chanté	Tu auras chanté
Il a chanté	Il avait chanté	Il eut chanté	Il aura chanté
Nous avons chanté	Nous avions chanté	Nous eûmes chanté	Nous aurons chanté
Vous avez chanté	Vous aviez chanté	Vous eûtes chanté	Vous aurez chanté
Ils ont chanté	Ils avaient chanté	Ils eurent chanté	Ils auront chanté

SUBJONCTIF

Présent	Passé	Imparfait	Plus-que-parfait
Que je chante	Que j'aie chanté	Que je chantasse	Que j'eusse chanté
Que tu chantes	Que tu aies chanté	Que tu chantasses	Que tu eusses chanté
Qu'il chante	Qu'il ait chanté	Qu'il chantât	Qu'il eût chanté
Que nous chantions	Que nous ayons chanté	Que nous chantassions	Que nous eussions chanté
Que vous chantiez	Que vous ayez chanté	Que vous chantassiez	Que vous eussiez chanté
Qu'ils chantent	Qu'ils aient chanté	Qu'ils chantassent	Qu'ils eussent chanté

CONDITIONNEL / **IMPERATIF**

Présent	Passé	Présent	Passé
Je chanterais	J'aurais chanté	Chante	Aie chanté
Tu chanterais	Tu aurais chanté	Chantons	Ayons chanté
Il chanterait	Il aurait chanté	Chantez	Ayez chanté
Nous chanterions	Nous aurions chanté		
Vous chanteriez	Vous auriez chanté		
Ils chanteraient	Ils auraient chanté		

INFINITIF / **PARTICIPE**

Présent	Passé	Présent	Passé
Chanter	Avoir chanté	Chantant	Chanté, ayant chanté

[4. Jeter – 1er Groupe]

INDICATIF

Présent	Imparfait	Passé simple	Futur
Je jette	Je jetais	Je jetai	Je jetterai
Tu jettes	Tu jetais	Tu jetas	Tu jetteras
Il jette	Il jetait	Il jeta	Il jettera
Nous jetons	Nous jetions	Nous jetâmes	Nous jetterons
Vous jetez	Vous jetiez	Vous jetâtes	Vous jetterez
Ils jettent	Ils jetaient	Ils jetèrent	Ils jetteront

Passé composé	Plus-que-parfait	Passé antérieur	Futur antérieur
J'ai jeté	J'avais jeté	J'eus jeté	J'aurai jeté
Tu as jeté	Tu avais jeté	Tu eus jeté	Tu auras jeté
Il a jeté	Il avait jeté	Il eut jeté	Il aura jeté
Nous avons jeté	Nous avions jeté	Nous eûmes jeté	Nous aurons jeté
Vous avez jeté	Vous aviez jeté	Vous eûtes jeté	Vous aurez jeté
Ils ont jeté	Ils avaient jeté	Ils eurent jeté	Ils auront jeté

SUBJONCTIF

Présent	Passé	Imparfait	Plus-que-parfait
Que je jette	Que j'aie jeté	Que je jetasse	Que j'eusse jeté
Que tu jettes	Que tu aies jeté	Que tu jetasses	Que tu eusses jeté
Qu'il jette	Qu'il ait jeté	Qu'il jetât	Qu'il eût jeté
Que nous jetions	Que nous ayons jeté	Que nous jetassions	Que nous eussions jeté
Que vous jetiez	Que vous ayez jeté	Que vous jetassiez	Que vous eussiez jeté
Qu'ils jettent	Qu'ils aient jeté	Qu'ils jetassent	Qu'ils eussent jeté

CONDITIONNEL		**IMPERATIF**	
Présent	**Passé**	**Présent**	**Passé**
Je jetterais	J'aurais jeté	Jette	Aie jeté
Tu jetterais	Tu aurais jeté	Jetons	Ayons jeté
Il jetterait	Il aurait jeté	Jetez	Ayez jeté
Nous jetterions	Nous aurions jeté		
Vous jetteriez	Vous auriez jeté		
Ils jetteraient	Ils auraient jeté		

INFINITIF		**PARTICIPE**	
Présent	**Passé**	**Présent**	**Passé**
Jeter	Avoir jeté	Jetant	Jeté, ayant jeté

[5. Finir – 2e Groupe]

INDICATIF

Présent	Imparfait	Passé simple	Futur
Je finis	Je finissais	Je finis	Je finirai
Tu finis	Tu finissais	Tu finis	Tu finiras
Il finit	Il finissait	Il finit	Il finira
Nous finissons	Nous finissions	Nous finîmes	Nous finirons
Vous finissez	Vous finissiez	Vous finîtes	Vous finirez
Ils finissent	Ils finissaient	Ils finirent	Ils finiront

Passé composé	Plus-que-parfait	Passé antérieur	Futur antérieur
J'ai fini	J'avais fini	J'eus fini	J'aurai fini
Tu as fini	Tu avais fini	Tu eus fini	Tu auras fini
Il a fini	Il avait fini	Il eut fini	Il aura fini
Nous avons fini	Nous avions fini	Nous eûmes fini	Nous aurons fini
Vous avez fini	Vous aviez fini	Vous eûtes fini	Vous aurez fini
Ils ont fini	Ils avaient fini	Ils eurent fini	Ils auront fini

SUBJONCTIF

Présent	Passé	Imparfait	Plus-que-parfait
Que je finisse	Que j'aie fini	Que je finisse	Que j'eusse fini
Que tu finisses	Que tu aies fini	Que tu finisses	Que tu eusses fini
Qu'il finisse	Qu'il ait fini	Qu'il finît	Qu'il eût fini
Que nous finissions	Que nous ayons fini	Que nous finissions	Que nous eussions fini
Que vous finissiez	Que vous ayez fini	Que vous finissiez	Que vous eussiez fini
Qu'ils finissent	Qu'ils aient fini	Qu'ils finissent	Qu'ils eussent fini

CONDITIONNEL / **IMPERATIF**

Présent	Passé	Présent	Passé
Je finirais	J'aurais fini	Finis	Aie fini
Tu finirais	Tu aurais fini	Finissons	Ayons fini
Il finirait	Il aurait fini	Finissez	Ayez fini
Nous finirions	Nous aurions fini		
Vous finiriez	Vous auriez fini		
Ils finiraient	Ils auraient fini		

INFINITIF / **PARTICIPE**

Présent	Passé	Présent	Passé
Finir	Avoir fini	Finissant	Fini, ayant fini

[6. Aller – 3e Groupe]

INDICATIF

Présent	Imparfait	Passé simple	Futur
Je vais	J'allais	J'allai	J'irai
Tu vas	Tu allais	Tu allas	Tu iras
Il va	Il allait	Il alla	Il ira
Nous allons	Nous allions	Nous allâmes	Nous irons
Vous allez	Vous alliez	Vous allâtes	Vous irez
Ils vont	Ils allaient	Ils allèrent	Ils iront

Passé composé	Plus-que-parfait	Passé antérieur	Futur antérieur
Je suis allé	J'étais allé	Je fus allé	Je serai allé
Tu es allé	Tu étais allé	Tu fus allé	Tu seras allé
Il est allé	Il était allé	Il fut allé	Il sera allé
Nous sommes allés	Nous étions allés	Nous fûmes allés	Nous serons allés
Vous êtes allés	Vous étiez allés	Vous fûtes allés	Vous serez allés
Ils sont allés	Ils étaient allés	Ils furent allés	Ils seront allés

SUBJONCTIF

Présent	Passé	Imparfait	Plus-que-parfait
Que j'aille	Que je sois allé	Que j'allasse	Que je fusse allé
Que tu ailles	Que tu sois allé	Que tu allasses	Que tu fusses allé
Qu'il aille	Qu'il soit allé	Qu'il allât	Qu'il fût allé
Que nous allions	Que nous soyons allés	Que nous allassions	Que nous fussions allés
Que vous alliez	Que vous soyez allés	Que vous allassiez	Que vous fussiez allés
Qu'ils aillent	Qu'ils soient allés	Qu'ils allassent	Qu'ils fussent allés

CONDITIONNEL / **IMPERATIF**

Présent	Passé	Présent	Passé
J'irais	Je serais allé	Va	Sois allé
Tu irais	Tu serais allé	Allons	Soyons allés
Il irait	Il serait allé	Allez	Soyez allés
Nous irions	Nous serions allés		
Vous iriez	Vous seriez allés		
Ils iraient	Ils seraient allés		

INFINITIF / **PARTICIPE**

Présent	Passé	Présent	Passé
Aller	Être allé	Allant	Allé, étant allé

[7. Cueillir – 3e Groupe]

INDICATIF

Présent	Imparfait	Passé simple	Futur
Je cueille	Je cueillais	Je cueillis	Je cueillerai
Tu cueilles	Tu cueillais	Tu cueillis	Tu cueilleras
Il cueille	Il cueillait	Il cueillit	Il cueillera
Nous cueillons	Nous cueillions	Nous cueillîmes	Nous cueillerons
Vous cueillez	Vous cueilliez	Vous cueillîtes	Vous cueillerez
Ils cueillent	Ils cueillaient	Ils cueillirent	Ils cueilleront

Passé composé	Plus-que-parfait	Passé antérieur	Futur antérieur
J'ai cueilli	J'avais cueilli	J'eus cueilli	J'aurai cueilli
Tu as cueilli	Tu avais cueilli	Tu eus cueilli	Tu auras cueilli
Il a cueilli	Il avait cueilli	Il eut cueilli	Il aura cueilli
Nous avons cueilli	Nous avions cueilli	Nous eûmes cueilli	Nous aurons cueilli
Vous avez cueilli	Vous aviez cueilli	Vous eûtes cueilli	Vous aurez cueilli
Ils ont cueilli	Ils avaient cueilli	Ils eurent cueilli	Ils auront cueilli

SUBJONCTIF

Présent	Passé	Imparfait	Plus-que-parfait
Que je cueille	Que j'aie cueilli	Que je cueillisse	Que j'eusse cueilli
Que tu cueilles	Que tu aies cueilli	Que tu cueillisses	Que tu eusses cueilli
Qu'il cueille	Qu'il ait cueilli	Qu'il cueillît	Qu'il eût cueilli
Que nous cueillions	Que nous ayons cueilli	Que nous cueillissions	Que nous eussions cueilli
Que vous cueilliez	Que vous ayez cueilli	Que vous cueillissiez	Que vous eussiez cueilli
Qu'ils cueillent	Qu'ils aient cueilli	Qu'ils cueillissent	Qu'ils eussent cueilli

CONDITIONNEL		**IMPERATIF**	
Présent	**Passé**	**Présent**	**Passé**
Je cueillerais	J'aurais cueilli	Cueille	Aie cueilli
Tu cueillerais	Tu aurais cueilli	Cueillons	Ayons cueilli
Il cueillerait	Il aurait cueilli	Cueillez	Ayez cueilli
Nous cueillerions	Nous aurions cueilli		
Vous cueilleriez	Vous auriez cueilli		
Ils cueilleraient	Ils auraient cueilli		

INFINITIF		**PARTICIPE**	
Présent	**Passé**	**Présent**	**Passé**
Cueillir	Avoir cueilli	Cueillant	Cueilli, ayant cueilli

[8. Devoir – 3e Groupe]

INDICATIF

Présent	Imparfait	Passé simple	Futur
Je dois	Je devais	Je dus	Je devrai
Tu dois	Tu devais	Tu dus	Tu devras
Il doit	Il devait	Il dut	Il devra
Nous devons	Nous devions	Nous dûmes	Nous devrons
Vous devez	Vous deviez	Vous dûtes	Vous devrez
Ils doivent	Ils devaient	Ils durent	Ils devront

Passé composé	Plus-que-parfait	Passé antérieur	Futur antérieur
J'ai dû	J'avais dû	J'eus dû	J'aurai dû
Tu as dû	Tu avais dû	Tu eus dû	Tu auras dû
Il a dû	Il avait dû	Il eut dû	Il aura dû
Nous avons dû	Nous avions dû	Nous eûmes dû	Nous aurons dû
Vous avez dû	Vous aviez dû	Vous eûtes dû	Vous aurez dû
Ils ont dû	Ils avaient dû	Ils eurent dû	Ils auront dû

SUBJONCTIF

Présent	Passé	Imparfait	Plus-que-parfait
Que je doive	Que j'aie dû	Que je dusse	Que j'eusse dû
Que tu doives	Que tu aies dû	Que tu dusses	Que tu eusses dû
Qu'il doive	Qu'il ait dû	Qu'il dût	Qu'il eût dû
Que nous devions	Que nous ayons dû	Que nous dussions	Que nous eussions dû
Que vous deviez	Que vous ayez dû	Que vous dussiez	Que vous eussiez dû
Qu'ils doivent	Qu'ils aient dû	Qu'ils dussent	Qu'ils eussent dû

CONDITIONNEL / **IMPERATIF**

Présent	Passé	Présent	Passé
Je devrais	J'aurais dû	Dois	Aie dû
Tu devrais	Tu aurais dû	Devons	Ayons dû
Il devrait	Il aurait dû	Devez	Ayez dû
Nous devrions	Nous aurions dû		
Vous devriez	Vous auriez dû		
Ils devraient	Ils auraient dû		

INFINITIF / **PARTICIPE**

Présent	Passé	Présent	Passé
Devoir	Avoir dû	Devant	Dû, ayant dû

[9. Faire – 3e Groupe]

INDICATIF

Présent	Imparfait	Passé simple	Futur
Je fais	Je faisais	Je fis	Je ferai
Tu fais	Tu faisais	Tu fis	Tu feras
Il fait	Il faisait	Il fit	Il fera
Nous faisons	Nous faisions	Nous fîmes	Nous ferons
Vous faites	Vous faisiez	Vous fîtes	Vous ferez
Ils font	Ils faisaient	Ils firent	Ils feront

Passé composé	Plus-que-parfait	Passé antérieur	Futur antérieur
J'ai fait	J'avais fait	J'eus fait	J'aurai fait
Tu as fait	Tu avais fait	Tu eus fait	Tu auras fait
Il a fait	Il avait fait	Il eut fait	Il aura fait
Nous avons fait	Nous avions fait	Nous eûmes fait	Nous aurons fait
Vous avez fait	Vous aviez fait	Vous eûtes fait	Vous aurez fait
Ils ont fait	Ils avaient fait	Ils eurent fait	Ils auront fait

SUBJONCTIF

Présent	Passé	Imparfait	Plus-que-parfait
Que je fasse	Que j'aie fait	Que je fisse	Que j'eusse fait
Que tu fasses	Que tu aies fait	Que tu fisses	Que tu eusses fait
Qu'il fasse	Qu'il ait fait	Qu'il fît	Qu'il eût fait
Que nous fassions	Que nous ayons fait	Que nous fissions	Que nous eussions fait
Que vous fassiez	Que vous ayez fait	Que vous fissiez	Que vous eussiez fait
Qu'ils fassent	Qu'ils aient fait	Qu'ils fissent	Qu'ils eussent fait

CONDITIONNEL / **IMPERATIF**

Présent	Passé	Présent	Passé
Je ferais	J'aurais fait	Fais	Aie fait
Tu ferais	Tu aurais fait	Faisons	Ayons fait
Il ferait	Il aurait fait	Faites	Ayez fait
Nous ferions	Nous aurions fait		
Vous feriez	Vous auriez fait		
Ils feraient	Ils auraient fait		

INFINITIF / **PARTICIPE**

Présent	Passé	Présent	Passé
Faire	Avoir fait	Faisant	Fait, ayant fait

[10. Prendre – 3e Groupe]

INDICATIF

Présent	Imparfait	Passé simple	Futur
Je prends	Je prenais	Je pris	Je prendrai
Tu prends	Tu prenais	Tu pris	Tu prendras
Il prend	Il prenait	Il prit	Il prendra
Nous prenons	Nous prenions	Nous prîmes	Nous prendrons
Vous prenez	Vous preniez	Vous prîtes	Vous prendrez
Ils prennent	Ils prenaient	Ils prirent	Ils prendront

Passé composé	Plus-que-parfait	Passé antérieur	Futur antérieur
J'ai pris	J'avais pris	J'eus pris	J'aurai pris
Tu as pris	Tu avais pris	Tu eus pris	Tu auras pris
Il a pris	Il avait pris	Il eut pris	Il aura pris
Nous avons pris	Nous avions pris	Nous eûmes pris	Nous aurons pris
Vous avez pris	Vous aviez pris	Vous eûtes pris	Vous aurez pris
Ils ont pris	Ils avaient pris	Ils eurent pris	Ils auront pris

SUBJONCTIF

Présent	Passé	Imparfait	Plus-que-parfait
Que je prenne	Que j'aie pris	Que je prisse	Que j'eusse pris
Que tu prennes	Que tu aies pris	Que tu prisses	Que tu eusses pris
Qu'il prenne	Qu'il ait pris	Qu'il prît	Qu'il eût pris
Que nous prenions	Que nous ayons pris	Que nous prissions	Que nous eussions pris
Que vous preniez	Que vous ayez pris	Que vous prissiez	Que vous eussiez pris
Qu'ils prennent	Qu'ils aient pris	Qu'ils prissent	Qu'ils eussent pris

CONDITIONNEL / **IMPERATIF**

Présent	Passé	Présent	Passé
Je prendrais	J'aurais pris	Prends	Aie pris
Tu prendrais	Tu aurais pris	Prenons	Ayons pris
Il prendrait	Il aurait pris	Prenez	Ayez pris
Nous prendrions	Nous aurions pris		
Vous prendriez	Vous auriez pris		
Ils prendraient	Ils auraient pris		

INFINITIF / **PARTICIPE**

Présent	Passé	Présent	Passé
Prendre	Avoir pris	Prenant	Pris, ayant pris

[11. Savoir – 3e Groupe]

INDICATIF

Présent	Imparfait	Passé simple	Futur
Je sais	Je savais	Je sus	Je saurai
Tu sais	Tu savais	Tu sus	Tu sauras
Il sait	Il savait	Il sut	Il saura
Nous savons	Nous savions	Nous sûmes	Nous saurons
Vous savez	Vous saviez	Vous sûtes	Vous saurez
Ils savent	Ils savaient	Ils surent	Ils sauront

Passé composé	Plus-que-parfait	Passé antérieur	Futur antérieur
J'ai su	J'avais su	J'eus su	J'aurai su
Tu as su	Tu avais su	Tu eus su	Tu auras su
Il a su	Il avait su	Il eut su	Il aura su
Nous avons su	Nous avions su	Nous eûmes su	Nous aurons su
Vous avez su	Vous aviez su	Vous eûtes su	Vous aurez su
Ils ont su	Ils avaient su	Ils eurent su	Ils auront su

SUBJONCTIF

Présent	Passé	Imparfait	Plus-que-parfait
Que je sache	Que j'aie su	Que je susse	Que j'eusse su
Que tu saches	Que tu aies su	Que tu susses	Que tu eusses su
Qu'il sache	Qu'il ait su	Qu'il sût	Qu'il eût su
Que nous sachions	Que nous ayons su	Que nous sussions	Que nous eussions su
Que vous sachiez	Que vous ayez su	Que vous sussiez	Que vous eussiez su
Qu'ils sachent	Qu'ils aient su	Qu'ils sussent	Qu'ils eussent su

CONDITIONNEL / **IMPERATIF**

Présent	Passé	Présent	Passé
Je saurais	J'aurais su	Sache	Aie su
Tu saurais	Tu aurais su	Sachons	Ayons su
Il saurait	Il aurait su	Sachez	Ayez su
Nous saurions	Nous aurions su		
Vous sauriez	Vous auriez su		
Ils sauraient	Ils auraient su		

INFINITIF / **PARTICIPE**

Présent	Passé	Présent	Passé
Savoir	Avoir su	Sachant	Su, ayant su

[12. Valoir – 3e Groupe]

INDICATIF

Présent	Imparfait	Passé simple	Futur
Je vaux	Je valais	Je valus	Je vaudrai
Tu vaux	Tu valais	Tu valus	Tu vaudras
Il vaut	Il valait	Il valut	Il vaudra
Nous valons	Nous valions	Nous valûmes	Nous vaudrons
Vous valez	Vous valiez	Vous valûtes	Vous vaudrez
Ils valent	Ils valaient	Ils valurent	Ils vaudront

Passé composé	Plus-que-parfait	Passé antérieur	Futur antérieur
J'ai valu	J'avais valu	J'eus valu	J'aurai valu
Tu as valu	Tu avais valu	Tu eus valu	Tu auras valu
Il a valu	Il avait valu	Il eut valu	Il aura valu
Nous avons valu	Nous avions valu	Nous eûmes valu	Nous aurons valu
Vous avez valu	Vous aviez valu	Vous eûtes valu	Vous aurez valu
Ils ont valu	Ils avaient valu	Ils eurent valu	Ils auront valu

SUBJONCTIF

Présent	Passé	Imparfait	Plus-que-parfait
Que je vaille	Que j'aie valu	Que je valusse	Que j'eusse valu
Que tu vailles	Que tu aies valu	Que tu valusses	Que tu eusses valu
Qu'il vaille	Qu'il ait valu	Qu'il valût	Qu'il eût valu
Que nous valions	Que nous ayons valu	Que nous valussions	Que nous eussions valu
Que vous valiez	Que vous ayez valu	Que vous valussiez	Que vous eussiez valu
Qu'ils vaillent	Qu'ils aient valu	Qu'ils valussent	Qu'ils eussent valu

CONDITIONNEL / **IMPERATIF**

Présent	Passé	Présent	Passé
Je vaudrais	J'aurais valu	Vaux	Aie valu
Tu vaudrais	Tu aurais valu	Valons	Ayons valu
Il vaudrait	Il aurait valu	Valez	Ayez valu
Nous vaudrions	Nous aurions valu		
Vous vaudriez	Vous auriez valu		
Ils vaudraient	Ils auraient valu		

INFINITIF / **PARTICIPE**

Présent	Passé	Présent	Passé
Valoir	Avoir valu	Valant	Valu, ayant valu

[13. Venir – 3e Groupe]

INDICATIF

Présent	Imparfait	Passé simple	Futur
Je viens	Je venais	Je vins	Je viendrai
Tu viens	Tu venais	Tu vins	Tu viendras
Il vient	Il venait	Il vint	Il viendra
Nous venons	Nous venions	Nous vînmes	Nous viendrons
Vous venez	Vous veniez	Vous vîntes	Vous viendrez
Ils viennent	Ils venaient	Ils vinrent	Ils viendront

Passé composé	Plus-que-parfait	Passé antérieur	Futur antérieur
Je suis venu	J'étais venu	Je fus venu	Je serai venu
Tu es venu	Tu étais venu	Tu fus venu	Tu seras venu
Il est venu	Il était venu	Il fut venu	Il sera venu
Nous sommes venus	Nous étions venus	Nous fûmes venus	Nous serons venus
Vous êtes venus	Vous étiez venus	Vous fûtes venus	Vous serez venus
Ils sont venus	Ils étaient venus	Ils furent venus	Ils seront venus

SUBJONCTIF

Présent	Passé	Imparfait	Plus-que-parfait
Que je vienne	Que je sois venu	Que je vinsse	Que je fusse venu
Que tu viennes	Que tu sois venu	Que tu vinsses	Que tu fusses venu
Qu'il vienne	Qu'il soit venu	Qu'il vînt	Qu'il fût venu
Que nous venions	Que nous soyons venus	Que nous vinssions	Que nous fussions venus
Que vous veniez	Que vous soyez venus	Que vous vinssiez	Que vous fussiez venus
Qu'ils viennent	Qu'ils soient venus	Qu'ils vinssent	Qu'ils fussent venus

CONDITIONNEL / **IMPERATIF**

Présent	Passé	Présent	Passé
Je viendrais	Je serais venu	Viens	Sois venu
Tu viendrais	Tu serais venu	Venons	Soyons venus
Il viendrait	Il serait venu	Venez	Soyez venus
Nous viendrions	Nous serions venus		
Vous viendriez	Vous seriez venus		
Ils viendraient	Ils seraient venus		

INFINITIF / **PARTICIPE**

Présent	Passé	Présent	Passé
Venir	Être venu	Venant	Venu, étant venu

[14. Voir – 3e Groupe]

INDICATIF

Présent	Imparfait	Passé simple	Futur
Je vois	Je voyais	Je vis	Je verrai
Tu vois	Tu voyais	Tu vis	Tu verras
Il voit	Il voyait	Il vit	Il verra
Nous voyons	Nous voyions	Nous vîmes	Nous verrons
Vous voyez	Vous voyiez	Vous vîtes	Vous verrez
Ils voient	Ils voyaient	Ils virent	Ils verront

Passé composé	Plus-que-parfait	Passé antérieur	Futur antérieur
J'ai vu	J'avais vu	J'eus vu	J'aurai vu
Tu as vu	Tu avais vu	Tu eus vu	Tu auras vu
Il a vu	Il avait vu	Il eut vu	Il aura vu
Nous avons vu	Nous avions vu	Nous eûmes vu	Nous aurons vu
Vous avez vu	Vous aviez vu	Vous eûtes vu	Vous aurez vu
Ils ont vu	Ils avaient vu	Ils eurent vu	Ils auront vu

SUBJONCTIF

Présent	Passé	Imparfait	Plus-que-parfait
Que je voie	Que j'aie vu	Que je visse	Que j'eusse vu
Que tu voies	Que tu aies vu	Que tu visses	Que tu eusses vu
Qu'il voie	Qu'il ait vu	Qu'il vît	Qu'il eût vu
Que nous voyions	Que nous ayons vu	Que nous vissions	Que nous eussions vu
Que vous voyiez	Que vous ayez vu	Que vous vissiez	Que vous eussiez vu
Qu'ils voient	Qu'ils aient vu	Qu'ils vissent	Qu'ils eussent vu

CONDITIONNEL / **IMPERATIF**

Présent	Passé	Présent	Passé
Je verrais	J'aurais vu	Vois	Aie vu
Tu verrais	Tu aurais vu	Voyons	Ayons vu
Il verrait	Il aurait vu	Voyez	Ayez vu
Nous verrions	Nous aurions vu		
Vous verriez	Vous auriez vu		
Ils verraient	Ils auraient vu		

INFINITIF / **PARTICIPE**

Présent	Passé	Présent	Passé
Voir	Avoir vu	Voyant	Vu, ayant vu

[15. Vouloir – 3e Groupe]

INDICATIF

Présent	Imparfait	Passé simple	Futur
Je veux	Je voulais	Je voulus	Je voudrai
Tu veux	Tu voulais	Tu voulus	Tu voudras
Il veut	Il voulait	Il voulut	Il voudra
Nous voulons	Nous voulions	Nous voulûmes	Nous voudrons
Vous voulez	Vous vouliez	Vous voulûtes	Vous voudrez
Ils veulent	Ils voulaient	Ils voulurent	Ils voudront

Passé composé	Plus-que-parfait	Passé antérieur	Futur antérieur
J'ai voulu	J'avais voulu	J'eus voulu	J'aurai voulu
Tu as voulu	Tu avais voulu	Tu eus voulu	Tu auras voulu
Il a voulu	Il avait voulu	Il eut voulu	Il aura voulu
Nous avons voulu	Nous avions voulu	Nous eûmes voulu	Nous aurons voulu
Vous avez voulu	Vous aviez voulu	Vous eûtes voulu	Vous aurez voulu
Ils ont voulu	Ils avaient voulu	Ils eurent voulu	Ils auront voulu

SUBJONCTIF

Présent	Passé	Imparfait	Plus-que-parfait
Que je veuille	Que j'aie voulu	Que je voulusse	Que j'eusse voulu
Que tu veuilles	Que tu aies voulu	Que tu voulusses	Que tu eusses voulu
Qu'il veuille	Qu'il ait voulu	Qu'il voulût	Qu'il eût voulu
Que nous voulions	Que nous ayons voulu	Que nous voulussions	Que nous eussions voulu
Que vous vouliez	Que vous ayez voulu	Que vous voulussiez	Que vous eussiez voulu
Qu'ils veuillent	Qu'ils aient voulu	Qu'ils voulussent	Qu'ils eussent voulu

CONDITIONNEL / IMPERATIF

Présent	Passé	Présent	Passé
Je voudrais	J'aurais voulu	Veux / Veuille	Aie voulu
Tu voudrais	Tu aurais voulu	Voulons / Veuillons	Ayons voulu
Il voudrait	Il aurait voulu	Voulez / Veuillez	Ayez voulu
Nous voudrions	Nous aurions voulu		
Vous voudriez	Vous auriez voulu		
Ils voudraient	Ils auraient voulu		

INFINITIF / PARTICIPE

Présent	Passé	Présent	Passé
Vouloir	Avoir voulu	Voulant	Voulu, ayant voulu

[16. Connaître – 3e Groupe]

INDICATIF

Présent	Imparfait	Passé simple	Futur
Je connais	Je connaissais	Je connus	Je connaîtrai
Tu connais	Tu connaissais	Tu connus	Tu connaîtras
Il connaît	Il connaissait	Il connut	Il connaîtra
Nous connaissons	Nous connaissions	Nous connûmes	Nous connaîtrons
Vous connaissez	Vous connaissiez	Vous connûtes	Vous connaîtrez
Ils connaissent	Ils connaissaient	Ils connurent	Ils connaîtront

Passé composé	Plus-que-parfait	Passé antérieur	Futur antérieur
J'ai connu	J'avais connu	J'eus connu	J'aurai connu
Tu as connu	Tu avais connu	Tu eus connu	Tu auras connu
Il a connu	Il avait connu	Il eut connu	Il aura connu
Nous avons connu	Nous avions connu	Nous eûmes connu	Nous aurons connu
Vous avez connu	Vous aviez connu	Vous eûtes connu	Vous aurez connu
Ils ont connu	Ils avaient connu	Ils eurent connu	Ils auront connu

SUBJONCTIF

Présent	Passé	Imparfait	Plus-que-parfait
Que je connaisse	Que j'aie connu	Que je connusse	Que j'eusse connu
Que tu connaisses	Que tu aies connu	Que tu connusses	Que tu eusses connu
Qu'il connaisse	Qu'il ait connu	Qu'il connût	Qu'il eût connu
Que nous connaissions	Que nous ayons connu	Que nous connussions	Que nous eussions connu
Que vous connaissiez	Que vous ayez connu	Que vous connussiez	Que vous eussiez connu
Qu'ils connaissent	Qu'ils aient connu	Qu'ils connussent	Qu'ils eussent connu

CONDITIONNEL / IMPERATIF

CONDITIONNEL Présent	CONDITIONNEL Passé	IMPERATIF Présent	IMPERATIF Passé
Je connaîtrais	J'aurais connu	Connais	Aie connu
Tu connaîtrais	Tu aurais connu	Connaissons	Ayons connu
Il connaîtrait	Il aurait connu	Connaissez	Ayez connu
Nous connaîtrions	Nous aurions connu		
Vous connaîtriez	Vous auriez connu		
Ils connaîtraient	Ils auraient connu		

INFINITIF / PARTICIPE

INFINITIF Présent	INFINITIF Passé	PARTICIPE Présent	PARTICIPE Passé
Connaître	Avoir connu	Connaissant	Connu, ayant connu

[17. Acquérir – 3e Groupe]

INDICATIF

Présent	Imparfait	Passé simple	Futur
J'acquiers	J'acquérais	J'acquis	J'acquerrai
Tu acquiers	Tu acquérais	Tu acquis	Tu acquerras
Il acquiert	Il acquérait	Il acquit	Il acquerra
Nous acquérons	Nous acquérions	Nous acquîmes	Nous acquerrons
Vous acquérez	Vous acquériez	Vous acquîtes	Vous acquerrez
Ils acquièrent	Ils acquéraient	Ils acquirent	Ils acquerront

Passé composé	Plus-que-parfait	Passé antérieur	Futur antérieur
J'ai acquis	J'avais acquis	J'eus acquis	J'aurai acquis
Tu as acquis	Tu avais acquis	Tu eus acquis	Tu auras acquis
Il a acquis	Il avait acquis	Il eut acquis	Il aura acquis
Nous avons acquis	Nous avions acquis	Nous eûmes acquis	Nous aurons acquis
Vous avez acquis	Vous aviez acquis	Vous eûtes acquis	Vous aurez acquis
Ils ont acquis	Ils avaient acquis	Ils eurent acquis	Ils auront acquis

SUBJONCTIF

Présent	Passé	Imparfait	Plus-que-parfait
Que j'acquière	Que j'aie acquis	Que j'acquisse	Que j'eusse acquis
Que tu acquières	Que tu aies acquis	Que tu acquisses	Que tu eusses acquis
Qu'il acquière	Qu'il ait acquis	Qu'il acquît	Qu'il eût acquis
Que nous acquérions	Que nous ayons acquis	Que nous acquissions	Que nous eussions acquis
Que vous acquériez	Que vous ayez acquis	Que vous acquissiez	Que vous eussiez acquis
Qu'ils acquièrent	Qu'ils aient acquis	Qu'ils acquissent	Qu'ils eussent acquis

CONDITIONNEL / **IMPERATIF**

Présent	Passé	Présent	Passé
J'acquerrais	J'aurais acquis	Acquiers	Aie acquis
Tu acquerrais	Tu aurais acquis	Acquérons	Ayons acquis
Il acquerrait	Il aurait acquis	Acquérez	Ayez acquis
Nous acquerrions	Nous aurions acquis		
Vous acquerriez	Vous auriez acquis		
Ils acquerraient	Ils auraient acquis		

INFINITIF / **PARTICIPE**

Présent	Passé	Présent	Passé
Acquérir	Avoir acquis	Acquérant	Acquis, ayant acquis

[18. Pouvoir – 3e Groupe]

INDICATIF

Présent	Imparfait	Passé simple	Futur
Je peux	Je pouvais	Je pus	Je pourrai
Tu peux	Tu pouvais	Tu pus	Tu pourras
Il peut	Il pouvait	Il put	Il pourra
Nous pouvons	Nous pouvions	Nous pûmes	Nous pourrons
Vous pouvez	Vous pouviez	Vous pûtes	Vous pourrez
Ils peuvent	Ils pouvaient	Ils purent	Ils pourront

Passé composé	Plus-que-parfait	Passé antérieur	Futur antérieur
J'ai pu	J'avais pu	J'eus pu	J'aurai pu
Tu as pu	Tu avais pu	Tu eus pu	Tu auras pu
Il a pu	Il avait pu	Il eut pu	Il aura pu
Nous avons pu	Nous avions pu	Nous eûmes pu	Nous aurons pu
Vous avez pu	Vous aviez pu	Vous eûtes pu	Vous aurez pu
Ils ont pu	Ils avaient pu	Ils eurent pu	Ils auront pu

SUBJONCTIF

Présent	Passé	Imparfait	Plus-que-parfait
Que je puisse	Que j'aie pu	Que je pusse	Que j'eusse pu
Que tu puisses	Que tu aies pu	Que tu pusses	Que tu eusses pu
Qu'il puisse	Qu'il ait pu	Qu'il pût	Qu'il eût pu
Que nous puissions	Que nous ayons pu	Que nous pussions	Que nous eussions pu
Que vous puissiez	Que vous ayez pu	Que vous pussiez	Que vous eussiez pu
Qu'ils puissent	Qu'ils aient pu	Qu'ils pussent	Qu'ils eussent pu

CONDITIONNEL / IMPERATIF

Présent	Passé	Présent	Passé
Je pourrais	J'aurais pu	-	-
Tu pourrais	Tu aurais pu	-	-
Il pourrait	Il aurait pu	-	-
Nous pourrions	Nous aurions pu		
Vous pourriez	Vous auriez pu		
Ils pourraient	Ils auraient pu		

INFINITIF / PARTICIPE

Présent	Passé	Présent	Passé
Pouvoir	Avoir pu	Pouvant	Pu, ayant pu

[19. Mettre – 3e Groupe]

INDICATIF

Présent	Imparfait	Passé simple	Futur
Je mets	Je mettais	Je mis	Je mettrai
Tu mets	Tu mettais	Tu mis	Tu mettras
Il met	Il mettait	Il mit	Il mettra
Nous mettons	Nous mettions	Nous mîmes	Nous mettrons
Vous mettez	Vous mettiez	Vous mîtes	Vous mettrez
Ils mettent	Ils mettaient	Ils mirent	Ils mettront

Passé composé	Plus-que-parfait	Passé antérieur	Futur antérieur
J'ai mis	J'avais mis	J'eus mis	J'aurai mis
Tu as mis	Tu avais mis	Tu eus mis	Tu auras mis
Il a mis	Il avait mis	Il eut mis	Il aura mis
Nous avons mis	Nous avions mis	Nous eûmes mis	Nous aurons mis
Vous avez mis	Vous aviez mis	Vous eûtes mis	Vous aurez mis
Ils ont mis	Ils avaient mis	Ils eurent mis	Ils auront mis

SUBJONCTIF

Présent	Passé	Imparfait	Plus-que-parfait
Que je mette	Que j'aie mis	Que je misse	Que j'eusse mis
Que tu mettes	Que tu aies mis	Que tu misses	Que tu eusses mis
Qu'il mette	Qu'il ait mis	Qu'il mît	Qu'il eût mis
Que nous mettions	Que nous ayons mis	Que nous missions	Que nous eussions mis
Que vous mettiez	Que vous ayez mis	Que vous missiez	Que vous eussiez mis
Qu'ils mettent	Qu'ils aient mis	Qu'ils missent	Qu'ils eussent mis

CONDITIONNEL / **IMPERATIF**

Présent	Passé	Présent	Passé
Je mettrais	J'aurais mis	Mets	Aie mis
Tu mettrais	Tu aurais mis	Mettons	Ayons mis
Il mettrait	Il aurait mis	Mettez	Ayez mis
Nous mettrions	Nous aurions mis		
Vous mettriez	Vous auriez mis		
Ils mettraient	Ils auraient mis		

INFINITIF / **PARTICIPE**

Présent	Passé	Présent	Passé
Mettre	Avoir mis	Mettant	Mis, ayant mis

[20. Falloir – Verbe impersonnel]

INDICATIF

Présent	Imparfait	Passé simple	Futur
Il faut	Il fallait	Il fallut	Il faudra

Passé composé	Plus-que-parfait	Passé antérieur	Futur antérieur
Il a fallu	Il avait fallu	Il eut fallu	Il aura fallu

SUBJONCTIF

Présent	Passé	Imparfait	Plus-que-parfait
Qu'il faille	Qu'il ait fallu	Qu'il fallût	Qu'il eût fallu

CONDITIONNEL		IMPERATIF	
Présent	**Passé**	**Présent**	**Passé**
		(inusité)	(inusité)
		(inusité)	(inusité)
Il faudrait	Il aurait fallu	(inusité)	(inusité)

INFINITIF		PARTICIPE	
Présent	**Passé**	**Présent**	**Passé**
Falloir	Avoir fallu	(inusité)	Fallu, ayant fallu

V. PROVERBES, DICTONS ET EXPRESSIONS

185 PROVERBES, DICTONS ET EXPRESSIONS DONT VOUS NE POURREZ PLUS VOUS PASSER !

160 PROVERBES ET DICTONS

Les proverbes et dictons font régulièrement l'objet de questions dans l'épreuve d'expression bien sûr, mais également dans celle de raisonnement/argumentation. Nous ne doutons pas un instant que vous connaissez la majorité des proverbes et dictons qui suivent ; mais sauriez-vous donner pour chacun d'entre eux une explication précise ? **A vous de jouer !**

1. A bon chat bon rat.
Se dit quand celui qui attaque trouve un adversaire capable de lui résister.

2. A beau mentir qui vient de loin.
Celui qui vient d'une contrée lointaine peut, sans craindre d'être démenti, raconter des mensonges.

3. Abondance de biens ne nuit pas.
On accepte souvent, par mesure de prudence, une chose dont on a déjà une quantité suffisante.

4. A bon vin point d'enseigne.
Ce qui est de qualité se recommande de soi-même.

5. A chaque jour suffit sa peine.
Supportons les difficultés d'aujourd'hui sans penser par avance à celles que peut nous réserver l'avenir.

6. A cœur vaillant rien d'impossible.
Avec du courage, on peut venir à bout de tout.

7. L'air ne fait pas la chanson.
L'aspect n'est pas la réalité.

8. A l'impossible nul n'est tenu.

On ne peut attendre de quiconque ce qu'il lui est impossible de faire.

9. A l'œuvre on connaît l'artisan.

C'est par la valeur de son ouvrage que l'on juge celui qui l'a réalisé.

10. Après la pluie, le beau temps.

La joie fait souvent suite à la tristesse, et le bonheur succède souvent au malheur.

11. A père avare, enfant prodigue.

Les enfants contrebalancent souvent les défauts de leurs parents en développant les qualités qui leurs sont opposées.

12. L'appétit vient en mangeant.

Plus on a, plus on veut avoir.

13. L'argent est un bon serviteur et un mauvais maître.

L'argent participe au bonheur de celui qui sait l'employer mais fait le malheur de celui qui se laisse dominer par l'avarice ou la cupidité.

14. A méchant ouvrier, point de bon outil.

Le mauvais ouvrier fait toujours du mauvais travail et met ses erreurs sur le compte de ses outils.

15. L'argent n'a pas d'odeur.

Certains ne se soucient guère de la façon dont ils gagnent de l'argent pourvu qu'ils en gagnent.

16. A tout seigneur, tout honneur.

Il faut faire honneur à chacun suivant son rang.

17. Au royaume des aveugles, les borgnes sont rois.

Avec un mérite ou un savoir médiocre, on brille parmi les sots et les ignorants.

18. Autant en emporte le vent.

Se dit en parlant de serments auxquels on n'ajoute pas foi, ou qui ne se sont pas réalisés.

19. Autres temps, autres mœurs.

Les mœurs évoluent d'une époque à l'autre.

20. Aux grands maux les grands remèdes.

Il faut prendre des mesures énergiques contre les maux graves et dangereux.

21. Avec des « si », on mettrait Paris en bouteille.
A se limiter à des conjectures, tout semble possible mais on perd le sens du réel.

22. A vieille mule, frein doré.
On décore et embellit une vieille bête pour mieux la vendre ; se dit aussi de femmes âgées qui abusent d'artifices et de parures.

23. Beaucoup de bruit pour rien.
Titre d'une comédie de Shakespeare, devenu un proverbe exprimant que telle affaire a pris des proportions sans rapports avec sa (faible) importance.

24. Les beaux esprits se rencontrent.
Se dit plaisamment lorsqu'une même idée, un même raisonnement, une même vérité, est énoncée simultanément par deux personnes.

25. Bien faire, et laisser dire.
Il faut faire son devoir sans s'inquiéter des critiques.

26. Bien mal acquis ne profite jamais.
On ne peut jouir en paix du bien obtenu par des moyens illégitimes.

27. Bonne renommée vaut mieux que ceinture dorée.
Mieux vaut bénéficier de l'estime publique que d'être riche.

28. Bon sang ne peut mentir.
Qui est d'une noble race ne saurait s'en montrer indigne.

29. Les bons comptes font les bons amis.
Pour rester amis, il ne faut pas laisser subsister de dettes entre l'un et l'autre.

30. La caque sent toujours le hareng.
On porte toujours en soi des traces de son origine, de son passé.

31. Ce que femme veut, Dieu le veut.
Les femmes parviennent toujours à leurs fins.

32. C'est en forgeant qu'on devient forgeron.
A force de s'exercer à une chose, on y devient compétent.

33. C'est le ton qui fait la chanson.
C'est la façon dont il dit les choses qui marque l'intention véritable du locuteur.

34. C'est l'hôpital qui se moque de la Charité.
Se dit de celui qui rit de la misère d'autrui, bien qu'il soit lui-même aussi misérable.

35. Chacun pour soi et Dieu pour tous.
Il faut penser à soi, et laisser à Dieu le soin de s'occuper des autres.

36. Charbonnier est maître chez soi.
Le maître de maison est en droit d'agir comme il le souhaite dans sa propre demeure.

37. Charité bien ordonnée commence par soi-même.
Avant de se préoccuper des autres, il faut songer à soi.

38. Chat échaudé craint l'eau froide.
On craint même l'apparence de ce qui vous a déjà nui.

39. Le chat parti, les souris dansent.
Quand maîtres ou chefs sont absents, écoliers ou subordonnés tirent parti de leur liberté.

40. Les chiens aboient, la caravane passe.
Qui est sûr de ses choix ne s'en laisse pas détourner, même par la désapprobation la plus bruyante.

41. Chose promise, chose due.
On est tenu de faire ce que l'on a promis.

42. Cœur qui soupire n'a pas ce qu'il désire.
Les soupirs que l'on pousse prouvent que l'on n'est pas heureux.

43. Comme on connaît les saints on les honore.
On traite chacun selon sa personnalité.

44. Comme on fait son lit on se couche.
Il faut s'attendre, en bien ou en mal, à vivre ce que l'on s'est préparé à soi-même par sa conduite.

45. Comparaison n'est pas raison.
Une comparaison ne prouve rien.

46. Les conseilleurs ne sont pas les payeurs.
Méfions-nous parfois des conseilleurs ; ni leur personne ni leur bourse ne courent le risque qu'ils recommandent.

47. Contentement passe richesse.
Le bonheur vaut mieux que la fortune.

48. Les cordonniers sont les plus mal chaussés.
On néglige souvent les avantages dont on pourrait disposer de par sa condition.

49. Dans le doute, abstiens-toi.
Maxime qui vaut pour le doute pratique pour le doute purement spéculatif.

50. De deux maux, il faut choisir le moindre.
Adage que l'on attribue à Socrate, qui aurait ainsi expliqué pourquoi il avait épousé une femme de très petite taille.

51. Défiance (ou méfiance) est mère de sûreté.
Il ne faut pas être trop confiant, si l'on ne veut pas être dupé.

52. De la discussion jaillit la lumière.
Des opinions débattues contradictoirement se dégage la vérité.

53. Déshabiller saint Pierre pour habiller saint Paul.
Contracter une dette pour en acquitter une autre ; se tirer d'une difficulté en s'en créant une nouvelle.

54. Deux avis valent mieux qu'un.
On fait bien, avant d'agir, de solliciter plusieurs avis.

55. Donner un œuf pour avoir un bœuf.
Faire un petit présent dans l'espoir d'en recevoir un plus conséquent.

56. L'eau va à la rivière.
L'argent va aux riches.

57. En avril, n'ôte pas un fil ; en mai, fais ce qu'il te plaît.
Il ne faut pas mettre de vêtements légers en avril ; on le peut en mai.

58. L'enfer est pavé de bonnes intentions.
Les bonnes intentions ne suffisent pas si elles ne sont pas réalisées ou ne produisent que des résultats fâcheux.

59. Entre l'arbre et l'écorce, il ne faut pas mettre le doigt.
Il ne faut pas s'immiscer dans une dispute entre proches.

60. Erreur n'est pas compte.
Tant que demeure une erreur, un compte n'est pas définitif.

61. L'exception confirme la règle.
Cela même qui est reconnu en tant qu'exception constate une règle, puisque sans la règle, point d'exception.

62. La faim chasse le loup hors du bois.
La nécessité oblige les hommes à faire des choses qui ne sont pas de leur goût.

63. Faute de grives, on mange des merles.
Faute de mieux, il faut savoir se contenter de ce que l'on a.

64. La fête passée, adieu le saint.
Une fois une satisfaction obtenue, on oublie à qui on la doit.

65. La fin justifie les moyens.
Principe d'après lequel un objectif justifierait les entreprises coupables consenties pour l'atteindre.

66. La fortune vient en dormant.
Le meilleur moyen de s'enrichir est d'attendre passivement un heureux coup du sort.

67. Des goûts et des couleurs, il ne faut pas discuter.
Chacun est libre de ses préférences et affectations.

68. Les grandes douleurs sont muettes.
La profonde souffrance morale ne fait entendre aucune plainte.

Les grands diseurs ne sont pas les grands faiseurs.
Ceux qui se vantent le plus ou promettent le plus sont généralement ceux qui font le moins.

69. L'habit ne fait pas le moine.
Il ne faut pas juger les autres sur la base de leur apparence.

70. L'habitude est une seconde nature.
L'habitude dirige nos actions aussi profondément que nos instincts naturels.

71. Heureux au jeu, malheureux en amour.
Qui l'emporte souvent au jeu est rarement heureux en ménage.

72. Il faut battre le fer pendant qu'il est chaud.
Lorsqu'une affaire est en bonne voie, il faut poursuivre et persévérer activement.

73. Il faut que jeunesse se passe.
On doit pardonner les fautes que l'insouciance fait commettre aux jeunes.

74. Il faut qu'une porte soit ouverte ou fermée.
Il faut décider dans un sens ou dans un autre.

75. Il faut rendre à César ce qui appartient à César, et à Dieu ce qui est à Dieu.
Il faut donner ou attribuer à chacun ce qui lui est dû.

76. Il faut tourner sa langue sept fois dans sa bouche avant de parler.
Avant de prendre la parole, il faut bien peser ses propos.

77. Il ne faut jamais jeter le manche après la cognée.
Il ne faut jamais se décourager.

78. Il ne faut jurer de rien.
Il ne faut jamais tenir le futur pour certain.

79. Il ne faut pas dire : « Fontaine, je ne boirai pas de ton eau. »
Nul ne peut garantir qu'il ne recourra jamais à une personne ou à une chose.

80. Il n'est pire eau que l'eau qui dort.
Ce sont des personnes d'apparence calme et inoffensive qu'il faut le plus se méfier.

81. Il n'est point de sot métier.
Toutes les professions méritent d'être respectées.

82. Il n'y a pas de fumée sans feu.
Derrière les rumeurs et les apparences, il y a toujours quelque chose de vrai.

83. Il n'y a que la vérité qui blesse.
Les seuls reproches vraiment douloureux sont ceux que l'on a mérités.

84. Il n'y a que le premier pas qui coûte.
Le plus ardu en toute chose est de commencer.

85. Il vaut mieux aller au moulin qu'au médecin.
Se soigner coûte plus cher encore que s'alimenter.

86. Il vaut mieux avoir affaire à Dieu qu'à ses saints.
Il vaut mieux converser directement avec le maître qu'avec ses subalternes.

87. Il vaut mieux tenir que courir.
La possession est préférable à l'espérance.

88. Il y a loin de la coupe aux lèvres.
Il peut se produire beaucoup entre l'élaboration d'un projet et sa réalisation.

89. Le jeu ne vaut pas la chandelle.
Le but dont on parle ne vaut pas la peine que l'on se donne pour l'obtenir.

90. Les jours se suivent et ne se ressemblent pas.
Les circonstances évoluent avec le temps.

91. Loin des yeux, loin du cœur.
L'absence détruit ou fragilise les affections.

92. Les loups ne se mangent pas entre eux.
Les méchants ne se nuisent pas les uns aux autres.

93. Mains froides, cœur chaud.
La froideur des mains indique un caractère amoureux.

94. Mauvaise herbe croît toujours.
Un enfant de mauvais caractère (« mauvaise graine ») grandit toujours vite.

95. Mettre la charrue avant les bœufs.
Caractérise l'acte de commencer par où l'on devrait finir.

96. Le mieux est l'ennemi du bien.
On court le risque de perdre ce qui est bien en voulant obtenir mieux.

97. Mieux vaut tard que jamais.
Il vaut mieux agir tardivement que ne pas agir du tout.

98. Morte la bête, mort le venin.
Une fois mort, un adversaire ou un méchant, ne peut plus nuire

99. Les murs ont des oreilles.
Lors d'une discussion confidentielle, il faut toujours se méfier de ce qui vous entoure.

100. Nécessité fait loi.
En cas de besoin ou de péril extrême, on peut s'exonérer de toutes les obligations conventionnelles.

101. Ne fais pas à autrui ce que tu ne voudrais pas qu'on te fît.
Règle de conduite qui constitue la base d'une morale élémentaire.

102. N'éveillez pas le chat qui dort.
Il ne faut pas raviver une affaire pénible, une menace assoupie.

103. La nuit porte conseil.
La nuit est propice à nous inspirer de sages considérations.

104. La nuit, tous les chats sont gris.
De nuit, il est malaisé de bien distinguer les personnes et les choses.

105. Nul n'est prophète en son pays.
Personne n'est estimé à sa juste valeur là où il vit habituellement.

106. L'occasion fait le larron.
L'occasion suscite des actions répréhensibles auxquelles on n'aurait pas songé.

107. L'oisiveté est mère de tous les vices.
N'avoir rien à faire, c'est être en butte à toutes les tentations.

108. On ne fait pas d'omelette sans casser d'œufs.
On n'atteint pas un objectif sans difficultés ni sacrifices.

109. On ne prête qu'aux riches.
On n'offre d'aide qu'à ceux qui sont en état de la rétribuer ; on attribue volontiers certains actes à ceux qui ont pour habitude de les faire.

110. On reconnaît l'arbre à ses fruits.
C'est à la hauteur de ses actes que l'on évalue la valeur d'un homme.

111. Paris ne s'est pas fait en un jour.
Les grandes choses, les grands projets mettent longtemps à se réaliser.

112. Pauvreté n'est pas vice.
Il n'y a pas de déshonneur à être pauvre.

113. Petit à petit, l'oiseau fait son nid.
A force de persévérance et d'opiniâtreté, on vient à bout d'une entreprise.

114. Petite pluie abat grand vent.
Souvent, il suffit de peu de choses pour apaiser une grande colère.

115. Les petits ruisseaux font les grandes rivières.
Les petits profits engrangés finissent par produire de grands bénéfices.

116. Pierre qui roule n'amasse pas mousse.
On ne fait pas fortune en changeant souvent d'état ou de pays.

117. La pluie du matin réjouit le pèlerin.
La pluie du matin signifie souvent que la journée sera belle.

118. La plus belle fille du monde ne peut donner que ce qu'elle a.
Nul ne peut donner ce qu'il ne possède pas.

119. Plus on est de fous, plus on rit.
La gaîté et les rires sont d'autant plus vifs que ceux qui les partagent sont nombreux.

120. Point de nouvelles, bonnes nouvelles.
En l'absence de nouvelles de quelqu'un, on peut présumer qu'il ne lui est rien arrivé de grave.

121. Quand on veut noyer son chien, on dit qu'il a la rage (ou la gale).
Quand on veut nuire à quelqu'un, on l'accuse faussement.

122. Qui a bu boira.
On ne se débarrasse jamais complètement d'un défaut devenu une habitude.

123. Qui aime bien châtie bien.
L'amour véritable est celui qui n'a pas peur de recourir à une sage sévérité.

124. Quiconque se sert de l'épée périra par l'épée.
Celui qui use de violence mourra par la violence.

125. Qui donne aux pauvres prête à Dieu.
Celui qui fait la charité en sera récompensé dans l'au-delà.

126. Qui dort dîne.
Dormir permet d'apaiser / de faire passer la faim.

127. Qui ne dit mot consent.
Ne pas formuler d'objection, c'est donner son approbation.

128. Qui ne risque rien n'a rien.
Il n'y a pas de victoires sans risques.

129. Qui paye ses dettes s'enrichit.
En réglant ses dettes, on accroît son crédit et sa réputation.

130. Qui peut le plus peut le moins.
Celui qui a les moyens de faire une chose difficile, coûteuse, etc., dispose *a fortiori* des moyens de faire une chose plus aisée, moins coûteuse.

131. Qui sème le vent récolte la tempête.
Quiconque génère le chaos et le désordre ne peut se plaindre de ce qui en découle.

132. Qui se ressemble s'assemble.
Ceux qui ont les mêmes inclinations se recherchent mutuellement.

133. Qui se sent morveux se mouche.
Que celui qui se sent fautif s'applique à lui-même ce qui vient d'être dit.

134. Qui s'y frotte s'y pique.
Celui qui s'y risque le regrette.

135. Qui trop embrasse mal étreint.
Qui entreprend trop de choses à la fois n'en mène à bien aucune.

136. Qui va à la chasse perd sa place.
Qui abandonne sa place doit se préparer à la voir occupée à son retour.

137. Qui veut aller loin ménage sa monture.
Il faut ménager son énergie, ses moyens, etc., si l'on veut tenir, durer longtemps.

138. Rira bien qui rira le dernier.
Qui rit d'autrui pourrait bien se voir moqué à son tour si les circonstances changeaient.

139. Rome ne s'est pas faite en un jour.
Les grandes choses, les grands projets mettent longtemps à se réaliser.

140. Tant va la cruche à l'eau qu'à la fin elle se casse (ou qu'enfin elle se brise).
Toute chose finit un jour par s'user ; à force de s'exposer au danger, on finit par y succomber ; à force de faire la même erreur, on en subit un jour les conséquences.

141. Si jeunesse savait, si vieillesse pouvait.
Les jeunes manquent d'expérience, et les personnes âgées de force et de santé.

142. Le soleil luit pour tout le monde.
Chacun a également droit à ce que la nature offre à tous.

143. Tel est pris qui croyait prendre.
On est souvent victime du mauvais tour que l'on a voulu faire à autrui.

144. Tel père, tel fils.
Les fils tiennent fréquemment de leurs pères.

145. Tous les goûts sont dans la nature.
Se dit lorsque l'on est confronté à une personne dont les goûts sont singuliers.

146. Tous les chemins mènent à Rome.
Il existe de multiples moyens de parvenir à un même but.

147. Toute peine (ou travail) mérite salaire.
Chacun mérite compensation pour sa peine, aussi minime soit-elle.

148. Tout est bien qui finit bien.
Se dit lorsqu'une entreprise réussit après une phase d'incertitude et de doute.

149. Toute vérité n'est pas bonne à dire.
Il n'est pas toujours bon, ou opportun, de dire ce que l'on tient pour vrai.

150. Tout nouveau tout beau.
Ce qui est nouveau a toujours un attrait.

151. Un clou chasse l'autre.
Se dit au sujet de personnes ou de choses qui font suite à d'autres et qui les font oublier.

152. Un de perdu, dix de retrouvés.
Se dit pour assurer que ce qui a été perdu sera aisément remplacé.

153. Une fois n'est pas coutume.
Un acte isolé n'engage pas ; on peut fermer les yeux sur un acte isolé.

154. Une hirondelle ne fait pas le printemps.
Il ne faut pas tirer de conclusions hâtives d'un seul cas ou d'un seul fait.

155. Un homme averti en vaut deux.
Qui a été informé de ce qu'il doit redouter est de ce fait doublement prêt à y faire face.

156. Un mauvais arrangement vaut mieux qu'un bon procès.
S'entendre, sous quelque modalité que ce soit, vaut mieux que d'aller en justice.

157. Un tiens vaut mieux que deux tu l'auras.

Posséder peu (avec certitude) vaut mieux qu'espérer plus (sans garantie de l'obtenir).

158. Ventre affamé n'a point d'oreilles.

Qui est tiraillé par la faim n'entend rien d'autre que son appétit.

159. Le vin est tiré, il faut le boire.

Lorsqu'une entreprise est engagée, il faut en accepter les suites, même déplaisantes.

160. Vouloir, c'est pouvoir.

La volonté est la seule véritable condition de la réussite.

25 EXPRESSIONS HISTORIQUES TOMBEES DANS LE LANGAGE COURANT

161. Après moi le déluge !

Se désintéresser de ce qui arrive après soi (même s'il s'agit d'une catastrophe).

162. Aller à Canossa

Se soumettre de façon complète et humiliante aux conditions émises par un adversaire.

163. Balkanisation

Morcellement politique d'une région ou d'un Etat sur des bases instables.

164. Boycotter, boycott

C'est le refus systématique de consommer les produits ou les services d'une entreprise ou d'une nation. On parle aussi de boycott d'élections.

165. C'est reparti comme en quatorze !

Dans un sens ironique, repartir, soit avec entrain, soit au contraire avec résignation, pour la guerre ou une grosse affaire.

166. Cheval de Troie

Don qui s'avère être fatal à celui qui le reçoit ; une ruse de guerre pour s'introduire secrètement chez l'ennemi.

167. Coup de Jarnac

Un coup de Jarnac est un coup violent, habile et imprévu. Il a pris une connotation de coup déloyal qui n'existait pas à l'origine. Dans son sens premier, il s'agit, en escrime, d'un coup à l'arrière du genou ou de la cuisse, rendu célèbre par Gui Chabot de Jarnac, qui le porta lors d'un duel en 1547.

168. Coup de Trafalgar

Accident imprévu et désastreux ; mauvais coup du sort.

169. Jacquerie

Révolte paysanne caractérisée par une grande violence.

170. Lapalissade

La lapalissade, également appelée vérité de La Palice, est une affirmation ridicule énonçant une évidence perceptible immédiatement.

Exemple : *« Certains hommes sont petits, d'autres pas. »* Cette phrase affirme que certains hommes sont petits, ce qui détermine une différence rapportée à une partie de la population. *« D'autres pas »* n'apporte rien de plus à la phrase et ne fait que répéter cette affirmation.

171. Ligne Maginot

L'expression « Ligne Maginot » est aujourd'hui synonyme d'une défense que l'on croit inviolable mais qui s'avère en fait totalement inutile.

172. Limoger, limogeage

Relever un militaire de son commandement ou un fonctionnaire de son poste à titre de sanction.

173. Lynchage

Lyncher signifie exécuter quelqu'un sans l'avoir préalablement jugé. On parle de lynchage dans le cas d'une condamnation suivie d'une exécution sommaire par la foule, en dehors de tout cadre légal.

174. Nouveau Grenelle

Réunion au sommet suivie d'un accord de premier plan entre le gouvernement et des partenaires sociaux ou autres.

175. Nouveau plan Marshall

Plan de financement à grande échelle destiné à résoudre une crise économique à l'échelle internationale.

176. Nouvelle affaire Dreyfus

Décision politique ou judiciaire scandaleusement injuste, reposant sur des présupposés xénophobes et/ou racistes.

177. Nouvelle Bastille à prendre

Abattre le symbole d'un pouvoir tyrannique.

178. Opium du peuple
Croyance qui procure au peuple un bonheur illusoire.

179. Paris vaut bien une messe
Expression utilisée pour justifier une concession plus ou moins déshonorante mais qui permet d'obtenir un succès majeur.

180. Pasionaria
Militante politique extrêmement active

181. Stalinien
Adjectif péjoratif qui qualifie un régime fondé systématiquement sur la terreur ou des pratiques autoritaires.

182. Tirer à la grosse Bertha
Utiliser l'artillerie lourde ; employer d'importants moyens pour écraser un adversaire.

183. Travail de bénédictin
Minutieux travail d'érudition.

184. Travailler pour le roi de Prusse
Travailler pour rien, ne pas être payé pour ses peines ou sa participation active.

185. Watergate
Scandale politique majeur susceptible de faire chuter un chef d'Etat ou un gouvernement.

Retrouvez sur www.aurlom.com d'autres expressions du langage courant à connaître pour ne rien laisser au hasard au TAGE MAGE !

6. LOGIQUE

6.1. PRESENTATION DE L'EPREUVE ET METHODOLOGIE GENERALE

I. PRESENTATION DE L'EPREUVE

[Visez un score maximal !]

L'épreuve de logique est la sixième et dernière épreuve du TAGE MAGE ; la deuxième du domaine « Raisonnement – Logique ». Cette épreuve souvent redoutée des candidats représente pourtant une **occasion unique de « finir le test en beauté ».** Il est tout à fait envisageable d'obtenir un score compris entre 40 et 50 sur 60 soit 10 à 13 bonnes réponses en logique, et ce, grâce à une bonne préparation. Il vous sera même possible d'obtenir le score maximal de 60 sur 60 (nombreux sont les étudiants d'Aurlom à obtenir ce score au TAGE MAGE). Profitez-en donc car obtenir 60 sur 60 aux autres épreuves du TAGE MAGE relève tout simplement de la mission impossible.

1. POURQUOI UNE EPREUVE DE LOGIQUE ?

L'épreuve de logique au TAGE MAGE est certainement celle qui déclenche le plus de polémiques auprès de nos étudiants. *« Mais pourquoi cette épreuve ? » « Quel rapport entre la logique et les études de gestion ? » « Que cherchent-ils à évaluer en nous faisant travailler sur des suites de lettres ou de nombres ? »* Nous comprenons ces questions. Si les épreuves de compréhension, de calcul ou de conditions minimales trouvent toujours grâce aux yeux des étudiants, l'épreuve de logique peine, elle, à justifier sa vocation à évaluer les aptitudes à la gestion.
Nous pensons pourtant que l'épreuve de logique a tout à fait sa place au TAGE MAGE et que sans elle, certaines aptitudes du manager ne seraient pas évaluées. Parmi ces aptitudes ou ces qualités : **l'observation, la rigueur et la combativité.**

1. L'OBSERVATION

Il sera question d'observer, de scruter, d'examiner sous toutes les coutures des séries de nombres et de lettres, ainsi que des séries graphiques et spatiales. Le but ultime étant de trouver des liens analogiques entre plusieurs nombres, entre plusieurs lettres, entre plusieurs cadres graphiques et figures spatiales.

L'observation est une qualité très recherchée chez tous les profils débutants en entreprise, et ce, quel que soit le métier. En marketing, l'observation fine des comportements du consommateur aide toujours au développement des nouveaux produits. En audit comptable et financier, la détection quasi obsessionnelle d'écarts non conformes est quant à elle indispensable à la bonne conduite d'une mission. Etre un bon manager, c'est donc aussi être un bon observateur.

> Qu'observez-vous donc dans le nombre suivant ?
>
> **6152639846166739**
>
> Et bien vous remarquez notamment qu'il est long ! Et qu'il contient 16 chiffres. Qu'il est impair. Que son premier chiffre est 6 et que son dernier chiffre est 9. Qu'il contient une majorité de 6. Et qu'il y en a 5 précisément. Qu'il contient autant de chiffres pairs que de chiffres impairs. Que les nombres/séquences 61 et 39 reviennent deux fois. Et que la somme des chiffres est égale à 82 (mais bon, ça, c'était pour les plus motivés !).

2. La rigueur

Il sera également question de rigueur en logique puisque vous devrez appliquer un ensemble de critères d'observation dans un ordre précis, et qui sera toujours le même.

Car il ne sera jamais question d'improviser en logique et vous devrez donc toujours être à même d'appliquer rigoureusement les savoir-faire et les astuces que vous découvrirez ci-après. Plus vous serez rigoureux et meilleures seront vos chances de venir à bout de cette épreuve.

3. La combativite

S'il est une épreuve où vous devrez redoubler d'effort et de concentration, c'est bien la logique. Ce n'est guère un hasard si cette épreuve est la dernière du TAGE MAGE.

Et oui, après avoir travaillé sur de la compréhension de texte, du calcul, du raisonnement, des conditions minimales et de l'expression, **on vous demande, dans un dernier souffle, de trouver les ressources nécessaires pour venir à bout d'une épreuve arbitraire** dans laquelle il n'est pas question de trouver la réponse la plus appropriée parmi les 5 proposées ni de déployer quelque esprit critique que ce soit,

mais de trouver LA réponse, celle que l'on parvient à trouver à force d'appliquer les bons critères d'observation, sans rechigner, sans relâche !

Il sera donc question de combativité au TAGE MAGE, et plus précisément dans cette dernière épreuve de logique.
Nous attirons enfin votre attention sur le fait que l'épreuve de logique suit l'épreuve d'expression. Or l'épreuve d'expression vous offrira certainement un petit moment de répit où vous pourrez souffler – la majorité des candidats terminent l'épreuve avant la fin du temps réglementaire. Surtout, ne vous faites pas avoir en relâchant la pression. Gardez votre influx et préparez-vous plutôt à emmagasiner un maximum de points tout au long de l'épreuve de logique.

2. 8 SERIES DOUBLES ET 7 SERIES GRAPHIQUES

Vous devrez, en logique, travailler sur **8 séries doubles et 7 séries graphiques.** Là encore, donc, il s'agira de résoudre **15 questions en 20 minutes.** Et comme toujours, les questions ne sont pas classées par ordre de difficulté.
Les séries doubles seront de deux types : les séries doubles de lettres (4 séries) et les séries doubles de chiffres (4 séries).

Pour faire simple, les **séries doubles** sont composées de deux séries de 4 éléments (les éléments sont des nombres dans le cas des séries doubles de chiffres et des « mots » de plusieurs lettres dans le cas des séries doubles de lettres) qui se croisent en un point d'interrogation. Vous devez alors trouver l'élément manquant commun aux deux séries. Les séries doubles convoquent un sens aigu de l'observation ainsi que l'application quasi mécanique d'une méthode rigoureuse qui devra vous permettre de maximiser le nombre de bonnes réponses.
Les **séries graphiques** sont composées quant à elles de 3 éléments (appelés aussi « cadres »). Vous devez alors trouver le 4e cadre qui complète la série.
Les séries graphiques exigent que vous conduisiez différents types de raisonnements analogiques. En comprenant ce qui se passe dans un cadre et/ou entre les cadres, vous serez capables d'identifier parmi les réponses proposées celle qui complète idéalement la série.

Pour les séries doubles comme pour les séries graphiques, il existe un nombre important de techniques et d'astuces que nous aurons plaisir à vous dévoiler tout au long de ce chapitre. Mais avant cela, penchons-nous sur ce que sont précisément une **série double** et une **série graphique.**

II. PRESENTATION DES SERIES DOUBLES

1. COMMENT SE PRESENTENT LES SERIES DOUBLES ?

Une série double est toujours structurée de la façon suivante :

	V_1			
H_1	?	H_2	H_3	H_4
	V_2			
	V_3			
	V_4			

Avec V_1, V_2, V_3 et V_4 les éléments de la **série verticale,** et H_1, H_2, H_3 et H_4 les éléments de la **série horizontale.**

La série verticale, que l'on notera toujours **V** dans le présent ouvrage, respecte une règle d'identité (une logique) que vous devrez identifier.

Dans une série de lettres, il s'agira par exemple d'observer que dans un même élément, deux lettres se suivent (ex. : H**BC**, **HG**Z) ou que les lettres se suivent d'un élément à l'autre (ex. : **A**GV ; **B**RA ; **C**QP). Dans une série de chiffres, il s'agira encore de remarquer que tous les nombres de la série sont des carrés entiers ou que tous les nombres sont des multiples de 7.

La série horizontale, que l'on notera toujours **H** dans le présent ouvrage, respecte elle aussi une règle d'identité (une logique) que vous devrez identifier.

> Le but de l'exercice, vous l'aurez compris, consiste à trouver l'élément « ? » qui respecte tout à la fois la règle d'identité de la série verticale V et celle de la série horizontale H.

QU'EST-CE QU'UNE REGLE D'IDENTITE ?

Une règle d'identité est une règle qui « fédère » les différents éléments d'une série sous une règle commune, un trait commun, un caractère particulier.

Il existe bien entendu une très grande variété de règles d'identité au TAGE MAGE. Nous en citerons ici quelques-unes qui ne doivent en aucun cas vous effrayer car soyez assurés que nous allons vous transmettre des méthodes très efficaces qu'il vous faudra appliquer religieusement pour sortir vainqueurs de l'épreuve de logique.

Voici donc ces quelques règles :

- « Tous les nombres de la série sont des carrés entiers. »
- « Toutes les deuxièmes lettres des éléments de la série sont des voyelles. »
- « Tous les nombres de la série sont des multiples de 13. »
- « Les deux premiers chiffres des nombres de la série forment un nombre divisible par 9. »
- « Les troisièmes lettres des éléments de la série se suivent d'un élément à l'autre. »
- « La somme des chiffres des nombres de la série est toujours égale à 20. »
- « Les troisième et deuxième lettres de la série se suivent avec un saut de 3 lettres. »
- « Les éléments de la série sont tous des cubes entiers auxquels on a soustrait 1. »
- « Les première et troisième lettres de la série se suivent avec un saut d'une lettre et un mouvement de type gauche/droite. »
- « Les premiers chiffres des nombres de la série multipliés par 7 donnent le nombre composé des deuxième et troisième chiffres. »
- Etc.

Exemple 1 :

123				
678				
?	819	675	306	117
789				
456				

Dans cet exemple, il suffit d'observer que les éléments de H sont tous des multiples de 9. En effet, le critère de divisibilité par 9 nous apprend que si la somme des chiffres d'un nombre est égale à un multiple de 9 (9, 18, 27…), alors ce nombre est lui-même divisible par 9. Quant à la série V, il suffit d'observer que tous les nombres de cette série sont des chiffres successifs croissants (123, 456…).

Une solution possible à cette question pourrait ainsi être **234** ou encore **567,** qui sont bien deux nombres qui respectent à la fois la règle d'identité de la série H et celle de la série V.

Exemple 2 :

			RZS	
			BGC	
UHJ	NIB	VJX	?	PLO
			LHM	
			VRW	

Dans cet exemple, il suffit d'observer que les deuxièmes lettres des éléments de H se suivent d'un élément à l'autre (U**H**J, N**I**B, V**J**X…).

Quant à la série V, il suffit d'observer qu'au sein d'un même élément, les première et troisième lettres se suivent (**R**Z**S**, **B**G**C**…).

Ainsi, une solution possible à cette question pourrait être **DKE** ou encore **TKU,** qui sont bien deux « mots » qui respectent à la fois la règle d'identité de la série H et celle de la série V.

NB 1 : dans la majorité des cas, la règle d'identité de la série verticale s'avère être différente de la série horizontale.

NB 2 : les séries horizontale et verticale peuvent se croiser en n'importe quel endroit de la série double (ici, c'est entre H_1 et H_2 puis V_1 et V_2 que les séries se croisent, mais ces dernières pourraient aussi très bien se croiser entre H_3 et H_4 puis V_2 et V_3). Retenez simplement qu'il y a toujours quatre éléments horizontaux et quatre éléments verticaux, avec des éléments composés de nombres dans le cas des séries doubles de chiffres, et de lettres… dans le cas des séries doubles de lettres !

2. METHODE D'APPROCHE DES SERIES DOUBLES

Nous vous proposons ici une méthode simple en 4 étapes, pleine de bon sens et qui a naturellement fait ses preuves sur les séries doubles de chiffres comme sur les séries doubles de lettres.

Nous vous conseillons vivement d'appliquer à chaque fois ces étapes dans cet ordre. L'expérience montre en effet qu'à vouloir brûler une ou deux étapes, vous finissez par perdre en efficacité et en rapidité de résolution.
Appuyons-nous sur un exemple :

324	81	400	?	49	(A)	144
			808		(B)	664
			763		(C)	716
			178		(D)	196
			457		(E)	157

Voici les 4 étapes :

1. CHOISISSEZ UNE SERIE

Il revient strictement au même de commencer par raisonner sur H ou sur V. Ce qui importe en revanche, c'est que lorsque vous décidez de vous attaquer à une série, *vous devez alors absolument ignorer l'autre série* et ce, afin de ne pas vous laisser déconcentrer ou influencer par ses éléments.

> Dans notre exemple, nous choisissons de commencer par trouver la règle d'identité de V.

2. TROUVEZ LA REGLE D'IDENTITE DE LA SERIE CHOISIE

Cette deuxième étape est fondamentale. Vous devez en effet considérer un à un chacun des éléments de V et trouver la règle d'identité qui les fédère. C'est là que vous devrez tester dans un ordre bien précis l'ensemble des règles que nous vous exposerons ci-après.

Surtout, lorsque vous travaillez sur V, soyez persévérants et évitez de baisser trop vite les bras en louchant sur H. Tester plusieurs règles prend un peu de temps (moins d'1 minute 30 en moyenne, pas de panique !) et ce temps peut vous paraître long. Ce n'est pas pour autant une raison valable pour « laisser tomber » V et passer vite à H en espérant alors trouver quelque chose.

> Dans notre exemple, la règle d'identité de V est la suivante : « La somme des chiffres des nombres de la série est toujours égale à 16. »

3. Eliminez parmi les reponses proposees celles qui ne suivent pas la regle d'identite trouvee

Une fois que vous avez trouvé la règle d'identité de V, vous devez la tester sur les différentes réponses proposées afin de ne retenir que celles qui suivent la même règle. Vous réduisez ainsi le nombre de réponses possibles et si vous rencontrez par la suite des difficultés avec la série H, vous pourrez vous appuyer sur les réponses restantes et trouver peut-être une dernière source d'inspiration. Il n'est pas rare en effet que l'inspiration vienne parfois de l'une des réponses pour ce qui concerne la règle d'identité d'une série.

> Dans notre exemple, nous gardons les réponses B (664) et D (196) qui affichent bien des nombres dont la somme des chiffres est égale à 16.

4. Trouvez la regle d'identite de la seconde serie et choisissez la bonne reponse !

Pour terminer, il ne vous reste plus qu'à trouver la règle d'identité de la série H. Une fois la règle trouvée, testez-la sur les réponses qui restent et cochez la bonne réponse !

> Dans notre exemple, la règle d'identité de H est la suivante : « Les nombres de la série sont tous des carrés entiers. »
> Nous retenons donc la réponse D qui est bien un carré entier (196 est en effet le carré de 14). Réponse D !

III. PRESENTATION DES SERIES GRAPHIQUES

1. COMMENT SE PRESENTENT LES SERIES GRAPHIQUES ?

Une série graphique est composée de 3 cadres. La consigne est simple : trouver le 4e cadre qui complète la série.

Exemple de série graphique :

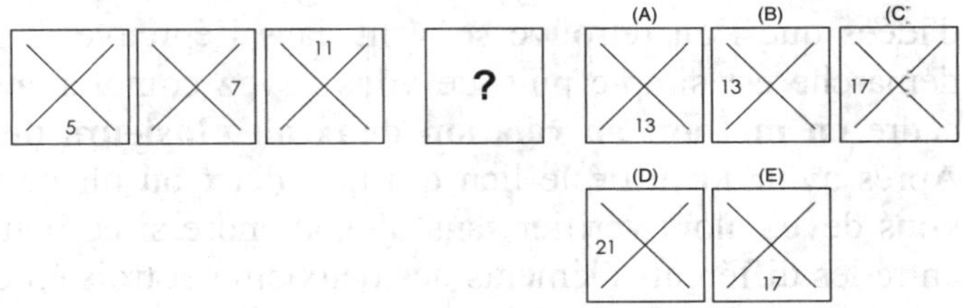

Cet élément s'appelle un cadre.

Les séries graphiques **peuvent être composées d'éléments divers et variés :** lettres, chiffres, nombres, figures géométriques, flèches et signes en tout genre (£, /, €, *, ¥, §, $, &…). Si dans un même cadre, plusieurs signes cohabitent, c'est que chacun des signes joue un rôle différent.

La résolution de ces séries implique **l'identification de critères d'identité** (appartenance à une famille d'éléments) ainsi que deux principaux types de raisonnements : un raisonnement de type « **analogique** » et/ou un raisonnement de type « **déductif** ».

1. L'IDENTIFICATION DE CRITERES SIMPLES D'IDENTITE

Certaines séries graphiques sont vraiment très simples à résoudre. Il suffit en effet pour cela d'identifier un critère d'identité de base que l'on retrouve dans chacun des cadres. On déduit alors sans trop de difficulté le 4e cadre qui complète la série.

Voici quelques règles (on dit aussi critères) d'identité qui font régulièrement l'objet de questions au TAGE MAGE :

- « Chaque cadre contient une lettre à deux barres (L, X, V ou T). Il doit donc en être de même pour le cadre solution. »
- « Chaque cadre contient un nombre qui est le carré d'un entier impair (49, 81, 121, 169, 289, 361). »
- « Chaque cadre contient un nombre dont la somme des chiffres est égale à 13. »

2. Les raisonnements de type « analogique »

Les raisonnements de type « analogique » sont des raisonnements par association d'idées que l'on retrouve souvent dans l'épreuve de logique du TAGE MAGE. La démarche est simple puisque vous devez comprendre ce qui se passe au sein d'un cadre **en mettant en relation deux ou plusieurs des éléments qui le composent.** Après avoir identifié le lien qui unit deux ou plusieurs éléments d'un même cadre, vous devez alors vérifier sans plus attendre si ce lien fonctionne de façon identique entre les différents éléments des deuxième et troisième cadres. Et si c'est le cas, vous trouvez ensuite sans difficulté le cadre solution.

Voici deux exemples de raisonnements de type « analogique » que vous retrouverez dans l'épreuve de logique du TAGE MAGE :

1. Eléments : **une figure/un nombre** (qui se trouve par exemple à l'intérieur de la figure).
- **Raisonnement 1 :** le nombre de côtés de la figure au carré est égal au nombre qui se trouve à l'intérieur de la figure.
- **Raisonnement 2 :** le nombre de côtés de la figure moins le nombre qui se trouve à l'intérieur de la figure est égal à 3 dans le premier cadre, à 2 dans le deuxième cadre, à 1 dans le troisième cadre et donc à 0 dans le cadre solution.

2. Eléments : **deux lettres/un nombre.**
- **Raisonnement 1 :** le nombre est égal à la différence, à la somme ou encore au produit des rangs des deux lettres.
- **Raisonnement 2 :** le nombre est égal à la différence, à la somme ou encore au produit des « barres » des deux lettres.
- **Raisonnement 3 :** les lettres représentent les initiales du nombre.
- **Raisonnement 4 :** le nombre est égal au carré de la somme des rangs des deux lettres.

3. LES RAISONNEMENTS DE TYPE « DEDUCTIF »

Dans l'épreuve de logique du TAGE MAGE, les raisonnements de type « déductif » concernent ce que l'on appelle communément les **« logiques de mouvement ».**

Ces logiques de mouvement vous sont généralement familières puisque l'on vous en proposait déjà un nombre important lors des tests de QI que vous passiez en classe de sixième.

La démarche est simple : vous devez comprendre comment les éléments d'une série progressent d'un cadre à l'autre et en déduire alors la position des éléments dans le cadre solution.

Exemples :

- Une figure subit une rotation de 45 degrés cadre après cadre.
- Une lettre se déplace dans le sens des aiguilles d'une montre.
- Un nombre se déplace dans le sens inverse des aiguilles d'une montre.
- Un nombre suit un mouvement de type gauche/droite.

3. UNE REGLE FONDATRICE DES SERIES GRAPHIQUES : LES 3 OCCURRENCES

Nous attirons ici votre attention sur le fait que certaines séries graphiques, qui ont l'air très simples à résoudre au premier abord, posent au final quelques soucis aux étudiants, qui découvrent avec effroi qu'ils n'ont pas répondu juste à une question pour laquelle ils étaient sincèrement « sûrs de leur coup ».

La source d'erreur majeure provient du fait que vous extrapolez parfois vos raisonnements de façon erronée et cela a pour conséquence de vous faire répondre « à côté » tout en étant persuadés que vous avez raison !

Appuyons-nous sur l'exemple donné au début de ce chapitre.

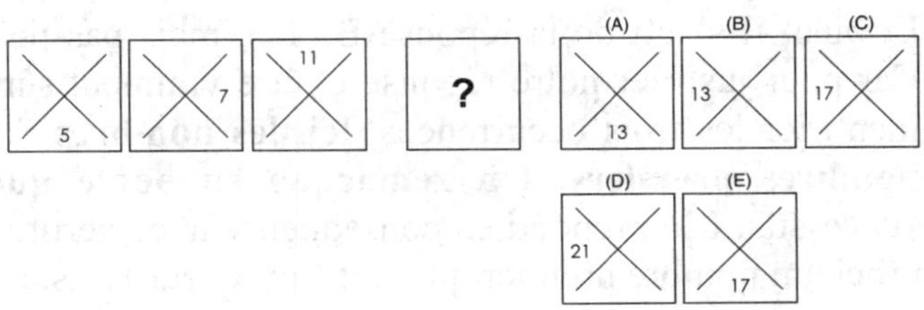

Au niveau de la « logique de mouvement », il n'y a pas de problème majeur. Vous remarquez en effet que les nombres progressent d'un cadre à l'autre dans le sens inverse des aiguilles d'une montre. Il faut donc éliminer les réponses A et E.

Toute la question à présent est : faut-il garder la réponse B, C ou D ?
Lorsque l'on soumet cette série à un groupe de candidats de niveau homogène, l'on obtient des réponses divergentes quoique toujours assumées et justifiées. Il n'existe pourtant qu'une et une seule réponse si l'on respecte les règles de construction des séries logiques.

En effet, certains parmi vous soutiendront avec ferveur qu'il faut compléter la série avec le nombre 17. Pourquoi ? Parce que de 5 à 7, on progresse en faisant « +2 », de 7 à 11, on progresse en faisant « +4 » (+2, +2) et de 11 à 17, on progresse en faisant « +6 » (+2, +2, +2).
D'autres diront qu'il faut répondre le nombre 19. Pourquoi ? Parce que de 5 à 7, on progresse en faisant « +2 » (+21), de 7 à 11, on progresse en faisant « +4 » (+22), et de 11 à 19, on progresse en faisant « +8 » (+23).
D'autres diront enfin qu'il faut répondre le nombre 13 parce que l'on a ajouté « +2 », « +4 » et de nouveau « +2 ».

Et bien, sachez qu'aucune de ces justifications n'est recevable… **En effet, pour qu'une série logique simple force l'unanimité, elle se doit de contenir au moins 3 occurrences ou « répétitions ».**

Ici, nous n'avons pas assez d'occurrences pour répondre 17. Si nous avions eu la série logique 5 --- 7 --- 11 --- 17 --- ?, alors nous aurions répondu sans hésiter le nombre 25 en solution car il ne fait alors plus aucun doute que la série suit le tempo (+2, +4, +6, +8), les trois occurrences qui initient la série étant ici +2, +4 et +6.

Bon, alors… Quelle est la solution ici ?

Et bien, il s'agit de la réponse B (13), mais pas pour la raison citée précédemment. Car pour justifier notre réponse et être vraiment sûrs de notre coup, nous devons en identifier les trois occurrences. Ici, **les nombres 5, 7 et 11 sont tous les trois des nombres premiers. On remarque en outre que ces nombres premiers sont successifs.** L'on répond en conséquence avec certitude la réponse B puisque 13 est le prochain nombre premier qui doit figurer sur la liste.

6.2. METHODES, SAVOIR-FAIRE, ASTUCES ET APPLICATIONS FONDAMENTALES

I. LES SERIES DOUBLES DE LETTRES

TOUT COMMENCE AVEC EJOTY...

Enfin... Presque !

Nous allons vous proposer ici une toute nouvelle méthode que nous avons expérimentée auprès de milliers d'étudiants à la Prépa Aurlom. Cette méthode a largement fait ses preuves et nous y croyons beaucoup. Alors croyez-y aussi !

Cette méthode consiste à convertir systématiquement vos séries doubles de lettres en séries doubles de nombres.

Naturellement, avec l'expérience, vous serez souvent capables – du moins on l'espère – d'identifier certaines règles d'identité du premier coup d'œil, en moins de 5 secondes ! Dans ce cas, inutile de préciser que vous ne devrez surtout pas (même si on parie que vous allez y prendre goût) convertir vos séries de lettres en séries de nombres. Vous n'avez pas une minute à perdre au TAGE MAGE.

Cela étant dit, il arrivera souvent que vous ne verrez rien du premier coup d'œil, mais alors rien du tout. Aussi, dans ce cas-là, vous n'aurez plus la moindre seconde à perdre et devrez alors convertir votre série, sans vous poser de question, et appliquer l'ensemble des critères que nous allons très bientôt vous exposer.

Le secret réside donc dans la traduction des lettres en nombres. Nous voyons déjà vos mines sceptiques. Nous savons que vous vous dites que ça a l'air un peu long et tiré par les cheveux pour pas grand-chose tout ça... Et bien détrompez-vous ! Avec un peu d'entraînement, convertir une série de 4 x 3 = 12 lettres en nombres deviendra rapidement une vraie partie de plaisir (toutes choses égales par ailleurs bien sûr).

Comme vous le savez déjà certainement, chaque lettre occupe une position précise dans l'alphabet (le A est en 1re position, le N en 14e, le X en 24e, etc.). Ces positions des lettres dans l'alphabet sont également connues sous le terme de **« rangs des lettres ».**

EJOTY va donc précisément nous aider à trouver rapidement les rangs de toutes les lettres de l'alphabet, et ce, afin de **convertir instantanément les séries de lettres en séries de nombres.**

Essayez donc ! Quel est le rang de la lettre N ? Le rang de la lettre N est 14 puisque si le rang de O est 15 alors celui de N est 14 (récitez dans votre tête la mini-séquence … M N **O** P… comme lorsque vous récitez naturellement l'alphabet). Le rang de W ? 23 ! … V W X **Y.** Si le rang de Y est 25 alors celui de W est 23 !

Vous verrez, grâce à EJOTY, vous allez très vite connaître par cœur les rangs de toutes les lettres de l'alphabet. D'ailleurs, quand vous en serez arrivés à ce stade, évitez d'en parler autour de vous, cela peut vite vous faire passer pour quelqu'un de relativement « bizarre ».

E	J	O	T	Y
5	**10**	**15**	**20**	**25**

Une précision avant de tester EJOTY sur un exemple.
Si ce chapitre démarre par « Tout commence avec EJOTY… Enfin… Presque ! », c'est parce qu'il existe une règle d'identité qui résiste à EJOTY. Heureusement, cette règle est simple et vous ne manquerez donc pas de la tester avant toute conversion : **« toutes les premières lettres des éléments de la série sont des voyelles »,** ou encore : **« toutes les deuxièmes lettres des éléments de la série sont des voyelles ».** On aurait pu vous conseiller d'apprendre les rangs des voyelles… Mais on n'a pas osé. N'oubliez donc pas de tester cette règle d'identité avant de convertir vos séries.

Exemple :

			ATC	
			FLH	
			ILK	
SGY	BOT	UBC	?	WSZ
			VDX	

Commençons par convertir la série verticale. Cela nous donne :

1	20	**3**
6	12	**8**
9	12	**11**
?	?	?
22	4	**24**

Vous aurez remarqué ici que les première et troisième lettres des éléments de cette série se suivent avec un saut de deux nombres (c'est-à-dire un saut d'une lettre).

Convertissons ensuite la série horizontale. Cela nous donne :

19	7	25
2	15	**20**
21	2	3
?	?	?
23	19	26

Vous aurez remarqué ici que les lettres des éléments se suivent d'un élément à l'autre avec un mouvement gauche/droite sur la grande diagonale. Le rang de la troisième lettre de la solution sera donc égal à 22. Autrement dit, il nous faudra un V.

NB : comme vous l'avez remarqué, nous avons converti la série horizontale de lettres en série verticale de nombres. Suivez donc ce conseil : convertissez toujours vos séries verticales de lettres **en séries verticales de nombres** ET convertissez également toujours vos séries horizontales de lettres **en séries verticales de nombres.** En effet, convertir les séries horizontales de lettres en séries verticales de nombres vous permettra de mieux repérer les règles d'identité impliquant un mouvement.

A partir de maintenant, nous ne travaillerons plus dans ce cours qu'avec des séries déjà converties et nous nous concentrerons sur des extraits de séries composés de 3 éléments (cela suffit à comprendre les différentes règles d'identité).

1. PREMIERE FAMILLE DE REGLES : LES INTRA

En latin, *intra* signifie « à l'intérieur de ».

Cette première famille de règles s'appuie donc sur ce qui se passe à l'intérieur des éléments d'une même série.

Il existe trois types d'INTRA :

1. L'INTRA sur les deux premières lettres.
2. L'INTRA sur les deux dernières lettres.
3. L'INTRA entre la première et la dernière lettre.

1. L'INTRA SUR LES DEUX PREMIERES LETTRES

1 →	**3**	9
6 →	**8**	4
2 →	**4**	15

Nous dirons ici qu'il y a un **INTRA de +2 sur les deux premières lettres.**

2. L'INTRA SUR LES DEUX DERNIERES LETTRES

5	**12** →	**9**
3	**8** →	**5**
7	**21** →	**18**

Nous dirons ici qu'il y a un **INTRA de -3 sur les deux dernières lettres.**

3. L'INTRA ENTRE LA PREMIERE ET LA DERNIERE LETTRE

Exemple 1 :

3	1	**6**
7	9	**10**
17	12	**20**

Nous dirons ici qu'il y a un **INTRA de +3 entre la première et la dernière lettre.**

Exemple 2 :

5	12	**10**
24	8	**3**
7	21	**12**

Nous dirons ici qu'il y a un **INTRA de +5 entre la première et la dernière lettre.**

Nous attirons votre attention sur une particularité de cette série que vous n'aurez pas manqué de noter : 24 + 5 = 3 !! Eh oui. En effet, n'oubliez pas que derrière ces nombres se cachent des lettres et que :

24 + 1 = 25 = Y
24 + 2 = 26 = Z
24 + 3 = 1 = A
24 + 4 = 2 = B…

Cela s'appelle le **retour dans l'alphabet,** pensez-y !

Exemple 3 :

3	22	**4**
18	12	**20**
13	4	**16**

Nous dirons ici qu'il y a un **INTRA progressif entre la première et la dernière lettre.** En effet, on fait +1 en passant de 3 à 4 ; +2 en passant de 18 à 20 et +3 en passant de 13 à 16.

Vous venez donc de découvrir trois règles d'identité fréquemment posées à l'épreuve de logique du TAGE MAGE. Ces règles propres aux séries doubles de lettres s'appuient sur une **logique dite statique,** car elles ne font pas interagir les éléments entre eux, les uns avec les autres.

Nous allons donc à présent passer aux règles INTER, qui s'appuient quant à elles sur une **logique dite dynamique.**

2. DEUXIEME FAMILLE DE REGLES : LES INTER

En latin, *inter* signifie « entre ».
Il existe neuf types d'INTER répartis en trois sous-familles :

4. L'INTER VERTICAL
   - Première colonne
   - Deuxième colonne
   - Troisième colonne
5. L'INTER GRANDE DIAGONALE
   - Droite
   - Gauche
6. L'INTER PETITE DIAGONALE
   - Première-gauche
   - Première-droite
   - Deuxième-gauche
   - Deuxième-droite

4. L'INTER VERTICAL

[Première colonne]

5	12	10
7	8	3
9	21	12

On dira qu'il y a un **INTER vertical de +2 sur la première colonne.**

[Deuxième colonne]

5	**12**	10
1	**7**	3
9	**2**	12

On dira qu'il y a un **INTER vertical de -5 sur la deuxième colonne.**

[Troisième colonne]

5	12	**10**
1	8	**14**
9	21	**18**

On dira qu'il y a un **INTER vertical de +4 sur la troisième colonne.**

5. L'INTER GRANDE DIAGONALE

[Gauche]

2	12	10
7	8	**3**
4	21	12

On dira qu'il y a un **INTER grande diagonale gauche de +1.**

[Droite]

5	12	**10**
7	8	3
12	21	**4**

On dira qu'il y a un **INTER grande diagonale droite de -3.**

6. L'INTER PETITE DIAGONALE

[Première-gauche]

5	12	10
7	**2**	3
25	21	4

On dira qu'il y a un **INTER petite diagonale première-gauche de -3.**

[Première-droite]

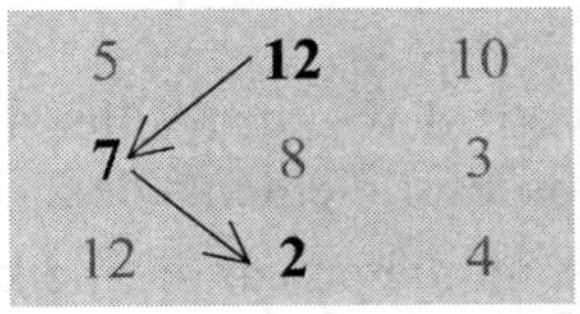

On dira qu'il y a un **INTER petite diagonale première-droite de -5.**

[Deuxième-gauche]

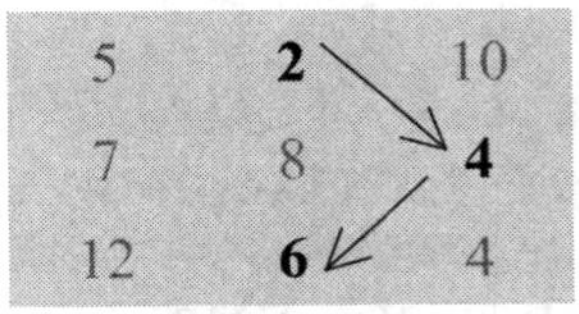

On dira qu'il y a un **INTER petite diagonale deuxième-gauche de +2.**

[Deuxième-droite]

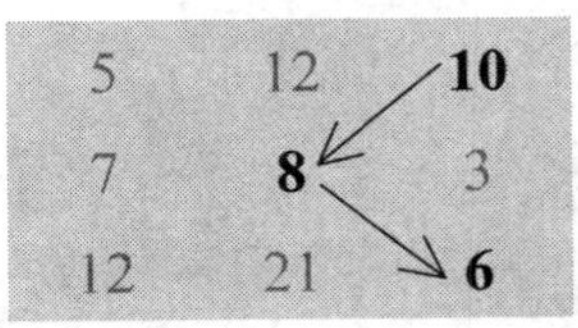

On dira qu'il y a un **INTER petite diagonale deuxième-droite de -2.**

Avant de conclure, nous ajouterons une dernière règle que vous serez amenés à rencontrer : au lieu d'être constantes, les progressions peuvent être évolutives. Autrement dit, vous pourrez vous retrouver avec un **INTER petite diagonale deuxième-droite évolutif.** Là, comme ça, ça peut paraître un peu compliqué, mais ça veut juste dire qu'au lieu d'avoir toujours la même progression de **+2 ; +2 ; +2, on aura une évolution du type +1 ; +2 ; +3.**

3. LE CAS PARTICULIER DES SERIES AVEC DES ELEMENTS COMPOSES DE DEUX OU QUATRE LETTRES

Certaines séries sur lesquelles vous devrez travailler au TAGE MAGE seront parfois (ces cas demeurent rares) composées d'éléments de 2 ou 4 lettres.

Cela ne doit aucunement vous inquiéter car la méthode de résolution demeure la même et les familles de règles étudiées précédemment s'appliquent encore.

Exemple :

	JK				(A)	HB
	IZ				(B)	ET
	HR				(C)	FO
	GE				(D)	FR
AN	?	OP	IQ	UR	(E)	EO

Avant de convertir notre série, nous constatons que les premières lettres de la série horizontale sont toutes des voyelles. Conservons cette observation dans un coin de notre brouillon, sait-on jamais si nous en avions besoin.

La conversion de la série donne :

V		H	
10	11	1	**14**
9	26	?	
8	18	15	**16**
7	5	9	**17**
?		21	**18**

Vous en déduisez sans difficulté les deux règles suivantes :

V : INTER vertical de -1 sur la première colonne

H : INTER vertical de +1 sur la deuxième colonne

La réponse doit donc contenir un 6 (F) en première colonne et un 15 (O) en deuxième colonne : réponse C !

II. LES SERIES DOUBLES DE CHIFFRES

Remarque préliminaire : si les éléments d'une série double de lettres sont « stables » pour ce qui concerne le nombre de lettres qui les composent (tous les éléments d'une série sont composés du même nombre de lettres), il n'en est pas de même pour les séries doubles de chiffres dont les éléments peuvent être composés d'un nombre variable de chiffres. Ainsi, dans une même série double de chiffres, il vous sera possible de travailler sur des nombres composés de 1, 2, 3 ou 4 chiffres (exemple : la série de carrés 1, 64, 289, 1000).

Deux grandes familles de règles existent pour les séries doubles de chiffres : les règles qui s'appuient sur une **« logique statique »** et celles qui s'appuient sur une **« logique dynamique ».**

1. PREMIERE FAMILLE DE REGLES : LOGIQUE STATIQUE (RADAR)

1. CARRES / CUBES

Ici, la règle est simple : tous les éléments de la série sont des carrés, ou : tous les éléments de la série sont des cubes.
NB : dans certains cas, tous les carrés/tous les cubes de la série seront pairs ou tous les carrés/tous les cubes de la série seront impairs.

Exemples :

Carrés	Carrés impairs	Carrés pairs	Cubes	Cubes pairs	Cubes impairs
121	121	144	1	1000	729
4	169	64	125	8	125
81	289	36	64	216	343

Nous dirons ici que **tous les nombres sont des carrés** ou que **tous les nombres sont des cubes.**

2. Somme constante / Somme progressive

Somme constante : la somme des chiffres des éléments de la série est toujours la même. Exemple :

124
70
2311

On a : 1 + 2 + 4 = 7 + 0 = 2 + 3 + 1 + 1 = 7
Nous dirons que l'on a une **somme constante égale à 7.**

Somme progressive : la somme des chiffres d'un élément à l'autre est progressive. Exemple :

234
55
803

On a : 2 + 3 + 4 = 9 ; 5 + 5 = 10 et 8 + 0 + 3 = 11.
Nous dirons que l'on a une **somme progressive.**

3. Produit constant / Produit progressif

Produit constant : le produit de tous les chiffres des éléments de la série est le même. Exemple :

234
83
416

On a bien : 2 x 3 x 4 = 8 x 4 = 4 x 1 x 6 = 24
Nous dirons que l'on a un **produit constant.**

Produit progressif : le produit des chiffres d'un élément à l'autre est progressif. Exemple :

251
1252
325

On a : 2 x 5 x 1 = 10 ; 1 x 2 x 5 x 2 = 20 et 3 x 2 x 5 = 30
Nous dirons que l'on a un **produit progressif.**

4. SEPARATIONS SOMME

Il existe trois types de « séparations somme » :

- Séparation par la gauche : XX/X ou XXX/X
- Séparation par la droite : X/XX ou X/XXX
- Séparation par les côtés : X/X/X ou XX/XX ou X/XX/X

Exemple 1 :

134	⇒	13 / 4	⇒	1	+	3	=	4
6814	⇒	68 / 14	⇒	6	+	8	=	14
257	⇒	25 / 7	⇒	2	+	5	=	7

Nous dirons ici que l'on a une **séparation somme par la gauche.**

Exemple 2 :

4139	⇒	4 / 13 / 9	⇒	4	+	9	=	13
385	⇒	3 / 8 / 5	⇒	3	+	5	=	8
8146	⇒	8 / 14 / 6	⇒	8	+	6	=	14

Nous dirons ici que l'on a une **séparation somme par les côtés.**

5. Séparations produit

Les « séparations produit » reposent exactement sur le même principe que les « séparations somme ».

Exemple 1 :

632	⇒	6 / 32	⇒	3	x	2	=	6
933	⇒	9 / 33	⇒	3	x	3	=	9
414	⇒	4 / 14	⇒	1	x	4	=	4

Nous dirons ici que l'on a une **séparation produit par la droite.**

Exemple 2 :

2555	⇒	**2** / 55 / **5**	⇒	5	x	5	=	25
4762	⇒	**4** / 76 / **2**	⇒	7	x	6	=	42
2397	⇒	**2** / 39 / **7**	⇒	3	x	9	=	27

Nous dirons ici que l'on a une **séparation produit par les côtés.**

6. Séparations carres/cubes

Les « séparations carrés/cubes » reposent là encore sur le même principe que les « séparations somme » ou les « séparations produits ».

Exemple 1 :

273	⇒	**27** / 3	⇒	3	au	cube	=	27
1255	⇒	**125** / 5	⇒	5	au	cube	=	125
3437	⇒	**343** / 7	⇒	7	au	cube	=	343

Nous dirons que l'on a une **séparation cube par la droite.**
Exemple 2 :

891	⇒	**8** / 9 / **1**	⇒	9	au	carré	=	81
366	⇒	**3** / 6 / **6**	⇒	7	au	carré	=	36
479	⇒	**4** / 7 / **9**	⇒	3	au	carré	=	49

Nous dirons que l'on a une **séparation carré par les côtés** (nous dirons aussi **par le centre**).

7. SEPARATION CONSTANTE

Ce type de séparation fonctionne exactement comme les autres sauf que le résultat de la somme ou du produit de deux chiffres ne donne pas un chiffre ou un nombre présent dans le même élément mais un autre totalement extérieur et qui est constant.

Voici un exemple :

174	⇒	**17** / 4	⇒	1	+	7	=	8
807	⇒	**80** / 7	⇒	8	+	0	=	8
352	⇒	**35** / 2	⇒	3	+	5	=	8

Les chiffres 4, 7 et 2 apparaissent en gris car ils sont « laissés pour compte » et ne servent absolument à rien, sinon à vous déconcentrer.

Nous dirons ici que l'on a une **séparation somme constante par la gauche.**

8. SEPARATION CACHEE

Les séparations cachées ne sont pas simples à trouver. Voici deux exemples qui ont fait les malheurs de nos préparationnaires.

Exemple 1 :

246	⇒	24 / 6	⇒	24	=	6	x	**4**
41	⇒	4 / 1	⇒	4	=	1	x	**4**
328	⇒	32 / 8	⇒	32	=	8	x	**4**

Vous remarquez ici que la multiplication par 4 est « cachée ».

Exemple 2 :

103	⇒	10 / 3	⇒	10	–	3	=	**7**
81	⇒	8 / 1	⇒	8	–	1	=	**7**
136	⇒	13 / 6	⇒	13	–	6	=	**7**

9. SUCCESSIONS INTRA

Voici un critère très simple : deux ou trois chiffres se suivent au sein de chaque élément. **Attention, ces successions peuvent impliquer tous les chiffres du nombre, comme elles peuvent n'impliquer qu'une partie du nombre.**

Exemple 1 :

456
123
789

Dans cet exemple, tous les chiffres sont impliqués dans la succession. Notez bien que la succession peut être croissante (456) comme décroissante (654).

Exemple 2 :

42**3**
29**1**
85**7**

Dans cet exemple, seuls les premier et dernier chiffres sont impliqués dans la succession. Le deuxième chiffre, lui, ne sert à rien. Il est surtout là pour vous déconcentrer.

2. DEUXIEME FAMILLE DE REGLES : LOGIQUE DE MULTIPLES

10. Multiples simples (3, 5, 6, 8, 9, 11)

Cette règle nous invite à identifier **des nombres multiples de 3, de 5, de 6, de 8, de 9 ou encore de 11.**
Ces multiples sont dits « simples » car il existe des critères de divisibilité (que vous connaissez maintenant) et qui permettent de vérifier en un rien de temps si un nombre est multiple de l'un de ces entiers.

Exemple 1 :

111

63

117

On dira que l'on a des **multiples de 3.**

Exemple 2 :

1**18**

3**36**

8**12**

Cet exemple est assez difficile. Il faut en effet voir ici **que seuls les nombres composés des deuxième et troisième chiffres sont à prendre en considération** et remarquer que ce sont des multiples de 6.

11. Multiples complexes (7, 13, 17, 19)

Cette règle nous invite à identifier des **nombres multiples de 7, de 13, de 17 ou de 19.**

Ces multiples sont dits « complexes » car il n'existe pas de critères permettant de vérifier rapidement si les nombres de la série sont multiples de l'un de ces entiers. Rassurez-vous… il existe quand même quelques astuces.

Exemple 1 :

34
153
51

On dira que **tous les nombres sont des multiples de 17.**

Nous sommes donc ici en présence de nombres multiples de 17. Comment le savons-nous ? Et bien pour le savoir, il existe deux astuces.

La première astuce consiste à identifier d'éventuels écarts égaux à 17. Cette astuce sera très souvent utile au TAGE MAGE. Ainsi, dans notre exemple, 34 et 51 sont distants de 17, ce qui doit naturellement nous mettre la puce à l'oreille et nous inciter à vérifier que 34 n'est autre que le double de 17 et 51, le triple ! On vérifie enfin que 153 est également multiple de 17, ce qui est naturellement le cas puisque 153 est le triple de 51, un nombre divisible par 17.

La seconde astuce consiste à décomposer le plus petit nombre de la série en un produit unique de facteurs premiers afin de voir émerger un entier complexe. Ici, il fallait écrire que 34 = 2 x 17 pour voir apparaître le multiple complexe 17 et vérifier ensuite que les autres nombres étaient également des multiples de 7.

Exemple 2 :

<u>28</u>4
<u>56</u>9
<u>14</u>3

Dans cet exemple, les nombres en gras et soulignés sont des multiples de 7.

3. TROISIEME FAMILLE DE REGLES : LOGIQUE DYNAMIQUE

La **logique dynamique** est aux séries de chiffres ce que les **INTER** sont aux séries de lettres. Notez simplement que cette famille de règles est très simple à tester puisque vos séries sont déjà converties en nombres !

Rappelons les différentes règles et arrêtons-nous sur quelques-unes d'entre elles :

12. L'INTER VERTICAL
- Première colonne
- Deuxième colonne
- Troisième colonne

13. L'INTER GRANDE DIAGONALE
- Droite
- Gauche

14. L'INTER PETITE DIAGONALE
- Première-gauche
- Première-droite
- Deuxième-gauche
- Deuxième-droite

Si nous vous conseillions de convertir vos séries horizontales de lettres en colonnes verticales de nombres, nous ne pensons pas en revanche qu'il soit utile que vous transposiez vos séries horizontales de nombres en colonnes verticales de nombres.

Exemple 1 :

103
46**2**
389

Nous avons ici un **INTER grande diagonale gauche droite.**

Exemple 2 :

1**6**7   2**5**0   8**4**1   4**3**2

Nous avons ici un **INTER vertical deuxième colonne.**

Exemple 3 :

61**3**
9**4**5
42**5**
1**6**9

Nous avons ici un **INTER petite diagonale deuxième-droite.**

Nous terminerons par deux cas devenus très rares au TAGE MAGE, mais nous nous devons de les signaler. Il s'agit de **l'INTER grande diagonale supérieure** et de **l'INTER grande diagonale inférieure.**

Exemple 4 (INTER grande diagonale supérieure) :

683
1**5**5
12**4**
1**3**9
209

Exemple 5 (INTER grande diagonale inférieure) :

61**1**
9**2**5
325
1**4**9
16**5**

III. LES SERIES GRAPHIQUES

Les séries graphiques occupent une place particulière dans l'épreuve de logique du TAGE MAGE puisque vous devrez en résoudre pas moins de 7.

[Une règle d'or]

Avant toute chose, nous vous invitons à appliquer systématiquement la règle d'or suivante applicable aux séries graphiques : **traduisez et inscrivez sous forme numérique le maximum d'informations mises à votre disposition.**
Autrement dit :

- Inscrivez les nombres de côtés des figures.
- Inscrivez les rangs des lettres.
- Inscrivez les nombres de « barres » des lettres.
- Calculez et inscrivez les écarts qu'il y a entre les nombres.
- Calculez et inscrivez les écarts entre les rangs des lettres.
- Calculez et inscrivez les écarts qu'il y a entre les côtés des figures et les nombres.
- **Inscrivez tout !** Plus vous écrirez de choses autour de vos séries graphiques et plus vous verrez se profiler les règles logiques à trouver.

Efforcez-vous d'appliquer cette règle. **Vous gagnerez beaucoup de temps.**

1. SERIES GRAPHIQUES ET FIGURES

Qui dit *figures* dit :

- Inscrire le nom de la figure et l'initiale de son nom.
- Compter le nombre de côtés.
- Compter le nombre de côtés parallèles.
- Compter le nombre d'angles droits.
- Compter le nombre de points d'intersection qu'il y a entre deux figures.

Exemples :

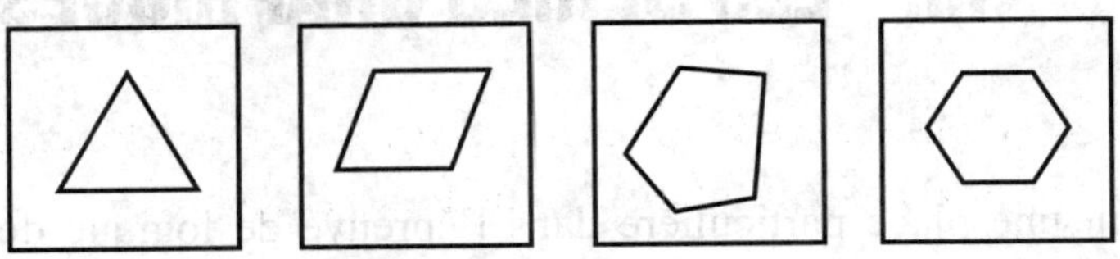

Dans ce premier exemple, le nombre de côtés est simplement croissant : 3 côtés pour le triangle, 4 côtés pour le parallélogramme, etc. Le nombre de côtés peut bien sûr suivre des progressions bien plus compliquées.

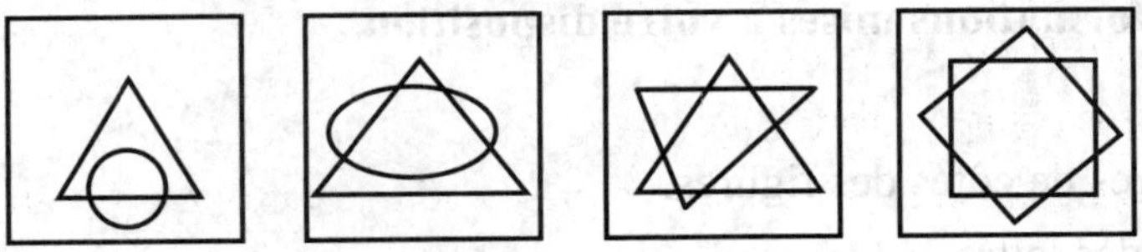

Dans cet exemple, le nombre de points d'intersections entre les deux figures est croissant : 2, puis 4, puis 6 et enfin 8.

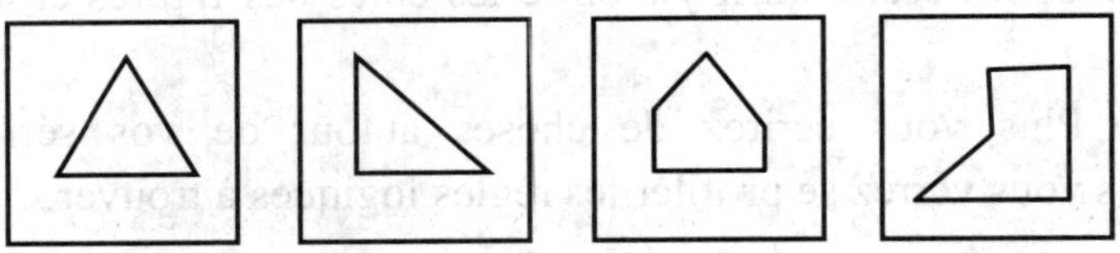

Dans ce dernier exemple, vous observez que le nombre d'angles droits est croissant : d'abord aucun angle droit pour le premier triangle, puis un angle droit pour la deuxième figure, puis 2 et enfin 3. Un rectangle pourrait ainsi par exemple compléter la série…

Retenez qu'il est essentiel de tout compter lorsque vous vous retrouvez face aux figures des séries graphiques. Ne laissez rien au hasard !

2. SERIES GRAPHIQUES ET NOMBRES

Qui dit *nombres* dit :

- Revoir toutes les règles qui ont été étudiées dans le cadre des séries doubles de chiffres et que vous devez donc connaître sur le bout des doigts.
- Appliquer les opérations suivantes :
  - Somme de chiffres/nombres
  - Différence de chiffres/nombres
  - Produit de chiffres/nombres
  - Quotient de chiffres/nombres
  - Puissance de chiffres/nombres
  - Somme de tous les chiffres d'un nombre
- Attention aux nombres dans leurs formes « séparées ».
- Attention aux sommes et produits des nombres pris « deux à deux » ou « un à trois », « un à quatre »…

Exemple 1 :

13	91	17	62	36	21	42	38
33	40	43	44	12	81	46	33

Les nombres sont ici considérés « deux à deux » dans leurs formes « séparées ».
Vous devez donc **séparer l**es chiffres de chaque nombre. Dans le premier cadre, sur la diagonale allant du côté en haut à gauche au côté en bas à droite, la somme des chiffres est identique aux deux extrémités de la diagonale : 1 + 3 = 4 + 0. Sur l'autre diagonale, le produit des chiffres à chaque extrémité est égal : 3 x 3 = 9 x 1. On retrouve cette même somme et ce même produit dans les autres cadres : 1 + 7 = 4 + 4 et 4 x 3 = 6 x 2, etc.

Exemple 2 :

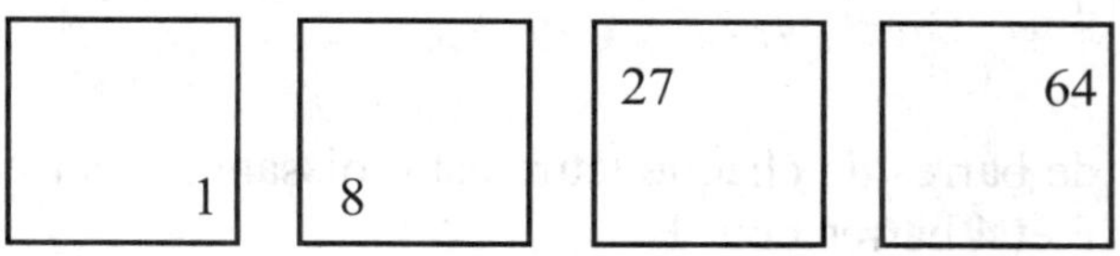

Vous reconnaissez naturellement une suite de cubes.

Exemple 3 :

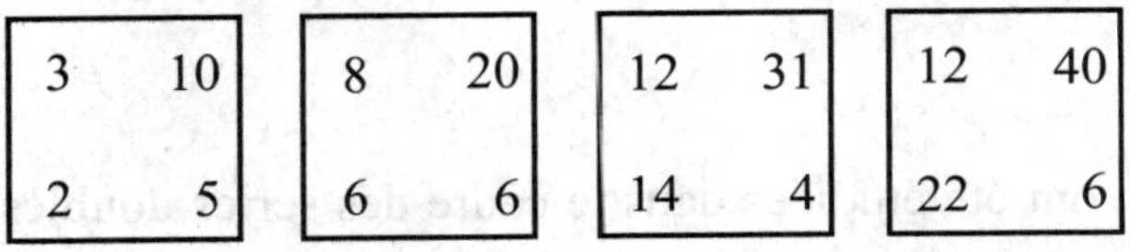

Dans cet exemple, le nombre en haut à droite de chaque cadre est la somme des trois autres nombres. Ainsi, 10 = 3 + 5 + 2 ; 20 = 8 + 6 + 6 ; 30 = 12 + 4 + 14 et enfin 40 = 12 + 6 + 22.

3. SERIES GRAPHIQUES ET LETTRES

Qui dit *lettres* dit :

- Revoir toutes les règles qui ont été étudiées dans le cadre des séries doubles de lettres et que vous devez donc connaître sur le bout des doigts.
- Attention au nombre de « barres » des lettres.
- Attention au « sens » des lettres : les lettres peuvent en effet être des initiales : initiale d'une figure (T pour Triangle), d'un chiffre (S pour 7/Sept), d'une position (H pour Haut, B pour Bas…), d'un symbole (A pour */Astérisque ; D pour #/Dièse, etc.).

Tableau des lettres « à barres » :

Lettres	A	E	F	H	I	K	L	M	N	T	V	W	X	Y	Z
Barres	3	4	3	3	1	3	2	4	3	2	2	4	2	3	3

Exemples :

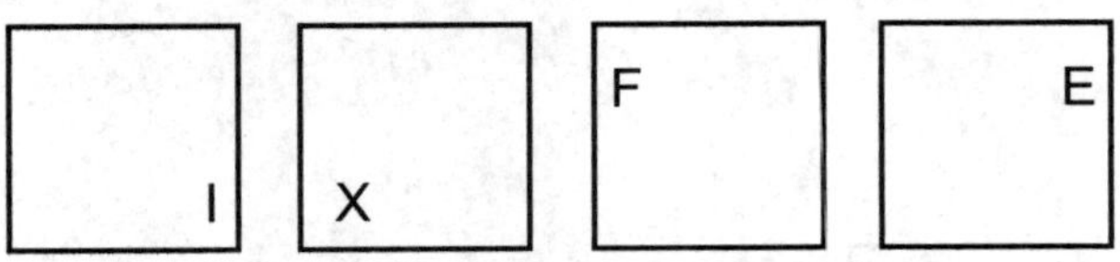

Dans ce premier exemple, le nombre de barres de chaque lettre est croissant : 1 barre pour I, 2 barres pour X, 3 barres pour F et 4 barres pour E.

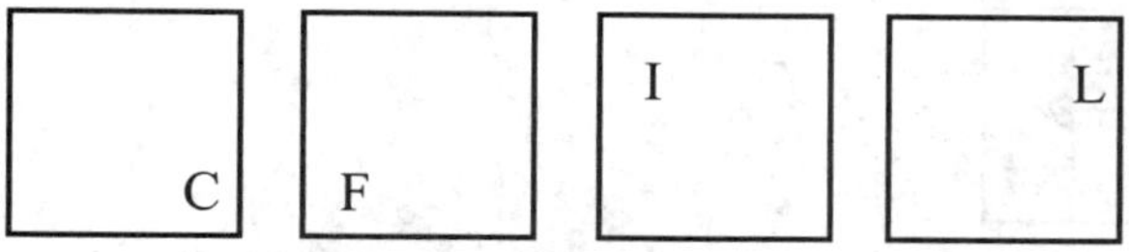

Dans ce deuxième exemple, il y a un saut de deux lettres lorsque l'on passe d'un cadre à l'autre : **C**DE**F**GH**I**JK**L**.

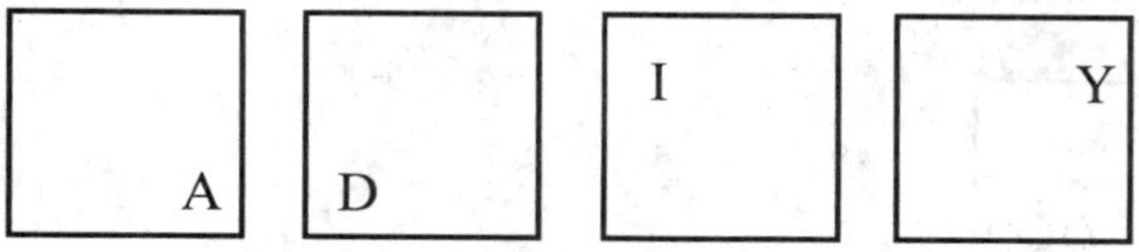

Ici, inscrivez les rangs des lettres au-dessus de chaque cadre : 1 – 4 – 9 – 25. Vous reconnaissez alors la suite des carrés parfaits.

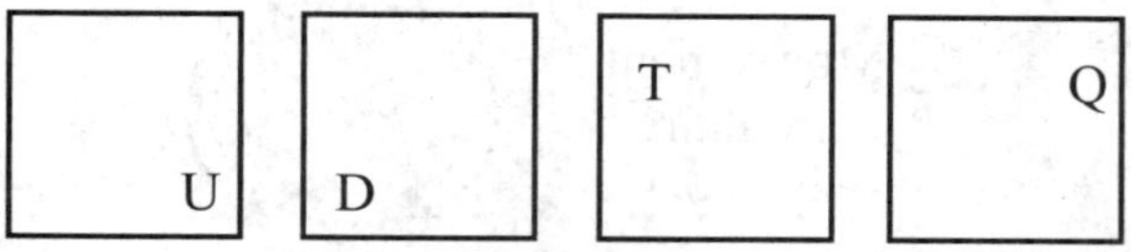

Enfin, vous devez reconnaître ici une suite d'initiales : U pour Un – D pour Deux – T pour Trois – et Q pour Quatre.

4. SERIES GRAPHIQUES ET MOUVEMENTS

Qui dit *mouvements* dit :

- Mouvements de rotation.
- Mouvements circulaires : sens des aiguilles d'une montre ou sens inverse.
- Mouvements d'alternance : alternances horizontale, verticale, diagonale, centrale et axiale.

Exemples :

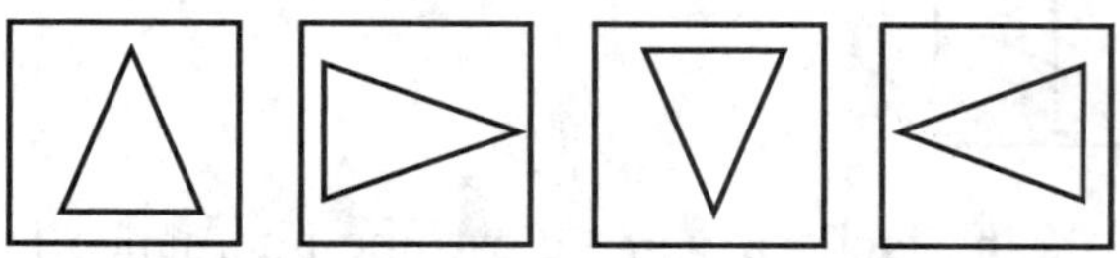

Dans ce premier exemple, il s'agit d'une rotation du triangle de 90° dans le sens des aiguilles d'une montre à chaque nouveau cadre.

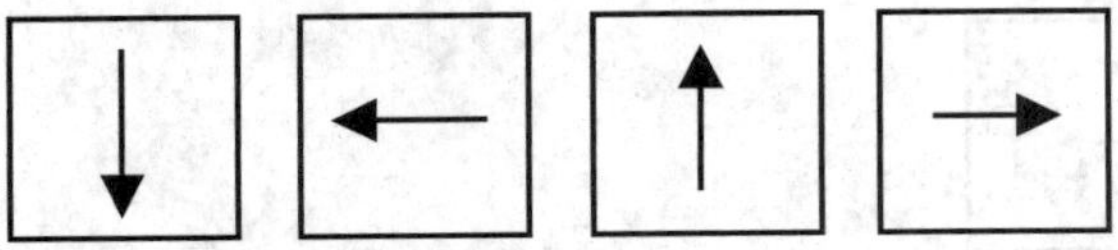

Vous pouvez observer dans cet exemple une rotation de 45° toujours dans le sens des aiguilles d'une montre. Veillez à bien comprendre la notion de rotation : il s'agit d'une rotation sur soi-même, autour du centre de l'objet.

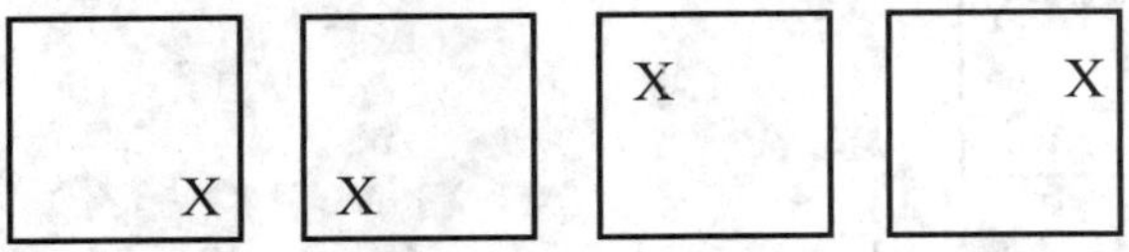

Observez la position du X dans cet exemple : il suit un mouvement de type circulaire dans le sens des aiguilles d'une montre :

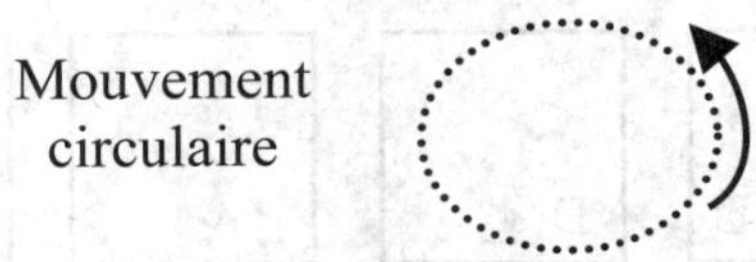

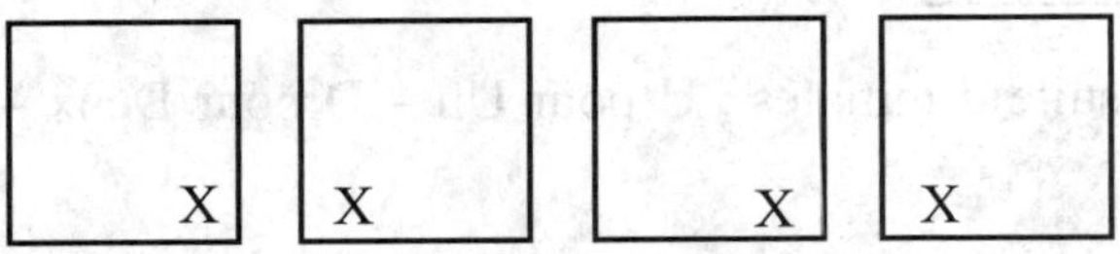

Observez bien les changements de positions du X : il s'agit d'un mouvement alterné horizontal.

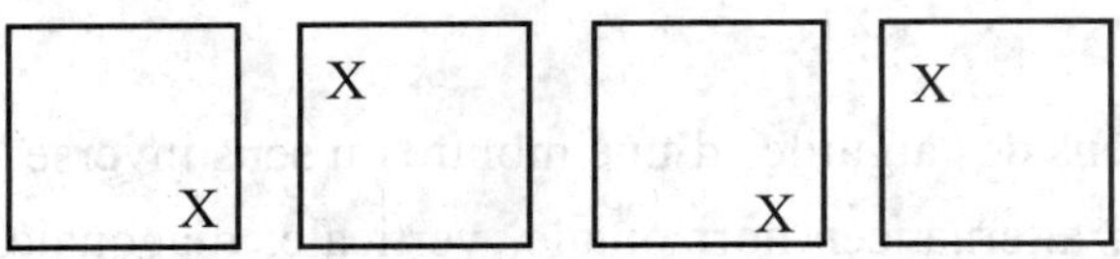

Cet exemple présente un mouvement alterné diagonal.

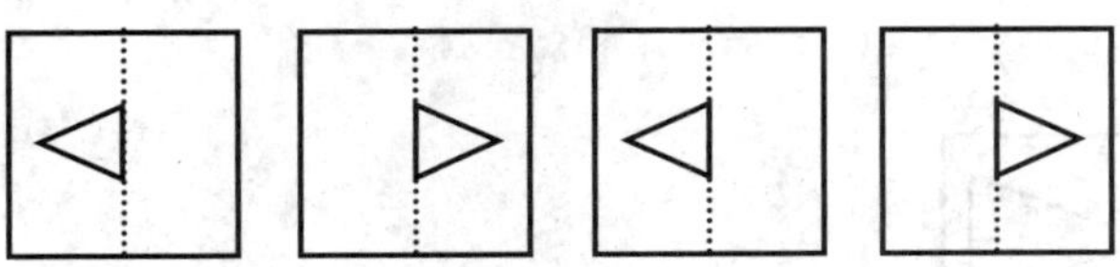

Nous terminons avec le mouvement le moins facile à voir : c'est une alternance le long d'un axe de symétrie (qui sera naturellement invisible au TAGE MAGE !).

IV. APPLICATIONS FONDAMENTALES

1. LA PYRAMIDE EJOTY

Une fois n'est pas coutume, nous vous proposons ici une application originale et riche en émotions. Nous souhaitons en effet que vous vous entraîniez à convertir des séries de lettres en séries de chiffres… à toute vitesse !

Votre mission, si vous l'acceptez, est donc de convertir **les 31 lignes qui suivent en 31 minutes… et pas une de plus !**

Mettez-vous en condition ! Eteignez les téléphones portables, les ordinateurs et surtout munissez-vous d'un chronomètre sur lequel vous pouvez jeter un œil sur le temps qui passe.

La « pyramide EJOTY » est une application qui permet de tester à la fois votre endurance et votre rapidité.

Le principe est simple : voici face à vous une pyramide de lettres composée de 31 lignes avec un nombre de lettres croissant puis décroissant. Vous disposez en moyenne d'une minute pour convertir chaque ligne de la pyramide et noter les chiffres sur la pyramide de la page d'en face.

Attention : si au bout d'une minute vous n'avez pas terminé une ligne, vous vous arrêtez et passez immédiatement à la ligne suivante. De même, si vous terminez une ligne avant la fin de la minute, vous ne devez pas commencer la ligne suivante mais attendre que la minute se soit écoulée avant de continuer.

Le but est donc que vous parveniez à tout convertir en 31 minutes (ou moins). Et si vous réussissez à convertir la seizième ligne formée de 45 lettres en une minute, alors cela veut dire que vous êtes prêts à relever tous les défis avec succès !

Bon courage !

E	J	O	T	Y
5	10	15	20	25

15 lettres.	DGSTCYUEKNCBQHE
17 lettres.	AXSWDYJPCNQHECLQN
19 lettres.	QWPMNQVEUCNQPOHAXUJ
21 lettres.	SLFNCTQPOTBCSDLKANJQN
23 lettres.	AUQBCGMPLJHGWBVSTKENCGT
25 lettres.	MDNCQYENUIGQCEHWMAPCUENDF
27 lettres.	SJWHPLQHEUCVSGWOKRNEYSTCVHP
29 lettres.	AQUEFRGHSTOIJNCGQHRUDXKPQMRNS
31 lettres.	NHWCFSMQWPOYENSTUJDCPQOENCHQJEM
33 lettres.	JHQDENBCGQHUEIRKQPORMLNCHAQFYUHDN
35 lettres.	MQPURNJFGAZLUXCSDHUGJFMQPANECDGQJIU
37 lettres.	KQGETDUCNGQTARZUIOLKNWVCSJEMQPYERBJKS
39 lettres.	FQTEGCNQHUENMJPRKNQTEYCBQGACEPWINRHSFCJ
41 lettres.	GQTAREVCBHWJMOPIUYHENBQFEPCUERTJKMQNCYEKQ
43 lettres.	YHEVSFWJPUNYGRMSONCGQFAEMPCNATIENTKFGSMAIN
45 lettres.	ARWMPVNDGSTQUEMCNQJUEMAPWFECIKFVATMCNQTEJYIBF
43 lettres.	HQYANEMCKIQUENFGHPDIQNEMQNQHEYCUDIQASMLKWJF
41 lettres.	JQUEBCGQFEUIPMLTGEBRHUWIAPSDRGMDNCBWGAPRM
39 lettres.	ATGEKCPSFVHJQPJWOAMEPOCNHQATEYIKFDSPWNT
37 lettres.	IQNSTEVHKMQPOANCXVGEJSKAMQYEXDPSNSKQO
35 lettres.	SYABEGCMQPOENCJQGEJSIPAMSLKQFGWHYJN
33 lettres.	QUANDJREGCYQMOENFJVYGQKSJPWNEJCTQ
31 lettres.	LQHAYCTSGELCPOWNQBEJDITMEISNTGZ
29 lettres.	JQUAYEBDHSJAMPQUENCTQUENJDLQO
27 lettres.	UEJCMPQJEUHGACXWKPTNRUIENQS
25 lettres.	QKPQOYEHBNWGSJFPAZKWINRMD
23 lettres.	RQCETDSYUICOPKNQJHDTQRN
21 lettres.	ATQHENCMQPLENQTYSHDIP
19 lettres.	QGATEUCNQMPEIRNCGQS
17 lettres.	APNETHJQPOICBSYWK
15 lettres.	HXCWGYUEIPSKNQI

E	J	O	T	Y
5	10	15	20	25

15. ____________________
17. ______________________
19. ________________________
21. ____________________________
23. _______________________________
25. __________________________________
27. ____________________________________
29. _______________________________________
31. ____
33. ____
35. ____
37. ____
39. ____
41. ____
43. ____
45. ____
43. ____
41. ____
39. ____
37. ____
35. ____
33. ____
31. ____
29. _______________________________________
27. ____________________________________
25. __________________________________
23. _______________________________
21. ____________________________
19. ________________________
17. ______________________
15. ____________________

2. LA PLANCHE DE CHIFFRES

Comme vous allez le découvrir, il sera très souvent question de **repérage** pour les séries doubles de chiffres dans l'épreuve de logique au TAGE MAGE.

Si nous ne doutons pas une seconde que vous appliquerez consciencieusement et scrupuleusement les différents critères propres aux séries doubles de chiffres, nous doutons en revanche que vous soyez capables à ce stade d'identifier les logiques propres à chacune des séries doubles de chiffres **du premier coup d'œil !**

C'est pour cette raison que nous avons souhaité vous soumettre l'entraînement de spartiate qui suit, et ce, afin de nous assurer que vous serez capables de mobiliser les meilleures capacités de concentration et de résoudre ainsi les questions les plus difficiles du TAGE MAGE.

La consigne est simple : vous disposez de **25 minutes** pour travailler sur le tableau de chiffres qui suit et repérer une bonne centaine de nombres que vous retrouverez inlassablement dans les épreuves de logique du TAGE MAGE.

Voici la liste des nombres que vous devez trouver :

- 15 carrés : les carrés des nombres 10, 11, 12, 13, 14, 15, 16, 17, 18, 19, 20, 21, 22, 23, 24, 25 ;
- 10 cubes : les cubes des nombres 3, 4, 5, 6, 7, 8, 9, 10, 11 et 12 ;
- 10 nombres entiers divisibles par 7 compris entre 700 et 850 ;
- 10 nombres premiers compris entre 30 et 80 ;
- 5 nombres entiers divisibles par 13 compris entre 360 et 460 ;
- 5 nombres différents de 3 chiffres avec des chiffres successifs croissants ;
- 5 nombres différents de 3 chiffres avec des chiffres successifs décroissants ;
- 3 nombres différents de 3 chiffres avec des chiffres impairs successifs décroissants ;
- 2 nombres différents de 3 chiffres avec des chiffres pairs successifs croissants.

NB 1 : les nombres doivent impérativement être identifiés sur des lignes horizontales et peuvent éventuellement être à cheval sur deux lignes.

NB 2 : certains des nombres que vous devez trouver peuvent apparaître plusieurs fois.

NB 3 : il ne peut y avoir deux nombres (ou plus) qui se croisent. Ex. : **2256.**

Remarque bienveillante : si à ce stade de la compétition, vous ne connaissez toujours pas vos carrés ou vos cubes par cœur ou si vous peinez encore à dresser la liste des nombres multiples de 13 compris entre 300 et 500… Retour à la case départ, *i.e.* à votre cours fondamental d'arithmétique et de manipulation des nombres.

345578934005671145678098765423450789467974323456789654324871890977543
435689981005342346768980997765454343898099767645323249176798977654534
346898861534567898765432345671143451118121456724321345654232538663549
735467315246513546541424786731786453847378457382475522721356476812306
496773280476652347364515337621837712663333336724136522229127783567124
356521837281983092170379851263462536827108435484561285581753612137612
714434217813113415781963456178375426739765671890987609880561314563425
532529656565552229898010909018787167673877676255437529028675712577815
515656872518762647869747164565810001510141327295165165199273003883773
546362663374635475542255376765767676321283980836172365417370838080313
313898163768127385265436529347938490772357243767120830893810831098371
276375767378278675676556741728456425312901001010980009080931231232183
772561545436217281897398716898860781738627813317795652435782181273512
673620948891554534672156345214534521435452411109763527484962387048198
715354236872948904897189479127475261535253718379021808214877254615212
547108717621476374637647364634537748832438746374791259087894673641304
987138470757661454365646356753369756534734981908478689323634736949767
767346734677386478374897984789374890310010001011729737467364763456356
456287576651854351647631289737465364562534717903147371483627573647564
573667451431123243247764767362472365654636451834615463548797083748347
090000000198984333332636541967351473346763274656534676347537647575134
542100300019108949838746764736475634557346736477900999849397481403049
049563828906664441646190177597384685189846838781738173551361157379189
377155231537103901939718637515344132157379183986143518734515376153467
173532413251538163614365163819398019301983861632172832461763819374990
139093872573546862791536721562897401571681278127497190489218491288213
545426157193891037145216379193019309104003676156145145342185122882787
617571768716238207162715652411253513243142315278897299898192099021902
914134125132514429514367514764367143514673541436714367181617576128712
912810280192012090196019029102901455772615434567614345670013456543450
543234543232112191212340118565657689765678951286765777676798987877761
219131323422424545227349772825663540090551497302099452098825513310036
036379853565948654330063552409735553843473055618646985473533274051292
951580695925179386354745462534246080429231164189780511760039663343887
043814372531443421081116906933150869575300146542728794216051013267239
596037035290643875922039070308757589443530928473434365106245334389916
171376510359486041657863969796430346956876874634053669459625718332324
568235591324975041319509775297741643192676616258302079245883667474593
955972578441396630758654042958687646599253484188798138059146928632463
666731451428335749937893948033213694911827432298648312626979622596276

REPONSES

345578934005671145678098765423450789467974323456789654324871890977543
435689981005342346768980997765454343898099767645323249176798977654534
346898861534567898765432345671143451118121456724321345654232538663549
73546731524651354654142478673178645384737845738247552721356476812306
496773280476652347364515337621837712663333336724136522229127783567124
356521837281983092170379851263462536827108435484561285581753612137612
714434217813113415781963456178375426739765671890987609880561314563425
532529656565552229898010909018787167673877676255437529028675712577815
515656872518762647869747164565810001510141327295165165199273003883773
546362663374635475542255376765767676321283980836172365417370838080313
313898163768127385265436529347938490772357243767120830893810831098371
276375767378278675676556741728456425312901001010980009080931231232183
772561545436217281897398716898860781738627813317795652435782181273512
673620948891554534672156345214534521435452411109763527484962387048198
715354236872948904897189479127475261535253718379021808214877254615212
547108717621476374637647364634537748832438746374791259087894673641304
987138470757661454365646356753369756534734981908478689323634736949767
767346734677386478374897984789374890310010001011729737467364763456356
456287576651854351647631289737465364562534717903147371483627573647564
573667451431123243247764767362472365654636451834615463548797083748347
090000000198984333332636541967351473346763274656534676347537647575134
542100300019108949838746764736475634557346736477900999849397481403049
049563828906664441646190177597384685189846838781738173551361157379189
377155231537103901939718637515344132157379183986143518734515376153467
173532413251538163614365163819398019301983861632172832461763819374990
139093872573546862791536721562897401571681278127497190489218491288213
545426157193891037145216379193019309104003676156145145342185122882787
617571768716238207162715652411253513243142315278897299898192099021902
914134125132514429514367514764367143514673541436714367181617576128712
912810280192012090196019029102901455772615434567614345670013456543450
543234543232112191212340118565657689765678951286765777676798987877761
219131323422424545227349772825663540090551497302099452098825513310036
036379853565948654330063552409735553843473055618646985473533274051292
951580695925179386354745462534246080429231164189780511760039663343887
043814372531443421081116906933150869575300146542728794216051013267239
596037035290643875922039070308757589443530928473434365106245334389916
171376510359486041657863969796430346956876874634053669459625718332324
568235591324975041319509775297741643192676616258302079245883667474593
955972578441396630758654042958687646599253484188798138059146928632463
666731451428335749937893948033213694911827432298648312626979622596276

3. DES SERIES DOUBLES ET DES SERIES GRAPHIQUES

1. Series doubles

1.

		479		
		366		
		891		
		146		
561	444	?	129	606

(A) 255
(B) 192
(C) 684
(D) 144

2.

?	KJM	PLR	CGE	VBX
GCT				
BZH				
IPO				
SKJ				

(A) MKF
(B) LKN
(C) DIF
(D) JHD

3.

	927			
	523			
	826			
	330			
130	?	39	195	91

(A) 312
(B) 413
(C) 431
(D) 156

4.

	LTR				
	?	UEZ	GWT	YGT	ZAE
	ETA				
	CVT				
	BAZ				

(A) ZED
(B) HSD
(C) HFA
(D) ASI

5.

	431				
729	?	8	125	1728	
	622				
	340				
	267				

(A) 439
(B) 591
(C) 1331
(D) 343

Solutions :

1. H : vous remarquez que 5 + 6 + 1 = 4 + 4 + 4 = 1 + 2 + 9 = 6 + 0 + 6 = 12, soit que la somme de tous les chiffres de chaque nombre de la série vaut 12. Or, en ce qui concerne les réponses proposées :

(A) 2 + 5 + 5 = 12

(B) 1 + 9 + 2 = 12

(C) 6 + 8 + 4 = 18 ≠ 12

(D) 1 + 4 + 4 = 9 ≠ 12

Il s'agit donc d'une **somme constante égale à 12** et vous pouvez ne conserver que les réponses (A) et (B), 255 et 192.

V : Il s'agit d'une **séparation carré par le centre.** En effet, vous avez :

4$\underline{7}$9 : $\underline{7}^2$ = **49**

3$\underline{6}$6 : $\underline{6}^2$ = **36**

8$\underline{9}$1 : $\underline{9}^2$ = **81**

1$\underline{4}$6 : $\underline{4}^2$ = **16**

Le chiffre du centre élevé au carré donne donc les deux chiffres des extrémités mis bout à bout. Parmi les deux réponses restantes, vous trouvez :

(A) **2$\underline{5}$5 :** $\underline{5}^2$ = **25**

(B) **1$\underline{9}$2 :** $\underline{9}^2$ = 81≠ **12**

La bonne réponse est donc la (A).

2. Traduisons les deux séries l'une après l'autre, toujours verticalement :

H :

11	10	13
16	12	18
3	7	5
22	2	24

Vous remarquez que 13 - **11** = 18 - **16** = 5 - **3** = 24 - **22** = 2. Il y a donc un écart de +2 entre la première et la dernière lettre et cette série suit une logique d'**INTRA de +2 entre la première et la troisième lettre.**
Seules la (B) et la (C) vérifient cela avec **L** - M - **N** et **D** - E - **F**.

V :

		6
7	3	20
2	26	**8**
9	16	15
19	11	**10**

Comme illustré ci-dessus, vous avez un **INTER grande diagonale droite de +1,** et le rang de la dernière lettre de la solution doit être 6 : il s'agit donc d'un F. Parmi les deux réponses restantes, seule la (C) fonctionne donc.

3. H : on remarque que **tous les nombres sont des multiples de 13** :
130 = 13 x 10
195 = 13 x 15
39 = 13 x 3
91 = 13 x 7
Or, parmi les solutions proposées, seules deux sont des multiples de 13 :
(A) 312 = 13 x 24
(D) 156 = 13 x 12

V : il s'agit d'une **séparation somme par la droite.** En effet, vous avez :
927 : **2** + **7** = 9
826 : **2** + **6** = 8
523 : **2** + **3** = 5
330 : **3** + **0** = 3

La somme des deux derniers chiffres donne toujours le chiffre des centaines. Parmi les deux réponses conservées, vous trouvez :

(A) **312** : **1** + **2** = 3
(D) **156** : **5** + **6** = 11 ≠ 1

La bonne réponse est donc la (A) : 312.

4. H :

	19	
21	5	26
7	**23**	20
25	7	20
26	**1**	5

La logique de cette série est donc un **INTER petite diagonale première droite de +2.** Le rang de la deuxième lettre de la solution doit par conséquent être 19, ce qui signifie que cette lettre est un S. Seules les réponses (B) et (D) fonctionnent.

V :

12	20	18
8		
5	20	1
3	22	20
2	1	26

Vous remarquez en partant du bas que le rang de la première lettre augmente :
- de 1 entre 2 et 3 ;
- de 2 entre 3 et 5 ;
- de 7 = 3 + 4 entre 5 et 12.

Ainsi, vous en déduisez que le rang de la lettre manquante doit être 5 + 3 = 8, soit un H, pour convenir à cet **INTER vertical évolutif de -4 à -1 sur la première lettre.** La seule réponse possible est dès lors la (B).

5. H : vous remarquez que **tous les nombres sont des cubes d'entiers** :

$729 = 9^3$ $125 = 5^3$

$8 = 2^3$ $1728 = 12^3$

Cela vous permet de conserver uniquement les réponses (C) et (D) car : $1331 = 11^3$ et $343 = 7^3$

V : vous remarquez que le produit des deux premiers chiffres de chaque nombre est constant égal à 12. En effet :

431 : **4** x **3** = 12 **34**0 : **3** x **4** = 12

622 : **6** x **2** = 12 **26**7 : **2** x **6** = 12

La logique est donc une **séparation produit constante par la gauche, égale à 12.** Or parmi les deux réponses restantes, vous avez :

1331 : **1** x **3** = 3 ≠ 12

343 : **3** x **4** = 12

Réponse (D) !

2. SERIES GRAPHIQUES

1.

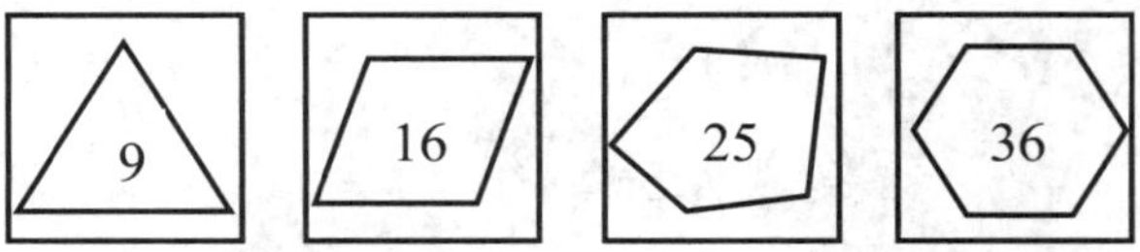

Dans cette application, le nombre de côtés mis au carré est égal au nombre inscrit dans la figure : le triangle a trois côté et $3^2 = 9$; pour le parallélogramme, $4^2 = 16$, etc.

2.

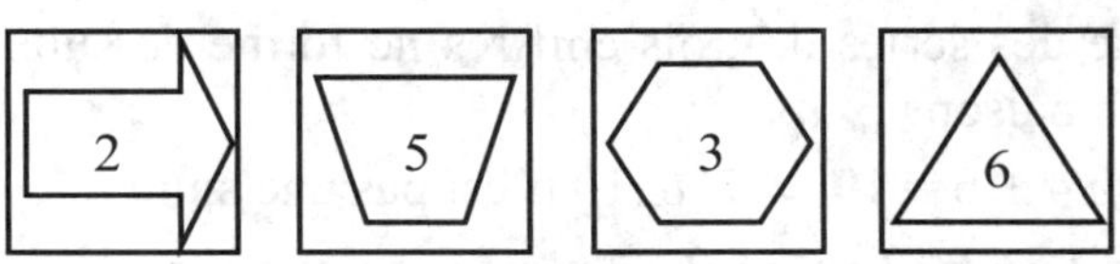

Vous remarquez ici que la somme du nombre de côtés et du nombre inscrit est constante et égale à 9 : 7 + 2 = **9** pour la première figure, 4 + 5 = **9** pour la deuxième figure, 6 + 3 = **9** pour la troisième figure et 3 + 6 = **9** pour la quatrième figure.

3.

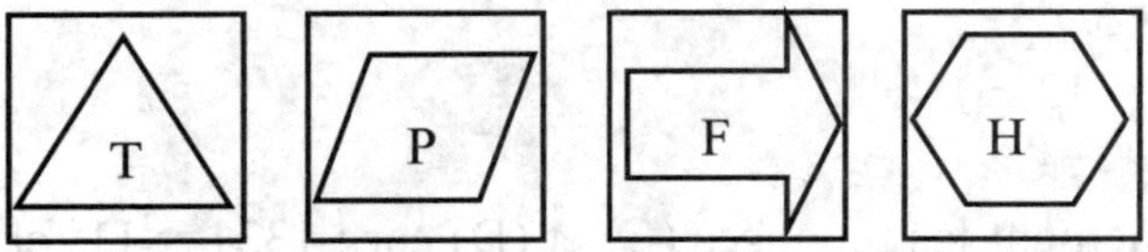

Nous faisons appel dans cet exemple à la **signification** des lettres : un triangle est inscrit dans le premier cadre et on a écrit un T qui correspond donc à l'initiale de la figure. Un parallélogramme se situe dans le deuxième cadre avec justement un P à l'intérieur. **En conséquence, la lettre correspond à l'initiale du nom de la figure.**

4.

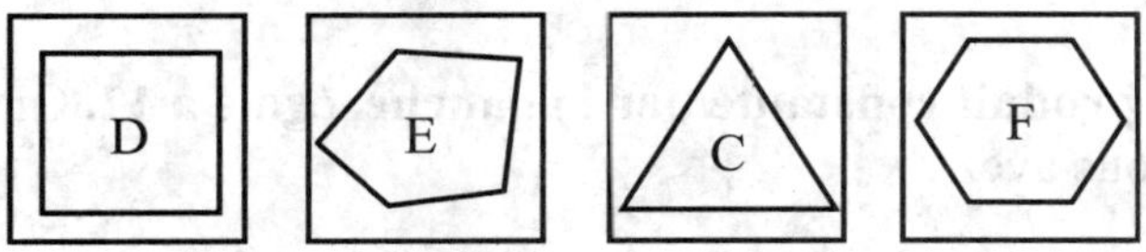

Ici, nous associons le nombre de côtés de la figure au rang de la lettre. Dans le premier cadre, le rang de D est égal à 4, ce qui correspond au nombre de côtés du carré. La figure du deuxième cadre est composée de 5 côtés, ce qui correspond au rang de la lettre inscrit dans la figure.

5.

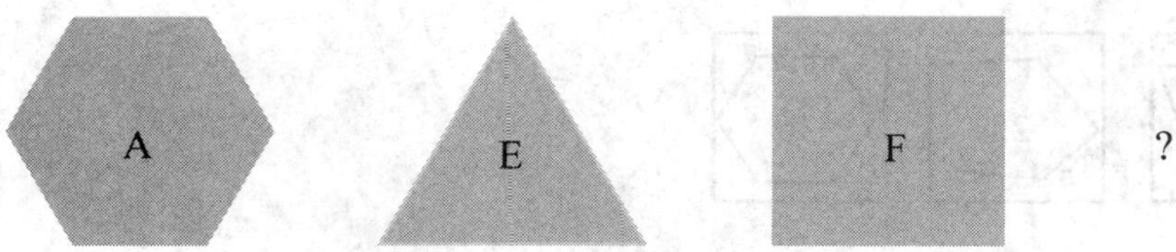

En numérisant tout on trouve :

Côtés : 6, 3, 4 **Lettres :** 1, 5, 6

Vous voyez immédiatement qu'aucune des séries de trois chiffres ne forme de suite logique. En revanche, testons des combinaisons :

Côtés + Lettres : 6 + 1 = **7** ; 3 + 5 = **8** ; 4 + 6 = **10** ⇒ 7, 8, 10 n'est pas une suite

Côtés - Lettres : 6 - 1 = **5** ; 3 - 5 = **-2** ; 4 - 6 = **-2** ⇒ 5, -2, -2 n'est pas une suite

Côtés x Lettres : 6 x 1 = **6** ; 3 x 5 = **15** ; 4 x 6 = **24** ⇒ 6, 15, 24 **est bien une suite avec un écart constant de 9.** On vous laisse proposer la solution de votre choix.

DEUXIEME PARTIE

10 TESTS BLANCS ORIGINAUX ET INEDITS ACCOMPAGNES DE LEURS CORRIGES

TEST BLANC TAGE MAGE NUMERO 1

TEST TAGE MAGE NUMERO 1 : VOTRE GRILLE DE REPONSES

Epreuve 1 **Compréhension de textes**						Epreuve 2 **Calcul**						Epreuve 3 **Raisonnement/Argumentation**					
1	A	B	C	D	E	16	A	B	C	D	E	31	A	B	C	D	E
2	A	B	C	D	E	17	A	B	C	D	E	32	A	B	C	D	E
3	A	B	C	D	E	18	A	B	C	D	E	33	A	B	C	D	E
4	A	B	C	D	E	19	A	B	C	D	E	34	A	B	C	D	E
5	A	B	C	D	E	20	A	B	C	D	E	35	A	B	C	D	E
6	A	B	C	D	E	21	A	B	C	D	E	36	A	B	C	D	E
7	A	B	C	D	E	22	A	B	C	D	E	37	A	B	C	D	E
8	A	B	C	D	E	23	A	B	C	D	E	38	A	B	C	D	E
9	A	B	C	D	E	24	A	B	C	D	E	39	A	B	C	D	E
10	A	B	C	D	E	25	A	B	C	D	E	40	A	B	C	D	E
11	A	B	C	D	E	26	A	B	C	D	E	41	A	B	C	D	E
12	A	B	C	D	E	27	A	B	C	D	E	42	A	B	C	D	E
13	A	B	C	D	E	28	A	B	C	D	E	43	A	B	C	D	E
14	A	B	C	D	E	29	A	B	C	D	E	44	A	B	C	D	E
15	A	B	C	D	E	30	A	B	C	D	E	45	A	B	C	D	E
Epreuve 4 **Conditions minimales**						Epreuve 5 **Expression**						Epreuve 6 **Logique**					
46	A	B	C	D	E	61	A	B	C	D	E	76	A	B	C	D	E
47	A	B	C	D	E	62	A	B	C	D	E	77	A	B	C	D	E
48	A	B	C	D	E	63	A	B	C	D	E	78	A	B	C	D	E
49	A	B	C	D	E	64	A	B	C	D	E	79	A	B	C	D	E
50	A	B	C	D	E	65	A	B	C	D	E	80	A	B	C	D	E
51	A	B	C	D	E	66	A	B	C	D	E	81	A	B	C	D	E
52	A	B	C	D	E	67	A	B	C	D	E	82	A	B	C	D	E
53	A	B	C	D	E	68	A	B	C	D	E	83	A	B	C	D	E
54	A	B	C	D	E	69	A	B	C	D	E	84	A	B	C	D	E
55	A	B	C	D	E	70	A	B	C	D	E	85	A	B	C	D	E
56	A	B	C	D	E	71	A	B	C	D	E	86	A	B	C	D	E
57	A	B	C	D	E	72	A	B	C	D	E	87	A	B	C	D	E
58	A	B	C	D	E	73	A	B	C	D	E	88	A	B	C	D	E
59	A	B	C	D	E	74	A	B	C	D	E	89	A	B	C	D	E
60	A	B	C	D	E	75	A	B	C	D	E	90	A	B	C	D	E

Si vous souhaitez répondre la réponse B à la question 31, alors noircissez la case comme suit :

31	A	B	C	D	E
		■			

1

TEST BLANC TAGE MAGE
EPREUVE 1 : COMPREHENSION DE TEXTES

CONSIGNES

Cette épreuve comporte trois textes numérotés 1, 2 et 3. Chacun de ces textes est suivi d'une série de questions. Chaque question vous présente cinq propositions qui peuvent porter sur différents niveaux de lecture :

- Informations « isolées » contenues dans le texte ;
- Idées principales, traitées dans un ou plusieurs paragraphes ;
- Position de l'auteur telle qu'elle se reflète dans le texte, etc.

Parmi les cinq propositions présentées dans le cadre de chaque question, certaines sont en contradiction flagrante avec le texte ; d'autres abordent des aspects qui n'y sont pas traités ; d'autres encore se rapprochent plus ou moins de ce qui est exprimé – directement ou indirectement – dans ce même texte.
La seule proposition considérée comme exacte est celle qui se rapproche le plus de ce qui est dit dans le texte. Les quatre autres propositions sont considérées comme fausses. Cette épreuve est constituée de 15 questions. Temps accordé : 20 minutes.

BAREME

Réponse juste :	+ 4	points
Réponse fausse :	- 1	point
Aucune réponse :	0	point

@@@@@@@@@@@@@@@@@@@@@@@@@@@@@@@@@@@@@@
@@@@@@@@@@@@@@@@@@@@@@@@@@@@@@@@@@@@@@
@@@@@@@@@@@@@@@@@@@@@@@@@@@@@@@@@@@@@@

TEXTE 1

L'individualisme suscite souvent le doute et la réprobation. Il arrive même qu'on le présente comme le plus grand malaise de nos sociétés : politiquement et socialement, il est décrié comme un repli sur soi pathogène, un refus de se conformer aux lois, de vivre avec les autres, voire comme le fourrier du totalitarisme ; moralement, on le dit narcissique et d'un égoïsme haïssable privilégiant les idiosyncrasies et les choix personnels avant l'éthique ; psychologiquement, on l'assimile très vite au défoulement, à l'exubérance, aux instincts, aux désirs, en bref à un hédonisme sans scrupule que certains font remonter jusqu'à la période d'après-guerre et surtout à la vague d'émancipation des années soixante.

Il ne s'agit pas de nier qu'il existe des formes dégradées et futiles de l'individualisme. Seulement, à vouloir s'en tenir à de telles généralités, ne perd-on pas de vue, dans un univers comme le nôtre, plus que jamais « désaxé », « élargi » et « hétéroclite sous son apparente unicité scientifique et médiatique », que l'individualisme est devenu une composante essentielle de l'éthique contemporaine ? En tout cas, nombreux sont ceux qui en parlent comme d'une force positive, notamment dans le registre socioéconomique où l'application de principe de l'égalité des chances (discrimination positive, politique sociale de reconnaissance, multidiversité) est l'autre nom de libéralisme. Il est bien difficile de passer sous silence le rôle moteur de l'individualisme dans l'économie de marché mondiale, dans le développement des loisirs et de la société de consommation, lesquels contribuent en retour à le renforcer et à le promouvoir très sérieusement. En outre, des mouvements laïques et néo-religieux, aux courants progressistes et libéraux, en passant par la pensée du *New Age,* l'idéologie du retour à la nature ou encore les associations axées sur le bien-être et la croissance personnelle, tous se réclament des idéaux individualistes d'excellence, de performance, de « reconnaissance », d'« authenticité » et d'« expression de soi ».

De manière générale, pour tous ceux qui font l'apologie de la différence, l'individualisme, loin d'être responsable de tous les maux de notre société, d'affaiblir ou d'empêcher la cohésion sociale, est d'abord une manière d'être soi-même et un art de vivre. S'ils n'hésitent pas à monter au créneau pour en condamner sans ambiguïté les dérives, et pour rappeler à l'individu qu'il n'a pas seulement des droits, qu'il est aussi « sociétaire », ils estiment tout autant qu'une société ne peut se développer et se

@@@@@@@@@@@@@@@@@@@@@@@@@@@@@@@@@@@@@@@
@@@@@@@@@@@@@@@@@@@@@@@@@@@@@@@@@@@@@@@
@@@@@@@@@@@@@@@@@@@@@@@@@@@@@@@@@@@@@@@

maintenir qu'en veillant à ce que le besoin d'un « retour sur soi » puisse être satisfait, honoré et reconnu comme tel. Il y a certainement là, dans cet éloge de la différence, de l'individualité et de l'originalité, une part de vérité dont on ne saurait trop longtemps faire abstraction sans négliger une dimension importante de toute la réflexion contemporaine sur la dignité et le respect la personne.

1. De l'avis du plus grand nombre, l'individualisme est jugé comme :

(A) maléfique.
(B) obscène.
(C) dangereux.
(D) révolu.
(E) idoine.

2. Selon l'auteur, il faut concilier :

(A) souci de soi et santé.
(B) société et individu.
(C) soin des autres et harmonie avec soi-même.
(D) bonheur personnel et harmonie collective.
(E) soi et les autres.

3. Faire l'« apologie de la différence », c'est :
1. être égoïste 2. cultiver l'amour de soi 3. défendre des valeurs

(A) 1 et 2.
(B) 2 et 3.
(C) 2 seulement.
(D) 3 seulement.
(E) 1, 2 et 3.

@@@@@@@@@@@@@@@@@@@@@@@@@@@@@@@@@@@@@
@@@@@@@@@@@@@@@@@@@@@@@@@@@@@@@@@@@@@
@@@@@@@@@@@@@@@@@@@@@@@@@@@@@@@@@@@@@

4. D’après ce texte, le « New Age » est :

(A) une philosophie.
(B) un parti politique.
(C) une secte.
(D) une tendance.
(E) une colonie.

TEXTE 2

Etienne Souriau a-t-il renouvelé la présentation des arts et de leurs relations ? Dans son « Schéma du système des Beaux-Arts », Souriau classe les arts en fonction des modalités sensorielles mobilisées, ainsi que selon leur plus ou moins grande fidélité à un modèle initial. Le philosophe distingue ainsi le dessin, la sculpture, la peinture représentative, la photo, le pantomime, la littérature et la musique dramatique ou descriptive. Ce sont là les arts qui restent relativement fidèles à un modèle. Souriau dresse donc une seconde liste pour ceux qui mobilisent essentiellement l’imagination, ce qui donne respectivement l’ordre suivant : l’arabesque, l’architecture, la peinture, les projections lumineuses, la danse, la prosodie pure et la musique.
L’intérêt de la classification de Souriau, c’est que les arts y dévoilent des relations de proximité plus ou moins grande, mais telles qu’elles renvoient à une logique identifiable. Ainsi, le dessin a à voir avec la sculpture mais beaucoup moins avec la peinture représentative car les lignes sont plus proches des volumes que des couleurs. Le schéma se veut donc à la fois sensible et logique et se distingue en cela des classifications hasardeuses, intuitives et souvent influencées par les modes d’une époque.

Pourtant, en dépit de cet effort d’« objectivité esthétique », Souriau ne cite même pas la parfumerie. Cette absence est cruelle aux yeux de Roudnitska car tous les éléments de son inscription sont pourtant présents : sa modalité sensible est l’odorat et le parfum peut être près des senteurs naturelles ou au contraire s’en éloigner. Ce silence de Souriau est donc d’autant plus sensible que sa réflexion esthétique se présente

@@@

comme une démarche d'ouverture et que rien en elle ne refuse logiquement l'intégration du parfum.

Souriau est-il donc à ce point indifférent à cette question ? Si *La Correspondance des arts* va dans ce sens, on doit néanmoins mentionner son intervention à la Maison de la Chimie en 1952, sous le titre « La musique des parfums ». Mais là encore, ce texte ne tient pas ses promesses selon Roudnitska. Car le jugement de Souriau reste assez fidèle à la tradition péjorative : « Actuellement, cet art, il faut le dire, n'existe pas. » La parfumerie souffrirait notamment d'une palette d'odeurs initiales assez limitée et par suite d'accords en nombre réduit. L'article « parfum » du *Vocabulaire d'Esthétique* ne fait que confirmer cela : « S'il existe un art des parfums en prenant art au sens d'activité fabricatrice, on n'a toujours pas admis de la ranger dans les Beaux-Arts. » Souriau hésite cependant : « Aucune raison théorique valable ne s'oppose à l'existence d'un art du parfum à valeur esthétique. » Ce qui continue de poser problème, c'est que seules la vue et l'ouïe semblent être intellectualisées.

5. Dans le texte 2, on comprend que Roudnitska est :

(A) poète.
(B) chanteur.
(C) On ne peut répondre.
(D) philosophe.
(E) artiste.

6. Selon Roudnitska, Souriau :

(A) est très original.
(B) n'a pas bouleversé l'esthétique du parfum.
(C) a développé des concepts traditionnels.
(D) revient aux sources.
(E) restitue une pensée organisée.

@@

7. L'odorat n'est pas un sens :

(A) subtil.
(B) raffiné.
(C) cultivé.
(D) développé.
(E) intelligent.

8. Pour Souriau, les relations des arts entre eux sont :

(A) rationnelles.
(B) causales.
(C) juxtaposées.
(D) simples.
(E) déterminables.

9. Ce texte est :
1. intégral 2. issu d'un quotidien 3. la fin d'un texte

(A) 1 et 2.
(B) On ne sait pas.
(C) 2 seulement.
(D) 3 seulement.
(E) 1, 2 et 3.

@@

TEXTE 3

Aristote est en prise directe avec les apories liées au mouvement et à sa définition. C'est à ce problème qu'il s'attache dans le traité de *La Physique*. Il s'agit pour lui de rendre compte de ce fait essentiel dans l'observation qu'est le mouvement et en même temps de ne pas perdre de vue la vérité et les enseignements de son maître Platon.

Aristote commence par faire remarquer que chaque fois que l'on parle du mouvement, du changement d'une chose, on manifeste dans le discours à la fois une permanence et un devenir. Si je dis « l'eau devient vapeur », je suppose que quelque chose est resté et que quelque chose est devenu, sinon je ne ferais pas le lien des deux, je dirais, « eau puis vapeur ». Il y a donc une stabilité sous le changement et en même temps il y a changement. Telle est la définition de la substance pour Aristote : ce qui est en dessous, ce qui subsiste, c'est-à-dire ce qui demeure par-delà le changement. La substance demeure, mais des accidents se greffent sur celle-ci.

On dira qu'il fallait bien que la vapeur soit déjà un peu là, sans quoi tout pourrait devenir vapeur, or cela ne concerne que l'eau. Certes dit Aristote, mais ne disons pas pour autant que tout était déjà là, jusqu'à affirmer que rien n'arrive. En réalité, la vapeur est en puissance dans l'eau, mais pas encore en acte. Elle est donc déjà là mais sous une forme qui appelle une transformation pour se réaliser. C'est ainsi qu'Aristote rend compte du devenir qui est mouvement de ce qui demeure de manière substantielle, et c'est ainsi qu'une science est possible.
C'est pourquoi il est bien difficile de déterminer absolument la date de la naissance de la science. Mais l'on peut considérer qu'elle correspond à un effort pour dire les choses de manière rigoureuse et de telle manière qu'elles soient incontestables. C'est là le projet de Pythagore qui voit dans les mathématiques le modèle de toute science. On peut donc considérer que la science naît en Grèce avec Pythagore.

Mais c'est sans doute Aristote qui donne sa formulation la plus rigoureuse à l'idée de science, une fois le discours platonicien assimilé. En effet, la science se distingue de l'opinion selon Socrate. Car la science s'attache au vrai et à l'universel. C'est du moins ainsi que Socrate la définit. Or Aristote précise cette idée. C'est moins l'idée d'universalité qui compte que celle de nécessité. En effet, je suis vraiment sûr de ce que j'avance quand je peux dire pourquoi une chose est ainsi et c'est de cette manière que j'obtiens l'assentiment de tous. Il faut donc pour qu'il y ait science que l'on ait la vérité mais surtout que l'on ait la nécessité. Or celle-ci est fondée sur la connaissance des raisons, comme l'explique Aristote dans les *Analytiques seconds*. Une chose est connue comme nécessaire quand on peut dire les raisons de celle-ci et qui font que le nécessaire est repéré comme tel. C'est pourquoi la science est définie ultimement comme une connaissance vraie appuyée sur la conscience de ses raisons, qui tiennent à l'essence même de la chose.

10. Pour Aristote, la substance est avant tout :

(A) une idée.
(B) une hypothèse.
(C) une réalité.
(D) quelque chose de solide dans le composé chimique.
(E) quelque chose qu'on peut toucher.

11. Dans ce texte, Aristote est présenté comme :

(A) un philosophe, tout comme Platon.
(B) un physicien.
(C) un métaphysicien.
(D) un observateur scrupuleux.
(E) un penseur.

12. Selon Aristote, la science s'occupe en priorité :

1. du mouvement 2. de la substance 3. de la vérité

(A) 1 et 2.
(B) 1 et 3.
(C) Seulement 1.
(D) Seulement 2.
(E) 1, 2 et 3.

@@
@@
@@

13. Dans ce texte, la vapeur est :

(A) un contre-exemple.
(B) un exemple.
(C) une objection.
(D) une confirmation.
(E) une objection et un exemple.

14. Le texte permet de déduire que l'opinion est avant tout :

(A) fausse.
(B) variable.
(C) incertaine.
(D) sûre.
(E) manipulable.

15. D'après ce texte, Pythagore :

(A) est né avant Aristote.
(B) est né après Aristote.
(C) a connu Aristote.
(D) est mort après Aristote.
(E) est né en Grèce.

Si vous avez terminé, vous n'êtes pas autorisé(e) à revenir sur une épreuve précédente.
Vous n'êtes pas non plus autorisé(e) à travailler sur une épreuve suivante avant la fin du temps imparti.

STOP !

1

TEST BLANC TAGE MAGE
EPREUVE 2 : CALCUL

CONSIGNES

L'épreuve de calcul évalue la maîtrise de connaissances simples dans les domaines de l'arithmétique, de la géométrie, de l'algèbre et du calcul. Le niveau de connaissance requis correspond à celui de classe de troisième et pour certaines questions à celui des classes de seconde et de première. Plus précisément, les champs de connaissance requis sont les suivants :

- entiers relatifs, décimaux, nombres réels, puissances, racines carrées
- pourcentages et proportions
- progressions arithmétique et géométrique
- équations du premier et du second degrés, système d'équations
- analyse combinatoire simple
- propriétés de Thalès et de Pythagore
- propriétés élémentaires du triangle, du cercle, du rectangle et du carré.

Cette épreuve est constituée de 15 questions pour lesquelles vous disposez de 20 minutes. Les questions ne sont pas classées par ordre de difficulté.
L'utilisation de la calculatrice n'est pas autorisée.

BAREME

Réponse juste :	+ 4	points
Réponse fausse :	- 1	point
Aucune réponse :	0	point

//
//
//

16. Que vaut le tiers de 0,75 ?

(A) 1/2
(B) 1/4
(C) 1/8
(D) 1/16
(E) 1/25

17. Deux cyclistes quittent chacun leur village (notés A et B), distants de 120 km. Ils se croisent à 70 km de A. Quelle est l'expression de la vitesse du plus rapide des deux en fonction de la vitesse de l'autre, notée V1 ?

(A) 1,1 x V1
(B) 1,2 x V1
(C) 1,3 x V1
(D) 1,4 x V1
(E) 1,5 x V1

18. Une urne contient 80 boules : des bleues, des noires et des rouges. Le nombre de boules bleues est égal au tiers de la somme du nombre de boules noires et rouges, et si l'on rajoute 10 boules noires dans l'urne on obtient le même nombre de boules noires que de boules rouges. Combien y a-t-il de boules rouges ?

(A) 20
(B) 25
(C) 30
(D) 35
(E) 40

//
//
//

19. Une salle peut contenir 12 adultes, ou 20 enfants. Combien d'enfants au maximum peuvent entrer dans la salle avec 9 adultes ?

(A) 3
(B) 4
(C) 5
(D) 6
(E) 8

20. Un aquarium contient deux cents poissons. 1 % de ces poissons sont des poissons bleus, les autres sont jaunes. Combien de poissons jaunes faut-il enlever de l'aquarium de telle sorte que l'aquarium contienne 2 % de poissons bleus ?

(A) 2
(B) 4
(C) 20
(D) 50
(E) 100

21. Combien de carrés, au maximum, peut-on tracer ayant pour sommets quatre points pris parmi les huit points de la figure ?

(A) 1
(B) 2
(C) 4
(D) 6
(E) 8

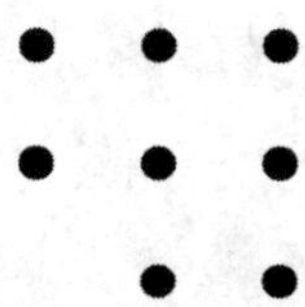

22. Que vaut le tiers du double du onzième de 660 ?

(A) 10
(B) 20
(C) 30
(D) 40
(E) 60

23. Un grand carré est divisé en 9 petits carrés. On souhaite écrire, dans chacun de ces 9 petits carrés, un nombre de telle sorte que la somme des nombres dans chaque ligne, dans chaque colonne et dans chaque diagonale du grand carré soit la même. Deux nombres sont sur la figure. Quel nombre doit-on écrire dans le carré où figure le point d'interrogation ?

?		
		47
	63	

(A) 16
(B) 51
(C) 55
(D) 110
(E) C'est impossible à déterminer.

24. R et G sont des entiers naturels. On a : R x G = 28 et 2G – R = 1.
Que vaut $G^3 + R^2$?

(A) 219
(B) 113
(C) 875
(D) 997
(E) 190

//
//
//

25. Dans le triangle ci-dessous, on a tracé les bissectrices. L'un des angles du triangle mesure 68°. Combien mesure l'angle marqué d'un point d'interrogation ?

(A) 112°
(B) 124°
(C) 128°
(D) 132°
(E) 136°

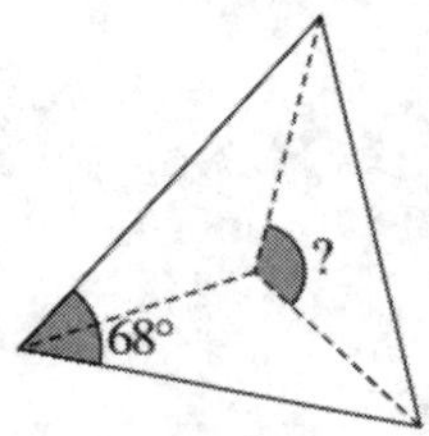

26. En divisant le nombre de filles par le nombre de garçons présents dans un gymnase, on obtient exactement 0,24. Quel est le plus petit nombre de personnes présentes ?

(A) 25
(B) 31
(C) 36
(D) 48
(E) 76

27. Cécile a dessiné deux triangles. L'un d'eux a un angle obtus, l'autre n'a que des angles aigus. Elle a écrit les mesures de 4 angles de ces triangles : 120°, 75°, 55° et 10°. Combien mesure le plus petit angle du triangle qui n'a que des angles aigus ?

(A) 5°
(B) 10°
(C) 50°
(D) 55°
(E) On ne peut pas savoir.

//
//
//

28. a est un nombre pair entier à un chiffre tel que a3 x a7 = 6a1. Que vaut a ?

(A) 0
(B) 2
(C) 4
(D) 6
(E) 8

29. Voici 4 phrases concernant un nombre entier A :
« A est divisible par 5 » ; « A est divisible par 11 » ; « A est divisible par 55 » ; « A est inférieur à 8 ». On sait que deux de ces phrases sont vraies et que les deux autres sont fausses. Alors A est égal à :

(A) 0
(B) 5
(C) 10
(D) 11
(E) 55

30. Le nouveau prix d'une machine à sécher le linge est supérieur de 25 % à son prix initial. Quel pourcentage faut-il déduire du nouveau prix de la machine à laver pour qu'il soit supérieur de 12,5 % au prix initial ?

(A) 10 %
(B) 8 %
(C) 12,5 %
(D) 25 %
(E) 50 %

Si vous avez terminé, vous n'êtes pas autorisé(e) à revenir sur une épreuve précédente.
Vous n'êtes pas non plus autorisé(e) à travailler sur une épreuve suivante avant la fin du temps imparti.

STOP !

TEST BLANC TAGE MAGE

EPREUVE 3 : RAISONNEMENT / ARGUMENTATION

1

CONSIGNES

Cette épreuve est constituée de 15 questions pour chacune desquelles le candidat doit analyser une situation-problème qui lui est présentée dans un petit paragraphe, avant de répondre à une question. Il s'agit d'une épreuve de raisonnement logique qui ne nécessite pas de connaissance approfondie des principes fondamentaux de la logique formelle.

Les deux formes de raisonnement, inductif et déductif, sont évaluées. Les situations-problèmes présentent des contextes problématiques parfois relativement flous et pour lesquels deux types de bonnes réponses sont proposés. Pour le premier type, la bonne réponse est explicitement unique. Pour le second type – ce qui constitue une situation de prise de décision fréquente dans la vie quotidienne –, plusieurs réponses sont possibles et le candidat doit alors choisir celle qui convient le mieux.

Certaines questions visent la capacité à évaluer la meilleure ou la moins bonne des conclusions possibles ou des illustrations possibles, évaluer le meilleur ou le moins bon parallélisme avec une situation ou raisonnement comparable, à expliciter les sous-entendus qui fondent les affirmations du discours proposé.

Cette épreuve est constituée de 15 questions pour lesquelles vous disposez de 20 minutes. Les questions ne sont pas classées par ordre de difficulté.

L'utilisation de la calculatrice n'est pas autorisée.

BAREME

Réponse juste :	+ 4	points
Réponse fausse :	- 1	point
Aucune réponse :	0	point

31. L'homme est un être paradoxal. Il pense désirer quelque chose et sitôt qu'il l'obtient, un autre désir lui vient. Il se met alors en quête du nouvel objet mais il rencontre encore la même déception. Il s'agit là d'une situation comparable à celle de Sisyphe, héros malheureux de la mythologie grecque qu'on avait condamné à rouler une pierre sans fin le long d'une colline. Le mythe des Danaïdes va dans le même sens : comment remplir un tonneau sans fond ? Le marketing s'appuie bien sûr là-dessus pour proposer des produits toujours meilleurs, toujours nouveaux et surtout toujours « nécessaires » au consommateur. Cette démarche est certes discutable mais très tentante.
Quelle proposition donne la meilleure conclusion à ce texte ?

(A) L'herbe est toujours plus verte de l'autre côté de la montagne.
(B) Un tiens vaut mieux que deux tu l'auras.
(C) La vie est douleur.
(D) En amour comme à la guerre, tous les coups sont permis.
(E) Il faut savoir faire flèche de tout bois.

32. Les médias se passionnent depuis quelques années pour la vie privée des hommes politiques. Cette « peoplesation » conduit les Français à plus s'inquiéter des amours du président de la République que de sa politique réelle. Est-ce la seule faute des journalistes ? Certainement non. Ce qui est certain, c'est que les hommes politiques ont inclus cette donnée dans leur politique de communication. Cela a commencé avec Giscard d'Estaing et son nouvel an chez des Français du monde rural et cela n'a pas cessé depuis.
Quelle affirmation infirme le plus ce raisonnement ?

(A) L'œuf précède la poule.
(B) La poule précède l'œuf.
(C) Soit l'œuf précède la poule, soit la poule est avant l'œuf, de manière exclusive.
(D) L'œuf précède la poule ou la poule précède l'œuf.
(E) Tel est pris qui croyait prendre.

>>
>>
>>

33. Nous sommes le mercredi 1er septembre 2010.
Quel jour tombera le 14 novembre 2024 ?

(A) Lundi.
(B) Mardi.
(C) Jeudi.
(D) Vendredi.
(E) Samedi.

34. L'idée de création est récente. Les hommes ont tout d'abord été sensibles à la répétition des cycles et des saisons : puisque le temps semble toujours revenir à lui-même, il doit en être ainsi depuis toujours. Autrement dit, le monde n'a pas été créé mais incréé, ce qui signifie qu'il a toujours existé. Cette pensée, surprenante aujourd'hui, était pourtant la plus communément admise avant que les juifs, puis les chrétiens et les musulmans envisagent la création divine. A partir de ce moment-là, les gens se sont plus facilement imaginés que du néant pouvait naître quelque chose. C'est pourtant un concept difficile à assumer.
Quelle proposition renforce le plus cette conclusion ?

(A) Les hommes s'inspirent surtout de ce qu'ils voient pour penser le monde.
(B) Rien dans la nature ne conduit à l'idée de pure création.
(C) Dieu n'avait aucune raison de créer un monde, étant déjà Lui-même parfait.
(D) La nature ne suggère aucune création *ex nihilo*.
(E) Il n'y a aucune raison pour expliquer que nous soyons là.

>>
>>
>>

35. Faut-il croire en un ou plusieurs dieux ? Le monothéisme est très récent dans l'histoire de l'humanité. Il a fallu attendre le peuple hébreu puis les chrétiens et les musulmans pour que le monothéisme devienne la règle. Pendant toute l'Antiquité et durant tous les siècles antérieurs, le mouvement spontané a consisté à adorer une divinité pour chaque objet, comme si un esprit animait chaque chose, jusqu'à ce qu'on adore des divinités distinctes. Or le monothéisme se fonde notamment sur un raisonnement fort : si un dieu est omnipotent, il ne peut être en concurrence avec d'autres. Dieu est unique ou Il n'est pas, telle est la pensée philosophique commune aux croyants des trois religions du livre.
Ces croyants pensent donc que :

(A) Dieu ne peut pas créer de concurrent.
(B) « Dieu est mort. »
(C) Dieu se crée Lui-même comme être parfait.
(D) Dieu a créé un monde parfait.
(E) Dieu peut tout penser et tout savoir.

36. Plusieurs amis se retrouvent quelques années après avoir entamé leur vie professionnelle. Ils comparent leurs situations. Ils s'aperçoivent alors que Jean est plus riche que Paul et Pierre réunis mais aussi riche que Robert et Marc ensemble. Arthur est l'ami de Paul mais bien moins riche que lui. Gérard est le plus pauvre de tous même s'il vit très correctement. Sarah est en revanche trois fois et demie plus riche que Paul.
Qui est le plus riche de tous ?

(A) Jean.
(B) Sarah.
(C) Arthur.
(D) Pierre.
(E) On ne peut pas répondre.

37. Beaucoup disent que la télévision a des effets négatifs sur les enfants. En effet, on a relevé que la fréquence de la violence dans les émissions de divertissement était très importante, jusqu'à un tiers du temps selon certaines enquêtes américaines. Autant dire que les plus jeunes sont confrontés, dans des émissions qui leur sont pourtant vouées, à des scènes bien plus dures qu'il ne le faudrait. On ne s'étonnera pas que l'insécurité augmente. Les hommes politiques ont donc tout à fait raison d'accuser les médias dès lors qu'ils réfléchissent aux grands problèmes contemporains.
Quelle affirmation contredit le plus cette conclusion ?

(A) Les hommes politiques ne connaissent rien à rien.
(B) Entre les médias et les enfants, il y a un tas de facteurs à prendre en compte.
(C) La critique est toujours facile.
(D) Accuser et critiquer les autres, c'est la meilleure manière de se mettre en avant.
(E) En science, dès qu'une chose est simple, c'est qu'on s'est trompé.

38. Certains mythes antiques mettent en scène des personnages condamnés à refaire systématiquement les choix qu'ils ont déjà opérés. Cet « éternel retour » comme Nietzsche le nomme peut être dans un premier temps interprété comme l'expression du déterminisme : je suis condamné à faire ce que le destin a écrit pour moi, sans aucune possibilité de liberté. Le pire serait alors de s'en rendre compte… Mais une autre interprétation est possible. Laquelle ?

(A) Quand on aime, on ne compte pas !
(B) Charité ordonnée commence par soi-même.
(C) Il faut faire ce que l'on voudrait avoir à recommencer.
(D) L'homme, dans son quotidien, ne peut échapper à une certaine répétition.
(E) Ne remets jamais à demain ce que tu peux faire le jour même.

>>
>>
>>

39. Les expériences de Milgram ont beaucoup compté dans la psychologie sociale. Le scientifique y présentait les conséquences de l'autorité sur le jugement moral des hommes. Soumis à l'autorité, un être peut infliger des sanctions immorales et inhumaines à un tiers, sans quasiment aucun scrupule. Après avoir signé un contrat et en vertu d'un contexte qui légitime une autorité scientifique, un homme peut abandonner sa conscience morale pour n'être plus que l'exécutant d'un ordre inhumain. Il s'agissait alors d'expliquer les comportements déviants de certains escadrons de la guerre du Viêt Nam. La télévision a repris cette idée en 2010 pour proposer un nouveau divertissement. Pour répondre aux règles d'un jeu télévisuel, la personne doit infliger des punitions douloureuses voire mortelles à un tiers, et cela sous la pression de l'animateur.
Dans ce jeu, on teste précisément :

(A) l'autorité.
(B) la même chose que Milgram.
(C) la réaction des spectateurs.
(D) le poids de la télévision.
(E) l'Audimat.

40. Au début du XXe siècle, la haute bourgeoisie s'est passionnée pour le tennis. Les romans de Proust l'illustrent abondamment : aller à Deauville, c'est forcément passer par le cours avec tous ses accessoires, coûteux et raffinés.
A partir des années 1960, le tennis se démocratise et il n'est pas rare de trouver un terrain dans telle petite ville ou même dans un village. Au même moment, l'aristocratie délaisse ce sport pour se consacrer plutôt au golf ou au polo.
On peut en déduire que :

(A) les aristocrates ont à cœur de se distinguer.
(B) la haute bourgeoisie veut ressembler à l'aristocratie.
(C) les aristocrates ne veulent pas être confondus avec le peuple.
(D) toute classe sociale a pour ambition de se distinguer des autres.
(E) le peuple veut imiter l'aristocratie.

>>>
>>>
>>>

41. Le paradoxe du menteur est un paradoxe bien connu des logiciens et qui est universel. Il relève la contradiction interne au discours de celui qui prétend à la fois mentir et dire vrai lorsqu'il affirme qu'il ment. Comment croire un menteur ? Mais comment affirmer que l'on est menteur si on l'est vraiment ?
Dans quelle affirmation cette contradiction s'aperçoit-elle le mieux ?

(A) Je mens.
(B) Tu mens.
(C) Il ment.
(D) Nous mentons.
(E) Je suis français et je déclare que tous les Français sont des menteurs.

42. La Bible comporte d'apparentes incohérences. On y lit par exemple que Dieu a bâti le monde en six jours, avant de se reposer le septième. Or, comment un Dieu parfait et éternel a-t-il pu tenir compte du temps, et de surcroît être fatigué ? De même, on nous dit que Noé a sauvé les espèces en prenant un couple de chaque genre, ce qui a ensuite permis de repeupler la Terre. Cependant, la génétique moderne nous enseigne que la consanguinité aurait été telle que tous les êtres auraient rapidement péri. Certains s'appuient sur ce genre de contradictions pour dire que la Bible n'est qu'un tissu anthropomorphique et que la foi est révoltante.
Quelle proposition contredit le plus cette conclusion ?

(A) Tout texte doit être lu à la lettre.
(B) Dieu n'est qu'un homme.
(C) Les hommes sont cohérents.
(D) Une vérité peut s'exprimer de différentes manières.
(E) La contradiction est présente en toute religion.

>>>
>>>
>>>

43. Au XVIIIe siècle, les naturalistes ont rencontré une aporie. On pensait à l'époque que Dieu avait créé une fois pour toutes les espèces, mais Cuvier venait de découvrir des fossiles et ossements de mammouths. Cette espèce ayant disparu, de toute évidence, cela signifiait que toutes les espèces n'avaient pas survécu. Mais dès lors, comment rendre cette découverte compatible avec la Bible, selon laquelle des espèces ont été sauvées par Noé lors du déluge ?
L'une de ces propositions permet de confirmer le mieux possible la cohérence de la découverte de Cuvier et du récit de la Bible.

(A) C'est impossible.
(B) Noé n'a pas sauvé toutes les espèces.
(C) Il n'y a pas eu de déluge.
(D) La Bible est fausse.
(E) Cuvier s'est trompé : il s'agissait d'un éléphant un peu difforme.

44. Que faut-il mettre à la place des pointillés pour que la phrase suivante soit juste ?
« Je ne sais pas combien de fois je te l'ai déjà dit, mais dans cette phrase il y a… consonnes et … "n". »

(A) quarante / six
(B) quarante-huit / sept
(C) quarante-neuf / six
(D) On ne peut pas savoir.
(E) quarante-neuf / huit

>>
>>
>>

45. On a longtemps cru que les gorilles étaient les animaux les plus proches de l'homme. La raison était fort simple : ils nous ressemblent. On a donc mis en place des théories sur l'évolution de la nature jusqu'à l'homme. La génétique moderne a précisé cela : en réalité, les gorilles sont de très lointains cousins, mais nos vrais cousins, ou « frères », ce sont les bonobos et les chimpanzés. Nous avons avec ces derniers un ancêtre commun plus proche. L'ancêtre commun des chimpanzés, des hommes, des bonobos et des gorilles est bien plus lointain.
Que peut-on ultimement induire de cette récente révision ?

(A) Qui se ressemble s'assemble.
(B) Il faut se méfier des ressemblances intuitives.
(C) Tous les êtres qui se ressemblent proviennent d'une même souche.
(D) Seule la génétique permet d'y voir clair dans la parenté.
(E) Il faut parfois attendre longtemps avant d'y voir clair dans une théorie scientifique.

Si vous avez terminé, vous n'êtes pas autorisé(e) à revenir sur une épreuve précédente.
Vous n'êtes pas non plus autorisé(e) à travailler sur une épreuve suivante avant la fin du temps imparti.

STOP !

1

TEST BLANC TAGE MAGE

EPREUVE 4 : CONDITIONS MINIMALES

CONSIGNES

Cette épreuve vise à contrôler la capacité d'analyse de la pertinence d'informations en vue de la résolution d'un problème. Cette épreuve repose sur le même champ de compétence que l'épreuve de calcul.

Chacun des énoncés de cette épreuve comprend des informations initiales (qui à elles seules ne permettent pas de répondre à la question), et deux informations notées (1) et (2) correspondant, chacune, à une information complémentaire. Le candidat doit décider si l'une des propositions (1) ou (2), ou les deux combinées, fournissent des informations suffisantes pour répondre à la question. Plus précisément, le candidat doit choisir l'une des cinq réponses (A), (B), (C), (D) ou (E) définies comme suit :

(A) Si l'information (1) permet à elle seule de répondre à la question, et si l'information (2) à elle seule ne permet pas de répondre à la question.

(B) Si l'information (2) permet à elle seule de répondre à la question, et si l'information (1) à elle seule ne permet pas de répondre à la question.

(C) Si les deux informations (1) et (2) ensemble permettent de répondre à la question, et aucune séparément ne le peut.

(D) Si chaque information permet séparément de répondre à la question.

(E) Si les deux informations ensemble ne permettent pas de répondre à la question.

Cette épreuve est constituée de 15 questions pour lesquelles vous disposez de 20 minutes. Les questions ne sont pas classées par ordre de difficulté.

L'utilisation de la calculatrice n'est pas autorisée.

BAREME

Réponse juste :	+ 4	points
Réponse fausse :	- 1	point
Aucune réponse :	0	point

##
##
##

Vous répondrez :

(A) Si l'information (1) permet à elle seule de répondre à la question, et si l'information (2) à elle seule ne permet pas de répondre à la question.

(B) Si l'information (2) permet à elle seule de répondre à la question, et si l'information (1) à elle seule ne permet pas de répondre à la question.

(C) Si les deux informations (1) et (2) ensemble permettent de répondre à la question, et aucune séparément ne le peut.

(D) Si chaque information permet séparément de répondre à la question.

(E) Si les deux informations ensemble ne permettent pas de répondre à la question.

---

46. Trois amis : Daniel, Bernard et René investissent dans un club de football. La distribution des dividendes se fait au prorata de leurs investissements. Qui a investi le moins ?

(1) On sait que Daniel a reçu trois fois plus de dividendes que Bernard.
(2) L'investissement de René est égal au cinquième de l'investissement de Bernard.

47. 50 étudiants ont choisi d'étudier au moins une des deux langues suivantes : le chinois et le japonais. Parmi ces 50 étudiants, combien étudient le japonais et pas le chinois ?

(1) 16 étudiants ont choisi d'étudier les deux langues.
(2) Il y a autant d'étudiants qui étudient le japonais et pas le chinois que le chinois et pas le japonais.

48. Combien d'euros Farid, Antoine et Sophie ont-ils lorsqu'ils réunissent leurs économies ?

(1) Antoine a 400 euros de moins que Farid.
(2) Sophie a deux fois plus d'argent que Farid et trois fois moins d'argent qu'Antoine.

##
##
##

Vous répondrez :

(A) Si l'information (1) permet à elle seule de répondre à la question, et si l'information (2) à elle seule ne permet pas de répondre à la question.

(B) Si l'information (2) permet à elle seule de répondre à la question, et si l'information (1) à elle seule ne permet pas de répondre à la question.

(C) Si les deux informations (1) et (2) ensemble permettent de répondre à la question, et aucune séparément ne le peut.

(D) Si chaque information permet séparément de répondre à la question.

(E) Si les deux informations ensemble ne permettent pas de répondre à la question.

49. Si la moyenne des tailles différentes de trois enfants britanniques est égale à 4,46 pieds, est-ce que la taille du plus petit d'entre eux dépasse 3,94 pieds ?

(1) La taille du plus grand des trois enfants est de 4,72 pieds.
(2) Un des enfants mesure 4,59 pieds.

50. Que vaut le nombre de trois chiffres M ?

(1) Le chiffre des dizaines de M est égal au double du chiffre des unités.
(2) La somme des chiffres du nombre M est égale à 19.

51. Si P et Q sont des entiers naturels, le produit PQ est-il divisible par 4 ?

(1) Q + 2 est divisible par 4.
(2) P – 2 est divisible par 4.

52. X et Y sont des entiers naturels. Est-ce que $2^Y + Y^{XY}$ est pair ?

(1) X est pair.
(2) Y est impair.

##
##
##

Vous répondrez :

(A) Si l'information (1) permet à elle seule de répondre à la question, et si l'information (2) à elle seule ne permet pas de répondre à la question.

(B) Si l'information (2) permet à elle seule de répondre à la question, et si l'information (1) à elle seule ne permet pas de répondre à la question.

(C) Si les deux informations (1) et (2) ensemble permettent de répondre à la question, et aucune séparément ne le peut.

(D) Si chaque information permet séparément de répondre à la question.

(E) Si les deux informations ensemble ne permettent pas de répondre à la question.

---

53. Quel est l'âge d'Aude ?

(1) Aude est deux fois plus vieille que Marie.
(2) Le tiers de la différence des âges d'Aude et Marie est égal au sixième de l'âge d'Aude.

54. Quelle est l'aire du triangle AOC ?

(1) AOC est un triangle isocèle de base OC mesurant 10 cm.
(2) L'angle OAC vaut quatre fois l'angle AOC.

55. Une famille est constituée du père, de la mère et des enfants. La somme de leurs âges est égale à 156 ans. Quel est l'âge moyen des enfants ?

(1) Il y a autant de filles que de garçons dans la famille.
(2) L'âge moyen des deux parents est de 42 ans.

56. Un champ est de forme rectangulaire. Quelle est la valeur de sa largeur ?

(1) La valeur de sa longueur correspond aux sept cinquièmes de sa largeur.
(2) Sa surface est égale à 70 m^2.

##
##
##

Vous répondrez :

(A) Si l'information (1) permet à elle seule de répondre à la question, et si l'information (2) à elle seule ne permet pas de répondre à la question.

(B) Si l'information (2) permet à elle seule de répondre à la question, et si l'information (1) à elle seule ne permet pas de répondre à la question.

(C) Si les deux informations (1) et (2) ensemble permettent de répondre à la question, et aucune séparément ne le peut.

(D) Si chaque information permet séparément de répondre à la question.

(E) Si les deux informations ensemble ne permettent pas de répondre à la question.

57. Un cycliste parcourt une piste strictement circulaire. Quel est le rayon de cette piste ?

(1) Le cycliste roule à 45 km/h.
(2) Il met 4 minutes et 10 secondes pour parcourir un tour de piste.

58. Que vaut l'angle ABC ?

(1) $BCA = 40°$
(2) $CA^2 - BA^2 = BC^2$

59. Est-ce que la racine carrée de l'entier naturel X est un entier naturel ?

(1) X est divisible par 3.
(2) Le chiffre des unités de X est 2.

60. Bob, Mehdi et Sandy mettent leurs économies en commun et constatent qu'à eux trois, ils ont 330 euros. Est-ce Mehdi qui a le plus d'argent ?

(1) Mehdi a 110 euros.
(2) Bob a 60 euros.

Si vous avez terminé, vous n'êtes pas autorisé(e) à revenir sur une épreuve précédente.
Vous n'êtes pas non plus autorisé(e) à travailler sur une épreuve suivante avant la fin du temps imparti.

STOP !

1

TEST BLANC TAGE MAGE
EPREUVE 5 : EXPRESSION

CONSIGNES

L'épreuve d'expression est destinée à tester l'aptitude à comprendre une information formulée dans un court message verbal puis à en trouver rapidement soit une reformulation conservant le sens initial, soit une reformulation meilleure par la correction et la précision, soit la suite probable dans le développement d'un message cohérent.

Cette épreuve comporte différents types d'exercices :

1. Evaluer le degré de synonymie dans les reformulations.
2. Choisir la meilleure formulation parmi plusieurs proposées ou la formulation qui reprend le mieux l'énoncé initial.
3. Choisir les mots qui assurent la cohérence du texte.

Attention ! Soyez bien attentif aux consignes de chaque exercice.

Cette épreuve est constituée de 15 questions pour lesquelles vous disposez de 20 minutes. Les questions ne sont pas classées par ordre de difficulté.
L'utilisation de la calculatrice n'est pas autorisée.

BAREME

Réponse juste :	+ 4	points
Réponse fausse :	- 1	point
Aucune réponse :	0	point

§§
§§
§§

Pour les questions 61 et 62, trouvez la formulation la plus claire et la plus soignée pour exprimer le sens du passage souligné. La réponse A reprend la formulation initiale.

61. <u>L'historien est moins celui qui met en récit que celui qui enquête et se met à l'affût d'objets significatifs, bien qu'apparemment anodins. Et c'est parce qu'ils paraissent d'abord insignifiants que l'historien a une mission révélatrice.</u>

(A) L'historien est moins celui qui met en récit que celui qui enquête et se met à l'affût d'objets significatifs, bien qu'apparemment anodins. Et c'est parce qu'ils paraissent d'abord insignifiants que l'historien a une mission révélatrice.

(B) L'historien n'est pas un romancier mais un chercheur : il distingue dans des objets futiles des mines de sens qu'il révèle ensuite au monde.

(C) L'historien ne se contente pas de raconter des histoires : il va en quête d'objets apparemment anodins mais remplis de sens qu'il révèle au public.

(D) L'historien est moins un narrateur qu'un chercheur en quête de sens, même incarné dans des objets sans importance. C'est ce paradoxe qui en fait un exégète hors pair.

(E) L'historien raconte moins des histoires qu'il ne débusque des faits rares et importants, cachés de tous, et qu'il met à jour.

62. <u>La nuit est pour Blanchot l'expérience de l'impuissance. Mais elle est avant tout vécue comme impuissance du langage.</u>

(A) La nuit est pour Blanchot l'expérience de l'impuissance. Mais elle est avant tout vécue comme impuissance au sein du langage.

(B) Pour Blanchot, faire l'expérience de la nuit, c'est faire l'expérience d'un langage impuissant.

(C) Pour Blanchot, la nuit exprime en premier lieu l'impuissance du langage.

(D) La nuit est certes pour Blanchot l'expérience de l'impuissance, mais en premier lieu celle de l'impuissance dans le langage.

(E) La nuit est d'abord expérience de l'impuissance pour Blanchot, impuissance du langage.

§§§
§§§
§§§

Pour les 3 questions suivantes, choisissez la meilleure formulation du point de vue de l'orthographe, de la syntaxe et du style.

63. Choisissez la meilleure formulation :

(A) La bourse implique des risques pour tous investisseurs mais moins que les jeux d'argent au sens propre. En effet, on a moins de chances de perdre en bourse sur le long terme qu'au loto ou aux courses. Il faut savoir être prudent dans la vie !

(B) La bourse est un lieu risqué pour tous les investisseurs mais moins que les jeux d'argent aux sens propres. En effet, on a moins de chance de perdre en bourse sur le long terme qu'au loto ou aux courses. Il faut donc se méfier des représentations courantes.

(C) La bourse est un lieu risqué pour tout investisseur mais moins que les jeux d'argent au sens propre. En effet, on a moins de chances de perdre en bourse sur le long terme qu'au loto ou aux courses. Il faut donc se méfier des représentations courantes.

(D) La bourse contient des risques pour tous les investisseurs mais moins que les jeux d'argent au sens propres. En effet, on a moins de chance de perdre en bourse sur le long terme qu'au loto ou au courses. Il faut donc se méfier des représentations courantes.

(E) La bourse est un lieu risqué pour tout investisseur mais moins que les jeux d'argent aux sens propres. En effet, on a moins de chances de perdre en bourse sur le long terme qu'au loto ou aux courses. Méfiance envers des représentations courantes !

64. Choisissez la meilleure formulation :

(A) La tempête fut douloureuse pour tous, y compris pour les animaux de la volière. Il y avait bien longtemps qu'on en avait pas vue de pareille dans le pays si l'on en croit les anciens. La pie s'est retrouvée perchée sur un arbre sans feuilles. Quant aux autres oiseaux, il a fallu tout le soin d'un colombophile pour les réapprivoiser. Cela suffira-t-il à les rendre comme avant ?

§§§
§§§
§§§

(B) La tempête fut douloureuse pour tous, y compris pour les animaux de la volière. Il y avait bien longtemps qu'on en avait pas vue de pareille dans le pays si l'on en croit les anciens. La pie s'est retrouvée percher sur un arbre sans feuille. Quant aux autres oiseaux, il a fallu tout le soin d'un colombophile pour les rapprivoiser. Redeviendront-elles comme avant ?

(C) La tempête fût douloureuse pour tous, y compri pour les animaux de la volière. Il y avait bien longtemps qu'on en avait pas vue de pareille dans le pays si l'on en croit les personnages âgées. La pie s'est retrouvée perchée sur un arbre sans feuille. Quant aux autres oiseaux, il a fallu tout le soin d'un colombophyle pour les rapprivoiser. Redeviendront-elles comme avant ?

(D) La tempête fut douloureuse pour tous, y compris pour les animaux de la volière. Il y avait bien longtemps qu'on en avait pas vue de pareille dans le pays si l'on en croit les plus vieux. La pie s'est retrouvée perché sur un arbre sans feuille. Quand aux autres oiseaux, il a fallu tout le soin d'un colombophyle pour les rapprivoiser. Redeviendront-elles comme avant ?

(E) La tempête fut douloureuse pour tous, y compris pour les animaux de la volière D'après les anciens, il y avait bien longtemps qu'on en avait pas vue de pareille dans le pays. La pie s'est retrouvé perchée sur un arbre sans feuilles. Quand aux autres oiseaux, il a fallu tout le soin d'un colombophile pour les réapprivoiser. Seront-elles finalement comme avant ?

65. Choisissez la meilleure formulation :

(A) S'il y a des lieux où la solitude est une richesse, il en est d'autres où elle devient pesante. Il a suffit à notre héros de comparer son expérience dans le désert avec l'isolement qu'il subissait dans cette métropole pour s'en rendre compte. Combien eût-il offert pour ne plus s'y trouver ?

(B) S'il ait des lieux où la solitude est une richesse, il en est d'autres où elle devient pesante. Il a suffit à notre héros de comparer son expérience dans le désert avec l'isolement qu'il subissait dans cette métropole pour s'en rendre compte. Combien eut-il payé pour ne plus s'y trouver ?

(C) S'il est des lieux où la solitude est une richesse, il en est où elle devient pesante. Il a suffit à notre héros de comparer son expérience dans le désert avec l'isolement qu'il subissait dans cette métropole pour s'en rendre compte. Combien eût-il donné pour ne plus s'y trouver ?

§§
§§
§§

(D) S'il est des lieux où la solitude est une richesse, il en est d'autres où elle devient pesante. Il a suffi à notre héros de comparer son expérience dans le désert avec l'isolement qu'il subissait dans cette métropole pour s'en rendre compte. Combien eût-il donné pour ne plus s'y trouver ?

(E) S'il est des lieux ou la solitude est une richesse, il en est d'autre où elle devient pesante. Il a suffis à notre héros de comparer son expérience dans le désert avec l'isolement qu'il subissait dans cette métropole pour s'en rendre compte. Combien eu-t-il donné pour ne plus s'y trouver ?

Pour les 5 questions suivantes, choisissez le meilleur synonyme de l'expression soulignée :

66. Maxence, officier de l'armée coloniale, est envoyé en mission en Mauritanie en 1910. Il y prend la tête d'un détachement de méharistes. Dès le début de son voyage, il observe hommes, déserts et vallées en se demandant ce que signifie toute cette création. <u>Rien n'est donné</u> et c'est pourtant d'absolu que Maxence a soif.

(A) Tout semble absurde
(B) Tout est devenu cher aujourd'hui
(C) Le sens n'est pas évident
(D) Le sens n'est pas donné
(E) Rien ne va plus

67. Le débat sur l'engagement du poète n'est pas nouveau. C'est même une question qui anime la réflexion sur la poésie depuis sa naissance. Mais la Seconde Guerre mondiale lui donna toute son envergure. Dans ce contexte, il devenait urgent de répondre. Paul Eluard décida de mettre sa poésie au service de la résistance. En publiant ses poèmes sous le pseudonyme de Jean de Haut, ou de Maurice Hervent, <u>il refusait l'idée d'une poésie complaisante, d'une poésie qui viendrait alimenter une sensiblerie inutile</u>, pour défendre celle d'une poésie efficace et tournée vers l'action. Les poèmes devaient devenir les « armes de la douleur ».

§§

(A) il dénigrait la poésie du cœur
(B) il s'opposait à une poésie désintéressée et abstraite
(C) il déclarait intéressante toute poésie trop axée sur la sensibilité
(D) il niait tout l'intérêt de la poésie romantique
(E) il ne voulait pas d'une poésie passéiste et réactionnaire

68. Bien que l'on trouve encore de vieilles pendules chez les antiquaires, il semble que plus personne aujourd'hui n'en fasse l'objet central de la décoration des salons, à l'image de celles qui trônaient sur les cheminées devant un trumeau.

(A) Malgré que
(B) Même si
(C) En dépit du fait que
(D) Alors que
(E) Parce que

69. Dans cette course cycliste où l'on comptait 50 participants, chacun était à la recherche du meilleur matériel possible. Trouver le bon vélo, les bonnes chaussures, les bons pneus… C'est-à-dire le matériel le plus adapté possible, tel est le souci des coureurs.

(A) adéquat
(B) idoine
(C) efficace
(D) pensé
(E) convenable

§§
§§
§§

70. De l'avis des chercheurs, la découverte du boson de Higgs représente l'événement le plus marquant de la physique des particules depuis plus d'un quart de siècle. Sans mesure commune avec les annonces fanfaronnantes sur tel ou tel nouveau quark.

(A) déclarations tonitruantes
(B) discours enflammés
(C) nouvelles prétentieuses
(D) news pseudo urgentes
(E) informations optimistes

Pour les 5 questions suivantes, choisissez le terme qui viendrait le mieux combler le manque (…).

71. Si cette pensée se présente sous forme fragmentaire, mêlant des réflexions générales à des remarques historiques ponctuelles, c'est parce que l'auteur veut d'abord échapper à l'idée selon laquelle le réel pourrait se donner d'emblée, simplement, et sans détour. (…) le réel dans sa dimension politique est avant tout complexe ; il se donne par saillies, fragmentairement, c'est-à-dire par bribes. Ce serait tricher que de donner une allure systématique à ce qui ne peut la prendre, et c'est d'ailleurs toute pensée du système qui est globalement suspecte.

(A) Aussi
(B) De même
(C) C'est pourquoi
(D) Car
(E) Il pense que

§§
§§
§§

72. En cas de baisse des actions, vous devrez vous demander si vous devez vendre avec une perte ou bien attendre une remontée. C'est le moment où la différence entre les investisseurs (…) et les débutants se verra le plus. Le réflexe, c'est en effet d'espérer qu'un cours qui chute remontera toujours et de se précipiter sur les quelques gains réalisés. Il y a là une asymétrie psychologique qui favorise les pertes et minimise les gains.

(A) habitués
(B) amateurs
(C) chevronnés
(D) passionnés
(E) attentifs

73. Les années trente sont le moment de nombreux voyages partout en Europe et en Afrique du Nord, où l'écrivain P. Valéry prononce des conférences et représente (…). Il rencontre même Mussolini en 1933. Malgré tous ses engagements, il publie *L'Homme et la coquille* en 1937, ainsi qu'un nouveau volume de *Variété*.

(A) sa pensée
(B) son pays
(C) sa famille
(D) le monde littéraire
(E) le monde des arts

§§
§§
§§

74. Un (…) vient de tomber. L'atmosphère n'est plus le seul lieu dont les équations permettent de prédire le comportement. On peut désormais prédire le cours de l'océan, comme on prévoyait jusque-là, plus ou moins bien, le cours du temps. La météorologie avait certes progressé jusqu'alors, mais ni autant ni aussi soudainement. Vers quelles évolutions se dirige-t-on aujourd'hui ? C'est là quelque chose que nul ne peut dire.

(A) vieux phénomène
(B) obstacle
(C) rempart
(D) monopole
(E) machin

75. Mais cette philosophie va se compléter lors de son dernier voyage en Afrique. Envoyé dans le désert de la Mauritanie, ce dépaysement agit sur lui en révélant explicitement ses aspirations (…). Peu à peu, il ressent en toutes choses la présence de Dieu, contrairement à tout ce que la troisième République lui avait inculqué. En était-il conscient sur le moment ? Cela fait sans doute partie des choses que l'on découvre plus tard, lorsque l'on prend du recul sur soi et sur son existence, comme devrait le faire toute personne sage et raisonnable.

(A) poétiques
(B) divines
(C) mystiques
(D) politiques
(E) universelles

**Si vous avez terminé, vous n'êtes pas autorisé(e) à revenir sur une épreuve précédente.
Vous n'êtes pas non plus autorisé(e) à travailler sur une épreuve suivante avant la fin du temps imparti.**

STOP !

TEST BLANC TAGE MAGE
EPREUVE 6 : LOGIQUE

1

CONSIGNES

L'épreuve de logique évalue les capacités de raisonnement inférentiel sur des séries d'informations. Concrètement, chaque question est constituée d'une liste de données possédant entre elles un lien logique. Le raisonnement consiste à inférer la règle de ce lien logique. A partir de là, il s'agit pour le candidat de déterminer parmi les cinq réponses qui lui sont proposées celle qui respecte le lien logique qu'il a pu inférer. Les données sont de nature spatiale ou constituées de lettres et de chiffres.

Cette épreuve est constituée de 15 questions (4 séries doubles de chiffres, 4 séries doubles de lettres et 7 séries graphiques) pour lesquelles vous disposez de 20 minutes. Les questions ne sont pas classées par ordre de difficulté.
L'utilisation de la calculatrice n'est pas autorisée.

BAREME

Réponse juste :	+ 4	points
Réponse fausse :	- 1	point
Aucune réponse :	0	point

****
****
****

76.

	416				(A)	636
	309				(B)	525
	864				(C)	946
135	?	952	361	479	(D)	129
	981				(E)	749

77.

RTN					(A)	OAQ
PKI					(B)	AZT
ZSR					(C)	TFV
TXW					(D)	HTT
?	WTY	LKN	FCH	SRU	(E)	BNV

78.

	91				(A)	78
	104				(B)	213
	26				(C)	342
	65				(D)	211
720	?	522	108	153	(E)	117

****
****
****

79.

			UHB		
			VGF		
QXP	JNI	NJM	?	PLO	
			LER		
			BDC		

(A) YFX
(B) TDS
(C) ZFV
(D) TCW
(E) BDC

80.

?	6592	7144	3975	2213
3426				
4428				
6329				
2222				

(A) 4655
(B) 9261
(C) 2418
(D) 1331
(E) 1752

81.

?	MOS	ZBF	VXE	NPT
BHP				
WSS				
MPV				
RDY				

(A) YCG
(B) FHM
(C) OQU
(D) DBG
(E) HIM

****
****
****

82.

				35	(A)	235
729	415	628	707	?	(B)	175
				336	(C)	238
				693	(D)	224
				21	(E)	225

83.

			MNI		(A)	EFM
			TUB		(B)	HJN
			VWS		(C)	NOP
KNV	ROL	MNK	?	OUP	(D)	FGC
			IJA		(E)	BCN

84.

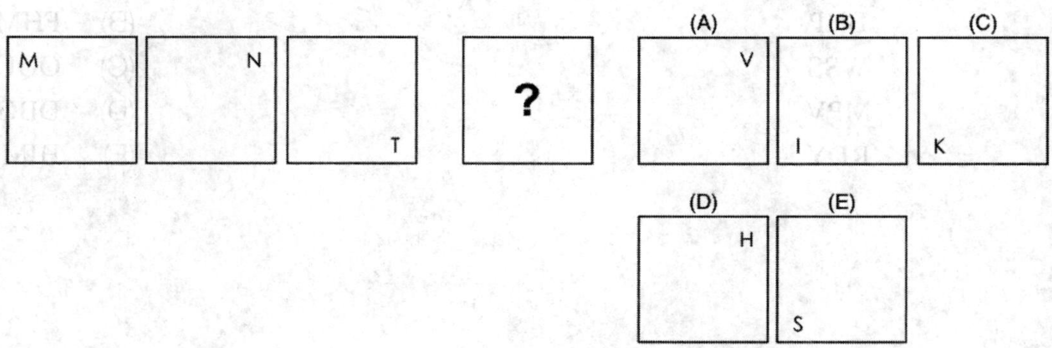

****
****
****

85.

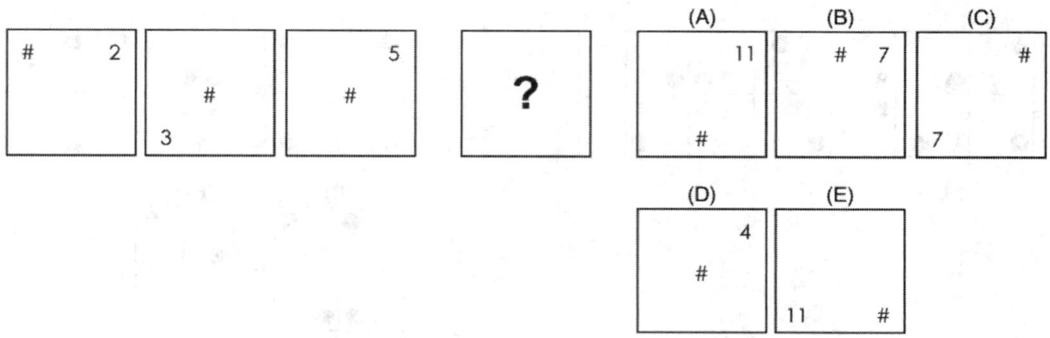

2
3
5 #
?
(A) 11 #
(B) # 7
(C) # 7
(D) 4 #
(E) 11 #

86.

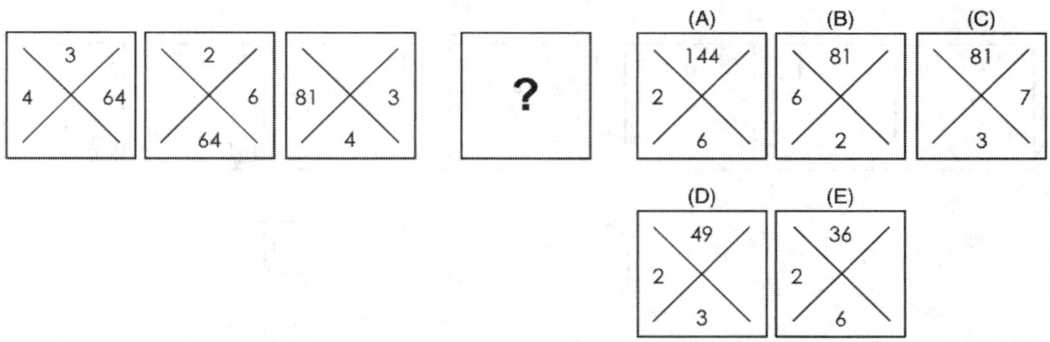

3 4 64
2 6 64
81 3 4
?
(A) 144 2 6
(B) 81 6 2
(C) 81 7 3
(D) 49 2 3
(E) 36 2 6

87.

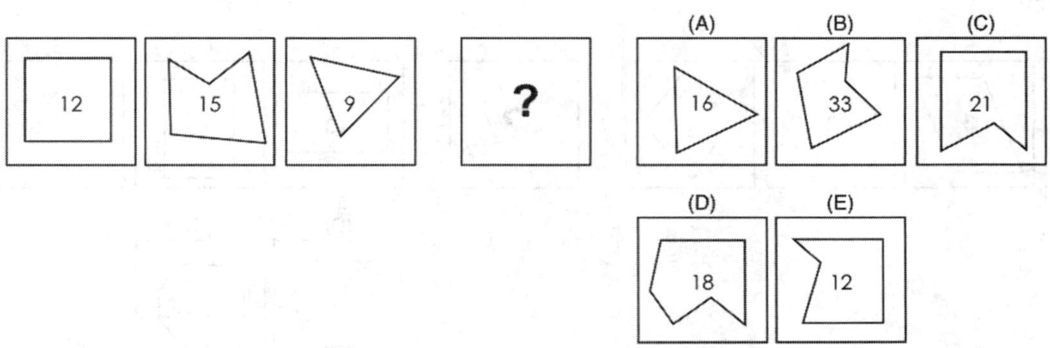

12
15
9
?
(A) 16
(B) 33
(C) 21
(D) 18
(E) 12

****
****
****

88.

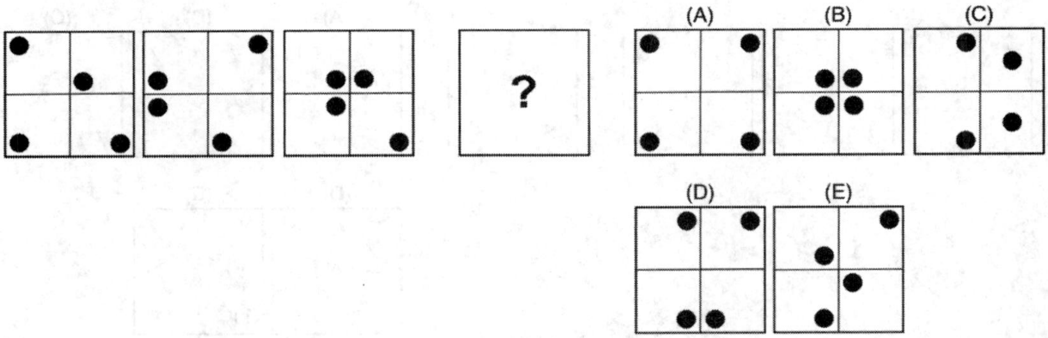

89.

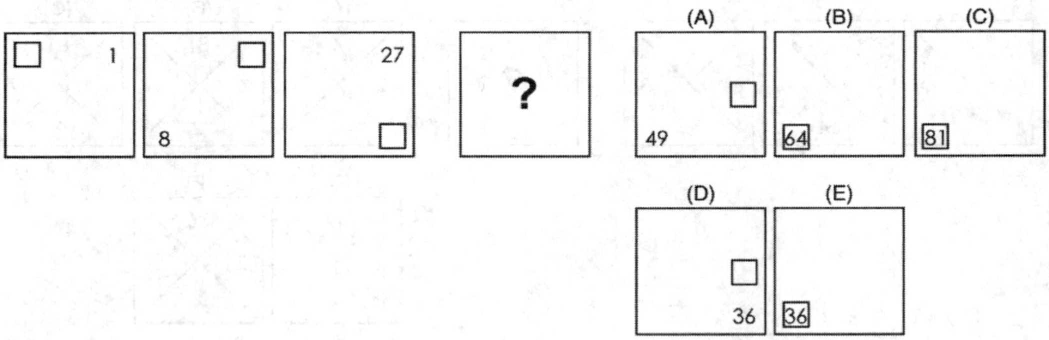

90.

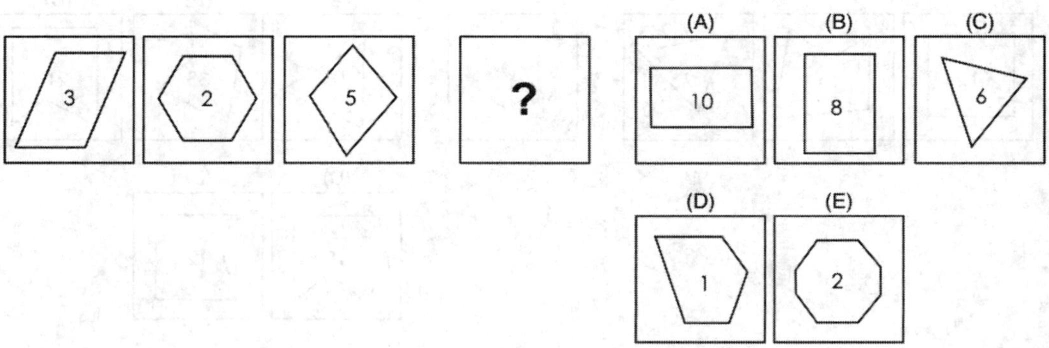

TEST BLANC TAGE MAGE NUMERO 1 : GRILLE DES REPONSES JUSTES					
COMPREHENSION		CALCUL		RAISONNEMENT	
1	C	16	B	31	E
2	D	17	D	32	C
3	D	18	D	33	C
4	D	19	C	34	D
5	C	20	E	35	C
6	B	21	C	36	E
7	E	22	D	37	B
8	E	23	C	38	C
9	B	24	B	39	D
10	C	25	B	40	C
11	B	26	B	41	A
12	E	27	C	42	D
13	E	28	B	43	B
14	C	29	B	44	E
15	E	30	A	45	E
COND. MINIMALES		EXPRESSION		LOGIQUE	
46	C	61	C	76	
47	C	62	C	77	
48	C	63	C	78	
49	A	64	A	79	
50	C	65	D	80	
51	C	66	A	81	
52	B	67	B	82	
53	E	68	B	83	
54	C	69	A	84	
55	E	70	C	85	
56	C	71	D	86	
57	C	72	C	87	
58	B	73	B	88	
59	B	74	D	89	
60	A	75	C	90	

CALCULEZ VOTRE SCORE :

Réponses justes		x 4	=	
Réponses fausses		x -1	=	Pour calculer votre score sur 600, multipliez votre score sur 360 par 5, puis divisez le résultat obtenu par 3.
Non réponses		x 0	=	
		TOTAL (SUR 360)	=	
		TOTAL (SUR 600)	=	

TEST BLANC TAGE MAGE
CORRIGES DU TEST BLANC NUMERO 1

1

1. COMPREHENSION DE TEXTES

1. **Réponse C**
   Il s'agit là d'une question pour tester la compréhension du vocabulaire. La première phrase du texte parle d'une attitude pathogène, c'est-à-dire qui génère des maladies. Le terme le plus proche est alors « dangereux ».

2. **Réponse D**
   L'ensemble de l'article marque la nécessité pour un individu de se retrouver dans ce qu'il fait et d'être heureux. Mais en même temps, l'individualisme apparaît comme dangereux car il faut tenir compte des rapports à autrui et de l'organisation sociale. La réponse la plus précise est donc la D.

3. **Réponse D**
   En effet, il s'agit ici de prendre la défense d'une valeur sur un plan théorique. La seule réponse, même si elle manque de précision, c'est la 3 seulement.

4. **Réponse D**
   Le texte donne très peu d'informations, sinon que c'est un mouvement qui va dans un certain sens. Dans ce désert de précisions, on ne peut donc que se rabattre sur la réponse D.

5. **Réponse C**
   Cet homme n'est pas beaucoup décrit dans le document dont on a ici seulement un extrait. On sait seulement ce qu'il pense de l'art du parfum. La seule réponse est donc la C.

6. **Réponse B**
   Le texte prend le temps de souligner les vertus du travail de Souriau mais on doit se méfier des différences de point de vue : on nous interroge ici sur celui de Roudnitska. Ainsi, c'est essentiellement négativement que le texte présente son jugement. On doit alors préférer la réponse B, la plus sévère.

7. **Réponse E**
Attention aux questions négatives ! La meilleure réponse est ici la E car le texte dit clairement que seules la vue et l'ouïe semblent intellectualisées.

8. **Réponse E**
La bonne réponse est la E. On parle en effet d'une logique qui permet une classification. Mais une logique n'est pas forcément rationnelle. Il faut donc préférer le terme « déterminables », Souriau étant capable de transcrire cette logique en un système.

9. **Réponse B**
Ce texte est bien un extrait mais rien n'indique qu'il s'agisse là d'une conclusion. Ce n'est qu'une hypothèse. Son ton n'est pas celui d'un quotidien. On doit donc répondre B.

10. **Réponse C**
La notion de substance nous est présentée dans le texte comme une nécessité dans chaque chose qui lui permet d'être. Autrement dit, la substance est avant tout quelque chose de très réel, même si personne n'a dit que toutes les réalités étaient palpables.

11. **Réponse B**
On ne présente ici Aristote qu'à travers son œuvre qui porte sur la nature et sur la science. Qu'il soit philosophe par ailleurs n'est pas le problème ici. La seule réponse valable est la B.

12. **Réponse E**
On trouve ces trois aspects dans la définition de la science et il importe de bien les mettre ensemble. La réponse est donc la E.

13. **Réponse E**
La vapeur sert ici à illustrer la notion de substance ainsi que de mouvement. Mais elle est aussi ce que l'on objecte à Aristote dans le paragraphe suivant, même s'il répond. La bonne réponse est donc la E.

14. **Réponse C**
Le texte oppose science et opinion en présentant la science comme la connaissance des causes qui permet d'être sûr de ce que l'on avance. Ainsi la bonne réponse ne peut être que la C.

15. **Réponse E**

On doit se rabattre sur la réponse E. En effet, on sait que la science naît avec Pythagore et que celle-ci trouve sa meilleure formulation avec Aristote. Mais rien ne dit que tout cela se soit fait durant la même année, le même siècle ou bien très longtemps après. On doit donc se contenter de la réponse E.

2. CALCUL

16. **Réponse B**

Voici une première question facile, comme c'est souvent le cas au TAGE MAGE. Le tiers de 0,75 est égal à 0,25 et 0,25 n'est rien d'autre que l'équivalent décimal de la fraction **1/4.** Souvenez-vous donc que 1/4 = 0,25 = 25 %.

17. **Réponse D**

Pour bien interpréter l'énoncé, nous vous conseillons de représenter un maximum d'informations sur un axe :

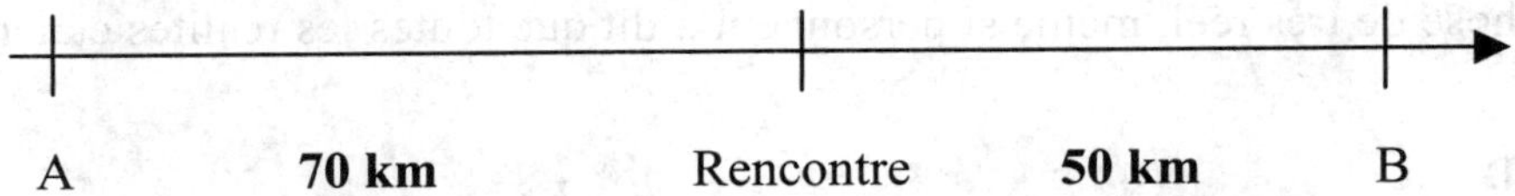

Ce qu'il faut bien comprendre ici, c'est que les deux cyclistes mettent le même temps pour arriver jusqu'au point de rencontre (ils sont en effet partis au même moment !).

Il suffit donc d'écrire que $T_1 = T_2$, soit : $D_1/V_1 = D_2/V_2$, soit encore $50/V_1 = 70/V_2$ et de conclure que $V_2 = 70/50 \times V_1 = 7 / 5 \times V_1 = \mathbf{1{,}4 \times V_1}$.

On aurait pu tout aussi bien appliquer une règle de trois :

	Distance parcourue	Vitesse
Cycliste 1	50 km	V1
Cycliste 2	70 km	V2

Soit : $V_2 = 70/50 \times V_1 = 7 / 5 \times V_1 = \mathbf{1{,}4 \times V_1}$.

18. **Réponse D**

Il vous suffit de **lire et traduire lentement l'énoncé** sous la forme d'équations, en notant B, N et R respectivement le nombre de boules bleues, noires et rouges.

Vous savez dans un premier qu'il y a 80 boules dans l'urne et que les seules couleurs présentes sont les trois citées ci-dessus, ce qui vous donne donc :

(1) B + N + R = 80

De plus, l'énoncé vous indique que :
(2) B = (N + R)/3 **soit 3 x B = N + R**

Enfin, le nombre de boules noires auquel on ajoute 10 doit être égal au nombre de boules rouges soit :
(3) N + 10 = R

La résolution du système donne alors :
(1) & (2) : B + 3B = 80, soit 4B = 80, soit B = 20.
(2) & (3) : **60** = N + R = **R - 10 + R** soit 60 + 10 = 2R soit **R = 35**.

19. **Réponse C**
Lorsqu'il y a 9 adultes dans la salle, alors celle-ci est remplie au 9/12 = 3/4 de sa capacité. Il reste donc 1/4 de disponible, ce qui représente en termes d'enfants 20 x 1/4 = 5 enfants.
Une autre façon de voir les choses était une règle de trois. En effet, si 9 adultes sont dans la salle, alors 12 - 9 = 3 peuvent encore y entrer. Sachant que 12 adultes correspondent à 20 enfants, alors vous avez le tableau suivant, X étant l'inconnue recherchée :

	Adultes	Enfants
Scénario 1	12	20
Scénario 2	3	X

Vous trouvez encore que X = 5.

20. **Réponse E**
Sachant que 1 % des poissons sur 200 sont bleus, il y a donc 200 x 1/100 = 2 poissons bleus et par conséquent 200 - 2 = 198 poissons jaunes.
Voici deux méthodes de résolution :

<u>Méthode 1 : Calcul direct</u>
Si l'on enlève **X poissons jaunes**, alors il n'y aura plus que 200 - X poissons dans l'aquarium et l'équation indiquant que celui-ci devra contenir 2 % de poissons bleus est : 2/(**200 - X**) = 2/**100**. Vous trouvez alors immédiatement par identification que 200 - X = 100 soit **X = 100.**

Méthode 2 : Du bon sens…
Si l'on souhaite avoir 2 % de poissons bleus, c'est que l'on doit avoir dans l'aquarium **2 poissons bleus tous les 100 poissons.** Le nombre de poissons jaunes devra donc être égal à 98 et pour obtenir 98 poissons jaunes, il faut en enlever 100 (198 - 98).

21. **Réponse C**
« Un bon croquis vaut mieux qu'un long discours » – Napoléon :

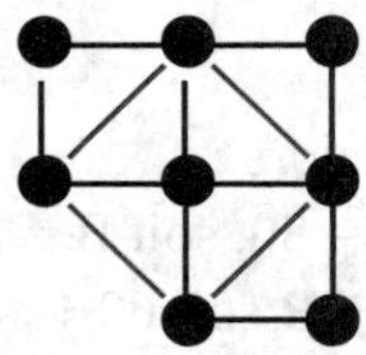

Et oui, il ne fallait pas oublier le quatrième carré en biais (en gris sur le croquis) !

22. **Réponse D**
Lisons la question à l'envers !
Le onzième de 660 n'est autre que 660/11 soit 60. Le double de 60 est égal à 120 et le tiers de 120 est égal à **40.** De grâce, ne posez pas d'équation dans ce type de questions. Gardez votre sang-froid et lisez lentement la question.

23. **Réponse C**
Il s'agit tout simplement de la résolution d'un système d'équations obtenu à partir du schéma suivant :

X		
Y	T	47
Z	63	U

En notant S la somme des éléments d'une ligne, d'une colonne ou d'une diagonale, vous obtenez le système d'équations suivant :

(1) $X + Y + Z = S$
(2) $Y + T + 47 = S$
(3) $Z + 63 + U = S$
(4) $X + T + U = S$
Rappel : la somme d'une ligne, d'une colonne et d'une diagonale ***est la même*** *d'après l'énoncé.*

En sommant les équations (1) et (4) ainsi que les équations (2) et (3), vous trouvez :
(1) + (4) : **2X + (Y + Z + T + U) = 2S**
(2) + (3) : **110 + (Y + Z + T + U) = 2S**

Enfin, en soustrayant ces deux nouvelles équations vous trouvez que 2X = 110 soit **X = 55.**

24. **Réponse B**
Sachant que R et G sont des entiers naturels, l'équation R x G = 28 vous donne un nombre fini de solutions : le couple (R, G) peut prendre les valeurs 1 et 28, 2 et 14 ou encore 4 et 7. En testant ces valeurs dans la deuxième équation, vous trouvez que G = 4 et R = 7 (2 x 4 - 1 = 7).
Au final, comme vous connaissez parfaitement vos carrés et vos cubes (!), vous en déduisez que $G^3 + R^2 = 4^3 + 7^2 = 64 + 49 = 113$.

25. **Réponse B**
En notant X et Y les deux autres angles du triangle, vous savez que :
(1) X + Y + 68 = 180
De plus, un autre triangle étant formé par les bissectrices, vous savez également que :
(2) X/2 + Y/2 + ? = 180
Ces deux équations peuvent également s'écrire :
(1) X + Y = 180 - 68 = 112
(2) ? = 180 - (X + Y)/2
En remplaçant (X + Y) par 112 dans l'équation (2), vous trouvez alors que :
? = 180 - 112/2 = 180 - 56 = **124**.

26. **Réponse B**
En notant F et G les nombres respectifs de filles et de garçons présents dans le gymnase, l'équation donnée par l'énoncé est la suivante :
F/G = 0,24 = 24/100 = 12/50 = 6/25

La fraction F/G simplifiée **sous sa forme irréductible (on ne peut simplifier plus !)** vaut donc **6/25.** Autrement dit, il y a 6 filles pour 25 garçons, soit 6 + 25 = 31 personnes au minimum dans le gymnase.

27. **Réponse C**
Notons T_1 le triangle ayant un angle obtus et T_2 celui n'ayant que des angles aigus. Sachant que T_2 n'a que des angles aigus dont la somme fait forcément

180°, ceux-ci ne peuvent être 75°, 55° et 10° car 75 + 55 + 10 = 140 < 180.

Ainsi, l'un de ces trois angles appartient à T_1. Ce ne peut être l'angle de 75° car 120 + 75 = 190 > 180. Il ne s'agit pas non plus de l'angle égal à 55° car cela signifierait que le troisième angle de T_2 serait égal à 180 - 75 - 10 = 95 > 90.

Finalement, la seule répartition qui convient est la suivante :

T_1 = {**120°**, **10°**, 180 - 120 - 10 = **50°**}

T_2 = {**75°**, **55°**, 180 - 75 - 55 = **50°**}

28. **Réponse B**

En testant rapidement les solutions, vous trouvez $a = 2$.

En effet : $a = 0$ => ABSURDE, et $a = 2$ donne **23** x **27** qui est égal à **25**^{2} - 4 = **621**.

On voyait bien de toute façon en un coup d'œil que si a était égal à 4 alors **43** x **47** était très largement supérieur à **641**…

N'oubliez pas de vous appuyer sur vos solutions pour résoudre certaines questions au TAGE MAGE. Cela vous sera d'une très grande utilité.

29. **Réponse B**

La première des choses à remarquer est que si la troisième phrase est vraie, alors forcément la première et la deuxième le sont aussi car si A est divisible par 55 = 5 x 11 c'est forcément que A est divisible par 5 et 11. De plus, la première et la deuxième ne peuvent pas non plus être vraies ensemble, sinon la troisième le serait aussi. Vous en déduisez donc que la quatrième est forcément vraie. Or il n'existe pas de nombre inférieur à 8 qui soit divisible par 11 : A est donc un nombre inférieur à 8 et divisible par 5, soit **A = 5**.

Sinon, plus simplement, vous testiez chacune des solutions et identifiiez alors celle pour laquelle deux phrases étaient vraies et deux phrases étaient fausses.

30. **Réponse A**

Afin de ne faire aucune erreur de calcul et de s'assurer définitivement qu'on tient la bonne réponse, supposons que le prix initial de cette machine à laver le linge est égal à **100** euros. On sait alors que le nouveau prix est égal à **125** euros (100 *plus* 25 % de 100). Or on souhaite arriver à un prix supérieur de 12,5 % au prix initial soit à un prix égal à **112,5** euros. Pour cela, il faut en fait déduire **10 %** de 125 euros, puisque 10 % de 125 euros vaut 12,5 euros et que **125 - 12,5 euros = 112,5 euros !!**

3. Raisonnement – Argumentation

31. **Réponse E**
On propose ici des maximes ou des proverbes qui traitent de différents moments du texte, ce qui les rend tous tentants. Or, si on lit la question attentivement, on vous demande de trouver la réponse qui reflète le mieux la conclusion. Ici, elle porte sur le marketing. A, B et C portent plutôt sur le début du texte. Il faut donc envisager les deux autres réponses. Le texte laisse entendre que le marketing s'appuie sans beaucoup de scrupules sur un fait anthropologique. Il faut donc une conclusion qui soit large et qui témoigne d'une indifférence à la morale, comme le fait la réponse E.

32. **Réponse C**
Il faut être attentif au passage : « Est-ce la seule faute des journalistes ? Certainement non. » C'est là en fait que la discussion s'installe. Le texte se demande ce qui est à l'origine de la monstration de la vie personnelle des hommes politiques. La première hypothèse, c'est que cela vient des journalistes, la seconde, c'est que c'est *aussi* la faute des hommes politiques. Autrement dit, on ne peut penser ici qu'en termes d'intercausalité et non de causalité à sens unique. Or la réponse C, en insistant sur l'exclusivité des deux possibilités, est la meilleure. On reprend ici le problème classique de l'œuf et de la poule, représentant l'impossibilité d'assigner un début à une chaîne causale. Mais on signale par la notion d'exclusivité que l'on doit choisir l'un ou l'autre. Alors que lorsque l'on met « ou », le français implique que cela n'est pas exclusif. La E aussi assume l'idée d'une intercausalité et ne peut être retenue.

33. **Réponse C**
Il faut choisir la C. Comment le savoir ? Il va se passer 14 ans et quelques semaines. Plutôt que de faire des opérations compliquées, il faut remarquer que 14 ans, c'est 2 x 7 ans, c'est-à-dire 2 x 365 semaines + les 3 jours des années bissextiles 2012, 2016 et 2020. **Or 7 périodes de 365 semaines nous ramènent exactement au même jour.** Ainsi, lundi + 2 x 365 semaines = lundi ! Il reste à ajouter les 3 jours + la période du 1er septembre au 14 novembre, soit 30 + 31 + 14 = 75 jours = 10 semaines et 5 jours. Au total, on ajoute au lundi 3 jours + 5 jours soit 8 jours, soit 1 semaine et 1 jour. On a donc un jeudi.

34. **Réponse D**
La E est trop éloignée du sens global, tout comme la C, même si cette dernière renvoie davantage à l'idée de paradoxe que l'on trouve à la fin du texte. En réalité, c'est parmi les 3 autres réponses que se trouve la solution. Il faut tenir compte du paradoxe du texte : les hommes pensent le commencement du monde à

partir de l'observation de la nature et la nature les conduit à penser l'incréation. Il faut donc une proposition qui signale ce décalage. A et B alors sont possibles mais se trouvent rassemblées par D. En effet, si les hommes pensent d'après ce qu'ils observent dans la nature, et si la nature ne montre aucune création, alors il n'y a aucune raison pour qu'ils pensent en termes de création. Il faut choisir la D.

35. **Réponse C**

On cherche ici une conséquence du raisonnement. La D est loin du texte qui ne dit rien de la qualité du monde, tout comme la B, contraire à la croyance. Il faut surtout relever le terme « omnipotent ». Cela signifie bien sûr que Dieu peut tout. S'il peut tout, il peut bien sûr créer d'autres dieux. A est donc faux. Mais dans ce cas, un pouvoir échappe aux autres dieux : celui de se créer eux-mêmes. Etre omnipotent, c'est en effet être aussi à l'origine de sa propre existence. Si la E est donc possible, la C est plus globale et embrasse la E.

36. **Réponse E**

La bonne réponse est la E. En effet, les relations qui sont données peuvent se ramener aux inégalités suivantes, en prenant les premières lettres des prénoms : **J > Pa + Pi ; J = R + M ; Pa > A ; S = 3,5 Pa ; G est le plus pauvre.** La difficulté ici, c'est que J > Pa + Pi et S = 3,5 Pa : ces deux propositions ne sont pas liées de sorte que l'on ne peut comparer S et J. **On ne sait pas qui est le plus riche des deux.**

37. **Réponse B**

La bonne réponse est la B. La A est vague et désinvolte, tout comme la D qui fait un procès d'intention bizarre et *a priori* ici. Cela élimine aussi la C. Il reste donc à départager les deux autres qui opposent toutes deux le simple au complexe. Ce qui est en cause, c'est la possibilité d'assigner une causalité trop simple, c'est-à-dire simpliste à un phénomène complexe. Si l'on peut contrarier la conclusion, c'est en opposant au schéma cause unique/effet unique, un schéma causes multiples/effets complexes. De ce point de vue, la E est tentante mais elle ne parle que des sciences, ce qui n'est pas le sujet ici.

38. **Réponse C**

On vous demande ici de construire une analogie, figure classique de la logique. Il faut donc trouver dans les options l'idée d'une répétition à l'identique d'une décision prise : il ne s'agit pas simplement de répéter une action mais de faire un choix, comme le texte le stipule. Les seules options qui concernent le choix d'une action sont A, C et E. La E est contraire au texte : si l'on remet une action, elle peut ne jamais se répéter donc elle échappe à l'éternel retour. La A est intéressante mais interroge d'abord les affects et ne réfléchit pas seulement au nombre de répétitions de l'action, mais aussi aux moyens employés. Tel est le sens de ce dicton. La C est bien ici la meilleure : ce mythe est bien celui de la répétition (réelle ou possible) qu'il faut pouvoir assumer. Si un acte a de l'importance et nous correspond, on n'a pas de scrupule à le répéter.

39. **Réponse D**
Il faut répondre D. En effet, on parle des règles d'un jeu télévisuel ainsi que de l'animateur de l'émission. Tout cela n'a de sens qu'en fonction de la télévision qui est justement ici la pression exercée sur le participant. Alors que Milgram testait l'autorité d'un scientifique qui donnait des ordres à un cobaye, la télévision s'éprouve elle-même ici : l'animateur n'est pas une figure neutre de l'autorité, mais une figure de l'autorité télévisuelle. En cela, la E est tentante puisqu'elle fait part d'une pression, mais la réponse D englobe la E tout en étant précise : la télévision, c'est tout un ensemble dont les téléspectateurs font partie. Les réponses A, B et C sont trop larges ou ne tiennent pas compte de la différence entre une véritable expérience scientifique et une émission de divertissement.

40. **Réponse C**
Beaucoup de réponses sont séduisantes ici et il faut les lire avec vigilance, mais la meilleure est la C. En effet, les autres sont par exemple trop extensives (la D) et trop générales (la A : se distinguer de qui ? du peuple, de la haute bourgeoisie ?). La E impute une intention au peuple alors que le texte dit seulement que le tennis s'est démocratisé, sans que l'on sache comment, de même que la B, à partir d'une proximité seulement évoquée dans le texte, conclut de manière trop générale : ce n'est pas parce que l'aristocratie et la haute bourgeoisie font la même chose que les seconds veulent ressembler aux premiers.

41. **Réponse A**
Il faut, comme le dit le texte, que le menteur se contredise lui-même. B et C sont donc fausses puisque le locuteur n'affirme alors pas quoi que ce soit de lui. La D parle bien à la première personne, même si elle est plurielle, mais elle le fait au présent à propos du passé. La proposition reste donc cohérente, ce qui l'élimine ici. Il reste alors à distinguer la A de la E. La E parle à la première personne et semble en cela bien coller au texte. Mais si tous les Français sont des menteurs, cela veut dire que la phrase est fausse donc que certains ne le sont pas. La question est alors : en fais-je partie ? Si je suis un menteur, alors il y a contradiction ; si je ne suis pas menteur, pourquoi avoir déclaré cela ? Il y a donc là un vrai paradoxe du menteur. Mais « je mens » est aussi possible : c'est d'ailleurs la formulation que donne E. Russell du paradoxe du menteur. Laquelle est la meilleure ? Celle qui convient le plus généralement, comme le texte le stipule (« universel »), que je sois français ou non. C'est donc la A.

42. **Réponse D**

La bonne réponse est la D. Sur ce point, ce qui oppose les païens aux croyants, c'est que les premiers n'y voient qu'une expression métaphorique de quelque chose d'essentiel tandis que les autres lisent le texte littéralement. Si les croyants peuvent dépasser ces apparentes contradictions, c'est parce que la vérité prend selon eux ici une allure contradictoire seulement pour celui qui ne prend pas le temps de retrouver l'esprit du texte. Autrement dit, quand ils affirment que la vérité s'exprime sous des formes très différentes, voire difficiles à tenir.

43. **Réponse B**

Ce problème s'est historiquement posé aux naturalistes du XVIIIe siècle. La A est à exclure puisque l'énoncé dit justement que c'est possible. La C et la D seraient contraires à la Bible alors qu'il s'agit justement ici de trouver une cohérence. Il reste donc à départager la B et la E. Toutes les deux sont possibles à ceci près que l'on ne met pas en cause une seule fois la découverte de Cuvier alors que le texte dit que **Noé a sauvé *des* espèces, non *toutes les* espèces.** La B est la bonne réponse : il a sauvé un grand nombre d'espèces, mais certaines, comme les mammouths, n'ont pu être embarquées.

44. **Réponse E**

Il faut commencer par compter le nombre de consonnes et de « n ». Il y en a respectivement 40 et 6. Attention d'y ajouter ceux que l'on va inclure en intégrant les solutions. Il suffit de compter et de voir que dans la E, on rajoute 8 consonnes soit 48 et on rajoute 2 « n » soit 8. La réponse est donc bien la E.

45. **Réponse E**

La bonne réponse est la E, **induction la plus ample.** Il ne faut pas oublier ses classiques : l'induction est le procédé d'inférence logique qui va du particulier à l'universel. On refusera par conséquent ici toute solution qui correspondrait à une simple déduction. On donne dans le texte un cas précis et on doit retrouver dans les propositions induites quelque chose de très général ou d'universel. La D est trop exclusive : rien n'indique que l'on ne puisse pas trouver d'autres moyens de clarification ! Ici, deux inductions véritables sont possibles : B et E. Comment les distinguer ? Le critère tient à l'adverbe « ultimement » : une induction maximale, c'est celle qui tire le plus possible la conclusion, c'est-à-dire qui du particulier tire la plus grande généralité possible. C'est ainsi que la E, qui porte sur l'ensemble des sciences, embrasse la B, précepte particulier à l'intérieur de la science.

4. Conditions minimales

46. **Réponse C**

{E} : il s'agit ici d'une question fermée. Même si les questions fermées offrent généralement deux réponses possibles (**oui/non** par exemple), l'on peut considérer ici que cette question est fermée puisque nous n'avons que trois réponses possibles, à savoir : **Daniel, Bernard ou René.** Pour rappel, pour ceux qui ont lu attentivement le cours, nous serons en mesure de répondre à cette question fermée à la seule et unique condition que la réponse que l'on est mesure d'apporter est **ferme,** autrement dit qu'elle est toujours la même.

{1} : Dividendes de Daniel = 3 x Dividendes de Bernard, soit **Investissement de Daniel > Investissement de Bernard.** Cette première information est à elle seule insuffisante. En effet, nous n'avons aucun élément d'information concernant René et pouvons donc émettre l'hypothèse selon laquelle René est celui qui a le moins investi comme nous pouvons émettre l'hypothèse selon laquelle il est celui qui a le plus investi. Nous éliminons les réponses A et D et gardons les réponses B, C et E.

{2} : Dividendes de René = 1/5 x Dividendes de Bernard soit **Investissement de Bernard > Investissement de René.** Cette information est également insuffisante à elle seule puisque nous n'avons cette fois-ci aucune information concernant Daniel. Nous éliminons la réponse B.

{&} : considérées ensemble, ces informations permettent de répondre à la question puisque nous pouvons écrire l'inégalité suivante :

Investissement de Daniel > Investissement de Bernard > Investissement de René

Et de conclure que René est assurément celui qui a le moins investi.

47. **Réponse C**

{E} : une question ouverte qui appelle une réponse unique. On cherche à connaître le nombre d'étudiants ayant choisi de n'étudier **que le japonais.**

En s'appuyant sur le fait que les étudiants apprennent nécessairement une langue au moins et sur la formule *(Japonais OU Chinois) = Que Japonais + Que Chinois - (Japonais ET Chinois)* soit ***50 = Que Japonais + Que Chinois - (Japonais ET Chinois)*** nous allons facilement résoudre cette question.

{1} : insuffisante, puisque nous n'avons aucune information sur les étudiants qui n'ont choisi d'étudier *que* le chinois ou *que* le japonais.

{2} : insuffisante, puisque nous n'avons aucune information sur les étudiants qui ont choisi d'étudier les deux langues.

{&} : suffisant ! En effet, nous pouvons écrire : 50 = Que Japonais + Que Chinois - 16, soit Que Japonais + Que Chinois = 50 - 16 = 34. Or comme Que Japonais = Que Chinois, on déduit que : 2 x Que Japonais = 34 soit Que Japonais = 17.

Rappel : n'oubliez pas que vous n'êtes guère obligés de terminer vos calculs (c'est même déconseillé !) et que si nous le faisons dans certains corrigés d'exercices, c'est uniquement à buts pédagogiques.

48. **Réponse C**

Un florilège de réponses C pour commencer ce test ! Ne soyez pas étonnés si plusieurs réponses identiques se succèdent question après question le jour du test… C'est quelque chose qui peut tout à fait arriver !

{E} : une question ouverte qui appelle une réponse unique.

{1} : insuffisante. On a : A = F - 400. On ne sait rien sur S ! On garde les réponses B, C et E.

{2} : insuffisante également. On a : S = 2F et S = A/3. Deux équations et trois inconnues ! Nous ne pouvons pas trouver les valeurs uniques et respectives des économies de A, F et S. On garde les réponses C et E.

{&} : suffisante. En réunissant les trois équations, nous avons : A = F - 400, S = 2F et S = A/3, soit trois équations pour trois inconnues et un début de résolution du système qui laisse présager qu'il est possible de résoudre ce système sans encombres ! Non, non, non, non… Ne cherchez pas ce que valent respectivement A, F et S !

49. **Réponse A**

{E} : une question fermée qui appelle une réponse ferme. Si la moyenne des tailles des trois enfants est de 4,46 pieds alors le corollaire de la moyenne arithmétique nous dit que : **somme des tailles des trois enfants = 3 x 4,46 = 13,38 pieds.**

{1} : suffisante. Si la taille du plus grand est de 4,72 pieds, alors les deux autres enfants se partagent 13,38 - 4,72 = 8,66 pieds. Cela signifie ainsi que le cadet peut mesurer, au mieux, 4,71 pieds (il ne peut être plus grand que son frère aîné) **et le plus petit mesure alors au pire (*i.e.* au minimum) 3,95 pieds** (13,38 pieds - 4,72 pieds - 4,71 pieds = 3,95 pieds). En conclusion, il est possible de répondre de façon ferme à la question par un OUI. « Oui », la taille du plus petit dépasse (toujours) 3,94 pieds. On garde les réponses A et D.

{2} : à elle seule cette information est insuffisante puisque plusieurs scenarios sont possibles comme : aîné = 4,80 pieds ; cadet = 4,59 pieds et le plus petit = 3,99 pieds (auquel cas on répond OUI à la question de l'énoncé) ou comme : aîné = 5,00 pieds ; cadet = 4,59 pieds et le plus petit = 3,79 pieds (auquel cas on répond NON à la question de l'énoncé). On garde la réponse A.

Rappel : lorsque vous travaillez sur l'information (2) seule, n'oubliez pas que l'information (1) n'existe plus et qu'en aucun cas vous n'êtes autorisés à en tirer quelque élément que ce soit dans le cadre de l'analyse de l'information (2).

50. **Réponse C**

{E} : une question ouverte qui appelle une réponse unique. D'après l'énoncé, M est un nombre compris entre 100 et 999.

{1} : insuffisante. En effet, on a par exemple M = 321 ou M = 742. On garde les réponses B, C et E.

{2} : insuffisante. On a par exemple M = 775 ou M = 199. On garde C et E.

{&} : suffisant ! En effet, en considérant ensemble les deux informations, il n'y a alors plus qu'une seule valeur possible pour M, à savoir **M = 784.** Réponse C.

51. **Réponse C**

{E} : une question fermée qui appelle une réponse ferme. PQ est divisible par 4 si P seul est divisible par 4 ou Q seul est divisible par 4 ; et *a fortiori* si P et Q sont tous deux divisibles par 4 ; mais encore si P et Q sont tous deux divisibles par 2.

{1} : cette information à elle seule est insuffisante. Elle nous dit seulement que Q est divisible par 2. On garde les réponses B, C et E.

{2} : cette information à elle seule est insuffisante. Elle nous dit seulement que P est divisible par 2. On garde les réponses C et E.

{&} : suffisant ! Si Q ET P sont divisibles par 2, alors PQ est divisible par 2.

52. **Réponse B**

{E} : pensez à la technique qui consiste à remplacer X et Y par des valeurs précises. Nous remarquons d'ores et déjà que quel que soit la parité de Y, $\mathbf{2^Y}$ **sera TOUJOURS pair** (que Y soit pair ou impair).

{1} : cette information est insuffisante. Premier cas : si Y est pair, alors $2^Y + Y^{XY}$ est pair mais si Y est impair, alors Y^{XY} est impair et $2^Y + Y^{XY}$ est impair. On garde les réponses B, C et E.

{2} : cette information est suffisante. Premier cas : X est pair et alors $2^Y + Y^{XY}$ est impair. Deuxième cas : X est impair, et alors $2^Y + Y^{XY}$ est impair. Dans tous les cas, $2^Y + Y^{XY}$ est impair. Et on répond donc NON à la question posée avec certitude. Réponse B.

53. **Réponse E**

{E} : une question ouverte qui appelle une réponse unique.

{1} : on peut simplement écrire $A = 2M$ et l'on ne peut donc conclure sur l'âge d'Aude. On garde les réponses B, C et E.

{2} : on peut simplement écrire que $\frac{1}{3}(A - M) = \frac{1}{6}A$ et l'on ne peut toujours pas conclure sur l'âge d'Aude. On garde les réponses C et E.

{&} : attention ! Ensemble cela ne marche pas non plus, et ce, quand bien même vous vous trouvez devant DEUX équations à DEUX inconnues !! En effet, on remarque en fait que $A = 2M$ et $\frac{1}{3}(A - M) = \frac{1}{6}A$ sont en réalité deux équations **parfaitement identiques** puisque

$$\frac{1}{3}(A - M) = \frac{1}{6}A \Leftrightarrow 2(A - M) = A \Leftrightarrow A = 2M$$

On ne peut donc guère répondre à la question même lorsque l'on considère les deux informations ensemble. Réponse E.

54. **Réponse C**

{E} : Aire = (Base x Hauteur) / 2

{1} : nous n'avons rien sur la hauteur et ne pouvons donc conclure sur la valeur de l'aire. Insuffisant ! On garde les réponses B, C et E.

{2} : nous ne savons rien sur les tailles des côtés du triangle. Insuffisant ! On garde les réponses C et E.

{&} : prises ensemble, les informations permettent de répondre à la question. En effet, avec une base OC de 10 cm, il n'y a ensuite qu'une et une seule configuration possible pour les longueurs AO et AC car l'on sait que les angles AOC et ACO sont égaux (AOC est un triangle isocèle) et que ces deux angles sont égaux au quart de l'angle OAC. Il n'y a qu'un et un seul triangle qui répond à ces critères et nous sommes donc en mesure en mesure de trouver son aire. Réponse C.

Remarque : pour les férus de calcul, il suffisait en fait ici de voir que les angles AOC et ACO sont en fait nécessairement égaux à 30° et que l'angle OAC est égal à 120°. Partant de là, en traçant la hauteur h du triangle AOC on se retrouvait avec deux triangles rectangles sur lesquels on pouvait appliquer les formules de cosinus et de sinus pour trouver précisément les longueurs AO et AC… Mais n'oubliez pas qu'il n'était guère question d'en arriver aux poings pour répondre à cette question et que le simple fait de savoir que l'on ***pouvait*** connaître les longueurs AO et OC suffisait pour répondre à la question.

55. **Réponse E.**

Il nous manque ici le nombre d'enfants ! Soyez donc vigilants.

56. **Réponse C**

{1} : $\boldsymbol{l = 7/5 \times L}$. Cette information à elle seule est insuffisante bien sûr puisqu'il existe de nombreux couples possibles pour l et L. On garde les réponses B, C et E.

{2} : $\boldsymbol{l \times L = 70}$. Cette information est également insuffisante. On garde les réponses C et E.

{&} : suffisant ! Il suffit de remplacer l par 7/5 x L dans l'équation $l \times L = 70$ pour trouver immédiatement la valeur de L. Pour information, on a $7/5 \times L \times L = 70$, soit : $L^2 = 50$ et $L = \sqrt{50}$.

57. **Réponse C**

{E} : la piste étant circulaire, on peut déjà écrire que son périmètre vaut $2\pi r$ et que sa surface vaut πr^2 avec r le rayon de la piste bien sûr.

{1} : on a V = 45 km/h. Insuffisant ! On garde les réponses B, C et E.

{2} : on a T = 25/6 h. Insuffisant également. On garde les réponses C et E.

{&} : suffisant ! On sait que D, la longueur d'un tour de piste vaut $2\pi r$ et on sait également que D = V x T = 45 x (25/6). On en déduit que $2\pi r$ = 45 x (25/6) et on trouve alors aisément la valeur de r. NON ! Inutile de savoir ce que vaut r précisément. Cela ne sert à rien ! Ce n'est ce que l'on vous demande en conditions minimales.

58. **Réponse B**

{E} : une question « très » ouverte…

{1} : cette information à elle seule est insuffisante. On garde les réponses B, C et E.

{2} : cette information à elle seule est suffisante ! La réciproque du théorème de Pythagore nous dit que le triangle ABC est rectangle en B et que par conséquent, l'angle ABC est égal à 90°. Réponse B.

59. **Réponse B**

{E} : il faut traduire l'énoncé ici et comprendre que pour que la racine carrée de X soit un entier naturel, il faut que X soit le carré d'un entier naturel.

{1} : cette information à elle seule est insuffisante. Si X = 9, on répond OUI à la question. Mais si X = 12, alors on répond NON à la question. On garde les réponses B, C et E.

{2} : cette information est suffisante. En effet, il n'y a AUCUN carré d'entier naturel qui termine par 2. Autrement dit, si le chiffre des unités de X est 2, et bien cela signifie que X n'est pas le carré d'un entier naturel et que par conséquent la racine carrée de l'entier naturel X n'est pas un entier naturel. En d'autres termes, grâce à l'information (2), on répond assurément NON à la question posée (i.e. de façon ferme) et la bonne réponse est donc la B.

60. **Réponse A**

{1} : contre toute attente, cette information est suffisante. En effet, quels que soient les cas envisagés, on conclut que Mehdi n'est jamais celui qui a le plus d'argent et l'on peut donc répondre de façon ferme à la question (en l'occurrence, ici, la réponse est NON, mais n'oubliez que peu importe que la réponse soit OUI ou NON, ce qui importe, c'est que la réponse soit TOUJOURS OUI ou TOUJOURS NON).

On garde les réponses A et D.

	Bob	Mehdi	Sandy	
1er cas	20 €	110 €	200 €	Mehdi n'est pas celui qui a le plus d'argent.
2e cas	200 €	110 €	20 €	Mehdi n'est pas celui qui a le plus d'argent.
3e cas	110 €	110 €	110 €	Mehdi n'est pas celui qui a le plus d'argent.

On garde les réponses A et D.

{2} : cette information à elle seule est insuffisante. En effet, selon les cas, Mehdi est ou n'est pas celui qui a le plus d'argent. On garde la réponse A.

	Bob	Mehdi	Sandy	
1er cas	60 €	200 €	70 €	Mehdi est celui qui a le plus d'argent.
2e cas	60 €	70 €	200 €	Mehdi n'est pas celui qui a le plus d'argent.

5. Expression

61. **Réponse C**

La bonne réponse est la C. La B en effet peut être éliminée rapidement : elle réduit la narration au roman, ce qui est un faux sens ici. La D introduit une dimension comparative : l'historien n'a pas son pareil en matière d'interprétation, ce qui est une ici une surinterprétation car aucune dimension comparative n'apparaît dans le passage initial. La E est possible mais supprime l'idée de banalité derrière laquelle se cache le fait important. Entre la A et la C, il faut observer que l'on n'a pas de conjonction de coordination « et » après un point, ce qui dans l'absolu doit être évité. De plus, la formulation initiale est un peu lourde et la « mission révélatrice » laisse à penser quelque chose de sacerdotal curieux ici. La C est plus claire et plus fluide.

62. **Réponse C**

La phrase de départ signale une restriction : il y a impuissance, mais pas n'importe laquelle : celle du langage. Par ailleurs, on aimerait pouvoir éviter la répétition du terme « impuissance », inélégante en français. Or la formulation qui signale le mieux cette restriction tout en évitant la répétition, c'est la C. Elle est sobre et efficace mais on ne perd pas d'information.

63. **Réponse C**

Il faut répondre C. Tout d'abord, ce qui exclut l'option E, c'est le pluriel de « sens propres ». On utilise toujours cette expression pour parler DU sens propre d'UN terme. Une difficulté supplémentaire : faut-il mettre « chance » au pluriel ? Certes, il s'agit de la chance. Mais ici, on raisonne en termes de probabilité, comme lorsque l'on dit « ce cheval a une chance sur deux de gagner la course, celui-là deux chances sur trois ». On ne doit donc pas considérer la chance ici comme un partitif mais comme une unité discrète. Le pluriel est donc de rigueur. Il faut enfin bien sûr mettre « aux » avant « courses », pluriel. On doit chercher une formulation élégante de la première phrase : on n'« implique pas des risques », pas plus qu'on ne « contient des risques » en bon français, mais une situation ou un lieu est risqué. De même, la dernière phrase doit être homogène aux autres : une exclamation sans construction verbale paraît loin des autres phrases et « Il faut savoir être prudent dans la vie » constitue tout à coup un élargissement indu.

64. **Réponse A**

La bonne réponse est la A. « Fut » est bien à mettre ici à l'indicatif, c'est-à-dire sans accent. On a ensuite affaire à deux participes passés : le premier comme élément du verbe pronominal « se retrouver », le second employé comme adjectif. Dans les deux cas, il est nécessaire d'accorder au féminin singulier. Cela élimine alors les réponses B, D et E. « Quant » prend un « t » final car il est synonyme de « au sujet de ». Un colombophile, comme un cinéphile, s'écrit avec un « i ». « Sans feuille » est ici un piège car on tolère en français le singulier ou le pluriel dans ce cas. Enfin, « réapprivoiser » est plus élégant et écrit que « rapprivoiser », très oral. De même, on parle des « anciens » alors que « vieux » pour un être humain prend une connotation péjorative. Enfin, « redevenir » est lourd, tout comme la formulation de la proposition A. Seule la dernière formulation est classique.

65. **Réponse D**

La bonne réponse est la D. La proposition conditionnelle doit être homogène dans son style aux autres phrases écrites dans un français classique et littéraire. De ce point de vue, l'option A est trop orale. Par ailleurs, il ne peut s'agir ici que du verbe « être » à la troisième personne du singulier, pronom impersonnel. D'emblée, on ne peut retenir que les options C et D. « Où » doit être accentué en tant que pronom relatif. « D'autres » doit être mis au pluriel, sans quoi on aurait écrit « un autre ». Il n'y a pas de règle relative aux participes passés des verbes du troisième groupe comme « suffire » qui impliquerait que l'on puisse systématiquement connaître la terminaison, sinon de penser à la prononciation du féminin, ce qui est moins une règle qu'une technique. Le sien s'écrit sans *s* ni *t*. Enfin, l'interrogation prend ici un caractère hypothétique dont on peut se rendre compte en substituant « Combien aurait-il donné… ? » Il faut donc emprunter la seconde forme du conditionnel qui suppose un subjonctif passé : « eût ». « Offert » et « donné » sont synonymes ici, mais « payé » implique une connotation marchande curieuse dans ce contexte. Enfin, le retrait de « d'autres » dans la proposition C brise le balancement orchestré par le début de la phrase.

66. **Réponse A**

Il faut repérer ici que la question porte sur le sens de la vie, comme le suggère l'avant-dernière phrase. On peut donc d'emblée éliminer les réponses B et E qui jouent sur des proximités peu convaincantes. La réflexion doit alors porter sur ce qui distingue A, C et D. Toutes les trois sont possibles mais il faut trouver la plus précise. L'expression initiale se veut radicale : « rien ». L'extension ici est sans nuance. Or, seule la A rend compte de cela. Certes, la D est très tentante puisque l'on retrouve la notion de sens. Néanmoins, on la retrouve dans la notion d'« absurde » avec de surcroît un quantificateur plus satisfaisant : « tout est » comme équivalent deux fois nié de « rien n'est ».

67. **Réponse B**

Aucune des cinq formulations n'est parfaite. Néanmoins, la B est la meilleure. En effet, le premier verbe doit contenir l'idée d'un refus intellectuel, ce que « déclarait » ne signifie pas. Ensuite, il faut prendre en compte l'idée de la poésie engagée, c'est-à-dire référée à un contexte. La E dit cela sauf qu'elle se réfère exclusivement au passé. Quant au « cœur » de la réponse A, il porte une signification bien trop large : un poète engagé a aussi du cœur. La D va dans le même sens et se réfère de surcroît à une période de l'histoire de la littérature. Dans l'idée du refus du désintéressement, on a au contraire celle d'un engagement, tandis que dans celui de l'abstraction le poète revendique un ancrage dans le présent.

68. **Réponse B**

Il faut rendre ici une signification d'opposition. La E est donc impossible. La A n'existe pas en bon français. La C se dit à l'oral mais est très lourde, c'est le moins que l'on puisse dire… On peut alors hésiter entre B et D. D est intéressant mais rajoute une nuance temporelle : « au moment où… » La B, plus neutre de ce point de vue, est la meilleure réponse.

69. **Réponse A**

La A est la meilleure. D est impossible en raison du vocabulaire : un matériel n'est pas pensé ; on parle plutôt d'un projet bien pensé par exemple. E ajoute une nuance morale ici qui est en trop. B appartient à un registre qui n'est pas celui du texte. C ne concerne pas exclusivement une relation. Or ici, ce qui compte, c'est la relation du matériel à la course, ce qui se retrouve dans la notion d'adéquation.

70. **Réponse C**

Aucune expression n'est parfaite ici. Mais l'on doit choisir la meilleure. Il faut rendre l'idée d'une annonce, c'est-à-dire d'une nouvelle que l'on présente comme bouleversante et révolutionnaire pour le monde de la science, mais en l'occurrence à tort. B est trop « sentimentale », et A trop loin du texte. D ne rend pas compte du caractère révolutionnaire. C et E sont possibles. C est la moins mauvaise des deux : la prétention, c'est bien de faire croire qu'on a là une découverte capitale alors qu'elle ne l'est pas.

71. **Réponse D**

Il faut repérer ici un lien d'explication. Les cinq réponses sont grammaticalement possibles. La A est trop peu explicative pour être retenue, tout comme la B qui fausse la relation logique. La E est tentante mais est moins bonne que la D dans la mesure où cette dernière assume nettement et simplement le lien causal, seulement implicite dans la E. La C inverse ce lien en plaçant la conséquence à la place de la cause.

72. **Réponse C**

Il s'agit d'opposer les débutants aux autres. La réponse B peut être éliminée tout de suite. Les 4 autres sont cependant possibles. La manière de trouver la meilleure consiste à repérer l'opposition la plus forte. Parmi les 4 termes, c'est sans doute « chevronnés » qui réunit les qualités exprimées par les autres et qui les pousse le plus. Il faut donc répondre C. La D introduit une connotation affective qui va contre la connaissance nécessaire dans ce contexte.

73. **Réponse B**

Il faut partir de la notion de « représentation ». On ne représente pas sa pensée, ce qui élimine la A. En revanche, on peut représenter les 4 autres options. Dans la mesure où il est question de conférences et de voyages à l'étranger, plus encore parce que l'on nous parle de Mussolini, on perçoit la dimension politique de ces voyages. La réponse B est donc la plus probante, les réponses D et E, jouant sur la proximité écriture/arts/lettres, sont des pièges : elles paraissent possibles parce qu'il s'agit d'un écrivain, mais elles ne rendent pas compte du contexte politique.

74. **Réponse D**

Si la E est hors champ, les autres réponses sont possibles. Le texte oppose ce qui jusque-là faisait exclusivement l'objet de prévisions à un autre domaine, l'océan. On peut donc dire que des difficultés ont été dépassées pour rendre cela possible. Toutefois, fait-on tomber un obstacle ou le renverse-t-on ? Un « vieux phénomène » ne tombe pas. Il reste alors à distinguer C et D. Dans la mesure où rien n'indique dans le texte une prétention stylistique et métaphorique, et parce que l'expression « faire tomber un monopole » est consacrée, on préfère la D.

75. **Réponse C**
C'est la suite du texte qui permet de trouver la réponse. Le thème de Dieu exclut les réponses A, D et E, mais « divin » n'est pourtant pas le terme le plus adéquat. Non seulement il y aurait répétition, mais surtout « mystique » est plus précis : des aspirations sont moins « divines » que « mystiques » car dans ce cas, « mystique » signifie bien ce que l'on cherche sans savoir ce que l'on peut trouver, comme dans le terme « aspiration ». La C est donc la meilleure réponse.

6. Logique

76. **Réponse E**
H : Inter vertical de +1 sur le chiffre du milieu (1**3**5 – X – 9**5**2 – 3**6**1 – 4**7**9).
V : Séparation carré par la gauche.

77. **Réponse C**
H : Intra de +2 entre la première et la dernière lettre.
V : Inter Grande diagonale droite de +2.
Rappel : nous vous conseillions dans le cours fondamental de logique de convertir systématiquement vos séries doubles de lettres en séries doubles de chiffres (en pensant au passage à convertir vos séries horizontales en séries verticales pour mieux observer les différents mouvements). Aussi, lorsque nous parlons par exemple ici d'un Intra de +2 entre la première et la dernière lettre, « +2 » signifie que nous passons du rang 23 au rang 25. Notez donc que si nous sautons **2** rangs, nous ne sautons en revanche qu'**1** lettre.

78. **Réponse E**
H : Tous les nombres sont des multiples de 9 (ou la somme des chiffres est toujours égale à 9).
V : Tous les nombres sont des multiples de 13.

79. **Réponse A**
H : Intra de -1 entre la première et la dernière lettre.
V : Inter vertical de -1 sur la lettre du milieu.

80. **Réponse D**
H : Séparation somme constante par le centre (la somme des deux chiffres de gauche est égale à celle des deux chiffres de droite).
V : Séparation produit constant par le centre (le produit des deux chiffres de gauche est égal à celui des deux chiffres de droite).

81. **Réponse B**
H : Intra de +2 entre la première et la deuxième lettre (attention au retour dans l'alphabet dans ZBF).
V : Inter vertical de +2 sur la dernière lettre.

82. **Réponse D**
H : Séparation somme par la gauche (729 : 7 + 2 = 9 ; 415 : 4 + 1 = 5 ; etc.).
V : Tous les nombres sont des multiples de 7 (les indices viennent de 35 et 21 et 693 n'est autre que 700 - 7, soit une composition de multiples de 7).

83. **Réponse E**
H : Inter Grande diagonale gauche de +1 (**K**NV – RO**L** – **M**NK – BC**N** – **O**UP).
V : Intra de +1 entre la première et la deuxième lettre.

84. **Réponse B**
M = 4 barres, N = 3 barres, T = 2 barres et I = 1 barre.

85. **Réponse C**
Suite de nombres premiers. Il nous faut un 7 en bas à gauche. Le # subit une symétrie axiale.

86. **Réponse E**
4 – 3 – 64 sont liés par la relation suivante : $4^3 = 64$. De même 2 – 6 – 64 sont liés par la relation $2^6 = 64$. En outre les nombres se déplacent ensemble dans le sens des aiguilles d'une montre.

87. **Réponse D**
Nombre de côtés de la figure x 3.

88. **Réponse D**
Etudiez bien les mouvements de chaque point indépendamment les uns des autres.

89. **Réponse B**
Suite de cubes. Le cube réponse doit être en bas à gauche. Le carré avance dans le sens des aiguilles d'une montre.

90. **Réponse E**
Si on somme le nombre de côtés ET le nombre qui se trouve dans la figure, on trouve successivement 7, 8 et 9. Il nous faut donc une somme qui vaut 10.

TEST BLANC TAGE MAGE NUMERO 2

TEST TAGE MAGE NUMERO 2 : VOTRE GRILLE DE REPONSES

Epreuve 1 **Compréhension de textes**						Epreuve 2 **Calcul**						Epreuve 3 **Raisonnement/Argumentation**					
1	A	B	C	D	E	16	A	B	C	D	E	31	A	B	C	D	E
2	A	B	C	D	E	17	A	B	C	D	E	32	A	B	C	D	E
3	A	B	C	D	E	18	A	B	C	D	E	33	A	B	C	D	E
4	A	B	C	D	E	19	A	B	C	D	E	34	A	B	C	D	E
5	A	B	C	D	E	20	A	B	C	D	E	35	A	B	C	D	E
6	A	B	C	D	E	21	A	B	C	D	E	36	A	B	C	D	E
7	A	B	C	D	E	22	A	B	C	D	E	37	A	B	C	D	E
8	A	B	C	D	E	23	A	B	C	D	E	38	A	B	C	D	E
9	A	B	C	D	E	24	A	B	C	D	E	39	A	B	C	D	E
10	A	B	C	D	E	25	A	B	C	D	E	40	A	B	C	D	E
11	A	B	C	D	E	26	A	B	C	D	E	41	A	B	C	D	E
12	A	B	C	D	E	27	A	B	C	D	E	42	A	B	C	D	E
13	A	B	C	D	E	28	A	B	C	D	E	43	A	B	C	D	E
14	A	B	C	D	E	29	A	B	C	D	E	44	A	B	C	D	E
15	A	B	C	D	E	30	A	B	C	D	E	45	A	B	C	D	E

Epreuve 4 **Conditions minimales**						Epreuve 5 **Expression**						Epreuve 6 **Logique**					
46	A	B	C	D	E	61	A	B	C	D	E	76	A	B	C	D	E
47	A	B	C	D	E	62	A	B	C	D	E	77	A	B	C	D	E
48	A	B	C	D	E	63	A	B	C	D	E	78	A	B	C	D	E
49	A	B	C	D	E	64	A	B	C	D	E	79	A	B	C	D	E
50	A	B	C	D	E	65	A	B	C	D	E	80	A	B	C	D	E
51	A	B	C	D	E	66	A	B	C	D	E	81	A	B	C	D	E
52	A	B	C	D	E	67	A	B	C	D	E	82	A	B	C	D	E
53	A	B	C	D	E	68	A	B	C	D	E	83	A	B	C	D	E
54	A	B	C	D	E	69	A	B	C	D	E	84	A	B	C	D	E
55	A	B	C	D	E	70	A	B	C	D	E	85	A	B	C	D	E
56	A	B	C	D	E	71	A	B	C	D	E	86	A	B	C	D	E
57	A	B	C	D	E	72	A	B	C	D	E	87	A	B	C	D	E
58	A	B	C	D	E	73	A	B	C	D	E	88	A	B	C	D	E
59	A	B	C	D	E	74	A	B	C	D	E	89	A	B	C	D	E
60	A	B	C	D	E	75	A	B	C	D	E	90	A	B	C	D	E

Si vous souhaitez répondre la réponse B à la question 31, alors noircissez la case comme suit :

31	A	B ■	C	D	E

TEST BLANC TAGE MAGE
EPREUVE 1 : COMPREHENSION DE TEXTES

2

CONSIGNES

15 questions / 20 minutes / Calculatrice interdite

BAREME

Réponse juste : + 4 points / Réponse fausse : - 1 point / Aucune réponse : 0 point

TEXTE 1

Quelle est votre fonction ici ?

Ma mission, c'est le sauvetage maritime. Ce sont des conditions de travail pas toujours faciles parce qu'on doit dégager des zones, vérifier la sécurité des surfaces autour et faire bien attention à la machine et au treuil. L'avantage, c'est qu'on s'entraîne toujours en condition réelle. C'est plus de pression, mais bon, nous on est là pour sauver, alors c'est plus de pression. Par exemple, dans les inondations, j'ai dû treuiller une femme enceinte et une gamine. C'est du stress ! Faut pas les laisser tomber. Et puis faut gérer le stress des personnes qu'on sauve, faut toujours bien faire la différence entre la vitesse et la précipitation. C'est une gestion au quotidien.

Vous vous entraînez tous les jours ?

Presque. Mais on entraîne pas que nous. On a des entraînements de maintien en condition et puis aussi des entraînements de qualification, et parfois on se greffe sur d'autres missions. Alors on va à l'essentiel, et puis l'équipe des plongeurs, ce sont des gens que l'on fréquente au quotidien, on se comprend. En fait, vous savez, on a beaucoup de soucis, des risques. Une chute, là, c'est fatal. Alors évidemment on n'a pas la même vision qu'une secrétaire. On attache moins d'importance à la hiérarchie pure et dure et puis dans l'hélicoptère, on se tutoie. On respecte l'ordre du commandant de bord, mais on prend aussi l'avis de tout le monde. On a un bon esprit

@@@@@@@@@@@@@@@@@@@@@@@@@@@@@@@@@@@
@@@@@@@@@@@@@@@@@@@@@@@@@@@@@@@@@@@
@@@@@@@@@@@@@@@@@@@@@@@@@@@@@@@@@@@

de travail ici. On sait que tout est connu de tous, on ne cache rien. Et puis on parle beaucoup entre plongeurs.

C'est-à-dire ?

Pour tout exercice, on a un briefing. Par exemple on parle du matos, des civières, on discute les procédures, avant toute récupération, on fait une reconnaissance météo, on évalue la dangerosité de la mission, on le dit au pilote. Et avant ou sur place, si vraiment c'est trop dangereux, on peut annuler une mission.

Vous êtes toujours entendus ?

Oui, il y a pas de forcing. Parfois on s'oblige un peu par exemple pour une formation, mais la sécurité reste l'essentiel.

Vous avez des problèmes matériels à gérer ?

Pas souvent en fait parce qu'on a du matériel de roulement. C'est pas le matos le problème, c'est plus souvent le personnel, il manque des gens, il faudrait qu'on soit plus. Mais on s'écoute beaucoup.

Vous discutez avec qui principalement ?

Mon interlocuteur direct, c'est le chef des opérations. Il planifie les vols. On lui donne des ordres et il planifie. Après on en parle en fonction du personnel. On règle ça. On met des pilotes sur la mission. Et ensuite, je parle beaucoup avec le commandant de bord, il y en a un par appareil, un des pilotes. C'est une fonction, pas un grade, il peut être par exemple lieutenant-colonel.

Qu'est-ce qui vous a motivé pour faire un travail de plongeur dans l'armée de l'air ?

Moi je voulais changer de vie. Je voulais voir d'autres gens et bouger plus dans ma vie. Je voulais aussi être plus dans le réel.

Vous êtes évalué ?

Oui, on a des missions de test, on les travaille, on les prépare, les évaluations sont faites sur place. Par exemple une mission de treuillage. Pour nous, c'est normal, c'est

@@@

comme d'habitude, on fait ça comme ça. De toute façon, pour nous chaque mission c'est du réel, le stress de l'examen, on l'a pas, on est habitué. Mais notre objectif, c'est d'avoir le meilleur niveau.

Vous avez déjà été surpris pas des notes ?

Non, c'est juste. Et puis il y a le débriefing, on en parle tout est clair. On nous dit, on justifie, on discute. On est de grands garçons, on est motivés. Si on dit qu'il y a des problèmes, on le rectifie en fonction des conseils, on essaie de faire comme ça. Et l'instructeur doit aussi se rectifier comme moniteur. En fait sur la base on est un peu jalousé pour tout vous dire. Parce qu'on est presque toujours dans l'eau. On coûte cher aussi. Mais les colonels, je leur ai parlé lors d'un pot de départ, ils savent bien qu'on fait pas n'importe quoi. Mais les gens ils savent pas que c'est dur. Par exemple, une fois, j'ai fait une mission à minuit par une mer de 1 °C, avec du mistral, j'étais gelé. Je suis rentré chez moi, je me suis couché transi. Il y a beaucoup de gens qui ne se doutent pas et qui sont jaloux parce qu'ils croient que c'est plus facile.

Vous avez des contraintes administratives ?

Peu pour moi, ça va. C'est rien de dramatique. C'est dans la mesure où je qualifie que je remplis des papiers.

Vous avez remarqué d'autres grandes évolutions récemment ?

C'est l'argent le problème. Les machines elles restent en révision parfois, et ça traîne. Et ça nous bloque pour les exercices.

1. Ce texte pourrait être extrait :

(A) d'un manuel d'histoire militaire.
(B) d'un cours d'histoire.
(C) d'un article d'actualité.
(D) d'une biographie.
(E) d'une enquête sociologique.

@@@@@@@@@@@@@@@@@@@@@@@@@@@@@@@@@@@@
@@@@@@@@@@@@@@@@@@@@@@@@@@@@@@@@@@@@
@@@@@@@@@@@@@@@@@@@@@@@@@@@@@@@@@@@@

2. Le texte laisse à penser que l'armée, c'est :

(A) la démocratie.
(B) la bureaucratie.
(C) la démagogie.
(D) la discipline.
(E) un mélange d'autorité et de démocratie.

3. L'armée a plusieurs avantages :
1. il n'y a pas de routine 2. tout est structuré par la discipline
3. on y fait des rencontres

(A) 1 et 2.
(B) 1 et 3.
(C) 1 seulement.
(D) 2 seulement.
(E) 1, 2 et 3.

4. On comprend grâce à ce texte que l'armée a une fonction :
1. de défense 2. civile 3. de reconnaissance

(A) 1 et 2.
(B) 2 et 3.
(C) 1 seulement.
(D) 2 seulement.
(E) 1, 2 et 3.

@@
@@
@@

5. Classez ces grades d'après le texte :
1. commandant 2. chef des opérations 3. colonel

(A) 1 > 2 > 3
(B) 1 > 3 > 2
(C) 3 > 2 > 1
(D) 2 > 3 > 1
(E) 2 > 1

6. Dans l'escadron, l'ambiance est :

(A) bonne.
(B) mauvaise.
(C) bon enfant.
(D) joyeuse.
(E) studieuse.

7. L'interviewer suggère que dans l'armée :

(A) tout est fluide.
(B) la bureaucratie est parfois écrasante.
(C) tout vise l'efficacité.
(D) tout est prétexte à crise.
(E) on fait toujours trop de papiers.

@@@@@@@@@@@@@@@@@@@@@@@@@@@@@@@@@@@@@@
@@@@@@@@@@@@@@@@@@@@@@@@@@@@@@@@@@@@@@
@@@@@@@@@@@@@@@@@@@@@@@@@@@@@@@@@@@@@@

8. La personne interrogée est sans doute :
   1. un homme 2. un colonel 3. un sous-officier

(A) 1 seulement.
(B) 2 seulement.
(C) 3 seulement.
(D) 1 et 3.
(E) On ne sait pas.

TEXTE 2

Ce que veulent les femmes de Nancy Meyers n'est pas un film qui répond à la question freudienne du mystère féminin, car ce n'est pas là son ambition. Dès les premières secondes du générique, la musique nous prévient qu'il s'agit d'une comédie tout ce qu'il y a de plus enjouée et que l'on ne va pas parler des femmes comme chez Godard ou Bergman. Ainsi, puisqu'il s'agit de faire rire, tous les moyens seront bienvenus, même s'ils ne sont pas réalistes. Et dès lors, on peut considérer que le film réalise son objectif, délivrant une morale toute simple suivant laquelle il faut d'abord s'ouvrir à la différence pour instaurer une communication véritable et efficace.

Un créateur en communication (Mel Gibson), habitué à traiter les femmes comme des objets à collectionner, hérite d'un étrange pouvoir à la suite d'une électrocution : il peut savoir ce que pensent les femmes qu'il côtoie indépendamment de ce qu'elles disent ou font croire. Ce don étrange l'effraie d'abord, puis il s'aperçoit qu'il peut en faire une arme au service de ses projets de play-boy, mais surtout pour rivaliser avec son nouveau directeur de création qui n'est autre qu'une… femme.

Il n'y pas véritablement d'innovations dans les procédés comiques à l'œuvre dans cette histoire, mais plutôt un usage bien réglé des bonnes vieilles recettes qui servent le rire. Le jeu des acteurs participe à cette réussite, et spécialement celui de Mel Gibson le plus souvent hilarant. Le film possède de grandes qualités scénaristiques, notamment dans la construction des personnages et la rapidité de leur présentation. L'enfance du héros nous est ainsi racontée sur un rythme endiablé et un style qui emprunte à la comédie musicale et au burlesque, et son portrait d'adulte est brossé

@@@

d'une manière tout aussi dynamique : le play-boy se lève et commence sa journée avec les sales blagues du macho typique, puis arrive dans son bureau décoré de pin-up. La séquence où il danse seul chez lui sur son disque préféré, dans une chorégraphie qui doit son brio à la performance de Mel Gibson, achève la description du célibataire fier et endurci. Ce portrait se dresse donc sans temps mort et met ainsi en place un *caractère* qui ne trahit pas la tradition comique.

La déstabilisation de son univers viril au possible et maintenant connu du spectateur donne alors lieu à de nombreuses scènes très réussies. Lorsque la directrice de création confie à chaque employé un carton de produits féminins, notre héros reçoit le sien en l'attrapant après qu'il a glissé sur la table comme sur un comptoir, parodie du western normalement si masculin où le cow-boy reçoit ainsi son bock. De même, lorsqu'il fait face au ciel rempli de nuages, armé d'un sèche-cheveux en guise de revolver, c'est le monde d'hommes du western qui se trouve bouleversé. Mais outre ces parodies, l'étrange pouvoir surnaturel de lire dans l'esprit des femmes, avec toutes les surprises qui s'ensuivent, est l'un des meilleurs ressorts comiques du film. Ainsi, pour séduire la jolie serveuse, rien de tel que de savoir qu'elle souhaiterait qu'on refuse de monter chez elle dès le premier soir pour qu'elle tombe dans vos bras complètement béate devant une telle délicatesse, gag des plus réussi du film. Ou bien quoi de mieux que de surprendre sa supérieure regarder votre braguette, de la savoir gênée et de se dandiner devant elle pour la gêner plus encore ?

Mais une comédie accomplie se doit aussi de renseigner sur la société qu'elle expose et de livrer quelques critiques à son propos. *Ce que veulent les femmes* ne déroge pas à cette règle puisqu'ici personne ne sort complètement indemne. La fierté des hommes est bien sûr la première mise à mal : le film dénonce leurs *a priori* négatifs sur les compétences professionnelles des femmes, et surtout le regard chosifiant qu'ils portent sur elles. Mais la qualité de cette comédie est qu'elle n'épargne pas non plus la gent féminine, dont on souligne ici l'hypocrisie ponctuelle (certaines paraît-il feignent parfois la migraine !), mais aussi l'esprit de soumission. Si la femme de caractère jouée par Helen Hunt veut s'imposer dans ce monde d'hommes, c'est en reprenant leurs tics, leurs habitus, en ne changeant rien aux modèles imposés aux femmes par la société tout entière, mais au contraire en rendant plus désirables ces mêmes contraintes. Mel Gibson se travestit pour le bonheur de tous, mais les femmes continueront de se torturer en s'épilant.

On reste toutefois déçu par le dernier tiers du film qui donne même le sentiment d'avoir été écrit et tourné par une autre équipe. Le *happy end* pourtant bien prévisible traîne en longueur, la relation du héros et sa fille se développe sur le modèle parents

@@

absents-enfants déçus sans la moindre surprise et le moralisme américain se fait un peu pesant. Mais même si le film déçoit sur la fin, on le lui pardonne au nom de tous les rires qu'il a su provoquer auparavant, à un rythme frénétique et d'une manière qui ne trahit en rien la grande comédie hollywoodienne.

9. Le texte présenté est :
1. un extrait 2. la fin d'un texte 3. le début d'un texte

(A) 1 seulement.
(B) 1 et 2.
(C) 1 et 3.
(D) On ne peut répondre.
(E) 1, 2 et 3.

10. Le texte laisse à penser que :

(A) il faut être critique vis-à-vis du monde qui nous entoure.
(B) masculinité et féminité sont relatives à l'époque.
(C) une bonne comédie doit aussi être critique.
(D) chaque homme se cache son orientation homosexuelle.
(E) chaque homme a en lui une part de féminité.

11. L'une des clefs du comique du film, c'est :

(A) la farce.
(B) la parodie.
(C) le comique verbal.
(D) le comique de situation.
(E) le lapsus.

@@

12. L'auteur de ce texte pourrait être :

(A) critique d'art.
(B) chroniqueur.
(C) féministe.
(D) étudiant en cinéma.
(E) critique.

13. Ce film n'est pas :

(A) assez réaliste.
(B) intelligent.
(C) cher.
(D) totalement réaliste.
(E) habituel.

14. Pour réussir, une femme doit :

(A) s'affirmer.
(B) souffrir.
(C) être belle.
(D) imiter les hommes.
(E) perdre son âme.

15. D'après le texte, la comédie est :

(A) un genre mineur.
(B) un genre amusant.
(C) un genre idiot.
(D) un genre à part entière.
(E) un genre noble.

Si vous avez terminé, vous n'êtes pas autorisé(e) à revenir sur une épreuve précédente.
Vous n'êtes pas non plus autorisé(e) à travailler sur une épreuve suivante avant la fin du temps imparti.

STOP !

TEST BLANC TAGE MAGE
EPREUVE 2 : CALCUL

2

CONSIGNES

15 questions / 20 minutes / Calculatrice interdite

BAREME

Réponse juste : + 4 points / Réponse fausse : - 1 point / Aucune réponse : 0 point

16. Deux camions parcourent un trajet de 1 680 km. Le premier camion consomme en moyenne un litre de carburant tous les 14 km et le second consomme en moyenne un litre de carburant tous les 12 km. Combien de litres le second camion a-t-il consommé de plus que le premier ?

(A) 10
(B) 20
(C) 30
(D) 40
(E) 50

17. La droite affine F passe par le point A d'abscisse 1 et d'ordonnée 3 et par le point B d'abscisse -1 et d'ordonnée 0. Quelle est l'équation de la droite F ?

(A) $F(X) = X^2 - X + 1$
(B) $F(X) = 2X - 3$
(C) $F(X) = 1/3\ X - 1$
(D) $F(X) = 4X - 4$
(E) $F(X) = 3/2\ X + 3/2$

//
//
//

18. Z x W = 147 et Z / W = 3. Parmi toutes les valeurs possibles de ces deux entiers, quelle est la plus petite ?

(A) 17
(B) -7
(C) 21
(D) -21
(E) 33

19. Une ligue turque de football compte vingt équipes. Chaque équipe va rencontrer chacune des autres deux fois durant la saison. Combien de matchs auront alors lieu pendant la durée d'une saison ?

(A) 180
(B) 190
(C) 320
(D) 380
(E) 390

20. On place une somme N à un taux d'intérêt fixe. Le placement rapporte successivement 400 euros la première année et 416 euros la seconde. Quelle est la somme qui a été initialement placée ?

(A) 2 000 euros.
(B) 4 000 euros.
(C) 8 000 euros.
(D) 10 000 euros.
(E) 11 000 euros.

//

//

//

21. Z est un nombre entier à un chiffre tel que Z4 x Z7 = 730Z. Que vaut Z^3 ?

(A) 729
(B) 512
(C) 343
(D) 216
(E) 125

22. Mon arrière-grand-père, le jour de son anniversaire, s'est exclamé : « Comme c'est curieux, nous sommes dans l'année z^2 et j'ai z ans ! ». Sachant que mon arrière-grand-père est mort en 1899, en quelle année est-il né ?

(A) 1806.
(B) 1848.
(C) 1849.
(D) 1899.
(E) Une autre réponse.

23. AA est un nombre à deux chiffres et BBC un nombre à trois chiffres. Sachant que la somme AA + AA est égale à BBC, avec B et C des chiffres compris entre 0 et 9, que vaut $(A + B + C)^2$?

(A) 25
(B) 36
(C) 64
(D) 81
(E) 121

24. Nous cherchons des nombres à trois chiffres, dont le chiffre des dizaines est le double de celui des unités, et le chiffre des centaines est le triple de celui des dizaines. Combien de nombres pouvons-nous trouver ?

(A) 1
(B) 2
(C) 6
(D) 9
(E) 10

//
//
//

25. En trois coups de scie, on a découpé un cube en huit pavés droits. L'aire totale des huit pavés vaut :

(A) l'aire du cube de départ.
(B) le double de l'aire du cube de départ.
(C) le triple de l'aire du cube de départ.
(D) une fois et demie l'aire du cube de départ.
(E) quatre fois l'aire du cube de départ.

26. Un couple a décidé de recouvrir les parois de sa piscine, y compris le fond, avec un tissu noir isolant. Les dimensions de la piscine sont les suivantes : une longueur de 22 mètres, une largeur de 15 mètres et une profondeur unique de 3 mètres. Quelle surface de tissu noir sera nécessaire pour effectuer cette tâche ?

(A) 304 m²
(B) 360 m²
(C) 552 m²
(D) 564 m²
(E) 584 m²

27. Je n'ai pas assez d'argent pour faire le plein d'essence ! Pourtant, avec 6 fois plus d'argent, j'aurais pu mettre 25 litres en plus et y parvenir. Quelle est la contenance de mon réservoir ?

(A) 5 l
(B) 25 l
(C) 30 l
(D) 50 l
(E) 150 l

//
//
//

28. Un certain nombre d'abeilles, en nombre égal à la racine carrée de la moitié de l'essaim, se sont posées sur un arbre de jasmin, laissant derrière elles les huit neuvièmes de l'essaim en plus du roi abeille et de la reine abeille. Combien d'abeilles y a-t-il en tout ?

(A) 72
(B) 76
(C) 92
(D) 96
(E) 98

29. Dans un livre donné, chaque page comporte un nombre fixe de lignes. Dans un huitième de page, il y a 5 lignes. Combien y a-t-il de lignes dans huit pages ?

(A) 120
(B) 180
(C) 240
(D) 320
(E) 360

30. La surface totale d'un cube est de 384 cm^2. Alors, le chiffre des unités de la valeur de son volume représente environ quel pourcentage de la somme du chiffre des dizaines et du chiffre des centaines de la valeur de son volume ?

(A) 200 %
(B) 33 %
(C) 16,5 %
(D) 20 %
(E) 100 %

Si vous avez terminé, vous n'êtes pas autorisé(e) à revenir sur une épreuve précédente.
Vous n'êtes pas non plus autorisé(e) à travailler sur une épreuve suivante avant la fin du temps imparti.

STOP !

2

TEST BLANC TAGE MAGE
EPREUVE 3 : RAISONNEMENT / ARGUMENTATION

CONSIGNES
15 questions / 20 minutes / Calculatrice interdite

BAREME
Réponse juste : + 4 points / Réponse fausse : - 1 point / Aucune réponse : 0 point

31. Le 1er avril de l'an 2007 tombe un jeudi. Quel jour sera-t-on le 1er avril 2008 ?

(A) Lundi.
(B) Mardi.
(C) Mercredi.
(D) Samedi.
(E) Dimanche.

>>
>>
>>

32. Certains hommes semblent ne s'intéresser qu'à l'argent. Ce sont des êtres cupides en apparence et la morale judéo-chrétienne réprouve leurs actions matérialistes. Le fond de cette critique, c'est que l'argent nous laisse sur Terre alors qu'il faut savoir s'élever à des choses autrement supérieures, comme la spiritualité.
Quelle proposition infirme le plus ce jugement moral ?

(A) L'argent fait le bonheur.
(B) Dieu pourrait avoir besoin d'argent.
(C) Avoir de l'argent, c'est être protégé du besoin en vue ensuite de se consacrer à d'autres activités.
(D) L'argent est le symbole d'une reconnaissance.
(E) Etre mal payé, c'est ne pas être reconnu.

33. Le 5 août de l'an 2010 tombe un jeudi. C'est dix jours avant la Sainte-Marie, grande fête des chrétiens qui célèbrent la sainteté de la mère du Christ. Quelques mois auparavant, les chrétiens ont fêté la résurrection, la plus grande fête sans doute pour tout croyant, même si dans la société c'est surtout Noël que l'on célèbre. C'est là où l'on peut se rendre compte à quel point les significations religieuses peuvent être socialement réorientées et réappropriées. Si l'on fête Pâques en 2011 le 25 avril, quel jour aura lieu la fête du Travail, le 1er mai ?

(A) Lundi.
(B) Mercredi.
(C) Jeudi.
(D) Samedi.
(E) Dimanche.

34. Certains Français possèdent un chien et tous ces chiens vivent en France. Certains Français ont un chat qui vit aussi en France à l'exception de quelques-uns, expatriés. Tous les Français n'ont pas de garage, mais beaucoup ont fait l'acquisition d'une voiture. D'autres préfèrent louer même si tous aspirent à devenir propriétaires. C'est l'un des rares points communs des habitants de ce pays aux 500 fromages !
Quelle proposition contredit rigoureusement le texte ?

(A) Tous les chiens français vivent à l'étranger.
(B) Certains Français ont un garage.
(C) Aucun Français ne veut posséder son chien et aucun ne veut posséder sa voiture.
(D) Aucun Français ne veut posséder sa voiture.
(E) Aucun Français n'a de chat.

35. Voici la réponse qu'un candidat à un poste de directeur des ressources humaines a reçue :
« Monsieur,
Quelques lignes pour vous tenir informé de l'évolution de votre candidature. Nous avons finalement retenu une autre candidature pour le poste de DRH mais n'avons pas encore confirmation de l'entière disponibilité de l'autre candidat. Restent certaines missions que nous prévoyons d'attribuer à un consultant externe. Ma collègue vous contactera au retour des vacances à ce sujet.
Regrettant de vous décevoir provisoirement pour un poste complet, je vous prie de croire à mon meilleur souvenir. »
A quoi ce candidat peut-il s'attendre ?

(A) Il peut avoir le poste de DRH.
(B) Il aura le poste de DRH.
(C) Il n'aura rien.
(D) Il peut avoir ce qu'il voulait.
(E) Il peut avoir plus de travail qu'il n'en a aujourd'hui.

>>
>>
>>

36. Dans sa *Somme contre les gentils,* Saint Thomas d'Aquin écrit : « Tout agent qui agit par nécessité de nature a sa puissance déterminée à un seul effet. De là vient que tout ce qui est naturel se produit toujours de la même manière, à moins d'empêchement ; pour les faits volontaires, il en va tout autrement. Or la puissance divine n'est pas ordonnée à un seul effet, comme nous l'avons vu plus haut. Dieu n'agit donc pas par nécessité de nature mais par volonté. » (II, 23) Le théologien en déduit que Dieu est libre et n'agit qu'en vertu du bon conseil de Sa volonté.
Quel est le présupposé de ce raisonnement ?

(A) Là où il y a un agent, il y a un patient.
(B) Dieu a un entendement.
(C) Dieu peut tout.
(D) On peut raisonner sur Dieu comme on raisonne en général sur toute chose.
(E) Dieu a une volonté.

37. Dans un village de pauvres gens, chaque habitant possédait quelques ingrédients mais aucun n'avait assez pour préparer un plat. Là, un inconnu vint sur la place du village et mit une marmite d'eau à bouillir. Il y plaça une pierre. Un enfant lui demanda : « Que fais-tu ? » Il répondit : « Une soupe de pierre. Elle serait meilleure cependant si je trouvais du persil. » Un habitant entendit cette réponse et en apporta. L'homme ajouta : « Elle serait meilleure encore si j'ajoutais des carottes. » Un habitant entendit cette réponse et en apporta. L'homme dit alors : « Elle serait bien meilleure encore si j'avais des pommes de terre. » On lui en apporta. Cet échange se poursuivit encore quelques heures. A la fin, la soupe fut délicieuse de l'avis de tous et chaque habitant y avait contribué.
Quel proverbe traduit le mieux cette histoire ?

(A) Il faut diviser pour mieux régner.
(B) L'union fait la force.
(C) Plus l'on est nombreux, plus le travail est léger.
(D) Plus on est de fous, plus on rit.
(E) Les petits ruisseaux font les grandes rivières.

>>
>>
>>

38. Karl, Marc, Thierry, Sandra, Matthieu et Jean se connaissent depuis longtemps. Ils se sont rencontrés au lycée. Karl et Sandra sont aujourd'hui juristes. Les autres sont trader, artisan, consultant et chanteur. Karl a vu l'artiste hier avec Jean. Marc a déjà écouté des concerts de l'un de ses amis.
Qui est consultant ?

(A) Karl.
(B) Marc.
(C) Thierry.
(D) Ni Thierry, ni Jean.
(E) On ne peut le dire.

39. A la fin de l'année, les élèves demandent souvent au professeur de ne pas faire cours. Pressés de commencer leurs vacances, ils aimeraient abréger l'effort et prétextent pour cela justement le calendrier. Cela se ressent surtout lors du dernier cours. C'est ainsi qu'ils disent souvent : « C'est le dernier cours, monsieur, alors on ne fait rien, d'accord ? »
Si l'on suit leur raisonnement, alors :

(A) Il faut être clément lors du dernier cours.
(B) On doit faire cours tout le temps sauf au dernier cours.
(C) On ne doit jamais faire cours.
(D) On doit faire cours tout le temps.
(E) On ne doit jamais faire cours au dernier cours.

>>>
>>>
>>>

40. J'ai plus d'argent que mon frère qui en a moins que son père. Son oncle en revanche lui a prêté ce qu'il a reçu en héritage de son propre père, ce qui le rend alors plus riche que moi. Le père de cet oncle avait un demi-frère qui était en affaire avec mon père. Ils ont gagné de l'argent mais mon père a décidé de léguer sa fortune à mes demi-frères. En m'associant à mon frère, nous serons plus riches qu'eux réunis, même si l'un d'entre eux, Pierre, a plus que les autres demi-frères. Seul et sans héritage, il a plus que mon frère actuellement.
Qui est le plus riche de tous ?

(A) Moi.
(B) Mon père.
(C) Pierre.
(D) On ne sait pas.
(E) Mon oncle.

41. Contrairement à ce que le discours ambiant veut faire croire, il n'y a pas d'exception de l'enseignement de la philosophie en terminale technologique. En terminale, quelle qu'elle soit, il s'agit toujours de considérer que le concret est à la fois plus valorisé et plus accessible. A quelques nuances près, on commence l'année en terminale littéraire comme on le fait en terminale technique. On tient compte d'une nécessité pédagogique, certes, mais aussi d'un contexte. Comment séduire un minimum sans tenir compte de tout ce qui précède l'enseignement de la philosophie au moment où les lycéens découvrent la matière ? Ils ont déjà cultivé pendant 17 ans au moins une pensée de l'immédiateté, du concret et de l'utilité.
Le présupposé de ce texte, c'est que :

(A) La pédagogie est à la discrétion de tout professeur.
(B) La philosophie s'enseigne comme toute autre discipline.
(C) On doit s'adapter à l'air du temps.
(D) Notre époque est très différente des précédentes.
(E) On doit enseigner la philosophie.

>>
>>
>>

42. Jacques, Matthieu et Jean regardent ensemble un cube. Jean voit les faces 3, 4 et 6. Pierre voit seulement la 3 tandis que Matthieu voit les faces 1, 2 et 5. Sachant qu'ils sont tous trois de même taille, qu'ils sont répartis équitablement autour d'une même table et qu'ils voient tous très bien, où se trouve logiquement la face 2 ?

(A) Face à 3 ou 6.
(B) Face à 3, 6 ou 4.
(C) Face à 6 seulement.
(D) Face à 1.
(E) Face à 4 seulement.

43. Protagoras est un sophiste grec qui s'est fait connaître dans l'Antiquité en affirmant : « L'homme est la mesure de toute chose. » Il voulait dire que chacun voit midi à sa porte et juge le monde comme il le souhaite. Si c'est vrai, alors :

(A) A chacun sa vérité.
(B) Le dialogue est impossible.
(C) L'essentiel est de s'entendre.
(D) Le bonheur dépend de chacun.
(E) L'individu est premier.

>>
>>
>>

44. Les sciences expérimentales reposent sur la figure logique de l'induction. Il s'agit en effet pour la pensée de passer des cas individuels aux cas généraux. Le scientifique réalise quant à lui des expériences et essaie, dans la mesure du possible, d'en tirer des lois qui vaudraient pour tous les phénomènes du même genre. Cette manière de faire a cependant été largement critiquée par la réflexion épistémologique.
Quelle est la raison la plus forte de critiquer l'induction en sciences expérimentales ?

(A) La vérité est difficile à trouver.
(B) On n'est jamais sûr de ses instruments de mesure.
(C) Le scientifique n'est pas toujours objectif.
(D) Il n'y a pas d'essence.
(E) Toute expérience est originale.

45. Quel proverbe se distingue le plus des autres ?

(A) Quand il pleut, il pleut à verse.
(B) Un malheur n'arrive jamais seul.
(C) Les petits profits arrondissent la bourse.
(D) Petit à petit l'oiseau fait son nid.
(E) Les petits ruisseaux font les grandes rivières.

Si vous avez terminé, vous n'êtes pas autorisé(e) à revenir sur une épreuve précédente.
Vous n'êtes pas non plus autorisé(e) à travailler sur une épreuve suivante avant la fin du temps imparti.

STOP !

TEST BLANC TAGE MAGE
EPREUVE 4 : CONDITIONS MINIMALES

2

CONSIGNES

15 questions / 20 minutes / Calculatrice interdite

BAREME

Réponse juste : + 4 points / Réponse fausse : - 1 point / Aucune réponse : 0 point

Vous répondrez :

(A) Si l'information (1) permet à elle seule de répondre à la question, et si l'information (2) à elle seule ne permet pas de répondre à la question.

(B) Si l'information (2) permet à elle seule de répondre à la question, et si l'information (1) à elle seule ne permet pas de répondre à la question.

(C) Si les deux informations (1) et (2) ensemble permettent de répondre à la question, et aucune séparément ne le peut.

(D) Si chaque information permet séparément de répondre à la question.

(E) Si les deux informations ensemble ne permettent pas de répondre à la question.

46. Qui est la plus grande : Sonia, Camille ou Fatima ?

(1) La somme des tailles de Sonia et Camille est inférieure à celle des tailles de Fatima et Camille.

(2) La somme des tailles de Fatima et Sonia est inférieure à celle des tailles de Camille et Fatima.

###
###
###

Vous répondrez :

(A) Si l'information (1) permet à elle seule de répondre à la question, et si l'information (2) à elle seule ne permet pas de répondre à la question.

(B) Si l'information (2) permet à elle seule de répondre à la question, et si l'information (1) à elle seule ne permet pas de répondre à la question.

(C) Si les deux informations (1) et (2) ensemble permettent de répondre à la question, et aucune séparément ne le peut.

(D) Si chaque information permet séparément de répondre à la question.

(E) Si les deux informations ensemble ne permettent pas de répondre à la question.

---

47. Soit ABC et AMN, deux triangles dits en situation de Thalès, avec A, M et B alignés et A, N et C alignés également. AM = 8 et MB = 4. Que vaut BC ?

(1) AN = 6 et NC = 3
(2) $MN^2 = 16$

48. Que vaut le nombre de trois chiffres XYZ ?

(1) Le carré de la somme des chiffres de XYZ est égal à 64.
(2) XYZ est le cube d'un entier naturel.

49. Pierre, Paul, Jacques et Jean ont dans le désordre 32, 41, 53, 55 ans. Quel est le prénom du plus jeune ?

(1) Paul et Pierre, qui n'est pas le plus âgé, disent : Jacques a 41 ans.
(2) Pierre et Paul ne rencontrent le plus jeune que rarement.

##
##
##

Vous répondrez :

(A) Si l'information (1) permet à elle seule de répondre à la question, et si l'information (2) à elle seule ne permet pas de répondre à la question.

(B) Si l'information (2) permet à elle seule de répondre à la question, et si l'information (1) à elle seule ne permet pas de répondre à la question.

(C) Si les deux informations (1) et (2) ensemble permettent de répondre à la question, et aucune séparément ne le peut.

(D) Si chaque information permet séparément de répondre à la question.

(E) Si les deux informations ensemble ne permettent pas de répondre à la question.

---

50. Pour l'an 2000, un artiste avait construit le plus grand dé du monde. Quel est le volume de ce dé parfaitement cubique, sachant que son arête est un entier ?

(1) La valeur du volume est strictement inférieure à 1 000 et supérieure à 511.
(2) La valeur d'une arête est paire.

51. Une baignoire a deux robinets séparés : un robinet d'eau chaude et un robinet d'eau froide. Les deux robinets ont des vitesses de débit différentes. Si l'on ouvre les deux robinets en même temps, la baignoire se remplit entièrement en 30 minutes. En combien de temps la baignoire se remplirait-elle si l'on n'ouvrait que le robinet d'eau chaude ?

(1) Si l'on n'ouvrait que le robinet d'eau froide, la baignoire se remplirait en 45 minutes.
(2) Le robinet d'eau chaude peut débiter 50 litres en 10 minutes.

52. Si T est multiple d'un nombre premier S, T est-il multiple de S^2 ?

(1) $S < 3$
(2) $T = 14$

###
###
###

Vous répondrez :

(A) Si l'information (1) permet à elle seule de répondre à la question, et si l'information (2) à elle seule ne permet pas de répondre à la question.

(B) Si l'information (2) permet à elle seule de répondre à la question, et si l'information (1) à elle seule ne permet pas de répondre à la question.

(C) Si les deux informations (1) et (2) ensemble permettent de répondre à la question, et aucune séparément ne le peut.

(D) Si chaque information permet séparément de répondre à la question.

(E) Si les deux informations ensemble ne permettent pas de répondre à la question.

---

53. Pour une soirée, Vanessa est chargée d'acheter de quoi manger. En sortant du magasin, elle a acheté pour 15 euros de courses, sachant qu'elle a pris des chips, des pizzas et une quiche. Quel est le prix de la quiche ?

(1) Les pizzas coûtaient 6 euros.
(2) Le prix des chips était équivalent à deux tiers de celui des pizzas.

54. Anne a gagné 50 000 euros en 2010. Quel est le revenu annuel moyen d'Anne entre 2009 et 2011 ?

(1) Anne a toujours eu une augmentation de 10 % d'une année sur l'autre.
(2) Ses revenus totaux pour les années 2008 et 2009 s'élèvent à 105 000 euros.

55. Que vaut le nombre à deux chiffres AB ?

(1) AB est le carré d'un entier.
(2) Le carré de l'écart entre les chiffres du nombre AB est égal à 25.

##
##
##

Vous répondrez :

(A) Si l'information (1) permet à elle seule de répondre à la question, et si l'information (2) à elle seule ne permet pas de répondre à la question.

(B) Si l'information (2) permet à elle seule de répondre à la question, et si l'information (1) à elle seule ne permet pas de répondre à la question.

(C) Si les deux informations (1) et (2) ensemble permettent de répondre à la question, et aucune séparément ne le peut.

(D) Si chaque information permet séparément de répondre à la question.

(E) Si les deux informations ensemble ne permettent pas de répondre à la question.

---

56. A 9 heures du matin, Marcel démarre un marathon au cours duquel, il court à une vitesse moyenne égale à 12 km/h. Quelle est la longueur du marathon ?

(1) Marcel a passé la ligne d'arrivée à 13 heures.
(2) A 11 h 24, 3/5 de la distance totale de la course a été parcourue par Marcel.

57. Simon a le même nombre de parts de deux SICAV dans son portefeuille boursier : SICAV A et SICAV B. La SICAV A produit 2 % de dividendes annuels alors que la SICAV B produit 6 % de dividendes annuels. Si Simon venait à vendre toutes ses parts de SICAV A afin d'utiliser alors tout le cash obtenu pour acheter des parts de SICAV B, de quel pourcentage ses dividendes annuels augmenteraient-ils ?

(1) Une part de SICAV A coûte deux fois plus cher à l'achat qu'une part de SICAV B.
(2) Une part de SICAV B coûte 90 euros.

58. Quelle est la valeur de X ?

(1) $X = 1 - 5X + 5$
(2) $2X^2 - 4X + 2 = 0$

##
##
##

Vous répondrez :

(A) Si l'information (1) permet à elle seule de répondre à la question, et si l'information (2) à elle seule ne permet pas de répondre à la question.

(B) Si l'information (2) permet à elle seule de répondre à la question, et si l'information (1) à elle seule ne permet pas de répondre à la question.

(C) Si les deux informations (1) et (2) ensemble permettent de répondre à la question, et aucune séparément ne le peut.

(D) Si chaque information permet séparément de répondre à la question.

(E) Si les deux informations ensemble ne permettent pas de répondre à la question.

---

59. Un arbre a entre 100 et 1 000 ans. Quel est son âge ?

(1) Le chiffre des centaines de son âge est égal à la somme des chiffres des dizaines et des unités de son âge.
(2) Le chiffre des dizaines de son âge est égal au double du chiffre des unités de son âge.

60. Y est-il plus grand que X ?

(1) $X^4 > Y^4$
(2) $X^7 < Y^7$

Si vous avez terminé, vous n'êtes pas autorisé(e) à revenir sur une épreuve précédente.
Vous n'êtes pas non plus autorisé(e) à travailler sur une épreuve suivante avant la fin du temps imparti.

STOP !

TEST BLANC TAGE MAGE
EPREUVE 5 : EXPRESSION

2

CONSIGNES
15 questions / 20 minutes / Calculatrice interdite

BAREME
Réponse juste : + 4 points / Réponse fausse : - 1 point / Aucune réponse : 0 point

Pour les questions 61 et 62, trouvez la formulation la plus claire et la plus soignée pour exprimer le sens du passage souligné. La réponse A reprend la formulation initiale.

61. L'histoire ne trouve donc plus aujourd'hui sa seule justification dans le désintéressement du savoir mais également dans sa fonction politico-morale.

(A) L'histoire ne trouve donc plus aujourd'hui sa seule justification dans le désintéressement du savoir mais également dans sa fonction politico-morale.
(B) L'histoire n'est pas purement désintéressée puisqu'elle s'applique aussi à la morale et à la politique.
(C) L'histoire se justifie donc non seulement aujourd'hui comme science désintéressée mais encore comme réflexion pratique.
(D) L'histoire s'est toujours justifiée par sa dimension intéressée et désintéressée.
(E) L'histoire trouve donc aujourd'hui une justification supplémentaire : elle est désintéressée mais peut aussi s'appliquer à la morale et à la politique.

§§
§§
§§

62. Parler, c'est recourir à une institution et donc être toujours déjà en relation avec une communauté, dont, dans le cas du romancier, il faut se distinguer en partie. C'est pourquoi, même dans la parole solitaire, on parle toujours avec quelqu'un, et même à quelqu'un.

(A) Parler, c'est recourir à une institution et donc être toujours déjà en relation avec une communauté, dont, dans le cas du romancier, il faut se distinguer en partie. C'est pourquoi, même dans la parole solitaire, on parle toujours avec quelqu'un, et même à quelqu'un.

(B) Parler, c'est toujours parler avec tout un tas d'interlocuteurs ce qui fait que même en parlant tout seul on n'est jamais seul.

(C) Parler, c'est s'insérer dans une communauté linguistique à laquelle nul n'échappe, pas même le romancier dans son effort créatif. Même la parole solitaire reste en dialogue.

(D) Parler, c'est communiquer avec toute une communauté. Même l'écrivain y est obligé lorsqu'il recherche son style. Qui peut donc se vanter alors de parler tout seul ?

(E) En parlant, on est en relation avec une organisation linguistique qui soutient le romancier lui-même. Ainsi, on ne parle jamais seul.

Pour les 3 questions suivantes, choisissez la meilleure formulation du point de vue de l'orthographe, de la syntaxe et du style.

63. Choisissez la meilleure formulation.

(A) On a cessé de marteler dans l'esprit des gens que l'argent ne fait pas le bonheur. C'est sans doute ce par quoi il faut commencer. Mais s'il faut éloigner les jeunes gens des passions trop faciles, il convient de se demander si l'on a pas voulu en l'occurrence éloigner le peuple de la richesse : quelle domination ne s'instaure pas sur l'ignorance ? Faites croire que l'argent est un mal, et seuls les malins en auront…

§§
§§
§§

(B) On a cessé de marteller dans l'esprit des gens que l'argent ne fait pas le bonheur. C'est sans doute ce par quoi il faut commencer. Même s'il faut éloigner les jeunes gens des passions trop faciles, il convient de se demander si l'on a pas voulu en l'occurrence éloigner le peuple de la richesse : quelle domination ne s'instaure pas sur l'ignorance ? Faites croire que l'argent est un mal et seuls les malins en auront…

(C) On n'a cessé de marteller dans l'esprit des gens que l'argent ne fait pas le bonheur. C'est sans doute ce par quoi il faut commencer. Même s'il faut éloigner les jeunes gens des passions trop faciles, il convient de se demander si l'on a pas voulu en loccurrence éloigner le peuple de la richesse : quelle domination ne s'instaurent pas sur l'ignorance ? Faites croire que l'argent est un mal, et seuls les malins en auront…

(D) On n'a cessé de marteler dans l'esprit des gens que l'argent ne fait pas le bonheur. C'est sans doute ce par quoi il faut commencer. Mais s'il faut éloigner les jeunes gens des passions trop faciles, il convient de se demander si l'on n'a pas voulu en l'occurrence éloigner le peuple de la richesse : quelle domination ne s'instaure pas sur l'ignorance ? Faites croire que l'argent est un mal et seuls les rusés en auront…

(E) On n'a cessé de marteler dans l'esprit des gens que l'argent ne fait pas le bonheur. C'est sans doute ce par quoi il faut commencer. Même s'il faut éloigner les jeunes gens des passions trop faciles, il convient de se demander si l'on n'a pas voulu en l'occurrence éloigner le peuple de la richesse : quelle domination ne s'instaure pas sur l'ignorance ? Faites croire que l'argent est un mal et seuls les malins en auront…

64. Choisissez la meilleure formulation.

(A) Une dale de béton serre à stabiliser le sol d'une cave ou d'un sousol, ou à recouvrir celui d'un garage. L'épaisseur de la dale dépend de la charge qu'elle a a supporter mais aussi de la nature du sol. Sur un sol ferme, 8 à 10 cm d'épaisseur suffisent au passage ou au stationnement d'une voiture. Sur un sol meuble, 15 cm sont nécessaires.

§§§
§§§
§§§

(B) Une dalle de béton sert à stabiliser le sol d'une cave ou d'un sous-sol, ou à recouvrir celui d'un garage. L'épaisseur de la dalle dépend de la charge qu'elle a à supporter mais aussi de la nature du sol. Sur un sol ferme, 8 à 10 cm d'épaisseur suffisent au passage ou au stationnement d'une voiture. Sur un sol meuble, 15 cm sont nécessaires.

(C) Une dale de béton serre à stabiliser le sol d'une cave ou d'un sousol, ou à recouvrir celui d'un garage. L'épaisseur de la dale dépend de la charge qu'elle a a supporter mais aussi de la nature du sol. Sur un sol ferme, 8 à 10 cm d'épaisseur suffisent au passage ou au stationnement d'une voiture. Sur un sol meuble, 15 cm sont nécessaires.

(D) Une dalle de béton sère à stabiliser le sol d'une cave ou d'un soussol, ou à recouvrir celui d'un garage. L'épaisseur de la dalle dépend de la charge qu'elle a à supporter mais aussi de la nature du sol. Sur un sol ferme, 8 à 10 cm d'épaisseur suffisent au passage ou au stationnement d'une voiture. Sur un sol meuble, 15 cm sont nécessaires.

(E) Une dalle de béton sert à stabiliser le sol d'une cave ou d'un sous-sol, ou à recouvrir celui d'un garage. L'épaisseur de la dalle dépend de la charge qu'elle à à supporter, mais aussi de la nature du sol. Sur un sol ferme, 8 à 10 cm d'épaisseur suffisent au passage ou au stationnement d'une voiture. Sur un sol meuble, 15 cm sont nécessaires.

65. Choisissez la meilleure formulation.

(A) Parvenus dans la forêt, ils décidèrent de se jeter dans une marre pour échapper aux belligérants. Préférer cette cachette fut une stratégie payante puisqu'ils atteignirent ensuite leurs propres tranchées. Certains furent conduits directement dans l'hôpital de campagne.

(B) Ils décidèrent de se jeter dans une marre de la forêt une fois arrivés pour échappé aux autres. Préféré cette cachète fût une stratégie payante puisqu'ils atteignirent ensuite leur propre tranchée. Certains furent amenés directement dans l'hopital de campagne.

§§
§§
§§

(C) Parvenus dans la forêt, ils décidèrent de se jeter dans une marre pour échappé aux combattants. Préféré cette cachète aurait été une stratégie payante puisqu'ils atteignirent ensuite leur propres tranchés. Certains furent amenés directement dans l'hôpital de campagne.

(D) Ils arrivèrent en forêt où ils se jettèrent à la marre une marre pour échappés aux autres. Préférer cette cachette fut une stratégie payante puisqu'ils atteignirent ensuite leur propres tranchées. Certains allèrent à l'hopital de campagne.

(E) Parvenus dans la forêt, ils décideirent de se jeter dans une marre pour échapper aux belligérants. Préférer cette cachette fût une stratégie payante puisqu'ils atteignirent ensuite leurs propres tranchées. Certains furent emmenés directement dans l'hôpital de campagne.

Pour les 5 questions suivantes, choisissez le meilleur synonyme de l'expression soulignée.

66. <u>L'interrogation sur les futurs organismes européens est seconde par rapport à un choix plus urgent</u> : donner sa définition à l'Europe elle-même. C'est en réalité un vieux problème que l'on pose depuis le XVIIIe siècle et sur lequel on risque de débattre encore bien longtemps. N'est-ce pas le propre des démocraties de donner lieu à des questionnements sur le sens même de leur devenir ? Seules les dictatures ont des certitudes absolues sur ces questions-là ?

(A) Le questionnement sur les organisations européennes futures est secondaire au regard d'une interrogation première.

(B) L'interrogation sur les futures organisations européennes est deuxième par rapport à un problème plus important.

(C) La question de l'organisation future de l'Europe est sans importance au regard d'une question brûlante.

(D) Le questionnement sur les organisations européennes futures est accessoire.

(E) La réflexion sur les organisations européennes futures est moins importante qu'une autre.

§§
§§
§§

67. Ce mot est difficile à comprendre. Souvent il signifie ceci, mais parfois il signifie son contraire. En l'occurrence, sa signification est <u>indécidable</u>.

(A) ambivalente
(B) ambiguë
(C) ambidextre
(D) polysémique
(E) plurivoque

68. On a du mal à dire ce que cet homme pense. Son discours est bien construit, il respecte les règles classiques de composition et de syntaxe et le vocabulaire est bien choisi. Toutefois, en jouant sur des alliances inattendues, le sens global est moins certain. Ne pourrait-il <u>clarifier</u> le contenu de sa déclaration ?

(A) expliciter
(B) expliquer
(C) illuminer
(D) opacifier
(E) réexpliquer

69. Chacun prend des risques dans la vie. Il n'est en effet pas possible de vivre sans en prendre. S'en abstenir conduirait tout simplement à rester cloué au lit. Mais il arrive parfois qu'on en prenne trop. Le courage doit ainsi se distinguer de la témérité. Car s'il faut savoir contenir ses peurs, il faut aussi se souvenir que <u>la prudence compte</u>.

(A) tel est pris qui croyait prendre
(B) un tiens vaut mieux que deux tu l'auras
(C) méfiance est mère de sûreté
(D) c'est toujours le cordonnier le plus mal chaussé
(E) entre deux maux il faut choisir le moindre

§§
§§
§§

70. On s'est longtemps demandé quel était le chaînon manquant entre le singe et l'homme. Encore eût-il fallu être sûr qu'il y avait là une parenté réelle !

(A) le lien
(B) le cousinage
(C) la relation
(D) l'être intermédiaire
(E) le lien biologique

Pour les 5 questions suivantes, choisissez le terme qui viendrait le mieux combler le manque (…).

71. Contrairement à l'opinion courante, le langage n'est pas une somme des sens inamovibles qu'il faudrait simplement relever dans la nature. Le sens se construit dans un (…) de mots et de sons qui forment un système, dans lequel chaque terme n'a de valeur qu'en fonction des autres. Ainsi « chien » ne signifie pas absolument le chien mais relativement à tous les termes de la langue qui signifient autre chose et qui circonscrivent ainsi la signification de ce terme. Le langage est donc d'abord un système de différences.

(A) enchevêtrement
(B) système
(C) ensemble
(D) sac
(E) groupe

72. Il entra dans la pièce sans crier (…), ce qui surprit tout le monde.

(A) son nom
(B) mon nom
(C) « Attention ! »
(D) « Garde à vous ! »
(E) gare

§§
§§
§§

73. Le téléphone portable cause-t-il des maladies ? Entraîne-t-il des troubles nerveux ? (…) des pathologies ?

(A) Produit-il
(B) Conduit-il
(C) Génère-t-il
(D) Ouvre-t-il
(E) Entraîne-t-il

74. Le pont entre la géométrie et l'algèbre reste à sens unique. Il est plus facile de traduire des équations de Galois de l'algèbre vers la géométrie (…).

(A) que dans l'autre sens
(B) qu'à l'inverse
(C) qu'en sens unique
(D) qu'au contraire
(E) que réciproquement

75. (…) le plus parfait du point de vue (…) perdra (…) s'il n'est pas (…).

(A) Même le règlement / du contenu / toute valeur / imposé
(B) Justement le livre / du contenu / toute qualité / lu
(C) Seul l'énoncé / de la syntaxe / toute signification / compris
(D) Même l'argument / de la logique / toute fondement / rendu public
(E) Le discours / de la rhétorique / toute sa valeur / partial

Si vous avez terminé, vous n'êtes pas autorisé(e) à revenir sur une épreuve précédente.
Vous n'êtes pas non plus autorisé(e) à travailler sur une épreuve suivante avant la fin du temps imparti.

STOP !

2

TEST BLANC TAGE MAGE
EPREUVE 6 : LOGIQUE

CONSIGNES
15 questions / 20 minutes / Calculatrice interdite

BAREME
Réponse juste : + 4 points / Réponse fausse : - 1 point / Aucune réponse : 0 point

76.

	1607			
	6152			
	5876			
5474	?	9821	9191	3548
	9779			

(A) 2864
(B) 6173
(C) 7593
(D) 7535
(E) 8923

77.

?	MOF	PVS	SZP	VNA
XSW				
ZSU				
NHS				
DSQ				

(A) JLP
(B) LPO
(C) JCY
(D) LNQ
(E) MDY

****
****
****

78.

143					(A)	412
104					(B)	403
?	618	26	515	824	(C)	39
117					(D)	91
195					(E)	231

79.

			QUI		(A)	JHA
FUG	PNR	WUZ	?	HNM	(B)	DPH
			TES		(C)	DEO
			ETE		(D)	TRD
			USA		(E)	RRV

80.

		187			(A)	111
		825			(B)	121
		682			(C)	209
		220			(D)	144
324	441	?	196	289	(E)	289

81.

HPL	?	HUN	CRO	RXP	(A)	JAU
	VEC				(B)	LNM
	DFZ				(C)	SBN
	PNE				(D)	BNM
	FDR				(E)	BSN

****
****
****

82.

	3437			
	644			
	11			
	5128			
328	?	246	164	82

(A) 645
(B) 123
(C) 76
(D) 82
(E) 124

83.

	UXH			
	SJN			
QCB	?	ZUT	AML	GWV
	OPX			
	MIZ			

(A) PWZ
(B) QYZ
(C) QHG
(D) PLM
(E) RED

84.

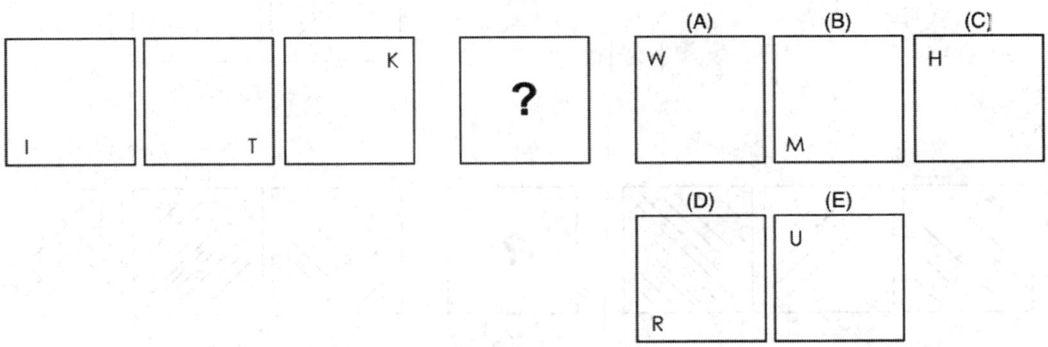

****
****
****

85.

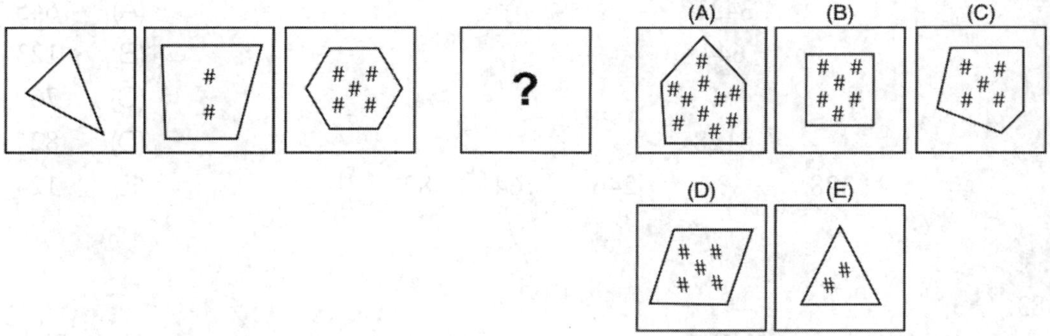

86.

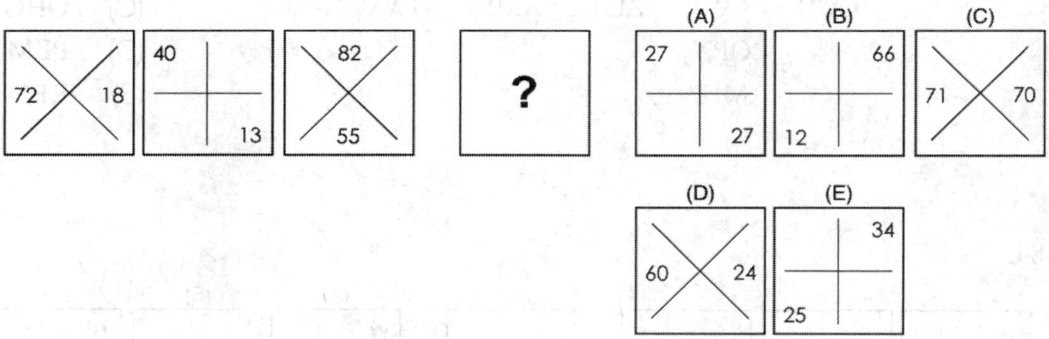

87.

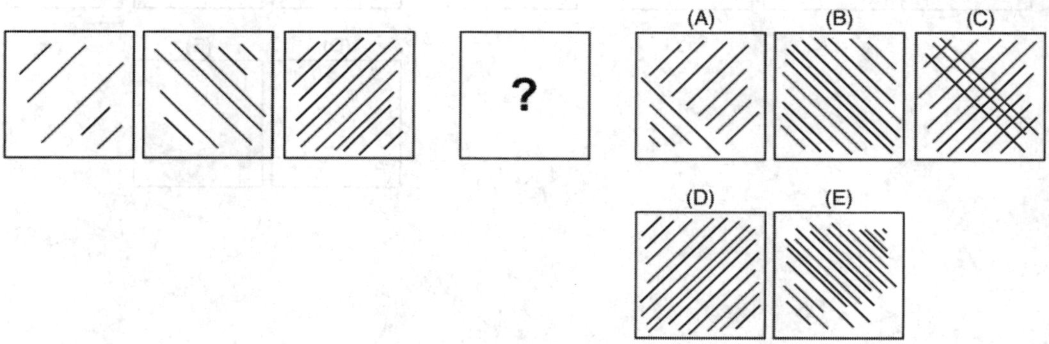

****
****
****

88.

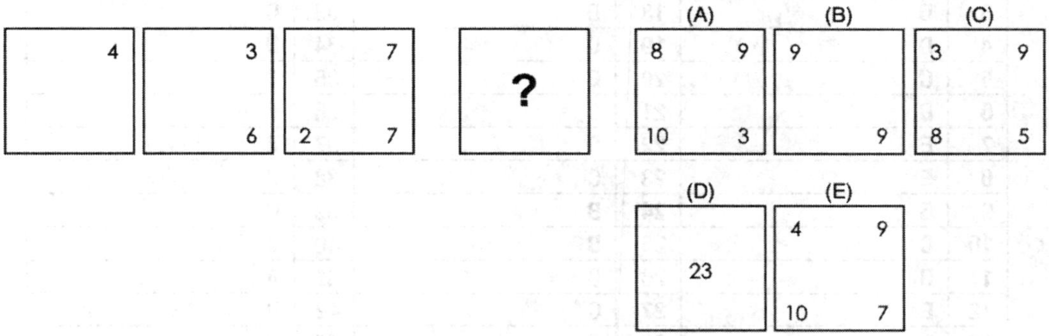
4
3
6
7
2
7
?
(A)
8
9
10
3
(B)
9
9
(C)
3
9
8
5
(D)
23
(E)
4
9
10
7

89.

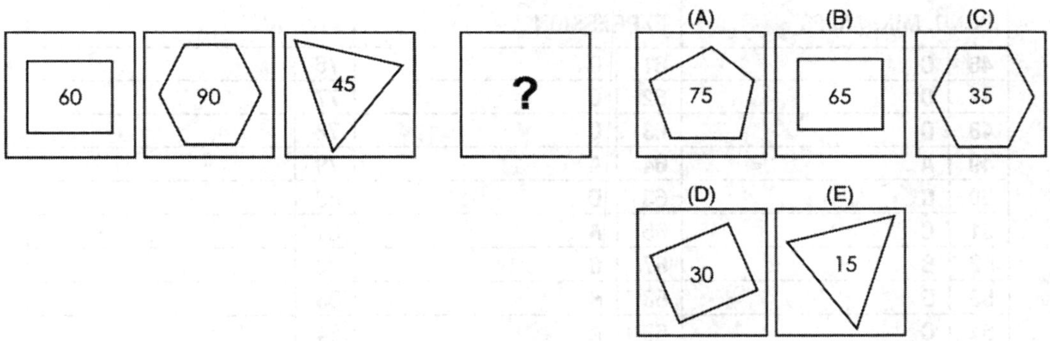
60
90
45
?
(A)
75
(B)
65
(C)
35
(D)
30
(E)
15

90.

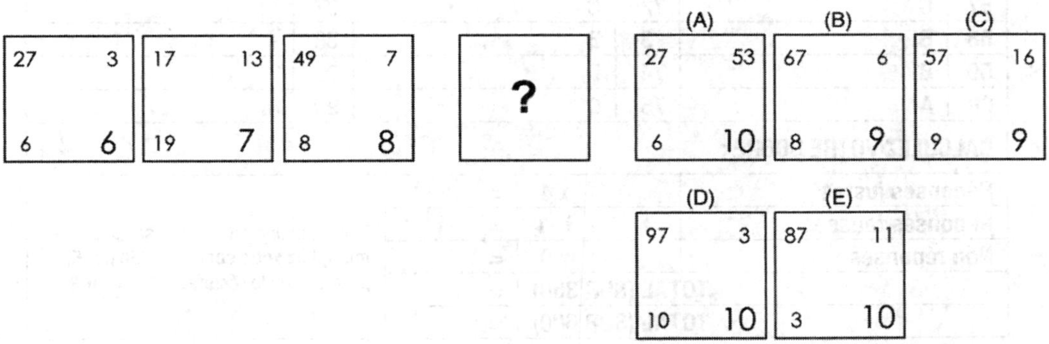
27
3
6
6
17
13
19
7
49
7
8
8
?
(A)
27
53
6
10
(B)
67
6
8
9
(C)
57
16
9
9
(D)
97
3
10
10
(E)
87
11
3
10

TEST BLANC TAGE MAGE NUMERO 2 : GRILLE DES REPONSES JUSTES

COMPREHENSION		CALCUL		RAISONNEMENT	
1	C	16	B	31	E
2	D	17	D	32	C
3	D	18	D	33	C
4	D	19	C	34	D
5	C	20	E	35	C
6	B	21	C	36	E
7	E	22	D	37	B
8	E	23	C	38	C
9	B	24	B	39	D
10	C	25	B	40	C
11	B	26	B	41	A
12	E	27	C	42	D
13	E	28	B	43	B
14	C	29	B	44	E
15	E	30	A	45	E
COND. MINIMALES		**EXPRESSION**		**LOGIQUE**	
46	C	61	C	76	
47	C	62	C	77	
48	C	63	C	78	
49	A	64	A	79	
50	C	65	D	80	
51	C	66	A	81	
52	B	67	B	82	
53	E	68	B	83	
54	C	69	A	84	
55	E	70	C	85	
56	C	71	D	86	
57	C	72	C	87	
58	B	73	B	88	
59	B	74	D	89	
60	A	75	C	90	

CALCULEZ VOTRE SCORE :

Réponses justes		x 4	=	Pour calculer votre score sur 600, multipliez votre score sur 360 par 5, puis divisez le résultat obtenu par 3.
Réponses fausses		x -1	=	
Non réponses		x 0	=	
		TOTAL (SUR 360)	=	
		TOTAL (SUR 600)	=	

TEST BLANC TAGE MAGE
CORRIGES DU TEST BLANC NUMERO 2

2

1. COMPREHENSION DE TEXTES

1. **Réponse E**
   On interroge ici un homme dans le détail de ses activités. C'est bien trop précis pour être l'objet d'un manuel ou d'un cours. Par ailleurs, le ton est très oral et spontané, et l'interview est longue. On devine aussi qu'elle est plus longue encore et qu'il s'agit d'un extrait. Un journaliste a peu de chances de poser des questions ouvertes et surtout de faire une interview aussi longue d'un homme qui n'est pas une célébrité. La meilleure option est donc la E.

2. **Réponse E**
   La question se réfère au passage suivant : « On respecte l'ordre du commandant de bord, mais on prend aussi l'avis de tout le monde. On a un bon esprit de travail ici. » On voit que la réponse est ambiguë : il s'agit bien de respecter une autorité, mais cela ne veut pas dire que l'on n'écoute pas les autres, même les subordonnés. La meilleure réponse est donc bien la E.

3. **Réponse B**
   Il faut revenir au passage : « Qu'est-ce qui vous a motivé par faire un travail de plongeur dans l'armée de l'air ? Moi je voulais changer de vie. Je voulais voir d'autres gens et bouger plus dans ma vie. Je voulais aussi être plus dans le réel. » On aperçoit dans ce texte les motivations de la personne interrogée et par ailleurs, on s'aperçoit qu'il est globalement satisfait. On en déduit que ses motivations étaient les bonnes et elles nous révèlent des qualités de l'armée. On doit retenir les options 1 et 3, c'est-à-dire la réponse B.

4. **Réponse D**
   On vous demande de ne vous appuyer que sur le texte. Certes, il porte sur l'armée de l'air, mais il n'évoque à aucun moment des missions de défense. On veut vérifier ici que vous ne projetez pas des informations extérieures sur le texte. De même, si l'armée possède en général des sections de reconnaissance, et si en effet on parle de « reconnaissance météo », cela n'a pourtant rien d'une fonction de reconnaissance. On s'informe de la météo avant de partir en mission, ce qui est très différent d'avoir une fonction de reconnaissance. C'est pourquoi on retient l'option 2, la D. C'est la mission de sauvetage de civils que le texte met en avant.

5. **Réponse E**
La bonne réponse est la E. On se réfère ici au passage : « Mon interlocuteur direct, c'est le chef des opérations. Il planifie les vols. On lui donne des ordres et il planifie. Après on en parle en fonction du personnel. On règle ça. On met des pilotes sur la mission. Et ensuite, je parle beaucoup avec le commandant de bord, il y en a un par appareil, un des pilotes. C'est une fonction, pas un grade, il peut être par exemple lieutenant-colonel. » On comprend que le chef des opérations donne des ordres à l'ensemble de l'équipe qui se trouvera à bord de l'aéronef. Le commandant de bord, quel que soit son grade, lui obéit donc. Mais s'il lui obéit, il obéit aussi à l'ordre d'être commandant de bord, et pour obéir à cet ordre, il faut qu'il soit moins gradé que le chef des opérations. En revanche, comme on ne sait pas le grade du chef des opérations et que le commandant pourrait être lieutenant-colonel, il se pourrait qu'il soit général, et le commandant colonel. On ne peut donc pas situer le rang du colonel.

6. **Réponse A**
Il faut choisir la A. En effet, on append que l'on se tutoie, que l'on explique les notes que l'on met, que l'on demande l'avis des autres même si une autorité domine. C serait trop détendue pour une ambiance militaire, D est excessive par rapport à ce que le texte dit et E est relative à l'étude, non au travail.

7. **Réponse B**
Une fois n'est pas coutume, on vous pose des questions sur l'interviewer. Il faut relire le passage suivant : « Vous avez des contraintes administratives ? Peu pour moi, ça va. C'est rien de dramatique. C'est dans la mesure où je qualifie que je remplis des papiers. » On comprend qu'en dépit de la réponse négative de l'interviewé, on assiste ici ou là à des excès de procédures administratives. C'est pourquoi on ne peut pas dire que c'est le cas tout le temps (réponse E), mais cela arrive. La bonne réponse est la B.

8. **Réponse D**
On peut deviner le sexe de l'interviewé par l'orthographe : « je me suis couché transi ». Il s'agit bien d'un homme. On sait par ailleurs que cet homme a parlé avec les colonels pour vérifier qu'ils percevaient l'intérêt de ses missions. On peut donc en tirer la conclusion suivante : il faut s'assurer que les supérieurs aient une bonne perception des choses. Ce souci de reconnaissance rend peu probable le fait que l'homme interrogé soit colonel, mais beaucoup plus probable qu'il soit sous-officier. La bonne réponse est donc la D.

9. **Réponse D**
Il faut choisir la D. En effet, ce texte forme un tout : il commence par présenter le film, il le commente et conclut enfin sur sa valeur. On a ici une cohérence évidente, sans rupture ni à-coup. Ce texte est en réalité entier. On ne trouve donc aucune combinaison satisfaisante parmi 1, 2 et 3.

10. **Réponse C**
La bonne réponse est la C. On doit pour la trouver relire le passage suivant : « Une comédie accomplie se doit aussi de renseigner sur la société qu'elle expose, et de livrer quelques critiques à son propos. *Ce que veulent les femmes* ne déroge pas à cette règle puisqu'ici personne ne sort complètement indemne. » Le texte ne dit pas qu'il faut tout critiquer. Par ailleurs, si l'on parle ici d'un homme qui se travestit, on ne dit pas que tout est historiquement relatif ni que tout homme a une orientation homosexuelle cachée. Enfin, si le héros rentre dans la peau d'une femme, cela veut justement dire qu'il n'en est pas une naturellement.

11. **Réponse B**
Il faut préférer la B, explicitement nommée dans le texte. La C n'est pas valable ici, pas plus que la E. En revanche, A et D sont possibles. Le texte parle de gags, ce qui se rapproche le plus de la farce. Mais une farce, ce peut être aussi le genre d'un film, alors qu'un gag intervient dans des farces ou dans d'autres genres. Le double sens du terme « farce » oblige donc à la rejeter. Enfin, la D est une réponse juste mais moins précise que la B : toute parodie joue sur le comique de situation, mais tout comique de situation n'est pas parodique.

12. **Réponse E**
La bonne réponse est la E. En effet, un chroniqueur ne saurait s'étendre aussi longtemps sur un film. Une féministe n'écrit pas forcément des critiques de films, même s'ils parlent du rapport des hommes et des femmes. Il reste à distinguer les 3 autres options. La D est possible mais le texte est déjà bien abouti et rien n'indique qu'un étudiant l'ait rédigé, même un étudiant en cinéma. La A est possible, mais un critique d'art commet plus souvent des articles sur la peinture ou les arts académiques. Bien que non explicitement reliée au cinéma, la réponse E a l'avantage d'être ouverte.

13. **Réponse D**
Il faut reprendre le début du texte : « Ainsi, puisqu'il s'agit de faire rire, tous les moyens seront bienvenus, même s'ils ne sont pas réalistes. » On comprend donc que tout n'est pas réaliste. Mais il faut aussi tenir compte de la fin de l'article : ce film dit des choses vraies sur notre société pour mieux la critiquer. Ainsi, le film est à la fois réaliste et fantastique. La meilleure réponse est dès lors la D. On se méfiera bien sûr des questions à tournure négative, piège habituel des étourdis.

14. **Réponse D**
On se réfère ici au passage suivant : « Si la femme de caractère jouée par Helen Hunt veut s'imposer dans ce monde d'hommes, c'est en reprenant leurs tics, leurs habitudes, en ne changeant rien aux modèles imposés aux femmes par la société tout entière, mais au contraire en rendant plus désirables ces mêmes contraintes. » On peut donc hésiter entre les réponses A, C et D. Mais la D englobe les deux autres réponses : souffrir en imitant les hommes et rester séduisante, c'est-à-dire reprendre les contraintes imposées par les hommes.

15. **Réponse D**
En parlant de « comédie accomplie », l'auteur suppose que ce genre a ses critères et donc sa valeur propre. A et C ne peuvent donc pas être retenues. Pour autant, on n'évoque pas la noblesse de la comédie ici, comme on peut parfois le faire pour la tragédie, ce qui empêche de retenir l'option E. Par ailleurs, on nous dit que la comédie fait rire dans le premier paragraphe, ce qui va au-delà du simple « amusement ». On doit alors éliminer la B. Il reste ainsi la réponse D, la meilleure.

2. Calcul

16. **Réponse B**
En notant V_1 et V_2 les volumes d'essence respectivement consommés par les deux camions, vous obtenez : $V_1 = 1\,680/12 =$ **140** et $V_2 = 1\,680/14 =$ **120**.

Remarque : ceux qui avaient appris ici leurs tables de multiplication et leurs tables de carré savaient que $168 = 12 \times 14 = 13^2 - 1$ et que par conséquent : $1\,680/12 = (12 \times 14 \times 10)/12$ soit 140 et $1\,680/14 = (12 \times 14 \times 10)/14 = 120$.

En conclusion, l'écart de consommation est donc égal à **20 litres** et le second camion a consommé 20 litres de plus que le premier.

17. **Réponse E**
Cette question, très rare, peut tomber ! Nous n'en avons pas fait un point de cours à part entière mais nous rappellerons ici quelques éléments de base des fonctions affines (programme de troisième !).
L'équation d'une droite affine est : $F(X) = aX + b$
Le coefficient directeur, a, se calcule de la façon suivante, en notant X_1 et X_2 les abscisses de deux points puis Y_1 et Y_2 les ordonnées de ces deux mêmes points.

En prenant les points que l'on vous propose, cela donne :

$$a = \frac{Y_2 - Y_1}{X_2 - X_1} = \frac{0-3}{-1-1} = \frac{-3}{-2} = \frac{3}{2}$$

Il est alors inutile de calculer *b* car une seule des réponses a pour coefficient directeur $\frac{3}{2}$, à savoir la réponse E.

18. **Réponse D**

Z et W étant des entiers, on trouve rapidement que Z et W doivent être respectivement égaux à **21** et **7** ou **-21** et **-7,** si l'on souhaite vérifier à la fois que Z x W = 147 et Z/W = 3. La plus petite valeur possible pour ces deux entiers est donc -21.

19. **Réponse D**

Connaissant parfaitement votre cours, vous savez que N (N - 1)/2 représente précisément le nombre de matchs disputés durant la saison si les deux équipes ne se rencontrent qu'une seule fois. Aussi, si les équipes se rencontrent deux fois alors cela nous donne [N (N - 1)/2] x 2 = **N (N - 1)** matchs disputés.

Sachant qu'ici N = 20 équipes, le nombre matchs disputés est alors égal à 20 x (20 - 1) = 20 x 19 = 380.

20. Réponse D

Ce que vous devez comprendre ici, c'est qu'entre la première et la deuxième année, les intérêts sont passés de **400** à **416** euros. On a donc gagné 16 euros sur une base de 400 soit un gain de 16/400 = 4/100 = **4 %.** Le taux d'intérêt est donc égal à **4 %.**

Il ne nous reste plus qu'à résoudre l'équation : 4 % x N = 400 pour trouver en testant rapidement les réponses proposées **N = 10 000.**

21. **Réponse B**

Attention ! Lorsque vous voyez dans un énoncé Z4 x Z7 = 730Z, vous devez bien comprendre que nous faisons le produit d'un nombre à deux chiffres Z4 (qui vaut 14 quand Z = 1 ; 24 quand Z = 2 ; 34 quand Z = 3, etc.) par un autre nombre à deux chiffres Z7 (qui vaut 17 quand Z = 1 ; 27 quand Z = 2 ; 37 quand Z = 3, etc.) et que nous obtenons alors comme résultat un nombre à 4 chiffres 730Z qui vaut donc 7 301 quand Z = 1 ; 7 302 quand Z = 2, etc.

Sachant que Z4 x Z7 = 730Z, on trouve en utilisant la technique du dernier chiffre que Z est égal au dernier chiffre du produit de **4** et de **7**. Or **4 x 7 = 28,** donc Z = 8 et $Z^3 = 8^3 =$ **512.**

22. **Réponse A**
Vous savez que $40^2 = 1\,600$ et que $45^2 = 2\,025$ (souvenez-vous de l'astuce relative aux carrés des entiers dont le dernier chiffre est 5).
Ainsi, sachant que mon arrière-grand-père est mort en 1899, son âge sera nécessairement inférieur à 45 !
Si $z = 44$, alors $z^2 = 44^2 = 1936$. Et comme $1936 > 1899$, z ne peut être égal à 44.
Si $z = 43$, alors $z^2 = 43^2 = 1849$. Possible !
Si $z = 42$, alors $z^2 = 42^2 = 1764$. Impossible !

On en conclut que $z = 43$ et que si arrière-grand-père avait 43 ans en 1849, c'est donc qu'il est né en 1849 - 43 = 1806.

23. **Réponse B**
Sachant que AA + AA doit donner un nombre à trois chiffres, c'est forcément que **A est au moins égal à 5** car pour A = 4 (par exemple), AA + AA = 44 + 44 = 88… autrement dit un nombre à deux chiffres et pas 3 !
On teste à présent les valeurs que A peut prendre. Commençons par 5.
Si A = 5 alors l'équation AA + AA = BBC s'écrit **55 + 55 = 110,** ce qui est parfait puisque l'on doit justement avoir un résultat dont les deux premiers chiffres sont identiques (<u>**BB**</u>C = <u>**11**</u>0). Pour que vous compreniez bien ce qui se passe, essayez avec A = 6. Si A = 6 alors AA + AA = 66 + 66 = 132. Ça coince, puisque les deux premiers chiffres de <u>**13**</u>2, 1 et 3 ne sont pas identiques !

En conclusion : A = 5, B = 1 et C = 0.
Ainsi, $\mathbf{(A + B + C)^2 = (5 + 1 + 0)^2 = 6^2 = 36.}$

24. **Réponse A**
Notons N = (C, D, U) le nombre en question, en notant C le chiffre des centaines, D celui des dizaines et U celui des unités, on a :
(1) D = 2U (2) C = 3D

En testant avec U = 1, on trouve D = 2 et C = 6, soit **N = 621.**
En testant U = 2, on trouve D = 4 et C = **12**, ce qui est impossible puisque C est un **chiffre**, pas un nombre. Le seul nombre envisageable est donc 621.

25. **Réponse B**
A chaque « coup de scie », on ajoute à l'aire totale des solides une aire égale à deux fois la face du cube initial. En effet, on découvre une partie de l'intérieur du carré encore totalement masquée. Ainsi, en trois « coups de scie », on aura rajouté

une aire égale à six fois la face du cube initial, soit exactement l'aire du cube initial, qui possède en effet 6 faces comme tout bon cube qui se respecte !
En conclusion, la somme des aires des faces des pavés droits est égale au double de l'aire du cube de départ.

26. **Réponse C**
Découpons la piscine en un patron comme indiqué dans la figure suivante :

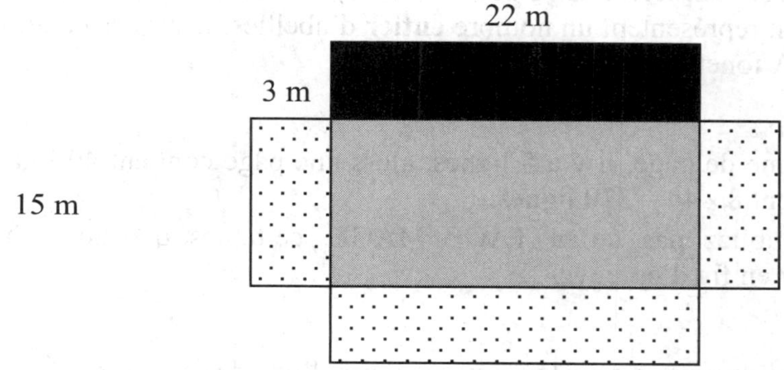

La partie pleine représente le fond ; la partie hachurée le long côté de la piscine et enfin celle à carreaux le plus petit côté. Il ne vous reste plus qu'à additionner les aires de ces 5 rectangles :
(22 x 15) + 2 x (15 x 3) + 2 x (22 x 3) = 2 x 11 x 15 + 2 x 45 + 2 x 66
= 2 x 165 + 90 + 132
= 330 + 222 = 552 (m²)

Astuce ! Pensez à la technique du dernier chiffre. En effet, lorsque vous devez calculer 2 x 11 x 15 + 2 x 45 + 2 x 66, pensez au fait que 2 x 11 x 15 se termine par 0, que 2 x 45 se termine également par 0, et que 2 x (22 x 3) se termine par 2 ; soit au final un nombre qui se termine par 2. Seule la réponse C se termine par 2 et c'est donc la bonne réponse.

27. **Réponse C**
Partez des solutions ici (technique du *backsolving*). Testons la réponse C. Si la contenance de mon réservoir est de 30 litres, alors cela fonctionne très bien ! En effet, si avec 6 fois plus d'argent, je peux mettre 25 litres *en plus,* cela signifie qu'avec la somme d'argent dont je dispose, je suis en mesure de mettre 5 litres dans mon réservoir. Si avec X euros, je mets 5 litres et avec 6X j'en mets six fois plus soit 30. Autrement dit, je mets bien 30 - 5 = 25 litres de plus !
Parfois, tout devient très facile quand on teste les solutions.

28. **Réponse A**

Dans ce type d'exercices, vous devez absolument appliquer la technique des inconnues entières.

Si l'on vous parle à un moment dans l'énoncé d'un groupe d'abeilles qui représente les **huit neuvièmes de l'essaim,** alors vous devez vous dire que **ces huit neuvièmes de l'essaim doivent représenter un nombre entier** (on ne peut avoir d'abeilles à virgules comme 12,3333333 abeilles !). Autrement dit, ici, il faut que l'essaim (le nombre total d'abeilles donc) soit divisible par 9 pour que les 8/9 de l'essaim représentent un nombre **entier** d'abeilles. Dans ces conditions, seule la réponse A fonctionne.

29. **Réponse D**

Si dans un huitième de page, il y a 5 lignes, alors une page contient 40 lignes et 8 pages contiennent 8 x 40 = **320 lignes.**

Remarque : n'oubliez pas qu'au TAGE MAGE, certaines questions faciles peuvent se glisser en fin d'épreuve.

30. **Réponse B**

La surface totale d'un cube est égale à six fois l'aire d'une de ses faces.

On a donc : 6A = 384 soit A = 64 avec l'aire d'une face.

De plus, l'aire de la face d'un cube est égale au carré d'un de ses côtés de longueur C. On a donc $64 = C^2$ soit C = 8.

Enfin, le volume V d'un cube est égal au cube de son côté, soit :

$V = C^3 = 8^3 =$ **512**.

Finalement, il ne vous reste plus qu'à comparer **<u>2</u>** (le chiffre des unités de 51**2**) avec **5 + 1** = **<u>6</u>** (la somme du chiffre des dizaines et de celui des centaines de 512). Vous trouvez alors facilement que 2 représente le tiers de 6, soit **environ 33 %.**

3. Raisonnement – Argumentation

31. **Réponse D**

La bonne réponse est la D. Il faut tenir compte du fait que entre ces deux dates d'années, il s'est écoulé 366 jours car l'année 2008 est bissextile. Il s'est donc écoulé 52 semaines et 2 jours : jeudi + 2 jours = samedi (rappelez-vous les astuces du cours : 1 année non bissextile vaut 52 semaines et 1 jour).

32. **Réponse D**

La C ne spécifie pas les autres activités en vue qui pourraient être elles aussi prosaïques. La B est surprenante et pourrait infirmer le raisonnement si elle ne restait pas une hypothèse, comme l'indique le mode conditionnel. La A est intéressante mais ne dit pas ce que contient le bonheur : de la spiritualité ? On n'en sait pas assez pour dire qu'elle infirme le raisonnement. Il reste donc à distinguer les deux dernières réponses. La difficulté réside dans la notion de reconnaissance : elle n'est pas aussi prosaïque que la recherche de biens purement matériels. Ce que la morale réprouve ici, c'est d'être matérialiste et prosaïque et ensuite d'être incapable de s'élever à la spiritualité. Mais la reconnaissance n'est pas matérialiste. On peut même considérer qu'elle est un besoin de l'esprit, même si elle n'est pas ce qui nous élève à la religion. La bonne réponse est ici la D : avoir de l'argent, c'est être reconnu ; ne pas en avoir, c'est n'être pas reconnu. La E n'exprime qu'une partie de la D et est donc moins forte ici.

33. **Réponse E**
La bonne réponse est la E. On vise ici à vous distraire du sens principal en dissertant inutilement, mais il suffit de repérer que le 5 août 2010 est un jeudi et de se demander quel jour tombe le 1er mai 2011. Il reste 26 jours en août et ensuite il y a 8 mois entiers soit 26 + 30 + 31 + 30 + 31 + 31 + 28 + 31 + 30 = 268 jours. On divise par 7 et le reste est de 3 jours : jeudi + 3 jours = dimanche.

34. **Réponse E**
On veut ici que le candidat se rappelle les règles classiques de négation. La négation d'« aucun » est « quelques-uns… ne pas » et la négation de « tous » est « certains… ne pas ». La seule réponse rigoureuse est ici la E. En effet, la négation de « tous ces chiens (français) vivent en France » est « certains chiens français ne vivent pas en France ». La proposition « tous les Français n'ont pas de garage » est identique à « certains Français ont un garage », alors que l'on cherche une négation. La négation de « tous aspirent à devenir propriétaires » est « certains ne veulent pas posséder leur voiture », ce qui infirme C et D. La E est rigoureuse : si « certains Français ont un chat » est faux, alors aucun Français n'a de chat.

35. **Réponse A**
La lettre que ce candidat reçoit recèle de nombreuses ambiguïtés : il peut avoir le poste car il est premier sur liste d'attente. Tout dépend de la disponibilité de l'autre candidat. Si l'autre a le poste, il peut avoir des missions dans cette entreprise mais rien dans la lettre n'indique de manière certaine que l'on va les lui attribuer. On ne peut donc tirer des conclusions qu'en termes de possibles. La B est donc à exclure d'emblée, tout comme la C. Seules les réponses qui contiennent le modal « peut » nous intéressent ici. La D est tentante mais elle préjuge que l'on sait exactement ce que le candidat voulait : après tout, peut-être qu'il ne veut que quelques missions ? Il reste donc à distinguer la A de la E. La meilleure est la A. En effet, pour adopter la E, il faudrait être sûr qu'il garde son

ancien poste et qu'il rajoute des missions. Mais il pourrait ne pas garder son ancien poste, ou l'aménager, ou encore changer de poste et prendre de surcroît des missions dans cette entreprise. Là encore, on aurait tendance à projeter des informations que l'on ne possède pas. La A est donc la seule qui soit rigoureuse : comme on ignore la disponibilité de l'autre, tout reste possible.

36. **Réponse D**

La bonne réponse est la D. Il y a en effet plusieurs présupposés à ce raisonnement. Dans ce genre de situations, on doit alors chercher le plus général ou le plus fondamental de tous. En l'occurrence, B, C, D et E sont des présupposés de ce raisonnement. Mais lequel est le plus indispensable au raisonnement ? Tout le raisonnement parle de Dieu : tel est le réquisit le plus fondamental, quoi que l'on dise ensuite. On présuppose ici que l'on peut parler de Dieu et raisonner sur lui avec les mêmes structures générales de pensée que dans la nature, comme en témoigne la comparaison que fait saint Thomas. C'est à cela que s'oblige en fait l'auteur lorsqu'il rédige des ouvrages de philosophie, tout en en accusant la limite inévitable.

37. **Réponse E**

L'histoire montre que la collaboration peut profiter à tous. Mais l'inconnu joue le rôle de catalyseur : sans lui, cette collaboration n'aurait pas eu lieu. Ainsi, on peut dire que du point de vue de ces villageois, c'est l'union involontaire qui fait la force. Il faut donc trouver un proverbe qui réunisse la dimension passive et l'idée de collaboration. La E est de ce point de vue la meilleure : en effet, il y a bien l'idée d'union, mais le ruisseau n'est pas humain : c'est la meilleure image d'un être sans volonté que l'on puisse trouver parmi tous ces proverbes. Les autres sont soit contraires au texte comme le A, ou bien manquent la dimension passive du texte.

38. **Réponse E**

A est à éliminer d'emblée. On sait que Jean n'est pas l'artiste, pas plus que Marc. Sandra étant juriste comme Karl, on devine alors que Thierry ou Matthieu sont chanteurs. Reste à savoir qui de Marc, Matthieu, Thierry et Jean est consultant. Or il n'y a pas d'indice supplémentaire ici. La bonne réponse est donc la E.

39. **Réponse C**

On cherche ici une conséquence. La A n'est pas une implication mais la répétition du texte, tout comme la B et la E. La D contredit le texte. La bonne réponse, surprenante, est ici la C. Il s'agit d'un raisonnement par récurrence : si l'on ne fait pas cours le dernier cours, dans la mesure où un cours se définit comme un moment pendant lequel le professeur enseigne, alors le vrai dernier cours a eu lieu lors de la séance précédente. Mais s'il a eu lieu lors de la séance précédente, et s'il ne faut pas faire cours au dernier cours, alors on ne devrait pas faire cours. Et en remontant ainsi, on ne commence jamais l'année… Une manière de dépasser cette contradiction serait de poser la distinction du dernier cours calendaire et du dernier cours scolaire, mais l'énoncé ne le propose pas.

40. **Réponse D**

On mêle ici la généalogie à des relations d'ordre classique. Il est impossible de répondre à une telle question sans éliminer les informations inutiles. En vérité, les relations de parenté n'ont pas de conséquence sur le résultat. On pourrait nommer les personnes sans dire les relations de parenté, la réponse serait la même. On doit cependant mettre en place une relation d'ordre pour trouver la solution. En suivant le texte, on a : moi > mon frère ; mon père > mon frère ; mon oncle > moi ; moi + mon frère > les demi-frères ; Pierre > chaque demi-frère ; Pierre > mon frère. On a donc une série de relations mais qui ne sont pas toutes connectées les unes aux autres. Si on les synthétise un peu, on obtient : mon oncle > moi > mon frère ; mon père > mon frère ; moi + mon frère > les demi-frères ; Pierre > chaque demi-frère ; Pierre > mon frère. On ne peut aller au-delà, ce qui fait que l'on ne peut dire qui est le plus riche de mon père ou de mon oncle, réponse D.

41. **Réponse E**

La bonne réponse est la E. En effet, le raisonnement du texte est essentiellement contenu dans sa question et on peut le paraphraser ainsi : comment enseigner la philosophie ? En s'adaptant. L'adaptation est le moyen, la fin est l'enseignement. Par conséquent, le présupposé de tout le texte, c'est cette fin : il faut enseigner la philosophie. Le texte discute autour des moyens.

42. **Réponse B**

Souvenons-nous ici que l'on ne peut voir que les faces contigües d'un cube. C'est pourquoi si Matthieu voit les faces 1, 2 et 5, c'est qu'elles sont contigües. On doit alors faire autant de schémas que de combinaisons possibles et voir les cas qui se recoupent. On a en l'occurrence deux combinaisons possibles : soit 5 est à droite de 1, soit 2 est à droite de 1. Il en va de même pour les faces 4, 5 et 6 que Jean voit. Cela donne au total 4 cubes possibles. On arrive alors à trois places possibles pour 2, soit la réponse B.

43. **Réponse B**

On cherche ici une implication. La A n'est qu'une paraphrase du texte et ne se présente pas comme une conséquence. Si chacun élabore sa propre vérité, alors il y a peu de chances de s'entendre car ma vérité me sera propre. C est donc impossible mais il reste à distinguer les 3 autres réponses. La E, même si c'est moins visible que pour la A, paraphrase en réalité la maxime de Protagoras. La D va dans le même sens, même si elle restreint la question au seul bonheur. La seule vraie implication est donc la B : si personne n'a la même vérité, ne serait-ce que sur le langage, alors on ne peut même plus discuter.

44. **Réponse E**

Les 5 options sont possibles et constituent toutes des objections. Il faut donc rechercher la plus forte d'entres elles. La A est la plus faible car si elle contredit cette voie de recherche, elle n'en annule pas la possibilité. Il en va de même pour la C qui ne présente qu'une possibilité, non une nécessité. La B n'est pas inintéressante mais elle suppose que toute démarche expérimentale comporte des instruments, ce que le texte ne dit pas. Il reste à départager D et E. La D est possible : s'il n'y a pas d'essence, il n'y a pas de loi, donc pas d'induction possible. Mais rien n'indique dans le texte que les lois soient tributaires des essences. C'est d'ailleurs historiquement l'enjeu de la science moderne : passer des notions de cause et d'essence à celle de loi. La E est donc la meilleure : si une expérience est toujours particulière, alors rien n'indique que la suivante sera identique et la généralisation est alors infirmée.

45. **Réponse D**

Tous les proverbes jouent sur une progression : quand un événement arrive, d'autres surviennent. C'est en cela qu'ils sont proches. Mais la D se distingue : l'oiseau fait son nid lui-même. Dans les 4 autres proverbes, on a toujours une certaine passivité : je subis la pluie, je subis le cours de la Bourse, je subis un malheur… Seul l'oiseau est ici agent.

4. Conditions minimales

46. **Réponse E**

{E} : une question fermée qui appelle comme toujours une réponse ferme.

{1} : **S + C < F + C.** Autrement dit, **S < F.** Où est Camille sur l'échelle des tailles ? Est-elle la plus grande ? La plus petite ? On ne peut répondre. Cette information à elle seule est insuffisante. On garde les réponses B, C et E.

{2} : **F + S < C + F.** Autrement dit **S < C.** Mais où est Fatima sur l'échelle des tailles ? Est-elle la plus grande ? La plus petite ? On ne peut répondre. Cette information est donc aussi à elle seule insuffisante. On garde les réponses C et E.

{&} : ensemble, on sait que **S < F** et que **S < C.** Alors, certes, on sait à présent que Sonia est la plus petite, mais de Fatima ou de Camille, on ne sait qui est la plus grande des deux ! Même ensemble, les informations (1) et (2) ne permettent pas de répondre à la question. Réponse E.

47. **Réponse B**

{E} : la théorème de Thalès nous permet d'écrire : $\frac{8}{12} = \frac{6}{9} = \frac{MN}{BC}$

{1} : cette information à elle seule est insuffisante. En effet, d'après l'énoncé, on sait que $AM = 8$, $MB = 4$ et $\boldsymbol{AB = 12}$. On sait en outre, grâce à l'information (1) que $AN = 6$, $NC = 3$ et par voie de conséquence que **AC = 9.**

On peut donc écrire : $\frac{8}{12} = \frac{6}{9} = \frac{MN}{BC}$ et l'on constate alors que l'on n'est pas capable de donner la valeur de BC. On garde donc les réponses B, C et E.

{2} : cette information à elle seule est suffisante. En effet si $MN^2 = 16$, alors $\boldsymbol{MN} = 4$ et grâce aux informations de l'énoncé, on peut écrire : $\frac{8}{12} = \frac{4}{BC}$

On en déduit aisément la valeur de BC.

48. **Réponse E**

{E} : une question ouverte qui appelle une réponse ferme. La seule chose que l'énoncé nous permet d'écrire est que XYZ est compris entre 100 et 999.

{1} : cette information à elle seule est insuffisante. En effet, XYZ = **440 ou 125** puisque le carré de la somme des chiffres de X, Y et Z est, dans ces deux cas, égal à 64. On garde les réponses B, C et E.

{2} : cette information à elle seule est insuffisante. En effet XYZ peut être égal à **125, à 216, à 343, à 512 ou encore à 729.** On garde les réponses C et E.

{&} : ensemble, cela ne suffit toujours pas puisque l'on retient deux possibilités pour XYZ, à savoir : **XYZ = 125 et XYZ = 512.**

49. **Réponse C**

{1}: cette information à elle seule est insuffisante. La première information permet seulement de savoir que Jacques n'est pas le plus jeune, ce qui n'est pas suffisant pour répondre à la question. **Attention !** Dans la phrase « Paul et Pierre, qui n'est pas le plus âgé… », on est bien d'accord que c'est Pierre et seulement Pierre qui n'est pas le plus âgé. On garde les réponses B, C et E.

{2} : cette information à elle seule est insuffisante. La seconde information permet uniquement de déduire que ni Pierre, ni Paul ne sont les plus jeunes : mais Jacques ou Jean pourraient l'être. Cette information ne permet donc pas répondre à la question. On garde les réponses C et E.

{&} : combinons les deux informations : on sait que ni Jacques, ni Pierre, ni Paul ne sont les plus jeunes. On peut ainsi en déduire que le dernier non cité, soit **Jean, est le plus jeune.** La combinaison des deux informations a donc permis de répondre à la question : on garde la réponse C.

50. **Réponse C**

{E} : V = a^3 avec a l'arête du cube.

{1} : cette information à elle seule est insuffisante. En effet, V peut être égal à **512** ou **729.** On garde les réponses B, C et E.

{2} : cette information à elle seule est insuffisante. En effet, si l'arête est paire alors on peut avoir V = 64 ou V = 126 par exemple.

{&} : Suffisant ! En effet, si l'arête est paire alors il n'y a qu'une possibilité pour V, à savoir, **V = 512.**

51. **Réponse A**

{E} : pour répondre à ce type de problèmes, il convient d'utiliser la formule :

$$\frac{1}{T_{ensemble}} = \frac{1}{T_1} + \frac{1}{T_2}$$

{1} : l'énoncé nous fournit $T_{ensemble} = 30$. La première information nous donne T_1, et l'on obtient donc une équation à une inconnue que l'on peut résoudre. Cette information est donc suffisante pour répondre à la question et l'on retient les réponses A et D.

{2} : cette information est insuffisante car elle ne nous apporte qu'un renseignement sur le débit du robinet d'eau chaude, qui nous n'est d'aucune utilité puisque l'on ne connaît pas le volume de la baignoire. Réponse A !

52. **Réponse B**

{1} : S < 3 signifie que **S = 2.** Auquel cas, si T = 4 alors T est bien multiple de $S^2 = 4$. Mais si T = 6 alors T n'est pas multiple de $S^2 = 4$. Cette information est donc insuffisante. On garde les réponses B, C et E.

{2} : si T = 14 et que S est un nombre premier (d'après l'énoncé), alors T ne pourra jamais être multiple de S^2 (rappel : 1 n'est pas un nombre premier). En effet T = 14 n'est multiple que des deux nombres premiers 2 et 7. Aussi, si T = 14 est multiple du nombre premier 2, alors T = 14 n'est pas multiple de $S^2 = 4$. Et, si T = 14 est multiple du nombre premier 7, alors T = 14 n'est pas non plus multiple de $S^2 = 49$. Autrement dit, **dans tous les cas, on peut répondre de façon ferme à la question (ici on répond NON)** et cette seconde information permet donc à elle seule de répondre à la question. Réponse B.

53. **Réponse C**
Trois équations pour trois inconnues lorsque l'on considère les deux informations ensemble.

54. **Réponse D**
{E} : le revenu annuel moyen de Anne entre 2009 et 2011 **est égal à la somme de ses revenus sur ces 3 années divisée par 3.** Autrement dit : moyenne des revenus = (revenu 2009 + revenu 2010 + revenu 2011) / 3. Nous devons donc trouver la valeur de « revenu 2009 + revenu 2010 + revenu 2011 » pour pouvoir calculer le revenu moyen d'Anne.
{1} : si Anne a toujours une augmentation de 10 % d'une année sur l'autre et si elle a gagné 50 000 euros net en 2010, **on n'a aucune difficulté à calculer son revenu en 2010 (20 000 x 1,1) puis en 2011 (20 000 x 1,1 x 1,1).** On peut donc trouver « revenu 2009 + revenu 2010 + revenu 2011 » et calculer alors la moyenne de ses revenus entre 2009 et 2011. Cette information est donc suffisante et on garde les réponses A et D.
{2} : cette information est également suffisante puisqu'**il suffit d'ajouter 105 000 euros à 50 000 euros pour obtenir « revenu 2009 + revenu 2010 + revenu 2011 »**. On garde finalement la réponse D.

55. **Réponse E**
{1} : cette information est insuffisante. **AB = 16 ou 49 ou 64**… On garde les réponses B, C et E.
{2} : cette information est insuffisante. Elle nous dit simplement que l'écart entre les chiffres A et B vaut 5. On peut donc avoir **AB = 50 ou 16.** On garde les réponses C et E.
{&} : deux réponses subsistent pour AB : **AB = 16** et **AB = 49.**

56. **Réponse A**
{E} : attention, il est question de **vitesse moyenne** ici pour Marcel !
{1} : cette information est suffisante. En effet, avec **D = V x T,** nous trouvons la longueur du marathon. Etant donné que le temps dont il est question ici couvre toute la durée du trajet, la vitesse moyenne se confond avec la vitesse constante. On garde les réponses A et D.
{2} : cette information est insuffisante. On ne connaît pas la vitesse de Marcel entre 9 h et 11 h 24 et l'on ne peut de ce fait en déduire la longueur, en kilomètres, de la distance parcourue. Réponse A.

57. **Réponse A**
{1} : suffisant ! Cette information nous dit que A = 2B. Etant donné qu'une SICAV A coûte deux fois plus cher qu'une SICAV B, Simon peut acheter deux

fois plus de SICAV B et le nombre total de SICAV B détenus est alors égal à g + 2g = 3g. Aussi la nouvelle valeur des dividendes générés par les SICAV B est égale à : 6 % x 3g (B) = 18 % g (B).

Avant de vendre ses SICAV A, la valeur des dividendes était égale à : 2 % g (A) + 6 % g (B), soit encore : 2 % x 2g (B) + 6 % g (B) = 10 % g (B). L'on peut donc calculer l'augmentation en pourcentage des dividendes annuels si Simon venait à vendre toutes ses SICAV A pour acheter des SICAV B. Cette augmentation est égale à (18 % - 10 %) / 10 %. Je garde A et D.

{2} : insuffisant ! Nous avons ici le prix d'une SICAV B mais nous ne connaissons pas le prix d'une SICAV A… On ne peut donc rien comparer.

58. **Réponse D**

59. **Réponse E**

{1} : cette information est insuffisante. **Age = 321 ou 844.** On garde les réponses B, C et E.

{2} : cette information est insuffisante. **Age = 342 ou 984.** On garde les réponses C et E.

{&} : insuffisant ! **Age = 321 ou 642.**

60. **Réponse B**

{1} : cette information est insuffisante. **Si X et Y sont négatifs** et que $X < Y$ alors $X^4 > Y^4$. **Mais si X et Y sont positifs** et que $X > Y$ alors là encore $X^4 > Y^4$. Autrement dit $X^4 > Y^4$ s'obtient autant avec $X < Y$ que $X > Y$. On ne peut donc répondre à la question.

{2} : cette information est suffisante. $X^7 < Y^7$ ne peut s'obtenir **qu'avec X < Y** (peu importe que X et Y soient négatifs ou positifs). On peut donc répondre à la question posée (et en l'occurrence ici, on répond OUI). Réponse B.

5. EXPRESSION

61. **Réponse C**

La B fait disparaître l'idée selon laquelle le désintéressement est en soi une justification. Il en va de même pour la E. La D supprime beaucoup d'information et commet un faux sens sur le complément circonstanciel de temps : l'énoncé initial ne concerne que le temps présent. La C est la meilleure formulation : on retrouve la balancement classique « non seulement… mais encore » qui clarifie l'énoncé initial. En effet, ce balancement est implicite dans l'énoncé initial mais se voit alors clarifié.

62. **Réponse C**
La B est imprécise et perd toute la description du romancier. La D est meilleure mais elle laisse la dernière réflexion en suspens : la formule interrogative ne laisse pas apparaître clairement une impossibilité car il pourrait y avoir une exception. La E est meilleure encore, mais elle ne signale pas l'effort du romancier pour acquérir une originalité. La meilleure de toutes est ici la C : elle allège les formules encore lourdes de la A, comme « il faut se distinguer en partie » amélioré en « dans son effort créatif » et reprend toutes les informations initiales. Là encore, on a gagné en efficacité et en concision, sans perdre en clarté.

63. **Réponse E**
Il faut choisir la E. On retrouve ici le piège classique de l'oubli de la négation dans « on n'a pas », à deux reprises. La difficulté supplémentaire ici, c'est que le « pas » est omis pour des raisons stylistiques dans « on n'a cessé ». « Marteler » ne prend qu'un *l*. On trouve ensuite une alternative entre « même si » et « mais si » : ici les deux formulations sont équivalentes et il ne s'agit que d'une manière de faire perdre son temps au candidat. Une « occurrence » est un mot commun, et non une « loccurence ». « Instaurer » s'accorde ici en genre et en nombre avec « domination », c'est-à-dire reste singulier. Enfin, pour distinguer la D et la E, on doit repérer la différence entre « rusés » et « malins ». Elle est mince mais elle existe. Ici « malin » est plus judicieux car on a l'idée de la ruse, de la débrouillardise, mais on a repris du thème du mal qui crée toute l'ambiguïté morale de cette situation.

64. **Réponse B**
Seule la B est exacte. « Dalle » prend 2 *l*, et « sous-sol » est bien un mot composé. On doit ensuite appliquer la règle selon laquelle on remplace « a » par « avait » si c'est un verbe conjugué. « A à supporter » est bien la suite du verbe conjugué et de la préposition homophonique. Enfin, malgré une tolérance, on n'est pas censé mettre une virgule avec une conjonction de coordination comme « mais ».

65. **Réponse A**
On joue ici sur la difficulté des accentuations. Dans ce festival des approximations, seule la A est exacte. La « forêt » tient son accent de la contraction d'un « s », visible dans « forestier », tout comme « hôpital ». « Décidèrent » suit la conjugaison des verbes du premier groupe au passé simple. « Echapper » peut ici être remplacé par « prendre », donc est un infinitif. « Leurs propres tranchées » doit être mis au pluriel : ce sont les leurs, mais ils en ont plusieurs. Le mot « tranchées » suit par ailleurs la règle des substantifs féminins en « é », donc avec un « e » final. « Furent conduits » est un passé simple de l'indicatif à la forme passive, donc sans accent. Les autres difficultés concernent le style : on n'amène pas une personne mais un objet et comme il s'agit de

blessés, on préfère ici une formule passive plutôt qu'active. Par ailleurs, on ne se jette pas « à la marre » comme on serait « à la rue ». Enfin, le conditionnel de la C ne répond pas à l'indicatif qui suit : il y a ici une rupture syntaxique.

66. **Réponse C**
Il faut choisir la C. Il s'agit en effet d'opposer une attitude de pure lâcheté et de pur courage pour envisager une attitude moyenne. L'homme trop courageux oublie donc qu'il doit savoir anticiper et éviter les pièges. D est hors contexte. E se rapproche du sens recherché mais il ne s'agit pas ici de la bonne alternative : on n'est pas obligé de choisir le mal, même le moindre. A se rapproche du texte dans la mesure où l'homme téméraire est pris au piège de son propre excès. La B est parmi les meilleures car elle renvoie à un risque trop important. Cela dit, la C reste bien meilleure car à la différence de toutes les autres propositions, son sens concerne directement celui du courage et du risque.

67. **Réponse B**
La meilleure réponse est la B. C est hors sujet et E est très rare et technique. Entre A, B et D, on peut dire que D est possible mais ne rend pas compte de la conjonction de contraires comme le texte le suggère. A est aussi possible mais moins précise que B : c'est par habitude que l'on parle plutôt d'une signification ambiguë que d'une signification ambivalente. En revanche, un homme est ambigu mais jamais ambivalent. Ce terme est plus souvent réservé aux situations, aux discours entiers…

68. **Réponse A**
On peut éliminer rapidement la D et la C. En revanche, il est plus difficile de distinguer les 3 autres. Les 3 pourraient convenir. Néanmoins, « réexpliquer » suppose d'avoir déjà expliqué, c'est-à-dire d'avoir déjà répondu à une première attente de clarification. « Expliciter » est meilleur ici qu'« expliquer » dans la mesure où l'on exige d'un discours qui a été prononcé avec semble-t-il une confusion volontaire de dépasser cette opacité. « Expliciter » s'attache directement au sens lui-même avec plus d'exigence que l'explication. La bonne réponse est donc la A.

69. **Réponse E**
La D a quelque chose de péjoratif, ce qui ne reflète pas le sens du texte. La B ne se dit pas : une question est seconde, jamais deuxième. La A est possible mais lourde et redondante : secondaire-premier… De plus, en bon français, une interrogation est rarement « première ». Du point de vue du style, on doit éviter la répétition de « questionnement ». La E, très sobre, est ainsi la meilleure.

70. **Réponse D**
Si la A est tentante, à plus forte raison parce que la E la précise, elle est néanmoins fausse. En effet, un « chaînon manquant » est ici un animal ou un homme, c'est-à-dire un être vivant, non la relation elle-même de cet être aux autres. Cela élimine donc trois réponses, sauf la D.

71. **Réponse B**
La bonne réponse est la B. Il faut rendre compte de l'idée de totalité, mais surtout de totalité organisée où toutes les significations renvoient les unes aux autres. D est impossible et parmi les autres réponses, il faut trouver celle qui rend le mieux compte de l'idée de relation. Par ordre croissant, on a alors : groupe-ensemble-enchevêtrement = réseau. Mais un enchevêtrement peut avoir quelque chose d'anarchique, ce qui n'est pas le cas du langage ici. « Système » signale en revanche un ordre relationnel.

72. **Réponse E**
La bonne réponse est la E. Il s'agit de l'expression consacrée. Les autres sont possibles, mais rien dans le contexte ne nous met sur leurs voies. Dans ce cas, on ne peut qu'adopter la formule la plus standard et en l'occurrence la plus élégante.

73. **Réponse C**
La D peut être exclue tout de suite, mais les 4 autres sont possibles. Le critère est moins celui du sens ici que de l'élégance, car ces réponses sont équivalentes. La E constituerait une répétition disgracieuse. La A serait lourde. La B est très possible mais le terme C rappelle un processus biologique et doit être préféré.

74. **Réponse E**
L'idée est simple ici mais l'on ne peut facilement éliminer que la C. On doit donc chercher la formulation la plus élégante et la plus conforme à la syntaxe. B et D sont compréhensibles mais très inélégantes. A est très possible, cependant la formulation est plus lourde que la E, qui reprend un terme spécifiquement mathématique.

75. **Réponse D**
Le choix de l'option n'est pas facile. Il faut trouver quelque chose à quoi on peut croire parce que c'est réalisable, c'est-à-dire qu'il faut ici non pas une idée mais une situation concrète même si on ne la vit pas encore. A, B et C sont donc à rejeter. Mais il s'agit de donner une charge positive à cette croyance et en cela « paradis » fonctionne mieux que « futur ». La bonne réponse est donc la D.

6. Logique

76. **Réponse A**
H : Somme constante égale à 20.
V : Séparation somme constante par le centre (la somme des deux chiffres de gauche est égale à celle des deux chiffres de droite).

77. **Réponse C**
H : Inter vertical de +3 sur la première lettre.
V : Inter vertical de -2 sur la dernière lettre.

78. **Réponse C**
H : Séparation produit par la gauche (le premier chiffre que multiplie 3 donne le ou les chiffres suivants).
V : Tous les nombres sont des multiples de 13.

79. **Réponse E**
H : Intra dynamique de +1, +2, +3, +4 et +5 entre la première et la dernière lettre.
V : Inter croisé gauche de +1 (appelé aussi mouvement serpentin supérieur).

80. **Réponse B**
H : Tous les nombres sont des carrés.
V : Tous les nombres sont des multiples de 11.

81. **Réponse D**
H : Inter vertical de +1 sur la dernière lettre.
V : Inter Grande diagonale gauche de +1.

82. **Réponse D**
H : Séparation produit par la droite (le dernier chiffre que multiplie 4 donne le ou les chiffres précédents. Exemple : 328 => 32 = <u>**4**</u> x 8).
V : Séparation cube par la droite.

83. **Réponse C**
H : Intra de -1 entre la deuxième et la troisième lettre.
V : Inter vertical de -2 sur la première lettre.

84. **Réponse A**
Le mouvement de la lettre vous indique que, sur la prochaine figure, celle-ci se trouve en haut à gauche. De plus, le I possédant une barre, le T deux et le K trois, c'est logiquement que la solution en possèdera quatre.

85. **Réponse C**

Une suite décroissante s'établit en calculant le nombre de côtés moins le nombre de dièses dans la figure :

$3 - 0 = 3$ $4 - 2 = 2$ $6 - 5 = 1$

La solution devra donc comporter une figure avec autant de côtés que de dièses à l'intérieur.

86. **Réponse E**

Le mouvement de la croix vous indique qu'elle devra être verticale tandis que celui des nombre les place au coin supérieur droit et inférieur gauche. Vous remarquez ensuite que la somme des chiffres des deux nombres est la même :

$7 + 2 = 1 + 8 = 9$ $4 + 0 = 1 + 3 = 4$ $8 + 2 = 5 + 5 = 10$

87. **Réponse B**

Le mouvement des traits vous indique qu'ils seront orientés vers la gauche. De plus, leur nombre est un extrait du début de la suite des nombres premiers : 5, 7, 11. La solution devra donc comporter 13 barres.

88. **Réponse C**

Le nombre de chiffres dans la figure augmente à chaque fois de un, la solution devra donc comporter un chiffre aux quatre coins. De plus, la somme de tous les chiffres présents donne les carrés des premiers chiffres :

$4 = 2^2$ $3 + 6 = 9 = 3^2$ $2 + 7 + 7 = 16 = 4^2$

La somme de tous les chiffres de la solution devra donc donner $5^2 = 25$.

89. **Réponse A**

Vous remarquez que le nombre du milieu divisé par le nombre de côté donne toujours 15 : $60/4 = 90/6 = 45/3 = 15$.

90. **Réponse B**

Le chiffre du coin inférieur droit suit une progression arithmétique de 1, le suivant sera donc un 9. De plus, la somme des trois autres nombres donne un carré d'entier :

$3 + 27 + 6 = 36 = 6^2$

$13 + 17 + 19 = 49 = 7^2$

$7 + 49 + 8 = 64 = 8^2$

Logiquement, dans la solution, la somme devra donc être égale à $9^2 = 81$.

TEST BLANC TAGE MAGE NUMERO 3

TEST TAGE MAGE NUMERO 3 : VOTRE GRILLE DE REPONSES

Epreuve 1 **Compréhension de textes**						Epreuve 2 **Calcul**						Epreuve 3 **Raisonnement/Argumentation**					
1	A	B	C	D	E	16	A	B	C	D	E	31	A	B	C	D	E
2	A	B	C	D	E	17	A	B	C	D	E	32	A	B	C	D	E
3	A	B	C	D	E	18	A	B	C	D	E	33	A	B	C	D	E
4	A	B	C	D	E	19	A	B	C	D	E	34	A	B	C	D	E
5	A	B	C	D	E	20	A	B	C	D	E	35	A	B	C	D	E
6	A	B	C	D	E	21	A	B	C	D	E	36	A	B	C	D	E
7	A	B	C	D	E	22	A	B	C	D	E	37	A	B	C	D	E
8	A	B	C	D	E	23	A	B	C	D	E	38	A	B	C	D	E
9	A	B	C	D	E	24	A	B	C	D	E	39	A	B	C	D	E
10	A	B	C	D	E	25	A	B	C	D	E	40	A	B	C	D	E
11	A	B	C	D	E	26	A	B	C	D	E	41	A	B	C	D	E
12	A	B	C	D	E	27	A	B	C	D	E	42	A	B	C	D	E
13	A	B	C	D	E	28	A	B	C	D	E	43	A	B	C	D	E
14	A	B	C	D	E	29	A	B	C	D	E	44	A	B	C	D	E
15	A	B	C	D	E	30	A	B	C	D	E	45	A	B	C	D	E

Epreuve 4 **Conditions minimales**						Epreuve 5 **Expression**						Epreuve 6 **Logique**					
46	A	B	C	D	E	61	A	B	C	D	E	76	A	B	C	D	E
47	A	B	C	D	E	62	A	B	C	D	E	77	A	B	C	D	E
48	A	B	C	D	E	63	A	B	C	D	E	78	A	B	C	D	E
49	A	B	C	D	E	64	A	B	C	D	E	79	A	B	C	D	E
50	A	B	C	D	E	65	A	B	C	D	E	80	A	B	C	D	E
51	A	B	C	D	E	66	A	B	C	D	E	81	A	B	C	D	E
52	A	B	C	D	E	67	A	B	C	D	E	82	A	B	C	D	E
53	A	B	C	D	E	68	A	B	C	D	E	83	A	B	C	D	E
54	A	B	C	D	E	69	A	B	C	D	E	84	A	B	C	D	E
55	A	B	C	D	E	70	A	B	C	D	E	85	A	B	C	D	E
56	A	B	C	D	E	71	A	B	C	D	E	86	A	B	C	D	E
57	A	B	C	D	E	72	A	B	C	D	E	87	A	B	C	D	E
58	A	B	C	D	E	73	A	B	C	D	E	88	A	B	C	D	E
59	A	B	C	D	E	74	A	B	C	D	E	89	A	B	C	D	E
60	A	B	C	D	E	75	A	B	C	D	E	90	A	B	C	D	E

Si vous souhaitez répondre la réponse B à la question 31, alors noircissez la case comme suit :

31	A	B	C	D	E
		■			

TEST BLANC TAGE MAGE
EPREUVE 1 : COMPREHENSION DE TEXTES

3

CONSIGNES

15 questions / 20 minutes / Calculatrice interdite

BAREME

Réponse juste : + 4 points / Réponse fausse : - 1 point / Aucune réponse : 0 point

TEXTE 1

B. H. Schmitt écrivait récemment : « De 1996 à 1998, le groupe Apple Computer sous-performait sensiblement le marché boursier américain. Aujourd'hui, il est sur le devant de la scène. […] Ce revirement n'est pas dû à de meilleurs produits au niveau fonctionnel. Pendant que d'autres fabricants d'ordinateurs continuaient à rivaliser sur la vitesse de traitement, la mémoire et l'espace du disque dur, Apple a différencié ses produits en introduisant des couleurs vives dans un univers où règnent le beige et le gris. Des produits comme le iMac, le iBook et le G4 sont proposés en myrtille, raisin ou fraise, mandarine ou citron vert. Au lieu de présenter une longue liste d'attributs et de bénéfices, les spots d'Apple utilisent des thèmes musicaux des années 60 pour convaincre. L'ordinateur est devenu ludique. »

On voit donc que dans un domaine où c'est pourtant l'utilité et la performance qui semblent être les critères exclusifs, l'esthétique a sa place. De même, on trouve un certain nombre d'applications d'un marketing prenant en compte davantage les affects, que l'on nomme le marketing expérientiel. C'est le cas d'enquêtes statistiques qui concernent les agences de voyages et les séjours de vacances organisées, ou encore des campagnes de promotion d'une marque de nourriture qui a su jouer sur les dimensions émotionnelle et situationnelle du produit : « Le groupe Africa célèbre la diversité culturelle et intègre les nuances des objectifs culturels et sociaux pour garantir la bonne réception des messages de promotion. »

@@@@@@@@@@@@@@@@@@@@@@@@@@@@@@@@@@@@@@
@@@@@@@@@@@@@@@@@@@@@@@@@@@@@@@@@@@@@@
@@@@@@@@@@@@@@@@@@@@@@@@@@@@@@@@@@@@@@

Tous ces exemples permettent de comprendre l'étendue des applications possibles du marketing expérientiel. C'est également le cas pour la vente de services de divertissement. M. B. Holbrook lui-même a reconnu il y a peu l'intérêt de sa théorie dans ces domaines : « Jusque-là, le marketing expérientiel s'appliquait à l'imagination, au sentiment et au plaisir. La littérature récente a étendu ce champ d'application aux entreprises de divertissement. » Mais cette justification peut être renforcée. Holbrook, dans son article du *Journal of Macro Marketing*, indique d'abord le lien du divertissement au bien-être. Que le plaisir intervienne dans tout divertissement n'est pas une idée originale. Mais il est beaucoup plus intéressant de signaler que c'est le rapport même du divertissement et du bonheur qui est en jeu. Si l'on se souvient des remarques de Gilmore et Pine sur l'évolution des besoins et des formes attenantes de marketing, on peut donc affirmer ici que le dernier raffinement que peut procurer la société capitaliste est un épanouissement de soi dans des consommations non utilitaires. Le capitalisme révélerait ainsi sa dimension la moins matérialiste, n'en déplaise à ses plus féroces détracteurs.

1. Ce texte pourrait être extrait :

(A) d'un mensuel.
(B) d'un cours d'histoire économique.
(C) d'un article d'actualité.
(D) d'un article universitaire.
(E) d'un manuel d'histoire des idées.

2. Le texte permet de comprendre que B. H. Schmitt n'est pas :

(A) romancier.
(B) courtier.
(C) professeur de gestion.
(D) théoricien.
(E) docteur.

@@

3. Quel titre peut convenir au texte ?

(A) Le marketing expérientiel.
(B) En finir avec le marketing expérientiel.
(C) L'extension du marketing expérientiel.
(D) Quel marketing pour demain ?
(E) De l'économie au marketing.

4. Le marketing expérientiel peut être considéré comme :

(A) une mise en cause.
(B) une révolution.
(C) une critique de l'interprétation classique du capitalisme.
(D) une répétition.
(E) un piège.

5. On comprend que le marketing expérientiel, ce n'est pas :
1. généralisable 2. abstrait 3. purement rationnel

(A) 1 et 2.
(B) 2 et 3.
(C) 2 seulement.
(D) 3 seulement.
(E) 1, 2 et 3.

@@@@@@@@@@@@@@@@@@@@@@@@@@@@@@@@@@@@@@@
@@@@@@@@@@@@@@@@@@@@@@@@@@@@@@@@@@@@@@@
@@@@@@@@@@@@@@@@@@@@@@@@@@@@@@@@@@@@@@@

TEXTE 2

Qu'est-ce que la culture générale ? Il semble nécessaire à l'honnête homme d'être cultivé, c'est-à-dire de posséder une culture générale solide. Certes, son inscription dans la société réclame une compétence particulière, telle qu'il puisse notamment exercer un métier et participer ainsi à l'effort collectif. Mais son portrait serait incomplet et déséquilibré s'il ne possédait que cette compétence ponctuelle et l'on attend également de lui qu'il possède une vue générale des choses. C'est cette approche non ciblée de l'existence et du monde que l'on nomme culture générale et qui veut que l'on puisse connaître, au moins dans une certaine mesure, de nombreux aspects du réel. C'est là un aspect apparemment essentiel à la formation d'une personne, c'est-à-dire un élément indispensable parmi toutes les choses et tous les événements qui le font devenir personne.

Parler de culture générale, c'est donc insister sur ce qu'une formation a d'universel, refusant, à l'image de l'expertise, une connaissance trop ponctuelle. C'est refuser de réduire le savoir à l'une de ses régions pour ne lui accorder de valeur qu'inscrit dans la totalité. C'est donc se donner pour objet la généralité elle-même. Or, n'est-ce pas contraire à l'idée même de formation ? En effet, se former, c'est toujours se former à quelque chose, c'est par exemple apprendre un métier, une discipline, un savoir-faire… Cela implique donc un objet délimité ainsi qu'une méthode idoine, et c'est pourquoi une formation est toujours définie, cadrée et munie d'objectifs qu'on ne peut emprunter à d'autres formations. Refuser cette délimitation pour viser la généralité elle-même, c'est revendiquer une formation à tout, et c'est sans doute prendre le risque de perdre en rigueur et en efficacité. Viser une culture générale, ce serait alors prendre le risque de n'avoir aucun objet, c'est-à-dire de ne rien apprendre sous couleur de tout comprendre.

Il est donc légitime d'interroger la cohérence même de la notion de culture générale en tant qu'elle assume la généralité de son thème au sein de la formation de la personne. La généralité de cette formation lui interdit-elle toute spécificité ou bien celle-ci peut-elle être définie par sa généralité elle-même ? Ne peut-on envisager la généralité comme objet dès lors qu'elle répond à un souci de cohérence ?

En réalité, sa généralité empêche d'attribuer un objet à la culture générale et mine son statut de formation. En effet, la culture générale emprunte par définition à tous les domaines. Mais une formation ne se réduit pas à la question de la nature de son objet mais aussi à celle de sa méthode. Or à ce titre, la culture générale paraît également déficitaire. Elle ne possède pas de méthode claire et s'assimile à une traversée anarchique de tous les domaines qui se présentent. En cela, on peut reprendre la critique de Paul Valéry : « Erudition, paresse laborieuse. » La culture générale n'a donc ni objet ni méthode définis, ce pourquoi elle figure de formation postiche, moment d'un travail et d'une fatigue grevés d'inanité.

A n'avoir ni objet ni méthode arrêtés, on peut dire que la culture générale est non seulement une formation sans objet, mais plus encore qu'elle n'est pas réellement une formation. On pourrait même dire qu'elle est une déformation au sens où elle donne des habitudes de dispersion et de confusion des genres. A l'idéal humaniste et désuet, il faut donc opposer l'idéal de la connaissance experte, seule à même de donner à la personne la connaissance véritable d'un domaine. Que forme-t-on alors par la culture générale ?

6. Le texte nous permet de comprendre que la culture générale, c'est :

(A) un mensonge.
(B) un effort.
(C) une fausse discipline.
(D) une vraie discipline.
(E) une nécessité de la pensée technique.

7. Le texte oppose fortement :

(A) philosophie et humanisme.
(B) technique et culture.
(C) vérité et mensonge.
(D) objet et sujet.
(E) généralité et spécialité.

@@@@@@@@@@@@@@@@@@@@@@@@@@@@@@@@@@@@@
@@@@@@@@@@@@@@@@@@@@@@@@@@@@@@@@@@@@@
@@@@@@@@@@@@@@@@@@@@@@@@@@@@@@@@@@@@@

8. Le texte présenté est :
1. un extrait 2. la fin d'un texte 3. le début d'un texte

(A) 1 seulement.
(B) 2 seulement.
(C) 3 seulement.
(D) 1 et 2.
(E) 1 et 3.

9. Le meilleur titre serait :

(A) La culture pour tous ?
(B) Se cultiver.
(C) Culture et confiture.
(D) Culture et éducation.
(E) Quelle culture pour demain ?

10. Peut-on enseigner la culture générale ?

(A) Oui.
(B) Un peu.
(C) Pas vraiment.
(D) Avec difficulté.
(E) Sans problème.

@@@@@@@@@@@@@@@@@@@@@@@@@@@@@@@@@
@@@@@@@@@@@@@@@@@@@@@@@@@@@@@@@@@
@@@@@@@@@@@@@@@@@@@@@@@@@@@@@@@@@

TEXTE 3

Les révolutions sont moins un accident des armes qu'un accident des lois. Depuis plusieurs siècles, la monarchie nageait dans le sang et ne se dissolvait pas. Mais il est une époque dans l'ordre politique où tout se décompose par un germe secret de consomption ; tout se déprave et dégénère ; les lois perdent leur substance naturelle et languissent ; alors, si quelque peuple barbare se présente, tout cède à sa fureur, et l'Etat est régénéré par la conquête. S'il n'est point attaqué par les étrangers, sa corruption le dévore et le reproduit. Si le peuple a abusé de sa liberté, il tombe dans l'esclavage ; si le prince a abusé de sa puissance, le peuple est libre.

L'Europe, qui par la nature de ses rapports politiques n'a point encore de conquérant à redouter, n'éprouvera de longtemps que des révolutions civiles. Depuis quelques siècles la plupart des empires de ce continent ont changé de lois et le reste en changera bientôt. Après Alexandre de Macédoine et le Bas-Empire, comme il n'y avait plus de droits des gens, les nations ne changèrent que de rois.

Le nerf des lois civiles de France a maintenu la tyrannie depuis la découverte du Nouveau Monde ; ces lois ont triomphé des mœurs et du fanatisme ; mais elles avaient besoin d'organes qui les fissent respecter ; ces organes étaient les parlements ; ces parlements, s'étant dressés contre la tyrannie, l'ont entraînée.

Le premier coup porté à la monarchie est sorti de ces tribunaux ; on sait tout.

Il faut ajouter à cela que le génie de quelques philosophes de ce siècle avait remué le caractère public, et formé des gens de bien, ou des insensés également fatals à la tyrannie ; qu'à force de mépriser les grands on commençait à rougir de l'esclavage ; que le peuple ruiné d'impôts s'irritait contre des lois extravagantes, et que ce peuple fut heureusement enhardi par de faibles factions.

Un peuple accablé d'impôts craint peu les révolutions et les barbares.

La France regorgeait de mécontents prêts au signal, mais l'égoïsme des uns, la lâcheté des autres, la fureur du despotisme dans les derniers jours, la foule des pauvres qui mangeaient la Cour, le crédit et la crainte des créanciers, le vieil amour des rois, le luxe et la frivolité des petits, et l'échafaud ; toutes ces causes réunies arrêtaient l'insurrection.

La misère et les rigueurs de l'année 1788 émurent la sensibilité. Les calamités et les bienfaits unirent les cœurs ; on osa se dire qu'on était malheureux, on se plaignit.

@@
@@
@@

La sève des vieilles lois se perdait tous les jours. Le malheur de Kornman indigna Paris. Le peuple se passionnait par fantaisie et par conformité pour tout ce qui ressentait l'infortune. On détesta les grands qu'on enviait. Les grands s'indignèrent contre les cris du peuple. Le despotisme devient d'autant plus violent qu'il est moins respecté ou qu'il s'affaiblit. M. de Lamoignon qui redoutait les parlements les supprima, les fit regretter : ils se rétablirent. M. Necker vint après, qui multiplia les administrations pour accréditer les impôts, qui se fit adorer, appela les Etats, rendit le peuple altier, les grands jaloux, et mit tout en feu : on bloqua Paris ; c'est alors que l'épouvante, le désespoir et l'enthousiasme saisirent les âmes ; le malheur commun ligua la force commune ; on osa jusqu'à la fin, parce qu'on avait osé d'abord ; l'effort ne fut point grand, il fut heureux ; le premier éclat de la révolte renversa le despotisme. Tant il est vrai que les tyrans périssent par la faiblesse des lois qu'ils ont énervées.

11. Pour l'auteur, la Révolution française est :

1. violente 2. nécessaire 3. explicable

(A) 1 seulement.
(B) 2 seulement.
(C) 3 seulement.
(D) 1 et 3.
(E) 1, 2 et 3.

12. On comprend ici que la jalousie :

(A) est un vilain défaut.
(B) mène au pire.
(C) est ambiguë.
(D) est mauvaise.
(E) est nécessaire.

@@@@@@@@@@@@@@@@@@@@@@@@@@@@@@@@@@@@@
@@@@@@@@@@@@@@@@@@@@@@@@@@@@@@@@@@@@@
@@@@@@@@@@@@@@@@@@@@@@@@@@@@@@@@@@@@@

13. Quel proverbe résume le mieux ce texte ?

(A) Un tiens vaut mieux que deux tu l'auras.
(B) Tant va la cruche à l'eau qu'à la fin elle se brise.
(C) Rien ne sert de courir, il faut partir à point.
(D) On récolte ce que l'on sème.
(E) Il faut savoir faire contre mauvaise fortune bon cœur.

14. Qui pourrait avoir écrit ce texte ?

(A) Un aristocrate.
(B) Un serviteur.
(C) Un sophiste.
(D) Un rhéteur.
(E) Un homme politique.

15. Ce texte est :
1. historique 2. prospectif 3. hypothétique

(A) 1 seulement.
(B) 2 seulement.
(C) 3 seulement.
(D) 1 et 3.
(E) 1 et 2.

Si vous avez terminé, vous n'êtes pas autorisé(e) à revenir sur une épreuve précédente.
Vous n'êtes pas non plus autorisé(e) à travailler sur une épreuve suivante avant la fin du temps imparti.

STOP !

3

TEST BLANC TAGE MAGE
EPREUVE 2 : CALCUL

CONSIGNES
15 questions / 20 minutes / Calculatrice interdite

BAREME
Réponse juste : + 4 points / Réponse fausse : - 1 point / Aucune réponse : 0 point

16. Les 3 classes de terminale d'un lycée comprennent respectivement 35, 28 et 36 élèves. Sachant que respectivement 1/5, 1/4 et 1/9 des lycéens de ces trois classes vont échouer au baccalauréat, quel est le nombre total de lycéens qui vont redoubler leur terminale ?

(A) 21
(B) 17
(C) 19
(D) 18
(E) 15

//
//
//

17. Léa et Sophie possèdent le même nombre de billes. Elles décident de s'affronter. Dans un premier temps, Léa gagne 20 billes, mais dans un second temps, elle perd les 2/3 de ses billes et Sophie possède alors 4 fois plus de billes que Léa. Combien de billes avaient-elles chacune avant de s'affronter ?

(A) 60
(B) 70
(C) 90
(D) 100
(E) 120

18. Que vaut le quart du tiers de 36 ?

(A) 44
(B) 16
(C) 12
(D) 4
(E) 3

19. Une usine fabrique des pneus. Cette année, sa production a progressé de 13 %. Sachant qu'elle a produit, cette année, 26 000 pneus, quelle était (à l'unité inférieure) sa production de l'année dernière ?

(A) 19 000
(B) 21 000
(C) 22 000
(D) 23 000
(E) 24 000

//
//
//

20. Pour organiser un mariage, Ludivine a dû faire appel à un traiteur, une serveuse, et un photographe. L'ensemble lui a coûté 1 540 euros. La rémunération du traiteur est le double de la rémunération de la serveuse et la rémunération du photographe est la moitié de celle de la serveuse. Quelle est la rémunération du traiteur ?

(A) 570 euros.
(B) 690 euros.
(C) 770 euros.
(D) 880 euros.
(E) 1 240 euros.

21. Soit x, y et z trois nombres entiers consécutifs croissants impairs tels que : $20 < x < y < z < 30$ et tel que x est un nombre premier. Que vaut le reste de la division de $y + z$ par x ?

(A) 2
(B) 3
(C) 4
(D) 5
(E) 6

22. J'ai remarqué que si j'échange les chiffres de mon âge, j'obtiens l'âge de ma fille. Quand elle est née, j'avais entre 20 et 30 ans. Quel était mon âge quand ma fille est née ?

(A) 22
(B) 25
(C) 26
(D) 27
(E) 28

23. Daniel possède 50 000 euros. Il place la moitié de la somme dans un plan d'épargne rapportant 4 % par an. Il investit le reste de la somme dans un fonds de placement rapportant entre 2 % et 8 % par an. Richard fera l'année prochaine un bénéfice minimum de ……… sur la somme totale investie et un bénéfice maximum de ……… sur la somme totale investie.

(A) 6 % ; 12 %
(B) 4 % ; 10 %
(C) 3 % ; 6 %
(D) 6 % ; 10 %
(E) 5 % ; 8 %

24. Un géranium en pot coûte 20 euros. Quel est le prix du pot en céramique sachant que la plante contenue à l'intérieur coûte 19 euros de plus que le pot en céramique ?

(A) 0,5 euro.
(B) 0,75 euro.
(C) 1 euro.
(D) 1,5 euro.
(E) 2 euros.

25. Deux routiers doivent se rejoindre à un point de livraison. Le premier doit parcourir 80 km et le second 100 km. Ils partent en même temps. A quelle vitesse doit rouler le second pour arriver en même temps que le premier, sachant que le premier se déplace à une vitesse de 60 km/h ?

(A) 120 km/h.
(B) 100 km/h.
(C) 90 km/h.
(D) 80 km/h.
(E) 75 km/h.

//
//
//

26. Dans l'addition $wx54 + 27yz = x2x0$, les chiffres manquants sont remplacés par des lettres. Quelle est la valeur de $w + x + y + z$, sachant que $wx54$, $27yz$ et $x2x0$ sont des nombres à quatre chiffres ?

(A) 12
(B) 19
(C) 22
(D) 27
(E) 29

27. Si Z est égal à 150 % de T, alors 0,5 x T est égal à :

(A) 50 % de Z.
(B) 3/2 de Z.
(C) 1,5 x Z.
(D) 2 x Z.
(E) 1/3 de Z.

28. A la suite d'une inondation, trois granges appartenant à trois agriculteurs différents sont endommagées. L'assurance décide d'indemniser en fonction de la surface de chacune des granges. La première a une superficie de 25 m^2, la deuxième de 18 m^2 et la troisième de 15 m^2. Quelle est la somme totale versée par l'assurance aux trois agriculteurs, sachant que celui qui possède la grange de 25 m^2 a touché la somme de 13 750 euros ?

(A) 18 150 euros.
(B) 23 650 euros.
(C) 31 900 euros.
(D) 27 550 euros.
(E) 37 800 euros.

//
//
//

29. On augmente de 3 cm la longueur de l'arête d'un cube dont le volume initial est égal à 64 cm^3. Quelle est l'aire totale du nouveau cube ainsi obtenu ?

(A) 266 cm^2
(B) 294 cm^2
(C) 312 cm^2
(D) 358 cm^2
(E) 396 cm^2

30. Une bouteille d'un tiers de litre est aux trois-quarts pleine. J'en bois 20 cl. Combien reste-t-il alors dans la bouteille ?

(A) Rien.
(B) 5 décilitres.
(C) 0,05 litre.
(D) 7,5 cl.
(E) 0,245 litres.

Si vous avez terminé, vous n'êtes pas autorisé(e) à revenir sur une épreuve précédente.
Vous n'êtes pas non plus autorisé(e) à travailler sur une épreuve suivante avant la fin du temps imparti.

STOP !

TEST BLANC TAGE MAGE
EPREUVE 3 : RAISONNEMENT / ARGUMENTATION

3

CONSIGNES

15 questions / 20 minutes / Calculatrice interdite

BAREME

Réponse juste : + 4 points / Réponse fausse : - 1 point / Aucune réponse : 0 point

31. Il y a dans nos sociétés deux phénomènes symétriques : plus l'on est riche et plus l'on a tendance à l'être davantage ; plus l'on est pauvre, et moins l'on a de chances de s'en sortir.
Quel proverbe illustre le mieux cette situation ?

(A) L'argent ne fait pas le bonheur.
(B) L'argent n'est pas la fortune.
(C) L'argent, c'est le pouvoir.
(D) L'argent attire l'argent.
(E) L'argent n'a pas d'odeur.

>>
>>
>>

32. Mon grand-père Victor avait 11 frères et sœurs : Raymond, Roger, Rolland, George, Claude, Sarah, Marie, André, Guillaume, Jean et Marie-Paule. Il y avait des triplés dont un est malheureusement mort à la naissance et que ses deux parents n'ont même pas eu le temps de prénommer.
Que vaut le produit du nombre d'hommes de cette famille par le nombre de femmes ?

(A) 28.
(B) 30.
(C) Supérieur ou égal à 34.
(D) Inférieur ou égal à 42.
(E) On ne sait pas.

33. Durant le mois de janvier 1900, deux lundis étaient impairs. Quel jour s'est terminé le mois de février ?

(A) Lundi.
(B) Mardi.
(C) Mercredi.
(D) Jeudi.
(E) Vendredi.

34. On a aligné 4 vases de 4 couleurs différentes : un rouge, un bleu, un vert et un noir. Dans chacun d'eux, on place une fleur différente : une rose, une marguerite, un lys et un tournesol. Le tournesol est en deuxième position à partir de la gauche, à gauche du vase noir. Le lys est à droite du tournesol et le vase bleu juste à droite. La rose est aussi à droite du tournesol.
De quelle couleur est le vase de la marguerite ?

(A) Rouge.
(B) Noir.
(C) Vert.
(D) Bleu.
(E) Aucune de ces 4 réponses.

>>>
>>>
>>>

35. Sarah, Anne, Nicolas, Gérard, David, Michel et Ambre sont assis autour d'une table heptagonale. Anne est à gauche de Gérard, lui-même à gauche d'Ambre. Anne est juste à droite de Michel. David est juste à gauche de Gérard mais s'entend trop mal avec Nicolas pour se mettre à côté. Sarah est juste à droite d'Anne. Nicolas est juste à droite d'Ambre. David est juste à droite de Sarah.
Parmi les 5 propositions suivantes, laquelle est fausse ?

(A) Ambre est assise à droite de Michel.
(B) Anne est à gauche de David.
(C) Gérard est à droite de Sarah.
(D) Nicolas est à gauche de Michel.
(E) Anne est à droite de Michel.

36. Dans sa trilogie *Le Parrain,* Francis Ford Coppola met en scène la vie de la famille Corleone en prise avec l'univers de la mafia. Le destin du fils, Michael Corleone, fait l'objet de l'essentiel du scénario. Bien qu'avec réticence, il rentre dans la mafia pour protéger son père, puis sa famille. Il devient de plus en plus intelligent dans l'univers du crime et, toujours pour protéger sa famille, n'hésite pas à en supprimer des membres, comme son propre frère.
Quelle morale traduit cette histoire ?

(A) Dieu est injuste.
(B) Un tiens vaut mieux que deux tu l'auras.
(C) Qui veut faire l'ange fait la bête.
(D) Tel est pris qui croyait prendre.
(E) Bien mal acquis ne profite jamais.

>>
>>
>>

37. Laquelle de ces maximes se distingue le plus du point de vue de sa logique ?

(A) Une pomme chaque jour et le médecin reste chez lui.
(B) La méfiance est mère de sûreté.
(C) La médecine préventive est la meilleure de toutes.
(D) Mieux vaut prévenir que guérir.
(E) Chat échaudé craint l'eau froide.

38. Il est difficile de plaire à tous. Si l'on dit ce que l'on pense, on se fait des ennemis, si l'on ne le dit pas, on est pris pour un faible et un lâche.
Quelle attitude adopter dès lors ?

(A) Il faut accepter la fatalité.
(B) Il faut chercher des compromis pour éviter de se faire des ennemis.
(C) Il faut chercher à tout concilier.
(D) Le véritable pouvoir, c'est de choisir ses ennemis.
(E) On ne peut plaire à tous.

39. Jacques dit toujours la vérité le lundi et le mardi. Matthieu, lui, dit toujours la vérité le lundi, le mardi, le mercredi et le jeudi. Quand ils ne disent pas la vérité, ils mentent parfois, mais pas toujours. Marie ment tous les jours sauf le week-end et le lundi. Il convient que les trois se donnent rendez-vous le lendemain pour se dire la vérité. Quel jour doivent-ils choisir pour être sûrs de se rencontrer ?

(A) Peut-être un lundi.
(B) Mardi.
(C) Mercredi.
(D) Peut-être un dimanche.
(E) On ne peut répondre.

>>>
>>>
>>>

40. Une bibliothèque classe ses 10 676 livres en attribuant un code à chaque ouvrage, de la manière suivante : AAAA, AAAB, AAAC…, AABA, AABB… Quel est l'avant-dernier code utilisé ?

(A) ATTP.
(B) BTOP.
(C) AATP.
(D) AOTM.
(E) AOTO.

41. Par quels mots doit-on remplacer les pointillés pour conserver un sens juste ? « Cette phrase contient (…) "r" et (…) "u". »

(A) un / zéro
(B) huit / trois
(C) deux / plus de deux
(D) cinq / neuf
(E) un / neuf

42. Nous sommes le dimanche 1er août 2010. Je te donne rendez-vous 3 jours avant le 14 juillet 2012. Quel jour serons-nous ?

(A) Lundi.
(B) Mercredi.
(C) Vendredi.
(D) Samedi.
(E) Dimanche.

43. Qui peut-être l'oncle de la tante de mon frère ?

(A) Mon grand-père.
(B) Mon cousin.
(C) Mon grand-oncle.
(D) Un inconnu.
(E) Ma tante.

>>>
>>>
>>>

44. Si l'on pense que toutes les banques vont faire faillite, chaque client va retirer son argent des succursales et les banquiers vont vraiment se retrouver en faillite. C'est ce que l'on appelle des prophéties autoréalisatrices.
Que peut-on en déduire ?

(A) Ce qui fait la stabilité d'une économie, c'est sa réserve de liquidités.
(B) L'épargne témoigne de la solidité des banques.
(C) Une économie doit être un système de confiance.
(D) La vraie valeur, c'est le travail.
(E) On ne peut pas se fier aux banques.

45. Jean dit : « Eric ment. » Paul dit : « Eric ment. » Eric dit : « Jean ment, tout comme Paul. » Laquelle des propositions suivantes est vraie ?

(A) Jean seul dit la vérité.
(B) Pierre seul est menteur.
(C) Eric dit toujours la vérité.
(D) Eric est le seul à mentir.
(E) Si Paul et Jean disent la vérité, Eric ment.

Si vous avez terminé, vous n'êtes pas autorisé(e) à revenir sur une épreuve précédente.
Vous n'êtes pas non plus autorisé(e) à travailler sur une épreuve suivante avant la fin du temps imparti.

STOP !

3

TEST BLANC TAGE MAGE
EPREUVE 4 : CONDITIONS MINIMALES

CONSIGNES
15 questions / 20 minutes / Calculatrice interdite

BAREME
Réponse juste : + 4 points / Réponse fausse : - 1 point / Aucune réponse : 0 point

Vous répondrez :

(A) Si l'information (1) permet à elle seule de répondre à la question, et si l'information (2) à elle seule ne permet pas de répondre à la question.

(B) Si l'information (2) permet à elle seule de répondre à la question, et si l'information (1) à elle seule ne permet pas de répondre à la question.

(C) Si les deux informations (1) et (2) ensemble permettent de répondre à la question, et aucune séparément ne le peut.

(D) Si chaque information permet séparément de répondre à la question.

(E) Si les deux informations ensemble ne permettent pas de répondre à la question.

46. H est un nombre de 3 chiffres. Que vaut H sachant que H est un multiple de 13 ?

(1) H est un multiple de 3.
(2) H est un multiple de 7.

##
##
##

Vous répondrez :

(A) Si l'information (1) permet à elle seule de répondre à la question, et si l'information (2) à elle seule ne permet pas de répondre à la question.

(B) Si l'information (2) permet à elle seule de répondre à la question, et si l'information (1) à elle seule ne permet pas de répondre à la question.

(C) Si les deux informations (1) et (2) ensemble permettent de répondre à la question, et aucune séparément ne le peut.

(D) Si chaque information permet séparément de répondre à la question.

(E) Si les deux informations ensemble ne permettent pas de répondre à la question.

---

47. Le plateau d'une table est constitué d'une partie rectangulaire centrale et de deux demi-cercles égaux aux extrémités. La longueur de la partie rectangulaire est égale à 120 mètres. Quel est le périmètre de cette table ?

(1) La valeur de la surface d'un des demi-cercles est égale à 6,28 m^2.
(2) La valeur de la largeur de la partie rectangulaire est égale à 4 mètres.

48. Une entreprise doit repeindre un immeuble d'habitation. Elle travaille à une cadence constante. En cas de retard, le contrat prévoit une indemnité de 80 000 euros par jour pour tout dépassement au-delà de 28 jours. Quel sera le montant des indemnités à verser ?

(1) Au bout de 12 jours, elle a peint l'immeuble jusqu'au 2e étage, ce qui correspond au tiers des travaux.
(2) Lorsqu'elle a peint les trois quarts de l'immeuble, il lui restait encore 9 jours de travail.

49. Que vaut le nombre de deux chiffres y sachant que ce nombre est premier ?

(1) y est égal à la somme de deux carrés d'entiers naturels.
(2) La division de y par 4 donne un reste qui est égal à 1.

##
##
##

Vous répondrez :

(A) Si l'information (1) permet à elle seule de répondre à la question, et si l'information (2) à elle seule ne permet pas de répondre à la question.

(B) Si l'information (2) permet à elle seule de répondre à la question, et si l'information (1) à elle seule ne permet pas de répondre à la question.

(C) Si les deux informations (1) et (2) ensemble permettent de répondre à la question, et aucune séparément ne le peut.

(D) Si chaque information permet séparément de répondre à la question.

(E) Si les deux informations ensemble ne permettent pas de répondre à la question.

---

50. Quel est le nombre de deux chiffres dont le premier chiffre est K est le second chiffre est B sachant que le nombre en question est strictement supérieur à 9 ?

(1) Le nombre de deux chiffres KB est un multiple de 7 et de 13.
(2) 12K + 11B = 13K + 2B

51. Quelle est la valeur de la surface du rectangle ABCD ?

(1) Le périmètre est de 10 mètres.
(2) Si l'on multiplie par 3 la longueur du rectangle et par 3 la largeur du rectangle, on obtient une surface égale à 54.

52. Si K est un entier naturel strictement inférieur à 10 et N un entier naturel égal à 4 321 + K, alors que vaut K ?

(1) N est divisible par 3.
(2) N est divisible par 7.

##
##
##

Vous répondrez :

(A) Si l'information (1) permet à elle seule de répondre à la question, et si l'information (2) à elle seule ne permet pas de répondre à la question.

(B) Si l'information (2) permet à elle seule de répondre à la question, et si l'information (1) à elle seule ne permet pas de répondre à la question.

(C) Si les deux informations (1) et (2) ensemble permettent de répondre à la question, et aucune séparément ne le peut.

(D) Si chaque information permet séparément de répondre à la question.

(E) Si les deux informations ensemble ne permettent pas de répondre à la question.

---

53. Un automobiliste s'est arrêté pour faire le plein sur la Nationale N1. Quel est le prix au litre du carburant qu'il a acheté sachant qu'il a réglé la somme de 45 euros ?

(1) Le réservoir était aux trois quarts vide lorsqu'il a fait le plein.
(2) Il restait dix litres de carburant dans le réservoir et il en acheté trois fois plus.

54. Une caisse contenant 2 700 canettes de bière est divisé en 5 lots. Combien de canettes le plus grand de ces lots contient-il ?

(1) Le nombre de canettes qu'il y a dans le plus grand lot est égal à la somme des canettes qu'il y a dans les quatre autres lots.
(2) Le plus petit de ces lots contient 100 canettes.

55. X et Y sont deux nombres entiers naturels consécutifs strictement inférieurs à 20. Que vaut X + Y ?

(1) $35 < X + Y < 45$
(2) Le double de la moyenne de X et de Y est impair.

##
##
##

Vous répondrez :

(A) Si l'information (1) permet à elle seule de répondre à la question, et si l'information (2) à elle seule ne permet pas de répondre à la question.

(B) Si l'information (2) permet à elle seule de répondre à la question, et si l'information (1) à elle seule ne permet pas de répondre à la question.

(C) Si les deux informations (1) et (2) ensemble permettent de répondre à la question, et aucune séparément ne le peut.

(D) Si chaque information permet séparément de répondre à la question.

(E) Si les deux informations ensemble ne permettent pas de répondre à la question.

56. Le produit des nombres A et B est égal à -6. Que vaut A x B x (A + B) ?

(1) $A = B - 5$
(2) $A \times B^2 = 18$

57. Paul a 8 ans. Quel âge aura son père quand il aura le double de l'âge de Paul ?

(1) Quand Paul est né, son père avait 25 ans.
(2) Actuellement, l'addition des âges de Paul et de son père est de 41 ans.

58. Une entreprise achète des imprimantes à 100 euros, 220 euros et 260 euros. La facture est de 2 580 euros. Combien l'entreprise a-t-elle acheté d'imprimantes à 220 euros ?

(1) Le total de la valeur des imprimantes à 220 euros et 260 euros est de 1 880 euros.
(2) Le total de la valeur des imprimantes à 100 euros et à 220 euros est de 1 800 euros.

##
##
##

Vous répondrez :

(A) Si l'information (1) permet à elle seule de répondre à la question, et si l'information (2) à elle seule ne permet pas de répondre à la question.

(B) Si l'information (2) permet à elle seule de répondre à la question, et si l'information (1) à elle seule ne permet pas de répondre à la question.

(C) Si les deux informations (1) et (2) ensemble permettent de répondre à la question, et aucune séparément ne le peut.

(D) Si chaque information permet séparément de répondre à la question.

(E) Si les deux informations ensemble ne permettent pas de répondre à la question.

59. Un triangle isocèle ABC est rectangle en A. On fabrique un triangle semblable A'B'C' en augmentant la surface ABC de 44 %. Quelle est la longueur de la nouvelle hypoténuse B'C' ?

(1) La surface A'B'C' est égale à 72 m^2.
(2) La longueur de l'hypoténuse a augmenté de 20 %.

60. Que vaut le nombre de trois chiffres ABC ?

(1) A + C = 11 + B
(2) ABC est multiple de 83.

Si vous avez terminé, vous n'êtes pas autorisé(e) à revenir sur une épreuve précédente.
Vous n'êtes pas non plus autorisé(e) à travailler sur une épreuve suivante avant la fin du temps imparti.

STOP !

TEST BLANC TAGE MAGE
EPREUVE 5 : EXPRESSION

3

CONSIGNES

15 questions / 20 minutes / Calculatrice interdite

BAREME

Réponse juste : + 4 points / Réponse fausse : - 1 point / Aucune réponse : 0 point

Pour les questions 61 à 65, choisissez la reformulation dont le sens se rapproche le plus du passage souligné.

61. Le thème de l'entreprise citoyenne est apparu très récemment dans la littérature consacrée à l'éthique des affaires. C'est pourtant <u>une préoccupation</u> déjà ancienne dans le cadre de la philosophie et de l'économie politique. *L'Expansion Management Review* en donne la définition suivante : « Dans le cadre d'une perception claire de son intérêt à long terme, c'est la volonté de l'entreprise d'agir de la manière la plus responsable possible dans les interactions avec l'environnement au sens large. »

(A) une polémique
(B) un sujet
(C) une inquiétude
(D) un problème
(E) un thème

§§
§§
§§

62. C'est ainsi que l'étude de l'autisme, <u>détaillé dans les troubles relationnels qu'il implique ou suppose</u>, est l'occasion de comprendre le rôle que joue la différence de l'autre dans la constitution du soi.

(A) que l'on décrira du point de vue du rapport à autrui
(B) décrit à partir des difficultés sociales qu'il engendre
(C) compris dans tous ses détails à autrui
(D) que l'on comprendra du point de vue d'autrui
(E) analysé du point de vue des rapports aux autres

63. Comprendre l'évolution de l'image animée, c'est-à-dire de l'image qui s'efforce de retenir le mouvement des choses et qui pour ce faire est image en mouvement, suppose de tenir compte d'éléments majeurs que l'historiographie traditionnelle considère comme faiblement contextuelle. En effet, si le cinéma apparaît en 1895, il surgit au terme d'une longue histoire. Cette histoire n'est pas seulement une histoire de la technique et ne se résume pas davantage à une histoire de l'art. <u>Liée à celles-ci, l'histoire du cinéma ne prend complètement sens que dans le contexte philosophique et théologique des inventions.</u> Ainsi seulement peut-on comprendre ce que signifie l'image en mouvement. Et ainsi seulement peut-on saisir ce que voir veut dire.

(A) L'histoire du cinéma ne devient intelligible que si l'on comprend qu'elle n'existe que mise en relation avec ces dernières et inscrite dans un contexte plus général d'histoire des idées qui soutiennent les inventions.
(B) L'histoire du cinéma n'a de sens que connectée à ces dernières et inscrite dans l'histoire des idées théologiques et philosophiques.
(C) L'histoire du cinéma n'a de sens que connectée à ces dernières et inscrite dans l'histoire des idées.
(D) L'histoire du cinéma ne devient claire que si l'on comprend qu'elle n'existe que mise en relation avec ces dernières et inscrite dans un contexte plus général d'histoire des idées qui soutiennent les inventions.
(E) Non seulement l'histoire du cinéma est liée à ces dernières, mais elle ne revêt vraiment tout son sens que si l'on inscrit sa dimension technique dans l'ensemble des représentations philosophiques et théologiques environnantes.

§§
§§
§§

64. Comme souvent dans ces films, le monde apparaît moralement lisible, puisque la femme de Chaplin est l'innocente victime tandis que Chaplin est l'homme concupiscent et cupide. On retrouve tout l'enchevêtrement habituel de causalités et de péripéties qui font le burlesque de Sennett, mais ce qui importe, c'est que dans ces séries, les actions mauvaises et mal intentionnées finissent par être dénoncées. Les mauvais personnages sont rattrapés par la vie. Chaplin retombe inévitablement sur sa femme chaque fois qu'il veut la fuir et doit de la même façon payer ses mensonges à son amante.

(A) Tel est pris qui croyait prendre.
(B) Bien mal acquis ne profite jamais.
(C) On n'échappe jamais à ses créanciers.
(D) Rien ne sert de courir, il faut partir à point.
(E) Il faut punir les traîtres.

65. Daniel Scot avait travaillé sur les sujets vietnamiens drogués, exposés au VIH mais non infectés. Nous avions remarqué une proportion faible mais significative de drogués qui n'étaient pas infectés alors que tous les autres, qui échangeaient leurs seringues, l'étaient.

(A) une petite quantité non négligeable
(B) peu mais quand même
(C) une petite part intéressante
(D) un petit nombre non négligeable
(E) une faible portion

§§§
§§§
§§§

Pour les questions 66 à 70, trouvez la meilleure orthographe, ponctuation ou formulation.

66.

(A) Un tient vaut mieux que deux tu l'auras. Tel est un des proverbes que les parents apprennent à leurs enfants. Il est très important de ne pas oublier la sagesse ancestrale. On peut regretter qu'aujourd'hui les jeunes gens ignorent beaucoup de ces maximes et autres adages.

(B) Un tiens vaut mieux que d'eux tu l'auras. Telle est un des proverbes que les parents apprennent à leurs enfants. Il est très important de ne pas oublier la sagesse ancestrale. On peut regretter qu'aujourd'hui les jeunes gens ignorent beaucoup de ces maximes et autres adages.

(C) Un tien vaut mieux que deux tu l'auras. Telle est un des proverbes que les parents apprennent à leur enfant. Il est très important de ne pas oublier la sagesse ancestral. On peut regretter qu'aujourd'hui les jeunes ignorent beaucoup de ces maximes et autres adages.

(D) Un tiens vaut mieux que deux tu l'auras. Tel est un des proverbes que les parents apprennent à leurs enfants. Il est très important de ne pas oublier la sagesse ancestrale. On peut regretter qu'aujourd'hui les jeunes ignorent beaucoup de ses maximes et autres adages.

(E) Un tiens vaut mieux que deux tu l'auras. Tel est un des proverbes que les parents apprennent à leurs enfants. Il est très important de ne pas oublier la sagesse ancestrale. On peut regretter qu'aujourd'hui les jeunes gens ignorent beaucoup de ces maximes et autres adages.

67.

(A) Les plaisirs des gens vertueus ne sont pas les mêmes que ce du vulgaire. En les choisissant bien, le sage s'est s'éviter nombres de déceptions qui font le quotidien des hommes sans phylosophie. C'est pourquoi, bien qu'ils semblent s'amuser trop peu, les sages sont finalement plus heureux.

§§§
§§§
§§§

(B) Les plaisirs des gens vertueux ne sont pas les même que ceux du vulgaire. En les choisissant bien, le sage s'est s'éviter nombres de déceptions qui font le quotidient des hommes sans philosophie. C'est pourquoi, bien qu'il semble s'amuser trop peu, les sages sont finalement plus heureux.

(C) Les plaisirs des gens vertueux ne sont pas les mêmes que ce du vulgaire. En les choisissant bien, le sage sait s'éviter nombres de déceptions qui font le quotidient des hommes sans phylosophie. C'est pourquoi, bien qu'ils semblent s'amuser trop peu, les sage sont finalement plus heureux.

(D) Les plaisirs des gens vertueux ne sont pas les mêmes que ceux du vulgaire. En les choisissant bien le sage sait s'éviter nombres de déceptions qui font le quotidien des hommes sans philosophie. C'est pourquoi, bien qu'ils semblent s'amuser trop peu, les sages sont finalement plus heureux.

(E) Les plaisirs des gens vertueux ne sont pas les mêmes que ceux du vulgaire. En les choisissant bien, le sage sait s'éviter nombre de déceptions qui font le quotidien des hommes sans philosophie. C'est pourquoi, bien qu'ils semblent s'amuser trop peu, les sages sont finalement plus heureux.

68.

(A) L'un deux déclara qu'il préfèrerait savoir quand il mourra plutôt que de s'inquiéter chaque jour du temps qui lui reste à vivre. C'est là une opinion for discutable : aurat-il vraiment une vie plus appaisée en sachant le jour de son départ ? Cette maxime est décidément bien curieuse et le mieux est peut-être de ne compter que sur soit.

(B) L'un deux déclara qu'il préfèrerait savoir quant il mourra plutôt que de s'inquiéter chaque jour du temps qui lui reste à vivre. C'est là une opinion fort discutable : aura-t-il vraiment une vie plus apaisée en sachant le jour de son départ ? Cette maxime est décidément bien curieuse et le mieux est peut-être de ne compter que sur soi.

(C) L'un d'eux déclara qu'il préfèrerait savoir quand il mourra plutôt que de s'inquiéter chaque jour du temps qu'il lui reste à vivre. C'est là une opinion fort discutable : aura-t-il vraiment une vie plus apaisée en sachant le jour de son départ ? Cette maxime est décidément bien curieuse et le mieux est peut-être de ne compter que sur soi.

§§
§§
§§

(D) L'un d'eux déclara qu'il préfèrerait savoir quand il mourra plutôt que de s'inquiéter chaque jour du temps qu'il lui reste à vivre. C'est là une opinion fort discutable : aurat-il vraiment une vie plus appaisée en sachant le jour de son départ ? Cette maxime est décidément bien curieuse et le mieux est peut-être de ne compter que sur soi.

(E) L'un deux déclara qu'il préfèrerait savoir quand il mourra plutôt que de s'inquiéter chaque jour du temps qu'il lui reste à vivre. C'est là une opinion fort discutable : aurat-il vraiment une vie plus apaisée en sachant le jour de son départ ? Cette maxime est décidément bien curieuse et le mieux est peut-être de ne compter que sur soit.

69.

(A) Sur ces mots, il nous quitta et rejoignit sa caserne. Non qu'il n'eût pas d'existence en dehors de l'armée, mais il est certain qu'elle représentait beaucoup à ses yeux. En rester privé davantage revenait à s'éloigner trop longtemps de lui-même.

(B) Sur ses mots, il nous quittait et rejoignit ça caserne. Non qu'il n'eut pas d'existence en dehors de l'armée, mais il est certain qu'elle représenté beaucoup à ces yeux. En rester privé davantage revenait à s'éloigner trop longtemps de lui-même.

(C) Sur ces mots, il nous quittait et rejoignit sa caserne. Non qu'il n'eut pas d'existence en dehors de l'armée, mais il est certain qu'elle représentait beaucoup à ces yeux. En rester privé d'avantage revenait à s'éloigner trop longtemps de lui-même.

(D) Sur ces mots, il nous quittait et rejoignit sa caserne. Non qu'il n'eût pas d'existence en dehors de l'armée, mais il est certain qu'elle représentait beaucoup à ses yeux. En rester privé d'avantage revenait à s'éloigner trop longtemps de lui-même.

(E) Sur ces mots, il nous quittat et rejoignit sa caserne. Non qu'il n'eût pas d'existence en dehors de l'armée, mais il est certain qu'elle représentait beaucoup à ses yeux. En rester privé d'avantage revenait à s'éloigner trop longtemps de lui même.

§§
§§
§§

70.

(A) L'homme est un animal à la fois rationel et raisonable. Il est rationel parce qu'il parle et pense, les deux indices principaux de la rationalité. Mais il est de surcroît raisonable parce qu'il s'inquiète de la dimension morale de ses actes. Il ne raisonne pas seulement en mathématicien ou en philosophe, il se demande aussi ce qu'il doit faire.

(B) L'homme est un animal à la fois rationel et raisonnable. Il est rationel parce qu'il parle et pense, les deux indices principaux de la rationalité. Mais il est de surcroît raisonnable parce qu'il s'inquiète de la dimension morale de ses actes. Il ne raisonne pas seulement en mathématicien ou en philosophe, il se demande aussi ce qu'il doit faire.

(C) L'homme est un animal à la fois rationnel et raisonnable. Il est rationnel parce qu'il parle et pense, les deux indices principaux de la rationnalité. Mais il est de surcroît raisonnable parce qu'il s'inquiète de la dimension morale de ses actes. Il ne raisonne pas seulement en mathématicien ou en philosophe, il se demande aussi ce qu'il doit faire.

(D) L'homme est un animal à la fois rationnel et raisonnable. Il est rationnel parce qu'il parle et pense, les deux indices principaux de la rationnalité. Mais il est de surcroit raisonnable parce qu'il s'inquiète de la dimension morale de ses actes. Il ne raisonne pas seulement en mathématicien ou en philosophe, il se demande aussi ce qu'il doit faire.

(E) L'homme est un animal à la fois rationnel et raisonnable. Il est rationnel parce qu'il parle et pense, les deux indices principaux de la rationalité. Mais il est de surcroît raisonnable parce qu'il s'inquiète de la dimension morale de ses actes. Il ne raisonne pas seulement en mathématicien ou en philosophe, il se demande aussi ce qu'il doit faire.

§§
§§
§§

Pour les questions 71 à 75, complétez en remplaçant les points de suspension de manière à rendre le texte le plus cohérent possible.

71. « J'ai eu beau leur demander un remboursement, je n'ai rien obtenu. Pourtant, le train était en retard et les contrôleurs l'ont confessé. Un tel manquement est trop flagrant pour que je (...) ma requête. »

(A) ne réitère pas
(B) ne reprenne pas
(C) ne change pas
(D) ne dévalorise pas
(E) n'itère pas

72. Son but était de faire entrer le loup dans la bergerie. En laissant croire à son adversaire qu'il pouvait lui manger dans la main, il obtenait peu à peu toutes les informations qu'il voulait. Ne pas se méfier, c'est donc laisser la porte ouverte à tous les dangers. En effet, en toute situation, (...).

(A) la raison du plus fort est toujours la meilleure
(B) tel est pris qui croyait prendre
(C) la méfiance est mère de sûreté
(D) un homme averti en vaut deux
(E) chat échaudé craint l'eau froide

§§
§§
§§

73. Tout était calme dans la bergerie et rien à l'entour ne laissait présager du danger imminent. (…) le loup arriva.

(A) C'est alors
(B) Soudain
(C) Cependant
(D) Pendant ce temps
(E) Alors

74. J'ai fait mon sac sérieusement : j'y ai mis de la nourriture, des vêtements, de quoi écrire, des cartes, de l'argent… bref, j'ai tout (…).

(A) ce dont on peut rêver
(B) tout ce qui faut
(C) ce que j'ai besoin
(D) ce qu'il est nécessaire d'avoir avec soi
(E) ce qu'il est nécessaire de prévoir

75. J'eus beaucoup de mal à comprendre leurs intentions. Que voulaient-ils dire exactement à ce moment-là ? Ce fut d'ailleurs ce que je leur (…).

(A) demandais
(B) demandis
(C) interrogeai
(D) questionnai
(E) demandai

Si vous avez terminé, vous n'êtes pas autorisé(e) à revenir sur une épreuve précédente.
Vous n'êtes pas non plus autorisé(e) à travailler sur une épreuve suivante avant la fin du temps imparti.

STOP !

TEST BLANC TAGE MAGE
EPREUVE 6 : LOGIQUE

3

CONSIGNES

15 questions / 20 minutes / Calculatrice interdite

BAREME

Réponse juste : + 4 points / Réponse fausse : - 1 point / Aucune réponse : 0 point

76.

		NLM		
		JOR		
HAI	NPO	?	DXE	RXS
		SUX		
		NXT		

(A) IRJ
(B) MTN
(C) SRP
(D) ASE
(E) RTS

77.

			441	
			270	
127	780	341	?	672
			342	
			216	

(A) 123
(B) 876
(C) 450
(D) 711
(E) 235

****
****
****

78.

HDC
JXI
MZP
QHA
? CRM AXD ERP GIF

(A) VAC
(B) VZB
(C) TFC
(D) HTB
(E) BND

79.

42
805
91 26 650 ? 39
28
21

(A) 70
(B) 13
(C) 49
(D) 91
(E) 87

80.

? JLK NUT PIH NFE
MNP
VWD
LMR
STT

(A) NOY
(B) LOP
(C) RSR
(D) TKJ
(E) CVB

81.

324
289
139 246 752 ? 279
144
400

(A) 264
(B) 280
(C) 169
(D) 324
(E) 216

****
****
****

82.

UFT
KGJ
SOR
PMO
? WEF TAW CUD SOM

(A) RIQ
(B) KNJ
(C) WBV
(D) NIJ
(E) DAE

83.

536
711
618 717 ? 951 636
350
178

(A) 708
(B) 803
(C) 447
(D) 917
(E) 530

84.

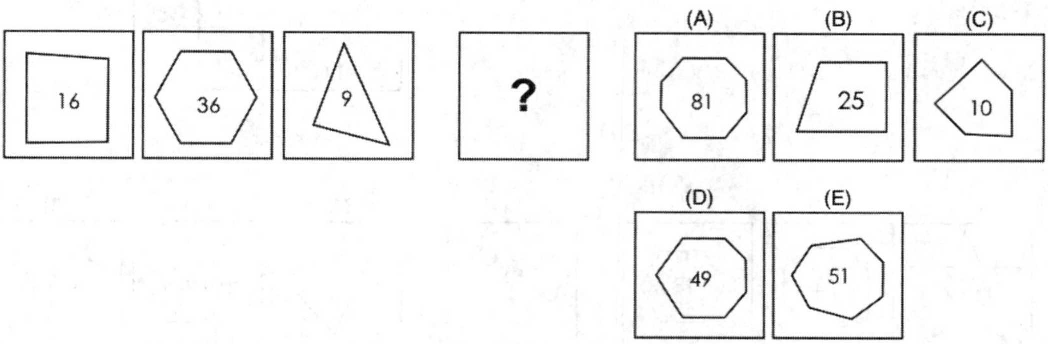

****
****
****

85.

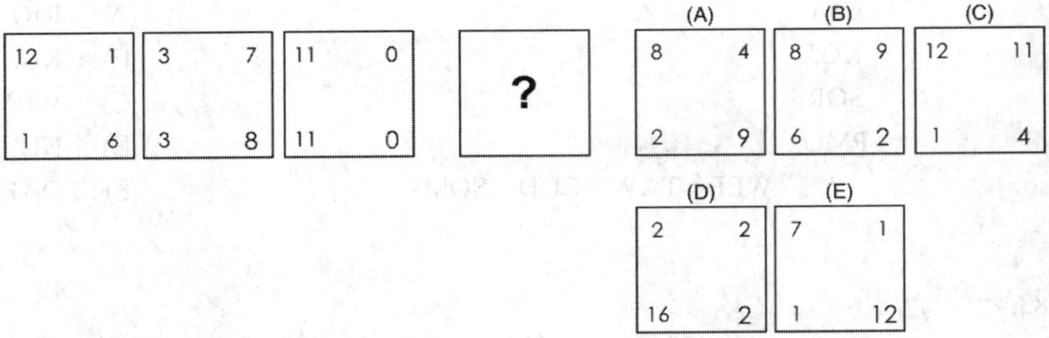
12 1 1 6
3 7 3 8
11 0 11 0
?
(A) 8 4 2 9
(B) 8 9 6 2
(C) 12 11 1 4
(D) 2 2 16 2
(E) 7 1 1 12

86.

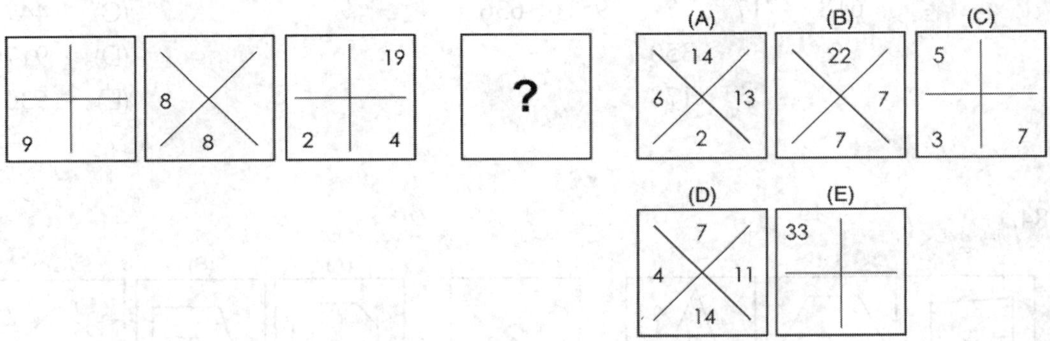
9
8 8
19 2 4
?
(A) 14 6 13 2
(B) 22 7 7
(C) 5 3 7
(D) 7 4 11 14
(E) 33

87.

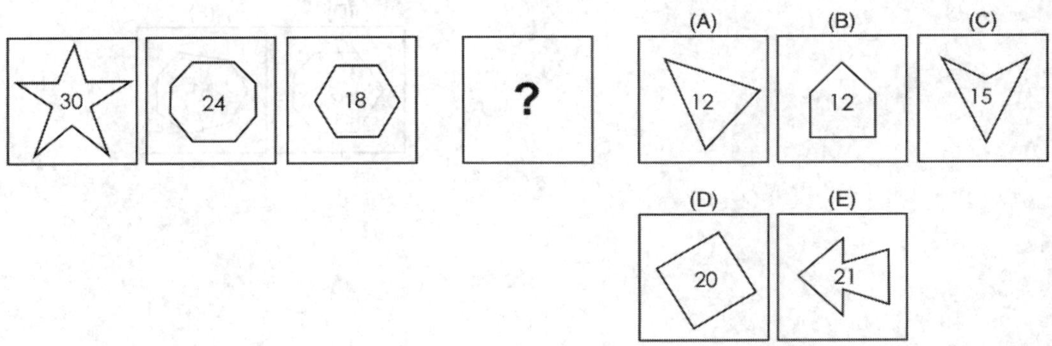
30
24
18
?
(A) 12
(B) 12
(C) 15
(D) 20
(E) 21

****
****
****

88.

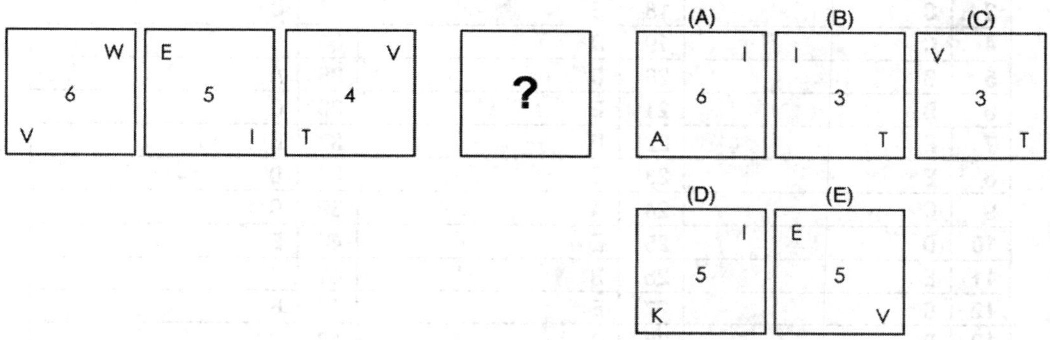
W
6
V
E
5
I
V
4
T
?
(A)
I
6
A
(B)
I
3
T
(C)
V
3
T
(D)
I
5
K
(E)
E
5
V

89.

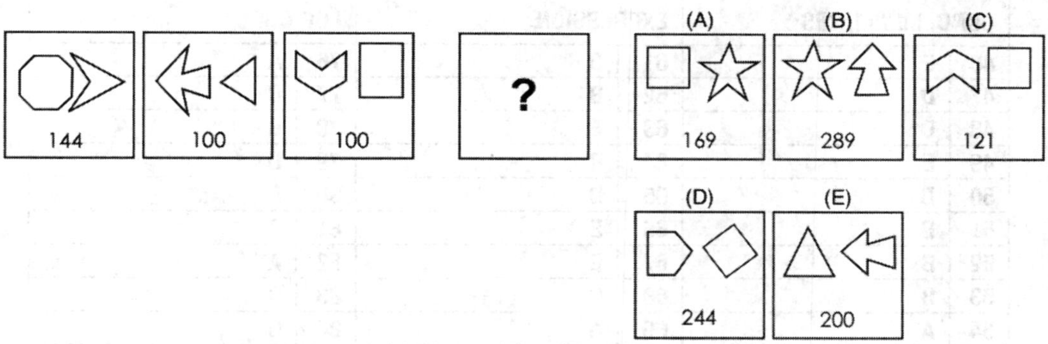
144
100
100
?
(A)
169
(B)
289
(C)
121
(D)
244
(E)
200

90.

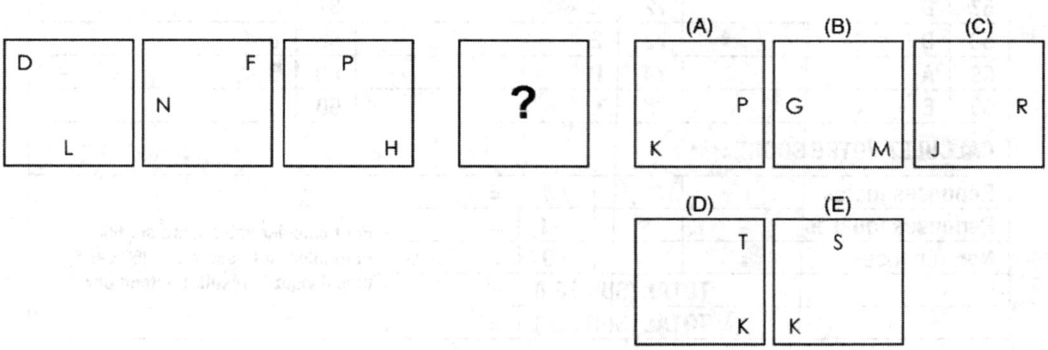
D
L
F
N
P
H
?
(A)
P
K
(B)
G
M
(C)
R
J
(D)
T
K
(E)
S
K

TEST BLANC TAGE MAGE NUMERO 3 : GRILLE DES REPONSES JUSTES

COMPREHENSION		CALCUL		RAISONNEMENT	
1	D	16	D	31	D
2	C	17	D	32	D
3	C	18	E	33	C
4	C	19	D	34	E
5	B	20	D	35	A
6	B	21	E	36	C
7	E	22	D	37	E
8	E	23	C	38	D
9	C	24	A	39	D
10	D	25	E	40	E
11	E	26	B	41	C
12	C	27	E	42	B
13	D	28	C	43	C
14	D	29	B	44	C
15	E	30	C	45	E
COND. MINIMALES		**EXPRESSION**		**LOGIQUE**	
46	E	61	D	76	A
47	D	62	B	77	C
48	D	63	E	78	B
49	E	64	B	79	D
50	D	65	D	80	C
51	B	66	E	81	C
52	B	67	E	82	A
53	B	68	C	83	C
54	A	69	A	84	D
55	A	70	E	85	A
56	B	71	E	86	D
57	D	72	C	87	E
58	D	73	E	88	B
59	A	74	D	89	B
60	E	75	E	90	C

CALCULEZ VOTRE SCORE :

Réponses justes		x 4	=	Pour calculer votre score sur 600, multipliez votre score sur 360 par 5, puis divisez le résultat obtenu par 3.
Réponses fausses		x -1	=	
Non réponses		x 0	=	
		TOTAL (SUR 360)	=	
		TOTAL (SUR 600)	=	

TEST BLANC TAGE MAGE
CORRIGES DU TEST BLANC NUMERO 3

3

1. Comprehension de textes

1. **Réponse D**
   Comme on le remarque assez vite, ce texte se caractérise à la fois par sa structure argumentative (comme l'indiquent les multiples connecteurs logiques) et le grand nombre de ses références. Il s'agit donc d'un texte à vocation scientifique, ce qui élimine d'emblée l'option C. La E est trop large pour être retenue et la B confond deux domaines : l'économie n'est pas le marketing. La A n'est pas impossible mais elle est très large : un mensuel pourrait être un mensuel universitaire, ou bien pas du tout ! La meilleure option reste donc la D.

2. **Réponse C**
   Il s'agit de l'auteur cité en début de texte. On ne le connaît que par la citation qui porte sur l'application de ce marketing à l'informatique. Cet homme pourrait donc être journaliste économique, mais aussi théoricien ou bien travailler pour le secteur informatique comme responsable des ventes ou de la communication. La question est négative. On peut facilement deviner que pour s'intéresser à ce sujet, il n'est ni courtier, ni romancier. Peut-il être docteur ? Oui, s'il s'agit d'un docteur en économie, en gestion… mais non en médecine. L'option E manque donc de précision. On ne sait pas très bien par ailleurs à quoi se réfère ici la notion de théoricien : on est théoricien en quelque chose, pas dans l'absolu. Là encore, la réponse manque de précision. Par élimination, la bonne réponse est donc la C, la plus probable et la plus précise.

3. **Réponse C**
   La B est totalement contraire au texte qui vante les mérites de ce type de marketing, c'est pourquoi on peut l'éliminer tout de suite. La E ne peut non plus être retenue car elle suggère que le texte traite du rapport de l'économie au marketing, ce qui n'est pas le cas. La D est possible mais le texte ne dit rien de prospectif : tout reste écrit au présent. La A est possible mais on doit la comparer à l'option C qui est beaucoup plus précise. Cette dernière, par le terme « extension », signale que l'on peut l'appliquer à de nombreux domaines, ce que le texte dit précisément.

4. **Réponse C**
Il faut revenir à la toute fin du texte : « Le capitalisme révèlerait ainsi sa dimension la moins matérialiste, n'en déplaise à ses plus féroces détracteurs. » On comprend donc que la compréhension habituelle du capitalisme, c'est de considérer qu'il n'est que profit et matérialisme et que ce marketing met en cause cette version. La meilleure réponse est donc la C.

5. **Réponse B**
La question suppose de bien combiner les options, mais aussi de tenir compte de la négation et de synthétiser le texte en quelques termes. La bonne solution est ici la B. En effet, le marketing expérientiel est présenté dans le texte comme un art de la vente qui tient compte des affects et de l'esthétique en faisant passer au second plan les aspects utilitaristes de la théorie du consommateur. Le texte montre aussi qu'une telle technique peut s'appliquer à tout domaine. C'est pourquoi celle-ci est généralisable, affective (qui s'oppose à « purement rationnel ») et concrète. La seule combinaison possible est donc la B.

6. **Réponse B**
Il faut choisir la B. La difficulté du texte, c'est qu'il ne pose aucune thèse. Il se contente de poser le problème propre à la culture générale. On comprend qu'elle prétend être une discipline mais qu'elle n'a pas d'objet déterminé. Pour autant, ce n'est pas du vent. Ni un mensonge (à qui ? à quoi ?), ni vraie, ni fausse, ni liée à la technique, elle est avant tout un effort pour se définir elle-même et s'augmenter toujours davantage.

7. **Réponse E**
La bonne réponse est la E. Beaucoup de couples reprennent des termes du texte mais qui ne sont pas opposés à d'autres dans le texte : on parle ainsi du problème de la définition de l'objet mais sans rapport avec le sujet ; on parle d'humanisme, mais on ne l'oppose pas à la philosophie. La seule opposition véritable, c'est la E que l'on trouve à la fin du texte : « On pourrait même dire qu'elle est une déformation au sens où elle donne des habitudes de dispersion et de confusion des genres. A l'idéal humaniste et désuet, il faut donc opposer l'idéal de la connaissance experte, seule à même de donner à la personne la connaissance véritable d'un domaine. » L'expertise, c'est en effet la spécialisation.

8. **Réponse E**
La bonne réponse est la E. En effet, tout dans ce texte rappelle une introduction : on définit les termes, on pose les contradictions et on conclut sur un problème. Il s'agit donc d'un extrait, plus précisément du début d'un texte.

9. **Réponse C**

En dépit de sa forme, la C est la meilleure. Elle fait allusion au dicton : « La culture, c'est comme la confiture, moins on n'en a, plus on l'étale. » Certes, on aurait préféré ici un style plus académique. Mais le sens l'emporte : le texte dit bien que le problème de la culture, c'est qu'à tout savoir en général, on ne sait rien en particulier. Aucun rapport avec la diffusion (option A), l'éducation (D) ou l'avenir (E). La B est possible mais tellement large qu'elle ne nous dit rien du texte. De surcroît, elle donne toute son importance au réfléchi « se » qui n'est pas souligné dans le texte. C'est pourquoi la C est meilleure.

10. **Réponse D**

La D est la meilleure réponse. Il faut se référer à la fin du texte : « La culture générale n'a donc ni objet ni méthode définis, ce pourquoi elle figure de formation postiche, moment d'un travail et d'une fatigue mais grevés d'inanité. » La question porte ici sur l'enseignement, c'est-à-dire sur le rapport maître/élève. Dans la mesure où le texte évoque par exemple l'idéal humaniste, cela n'a pas de sens de dire qu'aucun enseignement n'est possible. Mais il pose manifestement de gros problèmes. La B est tentante mais elle est très approximative. Seule la D dit nettement l'esprit du texte sans fermer la possibilité d'un enseignement.

11. **Réponse E**

Le texte est de Saint-Just et extrait de *L'Esprit de la révolution et de la constitution de la France,* œuvre de 1791.

La bonne réponse est la E. La question porte sur l'ensemble du texte. En effet, l'auteur de ce texte commence certes par écrire que « les révolutions sont moins un accident des armes qu'un accident des lois » pour préciser aussitôt sa pensée : « si quelque peuple barbare se présente, tout cède à sa fureur, et l'Etat est régénéré par la conquête. S'il n'est point attaqué par les étrangers, sa corruption le dévore et le reproduit. Si le peuple a abusé de sa liberté, il tombe dans l'esclavage ; si le prince a abusé de sa puissance, le peuple est libre. » Autrement dit, on peut assigner des causes à cette révolution. Dans cette explication, l'auteur donne des faits très précis : l'histoire de la France, l'hiver de 1788… qui font apparaître la révolution comme nécessaire. Enfin, certes, il dit qu'elle n'est pas un accident des armes, mais il parle également des barbares : on comprend donc que ce n'est pas dû aux seules armes mais au fait qu'on les utilise.

12. **Réponse C**

La bonne réponse est la C. Voici une question de détail à laquelle on peut répondre à partir de la fin du texte et notamment de la phrase : « On détesta les grands qu'on enviait. » Il faut déjà repérer que l'envie est ici synonyme de la jalousie. Ensuite, on doit comprendre à travers cette phrase que l'on peut haïr quelqu'un à qui on voudrait pourtant ressembler, au moins sous un certain angle.

C'est pourquoi l'on peut dire qu'en se référant à ce seul texte la jalousie est ambivalente. Les autres réponses combinent des connaissances extérieures sur ce sentiment ou de pures hypothèses.

13. **Réponse D**
La réponse D est facile si l'on est attentif à la fin du texte : « Tant il est vrai que les tyrans périssent par la faiblesse des lois qu'ils ont énervées. » En effet, l'auteur prétend ici que tout est explicable dans cette révolution et que les aristocrates, en laissant la situation s'empirer, n'ont rien fait pour freiner la préparation de cette révolution. On a donc affaire à un mécanisme classique de cause à effet. Quelle réponse s'en rapproche le plus ? La A n'a rien à voir, la C et la E non plus. Entre B et D, on peut hésiter. Le sens de la B, c'est cependant qu'à force de prendre des risques, on finit par souffrir. Tel est le premier sens qui ne permet pas alors de la distinguer de la D. Mais ce proverbe est AUSSI une métaphore de l'usure : à force de se servir de quelque chose, on l'abîme. Cela voudrait dire que la monarchie avait trop servi, ce que le texte ne dit pas. Le proverbe D est plus univoque et doit pour cela être retenu.

14. **Réponse D**
La question est difficile mais la meilleure réponse est la D. On doit considérer surtout le ton du texte. Le discours est extrêmement élégant et parfois même précieux. Cela peut être le discours d'un serviteur. On doit ensuite observer les idées : la révolution est due à la négligence des aristocrates. Un aristocrate ne peut dire cela. Un sophiste est par ailleurs quelqu'un qui sait persuader sans tenir compte de la vérité, mais rien n'indique ici que le discours n'est pas sincère et on ne repère pas la trace de paralogismes, c'est-à-dire de fausses logiques qui seraient la marque de ces hommes. Il faut alors choisir entre D et E. E est possible par le thème, mais tous les hommes politiques n'écrivent pas aussi bien. Or un rhéteur, c'est quelqu'un qui manie très bien l'art du discours et qui peut l'appliquer à la politique ou à l'histoire. C'est donc beaucoup plus probable du point de vue du style et du thème que l'homme politique qui a beaucoup moins de chances d'écrire aussi bien.

15. **Réponse E**
Ce texte traite du passé, ce qui le rend historique. Mais il prend aussi des positions certaines sur le futur : « L'Europe, qui par la nature de ses rapports politiques n'a point encore de conquérant à redouter, n'éprouvera de longtemps que des révolutions civiles. » Il est donc par définition prospectif. Seule l'option 3 est fausse : certes le texte utilise souvent la logique « si… alors », mais pour expliquer ce qui est arrivé, non pour proposer des pistes. La bonne réponse est donc la E.

2. Calcul

16. **Réponse D**
Soit X le nombre total de lycéens qui vont redoubler leur terminale.
X = 1/5 x 35 + 1/4 x 28 + 1/9 x 36 = 7 + 7 + 4 = 18. No comment !

17. **Réponse D**
En notant X le nombre de billes que possèdent Léa et Sophie au début de la partie (sachant qu'elles ont le même nombre de billes au départ), vous pouvez alors réfléchir par étape :

	Etat	Léa	Sophie
Départ	Même nombre	X	X
Etape 1	Léa gagne 20 billes	X + 20	X - 20
Etape 2	Léa perd 2/3 de ses billes	(X + 20)/3	X - 20 + 2(X+20)/3

Sachant qu'à la fin de l'étape 2, Sophie possède 4 fois plus de billes que Léa, vous pouvez écrire : X - 20 + 2(X + 20)/3 = 4 x (X + 20)/3 soit 3X - 60 + 2X + 40 = 4X + 80 soit encore 5X - 20 = 4X + 80 et **X = 100.**

18. **Réponse E**
Voici une première question facile, comme c'est parfois le cas au TAGE MAGE. Le **quart du tiers** se traduit en termes mathématiques par : **1/4 x 1/3**. Autrement dit, le quart du tiers de 36 est égal au douzième de 36, soit **3.**

19. **Réponse D**
Il suffit de calculer ce que vaut : 26 000/1,13. Pour cela, vous devez absolument poser une division. Vous trouvez alors 23 008 et quelques, ce qui suffit à répondre la réponse D.

20. **Réponse D**
La bonne réponse est la (D). Vous avez ici trois inconnues : les rémunérations respectives T, S et P du traiteur, de la serveuse et du photographe. Voici deux méthodes de résolution pour cette question :

<u>Méthode 1 : Un calcul classique</u>

Les équations liant ces trois inconnues données par l'énoncé sont les suivantes :

(1) T + S + P = 1 540
(2) T = 2S
(3) P = 1/2 x S

(1) T + S + P = 1 540
(2) S = T/2
(3) P = T/4

(1) T + T/2 + T/4 = 1 540
(2) S = T/2
(3) P = T/4

(1) 7T/4 = 1 540 soit T = 880
(2) S = T/2
(3) P = T/4

Vous trouvez donc que T = 880 €, sans avoir besoin de calculer les autres rémunérations qui ne sont pas demandées.

Méthode 2 : Critères de divisibilité

Sachant que tous les montants ici sont exprimés en euros entiers, sans centimes, il est légitime de supposer que S et P sont également des nombres entiers. Or l'énoncé vous dit que :

(1) S = T/2
(2) P = S/2 = T/4

La seconde équation vous indique que T doit être un multiple de 4, ce qui n'est le cas que des solutions D et E. En testant rapidement ces deux solutions, vous trouvez que seule la D fonctionne.

21. **Réponse E**

La bonne réponse est la E. Les seuls nombres premiers strictement compris entre 20 et 30 sont 23 et 29. Si $x = 29$, alors $y = 31$, valeur non acceptable puisque d'après l'énoncé, y est inférieur à 30. On en déduit donc que $\boldsymbol{x = 23}$, $\boldsymbol{y = 25}$ **et** $\boldsymbol{z = 27}$.

Ainsi, $y + z = 25 + 27 = 52$. Et en posant la division de 52 par 23, vous trouvez que 52 = 2 x 23 + 6, soit que le reste de cette division est égal à 6.

22. **Réponse D**

En notant X le chiffre des dizaines de mon âge et Y celui des unités, j'obtiens que mon âge est égal à 10X + Y. De plus, l'âge de ma fille a pour chiffre des unités X et pour chiffre des dizaines Y, et est donc égal à 10Y + X.

Pour connaître ma différence d'âge avec ma fille, qui représente exactement l'âge que j'avais à sa naissance, il faut résoudre l'équation suivante :

$$(10X + Y) - (10Y + X) = 9X - 9Y = \mathbf{9(X - Y)}.$$

Ma différence d'âge avec ma fille est donc un multiple de 9, réponse D.

23. **Réponse C**

Une question simple.

La moyenne des rendements sur les deux sommes investies est égale au minimum à 3 % ((4 % + 2 %)/2) et au maximum à 6 % ((4 % + 8 %)/2).

24. **Réponse A**

Attention à ne pas répondre 1 € sans réfléchir ! En effet, en testant les réponses (à commencer par la réponse C), vous trouvez que si le pot coûte 1 € et la plante 19 € de plus, alors le géranium en pot coûtera 1 € + 20 € soit 21 €, ce qui est trop ! En revanche, si le pot coûte 0,5 € et la plante 19,5 €, alors l'ensemble coûte bien 20 € comme l'exige l'énoncé.

Une autre méthode consistait à poser cette équation : X + (19 + X) = 20 avec en X le prix du pot en céramique. Soit 19 + 2X = 20, soit 2X = 1 et X = 0,5 €.

25. **Réponse E**

Le deuxième routier devant parcourir davantage de distance sur le même laps de temps, il devra forcément rouler plus vite que le premier. La question est « Combien de fois plus vite ? » Et bien, sachant qu'il doit parcourir 100/80 = 10/8 = 5/4 = 1,25 fois la distance du premier routier, c'est qu'il devra donc rouler 1,25 fois plus vite, soit à une vitesse de 60 x 1,25 = **75 km/h.**

26. **Réponse B**

$$\begin{array}{ccccc} & w & x & 5 & 4 \\ + & 2 & 7 & y & z \\ \hline & x & 2 & x & 0 \end{array}$$

Résolvons cette opération étape par étape :

1. La somme 4 + z doit se terminer par un 0. La seule possibilité est z = 6 et donc 4 + z = 10 : il faut penser à la retenue de 1.

2. La somme 1 (retenue) + 5 + y doit se terminer par x. Sachant que la valeur de y est comprise entre 0 et 9, cette somme vaut entre 6 et 15 donc la retenue R sera 0 ou 1

3. La somme R (retenue) + x + 7 doit se terminer par un 2. Il faut ici distinguer deux cas :

- Si R = 0, alors x + 7 doit se terminer par un 2, soit forcément x + 7 = 12 et x = 5. Donc en revenant à l'étape précédente, si x = 5 c'est que 6 + y = 15, ce qui est impossible car la retenue serait alors égale à 1.

- Si R = 1, alors $x + 8$ doit se terminer par un 2, soit forcément $x + 8 = 12$ et $x = 4$. Donc en revenant à l'étape précédente, si $x = 4$ c'est que $6 + y = 14$ et donc forcément que $y = 8$.

Vous en déduisez donc que $x = 4$ et $y = 8$, et que la retenue sera de nouveau 1.

4. La somme 1 (retenue) + w + 2 doit se terminer par 4, soit vous avez $w + 3 = 4$ et donc $w = 1$. Finalement, $w + x + y + z = 1 + 4 + 8 + 6 = 19$.

27. **Réponse E**

Si Z = 150 % x T = 3/2 x T **alors** T = 2/3 x Z et 0,5 x T = 0,5 x (2/3) x Z = 1/3 x Z.

28. **Réponse C**

Il s'agit ici d'appliquer une simple règle de trois. En effet, un agriculteur est indemnisé à hauteur de 13 750 € pour une surface de 25 m² et il vous faut trouver combien les trois agriculteurs sont indemnisés pour une surface totale de 25 + 18 + 15 = 58 m². Résumons cela dans un tableau :

Surface	Indemnisation
25 m²	13 750 €
58 m²	X

Ainsi, en appliquant le produit en croix, vous trouvez que :
X = 13 750 x 58/25

Vous pouvez résoudre la multiplication ou remarquer simplement que les valeurs proposées en solutions sont relativement éloignées les unes des autres et qu'une approximation peut suffire. En effet, si 25 m² permet de toucher une indemnisation égale à 13 750 €, alors 25 x 2 = 50 m² permettront de toucher une indemnisation égale à 13 750 x 2 = 27 500 €.

De plus, 8 m² représentent environ 1/3 de 25 m² donc l'indemnisation pour cette surface sera d'environ 1/3 de 13 750 € soit moins de 5 000 €. La somme totale sera donc strictement comprise entre 27 500 € et 32 500 € : seule la somme de **31 900 €** fonctionne.

29. **Réponse B**
En effet, un cube dont le volume est de 64 cm^3 possède une arête de 4 cm. Ainsi, en augmentant cette arête de 3 cm on la passe à 7 cm et l'aire d'une face sera égale à 7^2 soit 49 cm^2. Il ne nous reste plus qu'à calculer l'aire totale du cube qui vaut : 6 x 49 = 6 x (50 - 1) = 6 x 50 - 6 = 300 - 6 = 294 cm^2.

30. **Réponse C**
La bouteille contient 1/3 de 3/4 de litre, soit 1/3 x 3/4 = **1/4 de litre = 25 cl.** J'en bois 20 cl et il reste donc 5 cl, autrement dit **0,05 litre.**

3. Raisonnement – Argumentation

31. **Réponse D**
Il faut paraphraser la courte description : la probabilité d'avoir plus d'argent augmente proportionnellement à la richesse. Ou encore : P (richesse +++++) = f (richesse +). Il en va de même pour la pauvreté qui n'est dans cette description que la réciproque. Il faut donc un proverbe qui soit dynamique, c'est-à-dire qui laisse apercevoir une évolution et qui montre ce rapport. La D est alors la meilleure.

32. **Réponse D**
Il faut bien sûr commencer par distinguer à partir des prénoms les hommes et les femmes, sans oublier les deux parents : il y a 6 garçons, 4 filles, un père, une mère et Claude. Ce dernier portant un prénom épicène (masculin ou féminin), on ne peut rien en dire. On rappelle que si George*s* est un homme, George est toujours une femme. Cela veut dire que l'on a au moins 7 garçons et au moins 5 filles, soit 8 garçons et 5 filles, soit 7 garçons et 6 femmes. Le nombre recherché est donc supérieur à 35 et inférieur ou égal à 42. La bonne réponse est la D.

33. **Réponse C**
1 900 est un nombre divisible par 4 donc c'est une année bissextile. Il y a donc 29 jours à prendre en compte. Dans ce genre d'exercice, il faut choisir arbitrairement la date du premier lundi. Soit le lundi 1er janvier, le 15 janvier, puis le 30 janvier. On s'aperçoit que c'est la seule combinaison possible car si l'on prend le lundi 3 janvier, on n'a que deux lundis impairs. Il suffit ensuite de compter jusqu'au 29 février : lundi 30 janvier, mercredi 1er février, mercredi 22 février, mercredi 29 février, réponse C.

34. **Réponse E**

Il faut faire ici un petit dessin pour s'y retrouver. On distingue bien sûr dans le texte **ce qui est à droite de ce qui est juste à droite**. Pour les vases, on a de gauche à droite : ?- ?-N-B. Pour les fleurs, on a de gauche à droite : **?-T-L-R** ou **?-T-R-L** ce qui donne nécessairement : **R-V-N-B ou V-R-N-B** et **M-T-L-R** ou **M-T-R-L**. On peut dire que la marguerite est soit dans un vase rouge, soit dans un vase vert, réponse E.

35. **Réponse A**

C'est la A. Impossible de répondre à cette question sans faire un schéma et en suivant tout doucement le texte. Nous vous conseillons, lorsque plusieurs positions sont possibles, de mettre la lettre du prénom avec un point d'interrogation et vous travaillerez ensuite par éliminations successives. Enfin, il faut ici penser que c'est un heptagone. Pour être à droite de quelqu'un par exemple, il ne faut pas passer de l'autre côté d'un segment qui part de l'invité et qui divise la figure en deux parties égales, par analogie avec un diamètre. Si par exemple une personne est à gauche d'une autre, cela ne donne que trois positions possibles. Cela donne le plan de table suivant, en le décrivant dans le sens horaire : **Anne, Sarah, David, Gérard, Ambre, Nicolas, Michel.**

36. **Réponse C**

La A est impossible ici car il n'est jamais question de religion. La B est hors sujet. C'est entre les 3 autres qu'il faut choisir. Les 3 disent bien que le mal revient vers celui qui le commet. Mais lequel est au plus près du texte ? La E renvoie spécifiquement au vol alors que le texte parle du crime en général. La D est possible mais ne concerne que la toute fin du texte : pour Michael, les choses finissent mal. Mais elle ne rend pas compte des trois quarts du texte dans lequel l'auteur insiste sur le fait qu'il voulait protéger sa famille. La C, en prenant en compte ce type de retournements, est donc la meilleure.

37. **Réponse E**

On précise dans la question qu'il faut distinguer ces proverbes du point de vue du sens. Certes, au premier regard, ils semblent synonymes. Dans tous les cas, on a la même structure logique : on anticipe l'avenir et on évite ainsi des douleurs et des peines. Mais la E se distingue : dans les autres formulations, on anticipe en général ; dans la E, on a d'abord subi une douleur et ensuite on anticipe au point d'exagérer la prudence. On a donc deux différences logiques majeures ici.

38. **Réponse D**

Le texte dit en réalité deux choses : 1) on ne peut pas ne pas se faire d'ennemis ; 2) personne n'a envie de passer pour un lâche. Il faut donc trouver un énoncé qui concilie le courage et l'inimitié. La A revient à une certaine lâcheté : accepter la nécessité, c'est ne pas avoir le courage de la combattre. La B contredit le texte. La C est assez vague et laisse à penser que l'on peut éviter les ennemis. La E répète le texte sans laisser apercevoir une pratique qui en découlerait. Seule la D peut être retenue ici : puisque l'on ne peut pas éviter les ennemis, alors autant se demander quels ennemis on préfère avoir.

39. **Réponse D**

Un rendez-vous est comme une promesse par laquelle on dit : « Demain, je serai là. » S'ils doivent se rencontrer après se l'être promis la veille, il faut que la veille soit un jour où ils ne mentent pas, tout comme le jour même, puisque c'est un jour où il doivent se dire la vérité. Dans un premier temps, il faut donc trouver deux jours consécutifs où tous trois disent la vérité. On n'en possède cependant pas. Pour autant, on sait que Jacques et Matthieu disent parfois la vérité les jours où ils ne disent pas toute la vérité. Cela signifie que l'on entre dans l'ordre de la modalité et du probable. On sait alors que du samedi au lundi inclus, Marie dit toujours la vérité, et Matthieu et Jacques parfois. Cela veut dire qu'en se promettant de se voir dimanche ou lundi, ils peuvent avoir tous trois dit la vérité la veille, et se dire la vérité le dimanche ou le lundi. La bonne réponse est donc la D.

40. **Réponse E**

On a un système de classification standard dans lequel on change de lettre dès que l'on a atteint Z, c'est-à-dire toutes les 26 lettres. Le code AAAZ est ainsi attribué au 26e livre. Le code AABZ est ainsi attribué au 52e livre. Le code AAZZ est ainsi attribué au 26 x 26 = 676^{e} livre. On doit donc diviser le nombre total de livres par 26 : 10 676/26 = Q410 + R16. On a donc 410 alphabets entiers et 16 lettres supplémentaires. Dans les 410 alphabets entiers, on a 410/26 = Q = 15 + R = 20. De tout cela, on déduit que la 4e lettre du code est la 16e de l'alphabet, la 3e lettre du code est la 20e de l'alphabet, la 2e lettre du code est la 15e de l'alphabet. La première reste A. Le code du dernier livre est **AOTP**, et celui de l'avant-dernier est **AOTO**, réponse E.

Remarque : cet exercice revient à compter en base 26 plutôt qu'en base 10.

41. **Réponse C**

Il faut choisir la C. Le seul piège ici, c'est de compter aussi les lettres des nombres que l'on rajoute : ainsi « un » comporte un « u », tout comme « deux ». Il faut non seulement compter les lettres de la phrase, mais aussi celles des réponses. La A est ainsi le piège le plus tentant.

42. **Réponse B**

Entre aujourd'hui et le 14 juillet 2012, il y a 2 ans moins 18 jours, et 2012 est bissextile, donc il y a 365 + 366 - 18 = **713 jours**. Cela représente **101 semaines** et **6 jours**. Cela veut dire que le 14 juillet 2012 est un dimanche + 6 jours, soit un samedi. Le jour recherché est donc un **mercredi**, réponse B.

43. **Réponse C**

Précisons d'abord que la tante de mon frère est aussi ma tante. On ne peut s'en sortir ici sans une reformulation sous forme de schéma. Disons que je suis le fils d'une famille de deux enfants et que mes parents ont tous deux une sœur. Ce sont mes deux tantes. Leur oncle est le frère de leur père ou de leur mère. Dans les 2 cas, dessinons deux couples de parents et pour chacun d'entre eux un frère qui est l'oncle en question. **On a donc 4 oncles possibles *in fine* qui se situent 2 générations avant la mienne.** Ce ne peut donc être un cousin, ni une tante (qui est une femme !), ni un inconnu car il s'agit bien d'un membre de ma famille. Ce n'est pas davantage mon grand-père. Il ne peut donc s'agir que d'un grand-oncle, réponse C.

44. **Réponse C**

La bonne réponse est la C. La D est hors sujet et la E tout autant. La A est tentante car l'on se dit que les réserves de liquidités sont dans les banques, mais à aucun moment, l'économie n'est présentée comme malmenée dans le texte. Ce sont les banques qui pourraient avoir à souffrir de ces crises. La B traite de l'épargne, ce qui est plus proche du texte. Cependant, le fonctionnement des banques n'est pas d'après ce texte censé se réduire à son épargne. Seule la C est une vraie conclusion : on agit en fonction de la confiance que l'on a dans le système, notamment bancaire.

45. **Réponse E**

Prenons l'énoncé phrase par phrase : 1) a) Si Jean n'est pas un menteur, alors Eric est un menteur. b) Si Jean est un menteur, Eric n'est pas un menteur. 2) a) Si Paul n'est pas un menteur, Eric est un menteur. b) Si Paul est un menteur, Eric ne ment pas. 3) a) Si Eric n'est pas un menteur, alors Jean ment et Paul ment. b) Eric est un menteur, Paul et Jean ne sont pas des menteurs.

On a ainsi plusieurs relations conditionnelles qui ne sont pas toutes compatibles. C'est ici qu'il faut faire jouer le principe de non-contradiction.

Partons du cas 1) a). On a alors 3) b) puis 2) a). C'est là une suite cohérente.

Partons du cas 1) b). On a alors 3) a) puis 2) b). C'est là une suite cohérente.

On a de ce fait parcouru tous les cas possibles et la seule réponse valable est la E.

4. Conditions minimales

46. **Réponse E**

{1} : cette information est insuffisante. On trouve H = 13 x 3 x 5 = 195 ou encore H = 13 x 3 x 10 = 390. On garde les réponses B, C et E.

{2} : cette information est insuffisante. On trouve H = 13 x 7 x 10 = 910 ou encore H = 13 x 7 x 5 = 455.

{&} : ensemble, les deux informations sont encore insuffisantes puisque l'on trouve par exemple : H = 13 x 3 x 7 x 1 = 273 ou encore H = 13 x 3 x 7 x 2 = 546. Réponse E.

47. **Réponse D**

48. **Réponse D**

49. **Réponse E**

{1} : cette information est insuffisante puisque l'on ne trouve pas LA valeur UNIQUE de y. En effet, sachant que y est un **nombre premier** on peut avoir $y = 13 = 3^2 + 2^2$ ou encore $y = 61 = 6^2 + 5^2$. On garde les réponses B, C et E.

{2} : cette information est insuffisante. Il y a plusieurs possibilités pour y. Citons-en deux : $y = 17$ et $y = 13$.

{&} : combinons à présent les deux informations : on trouve au moins deux valeurs possibles pour y à savoir $y = 17$ $(1^2 + 4^2)$ et $y = 13$ $(3^2 + 2^2)$. Réponse E.

50. **Réponse D**

{1} : cette information est suffisante. Si KB est multiple de 13 et de 7 alors KB est multiple de 7 x 13 = **91.** Or 91 est le seul multiple de 91 de deux chiffres. On a donc **KB = 91.** On garde A et D.

{2} : 11B - 2B = 13K - 12K soit K = 9B. Or étant donné que K et B sont deux **CHIFFRES,** pour que K = 9B, on doit absolument avoir **K = 9 et B = 1.** On trouve donc de nouveau **KB = 91.** Cette information est donc également suffisante. Réponse D.

51. **Réponse B**

{E} : nous devons trouver ici la valeur de la surface du rectangle ABCD, soit **Longueur x Largeur.**

{1} : cette information est insuffisante. En effet, cette information nous dit que 2 x Longueur + 2 x Largeur = 10. Or il s'agit ici d'une équation à deux inconnues et il nous est donc impossible de trouver ces deux valeurs que sont la longueur et la largeur. Nous gardons donc les réponses B, C et E.

{2} : cette information est bien entendu suffisante. La traduction de cette information donne en effet : **(3 x Longueur) x (3 x Largeur) = 54** ; ce qui nous donne 9 x (Longueur x Largeur) = 54, soit encore Longueur x Largeur = Surface = 54/9 = 6 mètres carrés. Conclusion : on garde la réponse B.

Nota bene : il est intéressant de noter ici que l'on ne connaît toujours pas les valeurs respectives de la longueur ou de la largeur. Nous cherchions la valeur de **Longueur x Largeur** et nous l'avons trouvée !

52. **Réponse B**

{1} : cette information est insuffisante. 4 321 divisé par 3 donne un quotient égal à 1 440 et un reste égal à 1. On en déduit que **N = 4 321 + K est divisible par 3 si K = 2, 5 ou encore 8** (auxquels cas, N = 4 323, 4 326 ou encore 4 329.) On garde les réponses B, C et E.

{2} : 4 321 divisé par 7 donne un quotient égal à 617 et un reste égal à 2. On en déduit alors que **N = 4321 + K est divisible par 7 si K = 5…** Et c'est tout ! La seule valeur possible pour K est donc 5 si l'on souhaite effectivement que N soit divisible par 7. En conclusion : on garde la réponse B puisque l'information (2) permet à elle seule de répondre à la question, et que l'information (1) à elle seule ne permet pas de répondre à la question.

53. **Réponse B**

{1} : cette première information est insuffisante pour répondre à la question puisqu'il nous faut connaître la quantité exacte de carburant **et non une proportion.** On garde les réponses B, C et E.

{2} : cette information est suffisante. Cette information permet en effet de déterminer le **nombre de litres de carburant achetés** et de calculer alors d'après le montant payé le prix au litre de ce carburant. Réponse B.

54. **Réponse A**

{1} : cette information est suffisante. Si le nombre de canettes qu'il y a dans le plus grand lot est égal à la somme des canettes qu'il y a dans les 4 autres lots, **alors on peut être sûr que le plus grand lot contient 2 700/2 = 1 350 canettes et que ce lot EST BIEN le plus grand.** On garde les réponses A et D.

{2} : cette information est insuffisante. On ne peut en effet trouver la valeur du plus grand des 5 lots, celui-ci pouvant être égal à 2 000 comme à 2 500 canettes.

55. **Réponse A**

{1} : cette information est suffisante. X et Y étant consécutifs, on peut écrire que Y = X + 1. Ainsi, cette information nous permet de dire que **35 < X + X + 1 < 45,** soit **34 < 2X < 44,** soit encore **17 < X < 22.** On a donc : **X = 18** ou **X = 19** (car X est strictement inférieur à 20 d'après l'énoncé). On trouve alors **Y = X + 1 = 19** ou **Y = 20.** Mais là encore, Y = 20 est impossible d'après l'énoncé. Il ne nous reste donc qu'une possibilité pour Y, à savoir **Y = 19** et par conséquent **X = 18.** On vous laisse deviner la somme X + Y ! On garde les réponses A et D.

{2} : cette information est insuffisante. Cette seconde information n'apporte aucune indication, puisqu'elle précise que le double de la moyenne de X et Y, **autrement dit la somme X + Y, est impaire,** ce qui est une lapalissade étant donné que la somme de deux nombres consécutifs est toujours impaire ! On garde la réponse A.

56. **Réponse B**

{E} : A x B = -6 et la question étant « Que vaut A x B x (A + B) ? », la question devient alors **« Que vaut -6 x (A + B) ? »**

{1} : cette information est insuffisante. En effet si A = B - 5 alors en multipliant à gauche et à droite de l'équation par B, on a A x B = B^2 - 5 x B soit encore, sachant que A x B = -6, B^2 - 5B + 6 = 0. Le discriminant de ce trinôme étant strictement positif (il vaut en effet $(-5)^2$ - 4 x 1 x 6 = 25 - 24 = 1), on en déduit qu'il existe **2 valeurs possibles pour B et par conséquent 2 valeurs possibles pour A également.** En clair, impossible de trouver LA valeur unique de -6 x (A + B).

{2} : cette information est suffisante. Si A x B^2 = A x B x B = -6 x B = 18 alors B = -18/6 = -3. Et si B = -3 alors A vaut 2 et -6 x (A + B) vaut par conséquent -6 x (2 - 3). En conclusion : nous avons trouvé la valeur (unique) de -6 x (A + B) grâce à l'information (2) uniquement. Réponse B !

57. **Réponse D**

Ces deux informations permettent, chacune, de répondre à la question. En effet, avec l'information {1} : si Paul = 8 et que Père = Paul + 25, alors nous avons l'âge du père et on peut donc répondre à la question. De même avec l'information {2}, si Pierre + Paul = 41, alors on en déduit encore l'âge du père puisque l'on sait que Paul a 8 ans !

58. **Réponse D**

59. **Réponse A**

{1} : cette information est suffisante. En effet, l'aire du triangle rectangle en A' est égale à 72 m^2 = A'B' x A'C' / 2. Or comme le triangle A'B'C' est également isocèle en A', alors on a A'B' = A'C', soit A'B' x A'B' = 72 x 2 = 144 m^2, et on en déduit A'B' = 12 m = A'C'. **En appliquant alors le théorème de Pythagore,** il est possible de trouver la distance B'C'. On garde les réponses A et D.

{2} : d'après la seconde information, on peut déduire que B'C' = 1,2 x BC, mais l'on ne connaît ni la valeur de BC, ni celle de AC ou AB, et il est donc impossible de déterminer B'C' à l'aide de cette information étudiée seule : on garde la réponse A.

60. **Réponse E**

{1} : cette information est insuffisante. **A + C = 11 + B** signifie en fait que le nombre ABC est divisible par 11. On peut alors penser à 506, 924 ou encore 704. On garde les réponses B, C et E.

{2} : cette information est également insuffisante. On peut en effet penser aux nombres 166 (83 x 2) ou 415 (83 x 5).

{&} : combinons les deux informations : arrivés ici, l'on sait alors que ABC est à la fois multiple de 11 et de 83 (qui est, au passage, un nombre premier). ABC vaut donc 83 x 11 = 813 et il s'agit là de l'unique valeur possible pour ABC puisque les autres multiples de 11 et 83 (à savoir (11 x 83 x 2) ; (11 x 83 x 3), etc.) sont des nombres de plus de trois chiffres. Réponse E.

5. Expression

61. **Réponse D**

On vous demande ici de trouver le synonyme d'un seul terme. Il faut bien sûr être attentif au contexte. La notion de préoccupation signifie à la fois « le sujet », mais aussi « l'inquiétude » car on se demande depuis longtemps comment travailler de manière éthique. Autrement dit, parmi les options, on nous donne deux synonymes partiels qu'il faut arriver à réunir. « Thème » est trop neutre puisqu'il manque la notion de peur. Il en va de même pour le « sujet », trop peu affectivement connoté. La meilleure réponse est alors la D : un problème est à la fois une question et quelque chose qui gêne, tout comme une préoccupation.

62. **Réponse B**

La meilleure réponse est la B. En effet, on doit retrouver les notions suivantes : la description, la précision de la description, la notion de trouble, le rapport à autrui, le lien d'implication entre la maladie et ces problèmes relationnels. Aucune solution ne rend la notion de précision contenue dans « détaillé » mais en revanche, seule la B évoque le rapport à autrui (« sociale ») comme un problème. On retrouve aussi la notion d'implication avec « engendre ».

63. **Réponse E**

Il faut être attentif ici au sens comme à l'élégance de la formulation. La C peut être exclue très vite car elle laisse trop d'informations importantes en chemin : les inventions, la théologie… La B est certes plus complète mais là encore, il y a trop de pertes : qu'est devenue la notion d'invention ? A et D sont très proches, volontairement : on n'a changé qu'un adjectif « clair », mais la formulation finale est lourde. Certes, tout le sens s'y retrouve, mais cette proximité est un piège. En effet, à ces deux-là, il faut préférer la E : en ajoutant le balancement « non seulement… vraiment… que si », on clarifie la relation de l'histoire du cinéma aux autres histoires et cette formulation est même plus claire que le texte initial. Les « représentations… environnantes » sont un bon équivalent du contexte et l'ensemble donne une phrase beaucoup plus limpide.

64. **Réponse B**

La meilleure réponse est la B. La D n'a rien à voir avec le texte initial. Toutes les autres expressions proposées contiennent l'idée d'une justice envers les méchants. Mais dans le texte initial, c'est d'une justice immanente qu'il s'agit, autrement dit c'est la vie elle-même qui punit, non des hommes. C'est pourquoi la E est impossible, tout comme la C qui ramène le problème à la justice des hommes. Il reste à choisir entre la A et la B. Les deux pourraient convenir mais la A donne l'impression que le mauvais personnage a été attrapé par celui qu'il pensait duper. Là encore, on reste dans une justice humaine. La B est beaucoup plus générale : rien ne précise comment la punition tombera sur l'homme injuste et ce peut être la vie en général.

65. **Réponse D**

La B introduirait une rupture syntaxique et ne peut être retenue ici. Il faut être attentif au contexte : le texte est rédigé dans un style scientifique et médical mais il traite de personnes. On ne peut donc pas en parler comme de la « marchandise », ce qui élimine les options A et E. La C serait aussi en partie indécente : on parle de drogués, aussi peut-on qualifier une partie d'entre eux d'« intéressante » parce qu'ils suscitent la curiosité scientifique ? Il reste donc l'option D, la plus neutre mais la plus fidèle au texte d'origine.

66. **Réponse E**

Il faut choisir la E. Tout d'abord le proverbe fait référence à la deuxième personne du singulier : « tien<u>s</u> ». Ensuite, on compare la chose unique que l'on possède à la possession de deux, et non « d'eux ». Un proverbe est masculin, il faut donc écrire « tel » et non « telle ». Le texte parle ici en général des parents et des enfants éduqués, c'est pourquoi il faut maintenir le pluriel « leurs enfants ». « Ancestrale » s'accorde ici avec « sagesse », qui est un nom féminin. « Les jeunes gens » est une expression moins familière que « les jeunes » et convient donc mieux à l'écrit.

67. **Réponse E**

L'adjectif « vertueux » prend un « x » car il donne « vertueuse » au féminin. « Ceux » est bien un démonstratif mis pour « les plaisirs » et doit donc être au pluriel. Après « bien », il convient de placer une ponctuation qui donne ici une respiration à la phrase. Ne pas la mettre est possible, mais l'inclure est plus élégant. « Nombre » ici fonctionne comme l'adverbe « beaucoup » et est par suite invariable. « Quotidien » ne prend pas de *t.* Faute classique, il n'y pas de *y* à « philosophie ». « Ils semblent » doit être au pluriel, car c'est bien des sages, postposés ici, dont il s'agit. La seule bonne réponse est donc la E.

68. **Réponse C**
La bonne réponse est la C. « Eux » est bien un pronom pluriel alors que « deux » est adjectif numérique cardinal. « Quand » est une conjonction de subordination temporelle distincte de « quant ». Il faut écrire « qu'il lui reste à vivre » car il ne s'agit pas d'une personne : « rester » est ici conjugué de manière impersonnelle tandis que « qui » renverrait à une personne. « Apaisé » ne prend qu'un *p* et « aura », comme toute troisième personne du futur, se termine par un *-a* : le *t* n'est qu'euphonique et signalé par deux tirets. Enfin, le « soi » renvoie bien au pronom personnel « il », bien distinct de « soit ».

69. **Réponse A**
La bonne réponse est la A. En effet, l'expression « sur ces mots » signifie ici qu'il vient d'achever un discours ou un dialogue. Certes, ce peuvent être ses mots à lui, mais il s'agit de considérer ici les mots en général qui pourraient être prononcés par un autre, comme dans un dialogue. Il faut donc préférer le démonstratif. « Quitter » est une action qui ne s'étale pas dans le temps et doit donc être au passé simple : « quitta ». Il faut ensuite préférer le subjonctif « non qu'il n'eût », plus élégant ici. « Davantage » s'écrit enfin en un mot.

70. **Réponse E**
La bonne réponse est E. On teste ici le vocabulaire d'usage, et plus précisément les redoublements. En l'espèce, les termes de la famille de « raison » sont particulièrement redoutables. Ainsi, si « rationalité » ne comporte qu'un *n,* il faut cependant écrire « rationnel », « raisonnable » et « il raisonne ». Il n'y a pas vraiment de logique ici, c'est pourquoi il faut avoir rencontré cette difficulté une fois pour se la rappeler. Enfin, il ne faut pas oublier l'accent de « de surcroît ».

71. **Réponse E**
La personne qui s'exprime ici considère que la situation est trop injuste pour qu'elle n'insiste pas. Si tous sont d'accord, pourquoi céderait-elle ? C'est pourquoi elle va être amenée à insister. D'emblée, du point de vue du sens, C et D sont donc impossibles. Les 3 autres réponses doivent donc être distinguées du point de vue du vocabulaire. On ne « reprend » pas une requête, cette expression n'est pas acceptée par la langue française. En revanche, on itère ou on réitère une requête. Comme la personne semble ne l'avoir formulée qu'une fois, elle ne peut, en bon français, que l'itérer. Réitérer quelque chose, c'est le faire pour la troisième fois, contrairement à l'opinion courante. Il faut préférer la E.

72. **Réponse C**
On vérifie ici votre connaissance des proverbes. On cherche à généraliser la morale que l'on peut tirer de cette histoire. Quelqu'un ne se méfie pas assez et, croyant être plus fort, devient le plus faible. Il faut donc une maxime ou un proverbe très général. C'est le cas de nos 5 options ici. En revanche, elles renvoient toutes à des contextes qui ne sont pas identiques. La A suppose que la force physique s'impose toujours, même sans justification morale ou légale, comme dans la fable « Le loup et l'agneau » de La Fontaine. Or ce n'est pas ce que décrit le texte ici. De même, D et E font mention d'une expérience passée ou d'une information utile, hors contexte également. On doit donc choisir entre B et C. Elles sont toutes les deux tentantes ici. Mais il faut bien observer que le texte conclut sur une généralité : « En effet, en toute situation ». Or on ne peut affirmer qu'en toute situation « tel est pris qui croyait prendre ». Seule la C convient bien.

73. **Réponse E**
La A est à proscrire car il y aurait rupture syntaxique : « C'est alors QUE le loup arriva ». La D donne l'idée d'une continuité alors que le passé simple « arriva » signale une action ponctuelle. On ne peut donc retenir cette solution. Il est cependant possible de retenir les 3 solutions restantes. Le court extrait donne le sentiment qu'un fort contraste va s'installer entre le calme et la « tempête ». Il faut donc trouver le terme qui fait le mieux sentir l'événement du passé simple et l'opposition des deux atmosphères : « Cependant » rend mieux le contraste que « soudain », bien que ce dernier rende mieux compte de l'événement. Mais « alors » réunit les deux : il marque la rupture temporelle et le contraste. Il faut donc choisir la réponse E.

74. **Réponse D**
On teste ici votre compréhension et votre rigueur d'expression. La B est à proscrire : erreur courante à l'oral, il faut dire « tout ce qu'il faut » car « falloir » est un verbe toujours impersonnel. La C est incorrecte : on dit « tout ce dont j'ai besoin ». A, D et E doivent être distinguées autrement. La A est curieuse car il n'est pas certain que des cartes ou des vêtements dans un sac fassent « rêver ». La E est séduisante mais on ne prévoit pas rigoureusement des affaires mais des événements ou des besoins. Seule la D est ici recevable.

75. **Réponse E**
Le texte est écrit au passé simple de l'indicatif et on veut vérifier que vous connaissez cette conjugaison et ses subtilités. La règle de concordance des temps implique ici que l'on conserve absolument ce temps. C'est pourquoi la forme « demandais », première personne de l'imparfait de l'indicatif, ne convient pas. Certes, le verbe « voulaient » de l'énoncé est à l'imparfait. Mais il faut bien avoir en tête que ces deux temps fonctionnent ensemble ; néanmoins, le passé simple

exprime des actions ponctuelles (comme le fait de demander quelque chose) alors que l'imparfait exprime une action continue. C'est pourquoi on doit préférer ce temps ici. La B ne peut convenir car cette forme n'existe pas. La C est impossible car « interroger » ne supporte pas de complément d'objet indirect tel que « leur », tout comme la D. La seule réponse possible est donc la E.

6. Logique

76. **Réponse A**
    H : Intra de +1 entre la première et la dernière lettre.
    V : Inter vertical de +3 sur la lettre du milieu.

77. **Réponse C**
    H : Intra de +1 entre le premier et le deuxième chiffre.
    V : Somme constante égale à 9.

78. **Réponse B**
    H : Inter Grande diagonale droite de +1.
    V : Inter vertical dynamique de +2 à +5 sur la première lettre.

79. **Réponse D**
    H : Tous les nombres sont des multiples de 13.
    V : Tous les nombres sont des multiples de 7.

80. **Réponse C**
    H : Intra de -1 entre la deuxième et la troisième lettre.
    V : Intra de +1 entre la première et la deuxième lettre.

81. **Réponse C**
    H : Inter vertical de +1 sur le chiffre du milieu.
    V : Tous les nombres sont des carrés d'entiers.

82. **Réponse A**
    H : La deuxième lettre est toujours une voyelle.
    V : Intra de -1 entre la première et la dernière lettre.

83. **Réponse C**
    H : La somme est constante égale à 15.
    V : Séparation somme constante égale à 8 par la gauche (la somme des deux premiers chiffres est toujours égale à 8).

84. **Réponse D**
Le nombre de côtés au carré doit donner le nombre inscrit au milieu de la figure : $4^2 = 16$, $6^2 = 36$, $3^2 = 9$.

85. **Réponse A**
La somme totale des nombres présents dans la figure suit une progression arithmétique de 1 :

$12 + 1 + 1 + 6 = 20$ $3 + 7 + 3 + 8 = 21$ $11 + 11 = 22$

La somme de tous les chiffres présents dans la solution devra donc donner 23.

86. **Réponse D**
Le mouvement de la croix vous indique qu'elle devra être penchée. De plus, il y a à chaque fois un nombre de plus, la solution devra donc en comporter quatre. Enfin, la somme de ces nombres est égale à un carré :

$9 = 3^2$ $8 + 8 = 16 = 4^2$ $2 + 4 + 19 = 25 = 5^2$

Ainsi, la somme de tous les nombres de la solution devra donner $6^2 = 36$.

87. **Réponse E**
Vous remarquez que le nombre du milieu divisé par le nombre de côtés donne toujours 3 : $30/10 = 24/8 = 18/6 = 3$.

88. **Réponse B**
Le mouvement des lettres vous indique qu'elles devront se trouver sur le coin supérieur gauche et le coin inférieur droit. De plus, la somme du nombre de barres des deux lettres présentes est toujours égale au chiffre du milieu, qui suit lui-même une progression arithmétique de 1. Ainsi, la solution devra avoir un 3 au milieu avec deux lettres dont la somme du nombre de barres donne également 3.

89. **Réponse B**
La somme du nombre de côtés des figures présentes élevé au carré donne toujours le nombre inscrit en bas :

$(8 + 4)^2 = 12^2 = 144$ $(7 + 3)^2 = 10^2 = 100$ $(6 + 4)^2 = 10^2 = 100$

90. **Réponse C**
Il y a deux mouvements de lettres au sein de cette série : la suite L – N – P et la suite D – F – H. Il s'agit d'une progression arithmétique de 2 pour chacune des suites, les lettres suivantes seront donc respectivement R et J. En suivant les mouvements, vous trouvez qu'elles doivent être placées à droite et dans le coin inférieur gauche de la figure.

TEST BLANC TAGE MAGE NUMERO 4

TEST TAGE MAGE NUMERO 4 : VOTRE GRILLE DE REPONSES

Epreuve 1 **Compréhension de textes**						Epreuve 2 **Calcul**						Epreuve 3 **Raisonnement/Argumentation**					
1	A	B	C	D	E	16	A	B	C	D	E	31	A	B	C	D	E
2	A	B	C	D	E	17	A	B	C	D	E	32	A	B	C	D	E
3	A	B	C	D	E	18	A	B	C	D	E	33	A	B	C	D	E
4	A	B	C	D	E	19	A	B	C	D	E	34	A	B	C	D	E
5	A	B	C	D	E	20	A	B	C	D	E	35	A	B	C	D	E
6	A	B	C	D	E	21	A	B	C	D	E	36	A	B	C	D	E
7	A	B	C	D	E	22	A	B	C	D	E	37	A	B	C	D	E
8	A	B	C	D	E	23	A	B	C	D	E	38	A	B	C	D	E
9	A	B	C	D	E	24	A	B	C	D	E	39	A	B	C	D	E
10	A	B	C	D	E	25	A	B	C	D	E	40	A	B	C	D	E
11	A	B	C	D	E	26	A	B	C	D	E	41	A	B	C	D	E
12	A	B	C	D	E	27	A	B	C	D	E	42	A	B	C	D	E
13	A	B	C	D	E	28	A	B	C	D	E	43	A	B	C	D	E
14	A	B	C	D	E	29	A	B	C	D	E	44	A	B	C	D	E
15	A	B	C	D	E	30	A	B	C	D	E	45	A	B	C	D	E

Epreuve 4 **Conditions minimales**						Epreuve 5 **Expression**						Epreuve 6 **Logique**					
46	A	B	C	D	E	61	A	B	C	D	E	76	A	B	C	D	E
47	A	B	C	D	E	62	A	B	C	D	E	77	A	B	C	D	E
48	A	B	C	D	E	63	A	B	C	D	E	78	A	B	C	D	E
49	A	B	C	D	E	64	A	B	C	D	E	79	A	B	C	D	E
50	A	B	C	D	E	65	A	B	C	D	E	80	A	B	C	D	E
51	A	B	C	D	E	66	A	B	C	D	E	81	A	B	C	D	E
52	A	B	C	D	E	67	A	B	C	D	E	82	A	B	C	D	E
53	A	B	C	D	E	68	A	B	C	D	E	83	A	B	C	D	E
54	A	B	C	D	E	69	A	B	C	D	E	84	A	B	C	D	E
55	A	B	C	D	E	70	A	B	C	D	E	85	A	B	C	D	E
56	A	B	C	D	E	71	A	B	C	D	E	86	A	B	C	D	E
57	A	B	C	D	E	72	A	B	C	D	E	87	A	B	C	D	E
58	A	B	C	D	E	73	A	B	C	D	E	88	A	B	C	D	E
59	A	B	C	D	E	74	A	B	C	D	E	89	A	B	C	D	E
60	A	B	C	D	E	75	A	B	C	D	E	90	A	B	C	D	E

Si vous souhaitez répondre la réponse B à la question 31, alors noircissez la case comme suit :

31	A	B ▬	C	D	E

4

TEST BLANC TAGE MAGE

EPREUVE 1 : COMPREHENSION DE TEXTES

CONSIGNES

15 questions / 20 minutes / Calculatrice interdite

BAREME

Réponse juste : + 4 points / Réponse fausse : - 1 point / Aucune réponse : 0 point

TEXTE 1

Les techniques de neurostimulation sont déjà anciennes. On les pratique depuis longtemps dans le traitement des douleurs chroniques. Les neurochirurgiens opéraient notamment déjà les malades de Parkinson, mais pour remédier à des symptômes beaucoup plus isolés, comme le tremblement, et en visant d'autres cibles moins complexes à traiter. On réalisait ainsi des stimulations thalamiques en 1988 et des stimulations pallidales en 1994, ce qui donnait déjà lieu à des collaborations entre chirurgiens et neurologues.

L'évolution des techniques de stimulation et les nouvelles connaissances sur le noyau subthalamique (une partie du cerveau que les maladies neurodégénératives atteignent) ont permis aux neurochirurgiens d'envisager un autre traitement pour les parkinsoniens. Il est alors devenu possible de maîtriser en même temps plusieurs symptômes (notamment le tremblement, l'akinésie, les blocages) en abordant une cible nouvelle, bien que plus difficile à atteindre et à contrôler. Plusieurs centres en France ont développé cette technique au milieu des années 1990. La première neurostimulation de ce type date de 1994. La différence importante avec les stimulations antérieures, c'est que la cible chirurgicale est beaucoup plus difficile à atteindre et suppose une collaboration bien plus étroite des chirurgiens et des neurologues, avec en contrepartie des effets plus intéressants. Le but, c'est d'améliorer l'état du patient lorsqu'il fluctue malgré les médicaments. La neurostimulation subthalamique est d'abord apparue comme la manière unique et efficace de proposer un soin à des parkinsoniens en fin de « lune de miel ». C'était une manière, sinon de guérir, au moins de reculer nettement l'inéluctable en assurant une qualité de vie minimale aux patients. L'image du neurologue impuissant face à la maladie chronique pouvait s'en trouver modifiée.

Mais la motivation thérapeutique, la plus évidente, n'était pas la seule motivation des médecins. La neurostimulation constituait également un terrain d'études à défricher. Les motivations des neurologues, des neurophysiologistes, des neuropsychologues et des neurochirurgiens, ce furent entre autres les recherches scientifiques liées à cette innovation thérapeutique. Il ne faut pas perdre de vue que dans un CHU, les médecins sont tout autant thérapeutes que chercheurs. C'est ainsi que la loi Debré de 1958 définit leur statut. Dans la mesure où la neurostimulation subthalamique mobilisait différents groupes d'acteurs et où elle constituait un objet très mal connu, chacun y a vu la possibilité de recherches nouvelles et fécondes, mêlant des chercheurs jusque-là peu habitués à travailler ensemble. Même après les premiers essais, les crédits ont continué d'alimenter cette pratique, puisque les neurologues, les neurochirurgiens et les neurophysiologistes ont obtenu une machine très novatrice permettant des mesures per-opératoires sur un grand nombre d'électrodes (la *« lead-point »*).

Dans le même temps, l'administration de la santé a vérifié la rentabilité de cet investissement. Les premières neurostimulations subthalamiques ont été réalisées en parallèle à une enquête devant vérifier l'intérêt financier d'une telle entreprise. Cette enquête, dite enquête « Spark », a révélé que si la neurostimulation coûte 33 keuros pour l'opération et 12 keuros tous les 5 ans, elle permet au bout de 10 ans une diminution des coûts médicaux de 4,5 keuros par an par rapport au traitement classique. Le projet a donc paru viable, pouvant même à terme permettre de réaliser des économies.

Pour toutes ces raisons, on peut dire que la neurostimulation a constitué un objet prioritaire, puisqu'il était à cheval sur nombre de motivations distinctes, et reconnu comme tel par l'administration.

@@

1. Ce texte pourrait être extrait :

(A) d'un manuel d'histoire.
(B) d'un cours de médecine.
(C) d'un article d'actualité.
(D) d'une enquête sur un service de neurologie.
(E) d'un journal.

2. Le texte laisse à penser que :

(A) la neurostimulation est la solution parfaite à toutes les maladies.
(B) on peut stimuler n'importe quel patient.
(C) la neurostimulation est la solution parfaite à la maladie de Parkinson.
(D) la neurostimulation peut s'appliquer au cœur.
(E) la neurostimulation améliorera la vie des patients.

3. Quelle stimulation doit probablement être la plus difficile à réaliser techniquement ?

(A) Thalamique.
(B) Pallidale.
(C) Hyperpallidale.
(D) Subthalamique.
(E) Subpallidale.

@@@@@@@@@@@@@@@@@@@@@@@@@@@@@@@@@@@@@
@@@@@@@@@@@@@@@@@@@@@@@@@@@@@@@@@@@@@
@@@@@@@@@@@@@@@@@@@@@@@@@@@@@@@@@@@@@

4. Qu’est-ce qui a motivé le développement de cette nouvelle technique ?
1. l’efficacité 2. la recherche 3. la rentabilité

(A) 1 et 2.
(B) 2 et 3.
(C) 2 seulement.
(D) 3 seulement.
(E) 1, 2 et 3.

5. La « *lead-point* » sert à :

(A) mesurer la taille des électrodes.
(B) faire des repérages avant l’opération.
(C) faire des mesures pendant l’opération.
(D) éviter les erreurs.
(E) améliorer la visée.

6. Thalamus, pallidum et subthalamus doivent se trouver dans :

(A) le cœur.
(B) le rein.
(C) un organe vital qui contrôle le mouvement.
(D) le cerveau.
(E) la colonne vertébrale.

@@@
@@@
@@@

7. Combien coûte un traitement classique de la maladie de Parkinson ?

(A) 4,5 keuros par an.
(B) La santé, cela n'a pas de prix.
(C) Plus de 3 keuros par an.
(D) Plus de 4 keuros par an.
(E) Plus de 4,5 keuros par an.

8. Qui sort vainqueur de cette innovation ?
1. le patient 2. la société 3. le neurologue

(A) 1 et 2.
(B) 2 et 3.
(C) 2 seulement.
(D) 3 seulement.
(E) 1, 2 et 3.

TEXTE 2

Walter Benjamin a construit une manière très originale d'écrire l'histoire, même si celle-ci n'a pas fait école. Cette écriture doit selon lui passer par le concept d'image dialectique qui offre la possibilité d'une pensée synthétique de la culture. D'abord parce que l'image dialectique permet de penser le rapport du particulier et de l'universel, en cela que des tendances fondamentales des sociétés se trouvent incarnées dans des objets de la quotidienneté, alors que ce rapport de l'universel et du particulier est l'un des questionnements les plus cruciaux pour l'historien hégélien ou marxiste. Mais également parce que Walter Benjamin peut par cet outil penser les liens et les rapports des choses entre elles : l'image dialectique est une monade, c'est-à-dire qu'elle permet d'apercevoir le tout dans la partie. Et par là, les histoires locales (sociales, intellectuelles, politiques, internationales, artistiques…) et toujours insatisfaisantes dès lors qu'elles sont traitées séparément deviennent pensables dans leur synthèse. La culture, dans sa dimension la plus synthétique, est alors historiquement pensable.

On peut donner une illustration de cela en se référant à l'ouvrage, certes inachevé, mais d'ores et déjà fortement instructif, qu'est *Paris capitale du XIXe siècle*, encore intitulé « Le Livre des passages ». Dans cette œuvre, Walter Benjamin décrit une quarantaine de thèmes, et dresse chaque fois une liste impressionnante d'images dialectiques correspondantes et montées entre elles. Les sources qu'il mobilise sont multiples et diverses, depuis le catalogue de vente par correspondance jusqu'au guide touristique, en passant par les romans ou les journaux de l'époque. Tout est légitime dès lors que cela permet d'approcher le cœur de ce moment de l'histoire. Il s'agit de mettre en place ce que l'auteur nomme lui-même une « féerie dialectique », en vue de dire à la fois l'histoire sociale de ce siècle et de marquer l'équivoque de la modernité.

Prenons pour exemple la première section de cet ouvrage, intitulé « Passages, Magasins de nouveautés, Calicots ». Dans celle-ci, Walter Benjamin décrit les nouveaux magasins qui ont commencé de se développer peu après la révolution industrielle, et plus particulièrement les galeries ou les petits passages des villes où ces commerces se logeaient parfois. Walter Benjamin cite le *Guide illustré de Paris* de 1852 : « Nous avons mentionné à maintes reprises les passages qui débouchent sur les grands boulevards. Ces passages, récentes inventions du luxe industriel, sont des couloirs au plafond de verre et aux entablements de marbre, qui courent à travers des blocs entiers d'immeubles dont les propriétaires se sont solidarisés pour ce genre de spéculations. Des deux côtés du passage qui reçoit sa lumière d'en haut, s'alignent les magasins les plus élégants, de sorte qu'un tel passage est une ville, un monde en miniature. »

Ce qui intéresse ici Walter Benjamin, c'est la somme de contradictions qui traverse cette image des passages commerciaux : les passages sont à la fois des lieux urbains et des endroits douillets à l'intérieur même des immeubles ; le dehors ne se distingue pas du dedans, l'intérieur se confond avec l'extérieur ; on n'y reste pas et pourtant on vient spécialement pour voir ce qui s'y trouve ; ces lieux sont la conjonction de l'évanescence (le verre et la lumière) et du durable (l'architecture de fer) ; ils manifestent tout autant l'apogée du capitalisme marchand que sa chute, puisqu'ils sont très vite menacés de ruine à la fin de siècle, lors de la construction des grands magasins.

Walter Benjamin remarque aussi que ce type d'architecture est repris par Fourrier lui-même dans la description de ses phalanstères, en vue d'une société socialiste, ce qui achève de cristalliser dans cette même image dialectique toutes les virtualités

@@
@@
@@

contraires. Les passages sont des lieux de flânerie et d'ivresse, et pourtant expriment à plein l'aliénation par la marchandise.

La conjonction des citations vise dans ce premier chapitre à « choquer » le lecteur, à l'empêcher de succomber à la fascination qui était sans doute celle des gens d'alors. D'où ce sentiment de saccades, de greffes citationnelles, mais volontairement recherchées par l'auteur.

9. Le style de Benjamin consiste à penser l'histoire autrement du point de vue :

(A) des données historiques.
(B) de la présentation des faits.
(C) des relations entre les faits.
(D) de la disposition des faits sur la page.
(E) de l'enseignement des événements marquants.

10. Le texte présenté est :
1. un extrait 2. la fin d'un texte 3. le début d'un texte

(A) 1 seulement.
(B) 1 et 2.
(C) 1 et 3.
(D) On ne peut répondre.
(E) 1, 2 et 3.

11. Les passages pour Benjamin sont avant tout :

(A) des lieux de commerce.
(B) des cercles vicieux.
(C) le lieu d'une dialectique.
(D) des images.
(E) des galeries marchandes.

@@
@@
@@

12. Selon le texte, on peut penser que le capitalisme :

(A) va chuter.
(B) a péri.
(C) est en train de périr.
(D) peut rebondir.
(E) a rebondi.

13. L'écriture de Benjamin est :

(A) fluide.
(B) claire.
(C) saccadée.
(D) traumatisante.
(E) élancée.

14. Etre historien, c'est avant tout être :

(A) sûr de soi.
(B) érudit.
(C) éclectique.
(D) sérieux.
(E) ouvert.

15. Quel couple logique ne trouve-t-on pas dans le texte ?

(A) Universel/particulier.
(B) Ouvert/fermé.
(C) Obscur/lumineux.
(D) Habituel/surprenant.
(E) Heureux/malheureux.

Si vous avez terminé, vous n'êtes pas autorisé(e) à revenir sur une épreuve précédente.
Vous n'êtes pas non plus autorisé(e) à travailler sur une épreuve suivante avant la fin du temps imparti.

STOP !

TEST BLANC TAGE MAGE
EPREUVE 2 : CALCUL

4

CONSIGNES
15 questions / 20 minutes / Calculatrice interdite

BAREME
Réponse juste : + 4 points / Réponse fausse : - 1 point / Aucune réponse : 0 point

16. Trois frères achètent un cadeau pour leur mère. Le premier paie un sixième du cadeau, le second paie un septième du cadeau et le dernier paie le double de la somme de ses deux frères. Il leur manque encore trente euros pour payer le cadeau. Quel est le prix du cadeau ?

(A) 360 euros.
(B) 390 euros.
(C) 420 euros.
(D) 460 euros.
(E) 490 euros.

17. La somme de quatre nombres entiers consécutifs ne peut pas être égale à :

(A) 2 002
(B) 22
(C) 202
(D) 222
(E) 220

18. Quelle est la valeur de la somme des chiffres du résultat de la multiplication suivante sachant que p est un entier naturel pair ?

$$\begin{array}{r} 5\;0\;1 \\ \times\;p\;p \\ \hline 3\;-\;-\;- \\ -\;-\;0\;-\;- \\ \hline -\;-\;-\;-\;- \end{array}$$

(A) 12
(B) 15
(C) 16
(D) 17
(E) 18

19. Il y a 6 ans, Daniel avait 4 fois l'âge de Nicolas. Aujourd'hui Daniel a 2 fois l'âge de Nicolas. Quel est l'âge Nicolas ?

(A) 7
(B) 9
(C) 12
(D) 15
(E) 18

20. La distance Paris-Marseille par voie ferrée est de 1 000 km. Un TGV part de Marseille à 10 heures et roule à la vitesse de 300 km/h. Un train part de Paris à 8 heures 30 et roule à la vitesse de 200 km/h. A quelle distance de Marseille les deux trains vont-ils se croiser ?

(A) 380 km.
(B) 420 km.
(C) 460 km.
(D) 540 km.
(E) 580 km.

//
//
//

21. Que vaut le cinquième de 62,5 % ?

(A) 1/6
(B) 1/5
(C) 1/4
(D) 1/8
(E) 1/10

22. 138 étudiants sont répartis dans trois salles de cours. A la fin des cours, 12 étudiants quittent la première salle, 10 quittent la deuxième salle et 14 quittent la troisième salle. Il y a alors le même nombre d'étudiants dans chaque salle. Combien y avait-il d'étudiants dans la troisième salle au début du cours ?

(A) 42
(B) 44
(C) 46
(D) 48
(E) 50

23. A 9 h, Anne part de Strasbourg pour aller à Brest et conduit à la vitesse de 48 km/h. A 10 h, Pierre part également de Strasbourg dans la même direction. Il conduit à la vitesse de 60 km/h. A quelle heure Pierre va-t-il rattraper Anne ?

(A) 13 h 30.
(B) 14 h.
(C) 14 h 15.
(D) 14 h 30.
(E) 15 h.

24. Hélène est née le jour du vingtième anniversaire de sa mère. Combien de fois, au plus, l'âge d'Hélène sera-t-il un diviseur de l'âge de sa mère ?

(A) 4
(B) 5
(C) 6
(D) 7
(E) 8

//
//
//

25. Les côtés d'un triangle JKL sont prolongés et, comme sur la figure, on construit les points P, Q, R, S, T et U tels que : PJ = JK = KS, TL = LJ = JQ, UL = LK = KR. Si l'aire du triangle JKL est égale à 1, quelle est l'aire de l'hexagone PQRSTU ?

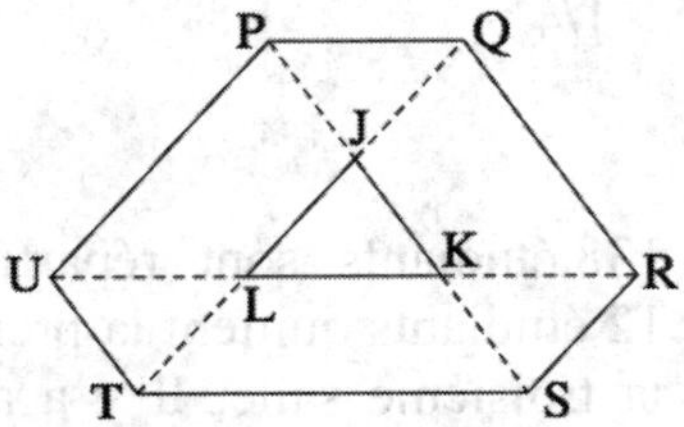

(A) 9
(B) 10
(C) 12
(D) 13
(E) Il est impossible de répondre.

26. Un petit garçon demande à son père quel âge il a. Son père répond par une devinette. « Si je devais vivre jusqu'à quatre-vingt-dix ans, alors le temps qu'il me reste à vivre représenterait cinq quarts de mon âge actuel. » Quel est l'âge du père ?

(A) 40
(B) 50
(C) 60
(D) 70
(E) 80

27. Les cinq septièmes d'un gâteau sont partagés en dix parts égales. Quelle fraction du gâteau total une part représente-t-elle ?

(A) 1/21
(B) 1/16
(C) 1/14
(D) 1/12
(E) 1/7

//
//
//

28. Si trois hommes plantent quarante choux en dix heures et que quatre enfants peuvent faire le travail de deux hommes, combien de choux seront plantés en cinq heures avec une équipe de six hommes et six enfants ?

(A) 32
(B) 48
(C) 60
(D) 72
(E) 90

29. Sur la figure, l'aire du triangle est 80 m^2 et le rayon de chaque cercle centré sur les trois sommets du triangle est 2 mètres. Combien mesure, en m^2, la surface grisée sur la figure ?

(A) 76
(B) 80 – 2pi
(C) 40 – 4pi
(D) 80 – pi
(E) 78pi

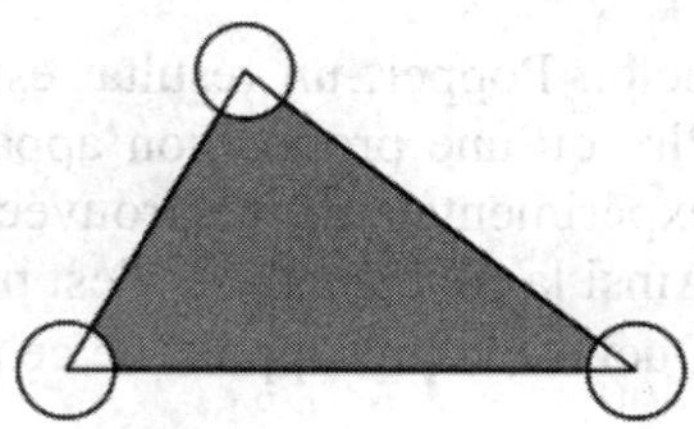

30. Jeanne nettoie sa chambre en une heure et trente minutes quand son frère, lui, ne met qu'une heure pour nettoyer la chambre de Jeanne. Combien de temps ensemble, Jeanne et son frère mettront-ils pour nettoyer la chambre de Jeanne ?

(A) 30 minutes.
(B) 36 minutes.
(C) 45 minutes.
(D) 56 minutes.
(E) 66 minutes.

Si vous avez terminé, vous n'êtes pas autorisé(e) à revenir sur une épreuve précédente.
Vous n'êtes pas non plus autorisé(e) à travailler sur une épreuve suivante avant la fin du temps imparti.

STOP !

TEST BLANC TAGE MAGE
EPREUVE 3 : RAISONNEMENT / ARGUMENTATION

4

CONSIGNES

15 questions / 20 minutes / Calculatrice interdite

BAREME

Réponse juste : + 4 points / Réponse fausse : - 1 point / Aucune réponse : 0 point

31. Selon Popper, un résultat est scientifique lorsqu'il est falsifiable. Cela revient à dire qu'une proposition appartient aux sciences si et seulement si elle peut être expérimentalement éprouvée et qu'au cours de ce test elle résiste à l'épreuve. Ainsi la psychanalyse n'est pas une science, pas plus que la chiromancie.
Quel est le présupposé de ce raisonnement ?

(A) Il n'y a de science qu'expérimentale.
(B) Tout peut être testé.
(C) L'expérience n'est pas l'expérimentation.
(D) Les mathématiques ne sont pas une science.
(E) La psychanalyse n'a pas d'objet sensible.

>>
>>>
>>>

32. Paul, Pierre, André, Claude, Arthur, Raphaël et Matthieu sont assis autour d'une table octogonale. Matthieu est en face de Pierre et à droite d'André. Raphaël est juste à droite de Paul et Arthur juste à gauche de Pierre. André et Claude sont l'un à côté de l'autre. Il n'y a personne juste à la droite d'André.
Parmi les 5 propositions suivantes, laquelle est vraie ?

(A) Pierre est face à André.
(B) Claude est face à Arthur.
(C) Paul est juste à gauche de Pierre.
(D) Pierre est juste à gauche de Claude.
(E) Il n'y a personne juste à droite de Matthieu.

33. Eric le Rouge fut le premier Européen à poser le pied sur le continent américain. Il partit de la Suède actuelle, fit escale en Islande et atteint le Canada. Ce qui est surprenant, c'est qu'il réalisa cet exploit sans boussole ni carte, dans un petit bateau mais sans l'avoir vraiment voulu au départ. Il a été obligé de quitter son pays à la suite d'une faute envers son roi.
Quelle conclusion en tirer ?

(A) Il faut savoir faire contre mauvaise fortune bon cœur.
(B) Pas de bon ouvrier sans bons outils.
(C) Un tiens vaut mieux que deux tu l'auras.
(D) Rien ne sert de courir, il faut partir à point.
(E) A cœur vaillant, rien d'impossible.

>>
>>
>>

34. La mauvaise foi est l'un des phénomènes les plus fréquents et en même temps les plus surprenants de la vie humaine. Une personne peut savoir une chose et pourtant dire ou penser le contraire tout en s'en persuadant elle-même.
Quelle phrase résume le mieux cela ?

(A) Le chat se mord la queue.
(B) Tel est pris qui croyait prendre.
(C) C'est toujours le cordonnier le plus mal chaussé.
(D) Nul n'est prophète en son pays.
(E) On ne peut se fier qu'à soi-même.

35. L'incarnation est l'un des mystères de la chrétienté. En effet, si Dieu est absolu et transcendant, comment peut-il s'abaisser à la matière, imparfaite, immanente et sans noblesse ? C'est comme si l'on laissait une reine se salir dans la boue.
Comment résoudre ce paradoxe ?

(A) La matière est aussi noble que l'esprit.
(B) Les contraires s'attirent.
(C) La religion s'oppose à la raison.
(D) En s'incarnant, Dieu ne s'abaisse pas mais relève la matière.
(E) Dieu ne s'est pas totalement incarné, seul son fils s'est incarné.

36. Parmi ces cinq figures de style, laquelle est une intruse ?

(A) Je vais au cinéma en voiture.
(B) On met les voiles !
(C) Nanou, dépêche-toi !
(D) Bonjour M. Dupont. Comment allez-vous ?
(E) La France a gagné la finale.

37. Paul aime Jeanne et César et Jeanne aime Victor. Victor aime Rosalie et Jeanne, qui aime à la fois David et César. David n'aime personne mais César aime tout le monde. Rosalie aime aussi les femmes. David aimerait une femme, n'importe laquelle, si César n'était pas avec Rosalie. Jeanne aimerait César si David n'était pas avec Rosalie.
Combien de couples hétérosexuels et s'aimant peut-on constituer en même temps ?

(A) 0
(B) 1
(C) 2
(D) 3
(E) 4

38. Les livres d'une bibliothèque sont rangés et étiquetés par un système numérique en base 9. C'est-à-dire que chaque fois que l'on atteint 9, on passe à l'unité suivante : 1, 2, 3, 4, 5, 6, 7, 8, 10, 11…
Sachant que la bibliothèque comporte 1 000 livres, quel nombre porte le dernier ?

(A) 1 000
(B) 999
(C) 9 999
(D) 1 401
(E) 1 321

39. J'ai dit hier : « Demain, je serai là pour te dire la vérité. » Et aujourd'hui je suis en effet là. Tu as dit il y a deux jours. « Après-demain, je serai là pour te dire la vérité. » Or d'habitude, je mens lundi, mardi et mercredi et toi tu dis la vérité, mardi, mercredi et jeudi.
Quand a lieu le rendez-vous ?

(A) Lundi.
(B) Mercredi.
(C) Vendredi.
(D) Samedi.
(E) Jamais.

>>
>>
>>

40. Georges habite au 4e étage de son immeuble, juste au-dessus de Pierre qui loge 12 étages sous Paul. Sarah a une tante qui est voisine de palier de Paul et qui loge sous sa mère. Le boulanger du quartier habite juste au-dessus de cette dernière, 3 étages sous le sommet.
Combien d'étages fait l'immeuble ?

(A) 15
(B) 17
(C) 19
(D) 20
(E) 22

41. Que faut-il mettre à la place des pointillés pour que le sens de la phrase suivante soit juste ?
« Dans la phrase que je suis en train de lire, il y a très exactement … "t" et précisément … "i". »

(A) quatre / cinq
(B) sept / cinq
(C) six / quatre
(D) huit / cinq
(E) On ne peut pas répondre à cette question.

42. Qui peut être le cousin de l'oncle de ma sœur ?

(A) Son cousin issu de germain.
(B) Son grand-père.
(C) Mon frère.
(D) Mon neveu.
(E) Mon oncle.

43. Le 2 août 2010 tombe un lundi. Quel jour sera-t-on le 30 mars 2012 ?

(A) Lundi.
(B) Mardi.
(C) Jeudi.
(D) Samedi.
(E) Dimanche.

>>
>>
>>

44. Les génies ne sont pas toujours de bons pédagogues. En effet, il ne suffit pas de posséder un savoir pour bien l'enseigner même si pour enseigner il faut posséder un savoir. Enseigner suppose de pouvoir se mettre dans la tête de celui qui ne sait pas pour arriver, étape par étape, à rendre une difficulté compréhensible. Pour le dire autrement, le bon professeur doit avoir fait réellement ou virtuellement l'expérience de l'incompréhension.
Quelle phrase pourrait prononcer le mauvais professeur que décrit ce texte ?

(A) « Vous ne comprenez jamais rien ! »
(B) « Toute façon, les élèves sont de plus en plus nuls. »
(C) « Le niveau baisse d'année en année. »
(D) « Je ne comprends pas que vous ne compreniez pas. »
(E) « Débrouillez-vous ! »

45. La logique affective est transitive. Spontanément, à n'importe quelle époque et n'importe où, je considère que l'ennemi de mon ami est mon ennemi, l'ami de mon ami mon ami, l'ennemi de mon ennemi mon ami et l'ami de mon ennemi mon ennemi. Plusieurs proverbes, maximes ou adages vont dans ce sens et on les retrouve dans différentes cultures. La seule bizarrerie dans cette logique transitive, c'est que l'on peut élargir plus ou moins la notion d'ami et d'ennemi. L'ami est-il simplement une personne que je connais ? Un intime ? Un parent ? L'ennemi est-il celui que je ne connais pas ? Un homme que je hais ? Une personne qui m'a fait ponctuellement du mal ?
Quelle conclusion peut-on en tirer ?

(A) Les affects sont le lieu du n'importe quoi.
(B) Tous peuvent devenir mes amis.
(C) Tous peuvent devenir mes ennemis.
(D) L'identité n'est pas la ressemblance.
(E) La logique affective est partiellement fondée sur l'identité.

Si vous avez terminé, vous n'êtes pas autorisé(e) à revenir sur une épreuve précédente.
Vous n'êtes pas non plus autorisé(e) à travailler sur une épreuve suivante avant la fin du temps imparti.

STOP !

4

TEST BLANC TAGE MAGE
EPREUVE 4 : CONDITIONS MINIMALES

CONSIGNES
15 questions / 20 minutes / Calculatrice interdite

BAREME
Réponse juste : + 4 points / Réponse fausse : - 1 point / Aucune réponse : 0 point

Vous répondrez :
(A) Si l'information (1) permet à elle seule de répondre à la question, et si l'information (2) à elle seule ne permet pas de répondre à la question.
(B) Si l'information (2) permet à elle seule de répondre à la question, et si l'information (1) à elle seule ne permet pas de répondre à la question.
(C) Si les deux informations (1) et (2) ensemble permettent de répondre à la question, et aucune séparément ne le peut.
(D) Si chaque information permet séparément de répondre à la question.
(E) Si les deux informations ensemble ne permettent pas de répondre à la question.

46. Z est-il divisible par 15 ?

(1) Z est divisible par 195.
(2) Z est divisible par 169.

47. Une classe comprend 40 élèves. Combien de filles y a-t-il dans cette classe ?

(1) Il y a plus de garçons que de filles dans cette classe.
(2) Si on enlève 4 garçons, alors il y aura autant de filles que de garçons dans cette classe.

###
###
###

Vous répondrez :
(A) Si l'information (1) permet à elle seule de répondre à la question, et si l'information (2) à elle seule ne permet pas de répondre à la question.
(B) Si l'information (2) permet à elle seule de répondre à la question, et si l'information (1) à elle seule ne permet pas de répondre à la question.
(C) Si les deux informations (1) et (2) ensemble permettent de répondre à la question, et aucune séparément ne le peut.
(D) Si chaque information permet séparément de répondre à la question.
(E) Si les deux informations ensemble ne permettent pas de répondre à la question.

48. Un tonneau de vin de forme parfaitement cylindrique A est rempli à 50 % de sa capacité totale. Un autre tonneau de vin, B, parfaitement cylindrique lui aussi, est rempli à 80 % de sa capacité totale. Quel est le tonneau qui a la plus grande capacité ?

(1) Si l'on verse le vin qu'il y a dans le tonneau A dans le tonneau B jusqu'à le remplir complètement, le tonneau A devient alors rempli à 1/6 de sa capacité.
(2) Si l'on verse le vin qu'il y a dans le tonneau B dans le tonneau A jusqu'à le remplir complètement, le tonneau B devient alors rempli à 50 % de sa capacité.

49. P et Q sont des entiers naturels pairs différents de 0.
Le produit P x Q est-il divisible par 24 ?

(1) Le reste de la division de Q par 12 est égal à 0.
(2) La moyenne de P et Q est égale à 24.

50. La somme des comptes en banque de Daniel, Nicolas et Mika est égale à la moitié de celui de leur père Olivier. Combien d'argent possède Mika ?

(1) Olivier a 3 200 euros.
(2) Mika a 100 euros de moins que Daniel et 150 euros de moins que Nicolas.

##
##
##

Vous répondrez :
(A) Si l'information (1) permet à elle seule de répondre à la question, et si l'information (2) à elle seule ne permet pas de répondre à la question.
(B) Si l'information (2) permet à elle seule de répondre à la question, et si l'information (1) à elle seule ne permet pas de répondre à la question.
(C) Si les deux informations (1) et (2) ensemble permettent de répondre à la question, et aucune séparément ne le peut.
(D) Si chaque information permet séparément de répondre à la question.
(E) Si les deux informations ensemble ne permettent pas de répondre à la question.

51. Alexandre, Dru, Ervin et Olivier habitent dans le désordre au 2e, 4e, 5e et 6e étages d'un immeuble. Quel est le prénom de celui qui habite le plus bas ?

(1) Alexandre et Dru, qui n'est pas celui qui habite au 2e étage, disent que Ervin habite au 4e étage.
(2) Alexandre et Dru ne rencontrent leur voisin du 2e étage que rarement.

52. Quelle est la valeur de la moyenne des nombres A et B ?

(1) La moyenne de A + 2 et B + 4 est égale à 11.
(2) Le cube de la moyenne de A, B et 14 est égal à 1 000.

53. p est-il pair ?

(1) $p - 5$ est divisible par 2.
(2) p est le cube d'un entier.

54. Que vaut A ?

(1) $A^2 = 4$
(2) $A + 2 = 0$

##
##
##

Vous répondrez :
(A) Si l'information (1) permet à elle seule de répondre à la question, et si l'information (2) à elle seule ne permet pas de répondre à la question.
(B) Si l'information (2) permet à elle seule de répondre à la question, et si l'information (1) à elle seule ne permet pas de répondre à la question.
(C) Si les deux informations (1) et (2) ensemble permettent de répondre à la question, et aucune séparément ne le peut.
(D) Si chaque information permet séparément de répondre à la question.
(E) Si les deux informations ensemble ne permettent pas de répondre à la question.

---

55. Un arbre a entre 100 et 600 ans. Quel est son âge ?

(1) Le chiffre des centaines de son âge est égal à la somme des chiffres des dizaines et des unités de son âge.
(2) Le chiffre des dizaines de son âge est égal au double du chiffre des unités de son âge.

56. Que vaut l'entier naturel X ?

(1) X est le carré d'un entier naturel.
(2) X est le cube d'un entier naturel.

57. Un coureur effectue trois tours sur un parcours de course à des vitesses successives de 11 km/h, 12,4 km/h et 14 km/h. Quelle distance ce coureur a-t-il parcourue ?

(1) A mi-parcours, le chronomètre indique 43 minutes.
(2) Il effectue le dernier tour en 21 minutes.

##
##
##

Vous répondrez :
(A) Si l'information (1) permet à elle seule de répondre à la question, et si l'information (2) à elle seule ne permet pas de répondre à la question.
(B) Si l'information (2) permet à elle seule de répondre à la question, et si l'information (1) à elle seule ne permet pas de répondre à la question.
(C) Si les deux informations (1) et (2) ensemble permettent de répondre à la question, et aucune séparément ne le peut.
(D) Si chaque information permet séparément de répondre à la question.
(E) Si les deux informations ensemble ne permettent pas de répondre à la question.

---

58. Une baignoire a deux robinets séparés : un robinet d'eau chaude et un robinet d'eau froide. Les deux robinets ont des vitesses de débit différentes. Si l'on ouvre les deux robinets en même temps, la baignoire se remplit entièrement en 30 minutes. En combien de temps la baignoire se remplirait-elle si l'on n'ouvrait que le robinet d'eau chaude ?

(1) Si l'on n'ouvrait que le robinet d'eau froide, la baignoire se remplirait en 45 mn.
(2) Le robinet d'eau chaude à un débit deux fois inférieur à celui de l'eau froide.

59. Une cliente achète des pommes, des bananes et des mandarines pour un montant de 11,50 euros. Les pommes coûtent 1,60 euro le kilo. Les bananes coûtent 1,40 euro le kilo. Les mandarines coûtent 2,10 euros le kilo. Quel montant consacre-t-elle aux mandarines ?

(1) Pour les pommes et les mandarines, elle a dépensé 8,7 euros.
(2) Pour les bananes et les mandarines, elle a dépensé 9,1 euros.

60. Quelle est la valeur de X ?

(1) $X^2 = 1$
(2) $X^2 = 2X - 1$

Si vous avez terminé, vous n'êtes pas autorisé(e) à revenir sur une épreuve précédente.
Vous n'êtes pas non plus autorisé(e) à travailler sur une épreuve suivante avant la fin du temps imparti.

STOP !

4

TEST BLANC TAGE MAGE
EPREUVE 5 : EXPRESSION

CONSIGNES
15 questions / 20 minutes / Calculatrice interdite

BAREME
Réponse juste : + 4 points / Réponse fausse : - 1 point / Aucune réponse : 0 point

Pour les questions 61 à 65, choisissez la reformulation dont le sens se rapproche le plus du passage souligné.

61. Il faut donc comprendre qu'il est nécessaire d'avoir une réelle ouverture d'esprit, d'être comme le dit Lévi-Strauss un « voyageur honnête » pour voyager véritablement. Cela signifie être en mesure de sortir du confort de ses habitudes, pour s'ouvrir à la différence réelle.

(A) échapper à ses manies
(B) se défaire de ses tics
(C) ne plus avoir de tocs
(D) innover dans ses manières d'être
(E) fuir la facilité de son train-train quotidien

§§§
§§§
§§§

62. La rigueur intellectuelle ne s'exprime pas seulement dans la résolution des questions mais également dans l'ouverture d'esprit propre à recueillir l'intérêt de toute question. En effet, quand on cherche la vérité, le premier ennemi, c'est souvent nous-même. C'est pourquoi il importe de revenir à la leçon de Socrate : « Connais-toi toi-même. »

(A) « Va voir ailleurs si j'y suis. »
(B) « Plonge en toi. »
(C) « Aide-toi, le ciel t'aidera. »
(D) « Sache qui tu es. »
(E) « Demande qui tu es. »

63. La punition est d'abord un procédé éducatif. Dans le cadre de la famille ou dans celui de l'école, la punition est un acte toujours douloureux mais dont l'on reconnaît traditionnellement la vertu. C'est le sens du proverbe « Qui aime bien châtie bien. »

(A) « Voici la punition du menteur, il n'est pas cru même lorsqu'il dit la vérité. »
(B) « On ne connaît bien que ses peines. »
(C) « On ne peut tout passer à un enfant. »
(D) « Tel est pris qui croyait prendre. »
(E) « A chaque jour suffit sa peine. »

64. Le burlesque est un genre absolument cinématographique. En réalité, c'est d'abord et avant tout une logique du chaos et de la perturbation, une frénésie du rythme où tout s'enchaîne et se mêle sans temps mort.

§§
§§
§§

(A) frénétiquement
(B) heureusement
(C) sans soubresaut
(D) sans arrêts
(E) sans discontinuer

65. La relation de Chaplin avec l'univers extérieur se réalise par l'intermédiaire d'objets particuliers ; le chapeau, la canne sont des prolongements du personnage. Dans *Charlot Policeman,* il <u>troque</u> ses objets fétiches contre un casque et une matraque et il arpente *La Rue tranquille* dans laquelle se trouve un bec de gaz qui jouera un rôle capital (un téléphone y est accroché…).

(A) échange
(B) monnaie
(C) substitue
(D) redessine
(E) offre

Pour les questions 66 et 67, trouvez la formulation la plus claire et la plus soignée pour exprimer le sens du passage souligné. La réponse A reprend la formulation initiale.

66. <u>Un film recèle nombre de dimensions dont la globalité suggère parfois des interrogations qui touchent l'esprit lui-même.</u>

(A) Un film recèle nombre de dimensions dont la globalité suggère parfois des interrogations qui touchent l'esprit lui-même.
(B) Les grands films font réfléchir, même sur soi-même.
(C) Chaque film peut être apprécié de différents points de vue dont quelques-uns peuvent inviter à la réflexion…

§§
§§
§§

(D) Avec toutes ses dimensions, il n'est pas surprenant qu'un film fasse penser, surtout à ce qui touche l'esprit.

(E) Bien qu'un film ne soit pas fait pour cela, on peut y trouver l'occasion de réfléchir sur soi.

67. Mais on sent bien qu'à accorder encore sa confiance à l'autre, on risque fort de ne plus rien distinguer, de tout gober, et même de nuire à celui à qui on accorde tout crédit.

(A) Mais on sent bien qu'à accorder encore sa confiance à l'autre, on risque fort de ne plus rien distinguer, de tout gober, et même de nuire à celui à qui on accorde tout crédit.

(B) On sait parfaitement qu'à donner tout le temps sa confiance à l'autre, on risque fort de ne plus rien distinguer, de tout prendre et même de nuire à celui à qui on accorde tout crédit.

(C) Or on devine qu'à accorder systématiquement sa confiance à l'autre, on risque fort de ne plus rien discerner, de tout admettre et même de nuire à celui à qui on accorde tout crédit.

(D) Cependant, il est très clair que si l'on croit toujours l'autre, on ne va plus rien distinguer, tout accepter et finalement faire du mal à son ami.

(E) Il faut savoir ne pas faire confiance à certains qui pourraient vous trahir.

Pour les questions 68 à 70, trouvez la meilleure orthographe, ponctuation ou formulation.

68.

(A) L'arme nucléaire est autant un danger qu'une protection. C'est la tout le principe et le paradoxe de la dissuasion : il faut prendre le risque du pire pour préserver le meilleur. En crainiant de périr avec ce qu'on veut détruire, on réduit ces prétentions belliqueuses, car aucun belligérant ne veut mourrir.

§§
§§
§§

(B) L'arme nucléaire est autant un danger qu'une protection. C'est là tout le principe et le paradoxe de la dissuasion : il faut prendre le risque du pire pour préserver le meilleur. En craignant de périr avec ce qu'on veut détruire, on réduit ses prétentions belliqueuses car aucun belligérant ne veut mourir.

(C) L'arme nucléaire est autant un danger qu'une protection. C'est là tout le principe et le paradoxe de la dissuasion : il faut prendre le risque du pire pour préservé le meilleur. En crainiant de périr avec ce qu'on veut détruire, on réduit ces prétentions beliqueuses car aucun beligérant ne veut mourir.

(D) L'arme nucléaire est autant un danger qu'une protection. C'est là tout le principe et le paradoxe de la dissuasion : il faut prendre le risque du pire pour préserver le meilleur. En craignant de périr avec ce qu'on veut détruire, on réduit ses prétentions beliqueuses, car aucun beligérant ne veut mourrir.

(E) L'arme nucléaire est autant un danger qu'une protection. C'est là tout le principe et le paradoxe de la dissuasion : il faut prendre le risque du pire pour préservé le meilleur. En craignant de périr avec ce qu'on veut détruire, on réduit ses prétentions belliqueuses, car aucuns belligérants ne veut mourir.

69.

(A) Il est naturel de penser que nous désirons une chose parce qu'elle possède ses qualités. Et il en est de même pour les sentiments : nous pensons aimer une chose pour de vraies raisons. C'est pourquoi la vie nous oblige souvent à l'humilité : combien de fois nous arrive-t-il d'être indifférents à ce qui autrefois nous plaisait tant ?

(B) Il est naturel de penser que nous désirons et c'est pareil pour les sentiments : nous pensons aimer une chose pour de vraies raisons. C'est pourquoi la vie nous oblige souvent à l'humilité : combien de fois nous arrive-t-il d'être impassibles par rapport à ce qui autrefois nous plaisait tant ?

(C) Il est naturel de penser que nous désirons une chose parce qu'elle a des qualités. Et il en ait de même pour les sentiments : nous pensons aimer une chose pour de vraies raisons. C'est pourquoi la vie nous oblige souvent à l'humilité : combien de fois nous arrive-t-il d'être indifférents à ce qui autrefois nous plaisait temps ?

§§§
§§§
§§§

(D) Il est naturel de penser que nous désirons une chose parce qu'elle ce caractérise objectivement par ses qualités. Et il en est de même pour les sentiments : nous pensons aimer une chose pour de vraies raisons. C'est pourquoi la vie nous oblige souvent à l'humilité : combien de fois nous arrive-t-il d'être insensible à ce qui autrefois nous plaisait tant ?

(E) Il est naturel de penser que nous désirons une chose parce qu'elle possède des qualités. Et il en va de même pour les sentiments : nous pensons aimer une chose pour de vraies raisons. C'est pourquoi la vie nous oblige souvent à l'humilité : combien de fois nous arrive-t-il d'être indifférents à ce qui autrefois nous plaisait tant ?

70.

(A) La crise grecque a secoué l'Europe toute entière parce qu'elle est la première épreuve réelle de la monnaie unique depuis sa création. Ce qui reste déroutant, c'est de voir que moins de deux ans après que le système financier a fait la preuve de sa vanité en ajoutant une crise à sa longue histoire, on continue de faire confiance aux agences de notation comme si elles raisonnaient objectivement. Cet épisode bénéficiera à certains : ceux qui auront sorti les liquidités à temps sortiront encore vainqueurs d'une crise surexagérée.

(B) La crise grecque a secoué l'Europe tout entière parce qu'elle est la première épreuve réelle de la monnaie unique depuis sa création. Ce qui reste déroutant, c'est de voir que moins de deux ans après que le système financier ait fait la preuve de sa vanité en ajoutant une crise à sa longue histoire, on continue de faire confiance aux agences de notation comme si elles raisonnaient objectivement. Cet épisode bénéficiera à certains : ceux qui auront sorti les liquidités à temps sortiront encore vainqueurs d'une crise surexagérée.

(C) La crise grecque a secoué l'Europe toute entière parce qu'elle est la première épreuve réel de la monnaie unique depuis sa création. Ce qui reste déroutant c'est de voir que moins de deux ans après que le système financier ait fait la preuve de sa vanité en ajoutant une crise à sa longue histoire, on continue de faire confiance aux agences de notation comme si elles raisonaient objectivement. Cet épisode bénéficiera à certains : ceux qui auront sorti les liquidités à temps sortiront encore vainqueurs d'une crise surexagérée.

§§§
§§§
§§§

(D) La crise grecque a secoué l'Europe tout entière parce qu'elle est la première épreuve réelle de la monnai unique depuis sa création. Ce qui reste déroutant, c'est de voir que moins de deux ans après que le système financier ait fait la preuve de sa vanité en ajoutant une crise à sa longue histoire, on continue de faire confiance aux agences de notation comme si elles raisonaient objectivement. Cet épisode bénéficira à certains : ceux qui auront sorti les liquidités à temps sortiront encore vainqueurs d'une crise surexagérée.

(E) La crise grecque a secoué l'Europe tout entière parce qu'elle est la première épreuve réelle de la monnaie unique depuis sa création. Ce qui reste déroutant c'est de voir que moins de deux ans après que le système financier a fait la preuve de sa vanité en ajoutant une crise à sa longue histoire, on continue de faire confiance aux agences de notation comme si elles raisonnaient objectivement. Cet épisode bénéficira à certains : ceux qui auront sorti les liquidités à temps sortiront encore vainqueurs d'une crise surexagérée.

Pour les questions 71 à 75, complétez en remplaçant les points de suspension de manière à rendre le texte le plus cohérent possible.

71. Ils ont laissé la situation s'envenimer à la suite de la crise. Plutôt que de réagir, ils ont estimé que les difficultés se résorberaient d'elles-mêmes. C'est ce qui explique que le Japon, à la suite de la crise de 1997, est aujourd'hui l'un des pays les plus endettés au monde. Décidément, dans la vie comme en économie, (…).

(A) qui sème le vent récolte la tempête
(B) après la pluie, le beau temps
(C) la passivité fait son lit
(D) on récolte ce que l'on sème
(E) bien mal acquis ne profite jamais

§§
§§
§§

72. Quel est aujourd'hui le moyen de transport le plus fiable ? La route permet de choisir ses trajets avec souplesse, le rail n'est jamais encombré et l'avion est rapide. Mais chacun d'eux a ses inconvénients. (…)

(A) Tout arrive à point pour qui sait attendre.
(B) Il faut faire contre mauvaise fortune bon cœur.
(C) Nul n'est parfait.
(D) Toute médaille a son revers.
(E) Il faut savoir prendre son mal en patience.

73. Il n'a rien dit à personne. Il aurait pourtant pu se confier à ses parents, (…) à l'un de ses amis. Dans la douleur, la fierté lie parfois la langue de ceux qui gagneraient à prendre conseil. Car quoi de meilleur que l'avis d'un ami véritable ?

(A) ou
(B) c'est-à-dire
(C) voire
(D) voir même
(E) ou bien

74. Une étude récente signale que les bébés transportés dans des poussettes où ils ne peuvent se retourner vers leurs parents connaissent plus de stress et risquent d'être émotionnellement appauvris. (…) si cela ne constitue pas une étape nécessaire dans la constitution de soi.

(A) Qui pourra dire
(B) Encore faudrait-il savoir
(C) Il reste toutefois à prouver
(D) On ne peut en déduire
(E) On peut longuement méditer et se demander

§§§
§§§
§§§

75. Acheter un titre parce qu'il a beaucoup baissé, pourquoi pas ? Vous devrez vous poser une seule question : pourquoi a-t-il autant baissé ? Les marchés peuvent être inefficients sur une très courte période. Cependant, sur une longue période, le marché a souvent raison. C'est ici que l'on apprend que la somme des individualités peut aller en sens contraire du marché et faire preuve (...) d'irrationalité.

(A) souvent
(B) tout le temps
(C) ponctuellement
(D) idéalement
(E) de beaucoup

Si vous avez terminé, vous n'êtes pas autorisé(e) à revenir sur une épreuve précédente.
Vous n'êtes pas non plus autorisé(e) à travailler sur une épreuve suivante avant la fin du temps imparti.

STOP !

4

TEST BLANC TAGE MAGE
EPREUVE 6 : LOGIQUE

CONSIGNES
15 questions / 20 minutes / Calculatrice interdite

BAREME
Réponse juste : + 4 points / Réponse fausse : - 1 point / Aucune réponse : 0 point

76.

9131	4523	5180	?	3614	(A)	5432
			3186		(B)	7142
			8324		(C)	2875
			5153		(D)	2134
			3248		(E)	4369

77.

		UYT			(A)	LPH
		RXQ			(B)	IMH
TRH	HQO	?	TOQ	LNV	(C)	MLA
		OQN			(D)	KPJ
		GLF			(E)	PRQ

****
****
****

78.

682
286
77 91 ? 420 28
121
594

(A) 84
(B) 777
(C) 63
(D) 154
(E) 275

79.

LPJ
HNF
CKO ? EDJ VQF GNE
UZS
XGV

(A) STE
(B) BYD
(C) DLF
(D) GTE
(E) FJD

80.

324 900 121 ? 289
67
517
454
49

(A) 225
(B) 256
(C) 216
(D) 373
(E) 378

81.

ZRI
XSF
LFG ? OVW AOP XGH
PUM
GVO

(A) PRS
(B) ATU
(C) QLO
(D) FTX
(E) TJK

****
****
****

82.

			TCR		(A)	JUM
			FXZ		(B)	DPH
SUT	MNO	UUX	?	BNG	(C)	DEO
			PQU		(D)	TTD
			BOZ		(E)	JTN

83.

		561			(A)	111
		429			(B)	121
		682			(C)	209
		330			(D)	144
64	225	?	100	361	(E)	289

84.

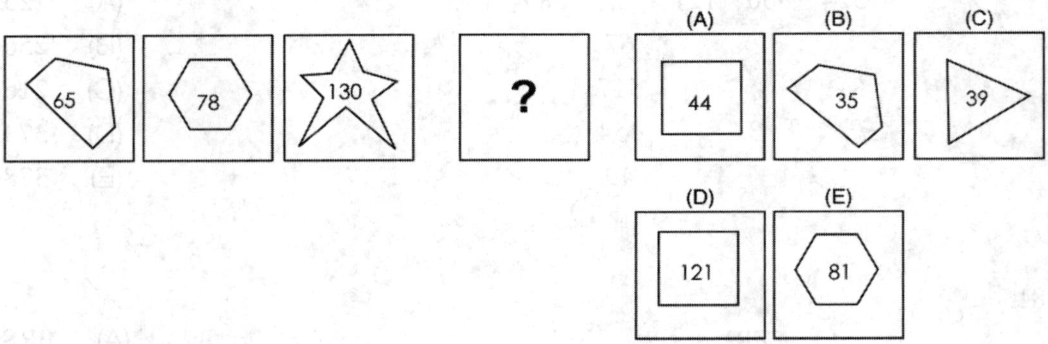

****
****
****

85.

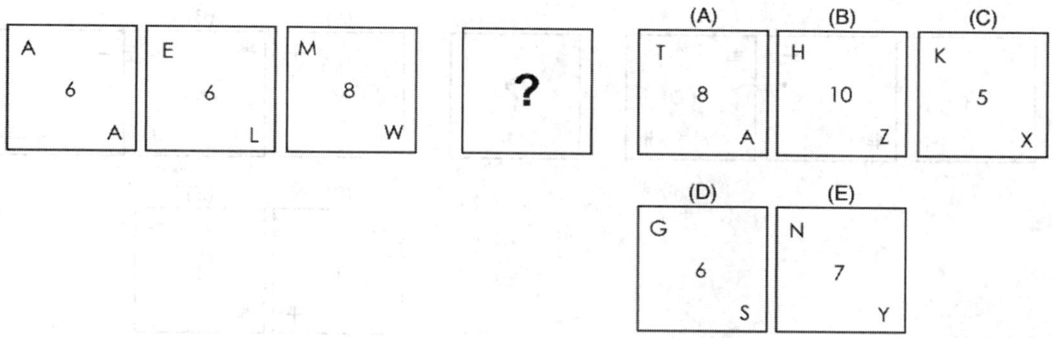
A 6 A
E 6 L
M 8 W
?
(A) T 8 A
(B) H 10 Z
(C) K 5 X
(D) G 6 S
(E) N 7 Y

86.

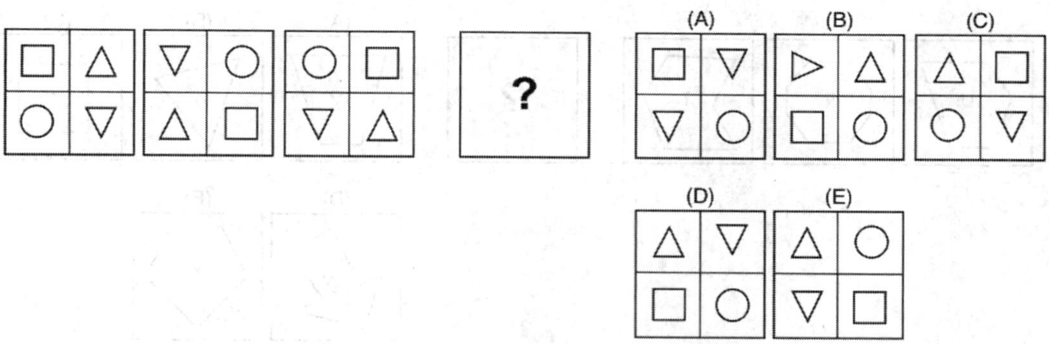
?
(A)
(B)
(C)
(D)
(E)

87.

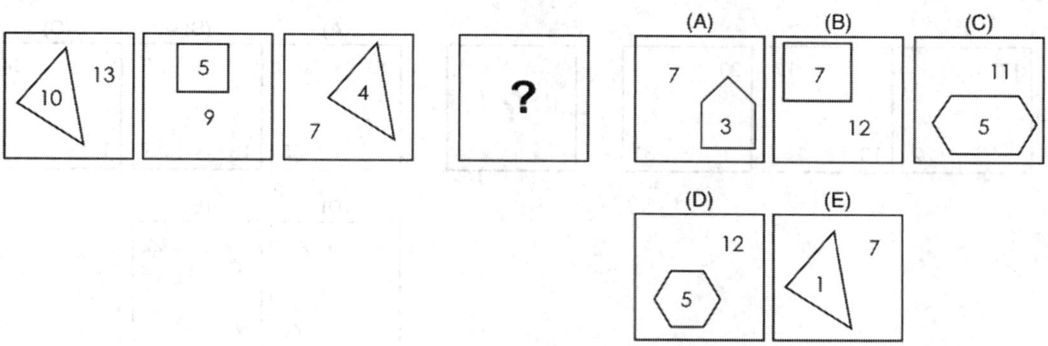
10 13
5 9
4 7
?
(A) 7 3
(B) 7 12
(C) 11 5
(D) 12 5
(E) 1 7

****
****
****

88.

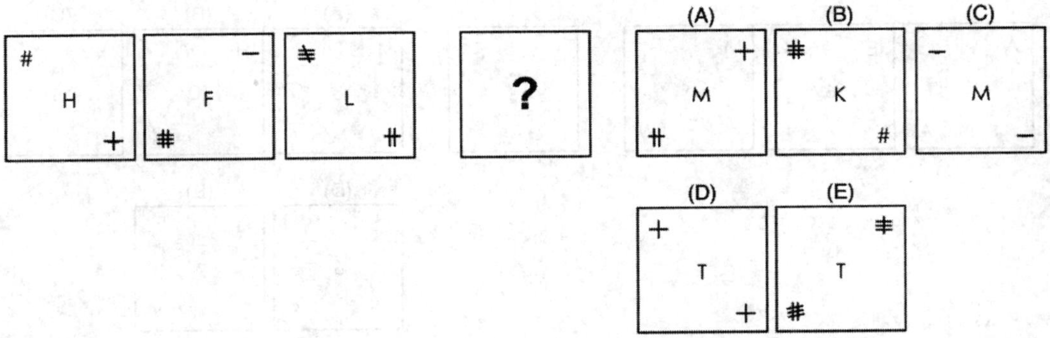
H
F
L
?
(A)
M
(B)
K
(C)
M
(D)
T
(E)
T

89.

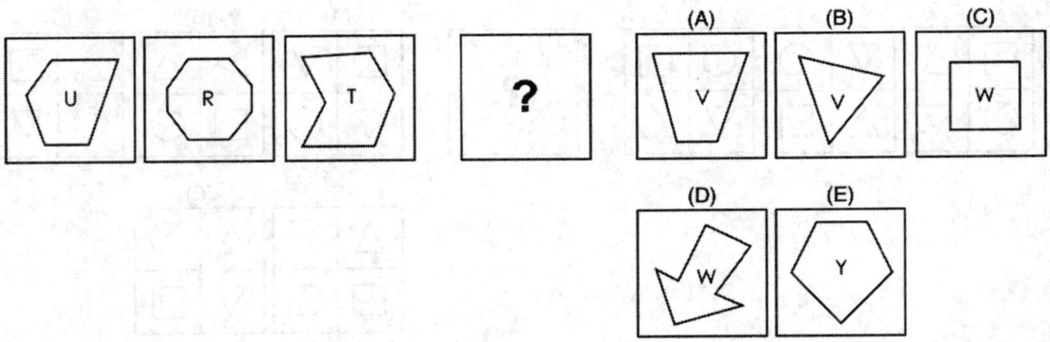
U
R
T
?
(A)
V
(B)
V
(C)
W
(D)
W
(E)
Y

90.

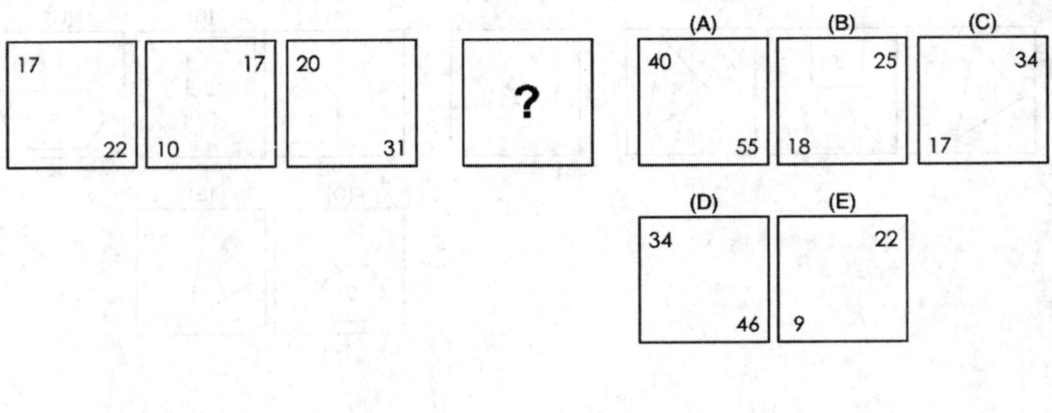
17
22
17
10
20
31
?
(A)
40
55
(B)
25
18
(C)
34
17
(D)
34
46
(E)
22
9

TEST BLANC TAGE MAGE NUMERO 4 : GRILLE DES REPONSES JUSTES

COMPREHENSION		CALCUL		RAISONNEMENT	
1	D	16	C	31	E
2	E	17	E	32	D
3	D	18	E	33	A
4	E	19	B	34	A
5	C	20	B	35	D
6	D	21	D	36	E
7	E	22	D	37	C
8	E	23	B	38	E
9	C	24	B	39	E
10	C	25	D	40	C
11	C	26	A	41	E
12	E	27	C	42	E
13	C	28	C	43	D
14	C	29	B	44	D
15	E	30	B	45	E
COND. MINIMALES		**EXPRESSION**		**LOGIQUE**	
46	B	61	E	76	B
47	B	62	D	77	D
48	D	63	C	78	D
49	A	64	E	79	E
50	C	65	A	80	B
51	C	66	A	81	B
52	D	67	C	82	E
53	A	68	B	83	B
54	B	69	E	84	C
55	C	70	B	85	B
56	E	71	D	86	D
57	D	72	D	87	C
58	D	73	C	88	A
59	C	74	B	89	A
60	B	75	C	90	E

CALCULEZ VOTRE SCORE :

Réponses justes		x 4	=	Pour calculer votre score sur 600, multipliez votre score sur 360 par 5, puis divisez le résultat obtenu par 3.
Réponses fausses		x -1	=	
Non réponses		x 0	=	
		TOTAL (SUR 360)	=	
		TOTAL (SUR 600)	=	

TEST BLANC TAGE MAGE
CORRIGES DU TEST BLANC NUMERO 4

4

1. Comprehension de textes

1. **Réponse D**
La bonne réponse est la D. En effet, le discours est très précis et porte sur une actualité récente. Il ne peut donc s'agir ni d'histoire, ni d'article de journal ou d'actualité. Serait-ce un cours de médecine ? Il serait trop peu pragmatique puisqu'il s'agirait alors de former de futurs praticiens.

2. **Réponse E**
Les options A et B font croire que la stimulation concerne toute maladie, ce que le texte ne dit pas. Est-ce une solution parfaite contre Parkinson ? Rien n'est clair sur ce point. C'est une amélioration certaine, mais l'on n'en sait pas plus ici. Quant à la D, elle est sans rigueur et trop loin du texte. Seule la E peut être retenue ici.

3. **Réponse D**
La bonne réponse est D. On n'a pas dans le texte de comparaison précise mais l'on peut raisonnablement s'attendre à ce que les plus tardives soient les plus difficiles à faire. Plus précisément, on doit repérer les deux passages suivants : « On réalisait ainsi des stimulations thalamiques en 1988 et des stimulations pallidales en 1994, ce qui donnait déjà lieu à des collaborations entre chirurgiens et neurologues » et : « La première neurostimulation de ce type date de 1994. La différence importante avec les stimulations antérieures, c'est que la cible chirurgicale est beaucoup plus difficile à atteindre. » On comprend alors que la stimulation subthalamique est la plus dure des trois. Il reste deux types de stimulations nommées dans le questionnaire et qui n'apparaissent pas dans le texte. En réalité, elles n'existent pas. L'adverbe « probablement » de la question réclame de répondre selon le plus vraisemblable, c'est pourquoi on préférera la D.

4. **Réponse E**
Il faut choisir la E. En effet, on lit dans le texte que cette chirurgie est venue répondre à l'imperfection des traitements médicamenteux. Ensuite, on y dit clairement qu'il faut que ce genre d'innovation corresponde à un domaine de recherches. Enfin, l'enquête Spark visait justement à en contrôler la rentabilité.

5. **Réponse C**
La meilleure réponse est la C. Il faut se référer au passage : « Les neurophysiologistes ont obtenu une machine très novatrice permettant des mesures per-opératoires sur un grand nombre d'électrodes (la "lead-point"). » En effet, un événement ou une chose est « per-opératoire » lorsqu'il intervient pendant ou à travers l'opération (songez aux mots qui commencent par *per* : « perspicace »…). Il faut donc comprendre que c'est un instrument qui sert à mesurer quelque chose sur les électrodes pendant les opérations. La E en est proche, mais la C est vraiment la plus précise.

6. **Réponse D**
Il faut choisir la D. On lit en effet « L'évolution des techniques de stimulation et les nouvelles connaissances sur le noyau subthalamique (une partie du cerveau que les maladies neurodégénératives atteignent) ont permis aux neurochirurgiens d'envisager un autre traitement pour les parkinsoniens. » Par ailleurs, cette technique est comparée à la stimulation pallidale. On en déduit que ces stimulations concernent toutes le cerveau, sans équivoque.

7. **Réponse E**
La bonne réponse est la E. Il faut s'appuyer sur les données chiffrées et faire un rapide calcul : « Cette enquête, dite enquête "Spark", a révélé que si la neurostimulation coûte 33 keuros pour l'opération et 12 keuros tous les 5 ans, elle permet au bout de 10 ans une diminution des coûts médicaux de 4,5 keuros par an par rapport au traitement classique. Le projet a donc paru viable, pouvant même à terme permettre de réaliser des économies. »
Au bout de 10 ans, si l'on fait une économie de 4,5 keuros par an, c'est que le traitement classique coûte plus que cela. Plusieurs réponses sont ici possibles, ce pourquoi on préfère la plus précise.

8. **Réponse E**
Il faut choisir la E. En effet, le patient trouve un nouveau traitement qui améliore la vie, la société fait des économies et le neurologue devient plus puissant, cassant l'ancienne image qui lui collait à la peau.

9. **Réponse C**
La bonne réponse est la C. On lit en effet au début du texte : « Mais également parce que Walter Benjamin peut par cet outil penser les liens et les rapports des choses entre elles : l'image dialectique est une monade, c'est-à-dire qu'elle permet d'apercevoir le tout dans la partie. » On voit que l'auteur insiste sur le rapport des parties et des choses.

10. **Réponse C**
Le texte démarre sur une présentation de Benjamin, ce qui pourrait très bien correspondre au début d'un article. En revanche, on n'a vraisemblablement pas la fin, manquante ici. Il n'y a rien qui indique une conclusion ou une clausule. Il s'agit donc d'un extrait qui part du début du texte, option C.

11. **Réponse C**
Il faut choisir la C. En effet, le texte dit explicitement que les passages parisiens concentrent toutes les contradictions de leur époque. Or la contradiction, c'est justement ce qui est dialectique, comme le montre le qualificatif que Benjamin donne aux images qu'il recherche.

12. **Réponse E**
Il faut prendre l'option E en se référant à la description des passages parisiens : « Ils manifestent tout autant l'apogée du capitalisme marchand que sa chute, puisqu'ils sont très vite menacés de ruine à la fin du siècle, lors de la construction des grands magasins. » On comprend donc qu'au XIXe siècle, les passages ont été un sommet du capitalisme, qu'ils ont dépéri avec le capitalisme. Mais ils ont été remplacés par les grands magasins, autre sommet du capitalisme. Il s'agit donc du passé et d'un rebond.

13. **Réponse C**
Il faut relire la toute fin du texte : « La conjonction des citations vise dans ce premier chapitre à "choquer" le lecteur, à l'empêcher de succomber à la fascination qui était sans doute celle des gens d'alors. D'où ce sentiment de saccades, de greffes citationnelles, mais volontairement recherchées par l'auteur. » Dès lors, la seule réponse possible est la C.

14. **Réponse C**
Plusieurs réponses sont possibles ici mais le texte contient une affirmation particulièrement claire : « Les sources qu'il mobilise sont multiples et diverses, depuis le catalogue de vente par correspondance jusqu'au guide touristique, en passant par les romans ou les journaux de l'époque. » Autrement dit, selon Benjamin, la bonne histoire est celle de l'ouverture à toute source possible, ce qui en matière intellectuelle s'appelle précisément l'éclectisme, réponse C.

15. **Réponse E**
La question est négative et la bonne réponse est la E. En effet, le premier paragraphe reprend explicitement le couple A, les passages sont décrits par les couples B et C, et le style de l'historien doit être choquant, couple D.

2. Calcul

16. **Réponse C**

Méthode 1 : traduction de l'énoncé en équations. En notant P le prix du cadeau, X le prix payé par le premier des trois frères, Y le prix payé par le deuxième et Z celui payé par le troisième, on a :

(1) $X + Y + Z = P - 30$, car il manque 30 € aux trois frères pour acheter le cadeau
(2) $X = 1/6 \times P$
(3) $Y = 1/7 \times P$
(4) $Z = 2 \times (X + Y) = 2 \times (1/6 \times P + 1/7 \times P)$

Méthode 2 : ici, au vu des réponses toutes entières, il est peu probable que les prix payés par chacun des trois frères soient des nombres décimaux. Dans ce type de questions, où les réponses proposées sont toutes entières, il est presque certain que les inconnues introduites dans l'énoncé le soient aussi. Donc X, Y et Z sont des nombres entiers. Or les équations (2) et (3) nous donnent comme information :

(1) $X = P/6$ (2) $Y = P/7$

Si vous voulez que P/6 soit un nombre entier, il faut nécessairement que P soit divisible par 6. De même, en utilisant l'équation (2), on trouve que P est divisible par 7. En se penchant sur les réponses, sachant que P est divisible par 6 et 7, c'est qu'il est divisible par 6 x 7 = 42. Seule la réponse C, 420, remplit cette condition.

17. **Réponse E**

Soit S la somme de quatre entiers consécutifs et x le plus petit d'entre eux.

$S = x + (x + 1) + (x + 2) + (x + 3) = 4x + 6$, soit $S - 6 = 4x$

Cela se traduit par le fait que S - 6 doit obligatoirement être divisible par 4. On peut également remarquer que si S - 6 est divisible par 4, c'est forcément que S - 2 est divisible par 4. Ainsi, en retranchant 2 à toutes les solutions on obtient :

Réponse	S - 2	Deux derniers chiffres
(A)	2 000	00
(B)	20	20
(C)	200	00
(D)	220	20
(E)	218	18

La seule solution qui ne soit pas divisible par 4 est la (E). Ainsi, 220 - 6 n'est pas divisible par 4 et vous ne pouvez pas avoir 220 - 6 = 4*x*, c'est-à-dire qu'il est impossible de trouver *x* tel que 220 = 4*x* + 6.

18. **Réponse E**

La première étape dans la résolution de cette question revient à trouver la valeur de *p*. Nous vous invitons donc dans un premier temps à noter dans un coin de votre tête (ou de votre brouillon, à vous de voir !) que *p* ne peut prendre que 5 valeurs : 0, 2, 4, 6 et 8. En effet, on sait qu'il est pair et que c'est forcément un chiffre, comme nous le suggère clairement la forme de la multiplication.

Fort de cette observation, intéressons-nous uniquement à la première ligne de cette multiplication :

$$\begin{array}{cc} & 5 \\ 0 & 1 \\ & \times \\ p & p \\ \hline \mathbf{3} & \\ \mathbf{0} & \overline{p} \end{array}$$

On doit trouver que **501 x *p*** est égal à trois mille quelque chose. Pour cela, *p* est nécessairement égal à **6** ! Essayez donc *p* = 4 ou *p* = 8 et vous obtiendrez respectivement deux mille quelque chose ou quatre mille quelque chose.

Vous savez donc à présent que *p* = 6 et en posant la multiplication vous trouvez le résultat final, à savoir : 501 x 66 = 33 066, un nombre dont la somme des chiffres est égale à : 3 + 3 + 0 + 6 + 6 = **18.**

19. **Réponse B**

Il suffit ici de traduire l'énoncé en un système d'équations, avec D l'âge de Daniel et N l'âge de Nicolas :

(1) D - 6 = 4 x (N - 6) (2) D = 2 x N

Pour être certains de ne pas vous tromper sur ces questions qui impliquent plusieurs périodes temporelles, nous vous conseillons de tracer un axe pour bien repérer l'âge de chacun :

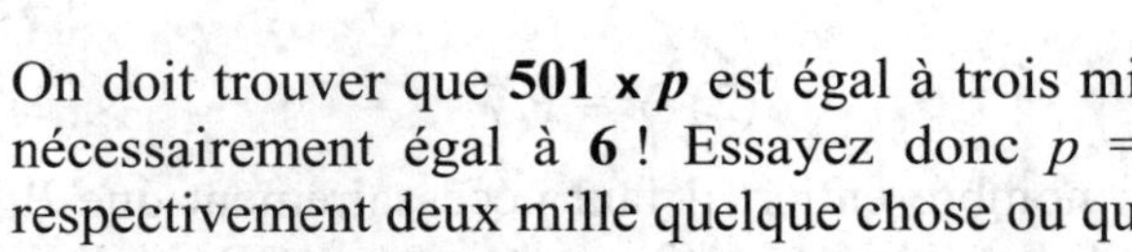

En remplaçant D par sa valeur en fonction de N dans l'équation (1), on obtient : 2 x N - 6 = 4 x N - 24 soit 2 x N = 18 soit encore N = 9.

Lorsque vous avez un système à plusieurs équations et plusieurs inconnues mais que vous ne voulez la valeur que d'une seule, prenez l'habitude de toujours la faire apparaître en priorité afin de diminuer les calculs au maximum. Ici par exemple nous aurions pu remplacer N par D/2 dans l'équation (1), obtenir la valeur de D puis celle de N, mais nous avons économisé une étape de calcul en remplaçant D par 2 x N pour obtenir directement la valeur de N, sans nous soucier de celle de D, puisque l'énoncé ne nous demande que l'âge de Nicolas.

Notez pour terminer que l'on aurait également pu utiliser la méthode du *backsolving* pour trouver rapidement la bonne réponse.

20. **Réponse B**

Voici une question classique face à laquelle vous devez adopter une attitude systématique en choisissant l'une des deux méthodes qui vont être proposées.

Mais avant de découvrir ces deux méthodes, réglons un léger problème : **les deux TGV ne partent pas à la même heure.** C'est ici le seul point qui rend cette question moins classique qu'à l'accoutumée. Qu'à cela ne tienne, faisons en sorte de retomber sur nos pieds ! Si le train partant de Paris à 8 h 30 roule à 200 km/h, combien de km aura-t-il parcourus à 10 h, soit au bout d'une heure et demie (1,5 h) ? Réponse : 200 x 1,5 = 300 km (rappel : D = V x T).

Finalement, nous sommes ramenés au problème suivant : deux trains partent respectivement des points A (Marseille) et B (à 300 km de Paris), distants de 700 km (1 000 - 300) au même moment (en l'occurrence 10 h), le premier roulant à 300 km/h et le second à 200 km/h. On cherche toujours à trouver la distance entre le point A et l'endroit où ils se croisent. Sur un axe cela donne :

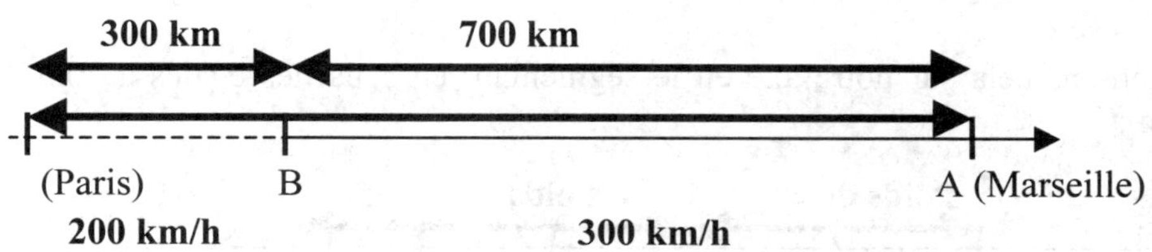

A partir de là, appliquons nos deux méthodes :

<u>Méthode 1</u> :

Notons D_A la distance du point A à laquelle les deux trains vont se croiser, D_B la distance du point B à laquelle les deux trains vont se croiser, T le temps après lequel ils vont se croiser (en considérant un départ à 10 h), V_1 et V_2 les vitesses respectives des trains partant de Paris et Marseille. Les équations classiques de Vitesse / Temps / Distance combinées aux informations de l'énoncé donnent :

(1) $D_A + D_B = 700$
(2) $V_1 = 200$
(3) $V_2 = 300$
(4) $D_A = V_1 \times T = 300 \times T$
(5) $D_B = V_2 \times T = 200 \times T$

En remplaçant D_A et D_B par leur valeur en fonction de T dans l'équation (1), on obtient :

(1) $300 \times T + 200 \times T = 700$ (2) $D_A = 300 \times T$

Soit après calcul :

(1) $T = 7/5$ h (2) $D_A = 300 \times 7/5 = 420$ km

Méthode 2, dite méthode du barycentre (conseillée) :

Intuitivement, étant donné que les trains partent au même moment et que celui qui part de Marseille roule plus vite, on se dit que le point de rencontre sera plus proche de Paris que de Marseille. La question centrale est : « Combien de fois plus proche ? »

Il nous suffit pour cela de calculer les poids relatifs de chaque train en fonction de leur vitesse : **le train partant de Marseille va 1,5 fois plus vite que celui qui part de Paris. Il « pèse » donc 1,5 fois plus lourd que l'autre train et va alors parcourir 1,5 fois plus de distance que ce dernier.** Autrement dit, sur un « poids » total de 5, le train partant de Marseille « pèse » 3 et celui partant de Paris « pèse » 2.

Représentons cela sur notre axe en le segmentant en 5 parties égales à 700/5 = 140 km :

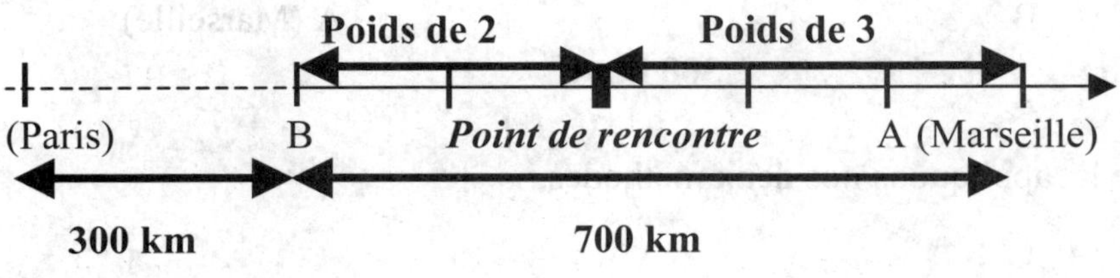

On retrouve bien le rapport des vitesses sur les distances parcourues : quand le train partant de Marseille parcourt 3 segments, celui partant de Paris en parcourt 2.

Finalement, on trouve qu'ils se croisent à 3 segments de Marseille, autrement dit à 3 x 140 = 420 km de Marseille.

21. **Réponse D**
Une question de cours !
1/5 de 62,5 % vaut 12,5 % et l'équivalent fraction de 12,5 % est 1/8.

22. **Réponse D**
<u>Méthode 1</u>

Appliquons-nous à traduire les données de l'énoncé en un système d'équations, avec X le nombre d'étudiants dans la première salle au début du cours, Y celui dans la deuxième salle, Z pour la troisième et F le nombre d'étudiants dans une salle à la fin du cours.

Cela nous donne donc :

(1) $X + Y + Z = 138$ (3) $Y - 10 = F$
(2) $X - 12 = F$ (4) $Z - 14 = F$

Soit, en remplaçant X, Y et Z par leurs valeurs en fonction de F dans l'équation (1) :

(1) $F + 12 + F + 10 + F + 14 = 138$ (3) $Y = F + 10$
(2) $X = F +12$ (4) $Z = F + 14$

Soit encore, après calcul :

(1) $F = (138 - 36)/3 = 102/3 = 34$ (2) $Z = F + 14 = 34 + 14 = 48$

On trouve donc bien qu'il y avait 48 étudiants au début du cours dans la troisième salle.

<u>Méthode 2</u>

Cette méthode est finalement la même que la précédente mais sans outil mathématique : elle est davantage axée sur le bon sens que sur le calcul pur.

En effet, on sait qu'à la fin il y a 138 - 12 - 10 - 14 = 102 étudiants (le nombre de départ auquel on retranche ceux qui sont partis) répartis équitablement dans 3 salles de cours. Il y a donc 102/3 = 34 étudiants dans chaque salle à la fin du cours. Sachant que 14 sont partis de la troisième salle, il y avait donc 34 + 14 = 48 étudiants au début du cours dans cette salle.

23. **Réponse B**

<u>Méthode 1</u>

Traduisons les données de l'énoncé en un système d'équations avec T_1 le temps mis par Pierre pour rattraper Anne, T_2 le temps qu'aura roulé Anne avant de se faire rattraper par Pierre, V_1 et V_2 leurs vitesses respectives et D la distance parcourue par Pierre et Anne avant de se retrouver (qui est la même, puisqu'ils partent du même point). On obtient alors, grâce aux équations classiques de Vitesse / Temps / Distance :

(1) $D = T_1 \times V_1$

(2) $D = T_2 \times V_2$

(3) $T_1 = T_2 + 1$, puisqu'Anne part une heure plus tôt que Pierre et qu'elle mettra donc une heure de plus que lui pour arriver au point de rencontre

En remplaçant V_1 et V_2 par leurs valeurs respectives, ainsi que D dans l'équation (1) par sa valeur de l'équation (2), on obtient :

(1) $T_1 \times 48 = T_2 \times 60$

(2) $D = T_2 \times 60$

(3) $T_1 = T_2 + 1$

Soit, en remplaçant T_1 dans l'équation (1) par sa valeur dans l'équation (3) on obtient : $(T_2 + 1) \times 48 = T_2 \times 60$ soit $T_2 \times 60 - T_2 \times 48 = 48$ soit $T_2 \times 12 = 48$ et $T_2 = 4$ heures.

En conclusion : Pierre partant à 10 h rattrapera Anne à 10 + 4 = 14 h.

<u>Méthode 2</u>

Si Anne roule à 48 km/h et Pierre à 60 km/h, c'est donc qu'en une heure Anne parcourt 48 km pendant que Pierre en parcourt 60. On peut tourner cela d'une autre façon en se disant qu'en une heure, Pierre parcourt 60 - 48 = 12 km de plus qu'Anne.

Etant donné que Pierre part 1 h plus tard qu'Anne, cette dernière a donc eu le temps de parcourir 48 km, retard que Pierre doit combler pour la rattraper. Etant capable de faire 12 km de plus qu'elle toutes les heures, il aura besoin de 48/12 = 4 heures pour la rattraper.

24. **Réponse B**

Si l'on note H l'âge d'Hélène et M celui de sa mère, le fait qu'Hélène soit née lorsque sa mère avait 20 ans signifie qu'elles auront toujours exactement 20 ans d'écart, autrement dit que : (1) H = M - 20 ou (2) M = H + 20.

Nota bene : si M vaut plus de 41, alors H = M - 20 sera supérieur à ⍰*2* et ne pourra alors plus être un diviseur de M. En effet, nous vous rappelons que le plus grand diviseur d'un nombre, hormis lui-même, est sa moitié. De même, on ne prendra pas de valeur de M inférieure à 21 ans vu qu'Hélène aurait alors un âge négatif ou nul, ce qui n'est pas commode. Il faut donc choisir $21 \leq M \leq 40$ et $1 \leq H \leq 20$.

<u>Méthode 1</u>

En utilisant l'équation (1), on peut se dire que l'on cherche en fait combien de fois M - 20 sera un diviseur de M.

Faisons un tableau pour vérifier pour quelles valeurs de M, comprise entre 21 et 40, M - 20 est un diviseur de M :

M	**21**	**22**	23	**24**	**25**	26	27	28	29	**30**	31	32	33	34	35	36	37	38	39	**40**
M -20	**1**	**2**	3	**4**	**5**	6	7	8	9	**10**	11	12	13	14	15	16	17	18	19	**20**

On compte donc 6 valeurs de M pour lesquelles cela fonctionne : l'âge d'Hélène sera ainsi 6 fois un diviseur de celui de sa mère.

Cependant, écrire 40 valeurs sur son brouillon et tester si l'une divise l'autre prend du temps, de la place et de l'énergie… Voyons si on ne peut pas faire mieux avec la méthode suivante.

<u>Méthode 2</u>

Prenons le problème dans l'autre sens et utilisons l'équation (2). On cherche alors combien de fois H sera un diviseur de H + 20. Cela s'écrit mathématiquement qu'il existe un entier k tel que : H + 20 = k x H.

Le problème revient donc à chercher pour quelles valeurs de H, **k = (H + 20)/H est un nombre entier.**

Or, k = (H + 20)/H soit k = 1 + 20/H soit encore **k - 1 = 20/H.** Autrement dit, pour que k soit entier, il faut bien sûr que k - 1 soit entier et, par conséquent, 20/H soit aussi un entier, autrement dit que H soit un diviseur de 20. Or entre 1 et 20, les seuls diviseurs de 20 sont 1, 2, 4, 5, 10 et 20, ce qui fait 6 valeurs. Et on retrouve bien le fait qu'Hélène aura 6 fois un âge divisant celui de sa mère !

25. **Réponse D**

Face à ce genre de question, l'idéal est de réfléchir sur la figure, en découpant la forme dont la formule de l'aire est inconnue (un hexagone) en formes dont on peut calculer facilement la surface.

On nous parle d'un triangle JKL dont on connaît l'aire, qui est 1. Or, si l'on découpe l'hexagone de la façon dont c'est indiqué sur la figure ci-dessous, voici ce que l'on obtient :

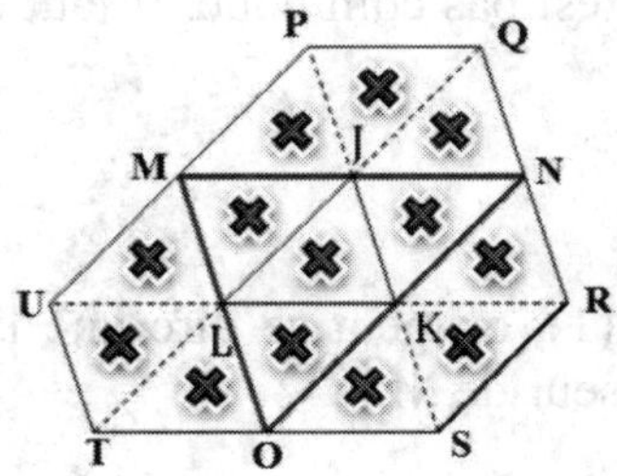

On remarque ainsi que la figure est découpée en 13 petits triangles (marqués d'une croix verte) tous égaux au triangle JKL. L'aire de l'hexagone vaut donc 13 fois celle du triangle JKL, soit 13.

Pour les férus de mathématiques, voici l'explication rigoureuse, qui permet de comprendre comment on peut avoir l'idée de découper l'hexagone de cette manière là et pas d'une autre. Concentrons-nous sur la partie haute de la figure et traçons la droite parallèle à PQ et passant par le point J. Elle coupe les côtés PU et QR respectivement en M et N :

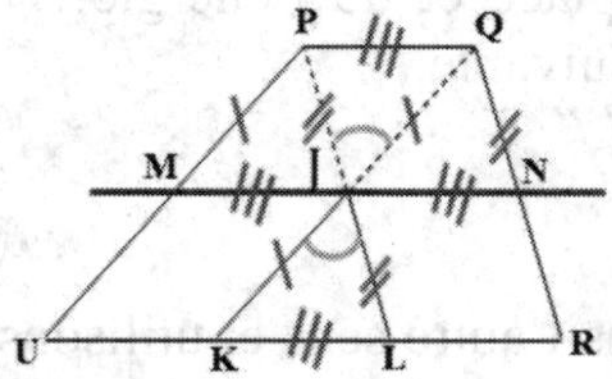

On remarque alors que PQJM est un parallélogramme et par conséquent on a PM = JQ. Or on sait d'après l'énoncé que JQ = JL, donc on en déduit finalement que PM = JQ = JL. En faisant de même avec le parallélogramme PQNJ, on trouve que PJ = JK = QN. Les angles PJQ et LJK étant opposés, ils sont égaux et par conséquent les triangles LJK et PJQ sont également égaux car ils ont un angle et deux côtés identiques.

Enfin, en utilisant nos deux parallélogrammes PQJM et PQNJ, on trouve que

PQ = MJ = JN. Or les triangles LJK et PQJ étant égaux, on a également PQ = LK. Donc finalement on trouve que PQ = MJ = JN = LK et donc que les triangles PJM, QJN et PJQ sont tous égaux au triangle JKL. En « tournant » la figure et en faisant de même pour chaque côté de l'hexagone, on retrouve l'égalité entre nos treize triangles.

26. **Réponse A**

Deux méthodes : la première, calculatoire, la seconde agaçante de facilité mais qui illustre parfaitement les quelques astuces à mettre en pratique lorsque l'on est face à une question où les inconnues sont entières.

Méthode 1

Soit P l'âge du père. On a alors : 90 - P = 5/4 x P. En effet, le temps qu'il reste à vivre jusqu'à 90 ans est 90 auquel on retranche mon âge actuel, soit **90 - P** et les cinq quarts de mon âge actuel se traduisent par : **5/4 x P**.

La résolution de cette équation à une inconnue donne alors **P = 40 ans.**

N.B. : vous pouviez également, au lieu de résoudre cette équation à proprement parler, tester les solutions et remarquer d'un coup d'œil que 90 - 40 = 5/4 x 40.

Méthode 2 (conseillée)

Si l'âge qu'il reste à vivre au père est égal à 5/4 de son âge actuel, c'est donc que pour atteindre 90 ans, il faut qu'il vive plus que ce qu'il a déjà vécu, car 5/4 est égal à 1,25 et que 1,25 est plus grand que 1. Autrement dit, le papa a plus de temps à vivre que de temps déjà vécu. La seule réponse possible est donc la A.

N'oubliez jamais que les réponses sont vos amies et qu'il vous faut les considérer avec autant, sinon plus, d'importance que les énoncés eux-mêmes.

27. **Réponse C**

Le plus simple ici est de faire un dessin :

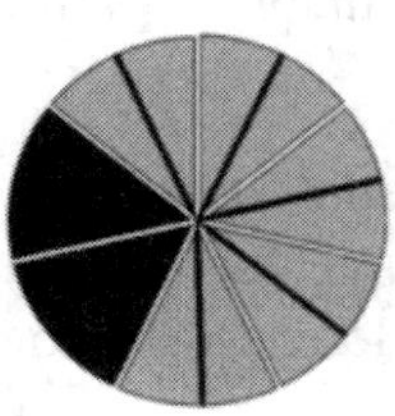

On commence par découper le gâteau en 7 parts égales (séparations blanches) puis on en isole 5. Ainsi, la partie grisée du gâteau en représente les 5/7. Ensuite, on découpe ces 5/7 en 10 parts égales et on obtient la petite part dont on doit trouver quelle fraction du gâteau total elle représente. En notant G le gâteau total, R la partie grisée et P une petite part, on a :

(1) R = 5G/7 (2) P = R/10

Donc, en remplaçant R par sa valeur dans l'équation (2) on obtient que :

P = 1/10 x 5/7 x G = G/14, **soit qu'une part représente 1/14 du gâteau total.**

28. **Réponse C**

Si 3 hommes plantent **40 choux en 10 heures**, c'est donc que ces mêmes 3 hommes vont planter **20 choux en 5 heures** (deux fois moins de choux en deux fois moins de temps) et que par conséquent **6 hommes vont planter 40 choux en 5 heures** (deux fois plus de choux pour deux fois plus de main-d'œuvre).

De même, si cela prend 4 enfants pour faire le travail de 2 hommes, c'est que 2 enfants vont faire le travail d'un homme et donc que **6 enfants vont faire le travail de 3 hommes**. Or on vient de voir que 3 hommes plantaient 20 choux en 5 heures. Aussi, **6 enfants plantent-ils 20 choux en 5 heures.**

Il ne nous reste alors plus qu'à mettre les hommes et les enfants ensemble pour se dire que notre équipe de 6 hommes et 6 enfants plante **20 + 40 = 60 choux en 5 heures**.

29. **Réponse B**

Tentons d'exprimer l'aire de la partie grisée en fonction d'aires que l'on connaît ou que l'on peut facilement calculer. De façon intuitive, cette aire, notée A, vaut l'aire du triangle (80 m² selon l'énoncé) moins la somme des aires des trois arcs de cercle.

Or on sait que les trois cercles sont égaux (puisqu'ils ont le même rayon) et que la somme des angles d'un triangle est 180°. **Ainsi, les trois arcs de cercle réunis forment en réalité un demi-cercle de rayon deux mètres.**

Retenez que l'aire d'un arc de cercle vaut M/360 x AIRE DU CERCLE, avec M la mesure de l'angle de l'arc en degré. M valant ici 180°, on retrouve bien que la somme des aires des trois arcs de cercle est égale à la moitié de la surface d'un cercle de rayon de deux mètres.

En conclusion, comme l'aire d'un demi-cercle de rayon de deux mètres vaut 1/2 x pi x $(2)^2$ m^2 soit 2pi m^2, on en déduit que l'aire recherchée vaut **80 - 2 pi m².**

30. **Réponse B**

Vous êtes ici face à une question très classique de productivité / temps de travail.

En appliquant la formule du cours et en notant T_J le temps mis par Jeanne pour nettoyer sa chambre, T_F celui mis par son frère et T le temps mis lorsqu'ils le font ensemble, on a :

$$\frac{1}{T}=\frac{1}{T_J}+\frac{1}{T_F} \Leftrightarrow \frac{1}{T}=\frac{1}{1,5}+\frac{1}{1} \Leftrightarrow \frac{1}{T}=\frac{2}{3}+\frac{3}{3} \Leftrightarrow \frac{1}{T}=\frac{5}{3} \Leftrightarrow T=\frac{3}{5}h$$

Sachant que 1/5 d'heure vaut 12 mn (si cela n'est pas encore automatique pour vous, nous vous conseillons fortement de revoir vos conversions heures/minutes), alors $T = 3 \times 12 =$ **36 mn.**

Rappel de la formule générale :

$$\frac{1}{T}=\sum_{k=1}^{N}\frac{1}{T_k}=\frac{1}{T_1}+\frac{1}{T_2}+\ldots+\frac{1}{T_N}$$

3. Raisonnement – Argumentation

31. **Réponse E**
La A n'est pas un présupposé mais une conclusion. La B n'est pas un présupposé mais une réalité qui va installer une différence entre le scientifique et le non-scientifique. La C ne colle pas assez au texte et introduit une distinction qui ne le rejoint pas assez nettement. La D est une conséquence, non un présupposé. Seule la E est valable : la psychanalyse interprète des signes, mais son objet, l'inconscient n'est pas sensible et c'est pour cela qu'elle ne peut donner lieu à des expériences de falsification.

32. **Réponse D**
C'est la D. Là encore, il est impossible de faire cette question sans un schéma et sans suivre tout doucement le texte. Nous vous conseillons, lorsque plusieurs positions sont possibles, de mettre la lettre du prénom avec un point d'interrogation et vous travaillerez ensuite par éliminations successives. Enfin, il faut ici penser que c'est un octogone, figure à 8 côtés. Pour être à droite de quelqu'un par exemple, il ne faut pas passer de l'autre côté d'un segment qui part de l'invité et qui divise la figure en deux parties égales, par analogie avec un diamètre. On sait qu'il n'y a que 7 convives, mais ici on peut être exactement en face de quelqu'un. Si par exemple une personne est à gauche d'une autre, cela ne donne que trois positions possibles.
On a alors le plan de table suivant, dans le sens horaire : **Matthieu, personne, André, Claude, Pierre, Arthur, Raphaël et Paul.**

33. **Réponse A**
La bonne réponse est la A. Le texte montre qu'à la suite d'une punition, Eric le Rouge a accompli de grandes choses. C'est donc qu'il a su rebondir à partir d'une situation pourtant défavorable, justement ce que dit le premier proverbe. Le motif des outils n'est pas assez central, ce qui élimine la B, et la E ne reflète pas ce passage de la disgrâce à la fortune.

34. **Réponse A**
Il faut rendre compte d'un paradoxe selon lequel on peut se mentir à soi-même, être en même temps celui qui ment et celui à qui l'on ment. Il faut donc au moins un proverbe dans lequel le bourreau est aussi la victime, c'est-à-dire qui engage une réflexivité. Cela élimine donc déjà B, D et E, où le personnage mis en scène n'est pas victime de lui-même. A et C sont possibles. La A est cependant meilleure : le cordonnier s'occupe des autres et non de lui-même, mais ne se fait pas volontairement du tort. Alors que le chat veut mordre et se mord finalement lui-même. Il y a bien là une figure de bourreau et de victime.

35. **Réponse D**
Il s'agit là d'un vrai problème de théologie. La A contredit le texte. La B est tentante mais cela nie la notion d'absolu : si Dieu est absolu, il n'a pas besoin de contraire. La C n'explique rien. La E laisse croire que la « corruption » est partielle mais cela ne résout pas vraiment le problème car le paradoxe reste au moins partiel. La D est la bonne réponse, celle que saint Thomas d'Aquin propose par exemple. Mais cela n'enlève rien à un autre mystère : pourquoi Dieu avait besoin de faire cela ?

36. **Réponse E**
On a plusieurs figures de style qui consistent à nommer une partie de la chose : « cinéma » est une *apocope* : on supprime les derniers phonèmes de « cinématographe » et on garde le sens. « Nanou » est le diminutif d'Anne. « On met les voiles » est une synecdoque où l'on met la partie pour le tout. La D utilise une abréviation : « M. » pour Monsieur. Dans les 4 cas, on met quelque chose de plus petit dans la phrase que l'objet ou le mot initial. Alors que dans la E, on met le tout pour la partie, ce qui est une autre figure de synecdoque : « la France » est « l'équipe de football de France ». E est donc la bonne réponse ici.

37. **Réponse C**
Un couple aimant est un couple où l'affection est réciproque. Il faut faire un petit schéma, par exemple avec des flèches, pour y voir plus clair. On peut alors faire un dénombrement. **On a deux cas possibles :** ou bien on forme les couples Victor-Jeanne et César-Rosalie ou bien Victor-Jeanne et David-Rosalie. Dans les deux cas, on forme deux couples, réponse C.

38. **Réponse E**
Cet exercice pourrait figurer dans la partie mathématique, mais les annales prouvent que l'on en trouve aussi en raisonnement. Il s'agit ici de sortir de sa logique décimale pour essayer de compter en base 9. **Combien vaut 1 000 en base 9 ?** 1 000 / 9 = Q111 + R1, autrement dit on a 111 x 9 à répartir et il restera une unité. Le dernier chiffre est donc 1. Ensuite, on fait de même avec 111 / 9 = Q12 + 2, ce qui veut dire que l'avant-dernier chiffre est 2. Enfin, 12 / 9 = Q1 + 3, ce qui permet d'obtenir le nombre ultime : 1 321, réponse E.

39. **Réponse E**
Comme dans l'un des exercices précédents, pour qu'un rendez-vous ait lieu, il faut que le jour de la promesse et le jour du rendez-vous la personne respecte la vérité et ses engagements. Je dis la vérité du jeudi au dimanche et mon interlocuteur la dit du mardi au jeudi. Pour moi, le rendez-vous peut avoir lieu vendredi, samedi ou dimanche. Pour mon interlocuteur, il ne peut avoir lieu que jeudi. On voit que le rendez-vous est impossible, réponse E.

40. **Réponse C**
Si l'on suit doucement le texte, alors Pierre est au 3e et Paul au 15e. La tante de Sarah habite aussi au 15e et sa mère au 16e. Le boulanger est au 17e et loge 3 étages sous le sommet qui correspondrait au 20e. Mais comme c'est le sommet, il n'est pas habité, c'est le toit. On dira donc que cet immeuble a un rez-de-chaussée (qui en France n'est pas un étage) et 19 étages, réponse C.

41. **Réponse E**
Il faut préférer la E. En effet, il y a sept *t* et six *i* si l'on n'ajoute rien. En mettant le mot « six » en plus, on rajoute un *i*, ce qui fait alors passer le total à huit *i*, mais si l'on met « huit », on a alors sept *i*, ce qui rajoute un *t*. La réponse n'est pas proposée ici.

42. **Réponse E**
Il faut ici faire un petit dessin à la manière d'un arbre généalogique. L'oncle de ma sœur est aussi mon oncle en vérité. Le cousin de mon oncle peut être germain ou non. S'il est germain, alors c'est le fils du frère ou de la sœur de mon oncle. Mais dans ce cas, c'est aussi mon oncle. S'il n'est pas germain, alors il ne peut s'agir que d'un cousin. La seule bonne réponse est la E.

43. **Réponse D**
Attention : 2012 est une année bissextile. Du 2 août 2010 au 30 mars 2012 il y a : 30 + 30 + 31 + 30 + 31 + 365 + 31 + 29 + 30 = **607 jours**, ce qui fait 607 / 7 = **86 semaines et 5 jours**. Le 30 mars 2012 est donc un **lundi + 5 jours = un samedi**, réponse D.

44. **Réponse D**
Attention : on ne vous demande pas une phrase possible de mauvais professeur, **mais** celle qui colle au défaut très particulier que souligne le texte, c'est-à-dire une trop forte intelligence qui empêche d'être pédagogue. A, B et C peuvent s'entendre ici ou là mais ne constituent pas des répliques adaptées au texte. D et E sont en revanche possibles. La E consiste à livrer l'élève à lui-même. Mais cela pourrait être pour d'autres raisons qu'une trop forte intelligence chez le professeur. La D est meilleure car elle suppose que l'élève a posé une question ou essayé de faire quelque chose et qu'il n'y parvient pas. On a donc là une situation typique d'incompréhension du mauvais pédagogue, pourtant présenté dans le texte comme intelligent.

45. **Réponse E**
Le texte commence par présenter la « logique affective », c'est-à-dire une rationalité qui traverse les sentiments. On ne peut pas considérer que c'est une pure anarchie. La réponse A est donc d'emblée éliminable. B et C sont trop larges et vagues et contredisent de surcroît le texte. **Il faut alors choisir entre la D et la E.** La D est très tentante parce qu'elle est proche du texte : or, en la résumant, elle n'en donne pas une conclusion. Il s'agit plutôt ici d'un présupposé : parce que l'identité n'est pas la ressemblance, les affects sont à la fois le lieu d'une logique et le lieu d'une anarchie. La meilleure réponse est donc la E : il y a une logique qui renvoie à l'identité et une fausse logique qui renvoie à la ressemblance.

4. Conditions minimales

46. **Réponse B**
{E} : on vous introduit ici une inconnue Z dont on suppose qu'il s'agit d'un nombre entier puisque l'on vous parle de divisibilité.

La question est de savoir si Z est divisible par 15. Nous vous rappelons la définition : un nombre A est divisible par un nombre B si, et seulement si, il existe un entier Q tel que A = B x Q. Par exemple, 243 est divisible par 9 car on peut écrire 243 = 27 x 9, avec Q = 27 donc.

{1} : cette information vous dit que Z est divisible par 195. En appliquant la définition rappelée plus haut, cela signifie qu'il existe un entier R tel que Z = 195 x R. Or on sait également que 195 est divisible par 3 et par 5 donc par 15. On peut même calculer que 195 = 15 x 13.

Vous trouvez donc que Z = 15 x 13 x R = 15 x Q en posant Q = 13 x R. Donc il existe un entier Q tel que Z = 15 x Q et on peut affirmer que Z est divisible par 15, ce qui rend cette information suffisante et élimine les réponses B, C et E.

Nous avons choisi de détailler la démonstration mathématique pour que vous voyiez bien tous les tenants et aboutissants du raisonnement, mais en réalité il vous suffit de vous souvenir que : **si un nombre A est divisible par B, alors il est divisible par tous les diviseurs de B.**

Ici vous auriez pu ainsi conclure directement en disant que Z étant divisible par 195, lui-même divisible par 15, alors Z est bien divisible par 15.

{2} : adoptons le même raisonnement que précédemment : on sait que Z est divisible par 169, lui-même… non divisible par 15 !

Attention, nous attirons votre attention sur ce point : cela ne signifie pas que Z n'est pas divisible par 15. La propriété évoquée plus haut ne fonctionne que dans un seul sens. Montrons mathématiquement que **Z peut très bien être ou ne pas être divisible par 15.**

Tout ce que l'on sait est que Z est divisible par 169, autrement dit qu'il existe un entier R tel que Z = 169 x R. Comme on ne connaît pas la valeur de R, on peut la choisir librement :

- En prenant R = 1, on trouve Z = 169, divisible par 169 mais pas par 15.
- En prenant R = 15, on trouve Z = 169 x 15 = 2 535, divisible par 169 et par 15.

Comme vous pouvez répondre « oui » comme « non » à la question posée, c'est que l'information (2) est insuffisante. On garde la réponse A.

47. **Réponse B**

{E} : l'énoncé introduit deux inconnues : G et F, représentant respectivement le nombre de garçons et de filles dans la classe. G et F sont donc des nombres entiers compris entre 0 et 40. On vous donne également une équation liant ces deux inconnues : G + F = 40.

{1} : tout ce que nous dit cette information est que G > F, ce qui est clairement insuffisant. On peut par exemple avoir G = 21 et F = 19 ou G = 39 et F = 1. Donc vous pouvez éliminer les réponses A et D et garder les réponses B, C et E.

{2} : ici on vous introduit une nouvelle équation liant F et G. Ecrivons-la pour vérifier qu'elle soit bien indépendante de celle de l'énoncé : G - 4 = F.

On est bien face à une nouvelle équation, indépendante de la première et on peut donc trouver la valeur de F : l'information est suffisante. On garde la réponse B.

48. **Réponse D**

Prenez garde à ce genre de questions où l'énoncé, qui est singulièrement long, a pour seul but de vous noyer sous un flot d'informations pour certaines inutiles. Si vous procédez méthodiquement, impossible de vous tromper :

{E} : faisons un dessin pour représenter nos deux tonneaux :

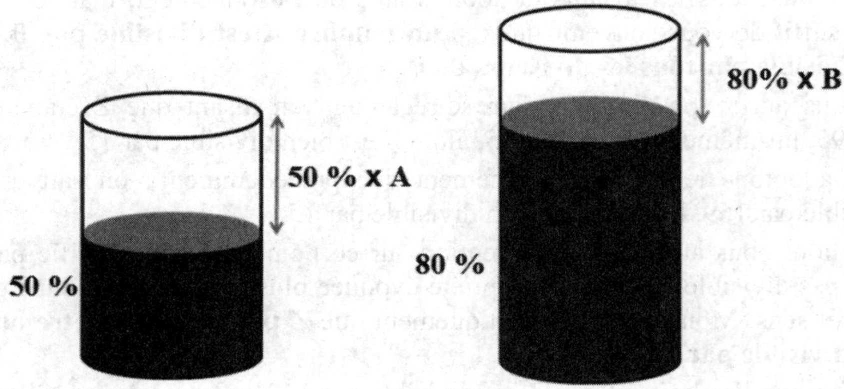

On introduit donc deux inconnues, A et B, représentant les capacités respectives des tonneaux A et B. Nous vous invitons, comme nous l'avons fait sur le dessin, à traduire immédiatement les taux de remplissage en pourcentage de capacité restante :

- le tonneau A étant rempli à 50 %, il reste 50 % x A = (1/2) x A d'espace libre ;
- le tonneau B étant rempli à 80 %, il reste 20 % x B = (1/5) x B d'espace libre.

La question est de savoir si l'on a B > A ou A > B.

{1} : une fois de plus, décrivons le processus à l'aide d'un schéma :

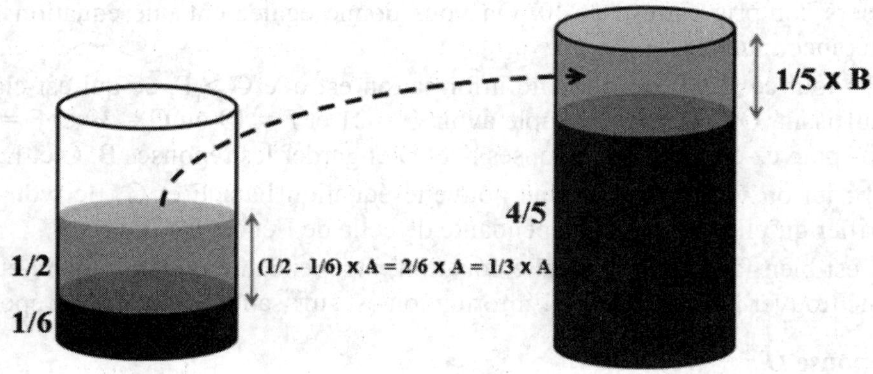

On voit donc que pour remplir le 1/5 restant du tonneau B, il faut vider le tonneau A jusqu'à ce qu'il soit rempli à 1/6 de sa capacité. Intéressons-nous donc au volume de vin échangé en proportion des deux capacités, comme cela a été fait sur le dessin :

- D'un côté on prélève (1/2 - 1/6) x A = 1/3 x A
- De l'autre on remplit 1/5 x B

C'est donc bien que l'on a 1/3 x A = 1/5 x B soit que 5 x A = 3 x B et donc vous trouvez que B > A. On peut ainsi répondre à la question posée avec l'information (1) qui est donc suffisante et on garde par conséquent les réponses B, C et E.

{2} : on pourrait éventuellement recommencer exactement le même raisonnement pour cette information mais il suffit de remarquer que les tonneaux A et B jouant des rôles symétriques, on va de nouveau pouvoir exprimer une proportion de la capacité de B (on en vide (4/5 - 1/2) x B = 3/10 x B)) en fonction d'une proportion de la capacité de A (on en remplit 1/2 x A). L'information (1) étant suffisante, c'est donc que la (2) l'est aussi.

49. **Réponse A**

{E} : P et Q sont des entiers non nuls et P et Q sont pairs.

On cherche à vérifier si le produit P x Q est divisible par 24, c'est-à-dire s'il existe un entier R tel que : P x Q = R x 24

Avant de passer à l'étape suivante, nous vous invitons à **exploiter au maximum les informations fournies par l'énoncé.** Ici on vous dit que P et Q sont pairs. Autrement dit, P et Q sont tous deux divisibles par 2. Or nous vous rappelons que si A et B sont divisibles respectivement par C et D, alors le produit A x B est divisible par C x D. Dans notre cas on sait donc à présent que le produit P x Q est divisible par 2 x 2 = 4.

Tout cela pour dire que la seule chose qu'il reste à vérifier est que le produit P x Q est (ou non) divisible par 6 : car s'il l'est, alors il sera divisible par 4 x 6 = 24.

{1} : on peut traduire cette information en disant qu'elle signifie exactement que Q est divisible par 12. Or P est pair donc divisible par 2. Ainsi, d'après ce qui a été rappelé plus haut, vous en déduisez aisément que le produit P x Q est divisible par 2 x 12 = 24. L'information est donc suffisante et on garde les réponses A et D.

{2} : attention à ne pas vous laisser tromper par le nombre 24 ! Ici, tout ce que vous dit cette information est que : (P + Q)/2 = 24 soit P + Q = 48.

Cas 1 : P = 2 et Q = 46 vérifie bien P + Q = 48. En revanche P x Q = 92 n'est pas divisible par 24. On répond « non » à la question.

Cas 2 : P = 24 et Q = 24 vérifie bien P + Q = 48. Et on a P x Q = 576 qui est divisible par 24. On répond « oui » à la question. L'information (2) est donc insuffisante.

50. **Réponse C**

Un grand classique où lorsque vous combinez les deux informations, vous obtenez un système de 4 équations avec 4 inconnues que vous êtes en mesure de résoudre.

51. **Réponse C**

{E} : vous avez ici 4 inconnues : A, D, E et O, représentant les étages respectifs d'Alexandre, Dru, Ervin et Olivier. On a également des informations quant à leur valeur :

1. $A \neq D$; $A \neq E$; $A \neq O$; $E \neq D$; $O \neq D$; $E \neq O$
2. A, D, E et O valent 2, 4, 5 ou 6

Notez bien qu'on ne cherche pas à connaître les quatre valeurs mais à trouver lequel des quatre habite le plus bas, autrement dit laquelle des quatre inconnues vaut 2. Il y a donc 4 réponses possibles : A, D, E ou O.

{1} : cette information vous dit que $D \neq 2$ et que $E = 4$. Cela n'est pas suffisant dans le sens où l'on peut, par exemple, très bien avoir $A = 2$, $E = 4$, $D = 5$, $O = 6$ ou $O = 2$, $E = 4$, $D = 5$, $A = 6$. Sachant que l'on trouve deux personnes différentes pouvant habiter au 2e étage, l'information est insuffisante. On garde les réponses B, C et E.

{2} : le seul renseignement donné ici est que $A \neq 2$ et $D \neq 2$. Olivier ou Ervin peuvent tous les deux être au 2e étage, et l'information est donc, comme la précédente, insuffisante : ce ne sera pas la réponse (B).

{&} : en combinant les deux informations, on a : $D \neq 2$; $E = 4$; $A \neq 2$.

Vous en déduisez alors que le seul qui peut alors habiter au 2e étage est Olivier. Remarquez bien que l'on a trouvé que l'information était suffisante sans savoir qui de Dru ou Alexandre habitait au 5e et au 6e.

Ici les deux informations ensemble sont donc suffisantes sans qu'aucune ne le soit séparément. Réponse C !

52. **Réponse D**

{E} : on vous introduit ici deux inconnues entières, A et B. On cherche la valeur de $M = (A + B)/2$.

{1} : on a : $[(A + 2) + (B + 4)]/2 = 11$ soit : $(A + 2) + (B + 4) = 22$,
soit : $A + B + 6 = 22$, soit encore $A + B = 16$.

On en déduit l'égalité $M = (A + B)/2 = 8$. Cette information est suffisante. On garde A et D.

{2} : suffisante également car si le cube de la moyenne de A, B et 14 vaut 1 000, c'est que la moyenne de A, B et 14 vaut 10, soit $(A + B + 14)/3 = 10$ soit encore : $A + B = 20 - 14 = 16$. On en déduit là encore l'égalité $M = (A + B)/2 = 8$.

53. **Réponse A**

{1} : « p - 5 est divisible par 2 » signifie que p n'est pas divisible par 2, soit que p est impair. En effet, un nombre sur deux est divisible par 2 et les autres ne le sont pas. Donc si p - 5 est pair, alors p - 4 est impair, p -3 est pair, p - 2 est impair, p - 1 est pair et p est impair ! L'information étant suffisante, on garde A et D.

{2} : si p est le cube d'un entier alors p peut valoir $2^2 = 8$ (pair) ou $3^3 = 27$ (impair). Cette information est donc insuffisante. On garde A.

54. **Réponse B**

55. **Réponse C**

Si les deux informations étudiées séparément ne permettent pas de répondre à la question posée, elles permettent en revanche d'y répondre lorsqu'elles sont étudiées ensemble. On ne trouve en effet que **une valeur unique pour l'âge de l'arbre, à savoir 321 ans.**

56. **Réponse E**

On ne peut donner de réponse unique à la question posée car même en considérant les deux informations **ensemble**, on a encore deux réponses possibles, à savoir **1 et 64.**

57. **Réponse D**

{1} : les vitesses sont **constantes** ici. Vous pouvez donc trouver la moitié de la distance parcourue (et par conséquent la distance totale) grâce à la formule D = V x T. Cette information est suffisante.

Attention, si l'énoncé avait précisé « vitesses **moyennes** », alors il aurait été impossible de conclure. En effet, faire le deuxième tour à une vitesse moyenne de 12,4 km/h peut très bien signifier que le coureur effectue la première moitié du tour à la vitesse de 4,8 km/h et la seconde moitié à la seconde 20 km/h, ce qui modifierait alors tous les calculs !

{2} : cette information est suffisante pour trouver la valeur de D. En effet, il suffit d'écrire que $D_3 = V_3 \times T_3 = 14 \times (21/60)$. Et si on trouve D_3, alors on trouve D qui vaut $3 \times D_3$.

58. **Réponse D**

{E} : en termes d'inconnues, vous avez deux temps dont vous ignorez la valeur : T_C et T_F, représentant les temps respectifs mis par les deux robinets d'eau chaude et d'eau froide pour remplir seuls la baignoire, ainsi qu'un temps dont la valeur vous est donnée : T_E = 30 mn, représentant le temps qu'il faut pour remplir entièrement la baignoire si les deux robinets sont ouverts.

Vous savez que : $\dfrac{1}{T_{ENSEMBLE}} = \dfrac{1}{T_C} + \dfrac{1}{T_F}$

Soit en remplaçant $T_{ENSEMBLE}$ par sa valeur : $\frac{1}{\frac{1}{2}} = \frac{1}{T_C} + \frac{1}{T_F}$

Il vous faut donc trouver à présent de T_F pour trouver celle de T_C.

{1} : cette information nous fournit la valeur de T_F et nous pouvons donc répondre à la question. On garde les réponses A et D.

{2} : grâce à cette information, vous pouvez remplacer T_F par 2 x T_C dans l'équation $\frac{1}{\frac{1}{2}} = \frac{1}{T_C} + \frac{1}{T_F}$ et trouver alors la valeur de T_C. Cette information est également suffisante à elle seule. Réponse D.

59. **Réponse C**

{E} : vous êtes ici en présence de trois inconnues : P, B et M, représentant les poids respectifs (en kg) de pommes, bananes et mandarines achetées par la cliente. La seule dont on souhaite trouver la valeur est M.

Ayant les prix au kg de chaque fruit, notez que vous pourrez ensuite calculer la valeur demandée en trouvant la valeur de M que vous multiplierez par 2,1.

On vous donne également une équation liant les trois inconnues :

$1{,}6 \times P + 1{,}4 \times B + 2{,}1 \times M = 11{,}5$.

{1} : l'information donne une équation liant P et M : $1{,}6 \times P + 2{,}1 \times M = 8{,}7$.

Difficile avec cette seule information de conclure quant à la valeur de M : même combinée avec l'équation de l'énoncé, elle ne peut que nous permettre de trouver la valeur de B. Elle est donc insuffisante et les réponses (A) et (D) sont à oublier.

{2} : l'équation $1{,}4 \times B + 2{,}1 \times M = 9{,}1$ ne permet pas non plus de trouver la valeur M et cette seconde information, à elle seule, est également insuffisante.

{&} : en combinant les trois équations, on obtient le système suivant :

1. $1{,}6 \times P + 1{,}4 \times B + 2{,}1 \times M = 11{,}5$
2. $1{,}6 \times P + 2{,}1 \times M = 8{,}7$
3. $1{,}4 \times B + 2{,}1 \times M = 9{,}1$

Vous notez que les trois équations sont **indépendantes** et **on peut donc en déduire la valeur de M de façon unique.**

60. **Réponse B**

5. Expression

61. **Réponse E**

En dépit de son ton un peu familier, c'est la E qu'il faut préférer. On doit retrouver l'idée de rupture, d'habitude et de confort. Seule la E rend compte du confort des anciennes habitudes avec « facilité ». Le « train-train quotidien » est certes un terme familier, mais indépendamment du ton, cela vaut bien « habitude ». Les autres solutions sont partielles comme « manières d'être » qui n'indique pas la répétition, ou bien « virent à la pathologie » : « manies », « tics » ou « tocs », *i.e.* « troubles obsessionnels compulsifs ».

62. **Réponse D**

La A est trop éloignée du texte pour être retenue. La B n'est pas absurde mais se présente comme une invitation à l'introspection. Cela revient à psychologiser trop fortement le texte initial qui parle d'une connaissance de soi à tout point de vue. La C fait intervenir un agent extérieur, « le ciel », ce qui n'est pas dans l'esprit du texte initial. Il reste alors à départager D et E. Qu'est-ce qui distingue « sache » et « demande » ? A première vue, très peu de choses. Mais le texte initial comporte une réflexivité : je dois MOI-MEME me connaître. La E semble adresser la question à un tiers alors que la D renvoie à une activité personnelle : c'est à moi de savoir ! La D est donc la meilleure.

63. **Réponse C**

Il faut choisir la C. Il faut trouver une expression qui traite le plus clairement de la punition et qui montre, comme dans le proverbe initial, que l'éducation, voire l'amour, appellent nécessairement la sanction de temps à autre. La B est donc hors champ, tout comme les D et E. Le fait qu'elles parlent de peine est un piège car il s'agit alors de la douleur. La A traite de la punition mais ne rend absolument pas compte du rapport à l'éducation.

64. **Réponse E**

La A reviendrait à répéter le terme « frénétique », ce qui ne répond pas aux règles de la bonne rédaction française. La B n'a aucun sens avec le rythme. La C n'est pas non plus équivalente au sens initial : un soubresaut n'est pas un temps mort. C'est entre les deux options suivantes que la discussion s'installe vraiment. Ces deux formulations sont possibles. La seule manière de les distinguer, c'est de voir qu'une faute d'orthographe s'est glissée dans la D. On doit écrire « sans arrêt ». La bonne réponse est alors la E.

65. **Réponse A**

« Troquer » signifie échanger un objet contre un autre, indépendamment de tout intermédiaire monétaire. Ici, on ajoute une connotation : il ne s'agit pas d'un échange avec quelqu'un car rien dans le texte ne le spécifie sinon qu'il endosse un nouveau rôle : il n'est plus le vagabond mais le policier. Troquer n'est donc pas pris dans le sens propre : Charlot passe d'un rôle à l'autre. Les meilleures solutions sont donc A et C. Laquelle préférer ? C'est la A qui est la meilleure ici : il faut tenir compte de la préposition « contre » qui suit, car si l'on échange bien quelque chose « contre » quelque chose, on substitue quelque chose « à » quelque chose.

66. **Réponse A**

La bonne réponse est la A. La B peut être rejetée tout de suite : elle modifie l'objet même du texte en parlant seulement des « grands films ». La C, outre le défaut de ponctuation (rien ne suggère une suspension dans le sens de cette phrase), fait croire qu'un seul point de vue fait réfléchir alors que c'est la totalité qui fait réfléchir d'après la phrase initiale. La D commence bien mais ajoute la notion de surprise et sa fin est très floue : on ne retrouve pas l'idée de l'esprit réfléchissant sur lui-même. La E enfin est approximative : la formulation initiale distinguait des points de vue alors qu'ici on perd cela. Ensuite, le « soi » n'est pas l'esprit précisément.

67. **Réponse C**

La bonne réponse est la C. En effet, on doit tout d'abord repérer l'idée d'opposition qui commence le texte avec « mais », qui disparaît totalement dans la B. Ensuite, il faut rendre l'idée d'une intuition : « sentir » ici, ce n'est pas savoir abstraitement mais percevoir. C'est pourquoi la D ne convient pas. Par ailleurs, la notion de répétition intervient dans le texte ; on accorde « encore » sa confiance, sous-entendu toujours et systématiquement. La E estompe cette idée et doit être supprimée. La C est très proche de la A et comporte de nombreux synonymes, mais une virgule a été supprimée avant le « et », ce qui est plus rigoureux.

68. **Réponse B**

La B est la bonne réponse. « Là » est ici un adverbe et non un déterminant. Le participe présent de « craindre » est « craignant », participe irrégulier pour un verbe du troisième groupe. Les prétentions reviennent ici à celui qui les détient, en l'occurrence le belligérant : il faut donc employer l'adjectif possessif « ses ». « Belliqueux » comme « belligérant » vient du latin *bellum* signifiant « la guerre » et prenant deux *l*. Enfin, on ne saurait oublier ses règles de ponctuation : une conjonction de coordination comme « car » exclut en principe toute ponctuation puisqu'elle a déjà pour rôle de coordonner deux propositions. Cependant, on observe aujourd'hui une tolérance, notamment pour introduire des respirations dans la phrase. Rien n'en indique ici la nécessité : la phrase n'est pas particulièrement longue et c'est pourquoi la B reste la meilleure réponse.

69. **Réponse E**

Il faut préférer la E. Ici, s'il y a quelques fautes d'orthographe, on apprécie aussi votre aptitude à reconnaître les formules les plus rigoureuses ou les plus élégantes à l'écrit. Pour l'orthographe, il faut remarquer que l'on ne peut écrire « il en ait de même » mais bien « il en est de même ». « Insensible » doit être au pluriel, comme attribut du sujet « nous ». « Se caractériser » est un verbe réfléchi et on ne peut par conséquent écrire « ce ». Enfin, il faut écrire « temps » et non « tant ». Les autres distinctions portent sur le vocabulaire et le choix des expressions. Il n'est pas très élégant d'écrire « posséder ses qualités », mais on peut écrire « posséder des qualités » ; du reste, le sens s'en trouverait modifié : posséder « ses » qualités, ce serait avoir « vraiment » celles que tous nous reconnaissent, et non simplement en avoir. « Posséder » dans cette même expression est meilleur qu'« avoir » des qualités. « Se caractériser par » est une expression bien lourde. On dira plus aisément « il en va de même pour » que « il en est de même pour », qui reste cependant possible, mais surtout bien meilleur que « c'est pareil pour », très oral. En revanche, « indifférent », « insensible » ou « impassible » sont équivalents ici. Ce qui les distingue en revanche, c'est ce qui suit : si l'on peut être insensible « à » quelque chose, ou encore indifférent « à » quelque chose, on n'est pas impassible « à » quelque chose.

70. **Réponse B**

Il faut préférer la B. « Tout » est ici un adverbe qui renforce l'adjectif « entière ». Il est donc invariable, comme tout adverbe (à l'exception des fois où il se trouve devant un adjectif féminin commençant par une consonne comme dans « elle est toute belle »). « Réelle » s'accorde ici en genre et en nombre avec « épreuve », comme son épithète. « Monnaie » prend un *e*. Il faut ajouter une virgule après « déroutant » car, même si ce n'est ni obligatoire ni nécessaire au sens, cela impose une respiration à la phrase et la clarifie. « Raisonner » prend bien deux *n*. Enfin, « bénéficiera » est le futur de l'indicatif du verbe « bénéficier », formé sur le radical du verbe, c'est-à-dire réclamant la forme *-era*.

71. **Réponse D**

On teste ici votre connaissance des proverbes. Dans le texte initial, ce proverbe se présente comme la conclusion. Le sens global, c'est qu'en laissant les choses arriver d'elles-mêmes, on crée les conditions du pire. Autrement dit, on condamne ici la passivité. B et E sont donc à éliminer rapidement puisqu'elles ne traitent en rien de la passivité. Il faut en effet un proverbe qui signale nettement le lien entre la passivité et le malheur. De ce point de vue, la C est la meilleure : la A suppose d'avoir fait quelque chose, ce qui est contraire à la passivité, et la D reste très ouverte : on peut semer quelque chose ou rien, et si l'on ne sème rien, le proverbe signale qu'on n'aura rien, ce qui est contraire au texte.

72. **Réponse D**
La meilleure réponse est la D. La A est trop éloignée du texte. La B renvoie à une situation désagréable voire dramatique, ce qui nous éloigne beaucoup du sens général de l'extrait. La C est tentante mais fait allusion à des personnes, ce qui n'est pas le cas du texte initial. Il en va de même pour la E. La D a l'avantage d'être neutre, de s'appliquer à toute chose et de très bien conclure le texte.

73. **Réponse C**
La meilleure réponse est la C. La B est en effet à rejeter tout de suite car elle introduit une équivalence entre « ami » et « parent », ce qui constitue un contresens. A et E sont quasi identiques et pourraient être employées. Néanmoins, cela reviendrait à utiliser une conjonction de coordination après une virgule, ce qui est toléré mais sans être absolument normal. Il faut donc choisir entre la C et la D. On teste au passage votre connaissance de l'orthographe et de la grammaire. En effet, « voire » n'est pas un verbe mais un adverbe qui vient du latin *vere* signifiant « à la vérité ». Il ne faut pas le confondre avec le verbe « voir ». De plus, « voire » ne peut être suivi de « même » car il y aurait redondance, en dépit de la faute orale courante.

74. **Réponse B**
La A est impossible car il manquerait un point d'interrogation. C n'est pas possible du point de vue de la syntaxe, tout comme D. E est possible mais la notion de « méditation » a peu de place en science. La B est donc la bonne réponse.

75. **Réponse C**
On veut rendre compte ici du fait que la foule des investisseurs s'enthousiasme ou au contraire devient pessimiste pour rien. Mais le texte insiste sur une rationalité globale à long terme. Il faut donc faire comprendre que l'irrationalité n'est que ponctuelle. La C est donc la plus appropriée ici.

6. LOGIQUE

76. **Réponse B**
H : Somme constante égale à 14.
V : Séparation produit par les côtés (**3**_18_**6** => **3** x **6** = _18_).

77. **Réponse D**
H : Inter vertical de -1 sur la lettre du milieu.
V : Intra de -1 entre la première et la dernière lettre.

78. **Réponse D**
H : Tous les nombres sont des multiples de 7.
V : Séparation somme par les côtés (le chiffre du milieu est égal à la somme des chiffres extérieurs. Ainsi dans 6**8**2 par exemple, **8** = 6 + 2).

79. **Réponse E**
H : Inter Grande diagonale gauche de +1.
V : Intra de -2 entre la première et la dernière lettre.

80. **Réponse B**
H : Tous les nombres sont des carrés d'entiers.
V : Somme constante égale à 13.

81. **Réponse B**
H : Intra de +1 entre la deuxième et la troisième lettre.
V : Inter vertical de +1 sur la lettre du milieu.

82. **Réponse E**
H : Intra dynamique de +1 à +5 entre la première et la dernière lettre.
V : Inter dynamique de -4 à -1 sur la lettre du milieu.

83. **Réponse B**
H : Tous les nombres sont des carrés d'entiers.
V : Tous les nombres sont des multiples de 11.

84. **Réponse C**
Vous remarquez que le nombre du milieu divisé par le nombre de côté donne toujours 13 : 65/5 = 78/6 = 130/10 = 13.

85. **Réponse B**
Le mouvement des lettres vous indique qu'elles devront se trouver sur le coin supérieur gauche et le coin inférieur droit. De plus, la somme du nombre de barres des deux lettres présentes donne toujours le chiffre du milieu.

86. **Réponse D**
Il vous suffit de regarder la seule case parmi les 4 disponibles où chacune des figures ne s'est jamais retrouvée :
- Carré = coin inférieur gauche ;

- Triangle = coin supérieur gauche ;
- Rond = coin inférieur droit ;
- Triangle inversé = coin supérieur droit.

87. **Réponse C**
La somme du nombre de côtés de la figure et du nombre inscrit à l'intérieur de celle-ci donne le nombre inscrit à l'extérieur :

3 + 10 = 13 4 + 5 = 9 3 + 4 = 7

88. **Réponse A**
Le mouvement des lettres vous indique qu'elles devront se trouver dans le coin supérieur droit et le coin inférieur gauche. De plus, la somme de toutes les **barres** (sigles et lettres) présentes dans la figure donne toujours 9 :

4 + 3 + 2 = 9 1 + 3 + 5 = 9 4 + 2 + 3 = 9

89. **Réponse A**
La somme du nombre de côtés de la figure et de la valeur numérique de la lettre inscrite à l'intérieur est toujours égale à 26 :

5 + 21 = 26 8 + 18 = 26 6 + 20 = 26

90. **Réponse E**
L'écart entre les deux nombres est un extrait du début de la suite des nombres premiers :

22 - 17 = 5 17 - 10 = 7 31 - 20 = 11

La différence entre les deux nombres de la solution devra donc être égale à 13

TEST BLANC TAGE MAGE NUMERO 5

TEST TAGE MAGE NUMERO 5 : VOTRE GRILLE DE REPONSES

Epreuve 1 **Compréhension de textes**						Epreuve 2 **Calcul**						Epreuve 3 **Raisonnement/Argumentation**					
1	A	B	C	D	E	16	A	B	C	D	E	31	A	B	C	D	E
2	A	B	C	D	E	17	A	B	C	D	E	32	A	B	C	D	E
3	A	B	C	D	E	18	A	B	C	D	E	33	A	B	C	D	E
4	A	B	C	D	E	19	A	B	C	D	E	34	A	B	C	D	E
5	A	B	C	D	E	20	A	B	C	D	E	35	A	B	C	D	E
6	A	B	C	D	E	21	A	B	C	D	E	36	A	B	C	D	E
7	A	B	C	D	E	22	A	B	C	D	E	37	A	B	C	D	E
8	A	B	C	D	E	23	A	B	C	D	E	38	A	B	C	D	E
9	A	B	C	D	E	24	A	B	C	D	E	39	A	B	C	D	E
10	A	B	C	D	E	25	A	B	C	D	E	40	A	B	C	D	E
11	A	B	C	D	E	26	A	B	C	D	E	41	A	B	C	D	E
12	A	B	C	D	E	27	A	B	C	D	E	42	A	B	C	D	E
13	A	B	C	D	E	28	A	B	C	D	E	43	A	B	C	D	E
14	A	B	C	D	E	29	A	B	C	D	E	44	A	B	C	D	E
15	A	B	C	D	E	30	A	B	C	D	E	45	A	B	C	D	E

Epreuve 4 **Conditions minimales**						Epreuve 5 **Expression**						Epreuve 6 **Logique**					
46	A	B	C	D	E	61	A	B	C	D	E	76	A	B	C	D	E
47	A	B	C	D	E	62	A	B	C	D	E	77	A	B	C	D	E
48	A	B	C	D	E	63	A	B	C	D	E	78	A	B	C	D	E
49	A	B	C	D	E	64	A	B	C	D	E	79	A	B	C	D	E
50	A	B	C	D	E	65	A	B	C	D	E	80	A	B	C	D	E
51	A	B	C	D	E	66	A	B	C	D	E	81	A	B	C	D	E
52	A	B	C	D	E	67	A	B	C	D	E	82	A	B	C	D	E
53	A	B	C	D	E	68	A	B	C	D	E	83	A	B	C	D	E
54	A	B	C	D	E	69	A	B	C	D	E	84	A	B	C	D	E
55	A	B	C	D	E	70	A	B	C	D	E	85	A	B	C	D	E
56	A	B	C	D	E	71	A	B	C	D	E	86	A	B	C	D	E
57	A	B	C	D	E	72	A	B	C	D	E	87	A	B	C	D	E
58	A	B	C	D	E	73	A	B	C	D	E	88	A	B	C	D	E
59	A	B	C	D	E	74	A	B	C	D	E	89	A	B	C	D	E
60	A	B	C	D	E	75	A	B	C	D	E	90	A	B	C	D	E

Si vous souhaitez répondre la réponse B à la question 31, alors noircissez la case comme suit :

31	A	B	C	D	E

TEST BLANC TAGE MAGE
EPREUVE 1 : COMPREHENSION DE TEXTES

5

CONSIGNES

15 questions / 20 minutes / Calculatrice interdite

BAREME

Réponse juste : + 4 points / Réponse fausse : - 1 point / Aucune réponse : 0 point

TEXTE 1

La société capitaliste ne pouvait naître que de l'accumulation des capitaux. La question qui se pose tout d'abord, c'est donc de savoir d'où pouvait provenir cette accumulation à l'aurore des temps modernes.

A en croire W. Sombart, le commerce, tel qu'il se pratiquait au Moyen Age, était incapable de la produire. Cet auteur a recueilli un certain nombre de données sur la faiblesse des profits commerciaux, qui paraissent assez impressionnantes, mais qui sont trop peu nombreuses pour entraîner pleinement la conviction. Puis, il faut soigneusement distinguer le commerce local et le commerce interurbain ou international, qui va sans cesse en se développant dans les derniers siècles du Moyen Age. L'économie urbaine n'a jamais été aussi « fermée » *(geschlossen)* que se l'imagine Bücher. Ainsi, le commerce de la laine et des draperies, tel qu'il se pratiquait en Italie et aux Pays-Bas, semble bien être au moins la source primitive ou l'une des sources des grosses fortunes qui se créèrent alors en ces contrées. Considérons encore que le commerce est loin d'être vraiment spécialisé : le commerce des marchandises et celui de l'argent ne se trouvent-ils pas souvent réunis dans les mêmes mains ? L'on sait aussi que maintes fois les orfèvres prêtaient de l'argent, faisaient l'office de banquiers.

@@@@@@@@@@@@@@@@@@@@@@@@@@@@@@@@@@@@
@@@@@@@@@@@@@@@@@@@@@@@@@@@@@@@@@@@@
@@@@@@@@@@@@@@@@@@@@@@@@@@@@@@@@@@@@

Ce qui est vrai (et voilà ce qui semble vraiment solide dans la théorie de Sombart), c'est que l'accumulation des capitaux est souvent le fait de personnages qui percevaient des impôts, des taxes pour le compte du Saint-Siège, des rois, ou même les revenus des grands propriétaires fonciers – ecclésiastiques ou laïques. Nous admettrons encore, avec W. Sombart, que le prêt à intérêt, tel que le pratiquaient Lombards et Juifs, peut être considéré comme l'une des sources du capitalisme.

Les exploitations minières ont joué aussi, à cet égard, un rôle assez important, comme le prouve l'exemple des Fugger. Sans doute, il faut tenir compte encore de la plus-value, souvent énorme, des biens fonciers, qui se produit dans les villes, à mesure qu'elles croissent en population et en richesse. Cette plus-value profite surtout au patriciat des villes, qui bien souvent s'allie et arrive à se mêler avec la noblesse rurale, comme le montre M. Pirenne dans ses *Etapes de l'histoire sociale du capitalisme.* Mais ce patriciat, qui d'ailleurs a pour source première le commerce, semble jouer un rôle moins actif, en ce qui concerne le capitalisme naissant, que les hommes nouveaux ; ce sont les nouveaux riches, comme le dit encore M. Henri Pirenne, qui ont toujours joué le rôle le plus actif. […]

Si l'on veut comprendre les origines du capitalisme financier, il convient de considérer les grandes puissances financières, qui se sont constituées dès la fin du Moyen Age. Leur développement, comme le montre Richard Ehrenberg, a été surtout la conséquence du crédit public, que rendait nécessaire la formation des grands Etats, princiers ou monarchiques. Ces Etats ont de plus en plus besoin d'argent, car leurs services militaires, diplomatiques et financiers ne cessent de grandir.

Ainsi s'expliquent l'activité financière des Italiens (Florentins, Lucquois, Génois, etc.) en Angleterre, aux Pays-Bas, en France, et celle des *marans* (juifs portugais convertis) à Anvers. En Allemagne, les Fugger, d'Augsbourg, d'abord marchands, puis propriétaires de mines de cuivre et d'argent et banquiers, ont été les prêteurs attitrés des Habsbourg, et l'on sait le rôle qu'ils ont joué, au moment de l'élection de Charles-Quint. D'autres maisons d'Augsbourg et de Nüremberg ont été de grandes puissances financières dans la première moitié du XVIe siècle ; tels les Tucher, les Imhof. Les banquiers allemands tiennent aussi une place considérable à l'étranger ; par exemple, à Lyon, celui que l'on a appelé « le bon Kleberg » et qui a été, pendant des années, le personnage le plus important de cette ville.

On comprend qu'il ait pu se constituer, dès cette époque, une grande accumulation de capitaux, si l'on songe que le taux de l'intérêt s'élevait souvent à plus de 50 %, et que les forces financières ont été grandement accrues par les sociétés commerciales, les syndicats et les monopoles.

@@@@@@@@@@@@@@@@@@@@@@@@@@@@@@@@@@
@@@@@@@@@@@@@@@@@@@@@@@@@@@@@@@@@@
@@@@@@@@@@@@@@@@@@@@@@@@@@@@@@@@@@

Un fait significatif, c'est que les foires, qui jouaient un si grand rôle lorsque le grand commerce avait encore un caractère uniquement *périodique,* perdent peu à peu leur ancienne importance, à mesure que se développe le commerce sédentaire et urbain. L'on voit se créer, dès le XVIe siècle, des *Bourses* mondiales, comme Anvers et Lyon, qui vont prendre de plus en plus leur place.

Dans les foires, les tractations financières n'étaient nées qu'à l'occasion et à la suite des transactions commerciales. Dans les Bourses, les marchandises ne sont plus apportées elles-mêmes ; on ne trafique que sur les valeurs qui les représentent. Lyon, d'ailleurs, a dû son importance encore plus à la finance qu'au commerce, et son développement est en partie l'œuvre des rois de France. C'est la place où se négocient de préférence les emprunts publics, où affluent les banquiers, dont la plupart sont originaires de l'Italie ou de l'Allemagne du Sud. Lyon finira par perdre sa prépondérance bancaire, mais elle se transformera en une grande ville industrielle.

Ehrenberg, dans son bel ouvrage *Das Zeitalter der Fugger,* montre qu'au XVIe siècle l'importance passe des foires aux Bourses, tant pour le commerce des marchandises que pour le commerce de l'argent. Dans les foires, les transactions n'avaient lieu que de loin en loin ; dans les Bourses, au contraire, c'est chaque jour de l'année que l'on négocie marchandises et valeurs. Les Bourses ont donc fortement contribué à la concentration des opérations commerciales et financières. Elles sont ouvertes « aux marchands de toutes nations », comme le dit l'inscription placée sur le fronton de la Bourse d'Anvers, dont la création, en 1531, a été un événement de première importance.

Grâce aux Bourses, les événements politiques et l'opinion influent beaucoup sur les affaires ; ainsi s'explique l'origine des gazettes, qui donnent aux trafiquants les nouvelles qu'ils ont besoin de connaître. Les Bourses agissent, tout à la fois, sur le crédit des particuliers – car il importe fort à un homme d'affaires d'avoir en Bourse une bonne renommée, une *buona ditta,* suivant l'expression italienne – et sur le crédit public. Rien de plus important aussi pour une place de commerce que le « cours de la Bourse » et le taux de l'intérêt, qui s'établit à la Bourse et qui est en relation étroite avec les événements et les vicissitudes du crédit public.

@@
@@
@@

1. Ce texte traite précisément :

(A) de l'origine du capital.
(B) du développement du capitalisme.
(C) du vice capitaliste.
(D) de l'idée de capitalisme.
(E) des origines du capitalisme.

2. Ce texte pourrait être extrait :

(A) d'un manuel d'histoire économique.
(B) d'un cours d'histoire.
(C) d'un article de journal.
(D) d'un essai sur l'Occident.
(E) d'un manuel d'histoire des idées.

3. Dans quel pays ne s'est-on pas voué rapidement à la finance ?

(A) La France.
(B) Les Pays-Bas.
(C) La Maranie.
(D) L'Allemagne.
(E) L'Italie.

@@

4. La Bourse, c'est pour le capitalisme naissant :
   1. une nécessité 2. une interface 3. une folie

(A) 1 et 2.
(B) 2 et 3.
(C) 2 seulement.
(D) 3 seulement.
(E) 1, 2 et 3.

5. Entre la Bourse et le commerce, le rapport est :

(A) d'opposition.
(B) d'implication.
(C) d'intercausalité.
(D) de cousinage.
(E) de complémentarité.

6. Le commerce moderne, c'est celui :

(A) des riches.
(B) des pauvres.
(C) des avares.
(D) des citadins.
(E) des boursiers.

7. Qui est Ehrenberg ?

(A) Un banquier.
(B) Un sociologue.
(C) Un spéculateur.
(D) Un professeur des écoles.
(E) Un journaliste.

@@
@@
@@

8. Le texte présenté peut être :
   1. un extrait 2. la fin d'un texte 3. le début d'un chapitre

(A) 1 seulement.
(B) 1 et 2.
(C) 1 et 3.
(D) On ne peut répondre.
(E) 1, 2 et 3.

TEXTE 2

Les peintres se sont souvent servis de ladite « divine proportion », c'est-à-dire du nombre d'or.

Les premiers repérages du nombre d'or sont antérieurs à la haute Antiquité grecque puisque l'on sait qu'on le calculait par le rapport entre la première et la seconde phalange d'un doigt. De même, on remarquait que le nombril partage le corps selon la même proportion. Cela revenait à remarquer que ce qui plaît à l'œil est immédiatement lié à la nature. Et le grand moment de l'Antiquité grecque l'a entièrement assumé : la beauté, c'est la parfaite imitation de ce que la nature nous offre de meilleur.

Le nombre d'or n'est qu'une expression mathématique de cette philosophie. C'est ainsi que le peintre Zeuxis s'inspira des plus belles vierges de Cretone pour peindre la femme en soi. Il les fit rassembler et emprunta un pied à celle-ci, une bouche à celle-là, une jambe à celle-ci et une oreille à celle-là pour constituer sur la toile la femme la plus belle mais en même temps la plus naturelle. Cela ne voulait pas dire à l'époque faire quelque chose qui n'existe pas, mais aller dans le sens de la nature pour faire ce que la matière ou les contingences ne lui ont pas forcément permis de réaliser jusqu'au bout. Tel est le sens de l'imitation de la nature selon les anciens.

Pour revenir au nombre d'or, aucun peintre n'y fut par la suite indifférent. Au Moyen Age, certaines constructions gothiques s'en inspirent. De même, le travail de certains vitraux s'y réfère. Mais c'est surtout à la Renaissance que sa présence est manifeste. La redécouverte des monuments antiques et de la littérature des anciens va de pair avec le regain d'intérêt pour ce nombre. Raphaël et Michel Ange en sont les plus

@@@@@@@@@@@@@@@@@@@@@@@@@@@@@@@@@@@@@
@@@@@@@@@@@@@@@@@@@@@@@@@@@@@@@@@@@@@
@@@@@@@@@@@@@@@@@@@@@@@@@@@@@@@@@@@@@

illustres utilisateurs. Un peu plus tard, Nicolas Poussin dans *Les Bergers d'Arcadie* construit entièrement son œuvre sur ce nombre. Mais on le retrouve jusque chez les cubistes qui pourtant ne se sont jamais réclamés de l'Antiquité.

Ce serait cependant une erreur de penser que seuls les peintres ont usé de ce chiffre. En effet, on le retrouve en architecture, celle de Phidias mais aussi celle des monuments contemporains, ou encore en musique. Lorsque Louis Armstrong joue *The Last Time* en 1925, on remarque que l'alternance des solos et de l'orchestre correspond à des segments de temps proportionnés au nombre d'or.

On pourrait penser que c'est l'œuvre du hasard. Sans doute que tout n'a pas été consciemment pensé relativement au nombre d'or, mais il est cependant frappant qu'on le retrouve un peu partout. A ceux qui parlent d'une objectivité des règles de la beauté, les sociologues peuvent opposer l'idée d'une culture et d'une habitude. En effet, si le nombre d'or se retrouve partout, même dans des compositions de natures très différentes, ce n'est sans doute pas seulement parce que la nature nous y invite. Il se pourrait tout simplement qu'à force de voir des œuvres qu'on nous présente comme belles respecter cette proportion, nous ayons pris l'habitude sans nous en rendre compte de l'identifier au beau.

Et c'est là où toute l'anthropologie et la sociologie contestent le naturalisme des anciens. En effet, en comparant notre culture esthétique à celles d'autres peuples, on s'aperçoit que le nombre d'or n'est pas un universel. Pas plus que les notes et les gammes auxquelles on nous habitue depuis l'enfance ne sont naturelles, le nombre d'or ne refléterait rien d'objectif. Là encore, la tyrannie de la culture occidentale aurait fait son œuvre.

9. Le jugement esthétique d'après l'auteur :

(A) est nécessairement objectif.
(B) est toujours subjectif.
(C) pourrait être inculqué malgré nous.
(D) est identique en tout pays.
(E) est inculqué.

@@

10. Imiter, c'est :

(A) recopier.
(B) singer.
(C) poursuivre.
(D) tricher.
(E) répéter.

11. D'après le texte, le naturalisme est :

(A) une religion.
(B) une philosophie.
(C) une obligation.
(D) une mauvaise habitude.
(E) un devoir.

12. Ce texte est :
1. un extrait 2. un début de texte 3. une fin de texte

(A) 1 seulement.
(B) 1 et 2.
(C) 1 et 3.
(D) On ne peut répondre.
(E) 1, 2 et 3.

13. Dans le texte, le nombre d'or ne s'exprime pas en termes :

(A) numériques.
(B) corporels.
(C) mathématiques.
(D) charnels.
(E) digitaux.

@@

14. D'après le texte, on peut dire que Nicolas Poussin est :

(A) un peintre cubiste.
(B) un homme.
(C) un homme ayant vécu après la Renaissance.
(D) un artiste de la Renaissance.
(E) un artiste antérieur à la Renaissance.

15. La raison pour laquelle on a surnommé le nombre d'or la « divine proportion », c'est sans doute :

(A) parce que c'est une manière de rendre gloire à Dieu.
(B) parce que les dieux l'ont enseigné aux Grecs.
(C) parce que c'est ce qui permet de faire de belles œuvres.
(D) parce que les Grecs voyaient du divin en toute chose.
(E) parce qu'on ne le comprenait pas.

Si vous avez terminé, vous n'êtes pas autorisé(e) à revenir sur une épreuve précédente.
Vous n'êtes pas non plus autorisé(e) à travailler sur une épreuve suivante avant la fin du temps imparti.

STOP !

5

TEST BLANC TAGE MAGE
EPREUVE 2 : CALCUL

CONSIGNES

15 questions / 20 minutes / Calculatrice interdite

BAREME

Réponse juste : + 4 points / Réponse fausse : - 1 point / Aucune réponse : 0 point

16. Que valent huit millièmes de soixante-quatre dizaines divisées par deux cent cinquante-six centaines ?

(A) Quatre dixièmes.
(B) Vingt cent millièmes.
(C) Quarante millièmes.
(D) Deux millièmes.
(E) Quarante-deux centièmes.

17. Un tapis roulant dans un aéroport se déplace à 3 km/h. Sa longueur est de 20 mètres. Un enfant s'amuse à le prendre en sens inverse et marche à 5 km/h. Combien de temps mettra-t-il pour remonter entièrement le tapis roulant ?

(A) 1 mn et 15 s.
(B) 1 mn et 30 s.
(C) 45 s.
(D) 36 s.
(E) 30 s.

//
//
//

18. Au cours d'une réunion, chaque homme a serré une fois la main de chaque autre homme et les hommes ont tous embrassé chacune des femmes présentes. On a ainsi compté 28 poignées de main et 72 embrassades. Combien y avait-il de femmes à cette réunion ?

(A) 5
(B) 8
(C) 6
(D) 7
(E) 9

19. J'ai acheté une robe en solde, soldée à -28 %, que j'ai payée 236,50 euros. Quel était le prix initial de la robe ?

(A) 308,19 euros.
(B) 319,51 euros.
(C) 328,47 euros.
(D) 335,84 euros.
(E) 341,63 euros.

20. Une piscine est longue de 8 mètres, large de 6 mètres et haute de 2,5 mètres. Quelle valeur faut-il rajouter à sa hauteur pour augmenter son volume de 60 mètres cubes ?

(A) 2
(B) 1,75
(C) 1,5
(D) 1,25
(E) 1,2

//
//
//

21. Dans la figure ci-dessous, BCA et ADE sont des triangles équilatéraux égaux. L'angle CAD est égal à 17,5 degrés. Quelle est la valeur de la moitié de l'angle BCD ?

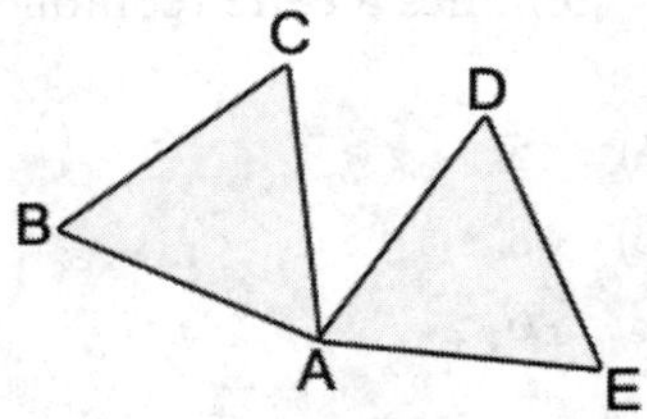

(A) 56,125
(B) 62,25
(C) 70,625
(D) 72,75
(E) 74,725

22. En 2001, une petite ville comptait 16 920 habitants. Le nombre de boulangeries était égal à 47. En 2009, le nombre de boulangeries n'était plus que de 32 pour une population de 14 400 habitants. Le nombre moyen de boulangeries par habitant entre 2001 et 2009 :

(A) a diminué de 20 %.
(B) a diminué de 25 %.
(C) a augmenté de 20 %.
(D) a augmenté de 25 %.
(E) n'a subi aucune modification.

23. On dispose de deux bouteilles d'une mayonnaise composée uniquement d'huile et de jaunes d'œufs. La première contient un litre de mayonnaise composée à 20 % de jaunes d'œufs tandis que la seconde, d'une contenance d'un litre et demi, est composée de 75 % d'huile. On mélange les deux mayonnaises dans une seule bouteille : quel pourcentage de jaunes d'œufs obtient-on ?

(A) 18 %
(B) 20 %
(C) 23 %
(D) 25 %
(E) 27 %

//
//
//

24. Z et T sont deux entiers naturels positifs. Quelle est la valeur de $Z^2 - T^2$ sachant que $Z \times T = 42$ et que $T - Z = -1$?

(A) 9
(B) 10
(C) 12
(D) 13
(E) 16

25. Un cube a pour volume huit mètres cubes. On le découpe en petits cubes de deux décimètres de côté. On empile alors tous les petits cubes. Quelle est en mètres la hauteur de la pile obtenue ?

(A) 20 mètres.
(B) 100 mètres.
(C) 400 mètres.
(D) 200 mètres.
(E) 1 000 mètres.

26. Dans un lycée, la moyenne obtenue à une session préparatoire à l'examen du baccalauréat par les 36 élèves d'une classe de terminale scientifique est de 14 sur 20. Les filles ont obtenu en moyenne la note de 15 sur 20 et les garçons ont eux obtenu en moyenne la note de 9 sur 20. Combien y a-t-il de filles dans cette classe de terminale scientifique ?

(A) 16
(B) 18
(C) 24
(D) 28
(E) 30

27. Soit M et N des nombres entiers. On donne $M \times N = 50$. Alors $M - N$ ne peut pas être égal à :

(A) 55
(B) 49
(C) 23
(D) 15
(E) 5

28. Dans la multiplication MN x ZP = 1568, N = 4M et Z = P – 1. Quelle est la valeur de P ?

(A) 3
(B) 4
(C) 5
(D) 6
(E) 8

29. Un grand triangle équilatéral a une aire égale à 36 cm^2. On découpe à chaque sommet un petit triangle équilatéral, tous les trois identiques, de telle manière que l'on obtienne un hexagone régulier. Quelle est l'aire, en cm^2, de cet hexagone ?

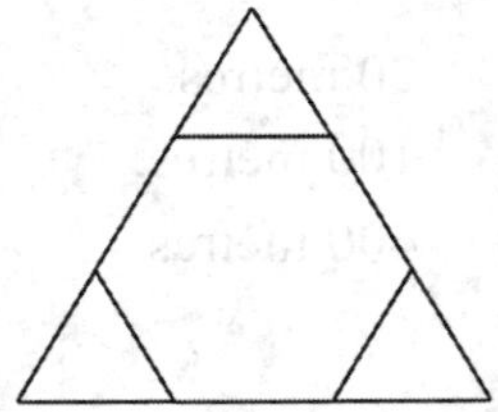

(A) 12
(B) 16
(C) 18
(D) 20
(E) 24

30. Un concessionnaire a liquidé ce mois-ci tous les modèles de voitures de sa concession. 60 % des voitures vendues étaient de modèle essence, deux septièmes de modèle diesel et 92 de modèle hybride. Combien de voitures ce concessionnaire a-t-il vendues ?

(A) 790
(B) 805
(C) 812
(D) 827
(E) 843

Si vous avez terminé, vous n'êtes pas autorisé(e) à revenir sur une épreuve précédente.
Vous n'êtes pas non plus autorisé(e) à travailler sur une épreuve suivante avant la fin du temps imparti.

STOP !

TEST BLANC TAGE MAGE
EPREUVE 3 : RAISONNEMENT / ARGUMENTATION

5

CONSIGNES

15 questions / 20 minutes / Calculatrice interdite

BAREME

Réponse juste : + 4 points / Réponse fausse : - 1 point / Aucune réponse : 0 point

31. Dans les religions anciennes, Dieu est parfois confondu avec la Nature. Autrement dit, Dieu est le tout. C'est ce que l'on appelle le panthéisme. Mais un dieu qui n'est pas une personne comme le Dieu des chrétiens, des juifs ou des musulmans peut-il avoir une volonté, prendre des décisions, etc. ? Si l'on définit la liberté comme la possibilité de n'être déterminé à agir sur le monde que par soi, alors on peut répondre que :

(A) seul un dieu qui n'est pas le tout peut être libre.
(B) un dieu n'est libre que s'il a une volonté.
(C) être libre, c'est décider par soi.
(D) être libre, c'est avoir tout pouvoir sur ce qui n'est pas soi.
(E) la nature est libre.

>>
>>
>>

32. Le verbe « être » peut s'attribuer dans des cas très différents. Soit l'on dit d'une chose qu'elle est, c'est-à-dire qu'elle existe, soit on dit d'elle qu'elle est quelque chose. Par exemple, la table existe ou la table est bleue. Mais quand je nie ces propositions, j'obtiens des propositions qui existent, non des objets qui existent. Ainsi je peux dire d'un homme qu'il est non-voyant, si l'idée existe, pourtant la cécité n'existe pas.
On peut en déduire :

(A) L'être, c'est la pensée.
(B) Il faut que tout ce qu'on dit soit.
(C) Zéro n'existe que dans l'esprit.
(D) Penser, c'est être.
(E) Le néant pourrait ne pas exister, bien qu'on en parle.

33. Nous sommes le lundi 7 janvier 2013. Quel jour tombait le 13 février 2010 ?

(A) Lundi.
(B) Mercredi.
(C) Vendredi.
(D) Samedi.
(E) Dimanche.

34. Quelle figure de style se distingue des quatre autres ?

(A) La mort, tel un vieux capitaine, vint le prendre.
(B) Tu es orange comme une carotte !
(C) Il pleut des cordes.
(D) La justice est aux hommes ce que la vérité est aux anges.
(E) Il est arrivé à toute allure, faut voir comme !

>>
>>
>>

35. La maladie, la douleur, la déception et la mort font partie de la vie. Nul n'y échappe. C'est pourquoi les stoïciens ont proposé durant l'Antiquité d'accepter la nécessité. La meilleure manière d'être heureux ou à tout le moins de ne pas être malheureux, c'est d'admettre que les choses sont telles qu'elles doivent être et que l'homme ne peut rien y changer. C'est pourquoi la maxime emblématique des stoïciens de Rome était « *Sustine et abstine* », c'est-à-dire « Abstiens-toi et supporte. »
Quelle proposition affaiblit ce raisonnement ?

(A) Qui ne tente rien n'a rien.
(B) La nécessité est une catégorie interne à l'esprit humain.
(C) L'homme espère trop.
(D) Il faut maîtriser ses désirs.
(E) C'est en ne changeant rien qu'on subit les choses.

36. On parlait grec ancien partout où Alexandre le Grand faisait bâtir des cités grecques. Peu à peu, tout le monde dans l'empire d'Alexandre parlait grec et cela devint à la fois la langue politique, scientifique et commerciale. Il semble aller de même aujourd'hui avec la mondialisation : la langue apprise par tous est l'anglais, la culture qui s'impose est anglo-saxonne et cela crée une homogénéité à la surface de la Terre.
Quel exemple illustre le mieux le propos de l'auteur ?

(A) Pythagore était grec.
(B) Alexandre voulait écraser toute résistance.
(C) Les Anglais sont des conquérants.
(D) On mange des kebabs partout dans Paris.
(E) On trouve des théâtres grecs en Asie Mineure.

>>>
>>>
>>>

37. 3 hommes parlent le même jour. Paul dit : « Robert ment. » Robert dit : « Arthur ment. » Arthur dit : « Tout le monde ment sur Terre les jours pairs. »
Quelle proposition est vraie ?

(A) Les 3 mentent toujours.
(B) Robert ment et Paul ne parle que les jours pairs.
(C) Paul dit la vérité les jours pairs.
(D) Arthur dit la vérité les jours pairs.
(E) Arthur peut dire la vérité les jours impairs.

38. Quel proverbe n'a pas le même sens que les autres ?

(A) A cheval donné, on ne regarde pas la bride.
(B) C'est le geste qui compte.
(C) Un cadeau, cela ne se refuse pas.
(D) L'amour ne compte pas.
(E) A cheval donné, on ne regarde pas la bouche.

39. Je me regarde dans le rétroviseur et tu te vois dans le miroir pendant qu'il se touche la main droite de la main gauche.
Quelle phrase est analogue à celle-ci ?

(A) Je vois le monde et tu l'écoutes alors qu'il sort de chez lui.
(B) Je me tiens la main gauche de la main droite et tu regardes au loin alors qu'il rentre chez lui.
(C) Je me regarde dans le miroir et je me vois pendant que tu rêves d'un autre monde.
(D) Je me touche la main alors qu'il se regarde dans le miroir et tu entends l'écho de ta voix dans la caverne.
(E) Je pense que je pense et tu penses que tu penses au moment où il pense que tu penses.

>>>
>>>
>>>

40. Le devenir est la chose la plus immédiatement visible dans notre environnement. Partout on s'aperçoit que les choses changent. Les hommes grandissent, vieillissent et meurent. Les paysages se métamorphosent, la Terre même a une histoire, tout comme l'Univers. Et pourtant, changer, c'est passer d'un état à un autre tout en parlant du changement d'une chose qui semble demeurer. Autrement dit, sous tout changement, il y aurait quelque chose de stable.
Quelle proposition affaiblit le plus ce raisonnement ?

(A) Le changement est subjectif.
(B) Seul ce qui est visible existe.
(C) Il n'y a pas que du changement.
(D) Certaines choses ne sont pas aussi objectives qu'on le pense.
(E) « Tout devient. »

41. Un cinéphile a 857 enregistrements de films qu'il veut répertorier. Il décide d'attribuer un code à chacun à la suite duquel va figurer l'année du film. La partie littérale du code s'organise de la manière suivante : AAAA, AAAB, AAAC..., AABA, AABB... en suivant l'ordre alphabétique de la première lettre du titre, sauf quand celle-ci est un article. Dans ce cas, on prend la lettre du deuxième mot du titre. Ensuite, il ajoute la date. Par exemple, si le film AAZT a été réalisé en 1956, il portera le code AAZT-1956. Les trois quarts de ses films sont tournés avant 1991, même si parmi ceux-là les deux tiers sont en noir et blanc.
A quelle lettre correspondent les films de 1992 ?

(A) ATTP.
(B) BOTP.
(C) AATP.
(D) Un code qui commence par A.
(E) AOTO.

>>>
>>>
>>>

42. Sur son compte, Pierre possède pour 30 000 euros en actions. Agnès, son amie, en possède deux fois moins. Comme l'année boursière a été difficile, Pierre a réalisé une moins-value de 4 000 euros. Agnès a revendu toutes ses actions à perte et se retrouve avec 13 100 euros.
Que peut-on dire alors ?

(A) Pierre est trop nerveux en Bourse.
(B) Les femmes ont une plus grande aversion au risque que les hommes.
(C) Agnès n'investira plus jamais en Bourse.
(D) Pierre est un mauvais investisseur.
(E) Agnès est moins prudente que Pierre.

43. Trois amis regardent un cube suspendu au-dessus d'eux, une face parallèle au sol. Comme ils ne sont pas placés au même endroit, ils n'aperçoivent pas les mêmes choses. Jacques voit les faces 1, 3 et 4, tandis que Marie-José voit les faces 3 et 4. Paul voit les faces 5 et 6.
Où est le 2 ?

(A) Face au 1 ou 2.
(B) Face au 3 ou 4.
(C) Face au 4.
(D) Face au 5 ou 6.
(E) Face au 6.

44. Mon ami Paul confesse n'être jamais sincère. Cela veut dire :

(A) Qu'il n'a aucun ami.
(B) Qu'il fait erreur.
(C) Qu'il ment.
(D) Qu'il ne s'appelle pas Paul.
(E) Qu'il ne peut rien dire.

>>>
>>>
>>>

45. Par quel mot remplacer les pointillés pour que la phrase soit correcte ?
« J’affirme que cet énoncé comporte exactement …… mots et …… “r”. »

(A) Dix et deux.
(B) Onze et trois.
(C) Treize et deux.
(D) Douze et quatre.
(E) Onze et quatre.

Si vous avez terminé, vous n’êtes pas autorisé(e) à revenir sur une épreuve précédente.
Vous n’êtes pas non plus autorisé(e) à travailler sur une épreuve suivante avant la fin du temps imparti.

STOP !

TEST BLANC TAGE MAGE
EPREUVE 4 : CONDITIONS MINIMALES

5

CONSIGNES
15 questions / 20 minutes / Calculatrice interdite

BAREME
Réponse juste : + 4 points / Réponse fausse : - 1 point / Aucune réponse : 0 point

Vous répondrez :
(A) Si l'information (1) permet à elle seule de répondre à la question, et si l'information (2) à elle seule ne permet pas de répondre à la question.
(B) Si l'information (2) permet à elle seule de répondre à la question, et si l'information (1) à elle seule ne permet pas de répondre à la question.
(C) Si les deux informations (1) et (2) ensemble permettent de répondre à la question, et aucune séparément ne le peut.
(D) Si chaque information permet séparément de répondre à la question.
(E) Si les deux informations ensemble ne permettent pas de répondre à la question.

46. Eliane fait le plein à la pompe à essence. Quel est le prix du litre d'essence payé par Eliane ?

(1) Eliane a payé son plein 59,75 euros.
(2) Le plein fait par Eliane correspond à 39 litres.

##
##
##

47. Quel est l'âge de Valériane ?

(1) Dans 3 ans, Valériane sera deux fois plus âgée que ne l'est Sandrine actuellement.
(2) Aujourd'hui, l'âge de Corinne est égal à la moyenne des âges de Valériane et Sandrine.

48. Dans un lycée toulousain, quelle proportion de garçons y a-t-il dans les classes de Terminale ?

(1) 60% des élèves du lycée sont des filles.
(2) 25% des élèves du lycée sont en Terminale.

49. Quelles sont les valeurs prises par X et Y ?

(1) $X - Y = 5$
(2) $X^2 - Y^2 = 75$

50. La valeur de la surface d'un parallélogramme ABCD est égale à 16 mètres carrés. Est-il un losange ?

(1) La diagonale AC est égale à 8 mètres.
(2) Les diagonales AC et BD se croisent en formant un angle droit.

51. Que vaut (Z – H) sachant que Z = 3H et que Z et H sont des nombres entiers naturels ?

(1) Le produit de Z par H est inférieur ou égal à 19 et donne un multiple de 3.
(2) La somme de Z et de H est égale à 4.

##
##
##

Vous répondrez :
(A) Si l'information (1) permet à elle seule de répondre à la question, et si l'information (2) à elle seule ne permet pas de répondre à la question.
(B) Si l'information (2) permet à elle seule de répondre à la question, et si l'information (1) à elle seule ne permet pas de répondre à la question.
(C) Si les deux informations (1) et (2) ensemble permettent de répondre à la question, et aucune séparément ne le peut.
(D) Si chaque information permet séparément de répondre à la question.
(E) Si les deux informations ensemble ne permettent pas de répondre à la question.

52. Si $A^2 = B$, est-ce que la valeur de A est comprise entre 0 et 1 ?

(1) B est compris entre 0 et 1.
(2) $A > B$

53. X est un entier naturel non nul. X est-il premier ?

(1) X^2 est divisible par 3.
(2) $X + 9$ est divisible par 3

54. Quelle est la valeur de la surface du rectangle ABCD ?

(1) Le périmètre est de 10 mètres.
(2) Si l'on multiplie par 3 la longueur et la largeur du rectangle, on obtient une surface égale à 54.

55. X, Y et Z sont des nombres qui sont tous inférieurs à 30. Parmi les nombres X, Y et Z, combien sont positifs ?

(1) $X + Y + Z = 61$
(2) $X + Y = 35$

##
##
##

Vous répondrez :
(A) Si l'information (1) permet à elle seule de répondre à la question, et si l'information (2) à elle seule ne permet pas de répondre à la question.
(B) Si l'information (2) permet à elle seule de répondre à la question, et si l'information (1) à elle seule ne permet pas de répondre à la question.
(C) Si les deux informations (1) et (2) ensemble permettent de répondre à la question, et aucune séparément ne le peut.
(D) Si chaque information permet séparément de répondre à la question.
(E) Si les deux informations ensemble ne permettent pas de répondre à la question.

---

56. Combien Aurélie a-t-elle acheté de bouteilles de vin ?

(1) Si elle avait eu trois fois plus d'argent, elle aurait pu acheter quatre bouteilles de vin en plus.
(2) Elle dispose de 12 euros.

57. M est un nombre entier à 3 chiffres consécutifs croissants. Quelle est la valeur du chiffre des dizaines de M ?

(1) La somme des 3 chiffres de M est égale à 9.
(2) Le chiffre des centaines correspond à la moitié de celui des unités.

58. Une fratrie est composée de 3 enfants d'âges différents. Quel est l'âge du plus jeune ?

(1) L'aîné a neuf ans de plus que le plus jeune.
(2) L'addition des âges des trois enfants est égale à 14.

##
##
##

Vous répondrez :
(A) Si l'information (1) permet à elle seule de répondre à la question, et si l'information (2) à elle seule ne permet pas de répondre à la question.
(B) Si l'information (2) permet à elle seule de répondre à la question, et si l'information (1) à elle seule ne permet pas de répondre à la question.
(C) Si les deux informations (1) et (2) ensemble permettent de répondre à la question, et aucune séparément ne le peut.
(D) Si chaque information permet séparément de répondre à la question.
(E) Si les deux informations ensemble ne permettent pas de répondre à la question.

---

59. Des compositions florales sont vendues sous deux versions. La première comprend deux orchidées, et la seconde trois orchidées Combien a-t-on vendu de compositions de chaque version ?

(1) La moyenne des orchidées pour toutes les compositions est de 2,375.
(2) Le nombre total de compositions vendues est de 40.

60. Que vaut A + B ?

(1) $A - 2B + C = 0$
(2) $3A + 6B = C + 3$

Si vous avez terminé, vous n'êtes pas autorisé(e) à revenir sur une épreuve précédente.
Vous n'êtes pas non plus autorisé(e) à travailler sur une épreuve suivante avant la fin du temps imparti.

STOP !

TEST BLANC TAGE MAGE
EPREUVE 5 : EXPRESSION

5

CONSIGNES
15 questions / 20 minutes / Calculatrice interdite

BAREME
Réponse juste : + 4 points / Réponse fausse : - 1 point / Aucune réponse : 0 point

Pour les questions 61 à 65, choisissez la reformulation dont le sens se rapproche le plus du passage souligné.

61. Il semble que vouloir construire une Europe d'abord politique, avec une constitution et un Etat centralisé, <u>est une utopie</u>. Certes, tous semblent rechercher une définition consensuelle de l'Europe. Mais après tout, l'incertitude des symboles et des définitions ne fait-elle pas partie du fonctionnement normal et souhaitable des démocraties libérales ? L'incertitude n'est-elle pas un bien dans de telles situations ?

(A) relève d'un rêve
(B) est une chimère
(C) renvoie à un fantasme
(D) constitue une illusion
(E) ressort de la bêtise

§§§

62. Tension, nervosité, impatience, confusion : 6 étudiants sur 10 ressentent ces <u>symptômes</u> dès qu'il s'agit de mathématiques. Plus étonnant encore, les plus fragiles sont les étudiants en biologie !

(A) troubles
(B) signes
(C) maladies
(D) problèmes
(E) difficulté

63. <u>Passer du coq à l'âne.</u>

(A) Petit à petit l'oiseau fait son nid.
(B) Tous les chemins mènent à Rome.
(C) Passer du centième au millième.
(D) Un tiens vaut mieux que deux tu l'auras.
(E) Changer d'avis comme de chemise.

64. L'intérêt que beaucoup de lecteurs ont porté et portent encore à la critique thématique tient essentiellement à une déception. <u>En effet, si le discours critique a toujours existé, il est devenu surabondant à partir du XIXe siècle</u>. Mais en dépit de cette prolifération et des multiples innovations théoriques en « ismes », la littérature a plus été discutée que retrouvée. On a mis en place de nombreux systèmes interprétatifs, avec des assises théoriques complexes, et habillés du prestige d'une certaine scientificité (on pense ici à la critique structurale, à la psychocritique, à la critique génétique…). Mais cet effort théorique, sans être vain, a perdu de vue une certaine manière de lire, voire la lecture elle-même.

§§
§§
§§

(A) Car on a toujours critiqué les œuvres, on l'a fait beaucoup plus à partir de la fin du XIXe siècle.

(B) Ainsi, si l'on a toujours critiqué les romans, on l'a trop fait ensuite.

(C) On critique en effet les œuvres depuis la nuit des temps, mais jamais autant qu'à la fin du XIXe siècle.

(D) On a toujours passé son temps à critiquer les œuvres, mais plus encore à partir de la fin du XIXe siècle.

(E) On critique les œuvres depuis longtemps, mais excessivement depuis la fin du XIXe siècle.

65. Médecins sans frontières existe depuis maintenant trente ans. Créé en 1971, cet organisme se veut indépendant et se fixe deux objectifs essentiels : d'une part « apporter une aide médicale, d'autre part faire connaître au monde entier <u>la situation des populations dans le besoin</u>. C'est ainsi la première organisation non gouvernementale et non militaire à se spécialiser dans l'intervention médicale d'urgence. Son action s'est d'ores et déjà développée dans plus de 80 pays sur les cinq continents, à la fois pour venir en aide aux populations en crise et pour participer à la mise en place de structures sanitaires. Ces efforts ont été couronnés en 1999 par l'obtention du prix Nobel de la paix.

(A) la réalité des nécessiteux

(B) ceux qui ont besoin d'aide

(C) les horreurs du monde

(D) la vie des malheureux

(E) la condition des personnes qui ont besoin d'aide

§§
§§
§§

Pour les questions 66 et 67, trouvez la formulation la plus claire et la plus soignée pour exprimer le sens du passage souligné. La réponse A reprend la formulation initiale.

66. Il faut néanmoins admettre que la notion même de culture populaire reste discutable, autant peut-être que celle de culture elle-même.

(A) Il faut néanmoins admettre que la notion même de culture populaire reste discutable, autant peut-être que celle de culture elle-même.

(B) On doit cependant reconnaître que tout cela est bien critiquable.

(C) La culture populaire est toutefois très critiquable, comme la culture en général.

(D) On doit cependant reconnaître que l'idée de culture populaire demeure sujette à débat, tout comme celle de culture.

(E) L'idée même de culture populaire pose cependant problème, peut-être autant que celle de culture en général.

67. La science-fiction pousse le récit dans ses retranchements. Non seulement la science-fiction nous oblige à envisager d'autres mondes et d'autres vies, mais elle le fait encore en nous renvoyant sans cesse à nous-mêmes et à nos particularités.

(A) La science-fiction pousse le récit dans ses retranchements. Non seulement la science-fiction nous oblige à envisager d'autres mondes et d'autres vies, mais elle le fait encore en nous renvoyant sans cesse à nous-mêmes et à nos bizarreries.

(B) La science-fiction accuse les limites du récit qui ne nous fait plus seulement traverser d'autres univers mais nous oblige à la réflexion.

(C) Le récit n'est pas classique dans la science-fiction : il nous sort de notre univers et nous oblige à savoir qui nous sommes.

(D) La science-fiction engage une autre manière de raconter une histoire : on nous sort de notre quotidien pour nous interroger sur ce que nous sommes.

(E) La science-fiction radicalise le récit. Non seulement la science-fiction nous oblige à envisager d'autres choses, mais elle nous renvoie sans cesse à nous-mêmes et à nos particularités.

§§§
§§§
§§§

68. Combien de fautes compte-t-on dans la phrase suivante ?

« Ils ont eû du mal à finir leur exercice, voir beaucoup de mal, dans la mesure ou rien ne les préparait à une tel épreuve. C'est pour quoi ont a raison de penser que l'on ne possède jamais assez de vertue, c'est à dire de courage face à toute épreuve. Mais en sera-t'il toujours ainsi ? »

(A) Cinq.
(B) Sept.
(C) Neuf.
(D) Douze.
(E) Treize.

69. Quelle est la meilleure ponctuation et la meilleure orthographe ?

(A) « Attention ! ce chien est méchant ! » Voilà ce qu'on devrait lire plus souvent sur les portes des maisons. Les documentaires, que chacun a pu voir, prouvent que certains chiens sont dressés pour attaquer alors que leur nature ne va pas dans ce sens. Le cinéma, la télévision, la radio et les journaux ne cessent de le marteler. Devant un tel problème, il est difficile de ne pas s'inquiéter pour la santé de nos enfants…

(B) « Attention ! Ce chien est méchant ! » Voilà ce qu'on devrait lire plus souvent sur les portes des maisons. Les documentaires, que chacun a pu voir, prouvent que certains chiens sont dressés pour attaquer alors que leur nature ne va pas dans ce sens. Le cinéma, la télévision, la radio et les journaux ne cessent de le marteler. Devant un tel problème, il est difficile de ne pas s'inquiéter pour la santé de nos enfants.

(C) « Attention ! Ce chien est méchant ! » Voici ce qu'on devrait lire plus souvent sur les portes des maisons. Les documentaires, que chacun a pu voir, prouvent que certains chiens sont dressés pour attaquer alors que leur nature ne va pas dans ce sens. Le cinéma, la télévision, la radio, et les journaux ne cessent de le marteler. Devant un tel problème, il est difficile de ne pas s'inquiéter pour la santé de nos enfants.

§§
§§
§§

(D) « Attention ! ce chien est méchant ! » Voilà ce qu'on devrait lire plus souvent sur les portes des maisons. Les documentaires, que chacun a pu voir, prouvent que certains chiens sont dressés pour attaquer alors que leur nature ne va pas dans ce sens. Le cinéma, la télévision, la radio et les journaux ne cessent de le marteler. Devant un tel problème il est difficile de ne pas s'inquiéter pour la santé de nos enfants…

(E) « Attention ! ce chien est méchant ! » Voilà ce qu'on devrait lire plus souvent sur les portes des maisons. Les documentaires que chacun a pu voir prouvent que certains chiens sont dressés pour attaquer alors que leur nature ne va pas dans ce sens. Le cinéma, la télévision, la radio, et les journaux ne cessent de le marteler. Devant un tel problème il est difficile de ne pas s'inquiéter pour la santé de nos enfants.

70. Quelle est la meilleure ponctuation et la meilleure orthographe ?

(A) Les français sont réputés pour leur gastronomie : on les considère comme de fins gourmets et l'on s'arrache les chefs formés en France. J'en ai rencontré beaucoup qui, malgré leur surcharge de travail, restent passionnés par ce qu'ils font. L'un d'eux m'a dit un jour : « Quelle chance j'ai de faire ce métier là ! »

(B) Les Français sont réputés pour leur gastronomie : on les considère comme de fins gourmets et l'on s'arrache les chefs formés en France. J'en ai rencontrés beaucoup qui, malgré leur surcharge de travail, restent passionnés par ce qu'ils font. L'un d'eux m'a dit un jour : « Quelle chance j'ai de faire ce métier-là ! »

(C) Les français sont réputé pour leur gastronomie : on les considère comme de fin gourmet et l'on s'arrache les chefs formés en France. J'en ai rencontrés beaucoup qui, malgré leur surcharge de travail, restent passionnés par ce qu'ils font. L'un d'eux m'a dit un jour : « Quelle chance j'ai de faire ce métier là ! »

(D) Les français sont réputés pour leur gastronomie : on les considère comme de fins gourmets et l'on s'arrache les chefs formés en France. J'en ai rencontré beaucoup qui, malgré leur surcharge de travail, restent passionés par ce qu'ils font. L'un d'eux m'a dit un jour : « Quelle chance j'ai de faire ce métier-là ! »

§§§
§§§
§§§

(E) Les Français sont réputés pour leur gastronomie : on les considère comme de fins gourmets et l'on s'arrache les chefs formés en France. J'en ai rencontrés beaucoup qui malgré leur surcharge de travail restent passionnés parce qu'ils font. L'un d'eux m'a dit un jour : « Quelle chance j'ai de faire ce métier-là ! »

Pour les questions 71 à 75, complétez en remplaçant les points de suspension de manière à rendre le texte le plus cohérent possible.

71. Le sérieux des étudiants de l'université est plus que discutable. Certains y voient l'expression d'une liberté d'esprit. D'autres sont conscients des difficultés de ces jeunes gens (…).

(A) qui cherchent à construire de nouvelles formes de culture
(B) qui cherchent à élaborer des modes d'apprentissage nouveaux
(C) qui font ce qu'ils peuvent avec ce qu'ils ont
(D) qui ne sont pas responsables du système dont ils héritent
(E) qui font de leur mieux

72. Pour savoir si un tapis d'Orient est fait main, il est nécessaire de plier le tapis. (…) C'est là une solution toute simple, mais depuis que le marché est inondé de productions chinoises, il devient de plus en plus courant de voir débarquer des marchands sans scrupule.

(A) Cela permet de savoir si le tapis est vrai.
(B) C'est un truc facile à faire.
(C) C'est là que la différence se fait.
(D) Le vrai comme le faux tapis ne se plient pas de la même façon.
(E) Si l'on voit des nœuds à la base des brins de laine ou de soie, alors le tapis est authentique.

§§
§§
§§

73. Dans les films burlesques américains, toutes les classes de la société, toutes les catégories professionnelles et (…), toutes les idéologies, tous les vices, tous les ridicules des humains sont cernés, catalogués, passés en revue par une caméra implacable.

(A) tous les clubs
(B) toutes les assemblées
(C) plus encore
(D) à l'intérieur de ces mêmes groupes
(E) toutes les couches

74. Un candidat à un nouveau poste écrit la lettre suivante : « J'étais heureux de faire votre rencontre hier. J'espère que nous aurons l'occasion de nous connaître et de nous apprécier à l'occasion de ces prochaines collaborations. Je suis (…) désolé de ne pouvoir vous confirmer les dates auxquelles nous songions ensemble pour des conférences car je me suis aperçu que j'ai au mois de mars des interventions. Si nous nous étions rencontrés plus tôt, cela aurait été possible. »

(A) par contre
(B) aussi
(C) de même
(D) nonobstant
(E) néanmoins

75. La Keystone de Sennett est aussi connue pour ses succès comiques que pour son insouciance vis-à-vis des pouvoirs en place. La police ridiculisée est un élément récurrent des scénarios, le réalisateur étant attentif à ce qui fait rire de manière quasi certaine. (…) contester l'autorité est presque toujours comique. C'est ainsi que sont nés les « Keystone cops ».

(A) C'est pourquoi
(B) Car
(C) D'ailleurs
(D) Aussi
(E) En effet

Si vous avez terminé, vous n'êtes pas autorisé(e) à revenir sur une épreuve précédente.
Vous n'êtes pas non plus autorisé(e) à travailler sur une épreuve suivante avant la fin du temps imparti.

STOP !

TEST BLANC TAGE MAGE
EPREUVE 6 : LOGIQUE

5

CONSIGNES

15 questions / 20 minutes / Calculatrice interdite

BAREME

Réponse juste : + 4 points / Réponse fausse : - 1 point / Aucune réponse : 0 point

76.

127
345
936
209
? 412 13 515 824

(A) 454
(B) 213
(C) 926
(D) 618
(E) 721

77.

				AFR
SOE	DWA	QEC	BVS	?
				KOT
				UWX
				KUV

(A) SZD
(B) TDF
(C) TZA
(D) SAA
(E) HID

****
****
****

78.

	342				(A)	216
	288				(B)	8
	819				(C)	459
	117				(D)	512
729	?	125	27	343	(E)	707

79.

YHZ					(A)	FTE
OXP					(B)	JLK
WSX					(C)	TFR
MVN					(D)	LTM
?	WSQ	ZRC	WQZ	SPL	(E)	AFS

80.

		648			(A)	756
		216			(B)	493
		432			(C)	217
		324			(D)	608
160	524	?	968	443	(E)	540

81.

		FYQ			(A)	FUL
		AZP			(B)	JMM
		SZO			(C)	TUM
		AVN			(D)	LTA
ASD	ATX	?	WVB	SWA	(E)	AFL

****
****
****

82.

		717			(A)	315
		326			(B)	270
		548			(C)	344
		604			(D)	236
114	70	?	138	193	(E)	407

83.

		MMK			(A)	FAG
		JOM			(B)	FDB
		ZSQ			(C)	GPD
		OVT			(D)	JAU
CZX	RAE	?	RSI	KTB	(E)	GJH

84.

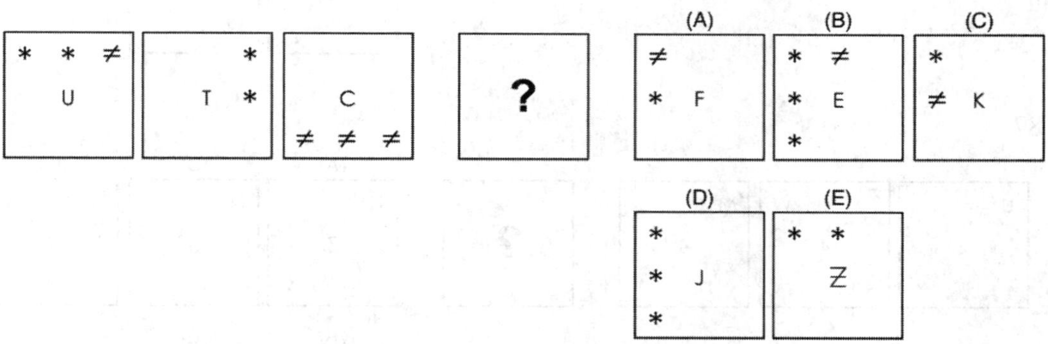

****
****
****

85.

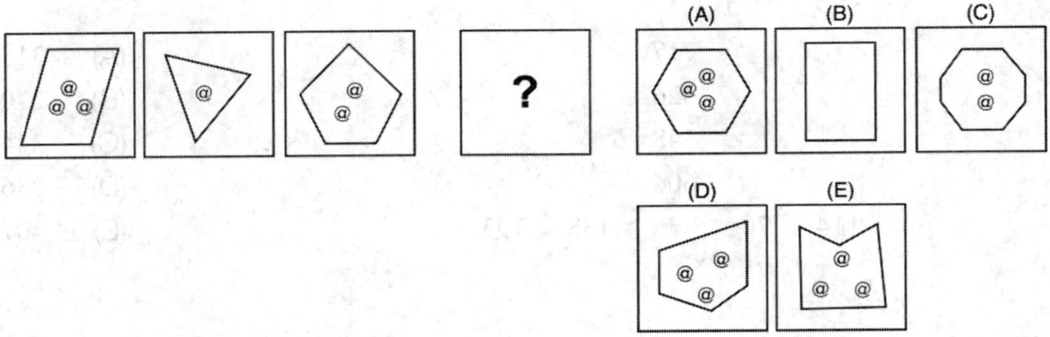

?
(A)
(B)
(C)
(D)
(E)

86.

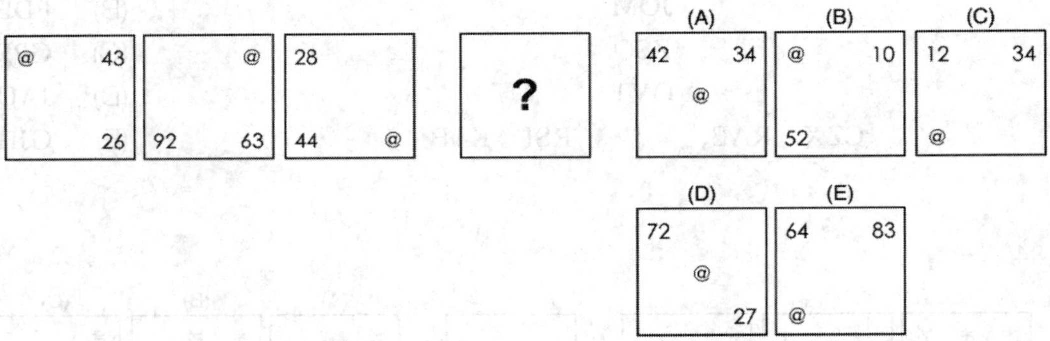

@ 43 26
@ 92 63
28 44 @
?
(A) 42 34 @
(B) @ 10 52
(C) 12 34 @
(D) 72 @ 27
(E) 64 83 @

87.

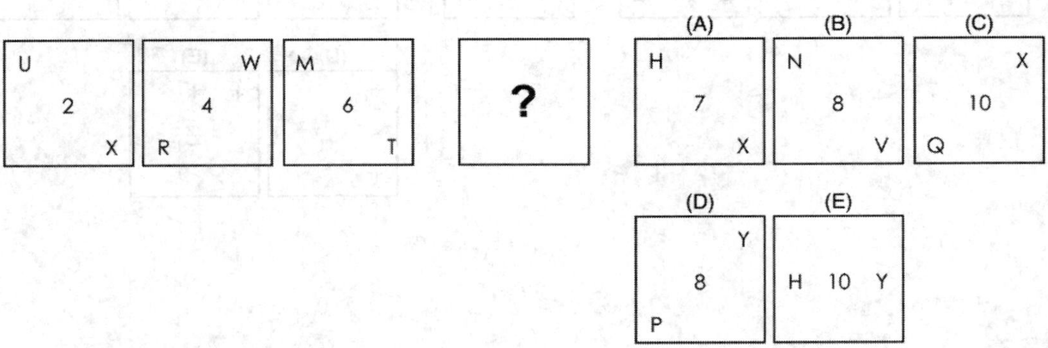

U 2 X
W 4 R
M 6 T
?
(A) H 7 X
(B) N 8 V
(C) X 10 Q
(D) Y 8 P
(E) H 10 Y

****
****
****

88.

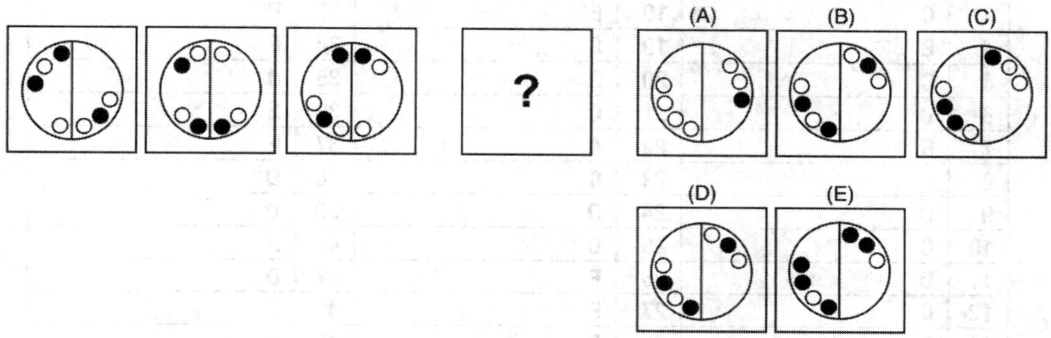

89.

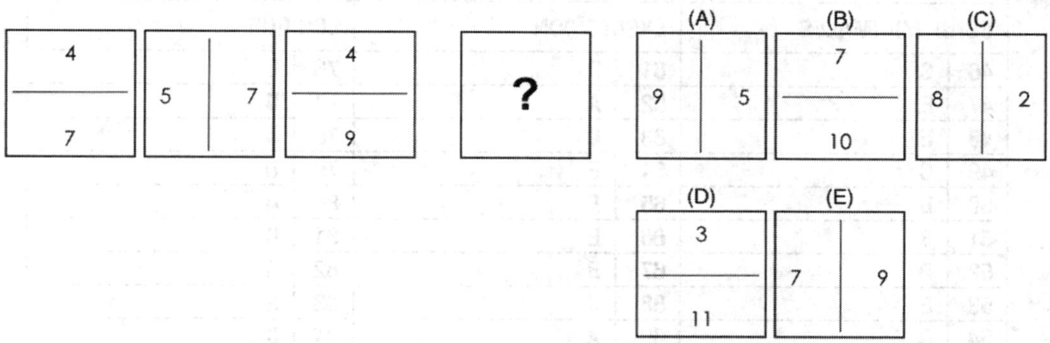

90.

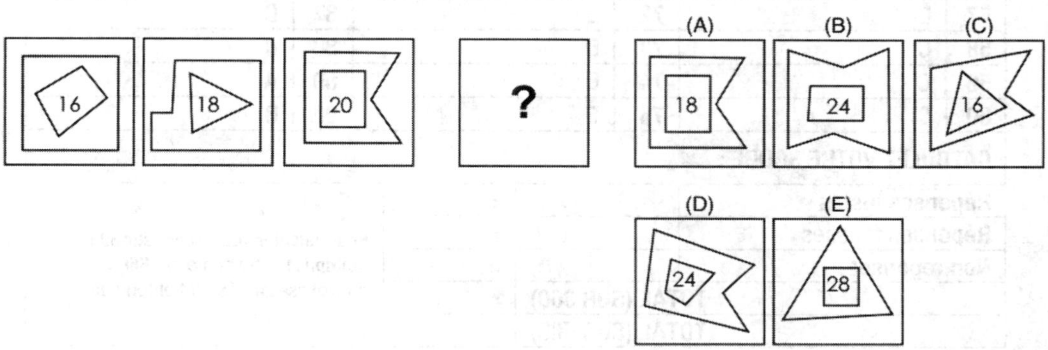

TEST BLANC TAGE MAGE NUMERO 5 : GRILLE DES REPONSES JUSTES

COMPREHENSION		CALCUL		RAISONNEMENT	
1	A	16	B	31	E
2	A	17	D	32	C
3	C	18	E	33	D
4	B	19	C	34	E
5	C	20	D	35	B
6	D	21	C	36	E
7	B	22	A	37	E
8	C	23	C	38	D
9	C	24	D	39	D
10	C	25	D	40	A
11	B	26	E	41	D
12	C	27	E	42	B
13	D	28	E	43	B
14	B	29	D	44	E
15	C	30	D	45	D
COND. MINIMALES		**EXPRESSION**		**LOGIQUE**	
46	C	61	D	76	D
47	E	62	A	77	D
48	E	63	C	78	A
49	C	64	E	79	D
50	B	65	E	80	A
51	B	66	E	81	C
52	D	67	B	82	A
53	E	68	C	83	E
54	B	69	A	84	C
55	A	70	B	85	B
56	A	71	D	86	E
57	D	72	E	87	D
58	C	73	D	88	D
59	C	74	E	89	A
60	C	75	E	90	B

CALCULEZ VOTRE SCORE :

Réponses justes		x 4	=	Pour calculer votre score sur 600, multipliez votre score sur 360 par 5, puis divisez le résultat obtenu par 3.
Réponses fausses		x -1	=	
Non réponses		x 0	=	
		TOTAL (SUR 360)	=	
		TOTAL (SUR 600)	=	

TEST BLANC TAGE MAGE
CORRIGES DU TEST BLANC NUMERO 5

5

1. COMPREHENSION DE TEXTES

1. **Réponse A**
   Ce texte est d'Henri Sée et extrait de *Les Origines du capitalisme moderne* (1926). Il nous explique que pour qu'il y ait capitalisme, il faut d'abord qu'il y ait capital et il traite précisément de ce point. On peut facilement éliminer les réponses B, C et D, mais il est plus difficile de distinguer A et E. La A est cependant la meilleure pour deux raisons. Tout d'abord, si l'ouvrage en entier traite du capitalisme, ce texte en particulier traite de l'accumulation du capital. Ensuite, la E exprime un pluriel qui n'apparaît pas du tout dans le texte.

2. **Réponse A**
   La meilleure réponse est la A car c'est la plus précise. Il s'agit là d'un récit historique détaillé et concernant spécifiquement l'économie. On aurait tort de penser qu'un article de journal puisse être aussi détaillé, et l'histoire des idées comme de l'Occident est bien moins probable qu'un texte d'histoire de l'économie. C'est donc le degré de précision ici qui l'emporte.

3. **Réponse C**
   Il faut repérer le passage nommant tous les pays financiers : « Ainsi s'expliquent l'activité financière des Italiens (Florentins, Lucquois, Génois, etc.) en Angleterre, aux Pays-Bas, en France, et celle des *marans* (juifs portugais convertis) à Anvers. En Allemagne, les Fugger, d'Augsbourg, d'abord marchands, puis propriétaires de mines de cuivre et d'argent et banquiers, ont été les prêteurs attitrés des Habsbourg, et l'on sait le rôle qu'ils ont joué, au moment de l'élection de Charles-Quint. » La bonne réponse est la C, car bien que les marans soient nommés, ils sont aux Pays-Bas et ne constituent donc pas un pays.

4. **Réponse B**
   La bonne réponse est la B. On comprend clairement dans le texte que l'on ne peut pas développer l'accumulation de capital sans les Bourses. Mais l'on comprend aussi qu'elles jouent le rôle d'interface entre les affaires et la vie politique : « Grâce aux Bourses, les événements politiques et l'opinion influent beaucoup sur les affaires. » En revanche, on ne dit que très peu de choses sur ce qu'elles peuvent avoir de négatif, et l'on n'en parle certainement pas en termes de folie.

5. **Réponse C**
Il faut repérer les deux passages : « Dans les foires, les tractations financières n'étaient nées qu'à l'occasion et à la suite des transactions commerciales » et : « Rien de plus important aussi pour une place de commerce que le "cours de la Bourse" et le taux de l'intérêt, qui s'établit à la Bourse et qui est en relation étroite avec les événements et les vicissitudes du crédit public. » On comprend que le commerce agit sur la Bourse et que la Bourse agit sur le commerce. On doit donc préférer le terme d'intercausalité qui exprime précisément ce type d'actions réciproques. La complémentarité n'est quant à elle pas forcément causale. La bonne réponse est donc la C.

6. **Réponse D**
Voici une question de détail qui mêle plusieurs catégories du texte. Il faut repérer dans le texte à qui revient le commerce. Or on peut lire : « Un fait significatif, c'est que les foires, qui jouaient un si grand rôle lorsque le grand commerce avait encore un caractère uniquement *périodique,* perdent peu à peu leur ancienne importance, à mesure que se développe le commerce sédentaire et urbain. » On voit donc que le commerce est d'abord lié sous sa forme moderne à la ville, réponse D.

7. **Réponse B**
On ne connaît pas cette personne mais le texte dit : « Ehrenberg, dans son bel ouvrage Das *Zeitalter der Fugger,* montre qu'au XVIe siècle l'importance passe des foires aux Bourses, tant pour le commerce des marchandises que pour le commerce de l'argent. » Il est difficile de savoir exactement quelle est sa profession. On a du mal à penser qu'un journaliste s'intéresse à des faits aussi lointains et l'on comprend qu'il s'agit d'un écrivain, non d'un banquier ni d'un spéculateur. On a enfin du mal à imaginer un professeur des écoles enseigner à des élèves du primaire des choses aussi pointues. La meilleure réponse est donc la B, par élimination.

8. **Réponse C**
La bonne réponse est la C. On comprend bien qu'il s'agit de déterminer l'origine du capitalisme. Mais on ne présente ici que l'une de ses conditions. Par ailleurs, on ne trouve pas de conclusion qui laisserait penser que l'auteur s'arrête là. On a donc toutes les raisons de croire que compte tenu de la précision du style et des connaissances, il s'agit d'un ouvrage à plusieurs chapitres.

9. **Réponse C**
Les propositions A, B et D sont contraires au texte. En réalité, celui-ci conclut sur des hypothèses et c'est cette modalité qu'il faut retrouver. L'auteur écrit en effet : « Il se pourrait tout simplement qu'à force de voir des œuvres que l'on nous

présente comme belles respecter cette proportion, nous ayons pris l'habitude sans nous en rendre compte d'identifier au beau. » Ce conditionnel se retrouve dans la proposition C, alors qu'il est absent de la E. La C est donc la meilleure réponse.

10. **Réponse C**
Tous les termes que l'on présente ici peuvent ponctuellement être des synonymes d'« imiter », mais l'on vous demande de donner celui qui convient dans le texte. Pour cela, il faut retrouver le passage suivant : « Cela ne voulait pas dire à l'époque faire quelque chose qui n'existe pas, mais aller dans le sens de la nature pour faire ce que la matière ou les contingences ne lui ont pas forcément permis de réaliser jusqu'au bout. » On voit qu'imiter n'est pas recopier, qui comporte des imperfections, mais corriger ce qui n'est pas totalement réussi pour l'achever. C'est pourquoi le meilleur synonyme est ici « poursuivre », c'est-à-dire continuer ou poursuivre une œuvre qui n'était pas totalement achevée. Réponse C.

11. **Réponse B**
La bonne réponse est la B. En effet, le texte conclut sur des doutes mais n'affirme rien. On ne peut donc pas dire que le nombre d'or est objectif, pas plus que l'on ne peut affirmer qu'il n'est qu'une habitude. En revanche, il faut rassembler les deux passages suivants : « Le nombre d'or n'est qu'une expression mathématique de cette philosophie » et : « Et c'est là où toute l'anthropologie et la sociologie contestent le naturalisme des anciens. » On voit que le naturalisme est bien présenté comme ce par quoi on attribue une objectivité naturelle au nombre d'or chez les anciens, présenté aussi comme une philosophie.

12. **Réponse C**
La bonne réponse est la C. Le texte commence par parler de peinture, puis du nombre d'or, puis de la beauté en général. On voit qu'il est assez désorganisé même si on peut suivre une certaine logique. Cette logique a toutes les chances d'être justifiée si on l'inscrit dans un ensemble plus large qui comporterait notamment une introduction précisant le problème visé. Il s'agit donc d'un extrait, mais pas d'un début de texte. En revanche, il se pourrait qu'il termine un chapitre. La question étant très ouverte : « le texte présenté peut être », il n'est pas interdit de le penser. On repère en effet une dernière phrase qui pourrait se présenter comme une conclusion avant un autre développement.

13. **Réponse D**
Attention à ce type d'interro-négatives. On peut éliminer les réponses A, B, C et E en repérant le passage suivant : « On le calculait par le rapport entre la première et la seconde phalange d'un doigt. De même, on remarquait que le nombril partageait le corps selon la même proportion. Cela revenait alors à remarquer que ce qui plaît à l'œil est immédiatement lié à la nature. » Rappelons

ici que « digital » signifie « relatif aux doigts ». La bonne réponse est alors la D. En effet, ce terme peut paraître synonyme de corporel mais il a des connotations très différentes, notamment sexuelles, qui ne conviennent pas ici.

14. **Réponse B**
Bien que très modeste, la seule réponse valable ici est la B. On peut lire en effet : « Un peu plus tard, Nicolas Poussin dans *Les Bergers d'Arcadie* construit entièrement son œuvre sur ce nombre. Mais l'on retrouve ce nombre jusque chez les cubistes qui pourtant ne se sont jamais réclamés de l'Antiquité. » En vérité, ce passage n'est pas assez précis pour bien situer le peintre. Rien n'interdit de penser qu'il est un peintre de la Renaissance, même s'il a œuvré plus tard que Raphaël. Mais on ne sait pas jusqu'où dure la Renaissance, ce qui interdit d'en être sûr. On peut simplement dire qu'il n'est pas cubiste et que c'est un homme.

15. **Réponse C**
Le texte est très laconique puisque cette expression n'est proposée qu'en début de texte pour ne plus être abordée ensuite. On ne peut donc raisonner qu'hypothétiquement. La A est trop curieuse pour être retenue puisque l'on ne parle pas d'œuvres religieuses. La D n'est pas du tout justifiable dans le texte, rien ne nous fait dire cela. La E laisse penser que le divin, c'est l'incompréhensible, ce que le texte n'appuie pas. La B est fantaisiste. Par élimination, on voit que la C est la meilleure.

2. Calcul

16. **Réponse B**
Il s'agit ici d'une question de calcul assez simple où tout va se jouer sur une lecture lente et attentive de l'énoncé, et ce pour éviter par exemple de lire « dixièmes » à la place de « dizaines ». Soit F la fraction décrite dans l'énoncé :

$$F = \frac{\frac{8}{1000} \times 64 \times 10}{256 \times 100}$$

Comment simplifier cette fraction ?

1. Transformation destinée à se retrouver avec une seule et unique barre de fraction

Dans notre cas, il suffit de nous souvenir que diviser un nombre a par un nombre b, c'est comme multiplier a par $\frac{a}{b}$

Ici cela nous donne donc :

$$F = \frac{8}{1000} \times 64 \times 10 \times \frac{1}{256 \times 100} = \frac{8 \times 64 \times 10}{1000 \times 256 \times 100}$$

2. Décomposition du numérateur et du dénominateur

Dans une fraction, il est possible de simplifier par un nombre qui apparaît à la fois au numérateur et au dénominateur à condition que ceux-ci ne contiennent que des produits. Comme c'est le cas ici, nous allons faire apparaître les mêmes nombres au-dessus et en dessous de la barre de fraction et ce, afin de pouvoir les simplifier. Remarquons ainsi que 512 = 256 x 2 et que 100 = 10 x 10 et écrivons alors que :

$$F = \frac{2 \times 256 \times 10}{1000 \times 256 \times 10 \times 10} = \frac{2}{10000}$$

Vous aurez remarqué qu'il était possible d'aller encore plus loin en écrivant 10 000 = 5 000 x 2, pour conclure que F = 1/5 000… mais en tant que lecteurs consciencieux gardant toujours un œil sur les réponses, vous aurez également pris en considération le fait qu'aucune réponse ne commence par le chiffre 1 !!

Il ne nous reste donc plus qu'à multiplier notre fraction par 10 au numérateur et au dénominateur pour obtenir :

F = 20 / 100 00

17. **Réponse D**

La bonne réponse est la D. On est face à une question de Vitesse/Temps/Distance où l'inconnue est le Temps. Nous vous conseillons dans ce genre de situations de vous concentrer sur les deux autres données (ici Vitesse et Distance) l'une après l'autre. La distance (notée D), vaut 20 m. En ce qui concerne la vitesse, l'enfant marche certes à 5 km/h, mais en sens inverse d'un tapis roulant qui avance à 3 km/h. Il marche donc en réalité à 2 km/h. Pour vous en persuader, dites-vous qu'en une heure il aura avancé de 5 km et reculé de 3 km.

On a récapitule : V = 2 km/h et D = 20 m

On est tenté d'appliquer ici notre équation classique T = D/V mais attention, n'oubliez pas que celle-ci ne fonctionne que si les unités de distance et de temps sont les mêmes. Or ici V et D mélangent les km et les m. On convertit donc la vitesse de l'enfant en V = 2 000 m/h et on peut remplacer les inconnues dans l'équation pour obtenir : **T = 20/2 000 = 1/100 h.**

Or 1 heure correspondant à 3 600 secondes, 1/100 h vaut donc **36 secondes.**

Autre approche :
Une autre méthode aurait été de convertir immédiatement les heures en secondes dans l'expression de V et d'écrire :
V = 2 000 m/3 600 secondes, soit « l'enfant fait 2 000 m toutes les 3 600 secondes », soit encore en simplifiant par 100 : « l'enfant fait 20 m toutes les 36 secondes ».

Remarque : on aurait très bien pu vous proposer une question dans laquelle l'enfant marchait dans le même sens que le tapis roulant, **auquel cas il aurait fallu additionner leurs vitesses respectives et non les soustraire comme c'était le cas ici.**

18. **Réponse E**
En notant H le nombre d'hommes, la formule des rencontres vous donne immédiatement :

$$\mathbf{H\,(H - 1)/2 = 28, \text{ soit } H\,(H - 1) = 56}$$

Ici, interdiction formelle de perdre du temps à calculer le Δ d'une hypothétique équation du second degré qui serait $H^2 - H - 56 = 0$! En effet, vous savez que le nombre d'hommes est forcément un nombre entier et donc que $H\,(H - 1)$ représente le produit de deux nombre entiers consécutifs. Vous en connaissez beaucoup, vous, des entiers consécutifs dont le produit fait 56 ? Et bien non ! Cela ne fonctionne que pour H = 8. Si ce n'est pas un réflexe pour vous, nous vous invitons à vous replonger sans plus attendre dans vos tables de multiplication…

Maintenant que l'on sait qu'il y a 8 hommes à cette réunion, passons à la deuxième étape : la rencontre avec les femmes. On vous dit que chaque homme embrasse chacune des femmes présentes, soit F femmes en notant F le nombre de femmes. L'équation donnée par cette information est alors, sachant qu'on compte 72 embrassades : **H x F = 72**

En effet, en représentant cela sur un schéma avec H_1, H_2,… H_8 les 8 hommes et une croix représentant une femme (F croix en tout), cela donne :

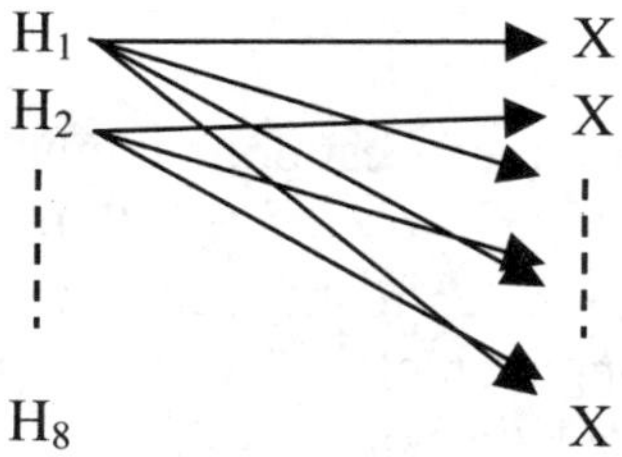

On voit bien que chaque homme a F flèches (chaque flèche représentant une embrassade) partant de lui, autrement dit qu'il y a $\underbrace{F + F + ... + F}_{8\ fois}$, c'est-à-dire 8 x F embrassades.

En conclusion, H x F = 72 soit 8 x F = 72 et **F = 9.**

19. **Réponse C**

Réflexe 1 : traduire l'énoncé en transformant 28 % (soit 0,28) en 72 % (soit 1 - 0,28). Il ne reste alors plus qu'à remplacer nos inconnues dans l'équation qui devient, en notant P le prix initial recherché : P = 236,5/0,72 = 23 650/72 ; soit encore en multipliant par 100 au numérateur et au dénominateur : P = 23 650 / 72. Les plus doués (voire surdoués à ce stade) en calcul mental auront déjà arrêté la lecture de la correction… quoique l'on puisse douter de la faisabilité immédiate de ce calcul ! En effet, il n'y a pas de honte au TAGE MAGE à prendre son courage à deux mains et à poser une belle division comme on avait l'habitude de le faire plus jeune. Ainsi, plutôt que de toujours chercher l'astuce de décomposition des deux membres d'une fraction (ce qui peut s'avérer bien pratique mais qui en l'occurrence a peu de chance d'aboutir au vu des réponses, toutes à virgule), mieux vaut écrire :

23 650 ↓	72	(1) Dans 236 vous pouvez mettre 3 fois 72 et il reste 20.
205	32	(2) Vous abaissez le 5. Dans 205 vous pouvez mettre 2 fois 72 et… stop !

En effet, en tant qu'étudiants consciencieux, vous aurez pris la précaution de garder un œil sur les réponses et, ô miracle, une seule commence par un 3 et un 2, c'est la réponse (C), qui se trouve donc être la bonne réponse !

20. **Réponse D**

Nous vous proposons ici de découvrir trois méthodes différentes permettant de trouver la valeur de la hauteur à ajouter, que nous appellerons *h*.

Méthode 1

Une piscine étant un parallélépipède rectangle, son volume V est donc donné par l'équation V = Longueur x Largeur x Hauteur, soit ici V = 8 x 6 x 2,5 = 120 m^3. Souhaitant augmenter son volume de 60 m^3, nous voulons en réalité faire en sorte que celui-ci soit égal à 120 + 60 = 180 m^3. La longueur et la largeur restant inchangées, l'équation s'écrit donc : 180 = 6 x 8 x (2,5+ h). Soit :

$$h = \frac{180}{6\times8} - 2{,}5 = \frac{6\times2\times15}{6\times2\times4} - 2{,}5 = \frac{15}{4} - 2{,}5 = 3{,}75 - 2{,}5 = 1{,}25$$

Méthode 2

Nous souhaitons augmenter le volume de la piscine 60 m^3 sans en changer la longueur et la largeur. L'équation donnée uniquement par le volume de la partie à ajouter est donc : 60 = 6 x 8 x h, soit : $h = \frac{60}{6\times8} = \frac{10}{8} = \frac{5}{4} = 1{,}25$

Méthode 3

Une piscine étant un parallélépipède rectangle, son volume V est donc donné par l'équation V = Longueur x Largeur x Hauteur, soit ici V = 8 x 6 x 2,5 = 120 m^3. Augmenter son volume de **60 m^3, revient en réalité ajouter à cette piscine la moitié de son volume** comme le montre la figure suivante :

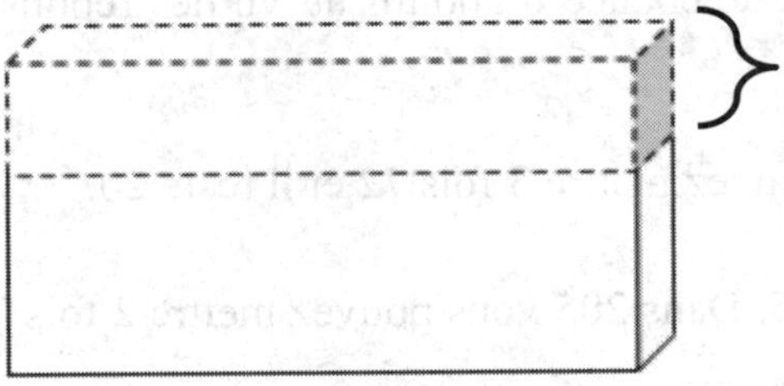

Partie à ajouter

Ainsi, pour ajouter la moitié du volume, il suffit d'ajouter la moitié de la hauteur, soit 1,25 m.

21. **Réponse C**

Lorsque vous rencontrez une question de géométrie comme ici, nous vous invitons à vous servir de la figure pour appuyer votre raisonnement. Si celle-ci n'est pas dessinée, nous vous conseillons fortement de le faire. Ici, traduisons une par une sur la figure les informations données par l'énoncé.

Dans un premier temps, on vous dit que les triangles BCA et ADE sont équilatéraux et égaux, donc **tous leurs côtés sont égaux et tous leurs angles valent 60°.**

On sait de plus que **l'angle CAD est égal à 17,5°.** Ce qui donne sur notre figure :

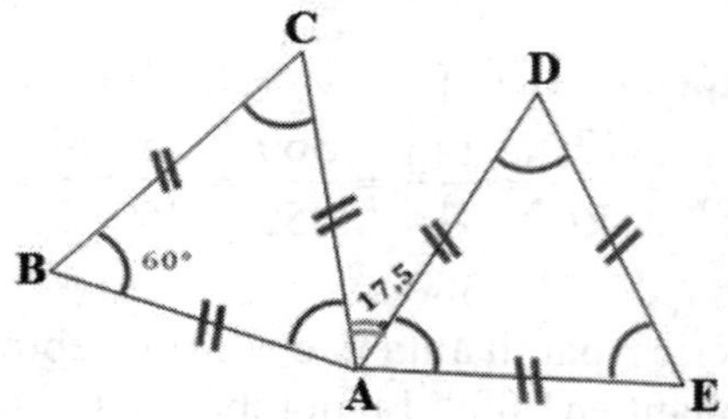

Dernière chose à indiquer : **on voit apparaître sur la figure que le triangle ACD est isocèle de base CD et de sommet A.** On en déduit donc que **les angles ACD et ADC sont égaux**.

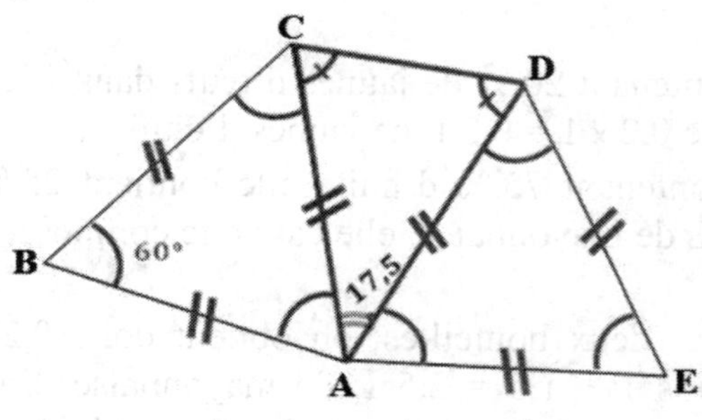

Maintenant que l'on dispose de toutes les informations sur la figure, il suffit de remarquer que l'on a : (*) BCD = BCA + ACD

On sait que BCA = 60° et, sachant que la somme des mesures des angles d'un triangle est égale à 180° et que les angles **ACD** et **ADC** sont égaux, nous pouvons écrire :

ACD = 180° - CAD - ADC = 180° - 17,5° - ADC, soit : 2 x ACD = 162,5° ou encore : ACD = 162,5°/2 = 81,25°.

En remplaçant BCA et ACD par leurs valeurs respectives dans l'équation (*), on obtient : BCD = 60° + 81,25° = 141,25°

Et, puisque l'on nous demande de trouver **la moitié de cet angle,** cela donne : BCD/2 = 141,25°/2 = **70,625°**

22. **Réponse A**

Il vous faut lire lentement l'énoncé pour ne pas confondre « boulangeries par habitants » et « habitants par boulangeries ».

En 2009, on trouve 16 920/47 = 360 habitants par boulangerie. Autrement dit, nous avons **1/360** boulangerie par habitant en 2009.

En 2011, on trouve 14 400/32 = 450 habitants par boulangerie. Autrement dit, nous avons **1/450** boulangerie par habitant.

Calculons à présent la variation du nombre de boulangerie par habitant entre 2009 et 2011.

On trouve : $\Delta_{2011/2009} = \frac{VF}{VI} = \frac{\frac{1}{450}}{\frac{1}{360}} = \frac{360}{450} = \frac{36}{45} = \frac{4}{5} = 80\%$. En conclusion, le nombre de boulangeries par habitant en 2011 représente 80 % du nombre de boulangeries par habitant en 2009. Le nombre de boulangeries par habitant a donc diminué de 20 % (100 % - 80 %) entre 2009 et 2011.

23. **Réponse C**

<u>Méthode 1</u>

La bouteille 1 contenant 20 % de jaunes d'œufs dans 1 L de mayonnaise, elle est donc composée de 0,2 x 1 = 0,2 L de jaunes d'œufs.

La bouteille 2 contenant 75 % d'huile elle contient 25 % (100 - 75) de jaunes d'œufs dans 1,5 L de mayonnaise, elle est donc composée de 0,25 x 1,5 = 0,375 L de jaunes d'œufs.

En mélangeant les deux bouteilles, on obtient donc 0,2 + 0,375 = 0,575 L de jaunes d'œufs dans 1 + 1,5 = 2,5 L de mayonnaise. En écrivant le rapport, on obtient que le pourcentage P que l'on recherche est égal à :

$$P = \left[\frac{0{,}575}{2{,}5} \times 100\right]\% = \left(0{,}575 \times 40\right)\% = 23\%$$

Cette méthode permet en effet d'arriver au résultat mais après des calculs souvent peu évidents et donc après un temps relativement important. Nous vous proposons ici de découvrir une méthode faisant entrer en ligne de compte des moyennes pondérées.

Méthode 2

Sachant que l'une des deux bouteilles est composée de 20 % de jaunes d'œufs et l'autre de 25 %, on sait que la réponse finale va se situer quelque part entre 20 % et 25 %, ce qui, au vu des réponses, permet immédiatement de choisir 23 %. Mais continuons tout de même afin de pouvoir appliquer cette méthode dans tous les cas, si par exemple les réponses proposées avaient été :

(A) 21 % (B) 22 % (C) 22,5 % (D) 23 % (E) 24 %

En effet, si la première bouteille avait été d'une contenance de 1 000 L et la seconde de 1 L, on se doute bien que la proportion de jaunes d'œufs après mélange aurait été proche de 20 %. De même, si les deux bouteilles avaient été de même contenance, vous auriez naturellement répondu que le pourcentage final de jaunes d'œufs était la moyenne de 25 et 20, soit 22,5 %. On comprend donc qu'ici tout est affaire de « poids » à accorder à chacune de nos bouteilles dans le « poids » total afin de savoir si le curseur penchera plus vers la bouteille 1 ou vers la bouteille 2.

Afin de répondre à cette question, cherchons le « poids » total ainsi que le « poids » alloué à chacune des bouteilles.
La bouteille 1 représente 1/2,5 = 2/5 de la contenance totale tandis que la bouteille 2 représente 1,5/2,5 = 3/5 de celle-ci. On peut traduire cela en disant que sur un « poids » total de 5 (le dénominateur), la bouteille 1 a un « poids » de 2 et la bouteille 2 un « poids » de 3.
On sent immédiatement que le curseur penchera davantage vers la bouteille 2, celle-ci ayant un « poids » plus important dans le total (3 contre 2).
Il ne nous reste plus qu'à segmenter un axe en 5 parties (« poids » total) entre 20 et 25 % et de placer le curseur à 3 longueurs de la bouteille 1 (soit à 2 longueurs de la bouteille 2). En représentant cela sur un axe, cela donne :

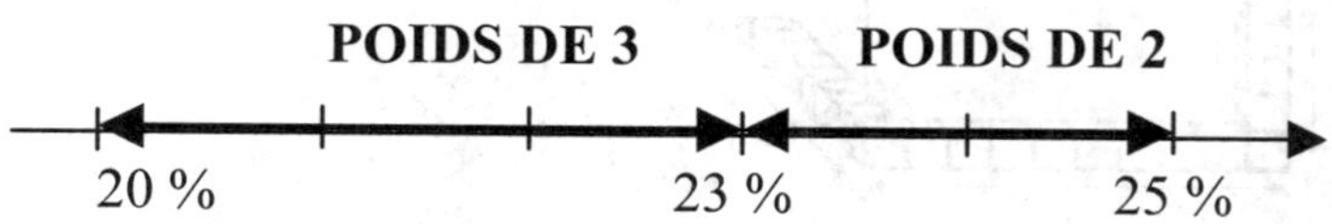

On retrouve donc la réponse C : 23 %.

24. **Réponse D**

On est ici devant une question avec des **inconnues entières.**

Nous vous conseillons fortement de garder en tête que la réponse sera dans ce cas simple à trouver et que vous la trouverez grâce à vos **tables de multiplication et autres critères de divisibilité.**

On sait que $T - Z = -1$, autrement dit que $T = Z - 1$ et que par conséquent, T et Z sont consécutifs. De plus $Z \times T = 42$. Connaissant parfaitement vos tables de multiplication, vous savez que les deux seuls entiers consécutifs dont le produit fait 42 sont $T = 6$ et $Z = 7$. Finalement on en déduit que $Z^2 - T^2 = 49 - 36 = 13$.

Autre méthode : on peut également calculer $Z^2 - T^2$ en utilisant une identité remarquable : $Z^2 - T^2 = (Z - T)(Z + T)$. Or $T - Z = -1$ dont $Z - T = 1$ et on a : $Z^2 - T^2 = Z + T = 7 + 6 = 13$.

25. **Réponse D**

Méthode 1

Le grand cube ayant un volume de 8 mètres cubes, l'arête mesure donc 2 mètres, soit encore 20 dm. Dans chaque côté du grand cube, vous pouvez donc mettre $20/2 = 10$ petits cubes. La réflexion se faisant en 3 dimensions, vous pouvez mettre 10 petits cubes en longueur, 10 petits cubes en hauteur et 10 petits cubes en largeur soit au total $N = 10 \times 10 \times 10 = 1\,000$ petits cubes. On conclut alors que la hauteur h est égale à $1\,000 \times 2$ dm $= 2\,000$ dm $= 200$ m.

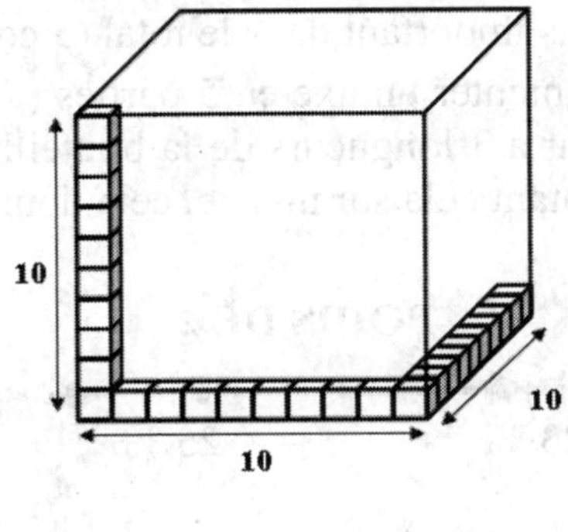

Méthode 2

1. De façon plus intuitive, on peut remarquer que le volume du grand cube est de 8 m^3, soit **8 000 dm^3.**

Nous vous rappelons les tableaux de conversion, chaque case étant destinée à recevoir un chiffre :

km	hm	dam	m	dm	cm	mm
			1	**0**		

km²		hm²		dam²		m²		dm²		cm²		mm²
						1	**0**	**0**				

km³			hm³			dam³			m³			dm³			cm³			mm³
									1	**0**	**0**	**0**						

On a par exemple :

1 m = 10 dm $\qquad$ 1 m² = 100 dm² $\qquad$ 1 m³ = 1 000 dm³

2. On sait en outre que le volume d'un petit cube est égal à 2^3 = **8 dm³.** On trouve alors immédiatement que l'on peut mettre 8 000/8 = 1 000 petits cubes dans le grand cube. On conclut là encore que la hauteur est égale à 1 000 x 2 dm = 2 000 dm = 200 m.

26. **Réponse E**

<u>Méthode 1</u>

Notons F le nombre de filles et G le nombre de garçons. On a, d'après l'énoncé :

(1) $F + G = 36$

(2) $(15 \times F \times 9 \times G) / (F + G) = 14$

$\Leftrightarrow$

(1) $F = 36 - G$

(2) $\dfrac{15 \times (36 - G) + 9 \times G}{36} = 14$

$\Leftrightarrow$

(1) $F = 36 - G$

(2) $15 \times 36 - 15 \times G + 9 \times G = 14 \times 36$

$\Leftrightarrow$

(1) $F = 36 - G$

(2) $1\,800 - 6 \times G = 1764$

$\Leftrightarrow$

(1) $F = 36 - G$

(2) $6 \times G = 1\,800 - 1\,764 = 36$

$\Leftrightarrow$

(1) $\boldsymbol{F = 30}$

(2) $G = 6$

Cependant, cette méthode reste longue, laborieuse et fort calculatoire, dans une épreuve comme l'épreuve de calcul du TAGE MAGE où l'on a en moyenne 1'20'' à consacrer à chaque question. Essayons donc d'introduire une méthode plus rapide et bien plus efficace pour ce type de questions…

<u>Méthode 2</u>

On se retrouve ici face à une question de moyenne, qui va nous permettre de travailler sur la notion d'**écart à la moyenne.** Si on positionne le problème sur un axe représentant les notes de la classe on obtient :

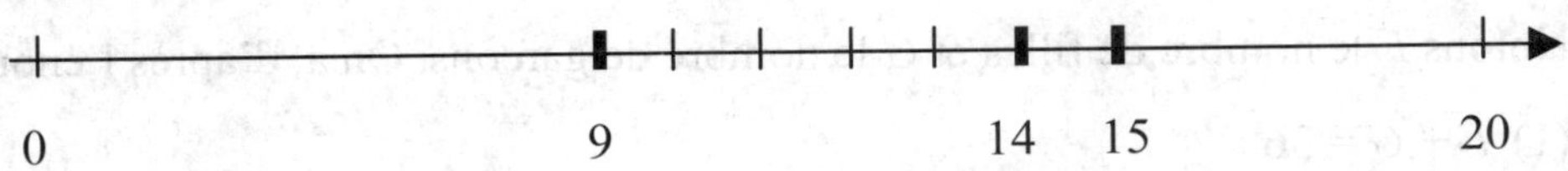

En se concentrant sur la partie de l'axe comprise entre 9 (moyenne des garçons) et 15 (moyenne des filles), on remarque que la moyenne générale de la classe penche bien plus du côté les filles que du côté des garçons. La question centrale va alors être : « combien de fois plus ? »
En effet, intuitivement, nous sommes amenés à dire que s'il y avait autant de garçons que de filles dans cette classe, alors la moyenne générale serait exactement de 12 ((9 + 15)/2) soit l'exact milieu de 9 et 15). Du coup, on comprend que dans notre cas, il y a plus de filles que de garçons dans la classe car ces dernières « pèsent plus lourd » dans la moyenne générale. Et pour savoir précisément combien de fois plus, il suffit de calculer les écarts à la moyenne, qui sont de 5 (14 - 9) pour les garçons et de 1 (15 - 14) pour les filles. On peut donc affirmer que les filles pèsent 5 fois plus lourd que les garçons dans la classe, c'est-à-dire qu'il y a 5 fois plus de filles que de garçons dans cette classe.

Autrement dit, il faut 5 filles pour 1 garçon sur un total de 6 élèves. En multipliant ce rapport par 6 (le but étant de totaliser 36 élèves), on trouve que le rapport est de 30 filles pour 6 garçons, et nous voilà parvenus à la réponse E sans poser la moindre équation ! Efficace, non ?

27. **Réponse E**

Un carré inscrit dans un cercle a sa diagonale **qui se confond** avec le diamètre de ce cercle. Or comme la diagonale d'un carré de rayon A vaut $A \times \sqrt{2}$ et que A est égal à $\frac{9}{6}$, on en déduit que le diamètre du cercle vaut :

$\sqrt{200} \times \sqrt{2} = \sqrt{400} = 20\,\text{cm}$.

On nous demande le rayon, pas le diamètre. Et le rayon vaut donc 10 cm.

28. **Réponse E**

L'aire de l'hexagone est de 24 cm². En règle générale, lorsque l'on vous demande de trouver l'aire d'une figure dont la formule n'est pas dans le cours (en dehors des triangle, parallélogramme, carré, rectangle, losange, cercle), prenez l'habitude de découper celle-ci en figures dont vous savez calculer l'aire. Il faut donc se servir du dessin proposé par l'énoncé et réfléchir à partir de celui-ci.

Méthode 1

En découpant l'hexagone comme indiqué, on voit clairement apparaître six nouveaux triangles équilatéraux, qui sont surtout égaux aux trois petits triangles déjà dessinés !

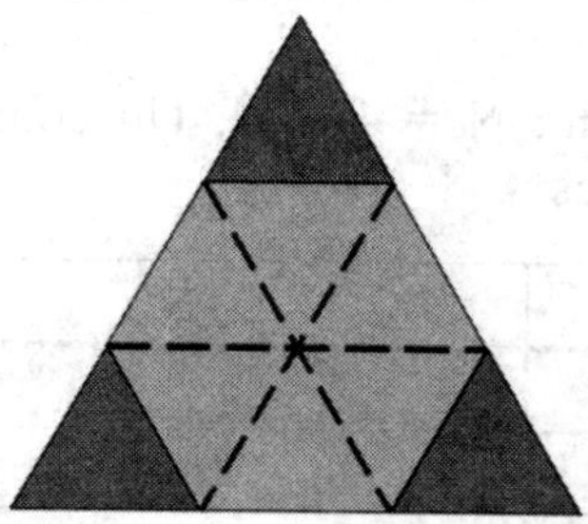

Ainsi, on se retrouve face à un triangle découpé en 9 triangles équilatéraux égaux, et dont l'aire totale est 36 cm². Nous vous laissons le loisir de calculer rapidement **36/9,** qui est égal à 4 cm², ce qui correspond à l'aire d'un des petits triangles.
Il ne vous reste plus qu'à compter le nombre de petits triangles qui composent l'hexagone : il y en a six. **L'aire de celui-ci est donc de 6 x 4 = 24 cm².**

Méthode 2

En remarquant simplement qu'un côté de l'hexagone est égal à un côté d'un petit triangle équilatéral, vous en déduisez que le grand triangle est en fait obtenu en multipliant par 3 chaque côté d'un petit triangle. Il s'agit donc de la même figure 9 fois (3 x 3) plus grande, son aire vaut donc 9 fois celle d'un petit triangle. Inversement, on retrouve que l'aire d'un petit triangle est de 4 cm² et pour calculer l'aire de l'hexagone on retire l'aire des trois petits triangles à celle du grand triangle, soit : $A = 36 - 3 \times 4 = 36 - 12 = 24\ cm^2$

29. **Réponse D**

Ce type de questions d'arithmétique devient très vite simple si l'on procède de façon méthodique. L'avantage est en fait que le nombre de réponses est limité **sachant que les inconnues sont entières et que de nombreuses contraintes réduisent pas à pas l'ensemble des solutions.** Nous vous proposons deux méthodes, notre préférence allant à la seconde, moins calculatoire.

Commençons par une partie de la résolution commune aux deux méthodes : le décryptage de l'énoncé.

En effet, on peut se demander pourquoi il est écrit **MN x ZP** et pas **MNZP** ou **M x N x Z x P.** Et bien la question est légitime puisque cela signifie, et c'est une convention du TAGE MAGE, que M, N, Z, P sont tous des **chiffres** (compris entre 0 et 9) et donc que MN et ZP sont des **nombres à deux chiffres** (*i.e.* compris entre 10 et 99). Vous pourrez retrouver d'autres types d'écriture au TAGE MAGE pour ce genre d'égalités, par exemple (M,N) x (Z,P) = 1 568 ou encore [MN] x [ZP] = 1 568.

Bref, sachant cela, vous aurez immédiatement compris que P peut uniquement prendre 10 valeurs, comprises entre 0 et 9, ce qui réduit considérablement le nombre de possibilités.

Intéressons-nous ensuite à la deuxième information : N = 4 x M. Un conseil : faites un tableau pour tester les différentes possibilités :

M	N	MN
1	4 x 1 = 4	14
2	4 x 2 = 8	28
3	4 x 3 = 12 **IMPOSSIBLE**	312 **IMPOSSIBLE**

On découvre donc que l'on n'a que deux valeurs possibles pour MN : 14 et 28.

De plus, on sait que MN x ZP = 1 568, avec ZP < 100. Du coup, si MN vaut 14, alors on a : MN x ZP = 14 x ZP < 14 x 100 = 1 400 < 1 568, ce qui est donc impossible.

On en déduit finalement que **MN est nécessairement égal à 28.** Et c'est là que les méthodes divergent !

Méthode 1

Une bonne vieille division de 1 568 par 28 donne **ZP = 56. Et donc P = 6.**

Méthode 2

Etant consciencieux, vous aurez remarqué que dans une multiplication, le dernier chiffre du résultat est le même que le dernier chiffre du produit des derniers chiffres ! (Revoir le chapitre de cours relative à la technique du dernier chiffre.)

Cela signifie que si A, B, C et D représentent quatre chiffres, alors dans la multiplication **AB x CD**, le dernier chiffre sera le même que celui de B x D. On peut par exemple affirmer que dans la très simple multiplication 78 67**6** x 456 79**3**, le dernier chiffre du résultat sera le même que celui de **6** x **3** = 18, à savoir **8.**

Dans notre cas, nous traduisons cela en remarquant que MN x ZP se terminant par un 8, N x P doit également se terminer par un 8. Alors, sachant que N = 8, on doit avoir P x 8 qui se termine par un 8. La seule réponse possible est donc **P = 6** car toutes les autres réponses fournissent un résultat qui ne se termine pas par 8 mais par 0 (8 x 5 = 40), 2 (8 x 4 = 32) ou 4 (8 x 3 = 24 et 8 x 8 = 64).

Vous remarquerez que dans aucune des deux méthodes l'information Z = P - 1 n'a été prise en compte, ce qui confirme bien qu'en calcul, certaines informations peuvent n'avoir, *a priori,* aucune utilité dans la résolution de la question.

30. **Réponse D**

Lorsque, comme ici, vous vous retrouvez face à une question avec des inconnues entières, demandez-vous s'il n'est pas possible de trouver plus rapidement la réponse en utilisant des critères de divisibilité, vos tables de multiplication ou votre connaissance parfaite des carrés et des cubes… **N'oubliez jamais qu'au TAGE MAGE, votre but ultime est d'aller plus vite que les autres.**

Ici, on peut légitimement affirmer qu'il est difficile de vendre, par exemple, 2,7 ou 12,7777 voitures. Autrement dit, nos inconnues E (nombre de voitures Essence), D (nombre de voitures Diesel) et H (nombre de voitures Hybrides) seront des nombres entiers. Or on sait que le nombre de voitures Essence représente 60 %, soit 3/5 du nombre total de voitures. Conséquence : le nombre total de voitures **DOIT ETRE DIVISIBLE PAR 5, car si tel n'est pas le cas, le nombre de voitures Diesel ne peut être un nombre entier.**

De la même façon, le nombre de voitures Diesel, qui représente 2/7 du nombre total de voitures, implique que le nombre total de voitures **DOIT ETRE DIVISIBLE PAR 7.**

Au final, en se penchant sur les réponses, on supprime d'un coup de crayon heureux les réponses C, D et E qui ne sont guère divisibles par 5. Restent alors **790** et **805** dont on doit vérifier s'ils sont divisibles par 7. **Testons 790** : 790 = 700 + 70 + 20, soit 7 x 100 + 7 x 10 + 20 (qui n'est pas divisible par 7). Et comme 20 n'est pas divisible par 7 et bien 790 ne l'est pas non plus. En revanche, 805 vaut 700 + 70 + 35, soit 7 x 100 + 7 x 10 + 7 x 5 donc 805 est divisible par 7.

3. Raisonnement – Argumentation

31. **Réponse E**

C'est justement le raisonnement que tient Spinoza dans son *Ethique.* Si Dieu est le tout, Il ne peut être déterminé à agir par quelque chose d'extérieur. Autrement dit, quand quelque chose agit sur Lui, c'est encore Lui qui agit sur Lui-même. C'est que dit la proposition E, la bonne réponse ici. La nature, c'est-à-dire le Tout, est libre. Les autres propositions visent à vous faire plaquer un schéma anthropomorphique sur un raisonnement qui ne l'est pas.

32. **Réponse C**

On a là une transposition du raisonnement de saint Thomas dans *De ente et essentia* au chapitre I. Même si cela paraît abstrait, cette question n'est pas plus dure que les autres ! On compare ici des propositions logiques (ou verbales) à la réalité. Si l'on reprend l'exemple, la vue existe bien, on l'observe, mais l'on n'a jamais vue la non-vue. Et pourtant on en parle. Autrement dit, on donne une existence logique à des choses qui n'ont pas d'existence réelle. La A est donc impossible, tout comme la D, et la B se présente comme prescriptive alors qu'il n'y a rien de tel dans le texte. La E, avec sa formulation prudente, est imparfaite car le texte permet d'affirmer que le néant n'existe pas du tout. La seule bonne réponse est la C : on parle du zéro mais il n'existe pas.

33. **Réponse D**

La bonne réponse est la D. La seule « difficulté » ici est que l'on remonte le temps, mais la méthode de calcul est la même que dans les questions précédentes du même type. L'année 2012 est bissextile. Entre les deux dates, on a (365 - 31 - 13) + 365 + 366 + 7 = 1 059 jours, soit 151 semaines et 2 jours. Le 7 janvier tombait donc 2 jours AVANT le lundi, soit un samedi, réponse D.

34. **Réponse E**

La A est une allégorie puisque l'on figure une abstraction. La B est une comparaison. La C est une métaphore. La D se présente comme une analogie. Dans les 4 cas, on voit que l'on définit ou que l'on qualifie une chose par ce qui s'en distingue. Ce sont 4 figures particulières de comparaison. Or dans la E, il n'y a rien de comparatif : le « comme » exprime une exclamation, mais en rien une comparaison. Il est possible que cela vienne originellement d'une comparaison disparue, mais le « comme » a pris alors une tout autre signification. Il est en l'occurrence synonyme de « comment ».

35. **Réponse B**

C et D vont totalement dans le sens du texte, ce pourquoi on doit les éliminer. Les 3 autres sont possibles et il faut par conséquent trouver celle qui affaiblit le plus le raisonnement. A et E sont finalement très proches : en acceptant le sort, on ne le change pas. Autrement dit, la morale stoïcienne est lâche. Mais cela suppose que l'on puisse réellement changer les choses. Il y a donc un présupposé nécessaire à cette objection et qui n'est ni assumé ni défendu. La B quant à elle investit le raisonnement plus en amont. Sans porter de jugement sur la morale des stoïciens, elle précise que l'idée même de nécessité est discutable. Cela implique que tout peut être changé puisqu'il n'est pas sûr qu'il existe une véritable nécessité, en dehors de l'esprit humain. Cette proposition implique A et E mais assume leur présupposé, elle est donc meilleure.

36. **Réponse E**

La bonne réponse est la E. En effet, il faut trouver une illustration qui vaut ou bien pour Alexandre, ou bien pour les Anglo-saxons, et qui témoigne de la diffusion mondiale d'une culture. La A ne dit rien de cette diffusion. La B ne dit rien de la culture. La C met sur le compte de l'esprit de conquête cette diffusion, ce que le texte n'assume pas. Il s'agirait là d'une condition supplémentaire, non d'une illustration. La D est tentante, sauf qu'elle illustre par un exemple contemporain ce qui n'a eu lieu que dans l'Antiquité, à supposer que le kebab de surcroît soit grec. La E en revanche renvoie à l'Antiquité et signale la diffusion de la culture grecque, ce que l'on a appelé « l'hellénisme ».

37. **Réponse E**

Prenons tour à tour les options.

Si les 3 mentent toujours, alors, en niant la déclaration de Paul, Robert ne ment pas, ce qui est contradictoire. On élimine la A.

Si Robert ment, alors Arthur ne ment pas. Il doit donc parler un jour impair. Or les jours impairs, Paul se tait, ce qui contredit l'énoncé. On élimine alors la B.

Si Paul dit vrai, alors Robert ment et Arthur ne ment pas. Il devrait dès lors mentir les jours pairs, ce qui est contradictoire. On élimine alors la C.

Prenons la D. Si Arthur dit toujours vrai, alors il est vrai qu'Arthur ment les jours pairs, ce qui est contradictoire.

Il ne reste alors que l'option E qui est la bonne et n'implique aucune contradiction, équivalente à la phrase d'Arthur et appliquée à lui-même.

38. **Réponse D**

On a trois proverbes synonymes : C, le français, E, l'anglais et A le québécois. Il faut donc départager B et D qui s'en éloignent tous deux et se demander quel est le plus éloigné des deux. Dans la B, on a l'idée que l'acte est raté mais qu'il était bien intentionné. Ainsi, si l'on nous fait un cadeau que l'on n'aime pas, on l'accepte tout de même car on sait distinguer l'intention de sa réalisation. Ce proverbe peut donc s'appliquer dans certains cas où il est très proche du proverbe C. En revanche, le D nous place du point de vue de celui qui donne et non de celui qui reçoit, ce qui en fait le proverbe le plus éloigné des 4 autres.

39. **Réponse D**

La bonne réponse est la D, même si la troisième personne est insérée entre les deux autres. Ce qui compte ici, c'est la réflexivité. Dans la phrase initiale, chaque sujet fait quelque chose sur lui-même. On s'aperçoit dans les réponses qui sont données que ce n'est pas le type d'activités qui compte ni l'ordre de la description, mais la réflexivité de l'activité. Ainsi la B est fausse parce que « rentrer chez soi » n'est pas une activité réflexive. De même, « il pense que tu penses » n'est pas « il pense qu'il pense ».

40. **Réponse A**

On comprend que bien que tout change, certaines choses demeurent, sans quoi on ne pourrait même pas parler du changement. Changer, c'est changer par rapport à quelque chose qui ne change pas. Cela suppose bien entendu que le changement dont parle le texte existe bien. La B est hors champ ici. La C répète la conclusion. La D est possible mais l'on ne sait pas si la proposition s'applique aux termes du texte : elle manque de précision. Enfin, le « tout devient » d'Héraclite n'annule pas la possibilité d'une substance, puisque la phrase elle-même renvoie à des mots dont le sens doit être stable pour être compris. Réponse A donc.

41. **Réponse D**

On joue ici sur l'accumulation des informations du texte et sur un système de dénombrement que vous avez rencontré précédemment. En réalité, beaucoup d'informations sont totalement inutiles ici et ont simplement pour but de vous faire perdre du temps ! On cherche un code du type XXXX-1992. Or rien dans le texte ne permet de connaître le rang de ces films et les proportions qui vous sont données ne sont qu'un nuage de fumée ! La seule chose que l'on peut dire, c'est que pour ranger 857 films dans un code à 4 lettres, on n'a jamais besoin de toucher à la première : tous les codes sont du type AXXX-nombre. La seule réponse possible est donc la D.

42. **Réponse B**

On comprend que Pierre a perdu 4 000 euros sur 30 000 et Agnès 1 900 sur 15 000, autrement dit Agnès a proportionnellement moins perdu que Pierre. Soit elle a eu de la chance par rapport à Pierre, soit elle a été un peu plus prudente. Comme on ne parle pas de chance dans les propositions, il faut chercher celle qui se rapproche le plus de l'idée de prudence. E est exclue. A est trop loin de la question. C et D ne paraissent pas pouvoir être déduites directement des informations du texte. La B est ici la meilleure réponse : Agnès a moins perdu parce qu'elle a été plus prudente, car en tant que femme, elle prend moins de risques.

43. **Réponse B**

La méthode dans les exercices de ce genre oblige à se rappeler que les faces d'un cube que l'on aperçoit sont toujours contiguës. Par ailleurs, si le cube est suspendu au-dessus d'eux, c'est que la face du haut leur est cachée. On doit ensuite faire un petit schéma au brouillon. On doit dessiner deux cubes différents qui correspondent à deux combinaisons possibles en tenant compte du fait que les faces vues par une même personne sont contiguës et que la face cachée est au-dessus : dans le premier cas, on met le 4 à droite du 1, dans le second le 3 à droite du 1. Mais ensuite, où que l'on place 5 et 6, on a deux combinaisons possibles qui ne changent rien à la position du 2 : on s'aperçoit que le 2 est forcément face au 3 ou 4, réponse B.

44. **Réponse E**

On retrouve ici le paradoxe du menteur sous une forme synthétique. Dire que l'on ment, c'est mettre en cause l'affirmation même que l'on ment. Autrement dit, c'est introduire une contradiction à l'origine même de son discours et le détruire par conséquent. En disant qu'il ment sans cesse, Paul mine toute possibilité de discours sur lui-même. La bonne réponse est donc la E : rien de ce qu'il peut dire, y compris son aveu, n'a de sens.

45. **Réponse D**

La phrase comporte 10 mots au départ ; on va en rajouter 2, cela fera donc 12. L'énoncé comporte initialement 2 *r*. Si l'on met « deux » cela convient, mais l'option « douze et deux » n'est pas proposée. Or l'option D fonctionne car « trois » rajoute un *r*. C'est la bonne réponse. Dans ce type d'exercice, commencez par compter ce que vous avez et n'oubliez jamais de prendre en compte ce que vous allez ajouter.

4. Conditions minimales

46. **Réponse C**

47. **Réponse E**

48. **Réponse E**
On ne sait pas comment les garçons sont répartis entre les trois classes du lycée…

49. **Réponse C**
Ni{1} ni {2} ne permettent à elles seules de répondre à la question.
{&} : $X^2 - Y^2 = (X - Y) \times (X + Y) = 5 \times (X + Y) = 75$, soit $X + Y = 75/5 = 15$.
Et si l'on sait que $X + Y = 15$ et $X - Y = 5$, alors en additionnant ces deux équations, on obtient : $2X = 20$, soit $X = 10$ et $Y = 5$.

50. **Réponse B**
{E} : comme pour toute question mettant en jeu de la géométrie, un dessin s'impose. Traçons-y une hauteur puisque l'on va devoir calculer l'aire du parallélogramme qui, nous vous le rappelons, est égale à « Base x Hauteur ».

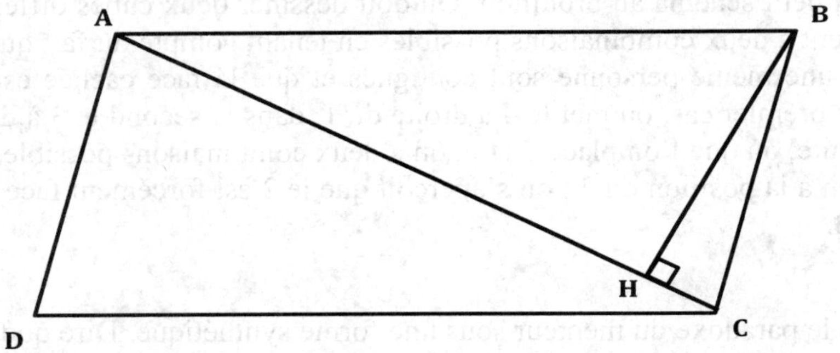

Sur cette figure, l'aire A vaut donc : A = AC x BH. Or on sait que A = 16 m² donc on a : (1) AC x BH = 16.
Nous vous rappelons qu'un parallélogramme est un losange si, et seulement si, ses diagonales se coupent perpendiculairement en leur milieu.

{1} : on vous donne ici la valeur de la diagonale AC. En la remplaçant dans l'équation (1), vous trouvez que BH = 2.
En revanche, rien ne dit que H soit sur la diagonale du parallélogramme ! En effet, on peut très bien imaginer ce cas de figure où ABCD n'est pas un losange :

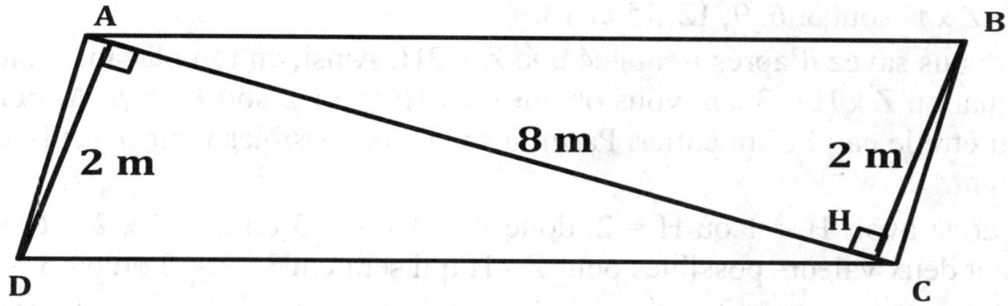

Et celui-ci, où c'en est effectivement un :

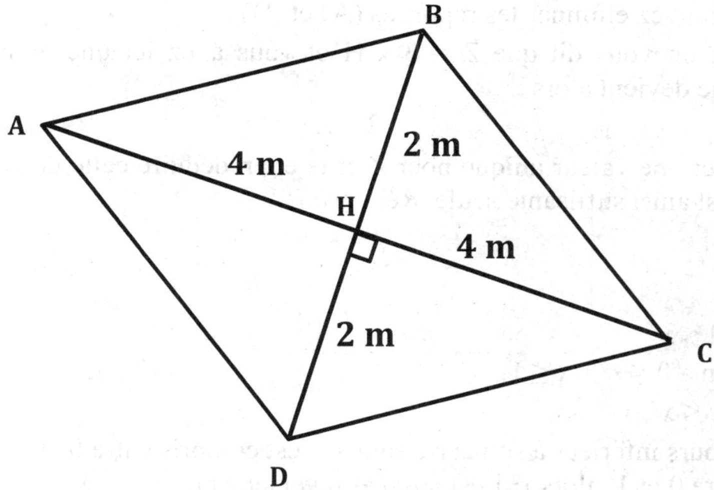

Sachant qu'il est impossible de conclure, l'information est donc insuffisante et on peut éliminer les réponses A et D pour garder les réponses B, C et E.

{2} : on vous donne ici exactement la définition d'un losange : l'information est donc suffisante !

51. **Réponse B**

{E} : l'énoncé nous permet d'écrire que Z = 3H et que Z et H sont des entiers positifs.

On nous demande la valeur de Z - H qui, nous vous le rappelons, peut très bien être obtenue sans connaître expressément les valeurs respectives de Z et H.

{1} : de prime abord, le fait que l'on ait une inéquation ne pousse pas à croire que cette information sera suffisante. Et pourtant, cela ne se joue pas à grand-chose…

En effet, elle vous donne un renseignement sur la valeur de Z x H, à savoir que Z x H = 3 x p avec 3 x $p \leq 19$ et p entier. Or, les seules valeurs possibles pour p sont 1, 2, 3, 4, 5 et 6. Vous en déduisez donc que les seules valeurs possibles pour le produit Z x H sont 3, 6, 9, 12, 15 et 18.

En outre, vous savez d'après l'énoncé que Z = 3H. Ainsi, en remplaçant Z par 3H dans l'équation Z x H = 3 x p, vous obtenez 3 x H^2 = 3 x p soit $H^2 = p$. Autrement dit, p doit être le carré d'un entier. Parmi les valeurs possibles pour p, seuls 1 et 4 conviennent.

On peut donc avoir H = 1 ou H = 2, donc Z = 3 x 1 = 3 ou Z = 3 x 2 = 6 et par conséquent deux valeurs possibles pour Z - H qui seraient 3 - 1 = 2 ou 6 - 3 = 3.

Cette information *a priori* sans grande importance vient donc réduire le nombre de possibilités à deux seulement ! Néanmoins, c'est déjà trop, et l'information est insuffisante : vous pouvez éliminer les réponses (A) et (D).

{2} Dans l'énoncé, on vous dit que Z = 3 x H et vous avez ici une nouvelle équation. Le système devient alors :

1. Z = 3 x H 2. Z + H = 4

On peut donc trouver une valeur unique pour Z et H et en déduire celle de Z - H. L'information (2) est ainsi suffisante seule. Réponse B !

52. **Réponse D**

A savoir !

Si $x < 0$, alors $x < 0 < x^2$

Si $0 \leq x \leq 1$, alors on a $0 \leq x^2 \leq x \leq 1$

Si $x > 1$, alors $1 < x < x^2$

Un nombre est toujours inférieur à son carré sauf s'il est compris entre 0 et 1.
Si x est compris entre 0 et 1, alors x^2 l'est aussi et inversement.

{E} : sachant ce qui vient d'être rappelé, comme $A^2 = B$ alors vous savez que A est compris entre 0 et 1 si, et seulement si, A^2 est compris entre 0 et 1 donc si, et seulement si, B est compris entre 0 et 1.

{1} : comme on vient de le voir, si B est compris entre 0 et 1, alors on a :

$0 \leq A^2 \leq 1$ puisque $A^2 = B$, et par conséquent $0 \leq A \leq 1$.

L'information est donc suffisante et on peut garde les réponses A et D.

{2} : de même, si A > B, alors on a : $A > A^2$ puisque $A^2 = B$.

Or nous venons justement de vous rappeler que cette propriété n'était vérifiée que pour A compris entre 0 et 1, ce qui rend cette information également suffisante.

53. **Réponse E**

{&} : avec X = 3, on répond « oui ». Avec X = 9, on répond « non ». On ne peut donc répondre à la question posée.

54. **Réponse B**

{E} : l'énoncé nous donne pour seule information que l'inconnue est la surface (notée S) du rectangle ABCD. On notera dans un coin l'équation $S = l \times L$ avec l la largeur du rectangle et L sa longueur.

{1} : cette information nous dit simplement que $2 \times l + 2 \times L = 10$, autrement dit que $l + L = 5$, mais ce n'est pas suffisant pour obtenir la surface, car il nous faudrait une autre équation mettant l et L en relation. L'information (1) n'est pas suffisante et on garde les réponses B, C et E.

{2} : prise seule, cette information nous permet d'écrire l'équation suivante : $(3 \times l) \times (3 \times L) = 54$, soit la nouvelle largeur $(3 \times l)$ que multiplie la nouvelle longueur $(3 \times L)$, donne la nouvelle surface (54). Autrement dit, après calculs, on trouve que $9 \times l \times L = 54$ ou encore que $9 \times S = 54$, ce qui est suffisant pour trouver la valeur de la surface S (que l'on ne demande pas ! Ici il serait simple de dire que c'est 6, mais prenez l'habitude d'arrêter les calculs dès que vous êtes certains d'avoir une unique solution, on est en CONDITIONS MINIMALES, pas en CALCUL !). Réponse B.

Le risque principal de cette question est de se focaliser sur l'information obtenue en (1) et de la traduire en « nous avons une équation mettant en relation l et L et il m'en faut donc obligatoirement une autre ». Du coup, en arrivant devant l'information (2) et l'équation qui y est donnée, on serait très tentés de donner C car on serait alors en présence d'un système de deux équations à deux inconnues ! Mais ce serait oublier qu'il n'y a qu'une seule inconnue qui est S, soit $l \times L$, et non pas deux inconnues qui seraient l et L. Vous aurez d'ailleurs remarqué qu'en n'utilisant que l'information (2), on ne peut même pas donner les valeurs respectives de l et L…

55. **Réponse A**

Il fallait ici choisir la réponse A. En effet, attention à ne pas se précipiter sur la C en se disant qu'aucune des deux informations (1) ou (2) n'est suffisante car l'une donne simplement une équation et trois inconnues et l'autre ne nous fournit aucune donnée sur Z. Ce serait occulter une bonne partie de l'énoncé ! En effet, non seulement on ne demande pas d'identifier les valeurs de X, Y et Z sinon leurs signes, mais on a surtout une contrainte majeure sur ces trois nombres, à savoir qu'ils doivent être tous inférieurs à 30. Dès lors, le nombre de solutions possibles s'en trouve grandement réduit…

{E} : on peut lister précisément les réponses possibles ; un luxe rare dont on ne doit pas se priver : 0, 1, 2 ou 3.

{1} : on sait que X + Y + Z = 61. Cherchons si on peut trouver deux cas où les réponses seraient différentes. Celui qui semble le plus simple est le cas où les trois sont positifs, avec par exemple X = 20, Y = 20 et Z = 21, les trois étant bien inférieurs à 30. Essayons d'en rendre un seul négatif, ne serait-ce qu'un tout petit peu, en posant X = -0,0000000001. Alors Y et Z valant au maximum 30, on aurait X + Y + Z < 59,9999999999 < 61, ce qui est impossible ! Donc les trois doivent nécessairement être positifs si l'on souhaite que leur somme atteigne 61. L'information (1) est ainsi suffisante et on garde les réponses A et D.

{2} : en cachant l'information (1), on se retrouve ici avec une équation ne donnant aucune information sur Z, lequel pouvant alors librement valoir n'importe quelle valeur entre moins l'infini et 30. Cette information n'est donc pas suffisante et on doit répondre A.

56. **Réponse A**

{1} : attention à ne pas passer sur cette information en considérant qu'elle n'introduit pas de notion de prix car cette première information est belle est bien suffisante ! En effet, en notant S la somme d'argent dont Aurélie dispose, on sait qu'avec S elle peut acheter N bouteilles de vin et qu'avec 3 fois plus d'argent, c'est-à-dire avec 3 x S, elle peut acheter N + 4 bouteilles de vin. Résumons cela dans un tableau :

Si Aurélie possède … €	S	S + S + S
Elle peut acheter … bouteilles de vin	N	N + 4

Amusons-nous maintenant à couper la dernière colonne de notre tableau en deux : si elle peut acheter N bouteilles avec S €, alors elle a forcément acheté les 4 bouteilles en plus avec les S + S = 2 x S € restants :

Si Aurélie possède … €	S	S +	S + S
Elle peut acheter … bouteilles de vin	N	N +	4

Par conséquent, si avec 2 x S €, Aurélie peut acheter 4 bouteilles de vin, alors avec S € elle peut en acheter 2. On a donc pu apporter une réponse unique à la question posée et la première information est suffisante. On garde les réponses A et D.

Pour ceux qui aiment travailler leurs énoncés avec l'artillerie lourde, il y a une autre façon de voir les choses :

{E} : S = N x P

{1} : 3 x S = (N + 4) x P

En remplaçant S par N x P dans l'équation {1}, on obtient **3 x N x P = (N + 4) x P**

Soit en simplifiant par P des deux côtés de l'équation (P est différent de 0) :
3 x N = N + 4, soit après calcul : N = 2.

{2} : cette information, étudiée seule, ne nous est d'aucune aide. Elle est donc insuffisante et l'on garde la réponse A.

57. **Réponse D**

{E} : l'énoncé nous dit que M est un nombre entier composé de 3 chiffres consécutifs croissants. Jusqu'à nouvel ordre, il n'en existe que 7. Les voici :

M = *cdu*	123	234	345	456	567	678	789

En termes d'inconnues, on recherche le chiffre des dizaines de M. Si l'on note M = *cdu* avec *c* le chiffre des centaines, *d* le chiffre des dizaines et *u* le chiffres des unités, notre inconnue est donc ***d.*** Et il y a alors 7 solutions possibles pour *d,* à savoir : 2, 3, 4, 5, 6, 7 ou 8.

N'oubliez jamais qu'en conditions minimales vous devez toujours exploiter au maximum les informations contenues dans l'énoncé avant de vous pencher sur les informations qui l'accompagnent.

{1} : en calculant la somme des trois chiffres de M, on obtient :

M = *cdu*	123	**234**	345	456	567	678	789
c + *d* + *u*	6	**9**	12	15	18	21	30

Vous remarquez alors qu'il n'y a qu'une seule et unique possibilité pour que M soit un nombre à 3 chiffres consécutifs croissants dont la somme des trois chiffres vaut 9, à savoir M = 234. L'information {1} est donc suffisante : on garde les réponses A et D.

{2} : construisons un nouveau tableau indiquant, pour chacune des 7 possibilités pour M, le chiffre des centaines ainsi que la moitié de celui des unités :

M = *cdu*	123	**234**	345	456	567	678	789
c	1	**2**	3	4	5	6	7
1/2 x *u*	1,5	**2**	2,5	3	3,5	4	4,5

Vous remarquez seul M = 234 répond aux conditions imposées par l'information {2}. Réponse D.

58. **Réponse C**

Nous attirons votre attention sur cette question qui est l'illustration parfaite d'un système comportant 3 inconnues avec seulement 2 « équations » et qui n'a pourtant qu'une seule et unique solution.

{E} : on nous parle ici de 3 inconnues X, Y et Z, qui représentent les âges des trois frères. Choisissons de les ordonner dans un ordre croissant, à savoir X le plus jeune et Z le plus âgé. On sait alors que : **X < Y < Z** et que **X, Y et Z sont des entiers naturels** (rappel : au TAGE MAGE, un âge est toujours un entier). Dernière chose : la seule inconnue dont on veut trouver la valeur est **X.**

{1} : Z = X + 9. N'ayant strictement aucun renseignement sur l'âge de Y, vous vous doutez bien que cette information est insuffisante. Pour les plus sceptiques, voici deux cas de figures distincts : (X = 1, Y = 2, Z = 10) et (X = 7, Y = 8, Z = 17). L'information {1} est donc insuffisante : on garde les réponses B, C et E.

{2} : attention, n'oubliez pas d'oublier ! En effet, si on garde en tête que l'aîné a 9 ans de plus que le plus jeune, on peut être tenté de dire que cette information est suffisante. **C'est donc l'occasion pour nous de vous rappeler à quel point il est important de cacher l'information {1} lorsque vous étudiez l'information {2}.** Aussi, de cette information, nous apprenons « seulement » que : X + Y + Z = 14, ce qui peut notamment se vérifier avec (X = 1, Y = 2, Z = 11) ou (X = 2, Y = 3, Z = 9). L'information {2} n'est donc pas suffisante non plus : on garde les réponses C et E.

{&} : votre inconscient mathématique a tendance à vous susurrer que les deux informations vous proposent un système à 2 équations et 3 inconnues, ce qui serait alors insuffisant pour trouver la bonne réponse :

{1} : Z = X + 9 {2} : X + Y + Z = 14

Et bien non ! N'oubliez jamais que les contraintes imposées aux inconnues peuvent réduire considérablement le nombre de solutions. En effet, sachant que **X < Y < Z** et que **X, Y et Z sont des entiers naturels, un seul cas de figure est envisageable : le cas où X = 1, Y = 3 et Z = 10.** Réponse C !

59. **Réponse C**

Deux équations, deux inconnues et une seule et unique solution lorsque l'on combine les deux informations !

{1} : $\frac{2X+3Y}{X+Y} = 2,375$

{2} : X + Y = 40

Avec X : le nombre de compositions qui comprennent 2 orchidées et Y le nombre de compositions qui en comprennent 3.

60. **Réponse C**

Deux équations et trois inconnues… Pas de solutions ? **On ne vous la fait plus !**

Si les deux informations prises séparément ne permettent pas en effet de trouver la **valeur unique** de A + B, ensemble, en revanche elles le permettent. En effet, en additionnant nos deux équations, nous allons voir que C disparaît, comme par enchantement.

{1} : A - 2B + C = 0

{2} : 3A + 6B = C + 3

{1} + {2} donne : A - 2B + ~~C~~ + 3A + 6B = ~~C~~ + 3 soit : 4A + 4B = 3, soit encore : 4 (A + B) = 3 et **(A + B) = 3/4.**

5. Expression

61. **Réponse D**

La E est trop péjorative par rapport au texte. Les 4 autres semblent tout d'abord possibles. Il faut cependant être très précis. Une « utopie » est un terme plutôt politique, alors que « fantasme » a des connotations sexuelles, même si ce n'est pas exclusif. Une « chimère » est un être vivant imaginaire, ce qui ne renvoie pas vraiment à l'Europe ici. Il reste donc à distinguer A et D. C'est ici qu'il faut s'intéresser à « relever de » : ce n'est pas « être » ou « constituer », mais « être le fait de ». Il y a là une nuance causale qui n'est pas dans la phrase initiale. C'est pourquoi la D est la meilleure réponse.

62. **Réponse A**

Un symptôme est par définition le signe annonciateur d'une maladie. Il n'est pas forcément douloureux lui-même, même si ceux qui sont décrits ici le sont. D est trop vague, C est imparfait. B est trop neutre dans le contexte. E est trop général bien que possible. C'est pourquoi, bien qu'imparfaite, l'option A constitue la meilleure réponse ici.

63. **Réponse C**

En allemand, „vom Hundersten ins Tausendsten kommen" se traduit littéralement par « passer du centième au millième ». C'est le meilleur équivalent de l'expression française ici : en effet, celui qui passe d'une unité à l'autre comme si elles étaient identiques change indûment le sujet de la conversation, voire le déforme. La D est hors sujet ici, comme la A. La E signale une opinion dont l'expression initiale ne traite pas du tout. La B exprime le détour, ce qui la rendrait possible, mais pour revenir au même point, ce qui est contraire à l'expression initiale.

64. **Réponse E**
On voit que dans la phrase initiale, on a d'abord une relation d'explication (« en effet »), puis un retour sur le passé (« le discours critique a toujours existé ») et l'idée d'un excès (« il est devenu surabondant à partir du XIXe siècle »). La A est fausse parce qu'elle change le repère temporel dans le siècle. De surcroît, elle commence par « car » qui est toléré mais que l'on cherche cependant à éviter. La B restreint indûment la littérature au roman et affaiblit la précision du complément circonstanciel de temps. La D est tentante mais « passer son temps à » est une surinterprétation du texte initial : on l'a toujours fait, certes, mais on n'a pas fait que cela ! C et E sont ici les meilleures options mais la E est la bonne réponse. En effet la C comporte quelques imprécisions : elle laisse à penser que l'on a beaucoup critiqué à la fin du XIXe siècle, mais ne dit pas que c'était excessif, encore moins que cela a continué ensuite. Ces deux informations, présentes dans le texte d'origine, sont néanmoins exprimées par la E.

65. **Réponse E**
La C n'est pas absurde mais surinterprète le texte d'origine, on ne peut donc la retenir. La A n'est pas fausse mais le terme « nécessiteux » est un peu désuet : on l'utilisait plutôt au XIXe siècle, c'est pourquoi il paraît ici décalé avec le reste du texte. Une idée du texte initial doit ressortir : Médecins sans frontières fait connaître la « situation » de gens malades, c'est-à-dire leurs besoins, mais aussi le contexte. De ce point de vue, la D est meilleure que la B qui supprime cette information. Cependant, la E est meilleure encore. En effet, « la vie » est large et donne d'emblée une dimension existentielle à cette information. La E est plus neutre car la « condition » pourrait par exemple inclure le contexte politique.

66. **Réponse E**
La B peut être très vite rejetée car elle est bien trop elliptique. On perd trop d'informations par rapport au message initial. Dans la C, c'est l'idée de notion qui s'évanouit, ce qui empêche de retenir cette option. La D est tentante mais la formulation « demeurer sujet à débat » est lourde. A et E sont possibles mais la E est plus précise et explicite : en ajoutant « en général », on précise la différence entre un genre et son espèce (en l'occurrence la culture populaire) ce qui reste implicite dans la phrase initiale.

67. **Réponse B**

La A est claire mais un peu longue. On peut éventuellement chercher une formulation plus synthétique. La C est un peu inélégante : « dans la science-fiction » est maladroit et la fin est trop allusive. On perd des informations par rapport à la phrase initiale. La D laisse de côté l'idée d'un récit acculé à ses limites. La E comporte des ambiguïtés : que signifie « radicaliser un récit » ? Par ailleurs, la confusion de la particularité et de la bizarrerie pose problème. La B est ici la meilleure réponse : synthétique et claire, elle possède le même contenu que l'énoncé initial mais avec plus de concision et d'efficacité.

68. **Réponse C**

La bonne orthographe est la suivante : « Ils ont eu du mal à finir leur exercice, voire beaucoup de mal, dans la mesure où rien ne les préparait à une telle épreuve. C'est pourquoi on a raison de penser que l'on ne possède jamais assez de vertu, c'est-à-dire de courage face à toute épreuve. Mais en sera-t-il toujours ainsi ? » Il y a en réalité 9 fautes dans ce texte et la bonne réponse est la C.

Voici le détail de ces fautes : « eu » ne prend pas d'accent car c'est le passé composé du verbe « avoir ». « Voire » prend un *e* comme adverbe, distinct du verbe « voir ». « Dans la mesure où » suppose un accent car c'est bien le pronom relatif et non la conjonction de subordination « ou » que l'on pourrait, le cas échéant, remplacer par « ou bien ». « Telle » est un adjectif qualificatif qui doit s'accorder ici au féminin singulier. « Pourquoi » s'écrit en un mot ici. Le pronom personnel « on » s'écrit sans *t* et « vertu » s'écrit sans *e* muet. « C'est-à-dire » est une expression figée qui comporte deux traits d'union. On considère ici que c'est une faute : si vous en comptiez deux, vous en auriez dix, ce qui vous obligerait, de toute façon, à opter pour la C. Enfin, « sera-t-il » comporte deux traits d'union et aucune apostrophe. Il en va ainsi de toutes les inversions de sujet dans lesquelles il faut ajouter un *t* euphonique.

69. **Réponse A**

Il faut choisir la A. Tout d'abord, après une interjection suivie d'un premier point d'exclamation, une phrase exclamative ne commence pas par une majuscule. C'est là une subtilité de la ponctuation française dont le *Bled* vous donne les secrets dans ses premières leçons. « Voilà » se rapporte à ce qui précède, tandis que « voici » à ce qui succède. Il vaut mieux ensuite encadrer la relative « que chacun a pu voir » par deux virgules : en effet, lorsqu'une relative est juxtaposée, elle comporte alors une nuance circonstancielle et explicative. Ne pas en mettre ici reviendrait à dire que l'on ne peut apprendre des choses sur les chiens méchants que par ces documentaires. Or la suite du texte parle justement d'autres supports d'information, ce qui serait alors contradictoire. La virgule avant « alors que » est possible mais elle n'est pas indispensable. On ne peut en revanche mettre une virgule avant « et » dans une énumération car cela constituerait une redondance. Lorsqu'un complément circonstanciel commence une phrase, on l'arrête par une virgule. C'est pourquoi il en faut une après « problème ». Enfin, les points de suspension finaux sont ici bienvenus car ils signalent une émotion qui coupe l'expression, ce qui renforce l'idée de peur de la dernière phrase.

70. **Réponse B**

Il faut choisir la B. Les adjectifs de nationalité prennent une majuscule lorsqu'ils désignent directement des personnes : un « plat français » mais « les Français ». « Réputé » est ici attribut du sujet « les Français » et doit donc prendre un *s*. « Fins gourmets » se rapporte encore aux « Français » et doit donc porter la marque du pluriel. « Rencontrés » s'accorde en genre et en nombre avec le COD « en », pronom mis pour « les chefs ». Bien que ce ne soit pas nécessaire, on peut encadrer l'expression « malgré leur surcharge de travail » par deux virgules, pour donner une respiration à la phrase. « Passionné » prend bien 2 *n*. Enfin, l'expression « ce métier-là », comme chaque fois que l'on ajoute l'adverbe « là », doit comporter un trait d'union.

71. **Réponse D**

La bonne réponse est la D. Le texte exprime en effet une nuance. Après un jugement plutôt favorable qui interprète de manière très optimiste le manque de sérieux initial, le texte oppose un nouveau jugement à celui-là. C'est ce qui est sensible par le balancement « certains… d'autres ». Il faut donc une proposition sinon contraire, au moins très différente de la première. La A va dans le même sens que la « liberté d'esprit » et ne convient donc pas. La B a le même défaut. De plus, on voit mal en quoi ce seraient les étudiants et non les professeurs qui voudraient élaborer des modes d'apprentissage nouveaux. La C est un peu mi-figue mi-raisin et ne répond pas à la nécessité d'une vraie contradiction. La E comporte le même défaut. Seule la D laisse à entendre que le système n'est pas performant, c'est-à-dire atteste l'idée qu'un manque de sérieux se dégage de l'ensemble, plutôt que de faire passer cela pour de la créativité.

72. **Réponse E**

Le texte offre une méthode pour débusquer les vrais des faux tapis. On doit donc s'attendre à un conseil très concret, comme la suite l'indique : « une solution toute simple ». On ne peut donc accepter une solution vague et formelle. On comprend mal par exemple comment simplement en pliant le tapis on va pouvoir discerner le vrai du faux. Il manque ici des précisions. C'est pourquoi on ne peut retenir ni la solution A, ni la C. De même, la B est imprécise et de surcroît redondante avec la suite. La D est tentante, mais justement elle ne dit pas de quelle façon se plient l'un et l'autre tapis. Là encore, le défaut de précision est patent. La E en revanche est recevable car elle donne un critérium clair. C'est d'ailleurs ce que font les amateurs de tapis.

73. **Réponse D**

Pour bien répondre à cette question, il faut être attentif à la ponctuation. La première énumération « toutes les classes de la société, toutes les catégories professionnelles » se termine par la conjonction de coordination « et ». Or celle-ci sera suivie d'une virgule. Dans mesure où cette conjonction est censée terminer une énumération, il ne peut s'agir que d'une explicitation ou d'une précision sur le dernier terme ou sur l'ensemble de l'énumération. C'est pourquoi les réponses A, B et E sont impossibles. Elles falsifieraient l'emploi des virgules et de la conjonction. Il faut alors hésiter entre C et D. Les deux sont grammaticalement et syntaxiquement possibles. Il s'agit donc de préciser le type de rapports logiques entre les deux membres de cette longue phrase. Quel lien existe-t-il entre classes/catégories et idéologies/vices/ridicules ? S'agit-il d'un rapport de gradation ? Il semble que non car on ne voit pas en quoi une catégorie est moins « quelque chose » qu'un vice, par exemple. Le rapport le plus logique est l'inclusion : en s'occupant de ces groupes-là, il précise pour chacun d'eux quels sont les vices, les idéologies… La D est donc la seule réponse possible.

74. **Réponse E**

Le texte signale une opposition entre un projet et sa réalisation. Il faut donc rendre compte de cela par le terme le plus approprié du point de vue du sens et du style. Comme la lettre est de facture très sérieuse, on ne pourra pas choisir un terme familier. La A est impossible car le dictionnaire de l'Académie ne reconnaît pas la conjonction de deux prépositions. Cela ne se dit pas, en dépit de sa fréquence orale. B et C ne rendent pas compte de la signification adversative recherchée. On peut ici hésiter entre D et E. Ces deux solutions sont possibles mais la D est très précieuse, bien plus que le reste de la lettre. La E est donc la meilleure ici.

75. **Réponse E**

La E est la meilleure réponse. Il y a un lien d'explication entre l'usage de ce type de comique et le principe général selon lequel contester l'autorité est comique. La A serait donc un contresens. La C est bien trop vague et large, tout comme la D. En revanche, le sens de B et C est identique. Même si c'est aujourd'hui toléré, à sens identique, on préférera ne pas mettre « car » en début de phrase.

6. Logique

76. **Réponse D**

H : Séparation produit constante par la gauche (le premier chiffre que multiplie trois donne le ou les chiffres suivants).

V : Les deux derniers chiffres forment un nombre qui est multiple de 9 – vous pouvez dire aussi que la somme de ces deux derniers chiffres est toujours égale à 9 (exemple : dans 1**27**, 27 est un multiple de 9 et 2 + 7 = 9).

77. **Réponse D**

H : Inter Grande diagonale droite de -1.

V : Inter Grande diagonale droite de +1.

78. **Réponse A**

H : Tous les nombres sont des cubes d'entiers.

V : Tous les nombres sont des multiples de 9.

79. **Réponse D**

H : Inter vertical de -1 sur la lettre du milieu.

V : Intra de +1 entre la première et la dernière lettre.

80. **Réponse A**

H : Intra de -1 entre le premier et le dernier chiffre.

V : Séparation produit constante par la gauche (le premier chiffre que multiplie 8 donne le ou les chiffres suivants).

81. **Réponse C**

H : Inter de +1 sur la lettre du milieu.

V : Inter de -1 sur la troisième lettre.

82. **Réponse A**

H : Les premiers chiffres de chaque nombre forment un nombre premier (exemple : **11**4 => **11** est un nombre premier).

V : Inter Grande diagonale gauche de -1 (**7**17 – 32**6** – **5**48 – 60**4** – **3**15).

83. **Réponse E**

H : Inter Grande diagonale gauche de +2.

V : Intra de -1 entre la deuxième et la troisième lettre.

84. **Réponse C**

Il s'agit d'un code pour représenter la valeur numérique de la lettre avec des sigles. La signification de ceux-ci est la suivante : * = 10 et ≠ = 1.

Vous avez bien, pour les trois premiers éléments de la série :

U = 21 = 10 + 10 + 1 = * * ≠
T = 20 = 10 + 10 = * *
C = 3 = ≠ ≠ ≠

85. **Réponse B**

Le nombre de côtés de la figure moins le nombre de sigles @ à l'intérieur suit une progression arithmétique de 1 :

4 - 3 = 1 3 - 1 = 2 5 - 2 = 3

Ainsi, l'élément suivant de la suite devra avoir un écart de 4 entre le nombre de côtés de la figure et le nombre d'@.

86. **Réponse E**

Le mouvement de l'@ et des nombres nous indique que la première doit se trouver dans le coin inférieur gauche tandis que les deux nombres doivent se situer dans les deux coins supérieurs. De plus, le produit des deux chiffres de chacun de ses nombres est la même au sein de chaque figure :

4 x 3 = 12 = 2 x 6 9 x 2 = 18 = 6 x 3 2 x 8 = 16 = 4 x 4

87. **Réponse D**

Le mouvement des lettres vous indique qu'elles devront se trouver dans le coin supérieur droit et le coin inférieur gauche. De plus, le chiffre du milieu suit une progression arithmétique de 2 et devra donc être un 8. Enfin, ce chiffre représente également l'écart de lettres qu'il y a entre les deux lettres inscrites :

U – ***V*** – ***W*** – X
R – ***S*** – ***T*** – ***U*** – ***V*** – W
M – ***N*** – ***O*** – ***P*** – ***Q*** – ***R*** – ***S*** – T

88. **Réponse D**

Les disques bougent dans le sens des aiguilles d'une montre et changent de couleur (du blanc au noir et inversement) **lorsqu'ils traversent la barre du milieu.**

89. **Réponse A**

Le mouvement de la barre vous indique qu'elle sera verticale. Quand aux deux chiffres, leur somme suit une progression arithmétique de 1 :

4 + 7 = 11 5 + 7 = 12 4 + 9 = 13

La somme des deux prochains chiffres devra donc donner 14.

90. **Réponse B**

Le produit du nombre de côtés de la petite figure par celui de la grande figure donne le nombre qui se trouve à l'intérieur de la petite figure :

4 x 4 = 16 3 x 6 = 18 4 x 5 = 20

TEST BLANC TAGE MAGE NUMERO 6

TEST TAGE MAGE NUMERO 6 : VOTRE GRILLE DE REPONSES

Epreuve 1 **Compréhension de textes**						Epreuve 2 **Calcul**						Epreuve 3 **Raisonnement/Argumentation**					
1	A	B	C	D	E	16	A	B	C	D	E	31	A	B	C	D	E
2	A	B	C	D	E	17	A	B	C	D	E	32	A	B	C	D	E
3	A	B	C	D	E	18	A	B	C	D	E	33	A	B	C	D	E
4	A	B	C	D	E	19	A	B	C	D	E	34	A	B	C	D	E
5	A	B	C	D	E	20	A	B	C	D	E	35	A	B	C	D	E
6	A	B	C	D	E	21	A	B	C	D	E	36	A	B	C	D	E
7	A	B	C	D	E	22	A	B	C	D	E	37	A	B	C	D	E
8	A	B	C	D	E	23	A	B	C	D	E	38	A	B	C	D	E
9	A	B	C	D	E	24	A	B	C	D	E	39	A	B	C	D	E
10	A	B	C	D	E	25	A	B	C	D	E	40	A	B	C	D	E
11	A	B	C	D	E	26	A	B	C	D	E	41	A	B	C	D	E
12	A	B	C	D	E	27	A	B	C	D	E	42	A	B	C	D	E
13	A	B	C	D	E	28	A	B	C	D	E	43	A	B	C	D	E
14	A	B	C	D	E	29	A	B	C	D	E	44	A	B	C	D	E
15	A	B	C	D	E	30	A	B	C	D	E	45	A	B	C	D	E
Epreuve 4 **Conditions minimales**						Epreuve 5 **Expression**						Epreuve 6 **Logique**					
46	A	B	C	D	E	61	A	B	C	D	E	76	A	B	C	D	E
47	A	B	C	D	E	62	A	B	C	D	E	77	A	B	C	D	E
48	A	B	C	D	E	63	A	B	C	D	E	78	A	B	C	D	E
49	A	B	C	D	E	64	A	B	C	D	E	79	A	B	C	D	E
50	A	B	C	D	E	65	A	B	C	D	E	80	A	B	C	D	E
51	A	B	C	D	E	66	A	B	C	D	E	81	A	B	C	D	E
52	A	B	C	D	E	67	A	B	C	D	E	82	A	B	C	D	E
53	A	B	C	D	E	68	A	B	C	D	E	83	A	B	C	D	E
54	A	B	C	D	E	69	A	B	C	D	E	84	A	B	C	D	E
55	A	B	C	D	E	70	A	B	C	D	E	85	A	B	C	D	E
56	A	B	C	D	E	71	A	B	C	D	E	86	A	B	C	D	E
57	A	B	C	D	E	72	A	B	C	D	E	87	A	B	C	D	E
58	A	B	C	D	E	73	A	B	C	D	E	88	A	B	C	D	E
59	A	B	C	D	E	74	A	B	C	D	E	89	A	B	C	D	E
60	A	B	C	D	E	75	A	B	C	D	E	90	A	B	C	D	E

Si vous souhaitez répondre la réponse B à la question 31, alors noircissez la case comme suit :

31	A	B ■	C	D	E

6

TEST BLANC TAGE MAGE

EPREUVE 1 : COMPREHENSION DE TEXTES

CONSIGNES

15 questions / 20 minutes / Calculatrice interdite

BAREME

Réponse juste : + 4 points / Réponse fausse : - 1 point / Aucune réponse : 0 point

TEXTE 1

Les résultats des observations les plus récentes obligent à considérer qu'une cellule se recrée tout le temps en s'adaptant aux contraintes de son environnement. La cellule serait donc davantage du côté de la recréation permanente plutôt que de celui de la création ponctuelle. Il semble que la cellule soit équipée de manière telle qu'elle puisse trouver un certain nombre de solutions pour survivre et préserver ses fonctions lorsque l'environnement se modifie.

Cela passe par une réorganisation de ses éléments structuraux. La cellule se distingue ainsi par sa capacité d'auto-organisation. Cela est possible par deux processus, que sont la précontrainte et la dégénérescence combinatoire.

La précontrainte est d'ordre mécanique et mobilise le cytosquelette en créant une force pour répondre à une compression. Le cytosquelette détermine la forme de la cellule. Il peut être assimilé à un ensemble de barres et de câbles résistant à la compression. Il y a donc dans cette structure une tension préalable à toute contrainte. On définit ainsi la cellule par une structure de tenségrité, *i.e.* qui possède sa propre force tensionnelle et qui déploie une intégrité architecturale indépendante de la gravité. Lorsqu'il y a changement de forme à l'occasion d'une pression, des composants de la cellule sont séparés et d'autres rassemblés. Organelles et enzymes sont ainsi redistribués.

@@@@@@@@@@@@@@@@@@@@@@@@@@@@@@@@@@@@@
@@@@@@@@@@@@@@@@@@@@@@@@@@@@@@@@@@@@@
@@@@@@@@@@@@@@@@@@@@@@@@@@@@@@@@@@@@@

La dégénérescence combinatoire consiste en la mise en place de voies de signalisation multiples, à signification équivalente, permettant d'obtenir l'effet biologique recherché. Là encore, plusieurs possibilités apparaissent : plusieurs combinaisons de molécules actives sont réalisables. Cette auto-organisation devant la contrainte se caractérise par l'interconvertibilité de voies multiples : des combinaisons différentes peuvent aboutir à des résultats identiques. Cette « explosion combinatoire », c'est-à-dire cette grande quantité de solutions possibles, permet à la fois stabilité et invention.

Au niveau des systèmes multicellulaires, des réseaux de gènes ont évolué pour faciliter certaines fonctions. On retrouve donc une dégénérescence combinatoire, régulant l'expression de certains gènes. Cela peut aussi être assimilé à un processus créatif.

Il faut aussi signaler la place qui revient à la compétence des cellules, c'est-à-dire au fait qu'une cellule peut avoir plusieurs voies alternatives ouvertes simultanément.

On voit donc en quoi la cellule, en vertu de sa tenségrité, organise l'explosion combinatoire de ses réseaux génétiques, en inventant des solutions pour répondre aux contraintes de son environnement tout en continuant à exercer les fonctions qui lui sont assignées.

1. Quelle expression résume le mieux la situation de la cellule ?

(A) C'est toujours le cordonnier le plus mal chaussé.
(B) Une hirondelle ne fait pas le printemps.
(C) Pierre qui roule n'amasse pas mousse.
(D) Tel père, tel fils.
(E) C'est du pareil au même.

2. Le texte laisse à penser que :

(A) la cellule se fond dans tout environnement.
(B) la cellule est une structure molle.
(C) la cellule sait ce qu'elle veut.
(D) la cellule est comme un empereur.
(E) la cellule est forte.

@@@
@@@
@@@

3. Ce texte peut être écrit par :

(A) un homme.
(B) un philosophe.
(C) un professeur de lycée.
(D) un chercheur.
(E) un biologiste.

4. La cellule :
1. est toujours identique à elle-même 2. est parfois différente
3. garde les mêmes fonctions

(A) 1 et 2.
(B) 2 et 3.
(C) 2 seulement.
(D) 3 seulement.
(E) 1, 2 et 3.

5. « Tenségrité » doit venir de :

(A) « tendre » et « intensité ».
(B) « temps » et « ségrégation ».
(C) « tension » et « intégrité ».
(D) « tension » et « gravité ».
(E) « tendu » et « maturité ».

@@@@@@@@@@@@@@@@@@@@@@@@@@@@@@@@@@@@
@@@@@@@@@@@@@@@@@@@@@@@@@@@@@@@@@@@@
@@@@@@@@@@@@@@@@@@@@@@@@@@@@@@@@@@@@

TEXTE 2

Il y a cette grande différence entre les particuliers qui empruntent et les gouvernements qui empruntent, que le plus souvent les premiers cherchent à se procurer des fonds pour les faire valoir, pour les employer d'une manière productive ; tandis que les seconds n'empruntent ordinairement que pour dissiper sans retour le fonds qu'on leur a prêté. C'est afin de pourvoir à des besoins imprévus, et de repousser des périls imminents, que l'on fait des emprunts publics ; on accomplit, ou bien l'on n'accomplit pas son dessein ; mais, dans tous les cas, la somme empruntée est une valeur consommée et perdue, et le revenu public se trouve grevé des intérêts de ce capital.

Melon dit que les dettes d'un Etat sont des dettes de la main droite à la main gauche, dont le corps ne se trouve pas affaibli. Il se trompe : l'Etat se trouve affaibli en ce que le capital prêté au gouvernement, ayant été détruit par la consommation que le gouvernement en a faite, ne donnera plus à personne le profit, ou, si l'on veut, l'intérêt qu'il pouvait rapporter en sa qualité de fonds productif. Avec quoi l'Etat paie-t-il donc l'intérêt de sa dette ? Avec la portion d'un autre revenu qu'il transporte d'un contribuable au rentier.

Deux fonds productifs, deux revenus résultant de ces fonds, existaient avant l'emprunt ; à savoir, le capital du prêteur et le fonds quelconque d'où le contribuable tirait la portion du revenu qu'on va lui demander. Après l'emprunt, de ces deux fonds il n'en reste qu'un, celui du contribuable, dont il ne peut plus employer le revenu à son usage, puisque le gouvernement est obligé de le lui demander sous la forme d'un impôt pour satisfaire le rentier. Le rentier n'y perd aucune portion de revenu, c'est le contribuable qui la perd…

Un gouvernement qui emprunte promet ou ne promet pas le remboursement du principal ; dans ce dernier cas, il se reconnaît débiteur envers le prêteur d'une rente que l'on nomme *perpétuelle.* Quant aux emprunts remboursables, ils ont été variés à l'infini. Quelquefois on a promis le remboursement par la voie du sort, sous la forme de lots, ou bien on a payé chaque année, avec la rente, une portion du principal, ou bien on a donné un intérêt plus fort que le taux courant, à condition que la rente serait éteinte par la mort du prêteur, comme dans les rentes viagères et les tontines. Dans les rentes viagères, la rente de chaque prêteur s'éteint avec sa vie ; dans les tontines, elle se répartit entre les prêteurs qui survivent, de manière que le dernier survivant jouit de la rente de tous les prêteurs avec lesquels il a été associé.

@@@

Les rentes viagères et les tontines sont des emprunts très onéreux pour l'emprunteur, qui paie jusqu'à la fin le même intérêt, quoiqu'il se libère chaque année d'une portion du principal ; elles sont, de plus, immorales : c'est le placement des égoïstes : elles favorisent la dissipation des capitaux, en fournissant au prêteur un moyen de manger son fonds avec son revenu, sans risquer de mourir de faim.

Les gouvernements qui ont le mieux entendu la matière de l'emprunt et de l'impôt n'ont fait, du moins dans les derniers temps, aucun emprunt remboursable. Les créanciers de l'Etat, quand ils veulent changer de placement, n'ont d'autre moyen que de vendre le titre de leur créance ; ce qu'ils font plus ou moins avantageusement, selon l'idée que l'acheteur a de la solidité du gouvernement débiteur de la rente. De tels emprunts ont toujours été fort difficiles à faire pour les princes despotiques. Quand le pouvoir d'un prince est assez étendu pour qu'il puisse violer ses engagements sans beaucoup de difficultés, quand c'est le prince qui contracte personnellement, et que l'on peut craindre que ses obligations ne soient pas reconnues par son successeur, les prêteurs répugnent à toute avance de fonds, à moins qu'elle n'ait un terme où leur imagination se repose.

6. Quel titre peut convenir au texte ?

(A) Quand on aime, on ne compte pas.
(B) Vivre, c'est dépenser sans compter.
(C) Il faut gérer l'Etat comme on gère un ménage.
(D) Un bon Etat n'emprunte pas.
(E) Bien mal acquis ne profite jamais.

7. D'après le texte, on comprend que Melon est :

(A) un polémiste.
(B) un théoricien.
(C) un équilibriste.
(D) un économiste.
(E) On ne sait pas.

@@

8. Le texte présenté est :
1. un extrait 2. la fin d'un texte 3. le début d'un texte

(A) 1 seulement.
(B) 1 et 2.
(C) 1 et 3.
(D) On ne peut répondre.
(E) 1, 2 et 3.

9. Entre le particulier et l'Etat, l'auteur fait une :

(A) comparaison.
(B) analogie.
(C) opposition.
(D) distinction.
(E) identité.

10. D'après le texte, on comprend que le « principal », c'est :

(A) le plus gros.
(B) l'essentiel.
(C) le capital.
(D) les intérêts.
(E) la partie majeure.

@@@@@@@@@@@@@@@@@@@@@@@@@@@@@@@@@@@@@@
@@@@@@@@@@@@@@@@@@@@@@@@@@@@@@@@@@@@@@
@@@@@@@@@@@@@@@@@@@@@@@@@@@@@@@@@@@@@@

TEXTE 3

La Ville est tranquille étonne par sa simplicité que l'on craint d'abord de voir tourner en médiocrité : film au propos modeste et déjà évoqué pour ne pas dire rebattu, l'histoire assez simple d'une grande ville et des drames personnels qui s'y jouent sur fond de crise économique et de malaise social. Marseille, présentée au début du film sous ses couleurs touristiques, apparaît très vite sans fard ni apprêt, tout comme la mise en scène qui sert cette description sans ostentation. Les acteurs, pour la plupart peu connus, passent sur l'écran comme la caméra sur cette ville, sans tricherie ni mollesse. Les vies qui s'y déroulent sont sans surprise. Une mère de famille, fatiguée d'une vie sans surprise ni grandeur, et qui voudrait aider sa fille à mourir un peu moins vite en lui procurant la drogue qu'elle réclame douloureusement ; un chauffeur de taxi qui semble accumuler les échecs, qui ne peut s'empêcher de retourner chez ses parents comme vers un point fixe que l'extérieur ne lui offre pas, partagé qu'il est entre une vie professionnelle ratée et une vie sentimentale sans succès ; un couple bourgeois en train de se défaire ; une femme déjà mûre séduite par un jeune noir tout droit sorti de banlieue, et qui rejoint sa cité toujours aussi tourmentée. Le film de Robert Guédiguian prend donc le risque de la dispersion, puisque les histoires s'y mêlent en ne laissant pas deviner facilement ce qui les lie, donnant parfois l'impression d'un tissu lâche et mal organisé que la simplicité du ton ne compenserait pas.

Mais dès lors, qu'est-ce qui peut se jouer entre cette honnêteté du regard et ce qui passe pour une suite d'événements épars ? Sans doute est-ce l'un des grands arguments du film que de dévoiler, dans son refus même de faire converger de façon trop évidente ces différents récits, sa capacité à dire les différents points de vue sur une même réalité. Car en réalité, il n'y a qu'une seule et même histoire, mais comprise de différents points de vue et ressentie selon chaque personnage dans sa position propre. Si des liens ténus assurent au récit sa cohérence, ils restent suffisamment discrets pour ne pas faire de l'histoire une suite de coïncidences. Et c'est dans cette habileté à ne jamais choisir et se fixer un héros que le film peut prétendre s'adresser à tous sans accuser personne. Non pas pour répéter le refrain relativiste ambiant, mais pour signifier la complexité des actes et de la vie morale dans son ensemble, tout comme la difficulté qu'a chacun à embrasser le point de vue de l'autre. Ce film révèle un mélange qui met mal à l'aise le spectateur ; il perturbe le sens commun car il accumule les ambiguïtés et décrit les contradictions, les montrant sans pourtant les provoquer : les prostituées y prennent des airs de mères, les mères

@@@@@@@@@@@@@@@@@@@@@@@@@@@@@@@@@@
@@@@@@@@@@@@@@@@@@@@@@@@@@@@@@@@@@
@@@@@@@@@@@@@@@@@@@@@@@@@@@@@@@@@@

des airs de prostituées ; l'amour charnel est ce qui perd – la jeune droguée se vend pour se payer ses doses – comme ce qui sauve – l'amour entre le jeune noir et la bourgeoise esseulée est filmé avec la pudeur qui sied à la sincérité. La tendresse qu'offre une mère maladroite se mêle au poison qui nourrit sa fille, qui sourit et remercie sincèrement d'un soulagement qui la rapproche toujours plus près de la fin. Et du début à la fin du film, c'est la beauté qui s'immisce dans la douleur, la tendresse dans le désespoir, la laideur dans le rêve, la musique enfin dans les disputes et les cris.

R. Guédiguian ose donc filmer la laideur et l'échec, mais avec prudence. Le film assume les bonnes intentions qui l'animent parce qu'il ne se complaît pas dans un misérabilisme mensonger et stérile. Et même si quelques longueurs s'installent parfois, même si le film n'innove pas par ses procédés, l'on reste obligé de le reconnaître pour l'honnêteté de son propos et de son style.

11. Ce texte peut provenir :

(A) d'un journal.
(B) d'un manuel.
(C) d'un essai sur le réalisateur.
(D) d'une encyclopédie.
(E) d'un magazine féminin.

12. Le film laisse à penser que :

(A) tout est simple dans la vie.
(B) rien n'est simple dans la vie.
(C) certaines choses peuvent être appréciées de différents points de vue.
(D) une chose peut se retourner en son contraire.
(E) il faut savoir envisager différentes interprétations.

@@@@@@@@@@@@@@@@@@@@@@@@@@@@@@@@@@@@
@@@@@@@@@@@@@@@@@@@@@@@@@@@@@@@@@@@@
@@@@@@@@@@@@@@@@@@@@@@@@@@@@@@@@@@@@

13. Le film dit que la vie est :
1. douleur 2. bonheur 3. mélange

(A) 1 seulement.
(B) 1 et 2.
(C) 1 et 3.
(D) On ne peut répondre.
(E) 1, 2 et 3.

14. La critique de ce film n'est pas :

(A) franche.
(B) laudative.
(C) admirative.
(D) précise.
(E) informée.

15. L'auteur affirme implicitement que :

(A) filmer la misère peut être très complaisant.
(B) il faut aimer filmer la misère pour réussir ce genre de films.
(C) on ne peut pas bien filmer la misère.
(D) on ne peut pas très bien filmer la misère.
(E) tout film sur la misère est décevant.

Si vous avez terminé, vous n'êtes pas autorisé(e) à revenir sur une épreuve précédente.
Vous n'êtes pas non plus autorisé(e) à travailler sur une épreuve suivante avant la fin du temps imparti.

STOP !

6

TEST BLANC TAGE MAGE
EPREUVE 2 : CALCUL

CONSIGNES
15 questions / 20 minutes / Calculatrice interdite

BAREME
Réponse juste : + 4 points / Réponse fausse : - 1 point / Aucune réponse : 0 point

16. Quelle fraction du grand carré est grisée ?

(A) 1/4
(B) 1/2
(C) (pi)/2
(D) (2pi)/3
(E) 1/(8pi)

17. La moyenne des âges des sœurs d'Alexandre est 18 ans. La sœur aînée a six ans de plus que sa cadette. Si la moyenne de l'âge d'Alexandre et de l'aînée de ses sœurs est de 21 ans, quel est alors l'âge d'Alexandre ?

(A) 20
(B) 21
(C) 22
(D) 23
(E) 24

//
//
//

18. Dans un pays, la TVA était au 1er janvier 2010 de 20 %. Au 1er janvier 2011, la TVA passera à 22,5 %. Quel sera le prix d'un produit au 1er janvier 2011 qui coûte 24 euros au 31 décembre 2010 ?

(A) 30 euros.
(B) 32 euros.
(C) 25,5 euros.
(D) 26 euros.
(E) 24,5 euros.

19. Un train part à 22 h et doit parcourir un trajet de 780 kilomètres. Il parcourt le premier tiers du trajet à la vitesse de 130 km/h. Puis il parcourt le reste du trajet à la vitesse de 100 km/h. A quelle heure le train arrivera-t-il ?

(A) 3 h 56.
(B) 4 h 32.
(C) 4 h 52.
(D) 5 h 12.
(E) 5 h 33.

20. Charles dispose d'une somme de 215 euros, composée de 30 billets de 5 et 10 euros. Combien de billets de 10 euros a-t-il ?

(A) 11
(B) 13
(C) 14
(D) 17
(E) 21

//
//
//

21. Un groupe d'élèves programme une sortie. Si chacun donnait 14 euros, il manquerait 4 euros. Mais si chacun donnait 16 euros, il y aurait un excédent de 6 euros. Combien y a-t-il d'élèves dans le groupe ?

(A) 4
(B) 5
(C) 6
(D) 8
(E) On ne peut pas savoir.

22. Paul a rencontré Virginie durant les vacances. Ils habitent deux villes différentes distantes de 450 km. Ils décident de passer le week-end ensemble dans un petit village situé entre leurs deux villes. La voiture de Paul consomme 9 litres aux 100 et roule à 90 km/h. La voiture de Virginie consomme 6 litres aux 100 et roule à 90 km/h. A quelle distance de la ville de Paul se trouve le petit village sachant qu'en roulant à 90 km/h, ils consomment tous les deux la même quantité de carburant pour s'y rendre ?

(A) 220 km.
(B) 210 km.
(C) 200 km.
(D) 190 km.
(E) 180 km.

23. On écrit sur une feuille tous les nombres de 1 à 100. Combien de chiffres a-t-on écrit sur la feuille ?

(A) 180
(B) 190
(C) 192
(D) 198
(E) 200

//
//
//

24. Quelle est la valeur du septuple du cinquième de 165 ?

(A) 5
(B) 35
(C) 245
(D) 231
(E) 541

25. Deux kilos de tomates et sept kilos de navets coûtent 7,95 euros. Deux kilos et demi de tomates et un kilo et demi de navets coûtent 3,92 euros. Combien coûte un kilo de tomates ?

(A) 0,97
(B) 1,02
(C) 1,07
(D) 1,16
(E) 1,23

26. La soustraction de deux nombres est égale à 42. Si l'on ajoute 8 à chacun des deux nombres, l'un des deux vaudra quatre fois la valeur de l'autre. Quelle est la valeur du plus grand ?

(A) 40
(B) 44
(C) 48
(D) 50
(E) 56

//
//
//

27. Si A vaut 80 % de B, alors que vaut B en fonction de A ?

(A) 20 %
(B) 25 %
(C) 120 %
(D) 80 %
(E) 125 %

28. La surface totale d'un cube est de 294 cm². Que vaut la moitié du carré de la somme des chiffres de la valeur son volume ?

(A) 32
(B) 49
(C) 50
(D) 72
(E) 76

29. Une voiture à essence s'avère consommer 60 % de carburant en plus que son modèle mixte. Quelle est la consommation du modèle mixte exprimée en pourcentage du modèle essence ?

(A) 40 %
(B) 52,5 %
(C) 58 %
(D) 59,5 %
(E) 62,5 %

30. On considère une baignoire dont les robinets d'eau chaude et froide ont respectivement un débit de 2 dm^3/s et 2,5 dm^3/s. Si l'on veut remplir la baignoire d'un mètre cube d'eau, et que l'on ouvre les robinets au maximum, en combien de temps la baignoire sera-t-elle remplie ?

(A) 3 mn 12 s.
(B) 3 mn 22 s.
(C) 3 mn 32 s.
(D) 3 mn 42 s.
(E) 3 mn 52 s.

Si vous avez terminé, vous n'êtes pas autorisé(e) à revenir sur une épreuve précédente.
Vous n'êtes pas non plus autorisé(e) à travailler sur une épreuve suivante avant la fin du temps imparti.

STOP !

6

TEST BLANC TAGE MAGE
EPREUVE 3 : RAISONNEMENT / ARGUMENTATION

CONSIGNES
15 questions / 20 minutes / Calculatrice interdite

BAREME
Réponse juste : + 4 points / Réponse fausse : - 1 point / Aucune réponse : 0 point

31. La vérité d'un livre est-elle dans chaque phrase ou dans toutes ? Certes, chaque phrase peut être vraie une à une, mais elles sont liées et prennent sens aussi les unes par rapport aux autres. De sorte que si l'une est fausse, elle entraîne toutes les autres. Le logicien Quine pense qu'il en va ainsi pour l'ensemble de la connaissance. Invalider un énoncé, c'est mettre en cause l'ensemble de la connaissance humaine.
Quelle proposition contredit le plus ce raisonnement ?

(A) La science peut corriger certains de ces résultats.
(B) La quête de la vérité est infinie.
(C) Le scientifique se trompe parfois.
(D) La science et les arts sont liés.
(E) Rien n'est séparable du tout.

>>
>>
>>

32. La vie est remplie de phénomènes inconscients et de réflexes : je marche et pourtant je n'ai pas conscience de chacun de mes gestes ni de la façon dont j'ai appris à marcher. Je parle et je n'ai pas conscience de tous les mécanismes que cela met en jeu. J'ai des désirs qui ont des causes que je ne suis pas en mesure de comprendre dans leur détail. C'est de ce genre de situations que l'idée d'un inconscient est née, chez les philosophes d'abord, en psychanalyse ensuite.
Ce raisonnement a un présupposé :

(A) On ne peut pas prendre conscience de la marche.
(B) La psychanalyse peut analyser l'inconscient.
(C) On peut amener l'inconscient à la conscience.
(D) On peut passer du qualificatif au substantif.
(E) La psychanalyse peut aider les gens.

33. Soit un cube. Trois personnes de même taille le regardent, chacune étant assise autour d'une grande table ronde, au milieu de laquelle on a posé l'objet. Jeanne voit 3 faces où figurent les lettres A, B et C. Paul ne voit que 2 faces : A et D. Serge voit une seule face : F. Paul, Jeanne et Serge sont à la même distance les uns des autres.
Où est le E ?

(A) Face au A ou face au D.
(B) Face au B seulement.
(C) Face au C.
(D) Face au A ou face au B.
(E) Face au E seulement.

>>>
>>>
>>>

34. Notre société capitaliste vise la recherche du profit. C'est pourquoi, comme on le dit parfois, « Tout est bon », ce qui signifie que tous les coups sont permis pour faire de l'argent.
Quelle situation illustre le moins ce thème ?

(A) En France, le verre d'eau qui accompagne le café est gratuit.
(B) Dans les boîtes de nuit, il faut payer le vestiaire en plus de l'entrée.
(C) La contrefaçon a envahi le marché mondial.
(D) On ne peut pas visiter un seul monument sans être harcelé par des vendeurs à la sauvette.
(E) Tout se paie un jour.

35. Si ce qui est non réel est impossible, alors :

(A) tout ce qui est possible est réel.
(B) l'irréel peut se réaliser dans le possible.
(C) ce qui n'existe pas encore peut exister un jour.
(D) impossible n'est pas français.
(E) le réel peut devenir impossible.

36. Le 7 juillet 2010 tombe un mercredi. Quel jour sera-t-on le 15 avril 2013 ?

(A) Lundi.
(B) Mardi.
(C) Jeudi.
(D) Samedi.
(E) Dimanche.

>>
>>
>>

37. Les expérimentations de Labori ont changé les études éthologiques. En étudiant des souris habituées à entendre un signal sonore avant d'être électrocutées par le sol, le professeur a mis en avant 3 types de comportements typiques : la fuite, l'inhibition et l'agression. Lorsqu'une souris peut sortir de la cage, elle s'échappe dès qu'elle entend le signal sonore. Si c'est impossible, elle reste sur place, attendant sa punition. Si en revanche une autre souris est dans la cage, elle « se venge » sur elle et décharge ainsi sa propre angoisse. Les troubles physiques disparaissent alors, « grâce » à la lutte. Le scientifique, attentif à d'autres animaux, y voit l'explication du phénomène du bouc émissaire dans les sociétés humaines.
Quelle proposition contredit le plus ce raisonnement ?

(A) Les souris ne se font pas vraiment du mal.
(B) Un homme n'est pas une souris.
(C) Une souris est plus intelligente qu'on le dit.
(D) Une souris peut faire preuve d'inventivité.
(E) Un homme reste un homme.

38. « L'année prochaine je mentirai. Mais pas cette année. » C'est ainsi que Pierre s'est exprimé sincèrement aujourd'hui.
Laquelle des propositions suivantes est vraie ?

(A) L'année prochaine, il pourra dire : « L'an passé, j'ai menti. »
(B) L'année prochaine, il pourra dire : « Je mens. »
(C) Cette année, il peut dire : « L'an prochain, je ne mentirai pas. »
(D) L'an prochain, il ne dira rien.
(E) L'an prochain, il ne pourra dire : « Je mens. »

39. L'orthographe française est l'une des plus difficiles au monde, ce qui n'empêche pas certaines personnes d'écrire parfaitement.
Que peut-on en déduire ?

(A) Certains Français sont plus intelligents que d'autres.
(B) A l'impossible nul n'est tenu.
(C) On peut parler français sans bien l'écrire.
(D) A cœur vaillant rien d'impossible.
(E) Certains Français rattrapent le niveau des autres.

40. Quelle peut être la négation de la proposition suivante : « Tous les hommes sont parfois susceptibles » ?

(A) Certains hommes ne sont pas toujours susceptibles.
(B) Tous les hommes sont toujours non susceptibles.
(C) Certains hommes sont parfois susceptibles.
(D) Certains hommes ne sont parfois pas susceptibles.
(E) Tous les hommes ne sont pas toujours susceptibles.

41. Pour quelles raisons peut-on croire en Dieu ? La raison raisonnante semble incapable de dire de manière certaine si Dieu existe ou non, mais elle invite au moins à ne pas croire à n'importe quoi. Mais dès lors, sur quoi s'appuient les croyants ? Ils n'ont pas vu de miracle et reconnaissent que l'on ne peut croire en une histoire du simple fait de l'avoir entendue. Pourtant, ils affirment ne pas croire à n'importe quoi.
Qu'est-ce qui rend cette affirmation cohérente ?

(A) La foi doit être rationnelle.
(B) La vraie foi ne demande pas pourquoi.
(C) Croire, c'est voir.
(D) Avoir la foi, c'est sentir une présence divine.
(E) Le croyant doit tendre à se justifier aux yeux de la raison.

>>
>>
>>

42. Paul habite au 32e étage d'une tour moderne, juste au-dessous du toit de l'immeuble. Gérard est bien plus bas, deux étages sous Pierre qui vit seul avec ses animaux domestiques. Ces derniers apprécient le balcon situé en hauteur. Mais juste en face d'eux, il y a d'autres animaux sur un balcon dans un autre immeuble qui parfois les regardent. Ils sont au 4e étage d'un immeuble qui a de très grandes hauteurs de plafond, deux fois supérieures à celles de l'immeuble de Pierre.
A quel étage habite Jean, qui vit entre Pierre et Gérard ?

(A) 1er.
(B) 3e.
(C) 7e.
(D) 9e.
(E) 31e.

43. Qui puis-je être selon la proposition suivante ? « Je suis l'identité de la différence de la différence de l'identité de l'identité de l'identité de la différence de la différence de la différence de l'identité de l'identité de l'identité de l'identité de la différence de la différence de la différence de la différence de l'identité de l'identité de l'identité de l'identité de l'identité de la différence de l'identité de la différence de la différence de l'identité de l'identité de l'identité de la différence de la différence de la différence de l'identité de l'identité de la différence de la différence de la différence de l'identité de l'identité de l'identité de la différence de l'identité de la différence de l'identité de moi-même. »

(A) Moi.
(B) Toi.
(C) Eux.
(D) Différent de moi.
(E) Une chose immatérielle.

>>
>>
>>

44. Dans sa *Vie d'Alexandre,* Plutarque écrit : « Alexandre, après qu'il fut passé en Asie, ayant appris qu'Aristote avait publié des ouvrages où il traitait de ces sciences, lui écrivit une lettre pleine de liberté, dans laquelle il se plaignait au nom de la philosophie, qui était conçue en ces termes : "Alexandre à Aristote, salut. Je n'approuve pas que vous ayez donné au public vos livres des sciences acroamatiques. En quoi donc serions-nous supérieurs au reste des hommes, si les sciences que vous m'avez apprises deviennent communes à tout le monde ? J'aimerais mieux encore les surpasser par les connaissances sublimes que par la puissance. Adieu." Aristote, pour consoler cette âme ambitieuse et pour se justifier lui-même, lui répondit que ces ouvrages étaient publiés et qu'ils ne l'étaient pas. »
Quelle proposition rend cette affirmation cohérente, sachant qu'Aristote est attaché au principe de non-contradiction ?

(A) La culture doit être partagée.
(B) Les livres étaient fragiles à l'époque.
(C) La contradiction n'est pas un problème.
(D) Il ne suffit pas de posséder un texte pour le comprendre.
(E) Tout le monde ne sait pas lire.

45. Laquelle de ces propositions est la plus éloignée des autres ?

(A) S'il était facile de réussir sa vie, cela se saurait depuis le temps !
(B) Si les souhaits étaient des chevaux, les mendiants les chevaucheraient.
(C) Quand on veut, on peut.
(D) Avec des si, on pourrait mettre Paris en bouteille.
(E) Si l'on n'avait pas de corps, on serait immortel. Or nous sommes corporels !

Si vous avez terminé, vous n'êtes pas autorisé(e) à revenir sur une épreuve précédente.
Vous n'êtes pas non plus autorisé(e) à travailler sur une épreuve suivante avant la fin du temps imparti.

STOP !

6

TEST BLANC TAGE MAGE
EPREUVE 4 : CONDITIONS MINIMALES

CONSIGNES
15 questions / 20 minutes / Calculatrice interdite

BAREME
Réponse juste : + 4 points / Réponse fausse : - 1 point / Aucune réponse : 0 point

Vous répondrez :
(A) Si l'information (1) permet à elle seule de répondre à la question, et si l'information (2) à elle seule ne permet pas de répondre à la question.
(B) Si l'information (2) permet à elle seule de répondre à la question, et si l'information (1) à elle seule ne permet pas de répondre à la question.
(C) Si les deux informations (1) et (2) ensemble permettent de répondre à la question, et aucune séparément ne le peut.
(D) Si chaque information permet séparément de répondre à la question.
(E) Si les deux informations ensemble ne permettent pas de répondre à la question.

46. Z est un entier positif à trois chiffres. Le chiffre des dizaines de Z est égal à 4. Quel est le chiffre des unités de Z ?

(1) La soustraction des chiffres des unités aux chiffres des centaines est égale au chiffre des dizaines.
(2) Le chiffre des centaines est égal au double de celui des dizaines.

##
##
##

Vous répondrez :
(A) Si l'information (1) permet à elle seule de répondre à la question, et si l'information (2) à elle seule ne permet pas de répondre à la question.
(B) Si l'information (2) permet à elle seule de répondre à la question, et si l'information (1) à elle seule ne permet pas de répondre à la question.
(C) Si les deux informations (1) et (2) ensemble permettent de répondre à la question, et aucune séparément ne le peut.
(D) Si chaque information permet séparément de répondre à la question.
(E) Si les deux informations ensemble ne permettent pas de répondre à la question.

---

47. Un particulier place un capital à taux fixe annuel. Quel est le montant de ce capital ?

(1) La première année, les bénéfices s'élèvent à 400 euros et la seconde année à 416 euros.
(2) Si le taux de placement était encore plus élevé, les bénéfices de la première année auraient été de 800 euros.

48. Jacques et John font une course en vélo. Qui a été le plus rapide des deux ?

(1) Jacques a parcouru la distance en 48 minutes.
(2) John a roulé à la vitesse de 15,45 km/h.

49. L'addition des âges de Chloé et de Peter est égale à 51. Quel est l'âge de Chloé ?

(1) Chloé est plus âgée que Peter.
(2) L'addition des âges de Chloé et de Peter est égale à trois fois l'âge de Peter.

###
###
###

Vous répondrez :
(A) Si l'information (1) permet à elle seule de répondre à la question, et si l'information (2) à elle seule ne permet pas de répondre à la question.
(B) Si l'information (2) permet à elle seule de répondre à la question, et si l'information (1) à elle seule ne permet pas de répondre à la question.
(C) Si les deux informations (1) et (2) ensemble permettent de répondre à la question, et aucune séparément ne le peut.
(D) Si chaque information permet séparément de répondre à la question.
(E) Si les deux informations ensemble ne permettent pas de répondre à la question.

---

50. Que vaut le nombre de trois chiffres P ?

(1) P est divisible par 19.
(2) P est divisible par 31.

51. M est un nombre de 3 chiffres. Que vaut M sachant que M est un multiple de 11 ?

(1) M est un multiple de 7.
(2) M est un multiple de 5.

52. Halim et Colette sont deux amis. Qui est le plus âgé des deux ?

(1) L'addition de leurs âges est strictement inférieure à 32 ans.
(2) La soustraction de leurs âges est strictement inférieure à 4.

53. A et B sont des entiers naturels tels que $A \times B = 40$. Que vaut $A + B$?

(1) $A^2 = 116 - B^2$
(2) $2 < A/B < 3$

##
##
##

Vous répondrez :
(A) Si l'information (1) permet à elle seule de répondre à la question, et si l'information (2) à elle seule ne permet pas de répondre à la question.
(B) Si l'information (2) permet à elle seule de répondre à la question, et si l'information (1) à elle seule ne permet pas de répondre à la question.
(C) Si les deux informations (1) et (2) ensemble permettent de répondre à la question, et aucune séparément ne le peut.
(D) Si chaque information permet séparément de répondre à la question.
(E) Si les deux informations ensemble ne permettent pas de répondre à la question.

---

54. C est un cercle de centre D et de rayon égal à 2 cm. E est un cercle de centre F est de rayon égal à R cm. Y a-t-il des points communs aux cercles C et E ?

(1) D et F sont distants de (1 + R) cm.
(2) R = 3 cm.

55. Aurélie décide de ranger sa bibliothèque et de vendre 6 000 livres dont un tiers sont en arabe et le reste en turc. A la première brocante où elle se rend, elle vend la moitié de ses livres. Quelle proportion de livres en arabe lui reste-t-il à vendre ?

(1) Le nombre restant de livres en arabe est multiple du nombre de livres en turc.
(2) Elle a vendu 70 % de livres en turc.

56. Dans l'addition # + @ = & ; #, @ et & représentent trois chiffres distincts et positifs. On sait que & est pair. Que vaut # ?

(1) @ est pair et & = 6
(2) $\# < @$

57. Quelle est la valeur de K ?

(1) 0,5 x K est un nombre entier.
(2) K est un nombre premier.

##
##
##

Vous répondrez :
(A) Si l'information (1) permet à elle seule de répondre à la question, et si l'information (2) à elle seule ne permet pas de répondre à la question.
(B) Si l'information (2) permet à elle seule de répondre à la question, et si l'information (1) à elle seule ne permet pas de répondre à la question.
(C) Si les deux informations (1) et (2) ensemble permettent de répondre à la question, et aucune séparément ne le peut.
(D) Si chaque information permet séparément de répondre à la question.
(E) Si les deux informations ensemble ne permettent pas de répondre à la question.

---

58. Après travaux, une cuisine rectangulaire voit sa largeur augmentée de 1 mètre et sa longueur diminuée de 1 mètre. Quelles étaient la longueur et la largeur de la cuisine avant travaux ?

(1) Son périmètre est le même avant et après travaux, c'est-à-dire 20 mètres.
(2) Après les travaux, la cuisine est carrée.

59. Trois étudiants A, B et C partagent à Cergy un appartement comprenant trois chambres, une cuisine et un grand salon dans lequel se trouve l'unique télévision. Hier soir, C a regardé le match. A-t-il regardé le match avec son ami A ?

(1) C ne supporte pas de regarder un match avec B.
(2) Si A ne regarde pas le match, alors B en profite pour regarder le match.

60. Que vaut le nombre de trois chiffres P ?

(1) Le chiffre des dizaines de P est égal au double du chiffre des centaines de P.
(2) La somme des chiffres du nombre P est égale à 8.

Si vous avez terminé, vous n'êtes pas autorisé(e) à revenir sur une épreuve précédente.
Vous n'êtes pas non plus autorisé(e) à travailler sur une épreuve suivante avant la fin du temps imparti.

STOP !

TEST BLANC TAGE MAGE
EPREUVE 5 : EXPRESSION

6

CONSIGNES
15 questions / 20 minutes / Calculatrice interdite

BAREME
Réponse juste : + 4 points / Réponse fausse : - 1 point / Aucune réponse : 0 point

Pour les questions 61 à 65, choisissez la reformulation dont le sens se rapproche le plus du passage souligné.

61. Plus que des inventeurs, les Frères Lumières mettent en place une véritable esthétique. Depuis *La Sortie des ateliers Lumière* jusqu'à *L'Arrivée du train en gare de La Ciotat*, en passant par le *Déjeuner de Bébé,* on peut en effet reconstituer une véritable stylistique et une définition propre du réalisme.

(A) Au-delà des
(B) En deçà des
(C) Encore qu'
(D) Bien qu'
(E) Aussi

§§
§§
§§

62. On suivra donc l'œuvre de Méliès depuis *L'Homme de têtes* jusqu'au *Voyage dans la lune*, en passant par *L'Homme à la tête en caoutchouc*. On dira les innovations formelles de l'auteur en montrant en quoi apparaît déjà un langage cinématographique qui se détache des conventions théâtrales. C'est ainsi que l'on pourra constater la poésie qui traverse ces réalisations apparemment nonchalantes et gratuites. <u>On comprendra aussi que l'art de l'illusion au cinéma suppose une base réaliste voire documentaire que Méliès ne néglige jamais.</u>

(A) On saisirait également que la tromperie n'est possible qu'en passant par le réalisme documentaire, ce que Méliès prend toujours en considération.

(B) De même, on comprendra que tromper par le film nécessite de sacrifier au réalisme, ce que Méliès sait parfaitement.

(C) On percevra également que construire des faux-semblants au cinéma passe toujours par le documentaire, ce que Méliès savait très bien.

(D) Méliès savait très bien que l'on ne peut pas tromper sans passer par la vérité.

(E) Méliès nous fera comprendre aussi que l'on ne peut donner l'illusion au cinéma que si l'on souscrit d'abord au réalisme documentaire.

63. Elles transmettent <u>leurs observations</u> aux médecins, directement aux internes, où par l'intermédiaire du cahier de chambre. Mais pour elles, le travail est semblable. Le soin, la prise de rendez-vous, le nursing… elles poursuivent des habitudes anciennes. On ne peut noter de réels changements dans leur manière de travailler, sinon un souci qui rejoint celui des médecins, à savoir tenir un discours de lutte contre le fantasme de l'opération-miracle.

(A) des informations

(B) les consignes

(C) leurs prescriptions

(D) leurs remarques

(E) leurs sentiments

§§§
§§§
§§§

64. <u>Ce qu'on fait sans le temps, le temps le défait.</u>

(A) Chaque chose en son temps.
(B) Tel est pris qui croyait prendre.
(C) La passivité fait son lit.
(D) Qui va doucement va sûrement et va longtemps.
(E) Bien commencer amène à bien terminer.

65. Aristote <u>dans les premières lignes</u> de la *Métaphysique* présente ainsi l'homme comme celui allant du particulier au général jusqu'à interroger le cœur des choses. Ce projet n'est pas réalisable sans la connaissance préalable de tous les domaines. L'indétermination de la culture générale va donc de pair avec la cohérence et la radicalité de ce projet.

(A) au début
(B) au tout début
(C) au commencement
(D) au principe
(E) à l'orée

Pour les questions 66 à 70, trouvez la meilleure orthographe, ponctuation ou formulation.

66. Combien de fautes compte cette phrase ?
Il a prit ces habitudes et n'en a plus changés depuis. On a jamais vu homme aussi dépourvu de fantaisie. Certes, il n'y a ni deux Romes ni deux Picassos et tous ne peuvent être créatifs. Néanmoins, ont pourrait s'attendre à plus d'imagination

§§
§§
§§

(A) Quatre.
(B) Cinq.
(C) Sept.
(D) Huit.
(E) Neuf.

67. Combien de fautes comporte cette phrase ?
Cet employé n'est pas contre quelques extras mais dans la limite du raisonnable. Il y a une nette différence entre quelqu'un dans le besoin et quelqu'un déjà satisfait qui cherche seulement une amélioration concrette de son quotidient. Or celui-ci n'est pas un va-nus-pieds. Il a déjà bâti sa maison et tout ce dont il a besoin.

(A) Trois.
(B) Quatre.
(C) Cinq.
(D) Neuf.
(E) Dix.

68. Quelle est la bonne orthographe ?

(A) Avoir la foie n'est pas facile. On dit parfois que les croyant sont moins courageux que les autres et qu'ils se donnent un espoir dont n'ont pas besoin les hommes forts. Mais c'est oublier qu'une religion suppose beaucoup d'énergie, d'effort et de sacrifice pour celui qui la pratique avec sincérité.
(B) Avoir la foi n'est pas facile. On dit parfois que les croyants sont moins courageux que les autres et qu'ils se donnent un espoir que n'ont pas besoin les hommes forts. Mais c'est oublier qu'une religion suppose beaucoup d'énergies, d'efforts et de sacrifices pour celui qui l'a pratique avec sincérité.

§§
§§
§§

(C) Avoir la foi n'est pas facile. On dit parfois que les croyants sont moins courageux que les autres et qu'ils se donnent un espoir dont n'ont pas besoin les hommes forts. Mais c'est oublier qu'une religion suppose beaucoup d'énergies, d'efforts et de sacrifices pour celui qui l'a pratique avec sincérité.

(D) Avoir la foie n'est pas facile. On dit parfois que les croyants sont moins courageux que les autres et qu'ils se donnent un espoir dont n'ont pas besoin les hommes forts. Mais c'est oublier qu'une religion suppose beaucoup d'énergie, d'effort et de sacrifice pour celui qui l'a pratique avec sincérité.

(E) Avoir la foi n'est pas facile. On dit parfois que les croyants sont moins courageux que les autres et qu'ils se donnent un espoir dont n'ont pas besoin les hommes forts. Mais c'est oublier qu'une religion suppose beaucoup d'énergie, d'efforts et de sacrifices pour celui qui la pratique avec sincérité.

69. Tu lui as dit de revenir demain car on n'a toujours pas trouvé ce qu'il souhaitait. Après lui avoir dit cela, tu t'es de nouveau mis au travail.
Quelle est la formule la plus correcte et la plus élégante pour exprimer le passage souligné ?

(A) Après que tu lui as dit cela
(B) Après que tu lui aies dit cela
(C) Après que tu lui as dit ça
(D) Après le lui avoir fait comprendre
(E) Après cela

70. Quelle est la meilleure orthographe ?

(A) Le départ de l'avion était iminent. On ne savait pas quand on arriverait mais il fallait être optimistes. Après tout, « rien ne serre de courir, il faut partir à point ». C'est ce que la sagesse populaire enseigne.

§§

(B) Le départ de l'avion était imminent. On ne savait pas quand nous arrivereriont mais il fallait être optimiste. Après tout, « rien ne sert de courir, il faut partir à point ». C'est ce que la sagesse populaire enseigne.

(C) Le départ de l'avion était imminant. On ne savait pas quant nous arriverions mais il fallait être optimistes. Après tout, « rien ne serre de courir, il faut partir à point ». C'est ce que la sagesse populaire nous enseigne.

(D) Le départ de l'avion était imminent. On savait pas quand on arriverait mais il fallait être optimiste. Après tout, « rien ne sert de courir, il faut partir à point ». C'est ce que la sagesse populaire nous enseigne.

(E) Le départ de l'avion était imminent. On ne savait pas quand on arriverait mais il fallait être optimiste. Après tout, « rien ne sert de courir, il faut partir à point ». C'est ce que la sagesse populaire enseigne.

Pour les questions 71 à 75, complétez en remplaçant les points de suspension de manière à rendre le texte le plus cohérent possible.

71. « En obtenant un résultat faible dès ce début d'année, votre enfant se met d'emblée dans une position difficile face à une matière exigeante dont le coefficient est important au baccalauréat. (…), je me verrai contraint de mettre votre enfant en retenue afin de l'obliger à apprendre sérieusement son cours. »

(A) C'est pourquoi

(B) Dans ce cas

(C) Sans progrès visible lors du prochain contrôle de connaissances qui aura lieu à la fin du chapitre

(D) Car

(E) Si ça reste ainsi

§§
§§
§§

72. Cette réflexion revient finalement à demander *la raison de la critique littéraire*. Il s'agit de justifier cette activité, par la littérature ou par un élément extrinsèque, pour comprendre ainsi le statut qu'on lui accorde généralement en Occident. (…), il s'agit de montrer qu'on la considère comme une manifestation artistique majeure.

(A) Sans ambages
(B) Plus précisément
(C) Heureusement
(D) Ainsi
(E) C'est pourquoi

73. L'idée du départ, de la possibilité de s'échapper toujours et encore, c'est cela aussi qui rend le voyage (…). Il y a derrière l'idée de voyage un désir de rêve prolongé, celui de passer de manière ininterrompue d'un (…) à l'autre.

(A) sympa/univers
(B) séduisant/hôtel
(C) attractif/monde
(D) mignon/univers
(E) utile/lieu

§§
§§
§§

74. On prendra pour exemples *A bout de souffle*, avec Jean-Paul Belmondo, ainsi que quelques films de Rohmer et de Truffaut, notamment *Les 400 Coups*. On en relèvera les principales innovations formelles en les rapportant aux discours des réalisateurs qui les (…). On verra ainsi vers quelle nouvelle définition du septième art l'on s'achemine.

(A) soutiennent
(B) sous-tendent
(C) soumettent
(D) illustrent
(E) étayent

75. Il s'agit d'une superbe pendule Restauration représentant une bergère lisant, accostée par un agneau, assise sur un ballot en bronze à patine brune dans lequel s'inscrit (…). L'ensemble repose sur (…) en bronze doré à 2 degrés à ressaut de palmettes et orné d'une large frise. Superbes pieds de façade en demi-rond.

(A) l'aiguille/un carré
(B) le cadran/ un piédestal
(C) l'heure/un promontoire
(D) le temps/une base
(E) le mouvement/un socle

Si vous avez terminé, vous n'êtes pas autorisé(e) à revenir sur une épreuve précédente.
Vous n'êtes pas non plus autorisé(e) à travailler sur une épreuve suivante avant la fin du temps imparti.

STOP !

TEST BLANC TAGE MAGE
EPREUVE 6 : LOGIQUE

6

CONSIGNES

15 questions / 20 minutes / Calculatrice interdite

BAREME

Réponse juste : + 4 points / Réponse fausse : - 1 point / Aucune réponse : 0 point

76.

	PIJ				(A)	QTJ
	LRS				(B)	QNO
	ZVW				(C)	OPQ
PAC	?	RIS	SEL	TIG	(D)	ILO
	BTU				(E)	XST

77.

	33				(A)	119
85	?	?	34	102	(B)	13
	24				(C)	68
	15				(D)	51
	42				(E)	60

****
****
****

78.

		PZO			(A)	USV
		KBJ			(B)	KNL
KUN	JTA	?	ORC	DQF	(C)	HSL
		YZX			(D)	JSI
		LIK			(E)	KIO

79.

		876			(A)	990
		432			(B)	501
222	402	?	213	420	(C)	734
		765			(D)	321
		543			(E)	654

80.

				STZ	(A)	ABC
				XYB	(B)	IOU
YML	HRQ	EIH	DUT	?	(C)	MNM
				TUC	(D)	VHG
				GHA	(E)	TLM

81.

		693			(A)	675
		217			(B)	465
297	483	?	261	650	(C)	839
		108			(D)	615
		940			(E)	475

****
****
****

82.

		88		
		286		
725	379	?	710	876
		22		
		803		

(A) 737
(B) 374
(C) 474
(D) 777
(E) 789

83.

?	WZS	QWH	HVO	MXK
RZA				
ARE				
KBI				
JWU				

(A) OTA
(B) UZO
(C) WUA
(D) UJP
(E) OZE

84.

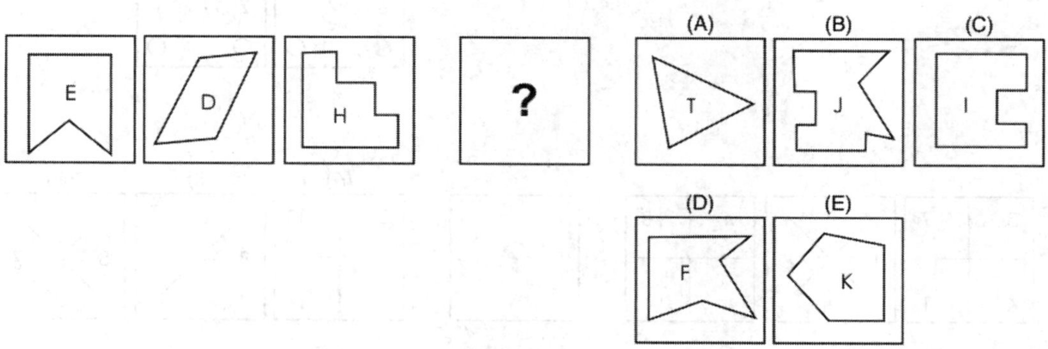

85.

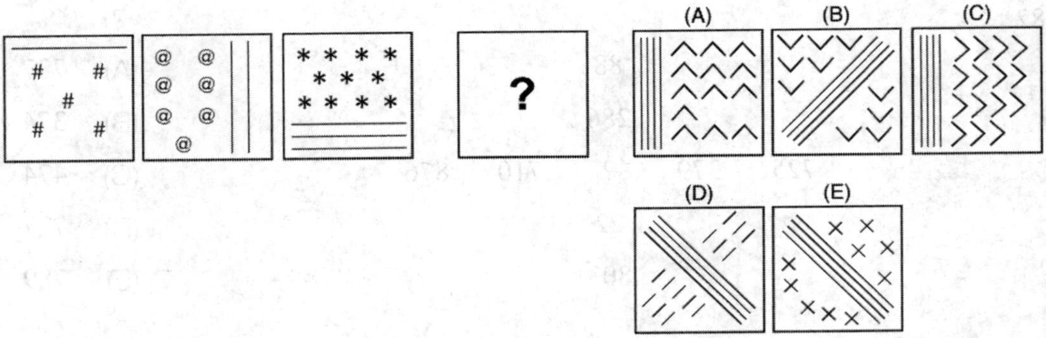
?
(A)
(B)
(C)
(D)
(E)

86.

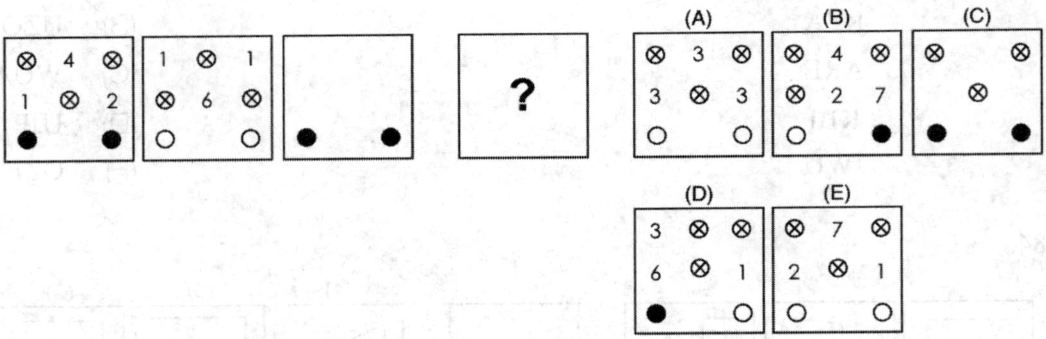
4
1 2
1 1
6
?
(A)
3
3 3
(B)
4
2 7
(C)
(D)
3
6 1
(E)
7
2 1

87.

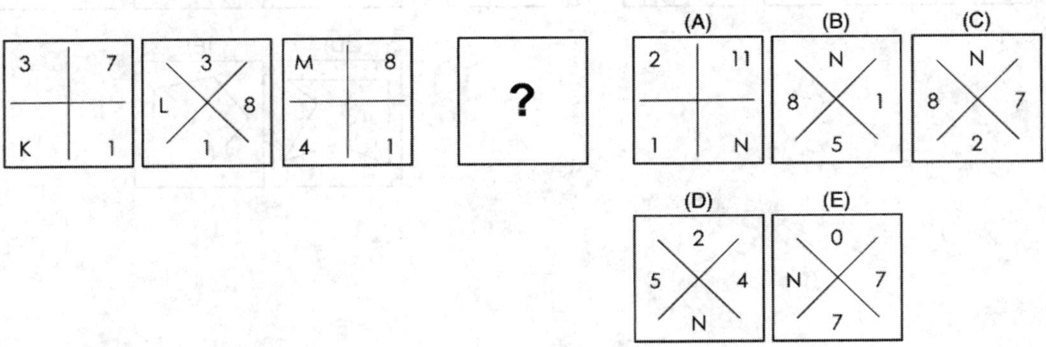
3 7
K 1
3
L 8
1
M 8
4 1
?
(A)
2 11
1 N
(B)
N
8 1
5
(C)
N
8 7
2
(D)
2
5 4
N
(E)
0
N 7
7

****
****
****

88.

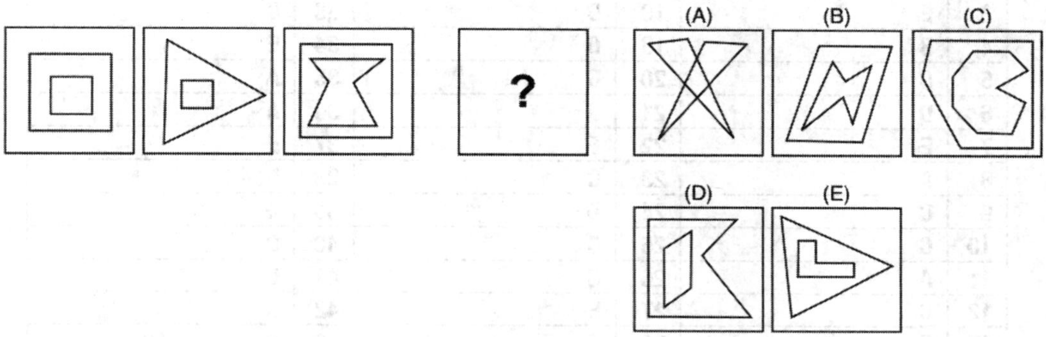
?
(A)
(B)
(C)
(D)
(E)

89.

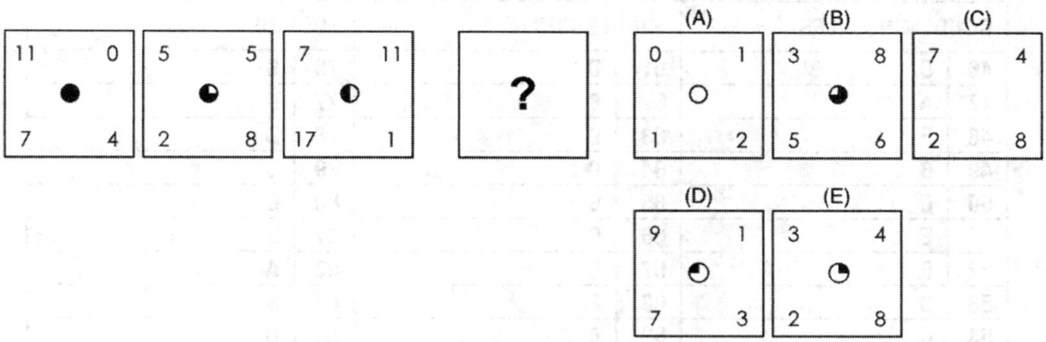
11 0 7 4
5 5 2 8
7 11 17 1
?
(A) 0 1 1 2
(B) 3 8 5 6
(C) 7 4 2 8
(D) 9 1 7 3
(E) 3 4 2 8

90.

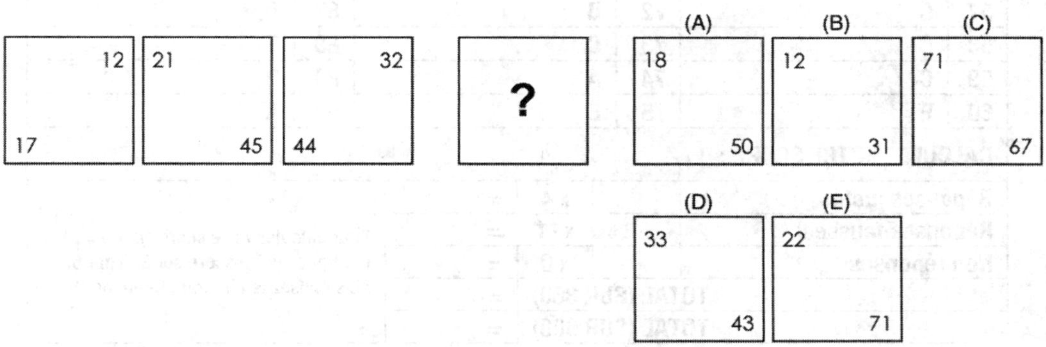
12 17
21 45
32 44
?
(A) 18 50
(B) 12 31
(C) 71 67
(D) 33 43
(E) 22 71

TEST BLANC TAGE MAGE NUMERO 6 : GRILLE DES REPONSES JUSTES

COMPREHENSION		CALCUL		RAISONNEMENT	
1	D	16	A	31	A
2	E	17	B	32	D
3	E	18	D	33	C
4	B	19	D	34	E
5	C	20	B	35	A
6	D	21	B	36	A
7	E	22	E	37	E
8	A	23	C	38	E
9	C	24	D	39	D
10	C	25	C	40	D
11	A	26	C	41	D
12	C	27	E	42	C
13	E	28	C	43	D
14	B	29	E	44	D
15	A	30	E	45	C
COND. MINIMALES		**EXPRESSION**		**LOGIQUE**	
46	C	61	D	76	B
47	A	62	B	77	D
48	E	63	D	78	D
49	B	64	D	79	D
50	C	65	B	80	C
51	E	66	C	81	E
52	E	67	B	82	A
53	D	68	E	83	B
54	C	69	A	84	D
55	B	70	E	85	A
56	C	71	C	86	A
57	C	72	B	87	B
58	C	73	C	88	E
59	C	74	A	89	D
60	E	75	E	90	A

CALCULEZ VOTRE SCORE :

Réponses justes		x 4	=	Pour calculer votre score sur 600, multipliez votre score sur 360 par 5, puis divisez le résultat obtenu par 3.
Réponses fausses		x -1	=	
Non réponses		x 0	=	
	TOTAL (SUR 360)		=	
	TOTAL (SUR 600)		=	

TEST BLANC TAGE MAGE
CORRIGES DU TEST BLANC NUMERO 6

6

1. Comprehension de textes

1. **Réponse D**

   Il faut se référer ici au premier paragraphe, notamment à l'affirmation : « La cellule serait donc davantage du côté de la recréation permanente plutôt que de celui de la création ponctuelle. » Le texte interroge l'idée de création pour la critiquer : la cellule ne se crée pas mais se recommence, identique à elle-même. Il faut donc une expression qui se rapporte à cette répétition. Les trois premières ici ne sont pas assez clairement reliées au texte. Seules les deux dernières évoquent cette répétition. La réponse E comporte une nuance péjorative : on peut l'utiliser quand on s'ennuie, quand on est déçu de ne rien trouver de nouveau… La D est plus neutre : elle signale la forte ressemblance entre les générations sans jugement de valeur. Le texte dit aussi cela : il y a quelques variations très ponctuelles mais globalement la cellule reste identique à elle-même.

2. **Réponse E**

   Toutes les propositions portent sur la force ou le pouvoir de la cellule. Le passage du texte qui répond le mieux à cette thématique, c'est : « Le cytosquelette détermine la forme de la cellule. Il peut être assimilé à un ensemble de barres et de câbles résistant à la compression. Il y a donc dans cette structure une tension préalable à toute contrainte. » La cellule a donc une force de résistance pour éviter d'être déformée. En cela, elle refuse de se « fondre » dans tout environnement, elle est tout sauf molle. Mais pour autant, on ne peut lui attribuer une volonté. Cela élimine les trois premières réponses. La D est très anthropomorphique et laisse penser que la cellule régit tout l'organisme, bien que le texte ne dise rien à ce sujet. La E est la meilleure par conséquent.

3. **Réponse E**

   La meilleure réponse est la E. Les solutions A et B s'éliminent tout de suite. En revanche, C, D et E sont possibles. Il s'agit alors de les distinguer par leur degré de précision. Le texte est très précis et très technique. S'il s'agissait d'un professeur, ce serait plus probablement un professeur du supérieur. Un chercheur est possible mais on ne sait pas si les résultats exposés sont nouveaux ou non. La E est alors la meilleure : on spécifie le domaine de connaissances tout en ne faisant aucune hypothèse sur l'époque de ces découvertes.

4. **Réponse B**
Il faut choisir la B. Le texte explique que la cellule est forte. Mais il dit aussi que cette force passe par une certaine souplesse : on peut réaliser une fonction de différentes manières : « Cette auto-organisation devant la contrainte se caractérise par l'interconvertibilité de voies multiples : des combinaisons différentes peuvent aboutir à des résultats identiques. » Il s'agit donc d'une souplesse qui ne remet pas en cause ses fonctions mais qui l'oblige à changer quelque peu.

5. **Réponse C**
Il faut se référer à la définition de la notion dans le texte : « On définit ainsi la cellule par une structure de tenségrité, *i.e.* qui possède sa propre force tensionnelle et qui déploie une intégrité architecturale indépendante de la gravité. » Les deux concepts en jeu sont donc l'intégrité (et non la gravité) et la tension. La bonne réponse est alors la C, réponse d'ailleurs la plus probable en ne s'appuyant que sur les sonorités des termes.

6. **Réponse D**
Le texte 2 est de J.-B. Say, extrait de son *Traité d'économie politique* (1803). Il fait clairement ici une critique de la dette publique dans la mesure où elle ne sert que très rarement les investissements. Le passage qu'il faut repérer pour comparer précisément les titres est le suivant : « Les gouvernements qui ont le mieux entendu la matière de l'emprunt et de l'impôt n'ont fait, du moins dans les derniers temps, aucun emprunt remboursable. » C'est la conséquence la plus immédiate de la thèse principale du texte. Ici on ne peut donc hésiter qu'entre C et D. La C est très tentante mais le texte fait une comparaison entre l'Etat et le particulier, ou entre l'Etat et le ménage qui, rappelons-le, peut être une famille, une caserne militaire, une colonie de vacances… La D est donc la meilleure.

7. **Réponse E**
Melon n'est cité qu'une fois, comme un interlocuteur ou un écrivain avec lequel l'auteur n'est pas d'accord : « Melon dit que les dettes d'un Etat sont des dettes de la main droite à la main gauche, dont le corps ne se trouve pas affaibli. Il se trompe : l'Etat se trouve affaibli en ce que le capital prêté au gouvernement, ayant été détruit par la consommation que le gouvernement en a faite, ne donnera plus à personne le profit, ou, si l'on veut, l'intérêt qu'il pouvait rapporter en sa qualité de fonds productif. » Une fois ce passage repéré, on s'aperçoit que les options proposées sont très spécialisées. Pour dire ce que Melon déclare, il pourrait être simple journaliste, ou ministre du Budget, ou conseiller du roi… On n'a pas assez d'éléments pour le situer. C'est pourquoi la meilleure réponse est la E.

8. **Réponse A**
Pour répondre à cette question, il faut être attentif à la cohérence d'ensemble, à la structure et au style du début et de la fin du texte. Le début a peu de chance d'être une introduction puisqu'aucun thème n'a été introduit. La fin n'a pas l'air de terminer la réflexion mais plutôt d'ajouter une remarque supplémentaire. Certes, le texte extrait est cohérent. Mais cela ne signifie pas qu'il forme un tout clos sur lui-même. Ce texte est donc bien un extrait mais l'on ne peut rien affirmer de plus. C'est donc la réponse A.

9. **Réponse C**
On se réfère ici au tout début du texte : « Il y a cette grande différence entre les particuliers qui empruntent et les gouvernements qui empruntent, que le plus souvent les premiers cherchent à se procurer des fonds pour les faire valoir, pour les employer d'une manière productive ; tandis que les seconds n'empruntent ordinairement que pour dissiper sans retour le fonds qu'on leur a prêté. » On comprend donc qu'il existe une opposition entre une gestion de bon père de famille et une gestion dans l'urgence. Il s'agit bien d'une comparaison qui insiste sur les distinctions jusqu'à en opposer les termes. La bonne réponse est la C.

10. **Réponse C**
Il s'agit ici d'une question ponctuelle qui cherche à actualiser un peu le vocabulaire du texte. Il faut repérer le passage : « Un gouvernement qui emprunte, promet ou ne promet pas le remboursement du principal ; dans ce dernier cas, il se reconnaît débiteur envers le prêteur d'une rente qu'on nomme *perpétuelle.* » On comprend donc que celui qui ne rembourse pas le principal paie une dette à vie, autrement dit il doit toujours des intérêts, ce qui revient à dire qu'il n'a toujours pas remboursé le capital. Cette question porte donc sur votre aptitude à lire et sur votre vocabulaire. Réponse C.

11. **Réponse A**
Il faut choisir la A. En effet, l'article est court et donné ici en entier. Il se présente donc comme une critique de film, qui n'a pas plus de raison de se trouver dans un magazine féminin que masculin. Que ferait-elle dans un manuel, souvent destiné aux étudiants ou aux lycéens ? S'il s'agissait d'un essai sur le réalisateur, le texte serait plus long et plus fouillé et donnerait l'impression d'être un extrait. Enfin, on voit mal ce genre de texte dans une encyclopédie. Il s'agit beaucoup plus vraisemblablement d'un article paru à l'occasion de la sortie du film.

12. **Réponse C**
La A est bien sûr absurde ici. La question se réfère précisément au passage : « Sans doute est-ce l'un des grands arguments du film que de dévoiler dans son refus même de faire converger de façon trop évidente ces différents récits sa

capacité à dire les différents points de vue sur une même réalité. Car en réalité, il n'y a qu'une seule et même histoire, mais comprise de différents points de vue et ressentie selon chaque personnage dans sa position propre. » C'est certes dire que rien n'est simple dans la vie, mais surtout qu'une même réalité peut s'observer de différents points de vue. La véritable hésitation s'installe donc entre C et E. Il faut être précis ici : le réalisateur ne dit pas dans son film que tout bon film doit être ainsi. Il dit simplement que la réalité dont il parle doit être appréciée ainsi. La bonne réponse est donc la C.

13. **Réponse E**
Il faut préférer la E. L'avant-dernier paragraphe dit bien que la vie décrite dans le film mêle les contraires. Cela revient à choisir l'option 3. Mais si l'on a un couple d'opposés, alors cela concerne le mélange, c'est-à-dire le mélange bonheur/douleur. C'est pourquoi il faut prendre 1 et 2 ensemble.

14. **Réponse B**
Si la question n'est pas dure en soi, on en profite cependant pour vérifier votre vocabulaire. La critique est globalement bonne, voire très bonne. Elle apprécie beaucoup le film et elle est bien rédigée. Tous les qualificatifs sont possibles sauf « laudatif » qui renvoie à la joie. C'est donc la bonne réponse, c'est-à-dire la B.

15. **Réponse A**
La bonne réponse est la A. Il faut revenir pour cela au dernier paragraphe. On comprend que le style du réalisateur échappe au misérabilisme, tentant dans ce genre de situation. On peut donc bien ou même très bien filmer la misère. Cela revient à dire que filmer la misère peut être très complaisant, réponse A.

2. Calcul

16. **Réponse A**
Tentons d'exprimer l'aire de la partie grisée (notée A) en fonction d'aires que l'on connaît ou que l'on peut facilement calculer. Cependant, il ne faut pas perdre de vue que l'on nous demande une fraction, une proportion : il faudra donc exprimer cette aire en fonction de celle du grand carré.

Commençons donc par appeler C la longueur d'un côté du grand carré, tout en notant dans un coin de notre tête que l'aire de ce grand carré est C^2. Intéressons-nous maintenant à la partie grisée : elle est composée de 8 arcs de cercles égaux dont on peut calculer la surface à condition d'en connaître l'angle (et d'une sorte de rosace dont il risque d'être compliqué de trouver l'aire.

En revanche, on peut aussi remarquer que cette surface vaut l'aire du petit carré moins l'aire de 4 arcs de cercle d'angle 90° (puisqu'il s'agit de l'angle d'un carré).

On a donc :
(*) A = Aire du petit carré - Aire de la partie noire + Aire de la partie gris foncé

Faisons le calcul étape par étape :

1. Calcul de l'aire du petit carré en fonction de celle du grand carré
Sachant que les quatre cercles sont parfaitement inscrits dans le grand carré, c'est que leur diamètre vaut C/2 et par conséquent leur rayon vaut C/4. Le côté du petit carré étant formé de deux rayons de ces cercles mis bout à bout, on trouve qu'il vaut 2 x C/4 = C/2. Pour finir, l'aire du petit carré est égale à $(C/2)^2 = C^2/4$.

2. Calcul de l'aire de la partie noire
Vous êtes face à 8 arcs de cercle égaux. On cherche donc simplement à trouver la mesure de l'angle dont ils sont constitués. Sachant que deux de ces arcs accolés à l'angle du petit carré (90°) forment un demi-cercle (d'angle 180°), c'est donc que chaque arc de cercle est d'angle (180 - 90)/2 = 45°.

On pourrait bien évidemment calculer l'aire en fonction de C, le rayon d'un cercle étant de C/4, mais en tant qu'étudiants consciencieux, vous aurez remarqué que deux arcs de cercle noirs mis bout à bout (formant ainsi un angle de 45 + 45 = 90°) étaient exactement égaux à un arc de cercle gris (d'angle 90°). Ainsi, l'aire de la partie gris foncé est égale à celle de la partie noire, ce qui nous évite de nombreux calculs puisque les deux quantités s'annulent dans l'équation (*) pour finalement donner :
A = Aire du petit carré = $C^2/4$ = Aire du grand carré / 4
On trouve donc bien que **1/4 du grand carré est grisé.**

17. **Réponse B**
La bonne réponse est la B. Il s'agit d'une question idéale pour tester le raisonnement par dichotomie, en testant les réponses, même si un bon vieux système d'équations est tout aussi efficace.
Testons les solutions et commençons par tester la réponse C. Si Alexandre a 22 ans, c'est que l'aînée de ses sœurs en a 20, ce pour que la moyenne de leurs âges ((22 + 20)/2), soit égale à 21 ans. Alors la cadette aurait 20 - 6 = 14 ans. Mais la moyenne des âges des deux sœurs serait de (14 + 20)/2 = 17 ans, ce qui

est trop jeune.

La question est alors de savoir si Alexandre doit être plus vieux ou plus jeune. S'il était plus vieux, alors la sœur aînée serait plus jeune (pour conserver la moyenne à 21 ans) et par conséquent sa cadette le serait aussi (elles ont toujours 6 ans d'écart), ce qui aurait pour conséquence de faire diminuer la moyenne de leurs âges, déjà trop basse ! Mécaniquement, on en déduit qu'Alexandre doit être plus jeune et on élimine les réponses C, D et E.

Il ne nous reste plus qu'à tester une des réponses A ou B. Prenons par exemple la B : si Alexandre a 21 ans, c'est que l'aînée de ses sœurs en a 21 pour que la moyenne de leurs âges soit égale à 21 ans. Alors la cadette aurait 21 - 6 = 15 ans et la moyenne des âges des deux sœurs serait de (15 + 21)/2= 18 ans, ce qui correspond bien à ce que dit l'énoncé.

18. **Réponse D**

Vous êtes ici face à une question d'augmentation de prix : en appliquant les équations du cours on s'en sort parfaitement. Nous vous rappelons celle qui lie le prix HT (hors taxe) au prix TTC (toutes taxes comprises, après application de la TVA) :

$$\textbf{Prix TTC} = \textbf{Prix HT} \times (1 + \textbf{TVA en \% /100})$$

L'exercice suppose bien évidemment que le prix HT ne change pas. En notant P_{2008} le prix TTC en 2008, P_{2009} le prix TTC en 2009, TVA_{2008} et TVA_{2009} les pourcentages de TVA en 2008 et 2009 divisés par 100 on obtient ces deux équations :

(1) $P_{2008} = \text{Prix HT} \times (1 + TVA_{2008})$
(2) $P_{2009} = \text{Prix HT} \times (1 + TVA_{2009})$

Soit:

(1) $24 = \text{Prix HT} \times 1{,}2$
(2) $P_{2009} = \text{Prix HT} \times 1{,}225$

Après calcul et en remarquant que 24/1,2 = 20, on obtient :

(1) Prix HT = 20
(2) $P_{2009} = 20 \times 1{,}225 = 2 \times 10 \times 1{,}225 = 2 \times 12{,}25 = 24{,}5$ €

Le prix du produit sera donc de 24,5 € en 2009.

19. **Réponse D**

Question classique de Vitesse/Temps/Distance où nous vous rappelons qu'il va nous falloir toutes les vitesses et distances pour trouver la durée du parcours.

Le train va parcourir 260 km à 130 km/h puis 520 km à 100 km/h. On a alors :

(1) $T_1 = 260/130 = 2$ h

(2) $T_2 = 520/100 = 5{,}2$ h = 5 h 12 mn

Au total le train mettra donc 7 h 12 pour parcourir le trajet. Partant à 22 h, il arrivera donc à **5 h 12**.

20. **Réponse B**

Traduisons les données de l'énoncé en notant X le nombre de billets de 5 € et Y le nombre de billets de 10 € :

(1) $X + Y = 30$ (2) $5X + 10Y = 215$

En divisant les membres de la seconde équation par 5, on obtient :

(1) $X + Y = 30$ (2) $X + 2Y = 43$

Puis, en retranchant membre à membre la première équation à la seconde, on trouve : $X + 2Y - X - Y = 43 - 30$, soit $\mathbf{Y = 13}$.

Donc Charles possède 13 billets de 10 €.

Une autre méthode de résolution faisant appel au ***backsolving*** permettait d'arriver vite à la même réponse. En effet, en testant la C, on comprenait que Charles disposait d'une somme trop importante (220 €) et qu'il lui fallait alors moins d'argent. Pour ce faire, il devait échanger un billet de 10 € (le nombre de billets de 10 € passant alors de 14 à 13) au profit d'un billet de 5 € (le nombre de billets de 5 € passant alors de 16 à 17), perdant au passage 5 €… L'amenant par conséquent tout naturellement à détenir une somme totale de **215 €** et non plus de 220 €.

21. **Réponse B**

<u>Méthode 1</u>

En notant N le nombre d'élèves et S la somme requise, on a, d'après l'énoncé :

(1) $N \times 14 = S - 4$ (2) $N \times 16 = S + 6$

En retranchant membre à membre l'équation (1) à l'équation (2) on trouve :

$N \times 16 - N \times 14 = S + 6 - (S - 4)$

Soit après calcul : 2 x N = 10, soit N = 5.

Conclusion : il y a 5 élèves dans le groupe.

Méthode 2

Cette seconde méthode a le mérite de nous éviter de poser des calculs car tout est faisable de tête. L'énoncé nous dit en fait qu'en donnant 2 € de plus chacun (16 € au lieu de 14 €), les élèves récoltent 10 € en plus (avant il manquait 4 €, maintenant il y a 6 € en trop donc la différence est de 6 - (-4) = 10 €). L'équation est à résoudre est donc : 2 x N = 10 soit N = 5.

22. **Réponse E**

Méthode 1 : *Backsolving*

Comme préconisé dans la méthode, testons la réponse C. S'ils se croisent à 200 km de la ville de Paul, alors c'est que ce point de rencontre se situe à 450 - 200 = 250 km de celle de Virginie.

On peut alors calculer leurs consommations d'essence respectives C_P et C_V :

C_P = 9/100 x 200 = 18 L

C_V = 6/100 x 250 = 6 x 2,5 = 15 L

Leur consommation n'étant pas la même, C n'est pas la bonne réponse. En revanche, vous aurez noté que l'on peut déterminer s'il faut que la distance de la ville de Paul soit plus ou moins importante : si elle l'était plus, alors Paul roulerait encore plus et Virginie moins, ce qui se répercuterait sur leurs consommations qui s'éloigneraient encore un peu plus. La réponse doit donc être supérieure à 200 km, et vous pouvez éliminer les réponses A et B. En testant la D, avec un calcul similaire on trouve :

C_P = 9/100 x 190 = 17,1 L et C_V = 6/100 x 260 = 15,6 L

On se rapproche, mais ce n'est toujours pas ça ! Nous vous laissons le soin de vérifier (ce que vous ne ferez pas le jour de l'épreuve) que la réponse E est la bonne !

Méthode 2 : Un système d'équations

En notant P la distance séparant le village de Paul de la destination et V la distance séparant le village de Virginie de cette même destination, l'énoncé permet d'écrire les équations suivantes :

(1) P + V = 450 car leurs villages sont distants de 450 km

(2) 6/100 x V = 9/100 x P car ils consomment la même quantité d'essence pour s'y rendre.

Soit, après calculs :
(1) P + V = 450
(2) V = 9/6 x P = 3/2 x P

En remplaçant alors V par sa valeur en fonction de P dans l'équation (1) :
(1) 3/2 x P + 2/2 x P = 450, soit encore : P = (2 x 450)/5 = 2 x 90 = 180 km

<u>Méthode 3 : le barycentre</u>

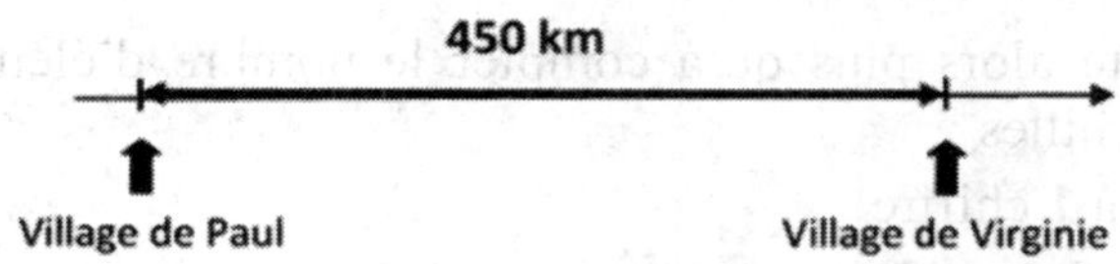

Sachant que la voiture de Paul est plus gourmande en essence que celle de Virginie et que chacun consomme la même quantité d'essence pour arriver au village, c'est donc naturellement que Virginie aura roulé plus que Paul et donc que le barycentre penchera davantage vers le village de Paul que vers celui de Virginie.

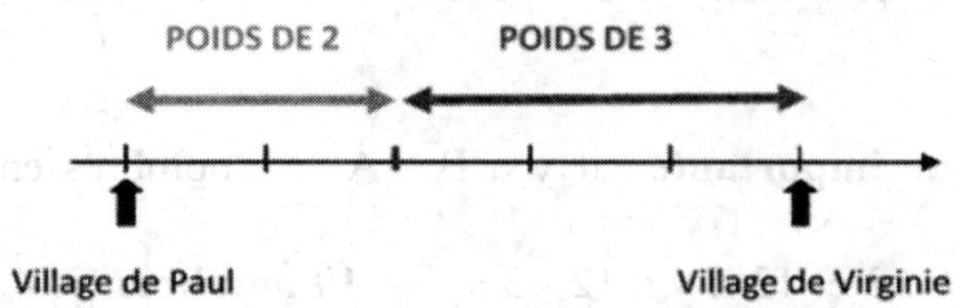

La voiture de Paul étant 9/6 = 3/2 fois plus gourmande que celle de Virginie, on peut traduire cela en disant que sur un poids total de 5 (3 + 2), Paul pèse 3 et Virginie 2. Ainsi, en segmentant l'axe en 5 parties de 90 km, on trouve la position du barycentre qui se situe à 2 segments du village de Paul, soit 90 x 2 = 180 km.

23. **Réponse C**

Nous vous invitons à bien revoir la différence entre un chiffre (entre 0 et 9) et un nombre (tous les entiers) si vous voulez que ce genre de questions ne soit plus un casse-tête.

Il vous suffit ici de classer les nombres de 1 à 100 en trois familles :

(1) Ceux qui n'ont qu'un seul chiffre : 1, 2… 9

(2) Ceux qui ont deux chiffres : 10, 11… 99

(3) Celui qui a trois chiffres : 100

Il ne vous reste alors plus qu'à compter le nombre d'éléments qu'il y a dans chacune des familles :

(1) **9** nombres à **1** chiffre

(2) **90** nombres à **2** chiffres

(3) **1** nombre à **3** chiffres

Notez bien que la méthode la plus rapide pour trouver combien il y a de nombres à 3 chiffres est de se dire qu'il y a 100 nombres entre 1 et 100 dont 9 à 1 chiffre et 1 à 3 chiffres. Il reste alors 100 - 9 - 1 = 90 nombres à 2 chiffres.

En conclusion : on a écrit **9 x 1 + 90 x 2 + 1 x 3** = 9 + 180 + 3 = **192 chiffres sur la feuille.**

Une remarque importante : il y a B - A + 1 nombres entre A et B (A et B inclus).

Exemple : entre 3 et 12 il y a 12 - 3 + 1 = **10 nombres** (3, 4, 5, 6, 7, 8, 9, 10, 11 et 12)… pas 9 !

24. **Réponse D**

7 x 1/5 x 165 = 7 x 33 = **231.**

25. **Réponse C**

Voici une question de calcul qui porte bien son nom dans le sens où nous allons être confrontés à un beau système d'équations avec de bien jolis nombres à virgule. Traduisons donc l'énoncé en notant N le prix du kilo de navets et T le prix du kilo de tomates :

(1) 2 x T + 7 x N = 7,95

(2) 2,5 x T + 1,5 x N = 3,92

On a donc :

$$(1)\ N = \frac{7{,}95 - 2T}{7}$$

$$(2)\ 2{,}5 \times T + 1{,}5 \times \frac{7{,}95 - 2T}{7} = 3{,}92$$

Nous vous conseillons de faire les choses étape par étape pour ne pas faire d'erreur dans ce calcul. Commençons donc par ne conserver que l'équation (2), puisqu'on ne cherche que T et pas N, et mettons-y tout le monde au même dénominateur dans le membre de gauche :

$$\frac{7 \times 2{,}5 \times T + 1{,}5 \times 7{,}95 - 3 \times T}{7} = 3{,}92$$

Multiplions toute l'équation par 700 (= 7 x 100) pour se séparer à la fois des virgules et des fractions : 100 x (7 x 2,5 x T + 1,5 x 7,95 - 3 x T) = 7 x 392

Développons et passons tous les T du même côté :

700 x 2,5 x T - 300 x T = 7 x 392 – 1,5 x 795

Soit en factorisant par T dans le membre de gauche :

(700 x 2,5 - 300) x T = 7 x 392 - 1,5 x 795

Soit après calculs : 1 450 x T = 7 x 392 - 1,5 x 795

Et en divisant par 1 450 on trouve : $T = \frac{7 \times 392 - 1{,}5 \times 795}{1450}$

C'est l'occasion pour nous de vous rappeler certaines techniques de calcul mental :

- Pour multiplier un nombre N par un chiffre C dont on connaît la table de multiplication, il faut ajouter P (positif ou négatif) à N afin de « tomber » sur un multiple de 10, 100, 1 000, etc., faire la multiplication puis soustraire C x P. Pour illustrer avec N = 392 et C = 7, il faut ici ajouter P = 8 à 392 pour obtenir 400. On a donc 7 x 400 = 2 800, auquel vous devez soustraire C x P = 7 x 8 = 56.

Donc 7 x 392 = 2 800 - 56 = 2 744.

- Pour multiplier un nombre par 1,5, il suffit de lui ajouter sa moitié. On a donc ici 1,5 x 795 = 795 + 347,5 = 1 192,5.

Finalement, on trouve que :

$$T = \frac{2744 + 1192{,}5}{1450} = \frac{1551{,}5}{1450} = \frac{15515}{14500} = 1 + \frac{1015}{14500} = 1 + \frac{7}{100} = 1{,}07$$

On est tous d'accord : cette question est un cauchemar. Si vous avez une autre méthode, nous sommes preneurs. Faites-en-nous part sur www.aurlom.com !

26. **Réponse C**
En notant X la valeur du plus petit des deux nombres et Y la valeur du plus grand, l'énoncé nous dit que :

(1) Y - X = 42
(2) X + 8 = 4 (Y + 8) **ou** Y + 8 = 4 (X + 8)

En théorie on aurait donc 2 systèmes de 2 équations et 2 inconnues. Mais, en réfléchissant un petit peu, on élimine déjà rapidement une des deux possibilités. En effet, si Y est au moins égal à 40, alors en lui ajoutant 8 cela donnerait 48 et 4 x 48 = 192 ce qui est beaucoup trop grand pour être X + 8, sachant que X doit être plus petit que Y ! Tout ça pour dire que l'équation (2) est forcément Y + 8 = 4 (X + 8).
A partir de là, il suffit de remplacer X par Y - 42 dans l'équation (2) :

(1) X = Y - 42
(2) Y + 8 = 4(Y - 42 + 8)

Soit en ne conservant que l'équation (2) et en y mettant tous les Y du même côté :

8 + 4 x 34 = 4Y - Y⇔ 3Y = 144 ⇔ **Y = 48**

Notez que la technique du *backsolving* fonctionnait très bien ici.

27. **Réponse E**
On a A = (80/100) x B, soit B = (100/80) x A, soit B = 1,25 x A = 125 % x A.

A retenir :

Si A représente … de B	Alors B représente … de A
50 %	200 %
60 %	166,66666 %
75 %	133,33333 %
80 %	125 %
90 %	111,11111 %
95 %	105,26 %
110 %	90,90 %
120 %	83,33333 %
125 %	80 %
150 %	66,6666 %
160 %	62,5 %
180 %	55,5555 %

28. **Réponse C**

Nous nous permettons de souligner l'importance d'une lecture lente de l'énoncé tout en traduisant les données qui y sont présentes : toute la résolution de cette question repose là-dessus**.** Ici on demande de trouver la moitié du carré de la somme des chiffres du volume du cube. Il va donc nous falloir trouver la longueur d'un de ses côtés.

1. Si la surface totale d'un cube (qui a 6 faces) est de 294 cm², c'est que chaque face a une surface de 294/6 = **49 cm².**

2. Chaque face d'un cube étant un carré, si sa surface est de 49 cm² c'est que chaque côté du cube mesure **7 cm.**

3. Si chaque côté du cube mesure 7 cm, c'est que son volume est de 7^3 = **343 cm³.**

On a donc trouvé un volume de 343 cm³, et il ne nous reste plus qu'à :
- sommer les chiffres de 343, soit : 3 + 4 + 3 = 10
- élever cette somme au carré : $10^2 = 100$
- calculer la moitié de ce carré : 100/2 = **50**

29. **Réponse E**

Sous couvert de consommation d'essence, on est ici face à une simple question de pourcentages du type : « Si A représente … % de B, alors que représente B en fonction de A ? »

En effet, si une voiture à essence consomme 60 % de carburant en plus par rapport à son modèle mixte, alors on obtient, en notant E et M les consommations respectives des modèles essence et mixte :

E = M + 60 % M soit E = 160 % M, soit encore E = (160/100) x M.

Arrivés là, il ne vous reste plus qu'à inverser l'équation :
M = (100/160) x E = (5/8) x E = 62,5 % x E car vous savez que 1/8 = 12,5 % et que par conséquent 5/8 = 5 x 12,5 % = 62,5 %.

30. **Réponse E**
La principale difficulté de cette question réside dans la conversion des données de l'énoncé. Nous vous conseillons de toujours travailler avec la plus petite unité proposée pour éviter les nombres à virgule. Ici par exemple, on voit que l'on va devoir travailler avec des m^3 et des dm^3. Et bien ce sont les décimètres cubes que l'on va choisir, tout comme l'on choisira toujours les secondes aux dépends des minutes.

Si l'on ouvre les deux robinets en même temps au maximum, alors le débit total D sera : D = 2 + 2,5 = 4,5 dm^3/s.

L'énoncé nous dit que l'on veut remplir une baignoire de 1 000 dm^3 d'eau (attention à la conversion, 1 m = 10 dm mais 1 m^2 = 100 dm^2 et 1 m^3 = 1 000 dm^3). Avec le débit obtenu, on trouve que le temps T recherché vaut :

$$T = \frac{1000}{4,5} = \frac{10000}{45} = \frac{2000}{9} \quad 222 \text{ secondes, etc.}$$

3. Raisonnement – Argumentation

31. **Réponse A**
Si l'on paraphrase le texte, alors on doit dire : aucune connaissance n'est séparée des autres et en critiquer une, c'est critiquer l'ensemble du savoir. Aussi, il faut chercher parmi les propositions celle qui dit le plus nettement qu'une connaissance est séparée des autres. La bonne réponse est la A : elle laisse à penser que certains résultats peuvent être corrigés et non tous les résultats comme l'implique pourtant la thèse de Quine. C'est donc la bonne réponse puisqu'aucune autre proposition ne va dans ce sens.

32. **Réponse D**

On joue dans les options sur des proximités de sens et sur des connaissances que le candidat pourrait avoir sur la psychanalyse. Or il ne faut se fier qu'au texte lui-même. Dans celui-ci, on s'aperçoit que l'on est parti de phénomènes inconscients pour conclure sur l'inconscient. Cela signifie que l'on est passé du qualificatif d'une chose à la substance elle-même : on pose l'existence d'un inconscient. La seule bonne réponse est donc la D (ce qui se présente en même temps comme un vrai problème logique pour toutes les théories de l'inconscient).

33. **Réponse C**

On ne sait pas à quelle hauteur est le cube par rapport à nos trois personnages, mais cela importe peu ici. Bien sûr, il faut faire un schéma pour avancer vers la réponse. Le mieux est de faire un cube en perspective et de noter en transparence les lettres que l'on ne voit pas. Comme les trois personnages ont la même taille, ils regardent l'objet à la même hauteur. Ils sont en fait disposés au sommet d'un triangle équilatéral inscrit dans un cercle qui est la table. Le centre est le cube. Comme l'objet est posé, l'une de ses faces est nécessairement cachée aux trois personnes. Jeanne voit trois faces, le maximum possible. Les 3 faces qu'elle voit sont forcément contiguës, ce dont il faut tenir compte sur le schéma. De même, si Paul voit A et D ensemble, cela veut dire que D touche A. Cela fait alors deux schémas possibles. On comprend alors que E est la face cachée posée contre la table. En tenant compte des deux configurations possibles, on a cependant une seule solution : on doit alors choisir la réponse C.

34. **Réponse E**

Faites attention aux questions négatives, elles piègent les étourdis. On vous demande ici ce qui illustre le MOINS le raisonnement. Tout ce qui signifie une recherche frénétique du profit est donc à rejeter, comme B et D. Il faut alors départager les 3 autres. La C ne semble pas avoir de rapport direct au texte. Or contrefaire, c'est outrepasser la moralité et le droit pour faire du profit. Cela revient là encore à illustrer le texte. La A est tentante puisqu'elle évoque la gratuité. Or le café ne l'est pas et l'on présente ici une prestation faussement gratuite. La meilleure réponse est alors la E : il s'agit d'un proverbe qui dit que rien de ce que l'on fait de mal ne va sans conséquence pour nous. On est très loin du texte, même si le terme « payer » est employé ici. Il ne s'agit pas d'argent mais de punition légale, morale ou divine.

35. **Réponse A**

La proposition de départ est curieuse : dire que ce qui n'est pas réel est impossible, c'est contredire l'intuition courante selon laquelle des choses qui n'existent pas pourraient exister un jour. Il faut donc se méfier de ses habitudes de penser et se référer à cette seule prémisse. La bonne réponse est ici la A. La B ne veut rien dire et la D, allusion à un proverbe bien connu, est hors champ ici. La C est contraire au texte la E ne peut pas du tout être déduite du texte.

36. **Réponse A**
Attention : 2012 est une année bissextile. Du 7 juillet 2010 au 15 avril 2013 il y a : 24 + 31 + 30 + 31 + 30 + 31 + 365 + 366 + 31 + 28 + 31 + 15 = 1 013 jours, ce qui fait 1 013 / 7 = 144 semaines et 5 jours. Le 7 juillet 2010 est donc un mercredi + 5 jours = un lundi, réponse A.

37. **Réponse E**
C et D sont trop loin du texte pour qu'on les retienne. Les 3 autres peuvent en revanche contredire le raisonnement. Il s'agit donc de trouver celle qui est la plus fortement contraire. La A est gênante car elle contredit le texte lui-même, mais dans ce cas on ne peut pas vraiment dire qu'elle contredit à proprement parler le raisonnement. C'est ce à quoi il faut être attentif dans l'énoncé. Elle contredit d'abord un constat, une interprétation, et par suite seulement elle met en danger le raisonnement. Il faut donc éliminer cette réponse. Comment départager dès lors les deux restantes ? Elles sont très proches mais elles sont dans un rapport d'implication : « un homme reste un homme » donc « un homme n'est pas une souris ». Or il faut comprendre qu'il y a dans tout le raisonnement de ce texte un présupposé : tous les animaux sont comparables à l'homme, comme le suggère l'incise « attentif à d'autres animaux ». Une manière de nier la comparaison avec la souris et avec tous les autres animaux, c'est de prendre une proposition qui refuse toute confusion. La réponse E est alors la meilleure : l'homme n'est comme aucun autre animal.

38. **Réponse E**
Il faut choisir la E. La A est fausse puisqu'il ment en disant cela. La deuxième est fausse car contradictoire puisque tout en disant la vérité, il ne respecte pas la consigne selon laquelle il ment : on a là le paradoxe du menteur. La C est fausse puisqu'elle contredit exactement le texte. La D est intéressante mais en ne disant rien, on ne peut ni mentir, ni dire la vérité, ce qui s'oppose à l'énoncé initial. Enfin, la E est la meilleure, puisqu'elle nie la B qui est fausse.

39. **Réponse D**
La seule réponse est la D. Le raisonnement est simple et présente l'exception à la règle selon laquelle on ne réussit que lorsque c'est facile. C'est précisément ce que dit le proverbe D. La A suppose que l'intelligence se reflète dans l'orthographe, ce qui est faux. La B parle d'impossibilité là où le texte traite de la difficulté. La C ramène le problème à celui de l'identité, ce qui n'est pas l'objet ici. Enfin, la E envisage cela comme une moyenne, ce qui là encore est loin du texte. Cette question n'est donc pas dure pourvu qu'on ne la surinterprète pas.

40. **Réponse D**

La négation d'une proposition peut porter sur plusieurs de ses termes lorsqu'elle est complexe mais elle ne doit pas porter sur tous ses termes, ce qui reviendrait à la nier plusieurs fois. Par exemple, si je dis « tous les hommes sont mortels », en affirmant « certains hommes ne sont pas immortels » j'obtiens une proposition bizarre parce qu'elle comporte deux négations au lieu d'une et ne nie pas vraiment la première proposition. Parmi les options proposées ici, il ne faut donc pas appliquer la négation à plus d'un terme. Cela veut dire aussi que plusieurs solutions sont possibles pour nier une proposition, même si en l'occurrence il n'y en aura qu'une. La négation de « tous les hommes sont » est « certains hommes ne sont pas », et celle de « parfois » peut être « toujours ». La A comporte deux négations et non une seule, comme la B. Dans la C il manque le « ne … pas » et la E est identique à la B. Seule la D convient : elle ne comporte qu'une négation.

41. **Réponse D**

Les croyants sont présentés dans ce texte comme des gens qui ne croient pas aveuglément et qui en même temps ne peuvent pas s'appuyer sur la seule raison, par ailleurs décrite comme impuissante. Il faut donc une justification, mais qui ne soit pas rationnelle, c'est-à-dire une proposition qui montre qu'ils s'appuient sur quelque chose qui n'est cependant pas rationnel. La A contredit le texte, tout comme la B. La E présente au futur ce que le texte refuse au présent, ce qui revient à le contredire. Il faut alors départager C et D. Dans les deux cas, on s'appuie sur quelque chose qui n'est pas la raison. Mais la C ramène cela à la vision et ne dit pas ce que l'on voit. Est-ce que croire, c'est voir… le soleil ? Elle manque donc de précision même si elle nous met sur la voie de la vérité qui contient la D, à savoir que ce peut être sur la sensibilité que s'appuie la foi et que c'est Dieu que l'on sent alors. La D est ici la meilleure réponse.

42. **Réponse C**

Il faut faire un petit dessin des deux immeubles. Le mieux est de partir de la fin du texte. Les animaux du second immeuble sont au 4e et les étages deux fois plus hauts que dans le premier immeuble. Les animaux en face, dans le premier immeuble, sont donc au 8e, étage de Pierre. Gérard est donc au 8e et Jean au 7e, réponse C. Les autres informations sont inutiles.

43. **Réponse D**

En dépit de cette proposition alambiquée, l'exercice n'est pas très difficile. Il suffit pour s'en rendre compte de raisonner sur 2 termes : si je dis « je suis la différence de la différence à moi-même », cela veut dire que je suis différent de ce qui n'est pas moi, c'est-à-dire soit que je suis moi, soit autre chose que moi mais différent d'une autre chose qui est moi. Ainsi, en disant cela, je dis par exemple que je suis différent de la table (qui est différente de moi), c'est-à-dire que je suis une chaise par exemple ou bien moi-même. Lorsqu'en revanche on parle d'identité, cela ne change rien : être identique à soi, c'est être soi-même. Mais si je dis « je suis la différence de moi-même », alors je suis un être différent et je ne peux pas être moi. Pour simplifier, la notion d'identité ne change rien dans l'énoncé mais le nombre d'occurrences de « la différence de » implique deux alternatives : s'il est pair, alors je puis être moi-même ou autre chose. S'il est impair, je ne puis pas être moi-même. Or dans ce texte, il y en a 19, donc je suis forcément autre que moi-même. Je pourrais être toi, ou eux, ou une chose immatérielle, mais plus généralement et plus précisément « différent de moi », c'est-à-dire la réponse D.

44. **Réponse D**
On vous demande ici de renforcer un raisonnement pour le rendre cohérent. Alexandre voulait faire partie de l'élite et pour cela que les plus grands secrets de la science ne se diffusent pas trop. La A ne rend pas compte de la contradiction finale du texte. La B introduit un critère physique dont on voit mal pourquoi il rend compte de la contradiction. La C soutient que la contradiction est possible alors que le début du texte n'est pas contradictoire, et de plus on vous dit qu'Aristote est attaché à la non-contradiction. D et E sont en revanche possibles. Si tous ne savent pas lire, alors les textes sont publiés mais pas accessibles à tous. Et selon la D, ce n'est pas parce qu'un texte est publié que tous accèdent à sa compréhension. Mais la D est meilleure : car comprendre inclut « lire », autrement dit le texte est publié mais encore faut-il savoir lire et aussi comprendre ce qu'on lit. La suite du texte de Plutarque dit d'ailleurs ceci : « Il est vrai que ses traités de métaphysique sont écrits de manière qu'on ne peut ni les apprendre seul, ni les enseigner aux autres et qu'ils ne sont intelligibles que pour les personnes déjà instruites. »

45. **Réponse C**
Cet exercice est entre l'expression et le raisonnement, comme cela arrive parfois. Dans les 5 propositions, on a une condition. Autrement dit, toutes renvoient à une hypothèse. Elles se distinguent cependant par leur degré de réalité. B, D et E montrent que les hypothèses avancées sont fantaisistes. Elles forment la majorité. La A témoigne d'une possibilité rare. La C en revanche dit que tout est possible quand on le veut. On voit que c'est la seule proposition à assumer que rien n'est impossible, ce qui la distingue.

4. Conditions minimales

46. **Réponse C**

{E} : Z s'écrit **C4U** avec C le chiffre des centaines et U le chiffre des unités.

{1} : on trouve par exemple Z = 541 ou Z = 945. Insuffisant !

{2} : on trouve par exemple : Z = 841 ou Z = 843. Insuffisant !

{&} : Z = 844. Et c'est tout !

47. **Réponse A**

{1} : suffisant ! On trouve le taux d'intérêt : (416 - 400)/400 = 4 % et l'on résout l'équation 4 % x K = 400 avec K le capital placé initialement.

{2} : insuffisant.

48. **Réponse E**

49. **Réponse B**

{E} : C + P = 51

{1} : C > P : insuffisant.

{2} : C + P = 3P : combinée avec l'équation de l'énoncé, on trouve par comparaison que 3P = 51 ; P = 17 et C = 34. Suffisant !

50. **Réponse C**

{&} : 19 et 31 étant des nombres premiers, on trouve une seule valeur pour P, à savoir P = 19 x 31 = 589.

51. **Réponse E**

{&} : on trouve encore deux valeurs pour M : M = 11 x 5 x 7 = 385 et M = 11 x 5 x 7 x 2 = 770.

52. **Réponse E**

53. **Réponse D**

{E} : si A et B sont des entiers naturels tels que A x B = 40, alors on sait que A et B sont respectivement égaux à : 1 et 40, 2 et 20, 4 et 10, 5 et 8 mais aussi 40 et 1, 20 et 2, 10 et 4, et 8 et 5.

{1} : suffisant ! Il suffit d'écrire en effet que $(A + B)^2 = A^2 + B^2 + 2 \times AB$ soit $(A + B)^2 = 116 + 2 \times 40 = 196$. On déduit que A + B vaut 14 et c'est tout car la solution A + B = -14 est à écarter du fait que A et B sont des entiers naturels (donc positifs).

{2} : suffisant également. Le seul couple qui vérifie cette information est A = 10 et B = 4 et de conclure que A+B = 14.

54. **Réponse C**

55. **Réponse B**

{E} : d'après l'énoncé, nous pouvons déduire qu'Aurélie possède 1/3 x 6 000 = 2 000 livres en arabe et le reste, soit 6 000 - 2 000 = 4 000 en turc. On sait également qu'elle vend 6 000/2 = 3 000 livres lors de sa brocante

{1} : insuffisant ! La première information ne nous permet pas de déterminer combien il reste de livres en arabe puisqu'elle a pu vendre 500 livres en arabe et 2 500 en turc (il reste alors 1 500 livres en arabe et 1 500 en turc), comme elle a pu vendre 3 000 livres en turc et aucun en arabe (et il reste alors 2 000 livres en arabe et 1 000 en turc). On garde les réponses B, C et E.

{2} : suffisant ! La seconde information nous permet en revanche de calculer le nombre de livres en turc qui ont été vendus et de déduire ainsi le nombre de livres en arabe qui ont été vendus… Et enfin de déterminer le nombre de livres qui restent en arabe et en turc. Réponse B.

56. **Réponse C**

{&} : le seul et unique trio qui fonctionne est : # = 2, @ = 4 et & = 6. Donc # = 2.

57. **Réponse C**

En effet, {1} nous dit que K est pair et {2} nous dit que K est un nombre premier. Le seul nombre premier pair est 2. Donc **K = 2.** Et c'est tout.

58. **Réponse C**

59. **Réponse C**

{1} : insuffisant. La première information nous permet seulement de dire que B n'a pas regardé le match avec C, mais l'on ne sait rien de ce qu'il a fait. On ne peut répondre à la question et l'on écarte les réponses A et D.

{2} : insuffisant. La seconde information est d'ordre logique et nous permet d'écrire par contraposée que si B ne regarde pas le match, alors A le regarde. Mais l'on ne sait pas ce qu'ont fait A et B : on écarte donc la réponse B.

{&} : combinons les deux informations : puisque l'on sait que B n'a pas regardé le match, A l'a donc vu avec C. Réponse C.

60. **Réponse E**

{1} : insuffisant. Le chiffre des dizaines de P est égal au double du chiffre des centaines de P : on trouve P = 360 ou P = 245.

{2} : insuffisant. La somme des chiffres du nombre P est égale à 8. On trouve P = 116 ou P = 521.

{&} : insuffisant. On trouve P = 125 ou P = 242.

5. Expression

61. **Réponse D**

La B est totalement impossible : elle introduit une hiérarchie qui n'existe pas dans le texte. La E est également impossible car elle obligerait à une construction fautive du point de vue de la langue française. La A est possible du point de vue du sens mais assez inhabituelle et, disons-le, inélégante. C et D sont les meilleures options ici. Parmi les deux, on préférera la D. C'est en effet la meilleure réponse du point de vue du sens et du style : la C est plus orale, alors que le style du texte en fait véritablement un extrait d'article.

62. **Réponse B**

Il faut choisir la B. La D laisse totalement de côté la dimension de la compréhension : « on comprendra aussi que » disparaît totalement. Il en va de même pour la E : elle laisse croire que Méliès nous enseigne quelque chose alors qu'il s'agit de comprendre quelque chose sur Méliès. De plus, elle réduit le réalisme au « réalisme documentaire », alors que le texte initial dit « une base réaliste voire documentaire » : le réalisme n'est donc que dans un cas précis documentaire. Il en va de même pour la A. La C est presque parfaite à ceci près que d'une part l'équivalence « faux-semblant »/« illusion » est discutable et que d'autre part le temps final est changé : on passe du présent de l'indicatif à l'imparfait. La meilleure réponse est donc la B : tous les sens initiaux s'y retrouvent, à l'exception de la restriction « voire », mais que l'on ne retrouve dans aucune option.

63. **Réponse D**

La notion d'observation est prise ici en un sens clinique : il s'agit de tout ce que les infirmières peuvent remarquer et qui serait utile aux médecins. Cela n'a donc rien de prescriptif, ce qui élimine les réponses B et C. E est possible mais introduit un sens subjectif dans un contexte médical où l'on cherche à être le plus objectif possible. A et D sont possibles ici. Laquelle préférer ? La A est très générale, tant par le sens du mot « informations » que par l'article indéfini « des ». La D est ici le meilleur synonyme d'observation, même s'il ne constitue pas un synonyme parfait. On devra toujours se rappeler dans ces tests que l'on vous demande la meilleure solution, ce qui signifie qu'elle n'est pas forcément parfaite.

64. **Réponse D**

Le proverbe de départ signifie que l'on ne peut aller plus vite que la musique ; ce qui réclame du temps, il faut le faire en prenant son temps. C'est pourquoi la B et la C sont à exclure d'emblée. Elles n'ont pas de rapport précis avec le sens initial.

La A est tentante parce qu'elle traite du temps, mais elle ne traite pas exactement de la patience, bien plutôt du moment où l'on choisit de faire les choses. Il faut alors choisir entre D et E. La E traduit le proverbe anglais *"A good beginning, makes a good ending"*. La D traduit le proverbe italien *"chi, va, piano, va, sano, e, va et lontano"*. Elles sont toutes deux possibles mais la D est meilleure : la D évoque toute la séquence temporelle d'une action et la E insiste sur la qualité du commencement, alors que dans l'expression du départ, ce sont tous les moments qui réclament de la patience qui sont visés.

65. **Réponse B**
La B est la meilleure option. Il s'agit ici de repérer deux choses : dans l'expression « dans les premières lignes », on nous informe d'une situation précise qui permet de situer la pensée en question. Cela n'a donc rien de métaphorique. C'est pourquoi la proposition D est impossible : un principe n'est pas forcément au début d'une œuvre, même s'il en est le commencement logique. Par ailleurs, cette expression concerne un livre et dans sa précision réclame un équivalent applicable aux pages : cela exclut la E, jolie option, mais trop métaphorique et imprécise ici. Parmi les trois options restantes, c'est le degré de précision qui va les distinguer. La C est assez vague, la A tout autant, la B beaucoup plus nette. C'est pourquoi c'est bien la meilleure réponse ici.

66. **Réponse C**
Il y a en tout 7 fautes ici, réponse C. Le participe passé de « prendre » est « pris » et non « prit ». « Ces habitudes » est possible, mais il est beaucoup plus logique de penser que l'on reprend ici l'expression « prendre ses habitudes » : le démonstratif « ce » signifierait que l'on parle de certaines habitudes avant et qu'on les décrit encore ici. C'est peu probable et on considérera ici qu'il s'agit d'une faute. « Changé » doit rester au singulier car il est employé avec l'auxiliaire « avoir » et aucun COD n'est repérable à l'entour. Il manque ensuite la négation « n' » même si à l'oral cela ne change rien : « on n'a jamais vu ». On a ensuite deux noms propres au pluriel. De manière générale, ils ne s'accordent pas, sauf pour les populations (« les Français »), les ensembles géographiques (« les Alpes ») et les lignées célèbres (« les Césars »). En l'occurrence, il ne faut de pluriel ni à « Rome », ni à « Picasso ». Enfin, « on » est sujet de « pourrait » et ne doit pas être confondu avec « ont », troisième personne du pluriel de l'auxiliaire « avoir ». La bonne orthographe de cette phrase est donc : « Il a pris ses habitudes et n'en a plus changé depuis. On n'a jamais vu homme aussi dépourvu de fantaisie. Certes, il n'y a ni deux Rome ni deux Picasso et tous ne peuvent être créatifs. Néanmoins, on pourrait s'attendre à plus d'imagination. »

67. **Réponse B**

La bonne orthographe de la phrase est : « Cet employé n'est pas contre quelques extra mais dans la limite du raisonnable. Il y a une nette différence entre quelqu'un dans le besoin et quelqu'un déjà satisfait qui cherche seulement une amélioration concrète de son quotidien. Or celui-ci n'est pas un va-nu-pieds. Il a déjà bâti sa maison et tout ce dont il a besoin. » Il y a donc en réalité 4 fautes, réponse B. « Extra » est invariable, comme la plupart des expressions directement issues du latin. Si les adjectifs en *-et* s'écrivent souvent *-ette* au féminin, comme « nette », il y a quelques exceptions telles « concrète ». Enfin, « quotidien » ne prend pas de *t* et « nu » est invariable quand il est placé avant le nom qu'il qualifie, en l'occurrence « pieds ».

68. **Réponse E**

Il faut choisir la E. La « foi » ne prend pas de « e », alors que le « foie » en prend un. C'est l'une des bizarreries de l'orthographe française… On a besoin « de quelque chose », c'est pourquoi c'est le relatif « dont » qui convient ici. On joue ensuite sur les pluriels de notions dénombrables ou non : pour être croyant, il faut faire « des efforts », « des sacrifices » et donner « de l'énergie ». Dans ce dernier cas, on voit que le pluriel changerait le sens et deviendrait curieux : on devrait manifester « plusieurs » énergies dans la religion… On doit donc écrire « beaucoup d'énergie, d'efforts et de sacrifices ». Enfin, « la » est un pronom ici et « pratique » est conjugué au présent de l'indicatif. On ne peut donc l'écrire « l'a », sauf si le verbe était au passé composé : « l'a pratiqué ».

69. **Réponse A**

Il faut choisir la A. Elle peut surprendre parce qu'une mauvaise habitude orale s'est emparée des Français : si « avant que » est suivi du subjonctif, « après que » indique quelque chose qui s'est passé avant, c'est-à-dire une certitude. Pour cette raison, on utilise l'indicatif. La B est donc exclue ici. La C est trop orale : si on dit « ça », on écrit toujours « cela ». La D joue sur le sens : « faire comprendre » signifie que l'interlocuteur a du mal à saisir quelque chose. Or rien ne laisse deviner cela ici. On teste donc au passage votre vocabulaire. Enfin, dans l'option E, on résume d'une manière grammaticalement et orthographiquement correcte, mais c'est bien trop elliptique. On perd du sens par rapport à la phrase initiale.

70. **Réponse E**

La meilleure réponse est la E. Il faut écrire « imminent ». Ensuite, il ne faut pas oublier le « ne » de la négation dans « ne savait pas ». « Quand » se rapporte ici au temps donc prend un *d.* « Optimiste » doit rester au singulier car l'expression « être optimiste » est à l'infinitif et n'implique pas d'accord. « Sert » ici vient du verbe « servir », et non du verbe « serrer ». Enfin, on peut garder ou non le

« nous » final, mais il est préférable de ne pas l'ajouter car tout le texte est écrit de manière impersonnelle, avec le pronom « on », alors que « nous » est un pronom personnel.

71. **Réponse C**

Il s'agit manifestement ici du contenu d'une lettre adressée par un responsable éducatif à un parent d'élève. En plus du sens général de la phrase, il faut bien entendu être attentif à la ponctuation. L'option A est ainsi impossible : on ne peut écrire « c'est pourquoi » avant une virgule. Il en va de même pour l'option D. L'option B semble tout d'abord possible, mais on ne comprend pas dès lors l'utilisation du futur de l'indicatif. Il est logique, compte tenu de ce temps verbal, de chercher une condition exprimée au présent que la B ne spécifie pas assez. La E est alors possible mais ne peut être retenue : « ça » est un terme familier qui tranche avec le contexte. La C est donc la seule réponse possible ici.

72. **Réponse B**

On doit préférer la B. La dernière phrase se présente comme une précision. En effet, l'avant-dernière phrase évoque la question du statut de la critique et la dernière dit justement la manière dont on l'apprécie. La A est impossible car « sans ambages » se dit d'une expression qui se veut directe, dans un dialogue par exemple. La E est impossible du fait de la ponctuation : on ne met jamais une virgule juste après cette expression car cela reviendrait à couper l'explication en plein milieu. La C est trop curieuse ici : en quoi cette affirmation renvoie-t-elle à quelque chose d'heureux. Ce serait introduire une nuance affective là où elle n'a pas sa place. Il reste à départager B et D. Toutes deux sont possibles mais la B est meilleure. En effet, les deux dernières phrases sont liées par le thème du jugement : « statut » et « considère ». De l'une à l'autre, on a une structure analogue à la suite question-réponse. On peut donc dire qu'après s'être demandé quel est le statut de la critique, on précise lequel. L'adverbe signale bien une restriction parmi toutes les réponses possibles, et beaucoup plus nettement que le seul « ainsi ».

73. **Réponse C**

Il faut choisir la C. Pour le premier trou, il faut être sensible au ton de l'ensemble. Le court extrait est rédigé dans une langue soutenue et l'on doit pour cette raison exclure toute forme de familiarité. Ainsi, « sympa » et « mignon » ne conviennent pas ici. Par ailleurs « utile » présente un sens qui ne convient pas. L'atmosphère de cet extrait, c'est bien l'évasion, le rêve et la poésie. On voit donc mal ce que la notion d'utilité viendrait faire ici. Il reste alors à départager les réponses B et C. On ne peut le faire qu'à partir du second terme. Là encore, il faut être sensible au ton onirique et enthousiaste de ce passage. Est-ce formidable de passer d'un hôtel à l'autre ? Pourquoi pas ? Mais cela l'est de toute évidence lorsque l'on passe d'un monde à l'autre : là, l'idée de découverte et de toutes ses promesses est particulièrement bien rendu puisqu'à chaque déplacement, c'est tout un décor qui change.

74. **Réponse A**

La bonne réponse est la A. On comprend que les films choisis ici sont reliés à un discours. Il reste à comprendre la nature de ce lien. Comment un discours extérieur à un film peut-il s'y raccorder ? On nous précise en l'occurrence que ces discours sont ceux des réalisateurs. Voilà un bon indice pour deviner que ces films sont réalisés à partir d'une théorie dont le metteur en scène est le garant. C'est pourquoi on doit trouver le terme qui présente le mieux le rapport du projet – ou de la théorie – et de son expression. C est absurde ici et D réduit le discours à l'exemple, ce qui est impossible ici. B est imprécis. Il reste à choisir entre A et E. Le verbe « étayer » est le plus souvent réservé à l'illustration et aux exemples qu'à un discours théorique et fondamental. L'idée de « soutenir » une pratique par une théorie est la plus précise ici.

75. **Réponse E**

Il faut choisir la E. Pour le premier trou, on comprend par le contexte que la pendule se compose d'une première partie dans laquelle s'inscrit l'ensemble qui donne l'heure. On peut le nommer de différentes manières selon les contextes, mais il s'agit ici d'une définition spatiale. On ne peut se contenter d'une partie du tout comme « l'heure » (trop abstrait) ou « le temps » (idem) ou encore « l'aiguille ». Il faut au contraire donner l'ensemble de ce qui donne l'heure, c'est-à-dire les aiguilles, le cadran, le mécanisme… Le terme qui résume tout cela, c'est ce que l'on appelle le « mouvement » : il désigne bien l'ensemble. Si on ne le sait pas, on peut s'appuyer ici sur le second terme. On comprend que la pendule repose sur quelque chose qui va avec. « Carré » est abstrait. « Base » est un terme mathématique et militaire et se marie mal avec le ton du texte. « Promontoire » ne convient pas à une pendule, pas plus que « piédestal » qui reviendrait à la sacraliser. Seul le « socle » est le terme vraiment adéquat. On voit donc ici que si l'on n'arrive pas à discerner la meilleure réponse pour le premier terme, le second peut suffire.

6. Logique

76. **Réponse B**

H : Inter vertical de +1 sur la première lettre.

V : Intra de +1 entre la deuxième et la troisième lettre.

77. **Réponse D**
H : Tous les nombres sont des multiples de 17.
V : Somme constante égale à 6.

78. **Réponse D**
H : Inter vertical de -1 sur la lettre du milieu.
V : Intra de -1 entre la première et la dernière lettre.

79. **Réponse D**
H : Somme constante égale à 6.
V : Intra de -1 entre le premier et le deuxième chiffre ainsi qu'entre le deuxième et le troisième.

80. **Réponse C**
H : Intra de -1 entre la deuxième et la troisième lettre.
V : Intra de +1 entre la première et la deuxième lettre.

81. **Réponse E**
H : Inter vertical de -1 sur le chiffre du milieu.
V : Séparation somme constante égale à 9 par les côtés (la somme des deux chiffres situés aux extrémités est toujours égale à 9).

82. **Réponse A**
H : Le 7 se déplace, passant du premier au deuxième chiffre et ainsi de suite.
V : Tous les chiffres sont des multiples de 11.

83. **Réponse B**
H : Inter Grande diagonale gauche de -2.
V : La troisième lettre est toujours une voyelle.

84. **Réponse D**
Le nombre de côtés est égal à la valeur numérique de la lettre.

85. **Réponse A**
Le mouvement des barres vous indique qu'elles seront verticales et sur la gauche de la figure. De plus, leur nombre suit une progression arithmétique de 1 : il y a d'abord une barre, puis deux, puis trois. Ainsi, la solution devra en comporter quatre. En ce qui concerne les sigles, leur nombre est un extrait du début de la suite des nombres premiers : 5, 7, 11. Le nombre suivant est 13, ce qui correspond donc au nombre de sigles que devra contenir la solution.

86. **Réponse A**

Les deux disques du bas changent de couleur et devront par conséquent être blanc dans la solution. En ce qui concerne les disques avec une croix à l'intérieur, ils alternent de position, passant de haut en bas : la figure de la solution devra en comporter un en haut et deux en dessous. Enfin, le produit des chiffres reste constant égal à 16.

87. **Réponse B**

Le mouvement de la croix vous indique qu'elle sera penchée. De plus, la seule lettre présente bouge de 45° dans le sens des aiguilles d'une montre et suit une progression arithmétique de 1 : K, L, M. La solution devra donc comporter un N au sommet. Enfin, la somme de tous les chiffres présents suit elle aussi une progression arithmétique de 1 :

3 + 7 + 1 = 11 3 + 8 + 1 = 12 8 + 1 + 4 = 13

La somme des chiffres de la solution devra donc donner 14.

88. **Réponse E**

La différence entre le nombre de côtés de la petite figure et celui de la grande suit une progression arithmétique de 1 :

4 - 4 = 0 4 - 3 = 1 6 - 4 = 2

La différence entre ces deux nombres devra donc être de 3 pour la solution.

89. **Réponse D**

Il vous suffit d'observer le mouvement du remplissage noir du petit disque au centre de la figure pour vous rendre compte que de plein, il passe à trois quarts plein, puis à moitié plein, pour terminer logiquement à un quart plein.

90. **Réponse A**

La somme des chiffres (pas des nombres !) vaut successivement 11, 12, 13 puis 14 (exemple : 12 / 17 => 1 + 2 + 1 + 7 = 111).

TEST BLANC TAGE MAGE NUMERO 7

TEST TAGE MAGE NUMERO 7 : VOTRE GRILLE DE REPONSES

Epreuve 1 **Compréhension de textes**						Epreuve 2 **Calcul**						Epreuve 3 **Raisonnement/Argumentation**					
1	A	B	C	D	E	16	A	B	C	D	E	31	A	B	C	D	E
2	A	B	C	D	E	17	A	B	C	D	E	32	A	B	C	D	E
3	A	B	C	D	E	18	A	B	C	D	E	33	A	B	C	D	E
4	A	B	C	D	E	19	A	B	C	D	E	34	A	B	C	D	E
5	A	B	C	D	E	20	A	B	C	D	E	35	A	B	C	D	E
6	A	B	C	D	E	21	A	B	C	D	E	36	A	B	C	D	E
7	A	B	C	D	E	22	A	B	C	D	E	37	A	B	C	D	E
8	A	B	C	D	E	23	A	B	C	D	E	38	A	B	C	D	E
9	A	B	C	D	E	24	A	B	C	D	E	39	A	B	C	D	E
10	A	B	C	D	E	25	A	B	C	D	E	40	A	B	C	D	E
11	A	B	C	D	E	26	A	B	C	D	E	41	A	B	C	D	E
12	A	B	C	D	E	27	A	B	C	D	E	42	A	B	C	D	E
13	A	B	C	D	E	28	A	B	C	D	E	43	A	B	C	D	E
14	A	B	C	D	E	29	A	B	C	D	E	44	A	B	C	D	E
15	A	B	C	D	E	30	A	B	C	D	E	45	A	B	C	D	E

Epreuve 4 **Conditions minimales**						Epreuve 5 **Expression**						Epreuve 6 **Logique**					
46	A	B	C	D	E	61	A	B	C	D	E	76	A	B	C	D	E
47	A	B	C	D	E	62	A	B	C	D	E	77	A	B	C	D	E
48	A	B	C	D	E	63	A	B	C	D	E	78	A	B	C	D	E
49	A	B	C	D	E	64	A	B	C	D	E	79	A	B	C	D	E
50	A	B	C	D	E	65	A	B	C	D	E	80	A	B	C	D	E
51	A	B	C	D	E	66	A	B	C	D	E	81	A	B	C	D	E
52	A	B	C	D	E	67	A	B	C	D	E	82	A	B	C	D	E
53	A	B	C	D	E	68	A	B	C	D	E	83	A	B	C	D	E
54	A	B	C	D	E	69	A	B	C	D	E	84	A	B	C	D	E
55	A	B	C	D	E	70	A	B	C	D	E	85	A	B	C	D	E
56	A	B	C	D	E	71	A	B	C	D	E	86	A	B	C	D	E
57	A	B	C	D	E	72	A	B	C	D	E	87	A	B	C	D	E
58	A	B	C	D	E	73	A	B	C	D	E	88	A	B	C	D	E
59	A	B	C	D	E	74	A	B	C	D	E	89	A	B	C	D	E
60	A	B	C	D	E	75	A	B	C	D	E	90	A	B	C	D	E

Si vous souhaitez répondre la réponse B à la question 31, alors noircissez la case comme suit :

31	A	B	C	D	E

7

TEST BLANC TAGE MAGE
EPREUVE 1 : COMPREHENSION DE TEXTES

CONSIGNES

15 questions / 20 minutes / Calculatrice interdite

BAREME

Réponse juste : + 4 points / Réponse fausse : - 1 point / Aucune réponse : 0 point

TEXTE 1

« Me voici arrivé maintenant à la partie embarrassante de ma tâche : mes fonctions m'obligent presque, jeunes gens, à vous donner quelques conseils, et je ne sais trop si j'en ai le droit. Il en est un pourtant, un seul, que je puis vous donner sans présomption, sans empiétement téméraire sur votre liberté, car je veux vous avertir précisément et vous presser de sauvegarder toujours votre liberté intime, d'être et de rester des personnes, d'être et de rester vous-mêmes et de développer en vous la vie vraiment individuelle, la vie intérieure et profonde.

Vivre pour autrui, mais vivre avec soi-même, voilà quelle est à mon sens notre double loi, et avec les nécessités extérieures toujours plus pressantes, avec les fatigues croissantes de la civilisation, il n'est peut-être pas inutile de le rappeler. Ce n'est pas, vous m'entendez bien, que je veuille vous convier à une sorte de solitude mélancolique et hautaine, dédaigneuse de l'action et oublieuse de la solidarité. Les temps ne sont plus où cela était possible ou même passagèrement légitime. Il y a eu un moment, au commencement de ce siècle, ou plus exactement dans le premiers tiers de ce siècle, où la jeunesse pensante, celle qui avait du génie ou quelque étincelle de génie, semblait se plaire dans un isolement songeur, attristé ou farouche. Par un saisissant paradoxe, le même Napoléon qui avait arraché des millions d'hommes à la

@@@@@@@@@@@@@@@@@@@@@@@@@@@@@@@@@@
@@@@@@@@@@@@@@@@@@@@@@@@@@@@@@@@@@
@@@@@@@@@@@@@@@@@@@@@@@@@@@@@@@@@@

tranquillité du foyer et aux songeries idylliques pour les précipiter dans l'action, qui avait perdu les individus dans des masses mouvantes et organisées et qui avait mêlé les peuples et les races, avait donné aux âmes humaines l'exemple et le signal de la solitude. Il déchaînait les bouleversements, mais pour réaliser une pensée secrète : et le tumulte de l'histoire répondait au silence de son rêve. Il passait mystérieux et impénétrable jusqu'au jour où sa volonté solitaire éclatait en événement : il était comme un horizon fermé qui se déplace et qui ne s'ouvre que par des éclairs.

Dès lors, par une sorte d'imitation involontaire et instinctive du grand homme tombé, tous les jeunes gens qui pensaient, qui rêvaient, qui, eux aussi, voulaient vivre d'une vie illimitée, s'imaginaient que pour conquérir et remplir l'univers, il faut d'abord s'enfermer en soi ; et comme un moment le "moi" de Napoléon avait été tout, ils se disaient que pour devenir tout, il faut d'abord dire : "moi". Ainsi, tout autour de Napoléon, et surtout après lui, quand il parut à des milliers de jeunes gens, qui n'ont pas tous avoué leur rêve, que la succession était vacante, que le monde était à prendre et qu'il fallait s'en emparer par la gloire et par le génie, il y eut dans les âmes une concentration ambitieuse et douloureuse, qu'on pourrait appeler "la solitude napoléonienne". Et en même temps que les âmes s'isolaient ainsi par imitation, elles s'isolaient par réaction ; au sortir de la contrainte militaire, qui avait discipliné les hommes en bataillons et les bataillons en armées, chacun éprouvait le besoin de se ressaisir, et c'était comme une volupté nouvelle d'être seul. De plus, la nature même, avec la variété et l'infinie douceur de ses aspects, avait été disciplinée, militarisée, caporalisée ; les déserts d'Egypte avaient mission d'envelopper, d'une sorte d'étrangeté lointaine, le général qui voulait devenir consul ; et les sphinx étaient enrôlés dans le coup d'Etat de Brumaire ; la mer avait consigne de porter en Angleterre nos flottilles et nos soldats ; les feux des camps, sur les plateaux de la Moravie, faisaient pâlir les étoiles, et il semble qu'à la chute de Napoléon, la nature même ait retrouvé sa liberté. Dès lors, c'était comme un enivrement pour les âmes de se rajeunir dans le vieux monde comme en une solitude vierge.

L'homme disait tout bas à la nature : "Ne crains rien, je viens seul et je ne veux pas te tyranniser ; je ne porte avec moi ni fracas, ni passion ; je viens te voir et t'écouter, et t'adorer en tes vallées profondes ; je n'oublie pas la légende héroïque et j'en suis hanté, mais je ne veux pas te l'infliger ; moi aussi, je vois enfin des paysages qui ne sont pas inscrits sur des drapeaux et je veux voir des soleils éclatants ou finissants qui ne portent pas des noms de bataille et qui ne figurent pas au bulletin, comme le soleil d'Austerlitz." Ils allaient ainsi, se taisant et songeant. C'est alors que, sur la terrasse du vieux château de Combourg, assombrie par la nuit, Chateaubriand, tout jeune, sentait passer des fantômes d'amour en qui les palpitations du vent battaient

@@

comme un cœur mystérieux et passionné. C'est alors que Hugo, plus calme et déjà souverain, prolongeaient sur la colline ses entretiens royaux avec le soleil couchant. »

1. Il s'agit :
   1. d'un extrait   2. de la fin d'un texte   3. d'un texte entier

(A) 2 et 3.
(B) 1 seulement.
(C) 2 seulement.
(D) 3 seulement.
(E) 1 et 2.

2. Les soldats de l'armée de Napoléon avaient tendance à penser que l'idéal de vie n'est pas :

(A) l'égoïsme.
(B) la solitude.
(C) l'action.
(D) la méditation.
(E) la solidarité dans l'armée.

3. L'Egypte, dans ce texte, c'est :

(A) la nostalgie.
(B) l'avenir.
(C) le passé.
(D) la gloire.
(E) le rêve.

@@@@@@@@@@@@@@@@@@@@@@@@@@@@@@@@@@@@@
@@@@@@@@@@@@@@@@@@@@@@@@@@@@@@@@@@@@@
@@@@@@@@@@@@@@@@@@@@@@@@@@@@@@@@@@@@@

4. Pour un jeune homme du premier tiers du siècle décrit par l'auteur, être jeune :
1. c'est une question de représentations 2. c'est vivre à l'époque de Napoléon
3. c'est possible en se rapportant au passé

(A) 1 et 2.
(B) 2 et 3.
(C) 1 seulement.
(D) 3 seulement.
(E) 1, 2 et 3.

5. D'après l'auteur, on peut dire que Hugo et Chateaubriand ont eu une jeunesse :

(A) heureuse.
(B) noble.
(C) critiquable.
(D) négative.
(E) réaliste.

6. L'auteur relie intimement deux concepts :

(A) courage et sagesse.
(B) conseil et liberté.
(C) connaissance et action.
(D) liberté et individu.
(E) action et vérité.

@@@@@@@@@@@@@@@@@@@@@@@@@@@@@@@@@@@@@
@@@@@@@@@@@@@@@@@@@@@@@@@@@@@@@@@@@@@
@@@@@@@@@@@@@@@@@@@@@@@@@@@@@@@@@@@@@

7. Dans ce texte, la nature fait l'objet d'une :

(A) litote.
(B) allégorie.
(C) comparaison.
(D) métaphore.
(E) ritournelle.

8. Le texte présenté est :

(A) apologétique.
(B) comique.
(C) didactique.
(D) polémique.
(E) dithyrambique.

TEXTE 2

Selon Merleau-Ponty, l'homme possède une spécificité « catégoriale ». Certes, le symbole concerne déjà les animaux d'une certaine façon car ils esquissent une action ou un comportement pour communiquer leurs intentions. On peut même déjà parler d'une certaine « culture animale ». Mais l'attitude catégoriale se signale comme capacité à faire varier les signes et les choses, autrement dit à voir une chose sous différents aspects. Ici Merleau-Ponty mobilise les travaux de Goldstein et de Köhler dans *L'Intelligence chez les singes supérieurs*. Alors que le singe, s'il transforme une branche en bâton, la supprime comme branche, l'homme lui fait preuve d'une liberté commençante dans cette manière de varier les points de vue : branche ou bâton, selon ses besoins, ou encore symbole d'autre chose.

Mais c'est la *Phénoménologie de la perception* qui investit plus en détail la genèse du langage articulé, fruit excellent de cette attitude catégoriale. Le langage articulé s'explique en réalité par *le rythme corporel*. Déjà, « la sensation est intentionnelle parce que je trouve dans le sensible la proposition d'un certain rythme d'existence ». La langue renvoie au même principe. Le sens linguistique existe et est d'abord motivé par le rythme et la modulation corporels : « Le mot "grésil" […] n'est pas un objet que je reconnais comme une synthèse d'identification, c'est un certain usage de mon appareil de phonation, une certaine modulation de mon corps comme être au monde, sa généralité n'est pas celle d'une idée, mais celle d'un style de conduite que mon corps "comprend" en tant qu'il est une puissance de fabriquer des comportements. »

Cette conception rythmique vaut pour la langue en général : « On découvrirait sans doute à l'origine de chaque langue un système d'expressions assez réduit mais tel par exemple qu'il ne soit pas arbitraire d'appeler lumière la lumière si l'on appelle nuit la nuit. » On trouve là une explication de la formation des mots qui n'est pas sans rappeler les tentatives platoniciennes ou rousseauistes et qui cherche à dépasser les apories imitatives dont Mallarmé se plaint.

Pourquoi le rythme est-il si important ici ? Parce qu'il suggère des attitudes du corps et des conduites. De même qu'un mot comporte une certaine cadence et une certaine couleur, de même le corps qui le prononce se met dans une disposition propre à éprouver l'objet ou la situation correspondante. Le langage renvoie ainsi à des conduites : « La chaleur que je sens en lisant le mot "chaud" n'est pas la chaleur effective. C'est seulement mon corps qui s'apprête à la chaleur et qui en dessine pour ainsi dire la forme. »

Cette *conception physico-rythmique du langage*, en reliant la modulation verbale à la posture pragmatique du corps, explique pourquoi la perception est déjà langage. Le corps est signifiant, c'est-à-dire synthèse de l'existence et du sens. Tout est sens pour mon corps dès lors que j'existe. Même dans la perception apparemment passive, je m'exprime : perception et mouvement sont déjà des styles. Le langage passe donc nécessairement par une perception, puis par une action et enfin par un geste. La spécificité de la langue par rapport au langage gestuel réside dans sa complexité ainsi que dans sa « sédimentation ». Alors que le langage gestuel est en grande partie évanescent, le langage articulé et son écriture sont cumulatifs et permettent par leur envergure systématique de conserver les acquis linguistiques antérieurs. Le langage articulé profite de sa mémoire et de son rapport à une intersubjectivité alors que le geste s'évanouit.

La phase gestuelle du langage est d'autant plus nécessaire qu'il faut accepter aussi un certain nombre de conventions dans le langage articulé. Et cette affirmation n'a rien d'incohérent avec l'origine corporelle du langage. Merleau-Ponty écrit même dans la *Phénoménologie de la perception :* « Le Japonais en colère sourit, l'Occidental rougit

@@@

et frappe du pied ou bien pâlit et parle d'une voix sifflante. Il ne suffit pas que deux sujets conscients aient les mêmes organes et le même système nerveux pour que les mêmes émotions se donnent chez tous deux les mêmes signes. Ce qui importe c'est la manière dont ils font usage de leur corps, c'est la mise en forme simultanée de leur corps et de leur monde dans l'émotion. L'équipement psychophysiologique laisse ouvertes quantité de possibilités et il n'y a pas plus ici que dans le domaine des instincts une nature humaine donnée une fois pour toutes. »

L'origine corporelle du langage n'empêche donc pas l'inventivité des langues et leurs différences. Comme système de différences, la langue comporte également des conventions même si cela ne retire rien à son premier fondement corporel et rythmique. C'est là un paradoxe très classique pour toutes les pensées qui veulent penser l'origine du langage. Il faut une entente première pour permettre la convention sur le langage et la meilleure façon de s'entendre serait de déjà parler. La réponse de Merleau-Ponty consiste à affirmer que l'on se comprend corporellement et gestuellement avant de parler et de prononcer, et c'est à ce moment que se met en place un premier accord sur les conventions à venir.

9. Quel titre convient le mieux au texte ?

(A) L'origine du langage.
(B) Sur la musique.
(C) De la langue aux langues.
(D) L'origine des langues.
(E) L'origine rythmique du langage.

10. Le langage articulé revêt plusieurs avantages :
1. sa simplicité 2. sa systématicité 3. sa stabilité

(A) 1 seulement.
(B) 2 seulement.
(C) 1 et 2.
(D) 2 et 3.
(E) 1, 2 et 3.

@@@@@@@@@@@@@@@@@@@@@@@@@@@@@@@@@@@@@
@@@@@@@@@@@@@@@@@@@@@@@@@@@@@@@@@@@@@
@@@@@@@@@@@@@@@@@@@@@@@@@@@@@@@@@@@@@

11. Quelle opposition conceptuelle n'apparaît pas dans le texte ?
1. gestuel et verbal 2. un et multiple 3. corporel et idéal

(A) 1 seulement.
(B) 2 seulement.
(C) 3 seulement.
(D) 2 et 3.
(E) Aucun.

12. La différence entre le singe et l'homme, c'est :

(A) la spécificité catégoriale du singe.
(B) l'intelligence de l'homme.
(C) la souplesse intellectuelle de l'homme.
(D) l'aspect catégorique de l'homme.
(E) la souplesse du singe.

13. Ce texte peut provenir :

(A) d'un journal.
(B) d'un discours.
(C) d'une chronique.
(D) d'un essai.
(E) d'un manuel de physiologie.

@@

14. La langue humaine est :

(A) culturelle.
(B) naturelle.
(C) mi-naturelle, mi-culturelle.
(D) plus naturelle que culturelle.
(E) plus culturelle que naturelle.

15. D'après le texte, Goldstein et Köhler ne sont pas :

(A) intelligents.
(B) ouverts.
(C) professionnels.
(D) philosophes.
(E) scientifiques.

Si vous avez terminé, vous n'êtes pas autorisé(e) à revenir sur une épreuve précédente.
Vous n'êtes pas non plus autorisé(e) à travailler sur une épreuve suivante avant la fin du temps imparti.

STOP !

TEST BLANC TAGE MAGE
EPREUVE 2 : CALCUL

7

CONSIGNES

15 questions / 20 minutes / Calculatrice interdite

BAREME

Réponse juste : + 4 points / Réponse fausse : - 1 point / Aucune réponse : 0 point

16. Cinq problèmes sont proposés lors d'une compétition mathématique. Les problèmes étant de difficulté différente, les points accordés pour chacun d'entre eux sont des entiers différents. Alain a résolu les cinq problèmes ; il a obtenu 10 points avec les deux donnant le moins de points et 18 points avec les deux donnant le plus de points. Quelle est sa note globale ?

(A) 30
(B) 32
(C) 34
(D) 35
(E) 40

//
//
//

17. Une moto consomme 12 litres aux 100 km quand elle roule à 100 km/h. La consommation est strictement proportionnelle à la vitesse. Quelle est la distance parcourue par cette moto sachant qu'elle a consommé 60 litres en roulant à la vitesse de 20 km/h ?

(A) 500 km.
(B) 1 000 km.
(C) 1 500 km.
(D) 2 000 km.
(E) 2 500 km.

18. Le prix d'un produit dans un supermarché a baissé de 12 euros, ce qui correspond à une baisse de 18 %. Quel est le prix du produit avant la baisse ?

(A) 60 euros.
(B) 62 euros.
(C) 66,66 euros.
(D) 67,25 euros.
(E) 70 euros.

19. Valérie, Yaëlle et Danielle entrent dans une bijouterie. Danielle achète 2 broches et 1 collier. Le collier coûte 520 euros. Yaëlle achète 1 broche et 1 bague. Elle a dépensé plus que Danielle. La bague coûte 1 100 euros. Valérie achète 3 broches et 1 bracelet. Valérie a dépensé plus que Danielle. Le bracelet coûte 110 euros. Sachant que toutes les broches sont au même prix, parmi les 5 propositions suivantes, quelle est la seule qui pourrait correspondre au prix d'une broche ?

(A) 570 euros.
(B) 590 euros.
(C) 610 euros.
(D) 620 euros.
(E) 650 euros.

//
//
//

20. Le périmètre d'un carré de vingt-quatre centimètres est découpé en deux rectangles. L'un des rectangles a alors pour périmètre vingt centimètres. Quel est le périmètre du second rectangle ?

(A) 4
(B) 9
(C) 14
(D) 16
(E) 20

21. Que vaut l'octuple du centuple du douzième de 48 ?

(A) 5
(B) 50
(C) 120
(D) 3 200
(E) 4 400

22. Pierre, Halim et Chloé possèdent à eux trois 207 billes, chacun le même nombre. Ils s'affrontent. A la fin de la partie, Chloé possède le même nombre de billes qu'au début et Pierre a perdu les deux tiers de ses billes au profit d'Halim. Quelle est la proportion possédée par Halim en fin de partie par rapport au nombre de billes possédées par Pierre ?

(A) 4 fois plus.
(B) 5 fois plus.
(C) 6 fois plus.
(D) 7 fois plus.
(E) 8 fois plus.

//
//
//

23. La somme de trois nombres entiers consécutifs est égale à la somme des deux nombres entiers consécutifs suivants. Que vaut le plus petit de ces cinq entiers ?

(A) 4
(B) 5
(C) 6
(D) 7
(E) 8

24. Dans la multiplication MN × ZP = 840, M, Z, N et P sont dans cet ordre des nombres consécutifs croissants. Que vaut Z ?

(A) 2
(B) 3
(C) 4
(D) 5
(E) 6

25. Un paquet de bonbons coûte 8 euros. Lors d'une promotion, on offre un paquet de bonbons gratuit pour quatre paquets de bonbons achetés. Un client achète des paquets de bonbons pour 160 euros. Combien a-t-il emporté de paquets ?

(A) 30
(B) 25
(C) 24
(D) 22
(E) 20

//
//
//

26. Pour taper une lettre type, Annie met 1 heure et 40 minutes. Avec sa collègue Chantal elles mettent ensemble 40 minutes. Combien de temps Chantal mettrait-elle si elle tapait une lettre type toute seule ?

(A) Environ 59 minutes.
(B) Environ 67 minutes.
(C) Environ 70 minutes.
(D) Environ 74 minutes.
(E) Environ 78 minutes.

27. Il y a un an, mon âge était le carré d'un nombre entier. Dans un an, mon âge sera un multiple de 17. Quel est mon âge actuel sachant que j'ai moins de 100 ans ?

(A) 33 ans.
(B) 44 ans.
(C) 50 ans.
(D) 65 ans.
(E) 80 ans.

28. Les entiers A et B vérifient 2A = 5B. Un seul des nombres suivants peut être la somme A + B. Lequel ?

(A) 2007
(B) 2008
(C) 2009
(D) 2010
(E) 2011

//
//
//

29. Que vaut la moyenne de 1 000 001 et 1 001 ?

(A) 450 001
(B) 455 551
(C) 500 001
(D) 500 501
(E) 505 501

30. On pèse cinq bébés deux par deux en essayant toutes les combinaisons. On note alors que les différentes mesures obtenues sont : 9 kg, 9,2 kg, 9,3 kg, 9,4 kg, 9,5 kg, 9,6 kg, 9,7 kg, 9,8 kg, 10 kg, et 10,1 kg. Quel est le poids total des cinq bébés ?

(A) 23,9 kg.
(B) 23,1 kg.
(C) 47,5 kg.
(D) 22,6 kg.
(E) 95,6 kg.

Si vous avez terminé, vous n'êtes pas autorisé(e) à revenir sur une épreuve précédente.
Vous n'êtes pas non plus autorisé(e) à travailler sur une épreuve suivante avant la fin du temps imparti.

STOP !

7

TEST BLANC TAGE MAGE
EPREUVE 3 : RAISONNEMENT / ARGUMENTATION

CONSIGNES
15 questions / 20 minutes / Calculatrice interdite

BAREME
Réponse juste : + 4 points / Réponse fausse : - 1 point / Aucune réponse : 0 point

31. On a remarqué que les dauphins comportent plus d'espèces qu'on ne le croyait. Longtemps, on avait aperçu au large de l'Australie des dauphins au nez déformé et aplati. Comme c'est une zone où les navires circulent, on se disait que c'était des animaux que les bateaux avaient malheureusement percutés. Or on s'est récemment aperçu que ces dauphins ne sont absolument pas blessés : ce qui nous apparaissait comme une laideur ou une déformation est en réalité normal pour eux. Ils seraient donc laids par nature et les critères de la beauté référée à la nature semblent bien fragilisés.
Quelle phrase contredit le plus ce raisonnement ?

(A) Toute beauté se réfère à la nature.
(B) Les hommes ne connaissent pas toutes les espèces sur Terre.
(C) La thèse de l'accident est parfois vraie.
(D) On observe toujours bien les insectes.
(E) Toute espèce en contient d'autres.

>>
>>>
>>>

32. Quelle proposition nie la phrase suivante ?
« J'ai des amis qui ont du mal à s'entendre entre eux mais qui font des efforts. »

(A) J'ai un ami qui ne s'entend pas avec les autres mais qui s'y efforce.
(B) Je n'ai aucun ami qui ne s'entende pas avec d'autres.
(C) Tous mes amis ont du mal à s'entendre mais font des efforts.
(D) Tous mes amis ont du mal à s'entendre mais ne font pas d'efforts.
(E) Aucun de mes amis n'a de problème avec les autres mais ils font des efforts.

33. Lors du dernier championnat du monde de Formule 1, les Renault ont été dans le peloton tout au long des deux heures. A la fin, au classement des quatre premiers constructeurs, les Ferrari étaient derrière les voitures jaunes, tandis que les bleues étaient avant les Suzuki. Ces dernières sont arrivées en 4e position, après de nombreuses péripéties.
Laquelle de ces propositions est impossible ?

(A) Les Ferrari sont jaunes.
(B) Les Ferrari sont bleues.
(C) Les Renault étaient premières.
(D) Les bleues étaient premières.
(E) Les Ferrari étaient troisièmes.

>>
>>
>>

34. Certaines personnes du village lavent leur linge et le repassent elles-mêmes, certaines de l'économie qu'elles réalisent ainsi. En revanche, d'autres préfèrent gagner du temps, ou bien tout simplement craignent de ne pas savoir le faire et préfèrent par conséquent déléguer ce travail au blanchisseur. Cette semaine, le blanchisseur du village va travailler pour quelqu'un qui lave d'habitude le linge des autres.
Laquelle des affirmations suivantes est vraie ?

(A) C'est impossible.
(B) C'est un fou.
(C) Le blanchisseur fait normalement laver son propre linge par un autre blanchisseur.
(D) Le blanchisseur change tout le temps d'habitudes.
(E) Le blanchisseur est un menteur.

35. La logique a des principes traditionnels et classiques. Parmi ceux-là, les plus fameux sont ceux qu'Aristote a formalisés : le principe d'identité, le principe de non-contradiction et le principe du tiers exclu. Considérons cependant que le principe qui dit qu'une chose ne peut pas être vraie en même temps que son contraire est parfois vrai, parfois faux.
Quelle conséquence cela ne peut-il pas avoir ?

(A) Tout est vrai.
(B) Tout peut être vrai.
(C) Certaines choses ne peuvent pas être fausses.
(D) On ne sait plus à quel saint se vouer.
(E) Hourra !

>>>
>>>
>>>

36. Je pense être intelligent. J'aime les femmes belles, intelligentes mais sincères. Une femme belle sur deux est intelligente. Les hypocrites sont parfois dotés d'intelligence car elle leur permet de mieux se dissimuler. Les gens intelligents sont toujours beaux d'une certaine façon. L'hypocrisie se cache aussi 99 fois sur 100 derrière la beauté. Une femme sur deux est hypocrite mais neuf femmes sincères sur dix sont belles. En revanche, les gens intelligents n'aiment pas toujours la beauté.
Selon toute probabilité, dans mes rencontres, je suis :

(A) Heureux.
(B) Déçu.
(C) Très heureux.
(D) Naïf.
(E) On ne peut rien dire.

37. Le grand frère de l'oncle du neveu de la tante de la mère est sans doute :

(A) mon cousin.
(B) mon frère.
(C) un cousin par alliance de mon père.
(D) mon grand-père.
(E) le frère de ma mère.

>>>
>>>
>>>

38. L'éolipyle fut inventé par Héron d'Alexandrie durant le premier siècle de notre ère. Il s'agit d'une sorte de Cocotte-Minute qui tourne sur elle-même par la vapeur. Son principe est identique à celui qui a déclenché la révolution industrielle et toutes ses conséquences, mais 2 000 ans avant. Certains historiens pensent que cela n'a pas pris parce que les esclaves constituaient alors une main d'œuvre suffisamment bon marché pour que l'on ne cherche pas d'autres sources d'énergie efficaces.
Ce raisonnement est contredit si :

(A) la machine a quelque chose de diabolique qui ne pouvait qu'effrayer les peuples d'Alexandrie.
(B) l'ouvrier des temps modernes est moins bien loti que l'esclave.
(C) les scientifiques du XIXe siècle ne connaissaient pas Héron d'Alexandrie.
(D) on n'a jamais su écouter les génies.
(E) nul n'est prophète en son pays.

39. Certains représentants de sectes viennent souvent frapper à nos portes. Et leur technique est très bien rodée : ils s'avancent vers vous, n'hésitent pas s'il le faut à poser le pied sur la marche palière de votre domicile et vous disent rapidement « bonjour » pour que vous ayez à peine le temps de vous rendre compte de ce qu'ils sont. Sans se présenter à vous, ils vous « offrent » une phrase et vous invitent à réfléchir. Ils n'oublient jamais de venir à plusieurs, en général un jeune et un moins jeune.
Sur quelle logique s'appuient-ils ?

(A) Les jeunes filles sont séduisantes.
(B) Plus l'on est de fous, plus l'on rit.
(C) On peut parler de ce que l'on connaît.
(D) Tout don appelle une contrepartie.
(E) Cela ne coûte rien d'écouter.

>>
>>
>>

40. Pour le philosophe Aristote, le sage doit être tel Dieu. Ce dernier, selon Aristote, ne peut que se penser lui-même car s'il est parfait, il ne peut penser que ce qui est parfait, à savoir lui-même. Comme il est à l'origine du monde, s'il pense ce qui dépend de lui, alors il pense quelque chose de moins parfait que lui, ce qui est sans noblesse. Or le sage doit l'imiter : être sage et se penser soi-même comme sage. Le problème, c'est que l'homme ne se pense pas aussi facilement lui-même qu'il pense les éléments du monde.
Comment résoudre ce paradoxe ?

(A) C'est impossible.
(B) Il faut utiliser une webcam.
(C) Le sage doit se trouver un *alter ego*.
(D) Il faut se crever les yeux comme Œdipe.
(E) Il faut se regarder dans le reflet de l'eau.

41. Un groupe de scouts est formé d'un guide, d'un louveteau, d'un éclaireur, d'un moniteur et d'un accompagnateur adulte. Ils se prénomment Luc, Marc, Matthieu, Jean et Agnès. Le guide n'est pas Agnès. Le louveteau n'est ni Marc ni Jean. Matthieu est l'accompagnateur mais Jean n'est pas moniteur.
Quel est le prénom du guide ?

(A) On ne sait pas.
(B) Jean.
(C) Jean si Marc est moniteur.
(D) Luc.
(E) Marc si Jean est éclaireur.

>>>
>>>
>>>

42. On a longtemps cru que tout dans la nature répond à des fins. Darwin a détruit cette idée en dévoilant le mécanisme de la sélection naturelle. La nature ne serait pas ce que Dieu a organisé dans sa complexité mais le résultat d'essais et d'erreurs multiples dont seules les bonnes choses ressortent, c'est-à-dire celles qui sont le plus à même de durer. Ce n'est pas là un schéma pratique humain puisque cela reviendrait à tout essayer sans réfléchir avant d'obtenir quelque chose d'utile, par exemple dans la fabrication technique.
On peut en déduire que :

(A) L'homme est un animal raisonnable.
(B) L'homme pense Dieu comme transcendant.
(C) Dieu est différent des hommes.
(D) L'homme projette ses manières d'être sur tout l'Univers.
(E) Tous les chemins mènent à Rome.

43. Descartes a relevé une expérience surprenante. Si je touche un objet et si l'on détourne mon attention à ce moment-là, alors je ne sens plus cet objet. Cela vaut pour l'expérience courante mais aussi pour la douleur, pendant laquelle il vaut mieux penser à autre chose. Dans la physiologie de Descartes, l'homme possède deux parties : le corps, en relation physique avec les objets matériels, et l'âme, lieu de la pensée. Ces deux substances sont reliées mystérieusement.
On peut en déduire que :

(A) le corps pense aussi.
(B) le corps sent.
(C) c'est l'âme qui sent.
(D) Dieu est nécessaire pour connecter corps et âme.
(E) je pense donc je suis.

>>>
>>>
>>>

44. On a longtemps dit que la Nature est belle. C'est là une vue antique, classique ou romantique, c'est-à-dire une représentation qui semble traverser les siècles, et les philosophes ont même fait de cette référence un critère de beauté. Mais avec Buffon les choses changent. En étudiant scientifiquement les espèces, avant même que la notion de biologie n'apparaisse, il a affirmé que la nature est le plus souvent laide et que c'est seulement lorsque l'homme l'aménage qu'elle devient belle.
Quel exemple illustre le mieux ce texte ?

(A) A chaque printemps, la nature révèle sa beauté.
(B) Quand les lions se battent entre eux, c'est un spectacle de toute beauté.
(C) Les bisons ont ravagé le jardin de la comtesse.
(D) L'horreur pour un jardinier, ce sont les mauvaises herbes.
(E) Parmi les roses on trouve des pucerons.

45. Je ressemble à mon père. En vérité, cela n'a rien d'original puisque mon père ressemble lui-même à son père, comme ma mère ressemble à sa mère. Cela vaut aussi pour mes grands-parents, lorsque je les compare aux vieilles photographies de famille que j'ai trouvées dans les albums du grenier. Et pourtant, je ne ressemble pas à mon arrière-grand-père !
Quelle proposition rend le moins cohérent ce récit ?

(A) Ce n'est pas mon arrière-grand-père.
(B) Je n'ai pas trouvé la bonne photo.
(C) Je ne sais pas toujours apercevoir les ressemblances.
(D) La ressemblance est une relation transitive.
(E) Je ne sais pas toujours voir les différences.

Si vous avez terminé, vous n'êtes pas autorisé(e) à revenir sur une épreuve précédente.
Vous n'êtes pas non plus autorisé(e) à travailler sur une épreuve suivante avant la fin du temps imparti. **STOP !**

TEST BLANC TAGE MAGE
EPREUVE 4 : CONDITIONS MINIMALES

7

CONSIGNES

15 questions / 20 minutes / Calculatrice interdite

BAREME

Réponse juste : + 4 points / Réponse fausse : - 1 point / Aucune réponse : 0 point

Vous répondrez :
(A) Si l'information (1) permet à elle seule de répondre à la question, et si l'information (2) à elle seule ne permet pas de répondre à la question.
(B) Si l'information (2) permet à elle seule de répondre à la question, et si l'information (1) à elle seule ne permet pas de répondre à la question.
(C) Si les deux informations (1) et (2) ensemble permettent de répondre à la question, et aucune séparément ne le peut.
(D) Si chaque information permet séparément de répondre à la question.
(E) Si les deux informations ensemble ne permettent pas de répondre à la question.

46. Que vaut le nombre de trois chiffres z sachant que z est un multiple de 13 compris entre 200 et 400 ?

(1) La somme des chiffres de z est égale à 10.
(2) Le reste de la division de z par 5 est égal à 0.

47. Est-ce que F est plus grand que G ?

(1) F^2 est strictement supérieur à G^2.
(2) F + 3 est strictement supérieur à G + 2.

##
##
##

Vous répondrez :
(A) Si l'information (1) permet à elle seule de répondre à la question, et si l'information (2) à elle seule ne permet pas de répondre à la question.
(B) Si l'information (2) permet à elle seule de répondre à la question, et si l'information (1) à elle seule ne permet pas de répondre à la question.
(C) Si les deux informations (1) et (2) ensemble permettent de répondre à la question, et aucune séparément ne le peut.
(D) Si chaque information permet séparément de répondre à la question.
(E) Si les deux informations ensemble ne permettent pas de répondre à la question.

48. Y est un entier naturel de trois chiffres strictement inférieur à 400. En outre, Y est le carré d'un entier. Quelle est la valeur de Y ?

(1) Y est multiple de 9.
(2) Le produit du chiffre des centaines par le chiffre des dizaines de Y est égal à une fois et demie le chiffre des unités de Y.

49. Quel est le volume du cylindre C ?

(1) Si l'on multiplie les dimensions du cylindre par 4, alors le volume du cylindre est 64 fois plus grand.
(2) La surface extérieure totale du cylindre est égale à 128 cm^2.

50. Si L est un entier naturel strictement compris entre 1 et 9 et M un entier naturel égal à 896 + 2L, alors que vaut L ?

(1) M est divisible par 5.
(2) M est divisible par 3.

##
##
##

Vous répondrez :
(A) Si l'information (1) permet à elle seule de répondre à la question, et si l'information (2) à elle seule ne permet pas de répondre à la question.
(B) Si l'information (2) permet à elle seule de répondre à la question, et si l'information (1) à elle seule ne permet pas de répondre à la question.
(C) Si les deux informations (1) et (2) ensemble permettent de répondre à la question, et aucune séparément ne le peut.
(D) Si chaque information permet séparément de répondre à la question.
(E) Si les deux informations ensemble ne permettent pas de répondre à la question.

51. ABC est un nombre entier naturel de trois chiffres tel que A est différent de 0 et tel que C est le seul entier naturel impair parmi les trois chiffres A, B et C. Que vaut le nombre ABC ?

(1) La somme des 3 chiffres A, B et C est égale à 7.
(2) $A - B > 4$

52. Quel pourcentage des familles françaises gagnent plus de 25 000 euros net par an et possèdent un bateau ?

(1) 28 % des familles françaises gagnent plus de 25 000 euros net par an.
(2) 40 % des familles françaises qui gagnent plus de 25 000 euros net par an possèdent un bateau.

53. Une caisse contenant 176 bouteilles de vin est divisé en 7 lots. Combien de bouteilles de vin le plus grand de ces lots contient-il ?

(1) Le plus petit de ces lots contient 10 bouteilles de vin.
(2) Le nombre de bouteilles de vin qu'il y a dans le plus grand lot est égal à la somme des bouteilles de vin qu'il y a dans les 6 autres lots.

##
##
##

Vous répondrez :
(A) Si l'information (1) permet à elle seule de répondre à la question, et si l'information (2) à elle seule ne permet pas de répondre à la question.
(B) Si l'information (2) permet à elle seule de répondre à la question, et si l'information (1) à elle seule ne permet pas de répondre à la question.
(C) Si les deux informations (1) et (2) ensemble permettent de répondre à la question, et aucune séparément ne le peut.
(D) Si chaque information permet séparément de répondre à la question.
(E) Si les deux informations ensemble ne permettent pas de répondre à la question.

54. Soit P un entier naturel, P^5 est-il impair ?

(1) $3P^2 - 4$ est pair.
(2) Le cube de P divisé par 8 est pair.

55. N est un nombre à deux chiffres. Le nombre N est-il divisible par 9 ?

(1) Quand on divise N par 3, il reste 2.
(2) Quand on divise N par 7, il reste 1.

56. Deux étudiants ont placé deux sommes différentes à deux taux différents T_A et T_B pendant 1 an. Ils ont gagné tous les deux 450 euros. Combien d'argent avait été placé au taux T_B ?

(1) T_A est supérieur à T_B.
(2) $T_A = 2\ T_B$

57. André, Bernard et Charles ont gagné ensemble au loto. Quel pourcentage de cette somme Charles a-t-il gagné ?

(1) Le gain de Bernard est le double de celui de Charles.
(2) Le gain d'André est la moitié de celui de Bernard et de Charles.

##
##
##

Vous répondrez :
(A) Si l'information (1) permet à elle seule de répondre à la question, et si l'information (2) à elle seule ne permet pas de répondre à la question.
(B) Si l'information (2) permet à elle seule de répondre à la question, et si l'information (1) à elle seule ne permet pas de répondre à la question.
(C) Si les deux informations (1) et (2) ensemble permettent de répondre à la question, et aucune séparément ne le peut.
(D) Si chaque information permet séparément de répondre à la question.
(E) Si les deux informations ensemble ne permettent pas de répondre à la question.

58. Un tuyau de 360 mètres de long est coupé en 4 tronçons de longueur A, B, C et D. Quelle est la valeur de D ?

(1) A = B = C
(2) L'un des tronçons mesure 144 mètres.

59. Un nombre de deux chiffres s'écrit AB. Que vaut AB ?

(1) A x B = 12
(2) AB – BA est un carré parfait.

60. Bernard place une somme S en 2 parties inégales. La première partie rapporte 5 % par an et la seconde partie rapporte 8 % par an. Au bout d'un an, l'ensemble lui a rapporté 19 000 euros. Que vaut S ?

(1) Le premier placement a rapporté 14 000 euros.
(2) La somme S est inférieure à 30 000 euros.

Si vous avez terminé, vous n'êtes pas autorisé(e) à revenir sur une épreuve précédente.
Vous n'êtes pas non plus autorisé(e) à travailler sur une épreuve suivante avant la fin du temps imparti.

STOP !

7

TEST BLANC TAGE MAGE
EPREUVE 5 : EXPRESSION

CONSIGNES

15 questions / 20 minutes / Calculatrice interdite

BAREME

Réponse juste : + 4 points / Réponse fausse : - 1 point / Aucune réponse : 0 point

Pour les questions 61 à 65, choisissez la reformulation dont le sens se rapproche le plus du passage souligné.

61. Cette contradiction trouve sans doute <u>une racine</u> dans le dualisme de la théorie et de la pratique dont la philosophie est l'une des expressions. Mais elle vient plus essentiellement de la société et de la place qu'elle accorde à la culture, dont le débat sur l'enseignement de la philosophie dans les séries technologiques n'est que le reflet : on ne veut que de l'utile et de l'immédiat bien que l'on sente la nécessité d'une culture, c'est-à-dire d'une culture désintéressée. Et cette ambiguïté se retrouve dans toutes les sections de terminale, même si c'est bien en série technologique qu'elle s'explicite le plus.

(A) une possibilité
(B) une cause
(C) une nature
(D) une explication
(E) un principe

§§§
§§§
§§§

62. On comprend à quel point ce concept, au demeurant fréquemment mobilisé, est difficile à cerner. Mais si la notion d'environnement est très large, celle d'interaction permet en revanche de concevoir l'entreprise et plus généralement l'activité économique localisée comme élément d'un ensemble où elle prend place et sens. C'est donc sur l'entreprise comme terme d'une relation qu'il faut d'abord réfléchir pour distinguer les relations les plus significatives et comprendre si cette conception révèle ou freine ses potentialités.

(A) combien
(B) beaucoup
(C) à quelle quantité
(D) mieux
(E) dans quelle mesure

63. Les échanges ont des objets divers et ne doivent pas donner lieu à une lecture exclusive en termes d'intérêt sensible et égoïste. Les échanges ont des motivations plus larges qui peuvent sous certaines conditions se trouver réunies, ce qui impose que l'on ne raisonne jamais exclusivement à partir d'un seul modèle.

(A) Il n'y a pas que l'égoïsme dans la vie : on peut échanger des choses très différentes.
(B) Dans les échanges, des choses très différentes circulent.
(C) Des choses très différentes circulent dans les échanges et l'on aurait tort de croire que tous se réduisent à la concupiscence.
(D) Des choses très variées circulent et ce serait une erreur de réduire les échanges à de l'égoïsme.
(E) Echanger ne se limite pas à ce qu'il y a de plus visible.

§§
§§
§§

64. Toutefois, cela reste un projet, qui s'affine au fur et à mesure que l'individu accroît son savoir. Il s'agit, pour reprendre l'expression kantienne de la *Critique de la raison pure,* d'une « idée directrice ». La personne cultive différents domaines et cherche à ramener ses différents aspects à une unité systématique. En cela, on peut dire qu'il est nécessaire que la culture générale conserve à son objet toute sa généralité, et donc son indétermination partielle, mais il n'a de valeur qu'inséré dans un projet de cohérence et de systématisme qui lui permet de conserver le rang d'objet. En cela, la culture générale forme l'homme, dans le respect de sa personne et du réel, bien qu'elle possède un objet très particulier.

(A) garder sa solidité matérielle
(B) préserver sa cohérence matérielle
(C) maintenir sa valeur
(D) rester une discipline en soi
(E) continuer à exister

65. Le gouvernement a tout intérêt à entretenir des polémiques. En effet, plus on s'intéresse aux faux scandales, moins l'on regarde du côté de l'essentiel.

(A) conflits
(B) dialogues
(C) débats
(D) disputes
(E) négociations

§§§
§§§
§§§

Pour les questions 66 à 70, trouvez la meilleure orthographe, ponctuation ou formulation.

66. Choisissez la meilleure formulation.

(A) D'abord présentés comme de pâles concurrentes de la philosophie, puis comme des disciplines scientifiques autonomes, les sciences humaines n'ont cessé d'alimenter la polémique épistémologique sur leur définition même et leur rapport à la vérité, ce qui en retour a obligé la philosophie à tenter, à nouveaux frais, de poser sa propre spécificité.

(B) D'abord présentées comme les pâles concurrentes de la philosophie, puis comme des disciplines scientifiques autonomes, les sciences humaines n'ont cessés d'alimenter la discussion épistémologique sur leurs définition même et leur rapport à la vérité, ce qui en retour a obligé la philosophie à tenter, à nouveau frais, de poser sa propre spécificité.

(C) D'abord présentées comme de pâles concurrentes de la philosophie, puis comme des disciplines scientifiques autonomes, les sciences humaines n'ont cessé d'alimenter un dialogue épistémologique sur leur définition même et leur rapport à la vérité, ce qui en retour a obligé la philosophie à tenter, à nouveau frais, de poser sa propre spécificité.

(D) D'abord présentées comme de pâles concurrentes de la philosophie, puis comme disciplines scientifiques autonomes, les sciences humaines n'ont cessé d'alimenter un débat épistémologique sur leur définition même et leur rapport à la vérité, ce qui en retour a obligé la philosophie à tenter, à nouveaux frais, de poser sa propre spécificité.

(E) D'abord présentées comme les pâles concurrentes de la philosophie, puis comme disciplines scientifiques autonomes, les sciences humaines n'ont cessé d'alimenter le dialogue épistémologique sur leurs définitions mêmes et leur rapport à la vérité, ce qui en retour a obligé la philosophie à tenter, à nouveau frais, de poser sa propre spécificité.

§§
§§
§§

67. Quelle est la meilleure formulation du point de vue de l'orthographe, du style et de la ponctuation ?

(A) J'eusse apprécier que vous ne me fites pas une telle remarque. L'entendre devant nos invités ne fit qu'ajouter à la douleur de la critique et je suis obligé de me demander si ce n'était pas volontaire.

(B) J'eusse apprécié que vous ne me fites pas une telle remarque. L'entendre devant nos invités ne fit qu'ajouter à la douleur de la critique et je fus obligé de me demander si ce n'était pas volontaire.

(C) J'eusse apprécié que vous ne me fîtes pas une telle remarque. L'entendre devant nos invités ne fît qu'ajouter à la douleur de la critique et je suis obligé de me demander si ce n'était pas volontaire.

(D) J'aurais apprécié que vous ne me fîtes pas une telle remarque. L'entendre devant nos invités ne fît qu'ajouter à la douleur de la critique et je fus obligé de me demander si ce ne fut pas volontaire.

(E) J'eusse apprécié que vous ne me fîtes pas une telle remarque. L'entendre devant nos invités ne fit qu'ajouter à la douleur de la critique et je suis obligé de me demander si ce n'était pas volontaire.

68. Il est parti à Paris avec le train de 7 h. Rien ne laissait prévoir ce qu'il trouverait en arrivant.
Quelle est la formule la plus correcte et la plus élégante pour exprimer le passage souligné ?

(A) Il est parti à Paris par le train de 7 h.

(B) Il est parti pour Paris grâce au train de 7 h.

(C) Il est parti pour Paris par le train de 7 h

(D) Il est parti à Paris dans le train de 7 h.

(E) Il est parti pour Paris dans le train de 7.

§§§
§§§
§§§

69. Combien de fautes comporte cette phrase ?

D'avantage de gens se rendent conte aujourdhui du mal que la spéculation financiaire peut faire à une économie. Normalement dévolu à l'investissement nécessaire aux entreprises, d'aucun pense que la bourse a totalement perdu de vue ça vocation première. Quand à savoir si elle la retrouvera, tout dépendrat de l'aptitude du système à se réformer ou à être réformé.

(A) Sept.
(B) Dix.
(C) Treize.
(D) Quinze.
(E) Dix-sept.

70. Quelle phrase est la mieux écrite ?

(A) Qu'il jète sa nouriture sans réfléchir est un symptôme de son imaturité profonde. Il ne comprendra donc jamais ce qui se passe dans le monde. Il ne verra nul part ailleurs tant d'abondance et de gâchi. Au final, il n'obtiendra plus la confiance de personne.

(B) Qu'il jette sa nourriture sans réfléchir est un symptome de son imaturité profonde. Il ne comprendra donc jamais ce qui ce passe dans le monde. Il ne verra nul part ailleurs tant d'abondance et de gâchi. Finalement, il n'obtiendra plus la confiance de personne.

(C) Qu'il jète sa nouriture sans réfléchir est un symptome de son imaturité profonde. Il ne comprendra donc jamais ce qui ce passe dans le monde. Il ne verra nul part ailleurs tant d'abondance et de gâchis. Au final, il n'obtiendra plus la confiance de personne.

(D) Qu'il jette sa nourriture sans réfléchir est un symptôme de son immaturité profonde. Il ne comprendra donc jamais ce qui se passe dans le monde. Il ne verra nulle part ailleurs tant d'abondance et de gâchi. Au final, il n'obtiendra plus la confiance de personne.

(E) Qu'il jette sa nourriture sans réfléchir est un symptôme de son immaturité profonde. Il ne comprendra donc jamais ce qui se passe dans le monde. Il ne verra nulle part ailleurs tant d'abondance et de gâchis. Finalement, il n'obtiendra plus la confiance de personne.

§§
§§
§§

Pour les phrases 71 à 75, complétez en remplaçant les points de suspension de manière à rendre le texte le plus cohérent possible.

71. Nous devons comprendre que, (…), la mémoire répond à des exigences qui dans une certaine mesure reflètent une histoire et une identité sociales. Puisqu'une société nourrit et élève ses membres, puisqu'elle est faite de personnes respectables pour elles-mêmes, on peut comprendre qu'il n'y a rien d'immoral à affirmer que la mémoire comme devoir ne s'impose pas abstraitement mais renvoie à notre nature qui, au moins en partie, est sociale.

(A) par lui-même
(B) en bref
(C) comme pour toute tribu
(D) en un mot comme en cent
(E) comme pour tout devoir sans doute

72. A de nombreux égards, on peut dire que le système des valeurs de cette époque ne tient pas ses promesses. Les USA, de 1910 à 1930, connaissent deux décennies de contradictions, d'espoirs et de rêves déçus. Il s'agit à la fois d'une terre d'accueil en même temps que d'un pays où l'on se méfie des immigrants jusqu'à réglementer leurs entrées par divers quotas. De même, les hommes politiques comme Théodore Roosevelt ou Wilson tentent de réduire la concentration industrielle et financière pour retrouver l'esprit de la libre concurrence (…).

(A) tant désirée
(B) autrefois présente
(C) bien que difficile à atteindre
(D) mais sans y parvenir réellement
(E) maintenant disparue

§§
§§
§§

73. Zeus est père des hommes et des dieux. Cette figure du père est présente dans toutes les religions. Par exemple, dans le Nouveau Testament, Jésus s'adresse à Dieu comme à son Père. (…) le serment sur la montagne commence par « Notre Père ».

(A) Par exemple
(B) De surcroît
(C) De plus
(D) Ainsi
(E) De même

74. Dans la trilogie *Terminator,* Sarah Connor est l'image (…) de la féminité, à la fois douce et forte. Elle rappelle Cassandre : douce et passive au début du premier film, les connaissances qu'elle va recueillir et le déni de ses semblables déclenchent chez elle une grande colère. C'est sans doute là une conséquence d'un instinct maternel. Cela va lui apporter plus de détermination et de ruse (notamment dans l'hôpital psychiatrique), qualités qu'elle ne possédait pas au début du premier film. Elle devient ainsi la figure de la combativité, l'icône de la femme future.

(A) incarnée
(B) même
(C) emblématique
(D) réelle
(E) effective

75. Le philosophe David Hume oppose les variations de goût à l'unanimité des jugements des grands chefs-d'œuvre. (…) la règle du goût apparaît comme une fiction ou une invention pour faire concorder des sentiments variés qui risquent d'isoler l'individu.

(A) Conséquemment
(B) Car
(C) Parce que
(D) C'est pourquoi
(E) Il en ressort que

Si vous avez terminé, vous n'êtes pas autorisé(e) à revenir sur une épreuve précédente.
Vous n'êtes pas non plus autorisé(e) à travailler sur une épreuve suivante avant la fin du temps imparti.

STOP !

7

TEST BLANC TAGE MAGE
EPREUVE 6 : LOGIQUE

CONSIGNES
15 questions / 20 minutes / Calculatrice interdite

BAREME
Réponse juste : + 4 points / Réponse fausse : - 1 point / Aucune réponse : 0 point

76.

		509			(A)	111
		784			(B)	287
		329			(C)	154
		452			(D)	209
227	345	?	636	918	(E)	763

77.

	UJP				(A)	XYP
	FRT				(B)	ZEQ
	SXE				(C)	USR
TRQ	?	FDS	IGN	XVS	(D)	LJP
	QPK				(E)	KMR

****
****
****

78.

	314			
	505			
	729			
	257			
749	?	207	486	215

(A) 336
(B) 348
(C) 789
(D) 261
(E) 448

79.

				QSP
SXT	RDT	UPQ	XCV	?
				LTK
				GVF
				TZS

(A) WYV
(B) ZEV
(C) ZSY
(D) IJH
(E) WMR

80.

35				
210				
326				
56				
?	430	254	879	193

(A) 210
(B) 420
(C) 114
(D) 140
(E) 712

****
****
****

81.

POU
XWS
ZSQ
KLO
AZR SAI ZSA AQW ?

(A) MOM
(B) AMA
(C) BAA
(D) AUA
(E) BAM

82.

347
658
260
879
495 910 366 ? 178

(A) 261
(B) 524
(C) 686
(D) 877
(E) 782

83.

EUV
FMN
XKB PJB ? SHU DGP
HRS
IDE

(A) GUN
(B) GFG
(C) GIJ
(D) ILK
(E) CIK

84.

					(A)	(B)	(C)	(D)	(E)
11 21	222 32	12 1112	?		12 1112	13 1331	222 2222	31 1311	42 1411

****
****
****

85.

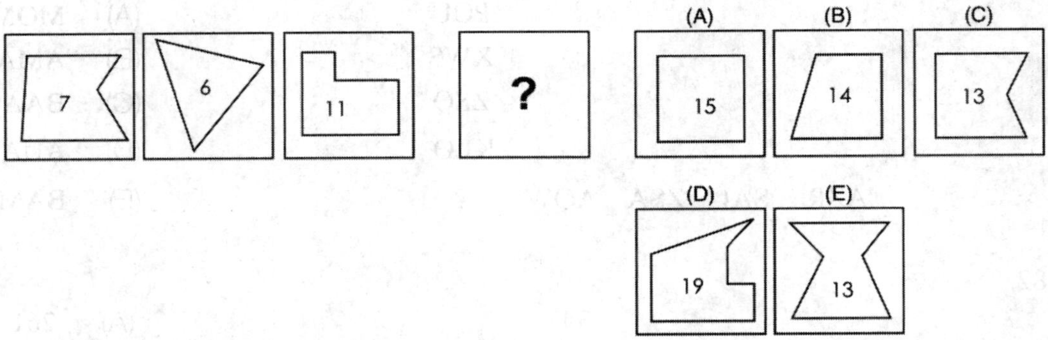

7
6
11
?
(A)
15
(B)
14
(C)
13
(D)
19
(E)
13

86.

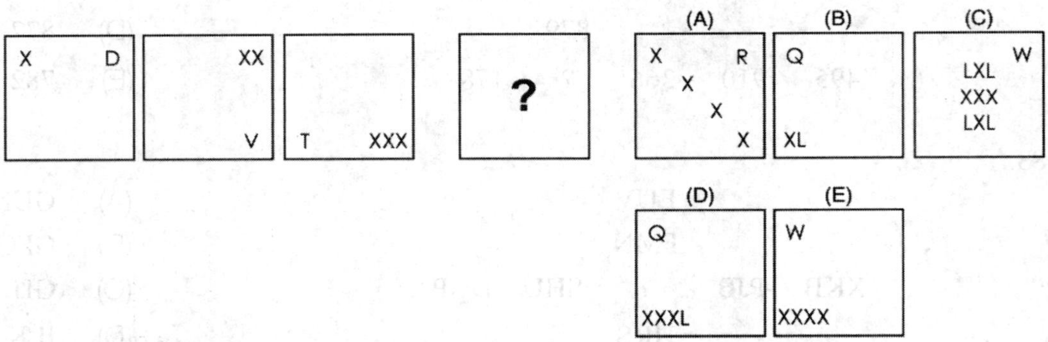

X D
XX
V
T XXX
?
(A)
X R
X
X
X
(B)
Q
XL
(C)
W
LXL
XXX
LXL
(D)
Q
XXXL
(E)
W
XXXX

87.

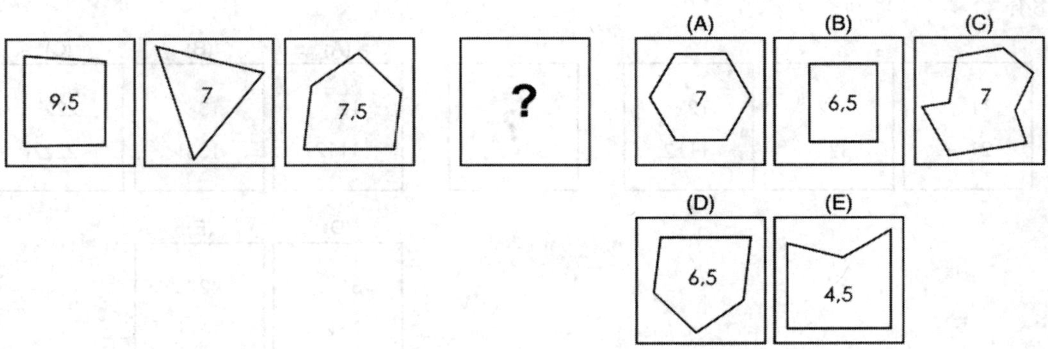

9,5
7
7,5
?
(A)
7
(B)
6,5
(C)
7
(D)
6,5
(E)
4,5

****
****
****

88.

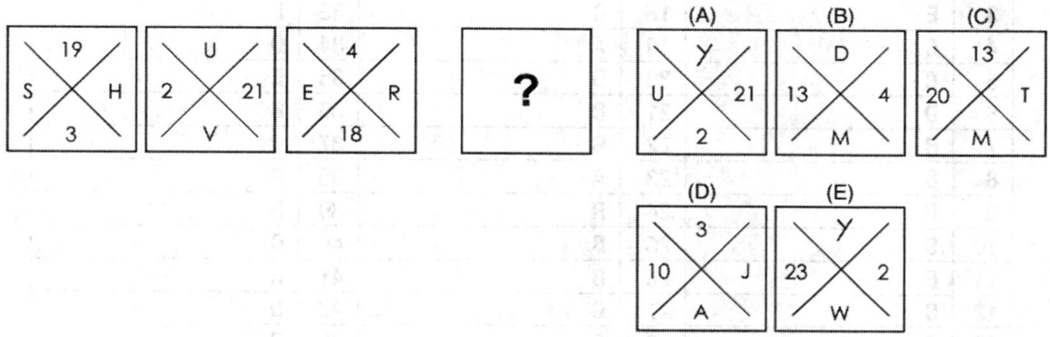
19
S
H
3
U
2
21
V
4
E
R
18
?
(A)
Y
U
21
2
(B)
D
13
4
M
(C)
13
20
T
M
(D)
3
10
J
A
(E)
Y
23
2
W

89.

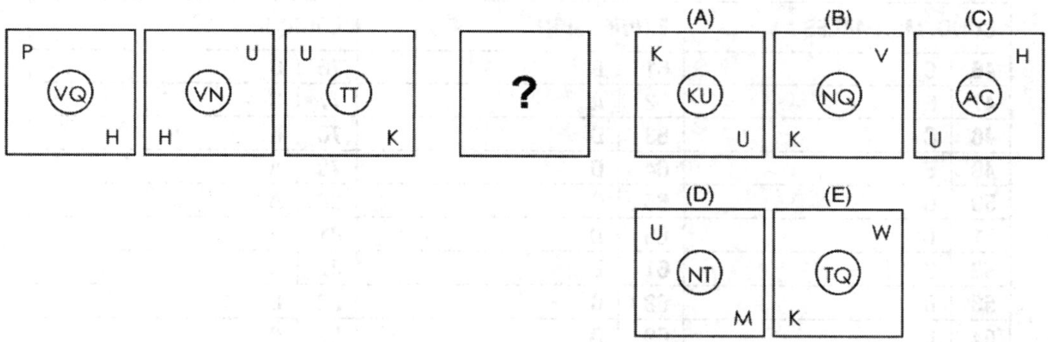
P
VQ
H
U
VN
H
U
TT
K
?
(A)
K
KU
U
(B)
V
NQ
K
(C)
H
AC
U
(D)
U
NT
M
(E)
W
TQ
K

90.

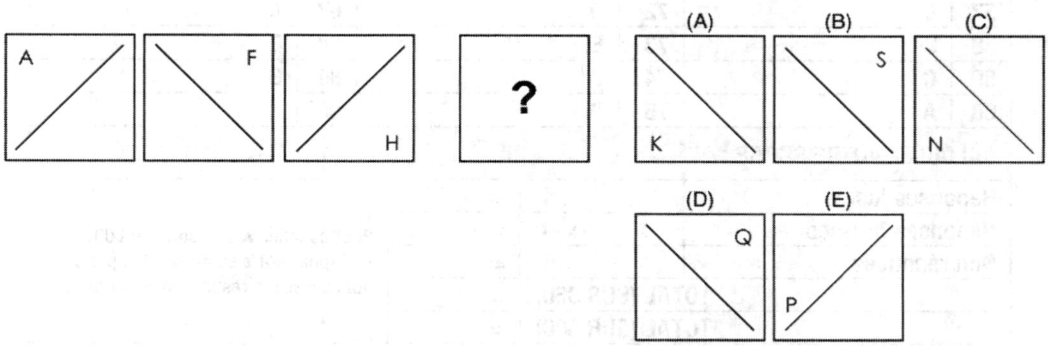
A
F
H
?
(A)
K
(B)
S
(C)
N
(D)
Q
(E)
P

TEST BLANC TAGE MAGE NUMERO 7 : GRILLE DES REPONSES JUSTES

COMPREHENSION		CALCUL		RAISONNEMENT	
1	B	16	D	31	A
2	E	17	E	32	B
3	E	18	C	33	E
4	C	19	A	34	C
5	C	20	D	35	E
6	D	21	D	36	B
7	B	22	B	37	D
8	C	23	A	38	B
9	D	24	B	39	D
10	D	25	B	40	C
11	E	26	B	41	A
12	C	27	C	42	D
13	D	28	C	43	C
14	C	29	D	44	C
15	E	30	A	45	D
COND. MINIMALES		**EXPRESSION**		**LOGIQUE**	
46	C	61	B	76	C
47	E	62	A	77	C
48	C	63	D	78	E
49	E	64	D	79	A
50	C	65	C	80	A
51	C	66	D	81	E
52	C	67	E	82	E
53	B	68	C	83	C
54	D	69	B	84	D
55	A	70	E	85	E
56	E	71	E	86	E
57	C	72	D	87	A
58	C	73	E	88	E
59	C	74	C	89	E
60	A	75	D	90	A

CALCULEZ VOTRE SCORE :

Réponses justes		x 4	=	Pour calculer votre score sur 600, multipliez votre score sur 360 par 5, puis divisez le résultat obtenu par 3.
Réponses fausses		x -1	=	
Non réponses		x 0	=	
		TOTAL (SUR 360)	=	
		TOTAL (SUR 600)	=	

TEST BLANC TAGE MAGE CORRIGES DU TEST BLANC NUMERO 7

7

1. COMPREHENSION DE TEXTES

1. **Réponse B**
   Ce texte est de Jean Jaurès. Il s'agit plus précisément de son *Discours à la jeunesse* prononcé à Toulouse en 1892. La première ligne laisse à penser que quelque chose a été dit avant et il ne saurait donc s'agir du début de ce discours. Quant à la fin du texte, elle se présente comme une illustration, mais doit-on y voir une conclusion ? C'est possible mais peu probable car elle manquerait dès lors de netteté comme dans tout discours bien construit. On ne termine pas un discours par une illustration aussi longue. Il s'agit donc d'un extrait, qui n'est ni le début ni la fin d'un texte. La bonne réponse est la B.

2. **Réponse E**
   Il faut se méfier d'une interrogation négative. Cette difficulté est redoublée par le paradoxe que Jaurès souligne dans son discours : la jeunesse romantique voulait la solitude du rêve et en même temps l'étendue concrète de l'action, position qu'il n'hésite pas à qualifier de paradoxale. C'est pourquoi la bonne réponse est la E : on veut l'action, la solitude, l'égoïsme, la méditation, mais certainement pas la solidarité, même dans l'armée.

3. **Réponse E**
   Il faut se concentrer sur le passage suivant : « De plus, la nature même, avec la variété et l'infinie douceur de ses aspects, avait été disciplinée, militarisée, caporalisée ; les déserts d'Egypte avaient mission d'envelopper, d'une sorte d'étrangeté lointaine, le général qui voulait devenir consul. » On voit qu'en souvenir des conquêtes napoléoniennes, l'Egypte est le symbole de ce qui anoblit un général et fonctionne comme modèle d'espoir. Mais il s'agit bien d'un espoir, certainement pas d'une certitude sur l'avenir. Dès lors, le terme qui convient le mieux est le « rêve », réponse E.

4. **Réponse C**
   Il faut revenir au passage : « Dès lors, c'était comme un enivrement pour les âmes de se rajeunir dans le vieux monde comme en une solitude vierge. » La bonne réponse est la C. On nous fait comprendre que c'est la légende napoléonienne qui enivre cette jeunesse. En pensant à Napoléon ou en s'identifiant à lui, on se sent

jeune. Ce n'est donc pas une question biologique mais une question de représentation. Il faut cependant que celles-ci soient liées à un passé précis, et non à tout le passé en général. Et il n'est pas nécessaire non plus d'avoir vécu à l'époque de Napoléon lui-même.

5. **Réponse C**
   Le texte décrit justement une conception de la jeunesse qu'il refuse. Hugo et Chateaubriand sont ici des contre-exemples de ce que le discours décrira plus tard. La meilleure réponse est donc la C. On pourrait se dire qu'à penser à Napoléon, cette jeunesse fut noble ou heureuse, mais la réponse suppose de revenir en amont de cette longue description pour trouver sa dimension péjorative : « Ce n'est pas, vous m'entendez bien, que je veuille vous convier à une sorte de solitude mélancolique et hautaine, dédaigneuse de l'action et oublieuse de la solidarité. Les temps ne sont plus où cela était possible ou même passagèrement légitime. »

6. **Réponse D**
   Les couples conceptuels sont tous tentants parce que toutes ces notions apparaissent dans le texte, réellement ou implicitement. En revanche, seul un couple est directement explicite. Il faut pour cela revenir au tout début du texte où on lit : « Il en est un pourtant, un seul, que je puis vous donner sans présomption, sans empiétement téméraire sur votre liberté, car je veux vous avertir précisément et vous presser de sauvegarder toujours votre liberté intime, d'être et de rester des personnes, d'être et de rester vous-mêmes et de développer en vous la vie vraiment individuelle, la vie intérieure et profonde. » On voit donc que la bonne réponse est la D.

7. **Réponse B**
   Le seul moment où le texte traite de la nature, c'est lorsqu'elle figure d'interlocuteur pour un romantique. La nature serait donc personnifiée, représentant alors la pureté, la beauté, la quiétude… Or la figure qui consiste à rendre concret une pensée abstraite, c'est précisément l'allégorie, réponse B. Il ne s'agit pas d'une ritournelle, forme poétique, mais d'une métaphore dont l'allégorie est un cas précis et plus adapté ici. Une litote est une figure de style par laquelle on réduit l'importance d'une chose.

8. **Réponse C**
   La question n'est pas dure si l'on se souvient du vocabulaire propre à qualifier les discours. Une apologie est une défense de quelqu'un ou de quelque chose. Un discours est didactique lorsqu'il enseigne quelque chose à quelqu'un, comme par exemple celui du professeur. Un discours est polémique lorsqu'il s'attaque clairement à l'opinion de quelqu'un de vivant qui peut alors y répondre. Enfin, un

discours dithyrambique est élogieux. On voit qu'ici les solutions entre lesquelles on peut hésiter sont C et D. Certes, Jaurès s'attaque à une certaine conception de la jeunesse et du bonheur. Pour autant, on ne peut pas dire qu'il suscite la polémique au sens où quelqu'un d'identifiable dans le discours pourrait apparaître comme la cible de ses critiques. Or Jaurès donne un conseil à cette jeunesse comme il le déclare ouvertement au début du texte. La bonne réponse est la C.

9. **Réponse D**
Il faut être précis : le langage peut être animal, la langue est spécifiquement humaine et c'est bien de celle-ci dont traite le texte. Le texte évoque précisément la spécificité humaine et la manière dont les langues se mettent en place. Cela exclut donc A, B et E. C est possible mais ne concerne qu'une partie du texte : certes l'auteur explique comment on est passé d'une langue à plusieurs, mais c'est seulement sur la fin. La D apparaît alors comme la meilleure option.

10. **Réponse D**
La bonne réponse est la D. La réponse se trouve dans le passage suivant, dans lequel on voit que la notion de simplicité n'apparaît pas et serait même contraire à celle de systématicité : « Alors que le langage gestuel est en grande partie évanescent, le langage articulé et son écriture sont cumulatifs et permettent par leur envergure systématique de conserver les acquis linguistiques antérieurs. Le langage articulé profite de sa mémoire et de son rapport à une intersubjectivité alors que le geste s'évanouit. »

11. **Réponse E**
La bonne réponse est la E car toutes ces oppositions apparaissent sous la plume de l'auteur. On oppose bien la naissance gestuelle du langage à son développement verbal, les gestes concrets aux idées générales et l'unité de l'origine à la pluralité des expressions. C'est là une des questions les plus synthétiques du questionnaire.

12. **Réponse C**
La A est un contresens car elle attribue au singe ce qui revient à l'homme. La D glisse de « catégorial » à « catégorique », ce qui l'invalide. Pour les autres options, il faut se référer ici au passage suivant : « Ici Merleau-Ponty mobilise les travaux de Goldstein et de Köhler dans "L'intelligence chez les singes supérieurs". Alors que le singe, s'il transforme une branche en bâton, la supprime comme branche, l'homme, lui, fait preuve d'une liberté commençante dans cette manière de varier les points de vue : branche ou bâton, selon ses besoins, ou encore symbole d'autre chose. » La E est contraire au texte par conséquent. La B est possible mais la C est meilleure car c'est bien en passant d'un usage à un autre que l'homme se distingue.

13. **Réponse D**
Le texte se situe entre la biologie, la linguistique, l'anthropologie et la philosophie. On voit mal un texte de ce genre et de ce style (avec notamment beaucoup de citations) dans un journal ou dans une chronique. Par ailleurs, il n'est pas assez spécialisé en psychologie pour figurer dans un manuel de ce genre. Est-ce un discours ? Il semble ne s'adresser à personne en particulier. La meilleure réponse, par élimination, c'est donc la D.

14. **Réponse C**
Il faut se référer ici à un passage cité par le texte : « Ce qui importe, c'est la manière dont ils font usage de leur corps, c'est la mise en forme simultanée de leur corps et de leur monde dans l'émotion. » On voit donc que le langage est une réalité située à mi-chemin entre le corps et le monde, c'est-à-dire entre un élément naturel et un élément culturel. Et le texte n'indique pas que l'une de ces deux réalités l'emporte sur l'autre. C'est pourquoi l'option C est la meilleure.

15. **Réponse E**
Ces deux auteurs sont cités simplement pour l'un de leurs travaux sur les singes. On a du mal d'après cela à qualifier leur intelligence, ce qui élimine A et B. Ils sont de toute évidence des scientifiques, c'est-à-dire des professionnels de leur discipline, selon toute vraisemblance. On ne peut donc retenir que la E qui est la bonne réponse.

2. Calcul

16. **Réponse D**
Soit *a, b, c, d* et *e* les points accordés, dans l'ordre croissant aux 5 problèmes. On a :

(1) $a < b < c < d < e$
(2) $a + b = 10$
(3) $d + e = 18$

Testons donc les réponses en commençant bien évidemment par la C.

Si Alain a obtenu 34 points au total, c'est qu'il a gagné 34 - 10 - 18 = 6 points avec le troisième problème. Mais alors b vaut au maximum 5 et a au maximum 4 (les problèmes sont de difficulté différente) donc $a + b$ vaut au maximum 9, ce qui n'est pas possible. C'est donc que c doit être plus grand que 6 ($a + b$ étant insuffisant) et que le total doit alors être supérieur à 34. On élimine donc immédiatement les réponses A, B et C, toutes inférieures ou égales à 34.

Il ne nous reste plus qu'à tester la réponse D de la même façon : si Alain a obtenu

35 points au total, c'est qu'il a gagné 35 - 10 - 18 = 7 points avec le troisième problème. On pourrait alors avoir $b = 6$ et $a = 4$ (pour avoir $a + b = 10$), ainsi que $d = 8$ et $e = 10$ (pour avoir $d + e = 18$). Nous vous laissons le soin de vérifier que ces quatre valeurs pour *a, b, d* et *e* sont les seules possibles et que la bonne réponse est bien 35.

17. **Réponse E**
Il s'agit là d'une question classique de proportionnalité multiple (cf. cours).

18. **Réponse C**
Produit en croix !

12 €	18 %
X	100 %

$$X = \frac{12 \times 100\%}{18\%} = 66,66$$

19. **Réponse A**
L'énoncé nous dit que ce que Yaëlle dépense est supérieur à ce que Danielle dépense, soit : **1 x Broche + 1 100 > 2 x Broche + 520,** soit encore après calcul : Broche < 1 100 - 520, soit enfin : **Broche < 580 €.**

Or, comme vous gardez toujours un œil sur les réponses proposées, vous aurez remarqué que la seule réponse inférieure à 580 est la A !

20. **Réponse D**
Pour cette question de géométrie, nous vous conseillons de dessiner la figure, tout sera beaucoup plus clair :

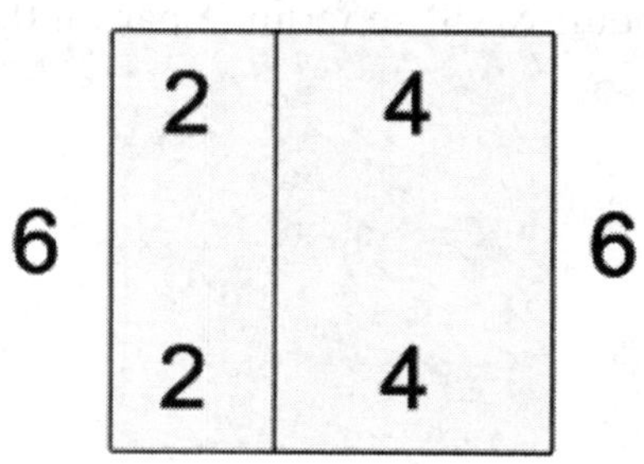

On sait tout d'abord que le périmètre du carré est de 24 cm, soit que chaque côté fait 6 cm. On découpe ce carré en 2 rectangles, dont la longueur est forcément de 6 cm également. On sait que l'un des deux rectangles a pour périmètre 20 cm. Ayant une longueur égale à 6 cm, on en déduit que sa largeur vaut 4 cm. Le côté du carré faisant toujours 6 cm, la largeur de l'autre rectangle est donc de 6 - 4 = 2 cm, et son périmètre de 2 x 6 + 2 x 2 = 16 cm.

21. **Réponse D**
A l'envers : le douzième de 48 vaut 4, le centuple de 4 vaut 400 et l'octuple de 400 vaut 3 200.

22. **Réponse B**
Le nombre de billes détenu par chacun en début ou fin de partie importe peu, on ne vous demande qu'un rapport. En notant x le nombre de billes détenues par chacun en début de partie, représentons la situation par un tableau, la flèche rouge représentant le transfert de $2x/3$ de Pierre à Halim au cours de la partie :

	Pierre	*Halim*	*Chloé*
Début de partie	x	x	x
Fin de partie	x - 2/3 x	x + 2/3 x	x

On voit bien qu'en fin de partie il ne reste plus que $x - 2x/3$ = ***x*/3 billes à Pierre** et ***x* + 2*x*/3 = 5*x*/3 billes à Halim**, soit exactement **5 fois plus.**

23. **Réponse A**
Aucune difficulté pour cette question où il suffit de traduire l'énoncé en notant x le nombre recherché : $x + (x + 1) + (x + 2) = (x + 3) + (x + 4)$.
Soit après calculs : $3x + 3 = 2x + 7$, soit encore : $x = 7 - 3 = 4$.
La technique du *backsolving* était également bienvenue pour résoudre cette question.

24. **Réponse B**
Attention ici à ne pas lire trop rapidement l'énoncé : ce sont M, **Z, N** et P dans cet ordre qui sont consécutifs (et non pas M, **N, Z** et P).
Après avoir noté cela, il ne reste plus qu'à utiliser la fameuse technique du dernier chiffre en remarquant que l'on souhaite que le produit N x P se termine par un 0, avec N et P consécutifs.

Détaillons les valeurs possibles du produit de chiffres consécutifs un tableau :

N	P	N x P
1	2	2
2	3	6
3	4	12
4	5	20
5	6	30
6	7	42
7	8	56
8	9	72

Vous aurez donc remarqué que les deux seules valeurs possibles pour N et P sont 4 et 5 ou 5 et 6. En utilisant le fait que M, Z, N et P sont consécutifs dans cet ordre, on en déduit que les deux seules possibilités pour M et Z sont 2 et 3 ou 3 et 4. Résumons cela dans un tableau :

M	Z	N	P	MN	ZP
2	3	4	5	24	35
3	4	5	6	35	46

Arrivés là, nous vous invitons à ne pas tester les deux produits, ce qui prendrait trop de temps, mais à simplement remarquer que 30 x 40 = 1 200 > 840, sachant que 35 > 30 et 46 > 40 !

25. **Réponse B**

160/8 = 20 ; 20/4 = 5 ; 20 + 5 = **25.** Cela ressemble un peu à *Des chiffres et des lettres*, mais avouez que ce n'était pas bien compliqué.

26. **Réponse B**

En 1 minute, Annie tape 1/100 de lettre.

En 1 minute, ensemble, Chantal et Annie tapent 1/40 de lettre.

Par conséquent : en 1 minute, Chantal tape, seule, 1/40 - 1/100 = 3/200 de lettre.

En conclusion : Chantal met **200/3 h = 66,66 soit environ 67 minutes** pour taper la totalité de la lettre.

27. **Réponse C**
Il suffit de tester les solutions tour à tour (la A, puis la B, puis la C, etc.) pour comprendre vite que la C convient. Il y a 1 an, j'avais 49 ans (c'est bien un carré) et dans 1 an, j'aurai 51 ans (c'est bien un multiple de 17).

28. **Réponse C**
Une question plus difficile qu'elle n'y paraît.
Si 2A = 5B, alors **2 (A + B)** = 2A + 2B = 5B + 2B = **7B.**
Autrement dit, le double de la somme A + B est un multiple de 7. **Par conséquent, la somme A + B elle-même est multiple de 7.** Et le seul multiple de 7 proposé en solution est 2 009.

29. **Réponse D**
La moyenne de 1 000 001 et de 1 001 est égale à **500 501.**

30. **Réponse A**
En faisant la somme des 10 poids obtenus par les pesées 2 par 2, on trouve **95,6 kg.**
Seulement, étant donné que chaque bébé a été pesé quatre fois, nos 95,6 kg représentent en fait quatre fois la somme totale des poids des 5 bébés.
Il nous faut par conséquent diviser 95,6 kg par 4 pour obtenir : 95,6/4 = **23,9 kg.**

3. Raisonnement – Argumentation

31. **Réponse A**
La B reprend le texte lui-même et ne le contredit pas. La C ne contredit pas non plus le texte puisqu'en l'occurrence la thèse de l'accident est fausse, ce qui n'implique pas qu'elle le soit toujours. La D pourrait être valable si elle traitait de l'observation des animaux, car en l'occurrence on avait mal observé cette espèce. La E n'est pas vraiment une contradiction : elle généralise le fait qu'une espèce peut être plus riche qu'on le croit mais ne nie rien à proprement parler. La seule bonne réponse ici est la A : on donne dans le texte un exemple de laideur naturelle et « normale » dans le cours de la nature.

32. **Réponse B**
Il faut se rappeler que la négation de « certains » est « tous… ne… pas ». Par ailleurs, quand une proposition est complexe, sa négation peut porter sur différents éléments, mais il ne faut pas qu'elle porte sur tous. La A particularise la proposition initiale mais ne la nie pas. La C fait l'erreur classique en niant « certains » en « tous » mais en oubliant la négation « ne pas ». La D ajoute une seconde négation et la E est contradictoire : pourquoi faire des efforts si l'on n'a

pas de problème ? Seule la B est juste : « certains » ou « des » est nié en « tous… ne… pas… » par équivalence : « J'ai tous mes amis qui s'entendent » équivaut à « Je n'ai aucun ami qui ne s'entende pas » et la question des efforts n'a alors plus de sens.

33. **Réponse E**

La bonne réponse est la E. On a en effet ici deux relations d'ordre qui ne sont pas connectées entre elles : jaunes après Ferrari et Suzuki quatrièmes après les bleues. On voit donc que parmi ces 4 positions, les Ferrari sont soit premières, soit secondes puisque les bleues se trouvent entre elles et les Suzuki.

34. **Réponse C**

Seule la C est possible ici. Qui peut être celui qui lave le linge des autres ? Le blanchisseur. Cela veut dire que dans le village, contrairement aux attentes, le blanchisseur ne lave pas son linge lui-même. Attention de ne pas projeter sur les textes des *a priori*. Mais cette semaine, il va travailler pour lui et laver son propre linge, exceptionnellement. C'est la seule proposition qui rend le texte cohérent.

35. **Réponse E**

La E est la meilleure réponse, ou à tout le moins la moins mauvaise. Si le principe de contradiction est nié, alors on ne peut plus rien dire de rien et toute proposition, quelle qu'elle soit, est suspecte. C'est pourquoi les options A, B, C et D ne sont pas certaines. La E est également critiquable car elle affirme encore quelque chose, mais en se présentant comme une exclamation, elle ne pose pas vraiment un jugement. Elle échappe en partie à la structure apophantique qui attribue un prédicat à un sujet.

36. **Réponse B**

La bonne réponse est la B. On évoque ici des ensembles qui se recoupent partiellement et le mieux est de faire des schémas avec des disques qui se recoupent plus ou moins. **Attention de ne pas confondre beauté et intelligence dans ce texte : l'intelligence est belle mais la réciproque n'est pas vraie**. On doit aussi se méfier des deux relations croisées ici : il y a des relations d'identité et d'autres d'affection.

On a donc un disque qui représente toutes les femmes. Parmi celles-ci, on a les hypocrites d'un côté et les non-hypocrites de l'autre. Parmi les non-hypocrites, on a les belles et les non-belles. Parmi les belles non-hypocrites, on a les intelligentes et non-intelligentes. Avec les proportions indiquées par le texte, on peut dire que les femmes belles, intelligentes et sincères représentent 0,5 x 0,9 x 0,5 = 9 / 40 des femmes. Difficile donc de trouver chaussure à son pied et 1 rencontre sur 4 environ sera décevante. La bonne réponse est la B.

37. **Réponse D**

Dans ce type de formulation, le plus simple est de partir de la fin en faisant un petit arbre généalogique au brouillon. On part de soi pour poser ensuite son père et sa mère et on remonte le fil. On voit que la personne recherchée est de la génération de mon grand-père. Cela élimine A, B, C et E. La D est en effet possible, même si c'est une manière bien compliquée de dire les choses…

38. **Réponse B**

La bonne réponse est la B. En effet, les autres sont possibles et tentantes parce qu'elles font partie des lieux communs ou des proverbes. Cependant, elles ne sont pas assez proches du raisonnement. La raison clairement alléguée dans le texte, c'est le coût : la vapeur a pris quand elle s'est avérée moins chère que la force humaine. Si l'on dit que l'ouvrier coûte moins cher que l'esclave (en affirmant qu'il est moins bien loti), alors l'explication est invalide.

39. **Réponse D**

Il faut choisir la D. La A est fausse puisque l'on ne sait pas si ce sont des femmes ou non. La B est trop loin du texte et le nombre avancé joue plus comme une pression sociale que comme un ressort comique. La C suppose que ces gens-là ont un savoir, ce que le texte ne dit pas. La E n'est peut-être pas fausse dans l'absolu, mais elle ne renvoie à rien dans le texte. En revanche, la D fonctionne bien puisque le texte parle d'offrir une phrase : en offrant une phrase, de même qu'en faisant un cadeau, on doit recevoir quelque chose en contrepartie. C'est ainsi qu'ils peuvent parfois obtenir l'écoute voulue. Le plus simple, c'est peut-être de leur fermer la porte…

40. **Réponse C**

Il faut être parfait et penser sa propre perfection. Or l'homme, même parfait dans son ordre, ne se voit pas avec autant de facilité que Dieu se voit Lui-même. Il voit plus facilement ce qui n'est pas Lui. **Le problème se pose donc ainsi : comment se voir soi sans se voir ?** Il faut que je voie à l'extérieur l'image de moi et de ma sagesse ! La meilleure possibilité, c'est de prendre quelqu'un qui soit aussi sage que moi et qui me ressemble, ce que l'on appelle en l'occurrence un *alter ego,* réponse C. La B est trop vague, tout comme la E. S'il s'était agi d'un miroir, les choses auraient pu être différentes, mais un reflet dans l'eau est bien trop pâle.

41. **Réponse A**

La bonne réponse est la A. Il faut faire un dessin rapide avec 8 lettres : les rôles sont G E M L et les prénoms sont J, M, A et L. En suivant le texte, on a :

G : L, M ou J
E : A, L, M ou J
M : A, L ou M
L : A ou L

Comme on n'a pas d'information sur Luc, on ne peut simplifier le schéma et aucune des combinaisons proposées dans les options n'est certaine.

42. **Réponse D**

La bonne réponse est la D. Le texte signale en effet la difficulté pour l'homme de penser une manière de construire les choses différentes de la sienne. Par suite, il a plaqué sur Dieu sa façon à lui de bâtir et Dieu s'est présenté comme un artisan qui dessine un plan avant de construire quelque chose. C'est ainsi que la nature est pensée comme devant obéir à un plan. Mais le texte signale le caractère anthropomorphique de cette attitude. La A est donc hors sujet, la B est fausse puisque l'homme projette son identité sur Dieu, la C est meilleure mais rien n'indique que Dieu existe ni qu'Il soit lié à la nature d'après la fin du texte. La E est séduisante mais le texte ne dit pas qu'il y a plusieurs manières de faire le monde : Darwin n'en présente au contraire qu'une seule.

43. **Réponse C**

C est la bonne réponse et reprend les mots de Descartes dans le *Traité de l'homme*. Le texte décrit en effet la diversion : mon corps est en contact matériel avec un objet et pourtant je ne le sens plus. Pourquoi ? Parce que mon attention, c'est-à-dire ma pensée, a été détournée. On voit donc que le corps ne sent pas, à tout le moins qu'il ne sent pas seul. C est donc la meilleure réponse, les autres jouant sur des proximités de sens ou des *a priori* sur Descartes.

44. **Réponse C**

Le texte marque un paradoxe qu'il faut retrouver dans les exemples : une nature généralement laide et, exceptionnellement, une nature retravaillée qui devient belle. La A est impossible et doit être éliminée tout de suite. La B est tentante mais il s'agit d'une nature spontanément belle, ce que le texte ne dit pas. Les 3 autres propositions signalent des paradoxes mais il faut trouver celui qui est le plus près du texte. La D est tentante mais il pourrait s'agir des mauvaises herbes dans un potager qui n'est pas censé être beau. La E ne signale rien d'humain : il y a des roses sauvages ! La meilleure réponse est la C : **selon toute probabilité, la comtesse possède un jardin d'agrément travaillé par ses jardiniers que la nature non apprivoisée a ravagé.**

45. **Réponse D**

La bonne réponse est la D. En effet, toutes les autres propositions expliquent le paradoxe final. Ainsi, si ce n'est pas mon arrière-grand-père, c'est normal d'après le texte qu'il ne me ressemble pas. Si ce n'est pas la bonne photo, c'est normal aussi. A et B sont donc impossibles ici. Et si je ne sais pas toujours apercevoir une ressemblance comme il faut, alors le texte chancelle puisque j'en aperçois certaines et d'autres non, donc toutes mes affirmations précédentes. Cependant, parfois j'y arrive et il n'est pas impossible que dans toutes celles que j'ai décrites, une seulement m'ait échappé, à savoir la dernière. Là encore, cela rendrait le texte cohérent. Notons que C et E sont parfaitement équivalentes : voir les ressemblances, c'est nécessairement voir les différences. La seule bonne réponse est donc la D : **si la relation de ressemblance est transitive, alors si A ressemble à B et si B ressemble à C, alors A ressemble à C. Si c'est le cas, je dois ressembler à mon arrière-grand-père.**

4. Conditions minimales

46. **Réponse C**

Dressons dans un premier temps la liste des multiples de 13 compris entre 200 et 400, nous y verrons bien plus clair. Cela nous donne : z = 208 ; 221 ; 234 ; 247 ; 260 ; 273 ; 286 ; 299 ; 312 ; 325 ; 338 ; 351 ; 364 ; 377 et 390.

{1} : insuffisant. Nous trouvons en effet deux valeurs pour z qui sont $z = 208$ et $z = 325$. On garde les réponses B, C et E.

{2} : insuffisant. Cette information signifie en effet que z est un multiple de 5. On trouve alors parmi les nombres listés précédemment $z = 260$, $z = 325$ ou encore $z = 390$.

{&} : combinons à présent les deux informations : la seule solution qui respecte les contraintes des informations (1) et (2) est $z = 325$. Réponse C.

47. **Réponse E**

48. **Réponse C**

{1} : insuffisant ! En effet, si Y est un carré entier de trois chiffres strictement inférieur à 400 ET multiple de 9, alors il y a plusieurs valeurs pour Y : 144, 225 ou encore 324. On garde donc les réponses B, C et E.

{2} : insuffisant ! Il y a en effet Y = 196 qui fonctionne, mais Y = 324. On garde les réponses C et E.

{&} : lorsque l'on combine les deux informations, il ne nous reste plus que **Y = 324** qui est le seul nombre à répondre aux contraintes imposées par chacune des deux informations. Réponse C !

49. **Réponse E**

50. **Réponse C**

{1} : insuffisant. Nous trouvons en effet L = 2 et L = 7.

{2} : insuffisant. Nous trouvons en effet L = 2 et L = 5.

{&} : c'est la combinaison des deux informations qui va nous permettre de répondre à la question puisque nous trouvons LA valeur unique de L tel que M est divisible par 5 ET par 3, à savoir **L = 2.**

51. **Réponse C**

{1} : insuffisant. On trouve en effet plusieurs valeurs pour ABC comme ABC = 421 ou encore ABC = 601.

{2} : insuffisant. Il y a plusieurs possibilités pour ABC. En effet, ABC peut s'écrire 60C, 80C ou encore 82C avec C qui peut être à chaque fois égal à 1, 3, 5, 7 ou 9.

{&} : la combinaison des deux informations nous permet en revanche de répondre à la question puisque le SEUL et UNIQUE nombre ABC tel que la somme de ses chiffres est égale à 7 et tel que A - B > 4 est ABC = 601.

52. **Réponse C**

Pourcentage de pourcentage : « 40 % de 28 % » = 40 % x 28 %.

53. **Réponse B**

{1} : insuffisante bien sûr.

{2} : le plus grand lot contient nécessairement 176/2 = 88 bouteilles de vin puisque ce plus grand lot est égal à la somme des 6 autres lots (88 = 88). Cette information permet donc à elle seule de répondre à la question.

54. **Réponse D**

{1} : si $3P^2 - 4$ est pair, alors comme 4 est pair, $3P^2$ est nécessairement pair. Pour que $3P^2$ soit pair, il est nécessaire que P^2 soit pair. Et pour que P^2 soit pair enfin, il est nécessaire que P soit pair. En conclusion, si P est pair, alors P^5 est pair également. On peut donc répondre à la question qui nous est posée, et on répond « non ». On garde les réponses A et D.

{2} : cette information signifie déjà que le cube de P est divisible par 8. Or un nombre divisible par 8 est un nombre triplement divisible par 2, autrement dit c'est un nombre pair. Pour que le cube de P soit pair, il est nécessaire que P lui-même soit pair. Et de conclure que P^5 est également pair.

L'information (2) nous permet donc également de répondre à la question qui nous est posée et l'on répond « non », P n'est pas impair mais pair. **Réponse D.**

55. **Réponse A**

{1} : suffisant. En effet, si l'on divise N par 3 et qu'il reste 2, alors cela signifie que N n'est pas divisible par 3… Et cela signifie donc *a fortiori* que N n'est pas non plus divisible par 9 (en effet, un nombre divisible par 9 est un nombre qui est « doublement » divisible par 3… Logique, non ?).

Conséquence : l'on peut répondre sans problème à la question qui nous est posée – et l'on répond d'ailleurs « non », qui, nous le rappelons à nouveau, vaut autant qu'un « oui » en conditions minimales si tant est que ce « non » est une réponse « ferme, sûre et certaine ». On garde les réponses A et D.

{2} : pour trouver un nombre qui divisé par 7 donne un reste qui vaut 1, il suffit tout simplement de multiplier un nombre par 7 et de lui rajouter 1.

Ainsi 3 x 7 + 1 = 22 est bien un nombre qui divisé par 7 donne un reste qui vaut 1. On peut également penser à 36 qui est égal à 5 x 7 + 1. D'un côté 22 n'est pas divisible par 9, tandis que de l'autre 36 est bien divisible par 9.

L'on ne peut donc répondre à la question qui nous est posée avec la seule information (2). On garde la réponse A.

56. **Réponse E**

{1} : insuffisant. La première information ne permet pas de répondre car nous ne connaissons pas précisément le rapport entre l'argent placé par l'étudiant A et celui placé par l'étudiant B. On garde les réponse B, C et E.

{2} : insuffisant. La seconde information nous permet d'obtenir une équation à deux inconnues. Cela ne suffit pas. On garde les réponses C et E.

{&} : combinons les deux informations : nous obtenons une équation à deux inconnues, ce qui ne suffit toujours pas. Réponse E !

57. **Réponse C**

{1} : insuffisant. Soient A, B et C les sommes respectives remportées par André, Bernard et Charles. On sait qu'en proportion on a A + B + C = 1.

D'après la première information, on déduit l'équation suivante : B = 2 x C. Mais on ne peut pas deviner la proportion du gain de Charles, puisque l'on a uniquement deux équations à trois inconnues. On retient les réponses B, C et E.

{2} : insuffisant. D'après la seconde information, on peut écrire A = (B + C)/2, ce qui ne permet toujours pas de répondre à la question (encore deux équations et trois inconnues).

{&} : combinons les deux informations : on a alors un système composé de trois équations à trois inconnues, que l'on est en mesure de résoudre. Réponse C !

58. **Réponse C**

59. **Réponse C**

{1} : insuffisant. Il y a plusieurs couples d'entiers dont le produit donne 12 (les couples 2 et 6, ou 3 et 4). Ainsi la première information ne permet pas de répondre à la question.

{2} : insuffisant. On a AB - BA = (10 x A + B) - (10 x B + A) = 9 x A - 9 x B = 9 x (A - B). Or si 9 x (A - B) est un carré parfait, alors ce carré parfait est un multiple de 9, inférieur à 100 puisque (A - B) < 10. Il n'existe que 9 et 81 qui répondent à ces conditions, ce qui nous donne (A - B) = 81/9 = 9 ou (A - B) = 9/9 = 1. On ne peut donc toujours pas répondre à la question.

{&} : combinons les deux informations : on s'aperçoit qu'un seul couple trouvé avec la première information respecte les contraintes de la seconde (celui où A = 4 et B = 3). Il est donc possible de répondre en combinant les deux informations, et l'on garde la réponse C.

60. **Réponse A**

{1} : suffisant. La première information nous permet de trouver la valeur de la somme S_1 placée dans la première partie (S_1 = 14 000/0,05), puis de déterminer le gain G du second placement (G = 19 000 - 14 000 = 5 000) et ainsi la somme S_2 placée dans la seconde partie (S_2 = 5 000/0,08). La somme de S_1 et S_2 nous donne S, autrement dit ce que l'on cherche ! On garde les réponses A et D.

{2} : insuffisant. La seconde information, prise seule, ne nous donne aucune indication nous permettant de répondre à la question, puisqu'aux taux référencés, aucune somme inférieure à 30 000 euros ne peut faire gagner 19 000 euros d'intérêts. On garde la réponse A.

5. Expression

61. **Réponse B**

La meilleure réponse est la B. En effet, on comprend que le texte cherche des explications à un phénomène qui en comporte plusieurs. Or le terme de « racine » s'attache moins à l'explication qu'à la cause des choses. Par ailleurs, un principe est une origine théorique et première, voire une proposition purement logique. Cela signifierait ici qu'une contradiction a un principe, autrement dit qu'elle a été fondée comme telle. Cela contredirait le texte qui dit ici que cette contradiction est négative. La C est trop loin du sens initial, tout comme la A. Il reste donc, par élimination, la B.

62. **Réponse A**

La C introduirait une rupture syntaxique et ne peut être retenue. La B est inélégante à souhait. La E est tentante parce qu'elle rappelle l'interrogatif « à quel point ? » or « dans quelle mesure » est très ouvert et peut signifier peu ou beaucoup. Le texte initial ne contient pas cette virtualité. La D est donc meilleure mais disgracieuse. La meilleure, du point de vue du sens comme du style, c'est bien la A. L'on oublie parfois l'usage de « combien » en tant qu'adverbe. Il est alors parfaitement synonyme de « beaucoup » ou encore de « énormément ».

63. **Réponse D**

La A introduit un lien logique qui ne va pas dans le sens du texte initial. Elle laisse croire que ne pas être égoïste, c'est échanger des choses très diverses, alors que le texte initial propose deux informations bien distinctes : d'une part « les échanges ont des objets divers » et d'autre part ils « ne doivent pas donner lieu à une lecture exclusive en termes d'intérêt sensible et égoïste ». Il n'y a pas d'implication d'une idée à l'autre. La B est trop laconique, elle laisse trop d'éléments du texte initial dans l'ombre. C'est également le cas de la E. Il reste à distinguer C de D. Elles sont très proches, sauf sur leur dernier terme. La C propose un synonyme intéressant mais extrêmement vieilli : on parlait de concupiscence pour l'égoïsme au XVIIe siècle. Ce terme se rapporte maintenant seulement au désir sexuel. Pour cette raison, et même si l'on retrouve le même terme que dans le texte initial, il faut préférer la D.

64. **Réponse D**

Il ne s'agit bien sûr pas d'un objet matériel ici mais d'un objet intellectuel, d'une idée à laquelle un sujet réfléchit. La A est donc impossible, tout comme la B. La C joue sur une fausse parenté : la notion de « rang » du texte de départ peut faire penser à la valeur d'une chose, comme « maintenir son rang » au XIXe siècle signifiait avoir une vie à la hauteur de son statut social. Cela n'a bien sûr aucun sens ici. Entre la D et la E, on doit réfléchir un peu : les deux sont possibles mais la D est la bonne réponse : le texte se demande si la culture est un objet en soi, même si elle est générale. Or le texte l'affirme, cela veut donc dire qu'il s'agit d'une matière, ou encore ce que l'on nomme dans le domaine scolaire ou universitaire une « discipline ».

65. **Réponse C**

La polémique, c'est par définition le débat animé voire violent autour d'une question précise. C'est donc une action d'abord langagière. C'est pourquoi on ne peut retenir les options A et D, conflits et disputes pouvant passer certes par le langage mais sans s'y résumer. La B traite bien du langage mais perd en revanche la dimension conflictuelle, ce qui empêche de la retenir ici. Il reste à départager C et E. E est tentante mais négocier suppose d'être en paix au préalable, alors que la polémique est bien le moment du conflit. C'est pourquoi la C est la meilleure, même si elle n'est pas absolument parfaite.

66. **Réponse D**

La bonne réponse est la D. Il faut d'abord veiller aux accords des participes passés « présentées » et « cessé », respectivement épithète et participe employé avec l'auxiliaire « avoir ». L'expression « à nouveaux frais » est invariable et toujours au pluriel. A propos du style, seule la formulation « un débat » est correcte. Utiliser l'article défini suppose qu'il se soit déjà installé, ce que ne suggère pas cet extrait. Par ailleurs, on ne peut parler ici de dialogue, de discussion ou de polémique : « discuter » n'est pas assez académique pour ce thème, « dialoguer » ne rend pas compte de la dimension scientifique du débat et « polémique » introduit une nuance passionnée inadéquate ici. Quant à l'expression « leur définition même », on joue ici sur une ambiguïté : on peut proposer le singulier ou le pluriel selon que l'on prend les sciences humaines dans leur globalité ou une à une. Il s'agit donc ici d'un piège visant à faire perdre du temps au candidat.

67. **Réponse E**

La bonne réponse est la E. On teste ici votre connaissance de la conjugaison ainsi que de la concordance des temps. « Eusse apprécié » est un plus-que-parfait du subjonctif, souvent synonyme du conditionnel passé « aurais apprécié ». On considère cette forme comme le conditionnel passé deuxième forme, très littéraire, et donc plus élégant ici. Après ce verbe, on est obligé de mettre un verbe au passé, en l'occurrence au passé simple. On écrit alors « fîtes », avec un accent circonflexe. Cependant, « fit » n'en comporte pas puisqu'il s'agit du passé simple de « faire » à la troisième personne du singulier. On doit ensuite se demander si l'interrogation du locuteur est présente ou passée. En réalité, elle pourrait être aux deux temps. On peut donc considérer les deux options comme possibles : il arrive parfois que l'on vous fasse réfléchir sur une fausse différence pour vous ralentir. Enfin, si l'on utilise le présent « suis obligé », il faut utiliser après l'imparfait de l'indicatif « c'était » qui est le temps de la description du passé.

68. **Réponse C**

On teste ici votre connaissance des prépositions et des rections de verbes. Si l'on peut évidemment « partir quelque part », la rigueur veut que l'on « parte pour une ville ». On part donc en bon français « pour Paris ». Il s'agit ensuite de spécifier de quelle manière. Certes, on part « grâce au train », mais cela donne alors le sentiment que quelque chose de grave ou de négatif s'est passé juste avant. Il y a là une nuance de sens qui trahit le texte initial. Enfin, l'expression « dans le train » peut convenir à certaines phrases (« on est monté dans le train ») et s'emploie parfois à l'oral avec le verbe « partir ». Cependant, la meilleure formulation est clairement ici « par le train ». La réponse attendue est donc la C.

69. **Réponse B**

Il y a 10 fautes, réponse B. La phrase devrait normalement s'écrire ainsi : « Davantage de gens se rendent compte aujourd'hui du mal que la spéculation financière peut faire à une économie. Normalement dévolue à l'investissement nécessaire aux entreprises, d'aucuns pensent que la Bourse a totalement perdu de vue sa vocation première. Quant à savoir si elle la retrouvera, tout dépendra de l'aptitude du système à se réformer ou à être réformé. » « Davantage » s'écrit en un mot. « Se rendre compte » n'a rien à voir avec le « conte » pour enfants. On écrit « aujourd'hui » avec une apostrophe. Il faut écrire « financière » car le masculin est « financier » et « dévolue » s'accorde avec « la Bourse » et doit donc porter la marque du féminin. « D'aucuns », qui signifie « certains », est la seule forme ou « aucun » prend un *s*. Il faut accorder le verbe qui suit au pluriel. La « vocation » est ici celle de la Bourse, donc on doit écrire « sa ». « Quand » indique le temps, ce qui ne veut rien dire ici puisque l'on ouvre sur une autre question ; il faut donc écrire « quant ». Enfin, « dépendra » est le futur de l'indicatif à la troisième personne du singulier et ne prend donc pas de *t*.

70. **Réponse E**

La bonne réponse est la E. Il faut écrire « il jette » selon la règle d'accord des verbes en *-eter* qui prennent généralement 2 *t* à toutes les personnes du présent de l'indicatif sauf « nous » et « vous ». « Nourriture » prend 2 *r* et « symptôme » un accent circonflexe. Il faut écrire « immaturité » car le mot est formé du préfixe *in-* qui devant le *m* de « maturité » donne *im-*. Le redoublement est donc ici très logique. « Ce qui se passe » comporte un pronom relatif « ce qui » et le verbe réfléchi « se passer » : on ne peut donc confondre ici « ce » et « se ». « Nulle part ailleurs » est une exception : « nul » en général ne s'accorde pas. « Gâchis » s'écrit toujours avec un *s* et surtout on n'écrit jamais « au final », même si l'oral tend à le normaliser.

71. **Réponse E**

La bonne réponse est la E. La réponse A peut être éliminée très vite pour des raisons grammaticales : il faudrait écrire « par elle-même ». Pour éliminer la B, il faut se rendre compte que le ton du texte est plutôt soutenu. On ne peut pas introduire une expression très familière et commune comme « en bref ». Le texte parle de la société en général, ce qui rendrait curieuse une référence soudaine à la « tribu ». La C ne peut donc pas convenir. D et E sont davantage possibles. Mais la D serait curieuse : elle suppose que l'on puisse craindre de dire les choses directement, comme lorsque l'on craint un incident diplomatique. Or qu'y a-t-il de blessant à dire que la mémoire reflète la société ? Par ailleurs, ce serait une tournure bien compliquée pour présenter quelque chose de synthétique ici. E est donc bien la meilleure réponse, tant du point de vue du fond que de la forme.

72. **Réponse D**

La bonne réponse est la D. Ce à quoi il faut être attentif ici, c'est à l'expression « de même ». En effet, elle reprend la contradiction qui précède et c'est pourquoi il faut pouvoir obtenir une contradiction dans la suite. On doit donc classer les options en fonction du degré de contradiction qu'elles introduisent dans la phrase. A ne convient pas. B non plus, pour la même raison : il n'y a pas vraiment de contradiction si l'on termine le texte par elles. Il en va de même pour la E. Les deux vraies contradictions sont contenues dans les options C et D. Mais seule la D convient bien : la C vaut par le sens mais il manque une ponctuation avant la conjonction de subordination « bien que ». De surcroît, la D signale une contradiction plus forte qui convient mieux ici.

73. **Réponse E**
La bonne réponse est la E. La A introduirait une répétition disgracieuse ici. Entre B et C, on peut hésiter. Mais il faut se méfier de ce genre de piège : on met volontairement deux réponses proches pour que le candidat cherche des distinctions alors qu'aucune des deux n'est valable. En effet, si on observe bien le texte, on s'attache à l'expression « notre Père » et on cherche différentes occurrences de celle-ci. On donne un premier exemple, puis un second, sur le même modèle. De ce point de vue, la D est possible, mais la E est meilleure car elle assume l'identité logique de ces deux exemples. Là encore, c'est votre connaissance précise des connecteurs qui fait la différence.

74. **Réponse C**
Il faut préférer la C. On comprend d'après l'ensemble du texte qu'il n'y a pas plus féminin que ce personnage. Il faut donc trouver l'adjectif qui signale le mieux cette représentativité. Les cinq options sont possibles, tant pour la forme que pour le fond. Mais elles se distinguent par leur degré. Il faut trouver l'adjectif qui signale le mieux l'exemplarité du personnage. « Incarnée » est tentant mais l'image n'est pas à proprement « incarnée » : on incarne plutôt les concepts car l'image est déjà sensible. « Réelle » est un peu faible ici, et « effective » un peu abstrait. La véritable hésitation doit avoir lieu entre B et C. B est tout à fait possible mais C est meilleure : l'emblème signale l'exemplarité et la valeur d'une chose, valeur que l'adjectif « même » ne rend pas aussi fortement.

75. **Réponse D**
La réponse D est la meilleure. Il faut repérer ici le lien logique qui unit les deux phrases : on dit d'abord que tous s'accordent à juger belles certaines œuvres et on oppose à cela dans la seconde phrase la subjectivité qui distinguerait les personnes. Avoir le même jugement signifie donc ici réunir les individus malgré leurs différences. C'est bien un lien d'implication qu'il faut retenir. B et C sont donc à exclure car elles signalent une causalité, c'est-à-dire inversent la relation cherchée. Sur le plan logique, les trois autres options sont recevables. C'est donc sur le ton et le style qu'il faut les distinguer. La A est un peu « vieillotte » pour un texte rédigé en français contemporain. La E est un peu trop orale, ou trop peu soignée et un peu lourde pour bien aller avec le reste du texte. Seule la D est adéquate du point de vue du sens comme de la forme.

6. Logique

76. **Réponse C**
H : Séparation somme constante égale à 9 par la droite (la somme des deux chiffres de droite est toujours égale à 9).
V : Inter Grande diagonale gauche de -1.

77. **Réponse C**
H : Intra de -2 entre la première et la deuxième lettre.
V : Inter Grande diagonale gauche de -1.

78. **Réponse E**
H : Inter vertical de -1 sur le dernier chiffre.
V : Séparation somme par la gauche.

79. **Réponse A**
H : Inter Grande diagonale gauche de +1.
V : Intra de -1 entre la première et la dernière lettre.

80. **Réponse A**
H : Inter Vertical de -2 sur le chiffre du milieu.
V : Tous les nombres sont des multiples de 7.

81. **Réponse E**
H : Le A se déplace, passant du premier au deuxième chiffre, et ainsi de suite.
V : Inter vertical de -2 sur la troisième lettre.

82. **Réponse E**
H : Séparation somme constante égale à 9 par les côtés (la somme des deux chiffres situés aux extrémités est toujours égale à 9).
V : Inter vertical de +1 sur le chiffre du milieu.

83. **Réponse C**
H : Inter vertical de -1 sur la lettre du milieu.
V : Inter vertical de +1 sur la première lettre.

84. **Réponse D**
11 et 21 sont liés par la relation suivante. Dans 11, il y a deux « 1 »… Autrement dit 2 1. D'où 11 => 21. Dans 222, il y a trois « 2 », d'où 222 => 32, etc.

85. **Réponse E**
La différence entre le nombre du milieu et le nombre de côtés de la figure est un extrait du début de la suite des nombres premiers :

7 - 5 = 2 6 - 3 = 3 11 - 6 = 5

La différence entre ces deux nombres devra donc être de 7 pour la solution.

86. **Réponse E**
Il vous suffit d'observer que les X réalisent une rotation de 90° tout en suivant une progression arithmétique de 1 : la solution devra donc comporter quatre X dans le coin inférieur gauche.

87. **Réponse A**
Ecarts dégressifs entre le nombre à l'intérieur de la figure et le nombre de côtés de la figure.

88. **Réponse E**
Vous remarquez dans un premier temps le mouvement des lettres et des chiffres, qui s'alternent autour de la croix : la solution devra donc comporter deux lettres en haut et en bas et deux nombres à droite et à gauche. De plus, lettres et nombres sont liés : un couple contient une lettre et sa valeur numérique tandis que le deuxième contient une lettre et son nombre de barres :

(S, 19) et (H, 3) (U, 21) et (V, 2) (R, 18) et (E, 4)

89. **Réponse E**
Le mouvement des deux lettres autour du cercle vous indique qu'elles doivent se trouver dans le coin supérieur droit et dans le coin inférieur gauche. De plus, les lettres inscrites dans le cercle représentent les initiales de la somme des valeurs numériques des lettres apparaissant aux extrémités :

P = 16, H = 8 et 16 + 8 = 24 = Vingt-Quatre
U = 21, H = 8 et 21 + 8 = 29 = Vingt-Neuf
U = 21, K = 11 et 21 + 11 = Trente-Deux

90. **Réponse A**
Le mouvement de la barre et de la lettre vous indique que la première sera inclinée vers la gauche avec en dessous la lettre en question. De plus, le nombre de barres de cette lettre doit toujours être égal à 3.

TEST TAGE MAGE NUMERO 8

TEST TAGE MAGE NUMERO 8 : VOTRE GRILLE DE REPONSES

Epreuve 1 **Compréhension de textes**						Epreuve 2 **Calcul**						Epreuve 3 **Raisonnement/Argumentation**					
1	A	B	C	D	E	16	A	B	C	D	E	31	A	B	C	D	E
2	A	B	C	D	E	17	A	B	C	D	E	32	A	B	C	D	E
3	A	B	C	D	E	18	A	B	C	D	E	33	A	B	C	D	E
4	A	B	C	D	E	19	A	B	C	D	E	34	A	B	C	D	E
5	A	B	C	D	E	20	A	B	C	D	E	35	A	B	C	D	E
6	A	B	C	D	E	21	A	B	C	D	E	36	A	B	C	D	E
7	A	B	C	D	E	22	A	B	C	D	E	37	A	B	C	D	E
8	A	B	C	D	E	23	A	B	C	D	E	38	A	B	C	D	E
9	A	B	C	D	E	24	A	B	C	D	E	39	A	B	C	D	E
10	A	B	C	D	E	25	A	B	C	D	E	40	A	B	C	D	E
11	A	B	C	D	E	26	A	B	C	D	E	41	A	B	C	D	E
12	A	B	C	D	E	27	A	B	C	D	E	42	A	B	C	D	E
13	A	B	C	D	E	28	A	B	C	D	E	43	A	B	C	D	E
14	A	B	C	D	E	29	A	B	C	D	E	44	A	B	C	D	E
15	A	B	C	D	E	30	A	B	C	D	E	45	A	B	C	D	E

Epreuve 4 **Conditions minimales**						Epreuve 5 **Expression**						Epreuve 6 **Logique**					
46	A	B	C	D	E	61	A	B	C	D	E	76	A	B	C	D	E
47	A	B	C	D	E	62	A	B	C	D	E	77	A	B	C	D	E
48	A	B	C	D	E	63	A	B	C	D	E	78	A	B	C	D	E
49	A	B	C	D	E	64	A	B	C	D	E	79	A	B	C	D	E
50	A	B	C	D	E	65	A	B	C	D	E	80	A	B	C	D	E
51	A	B	C	D	E	66	A	B	C	D	E	81	A	B	C	D	E
52	A	B	C	D	E	67	A	B	C	D	E	82	A	B	C	D	E
53	A	B	C	D	E	68	A	B	C	D	E	83	A	B	C	D	E
54	A	B	C	D	E	69	A	B	C	D	E	84	A	B	C	D	E
55	A	B	C	D	E	70	A	B	C	D	E	85	A	B	C	D	E
56	A	B	C	D	E	71	A	B	C	D	E	86	A	B	C	D	E
57	A	B	C	D	E	72	A	B	C	D	E	87	A	B	C	D	E
58	A	B	C	D	E	73	A	B	C	D	E	88	A	B	C	D	E
59	A	B	C	D	E	74	A	B	C	D	E	89	A	B	C	D	E
60	A	B	C	D	E	75	A	B	C	D	E	90	A	B	C	D	E

Si vous souhaitez répondre la réponse B à la question 31, alors noircissez la case comme suit :

31	A	B ▬	C	D	E

TEST BLANC TAGE MAGE
EPREUVE 1 : COMPREHENSION DE TEXTES

8

CONSIGNES

15 questions / 20 minutes / Calculatrice interdite

BAREME

Réponse juste : + 4 points / Réponse fausse : - 1 point / Aucune réponse : 0 point

TEXTE 1

Messieurs,

L'invitation de la chambre et du tribunal de commerce de Bordeaux, que j'ai acceptée avec empressement, me fournit l'occasion de remercier votre grande cité de son accueil si cordial, de son hospitalité si pleine de magnificence, et je suis bien aise aussi, vers la fin de mon voyage, de vous faire part des impressions qu'il m'a laissées.

Le but de ce voyage, vous le savez, était de connaître par moi-même nos belles provinces du Midi, d'approfondir leurs besoins. Il a, toutefois, donné lieu à un résultat beaucoup plus important.

En effet, je le dis avec une franchise aussi éloignée de l'orgueil que d'une fausse modestie, jamais peuple n'a témoigné d'une manière plus directe, plus spontanée, plus unanime, la volonté de s'affranchir des préoccupations de l'avenir, en consolidant dans la même main un pouvoir qui lui est sympathique. C'est qu'il connaît, à cette heure, et les trompeuses espérances dont on le berçait, et les dangers dont il était menacé. Il sait qu'en 1852 la société courait à sa perte, parce que chaque parti se consolait d'avance du naufrage général par l'espoir de planter son drapeau sur les débris qui pourraient surnager. Il me sait gré d'avoir sauvé le vaisseau en arborant seulement le drapeau de la France.

@@@@@@@@@@@@@@@@@@@@@@@@@@@@@@@@@@@
@@@@@@@@@@@@@@@@@@@@@@@@@@@@@@@@@@@
@@@@@@@@@@@@@@@@@@@@@@@@@@@@@@@@@@@

Désabusé d'absurdes théories, le peuple a acquis la conviction que les réformateurs prétendus n'étaient que des rêveurs, car il y avait toujours inconséquence, disproportion entre leurs moyens et les résultats promis.

Aujourd'hui, la France m'entoure de ses sympathies, parce que je ne suis pas de la famille des idéologues. Pour faire le bien du pays, il n'est pas besoin d'appliquer de nouveaux systèmes ; mais de donner, avant tout, confiance dans le présent, sécurité dans l'avenir. Voilà pourquoi la France semble vouloir revenir à l'Empire.

Il est néanmoins une crainte à laquelle je dois répondre. Par esprit de défiance, certaines personnes se disent : l'Empire, c'est la guerre. Moi je dis : l'Empire, c'est la paix.

C'est la paix, car la France le désire, et lorsque la France est satisfaite, le monde est tranquille. La gloire se lègue bien à titre d'héritage, mais non la guerre. Est-ce les princes qui s'honoraient justement d'être les petits-fils de Louis XIV ont recommencé ses luttes ? La guerre ne se fait pas par plaisir, elle se fait par nécessité ; et à ces époques de transition où partout, à côté de tant d'éléments de prospérité, germent tant de causes de mort, on peut dire avec vérité : Malheur à celui qui le premier, donnerait en Europe, le signal d'une collision dont les conséquences seraient incalculables !

J'en conviens, cependant, j'ai, comme l'Empereur, bien des conquêtes à faire. Je veux, comme lui, conquérir à la conciliation les partis dissidents et ramener dans le courant du grand fleuve populaire les dérivations hostiles qui vont se perdre sans profit pour personne.

Je veux conquérir à la religion, à la morale, à l'aisance, cette partie encore si nombreuse de la population qui, au milieu d'un pays de foi et de croyance, connaît à peine les préceptes du Christ ; qui, au sein de la terre la plus fertile du monde, peut à peine jouir de ses produits de première nécessité.

Nous avons d'immenses territoires incultes à défricher, des routes à ouvrir, des ports à creuser, des rivières à rendre navigables, des canaux à terminer, notre réseau de chemin de fer à compléter. Nous avons, en face de Marseille, un vaste royaume à assimiler à la France. Nous avons tous nos grands ports de l'ouest à rapprocher du continent américain par la rapidité de ces communications qui nous manquent encore. Nous avons partout enfin des ruines à relever, de faux dieux à abattre, des vérités à faire triompher.

Voilà comment je comprendrais l'empire, si l'empire doit se rétablir. Telles sont les conquêtes que je médite, et vous tous qui m'entourez, qui voulez, comme moi, le bien de notre patrie, vous êtes mes soldats.

@@@@@@@@@@@@@@@@@@@@@@@@@@@@@@@@
@@@@@@@@@@@@@@@@@@@@@@@@@@@@@@@@
@@@@@@@@@@@@@@@@@@@@@@@@@@@@@@@@

1. Pour l'auteur, Bordeaux est une ville :

(A) de l'ouest.
(B) du nord.
(C) du monde.
(D) du sud.
(E) identique à Paris.

2. Bien souvent, on pense qu'un rêveur est :

(A) visionnaire.
(B) enthousiaste.
(C) heureux.
(D) incohérent.
(E) inutile.

3. Le projet de l'auteur est globalement :

(A) économique.
(B) social.
(C) philosophique.
(D) philanthropique.
(E) utopique.

4. L'auteur mêle :

(A) religion et argent.
(B) terrestre et céleste.
(C) spiritualité et sociologie.
(D) actes et paroles.
(E) bonheur et malheur.

@@

5. Ce discours pourrait être écrit par :
   1. un religieux 2. un écrivain 3. un homme politique

(A) 1.
(B) 1 et 2.
(C) 1 et 3.
(D) 1, 2 et 3.
(E) 2 et 3.

TEXTE 2

Etienne Souriau a-t-il renouvelé la présentation des arts et de leurs relations ? Dans son *Schéma du système des Beaux-Arts,* Souriau classe les arts en fonction des modalités sensorielles mobilisées, ainsi que selon leur plus ou moins grande fidélité à un modèle initial. Le philosophe distingue ainsi le dessin, la sculpture, la peinture représentative, la photo, le pantomime, la littérature et la musique dramatique ou descriptive. Ce sont là les arts qui restent relativement fidèles à un modèle. Souriau dresse donc une seconde liste pour ceux qui mobilisent essentiellement l'imagination, ce qui donne respectivement l'ordre suivant : l'arabesque, l'architecture, la peinture, les projections lumineuses, la danse, la prosodie pure et la musique.

L'intérêt de la classification de Souriau, c'est que les arts y dévoilent des relations de proximité plus ou moins grande, mais telles qu'elles renvoient à une logique identifiable. Ainsi, le dessin a à voir avec la sculpture mais beaucoup moins avec la peinture représentative car les lignes sont plus proches des volumes que des couleurs. Le schéma se veut donc à la fois sensible et logique et se distingue en cela des classifications hasardeuses, intuitives et souvent influencées par les modes d'une époque.

Pourtant, en dépit de cet effort d'« objectivité esthétique », Souriau ne cite même pas la parfumerie. Cette absence est cruelle aux yeux de Roudnitska car tous les éléments de son inscription sont pourtant présents : sa modalité sensible est l'odorat et le parfum peut être près des senteurs naturelles ou au contraire s'en éloigner. Ce silence de Souriau est donc d'autant plus sensible que sa réflexion esthétique se présente comme une démarche d'ouverture et que rien en elle ne refuse logiquement l'intégration du parfum.

@@
@@
@@

Souriau est-il donc à ce point indifférent à cette question ? Si *La Correspondance des arts* va dans ce sens, on doit néanmoins mentionner son intervention à la Maison de la Chimie en 1952, sous le titre « La musique des parfums ». Mais là encore, ce texte ne tient pas ses promesses selon Roudnitska. Car le jugement de Souriau reste assez fidèle à la tradition péjorative : « Actuellement, cet art, il faut le dire, n'existe pas. » La parfumerie souffrirait notamment d'une palette d'odeurs initiales assez limitée et par suite d'accords en nombre réduit. L'article « parfum » du *Vocabulaire d'Esthétique* ne fait que confirmer cela : « S'il existe un art des parfums en prenant art au sens d'activité fabricatrice, on n'a toujours pas admis de la ranger dans les Beaux-Arts. » Souriau hésite cependant : « Aucune raison théorique valable ne s'oppose à l'existence d'un art du parfum à valeur esthétique. » Ce qui continue de poser problème, c'est que seules la vue et l'ouïe semblent être intellectualisées.

6. Selon Roudnitska, Souriau :

(A) est très original.
(B) s'est finalement aligné sur une conception traditionnelle.
(C) s'est plié dès le départ à des idées traditionnelles.
(D) revient aux sources.
(E) restitue une pensée organisée.

7. L'odorat n'est pas considéré comme un sens :

(A) subtil.
(B) raffiné.
(C) cultivé.
(D) développé.
(E) intelligent.

@@@

8. Pour Souriau, les relations des arts entre eux sont :

(A) rationnelles.
(B) causales.
(C) juxtaposées.
(D) simples.
(E) déterminables.

9. Ce texte est :
1. intégral 2. issu d'un quotidien 3. la fin d'un texte

(A) 1 et 2.
(B) On ne sait pas.
(C) 2 seulement.
(D) 3 seulement.
(E) 1, 2 et 3.

TEXTE 3

Aristote est en prise directe avec les apories liées au mouvement et à sa définition. C'est à ce problème qu'il s'attache dans le traité *La Physique.* Il s'agit pour lui de rendre compte de ce fait essentiel dans l'observation qu'est le mouvement et en même temps de ne pas perdre de vue la vérité et les enseignements de son maître Platon. Aristote commence par faire remarquer que chaque fois que l'on parle du mouvement, du changement d'une chose, on manifeste dans le discours à la fois une permanence et un devenir. Si je dis « l'eau devient vapeur », je suppose que quelque chose est resté et que quelque chose est devenu, sinon je ne ferais pas le lien des deux, je dirais « eau puis vapeur ». Il y a donc une stabilité sous le changement et en même temps il y a changement. Telle est la définition de la substance pour Aristote : ce qui est en dessous, ce qui subsiste, c'est-à-dire ce qui demeure par-delà le changement. La substance demeure, mais des accidents se greffent sur celle-ci.

@@

On dira qu'il fallait bien que la vapeur soit déjà un peu là, sans quoi tout pourrait devenir vapeur, or cela ne concerne que l'eau. Certes dit Aristote, mais ne disons pas pour autant que tout était déjà là, jusqu'à affirmer que rien n'arrive. En réalité, la vapeur est en puissance dans l'eau, mais pas encore en acte. Elle est donc déjà là mais sous une forme qui appelle une transformation pour se réaliser. C'est ainsi qu'Aristote rend compte du devenir qui est mouvement de ce qui demeure de manière substantielle, et c'est ainsi qu'une science est possible.

C'est pourquoi il est bien difficile de déterminer absolument la date de la naissance de la science. Mais l'on peut considérer qu'elle correspond à un effort pour dire les choses de manière rigoureuse et de telle manière qu'elles soient incontestables. C'est là le projet de Pythagore qui voit dans les mathématiques le modèle de toute science. On peut donc considérer que la science naît en Grèce avec Pythagore.

Mais c'est sans doute Aristote qui donne sa formulation la plus rigoureuse à l'idée de science, une fois le discours platonicien assimilé. En effet, la science se distingue de l'opinion selon Socrate. Car la science s'attache au vrai et à l'universel. C'est du moins ainsi que Socrate la définit. Or Aristote précise cette idée. C'est moins l'idée d'universalité qui compte que celle de nécessité. En effet, je suis vraiment sûr de ce que j'avance quand je peux dire pourquoi une chose est ainsi et c'est de cette manière que j'obtiens l'assentiment de tous. Il faut donc pour qu'il y ait science que l'on ait la vérité, mais surtout que l'on ait la nécessité. Or celle-ci est fondée sur la connaissance des raisons, comme l'explique Aristote dans les *Analytiques secondes.* Une chose est connue comme nécessaire quand on peut dire les raisons de celle-ci et qui font que le nécessaire est repéré comme tel. C'est pourquoi la science est définie ultimement comme une connaissance vraie appuyée sur la conscience de ses raisons, qui tiennent à l'essence même de la chose.

10. Pour Aristote, la substance est avant tout :

(A) une idée.
(B) une hypothèse.
(C) une réalité.
(D) quelque chose de solide dans le composé chimique.
(E) ce que l'on peut toucher.

@@@@@@@@@@@@@@@@@@@@@@@@@@@@@@@@@@@@
@@@@@@@@@@@@@@@@@@@@@@@@@@@@@@@@@@@@
@@@@@@@@@@@@@@@@@@@@@@@@@@@@@@@@@@@@

11. Dans ce texte, Aristote est présenté comme :

(A) un philosophe, tout comme Platon.
(B) un penseur des sciences de son temps.
(C) un métaphysicien.
(D) un observateur scrupuleux.
(E) un penseur.

12. Selon Aristote, la science s'occupe en priorité :

1. du mouvement 2. de la substance 3. de la vérité

(A) 1 et 2.
(B) 1 et 3.
(C) seulement 1.
(D) seulement 2.
(E) 1, 2 et 3.

13. Dans ce texte, la vapeur est :

(A) un contre-exemple.
(B) un exemple.
(C) une objection.
(D) une confirmation.
(E) une objection et un exemple.

@@@@@@@@@@@@@@@@@@@@@@@@@@@@@@@@@@@@@@
@@@@@@@@@@@@@@@@@@@@@@@@@@@@@@@@@@@@@@
@@@@@@@@@@@@@@@@@@@@@@@@@@@@@@@@@@@@@@

14. Le texte permet de déduire que l'opinion est avant tout :

(A) fausse.
(B) variable.
(C) incertaine.
(D) sûre.
(E) manipulable.

15. D'après ce texte, Pythagore est :

(A) né avant Aristote.
(B) né après Aristote.
(C) a connu Aristote.
(D) est mort après Aristote.
(E) est né en Grèce.

**Si vous avez terminé, vous n'êtes pas autorisé(e) à revenir sur une épreuve précédente.
Vous n'êtes pas non plus autorisé(e) à travailler sur une épreuve suivante avant la fin du temps imparti.** **STOP !**

TEST BLANC TAGE MAGE
EPREUVE 2 : CALCUL

8

CONSIGNES

15 questions / 20 minutes / Calculatrice interdite

BAREME

Réponse juste : + 4 points / Réponse fausse : - 1 point / Aucune réponse : 0 point

16. La figure ci-contre représente les six sommets d'un hexagone régulier. Parmi les cinq figures proposées, quelle est celle qu'il est impossible de réaliser en reliant plusieurs de ces six points ?

(A) Un trapèze.
(B) Un triangle rectangle.
(C) Un carré.
(D) Un triangle équilatéral.
(E) Un rectangle.

17. John et Robert remplissent un sac de terre ensemble. Robert a déjà rempli un sac identique en 20 minutes. John a l'habitude de remplir tout seul un sac en 30 minutes. En combien de temps John et Robert rempliront-ils le sac ensemble ?

(A) 9 minutes.
(B) 12 minutes.
(C) 15 minutes.
(D) 18 minutes.
(E) 20 minutes.

//
//
//

18. Pour se rendre dans sa résidence secondaire éloignée de Y kilomètres de sa résidence principale, Charles prend l'avion pour faire X kilomètres, puis termine le trajet en louant une voiture. Le billet d'avion coûte 3 € par kilomètre, alors que la location de voiture coûte 2 € par kilomètre parcouru. Combien d'euros Charles va-t-il dépenser pour aller jusqu'à sa résidence secondaire ?

(A) 3Y - 2X
(B) 2X + Y
(C) 3X + 2Y
(D) 2Y - X
(E) $X^2 + 2Y$

19. A l'entrée du dernier tour d'une course de lévriers, le lévrier numéro 2 accuse un retard de 35 mètres de retard sur le lévrier numéro 1. Après avoir accéléré, le lévrier 2 court à 54 km/h, alors que le lévrier 1 conserve sa vitesse initiale de 36 km/h. En combien de temps le lévrier 2 rattrapera-t-il le lévrier 1 si les deux chiens continuent de courir à la même vitesse ?

(A) 3 secondes.
(B) 5 secondes.
(C) 7 secondes.
(D) 9 secondes.
(E) 11 secondes.

20. Une mouche a 6 pattes. Une araignée a 8 pattes. Ensemble, 2 mouches et 3 araignées ont autant de pattes que 10 oiseaux et…

(A) 2 chats.
(B) 3 chats.
(C) 4 chats.
(D) 5 chats.
(E) 6 chats.

//
//
//

21. Que vaut le quart du cinquième du carré de 30 ?

(A) 20
(B) 25
(C) 30
(D) 40
(E) 45

22. Un groupe de 9 amis décide de créer une association. Après avoir rédigé les statuts, ils doivent choisir parmi eux un président, un secrétaire et un trésorier. De combien de manières différentes ces trois rôles peuvent-ils être distribués ?

(A) 469
(B) 484
(C) 498
(D) 504
(E) 508

23. Un bûcheron de 20 ans scie des bûches. Après avoir scié 5 bûches en deux, il se retrouve avec 22 bûches. Combien avait-il de bûches au départ ?

(A) 12
(B) 15
(C) 17
(D) 19
(E) 20

24. Pascal et Marc se sont partagé une somme proportionnellement à leurs âges qui sont 17 ans et 11 ans. Pascal a reçu 234 € de plus que Marc. Combien a reçu celui-ci ?

(A) 215 €
(B) 518 €
(C) 594 €
(D) 429 €
(E) 653 €

25. Dix citrons coûtent autant que 8 oranges ; 16 oranges autant que 12 pamplemousses ; 4 pamplemousses autant qu'1 melon ; et 6 melons autant que 48 bananes. Pour le prix de 5 citrons, combien aurez-vous de bananes ?

(A) 2
(B) 4
(C) 6
(D) 8
(E) 9

26. Le jeune Philippe a maintenant 12 ans de moins que Stéphane. Dans 9 ans, Stéphane sera 2 fois plus âgé que Philippe. Quel âge aura Philippe dans 4 ans ?

(A) 3 ans.
(B) 7 ans.
(C) 15 ans.
(D) 21 ans.
(E) 22 ans.

27. Annie a 3 fois plus de sucettes que Zazie. Si elle lui en donnait 15, elle en aurait 2 fois plus qu'elle. Combien devrait-elle lui en donner pour qu'elles en aient toutes les deux le même nombre ?

(A) 15
(B) 30
(C) 45
(D) 60
(E) 90

28. Avec une photocopieuse, on réduit de 20 % l'aire d'un carré de 10 cm de côté. On s'aperçoit que la figure est trop petite, mais l'original a été détruit. De quel pourcentage faut-il agrandir l'aire du carré obtenu pour retrouver le carré initial ?

(A) 20 %
(B) 25 %
(C) 30 %
(D) 80 %
(E) 14,14 %

//
//
//

29. Aude, Carl et Elise prennent chacun deux comprimés de vitamine par jour tandis que Guillaume n'en prend qu'un seul. De cette façon, un flacon de comprimés dure 24 jours pour les 4 personnes. Si Guillaume en prenait aussi deux par jour, combien de jours durerait un flacon de comprimés ?

(A) 23
(B) 21
(C) 20
(D) 19
(E) 18

30. On verse 627 litres de vin dans les tonneaux A, B et C. Le tonneau B contient 50 % de plus de vin que A, et le contenant C contient 50 % de plus de vin que B. Combien y a-t-il de litres de vin dans le tonneau B ?

(A) 120
(B) 132
(C) 180
(D) 198
(E) 297

Si vous avez terminé, vous n'êtes pas autorisé(e) à revenir sur une épreuve précédente.
Vous n'êtes pas non plus autorisé(e) à travailler sur une épreuve suivante avant la fin du temps imparti.

STOP !

TEST BLANC TAGE MAGE
EPREUVE 3 : RAISONNEMENT / ARGUMENTATION

8

CONSIGNES

15 questions / 20 minutes / Calculatrice interdite

BAREME

Réponse juste : + 4 points / Réponse fausse : - 1 point / Aucune réponse : 0 point

31. Moi, Paul, je te dis à toi, Pierre, que tu es comme Marc. Lui me dit : « Je suis comme toi, mais peut-être pas en tout », et ajoute : « Tu as raison en fait, mais – en s'adressant à Pierre – toi, tu me ressembles davantage. » Pierre répond : « Je suis comme toi et toi et vous avez tous les deux raison. »
Parmi ces relations, si les trois personnages disent la vérité, laquelle est la plus précise ?

(A) Marc me ressemble plus que Pierre.
(B) Nous sommes des triplés.
(C) Pierre et moi-même sommes peut-être jumeaux.
(D) Nous sommes trois hommes.
(E) Pierre et Marc se ressemblent beaucoup plus qu'ils ne me ressemblent.

>>
>>>
>>>

32. Lorsque l'on veut fabriquer quelque chose, on commence par le penser. On élabore un projet que l'on extériorise dans une forme concrète, idéale ou matérielle. Cela veut dire, tout simplement, que les choses ne viennent pas au monde d'elles-mêmes, mais qu'il faut les faire passer du virtuel au réel. C'est là la marque de leur imperfection. L'artisan est ainsi comme Dieu qui amène les choses à l'existence, à partir de Son idée. Et Dieu, être parfait, est comme l'artisan de toutes les choses de l'univers.
Mais qui est l'artisan de Dieu ?

(A) Le hasard.
(B) Un dieu plus parfait.
(C) Lui-même.
(D) L'homme.
(E) Les hommes.

33. Je pense. Je peux aussi prendre conscience que je pense au moment où je pense, ce que l'on appelle précisément la conscience. A ce moment-là, je pense que je pense. Mais ne puis-je faire de même ? C'est-à-dire, ne puis-je pas prendre conscience que je pense que je pense ? Cela reviendrait à avoir conscience que j'ai conscience que je pense. A la troisième opération, je pense que je pense que je pense que je pense.
Quel est le présupposé de ce raisonnement ?

(A) Je ne crains pas les maux de tête.
(B) Je pense.
(C) Je connais la vérité.
(D) Le sujet n'est pas nécessairement et exclusivement sujet.
(E) Je pense donc je suis.

---

34. Nous sommes la veille de mon anniversaire. Mon anniversaire s'est fêté 3 jours avant notre rencontre qui a eu lieu un mardi. 89 jours plus tard, le 17 octobre, nous fêtions ton anniversaire, 5 jours avant celui de ta mère. L'année est bissextile et nous nous sommes alors donné rendez-vous à mon prochain anniversaire. Quel jour nous reverrons-nous donc ?

(A) Un lundi.
(B) Un mercredi.
(C) Un vendredi.
(D) Un samedi.
(E) Un dimanche.

35. Soit un univers logique où le principe de contradiction n'est plus respecté. C'est-à-dire que l'on se situe dans un monde d'actes et de paroles où une chose peut être vraie en même temps que son contraire. Dans cet univers, les habitudes logiques et déductives sont faussées et l'on y perd son latin. C'est par exemple celui des sceptiques les plus radicaux qui affirment que la contradiction est la règle de tout discours.
Quelle proposition est dès lors absolument vraie ?

(A) Je suis moi.
(B) Tu es lui.
(C) Tout est rien.
(D) Aucune.
(E) Rien n'est rien.

36. Pierre court plus vite que Roger qui va moins vite que Jacques, lui-même moins rapide que Paul. Tous les 4 s'entraînent régulièrement et profitent de certains dimanches pour participer à des courses départementales ou régionales. Ce jour-là, Roger part en premier, suivi de Paul. Pierre et Jacques commencent la course en retard. Pierre part ainsi bien après Jacques qui n'est parti que 30 secondes après Roger.
Qui gagne la course ?

(A) Pierre.
(B) Roger.
(C) Paul.
(D) On ne sait pas.
(E) Ni Jacques ni Paul.

>>>
>>>
>>>

37. On trouve au Louvre une copie de la Vénus de Milo qui a été réalisée au XIXe siècle. Celle-ci date de l'époque néo-classique lorsque l'Europe s'est de nouveau enthousiasmée pour la Grèce antique. C'est là un phénomène récurrent puisque tous les siècles ou tous les deux siècles on assiste à ce genre de mode. Il en résulte toujours une suite de productions qui un jour, en plus de nous rappeler l'Antiquité, nous rappelle ces époques-là. Les copies ont donc elles aussi leur histoire et on s'arrache dans les salles de vente les statues classiques du XIXe siècle.
Quelle proposition contredit l'argument précédent ?

(A) Une copie ne vaudra jamais l'original.
(B) Une copie ne vaut pas l'original.
(C) C'est dans les vieux pots qu'on fait les meilleures soupes.
(D) Rien ne vaut la patine des ans.
(E) L'élève peut-il dépasser le maître ?

38. Le sida, comme tout virus, parasite l'organisme vivant qu'il infecte. Une fois un corps humain ou simiesque contaminé, le virus connaît une phase quiescente pendant laquelle le sujet est dit séropositif mais non encore malade. Lorsque la maladie se déclenche, le virus se met à se multiplier autant qu'il peut, grâce aux mécanismes de reproduction des cellules de l'être malade. Et cela jusqu'à affaiblir totalement le système immunitaire du patient, qui meurt alors comme un être sans protection.
Quelle proposition contredit le plus cette description ?

(A) Le sida est dangereux.
(B) Tout être vivant est mû par un instinct de survie.
(C) Tout être tend à se renforcer.
(D) Tout être vivant désire s'accroître.
(E) Le sida se transmet d'un individu à un autre.

>>
>>
>>

39. La définition de l'univers, c'est l'ensemble des éléments réunis par un certain ordre. On utilise ce terme pour son ampleur, mais en réalité il y a prétention à une certaine logique interne à cet ensemble. C'est pourquoi on en fait parfois le synonyme de « nature » ou de « monde ». Or, ce qui est étrange, c'est que personne n'a jamais vu la totalité de ce qui existe, pas plus qu'il n'a éprouvé la réalité des relations entre toutes les choses qui sont. Aucun explorateur n'est allé assez loin et aucun scientifique n'a fait assez d'expériences pour pouvoir prétendre avoir tout éprouvé, vu et vérifié.
Quelle conclusion va le moins dans le sens de ce raisonnement ?

(A) Le monde existe.
(B) Le monde existe autrement.
(C) L'univers est tangible.
(D) La nature nous entoure.
(E) Le monde est en réalité pur chaos.

40. Dans un épisode de *Star Trek,* les scénaristes imaginent un monde où la guerre se fait par ordinateur. Afin de protéger la civilisation, les missiles que l'on s'envoie sont fictifs. Mais l'on peut se défendre et déplacer ses troupes par ordinateur exactement comme on le ferait en réalité. Quand une arme tue quelqu'un, il faut que cette personne se rende dans une cabine où elle sera désintégrée. Ainsi, les villes ne sont pas détruites mais la population touchée.
Qu'est-ce qui peut rendre cette philosophie cohérente ?

(A) Rien.
(B) Les guerres sont nécessaires.
(C) Si personne ne prend le risque de mourir, alors personne n'accorde de poids à une guerre.
(D) La civilisation s'exprime d'abord matériellement.
(E) Une vie vaut moins qu'un monument.

>>
>>
>>

41. Rien de plus étonnant que la mauvaise foi ! Vous prouvez par A + B que vous avez raison, et votre interlocuteur continue d'affirmer que vous avez tort. Qu'est-ce qui donc l'empêche de reconnaître la vérité ? Ses passions, et en premier lieu sa fierté. Combien d'hommes sont ainsi incapables de partager un vrai dialogue avec autrui sans mettre d'abord leur ego sur la table, comme une priorité ? Et cela n'est pas seulement le problème des enfants.
Quelle proposition renforce ce paradoxe ?

(A) Tous les hommes sont malhonnêtes.
(B) Les hommes sont peu rationnels.
(C) Chacun peut un jour être de mauvaise foi.
(D) L'interlocuteur est intelligent.
(E) Il ne faut pas mourir idiot.

42. En préparant leur test, les étudiants travaillent beaucoup et se cultivent. Ils développent différentes méthodes et bénéficient parfois des bons conseils de leurs professeurs ou des auteurs de manuels. On voit en effet se multiplier nombre de formations, de stages et de manuels, mais tous se valent-ils ? Certains étudiants n'hésitent alors pas à passer d'une prépa à l'autre, ou à acheter tous les manuels qui concernent leur test, mais finalement ne réussissent pas aussi bien qu'ils auraient pu.
Quel proverbe décrit le mieux cette situation ?

(A) Ce n'est pas la quantité qui compte, mais la qualité.
(B) Qui veut voyager longtemps ménage sa monture.
(C) C'est toujours le cordonnier le plus mal chaussé.
(D) Un tiens vaut mieux que deux tu l'auras.
(E) A courir deux lièvres à la fois, on n'en attrape aucun.

>>
>>
>>

43. Quand on a de mauvaises habitudes, on doit se demander si elles sont définitives. Or les sciences de l'éducation, la sociologie et la psychologie sont très claires là-dessus : toute habitude peut être changée dès lors que l'on utilise notamment les mécanismes psychologiques adéquats. C'est là une pensée rassurante : rien n'est définitif, tout peut être modifié. On est donc très loin de l'idée parfois affirmée haut et fort selon laquelle certains enfants ne sont que de la mauvaise graine, que l'on ne peut absolument rien en faire. Le « bon » sens populaire fait parfois de belles erreurs.

Quelle conclusion peut-on en tirer ?

(A) On peut perdre les bonnes habitudes.
(B) Les profs manquent de recul.
(C) A l'école, les méthodes sont souvent désuètes.
(D) On peut tout oublier.
(E) L'homme est absolument libre.

44. Dans ses écrits utopiques, Charles Fourrier remarque que la politique s'accompagne inévitablement d'une gestion des passions. Ainsi, on ne peut gouverner sans s'apercevoir que toute loi s'accompagne de la tentation de la transgresser. Pour Fourrier, l'action politique est ainsi sans cesse jalonnée d'affects positifs et négatifs qui ne sont pas, comme les Lumières l'ont cru, un accident dans la vie sociale, mais l'une des composantes clés de la vie politique. C'est ainsi qu'une société idéale, à l'image des phalanstères que Fourrier a imaginés, devra être le lieu de passions complémentaires et organisées dans ce but explicite.

Quelle proposition contredit ce raisonnement ?

(A) Il existe en toute société des passions antiétatiques.
(B) Il existe en toute société des passions pro-étatiques.
(C) La loi ne crée pas la tentation mais y répond.
(D) Il faut des lois pour organiser la vie en commun.
(E) Un homme est heureux lorsque ses passions sont comblées.

>>
>>
>>

45. Tout effet a une cause, selon l'homme de la rue comme selon le scientifique. Si l'on peut donc trouver une cause à chaque effet, il suffit alors de considérer chaque cause comme un effet pour se demander quelle en est la cause. Comme par principe cet effet a une cause, on peut dire que toute cause a une cause. On peut dès lors se demander jusqu'où l'on peut remonter ainsi. Les mythes et les religions ont fait beaucoup d'hypothèses à ce sujet.

Si l'on s'en tient à la stricte logique, on peut dire que la cause première, ou cause des causes, est :

(A) Dieu.
(B) immédiate.
(C) impossible.
(D) possible.
(E) imaginaire.

Si vous avez terminé, vous n'êtes pas autorisé(e) à revenir sur une épreuve précédente.
Vous n'êtes pas non plus autorisé(e) à travailler sur une épreuve suivante avant la fin du temps imparti.

STOP !

8

TEST BLANC TAGE MAGE
EPREUVE 4 : CONDITIONS MINIMALES

CONSIGNES

15 questions / 20 minutes / Calculatrice interdite

BAREME

Réponse juste : + 4 points / Réponse fausse : - 1 point / Aucune réponse : 0 point

Vous répondrez :

(A) Si l'information (1) permet à elle seule de répondre à la question, et si l'information (2) à elle seule ne permet pas de répondre à la question.

(B) Si l'information (2) permet à elle seule de répondre à la question, et si l'information (1) à elle seule ne permet pas de répondre à la question.

(C) Si les deux informations (1) et (2) ensemble permettent de répondre à la question, et aucune séparément ne le peut.

(D) Si chaque information permet séparément de répondre à la question.

(E) Si les deux informations ensemble ne permettent pas de répondre à la question.

46. Qui a fini premier de la course : Pierre, Paul ou Jacques ?

(1) Pierre a plus doublé Jacques qu'il n'a doublé Paul.
(2) Jacques aurait fini devant Paul s'il avait doublé Pierre une fois de plus.

##
##
##

Vous répondrez :

(A) Si l'information (1) permet à elle seule de répondre à la question, et si l'information (2) à elle seule ne permet pas de répondre à la question.

(B) Si l'information (2) permet à elle seule de répondre à la question, et si l'information (1) à elle seule ne permet pas de répondre à la question.

(C) Si les deux informations (1) et (2) ensemble permettent de répondre à la question, et aucune séparément ne le peut.

(D) Si chaque information permet séparément de répondre à la question.

(E) Si les deux informations ensemble ne permettent pas de répondre à la question.

---

47. Quel est l'âge d'Aude ?

(1) Le tiers de la différence des âges d'Aude et Marie est égal au sixième de l'âge d'Aude.

(2) Aude est deux fois plus vieille que Marie.

48. Quelle est l'aire du triangle AOC ?

(1) AOC est un triangle isocèle de base OC mesurant 10 cm.

(2) L'angle OÂC vaut quatre fois l'angle AÔC.

49. Que vaut x ?

(1) x divise une infinité de réels.

(2) x est un nombre premier pair.

50. Qui est la plus âgée : Jeanne, Stéphie ou Marie ?

(1) Marie est la sœur aînée de Stéphie.

(2) Jeanne est la tante de Stéphie.

##
##
##

Vous répondrez :

(A) Si l'information (1) permet à elle seule de répondre à la question, et si l'information (2) à elle seule ne permet pas de répondre à la question.

(B) Si l'information (2) permet à elle seule de répondre à la question, et si l'information (1) à elle seule ne permet pas de répondre à la question.

(C) Si les deux informations (1) et (2) ensemble permettent de répondre à la question, et aucune séparément ne le peut.

(D) Si chaque information permet séparément de répondre à la question.

(E) Si les deux informations ensemble ne permettent pas de répondre à la question.

51. Que vaut @ - # ?

(1) # et @ sont deux entiers consécutifs.
(2) $@^2 - 2@\# + 1 = 1$

52. Combien vaut l'angle ABD ?

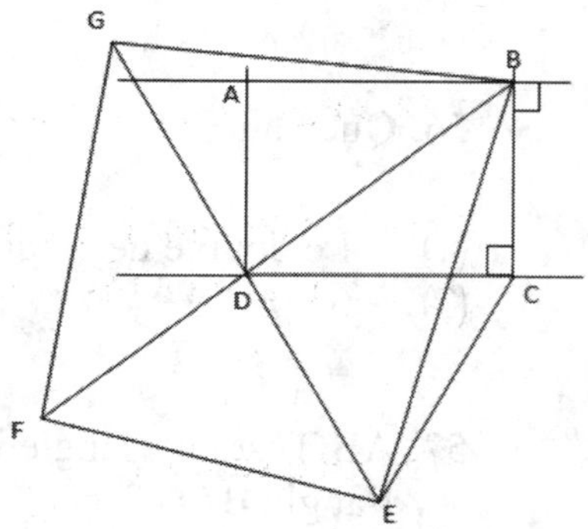

(1) CDE est un triangle isocèle en E avec DEC = 40°.
(2) BEFG est un losange.

53. A-t-on $x < y$?

(1) $x + a = y - a$
(2) $x^2 < y^2$

54. Qui est le plus grand de la famille Smith ?

(1) Les filles sont toutes plus petites que les garçons.
(2) Jonathan est plus grand que son père et que sa sœur Ella.

##
##
##

Vous répondrez :

(A) Si l'information (1) permet à elle seule de répondre à la question, et si l'information (2) à elle seule ne permet pas de répondre à la question.

(B) Si l'information (2) permet à elle seule de répondre à la question, et si l'information (1) à elle seule ne permet pas de répondre à la question.

(C) Si les deux informations (1) et (2) ensemble permettent de répondre à la question, et aucune séparément ne le peut.

(D) Si chaque information permet séparément de répondre à la question.

(E) Si les deux informations ensemble ne permettent pas de répondre à la question.

55. Jean est sur la route en direction de Paris. Dans combien de temps arrivera-t-il à son domicile ?

(1) Le double de la distance qu'il lui reste à parcourir est égal au carré du cinquième de celle-ci.
(2) Jean roule à une vitesse moyenne de 90 km/h.

56. Que vaut p ?

(1) Le double de p auquel on ajoute 3 est égal à son carré supplémenté de 4.
(2) $0 < p < 2$

57. ABC est un triangle isocèle de base BC. Quelle est la longueur de la bissectrice de l'angle BAC ?

(1) La somme des angles ABC et ACB vaut 120°.
(2) AB = 5 cm

58. Soit un triangle ABC dont l'angle BAC est de 30° et l'angle ABC est de 60°. Quelle est la longueur de BC ?

(1) AC mesure 17,32 cm.
(2) Le triangle est rectangle en C.

##
##
##

Vous répondrez :

(A) Si l'information (1) permet à elle seule de répondre à la question, et si l'information (2) à elle seule ne permet pas de répondre à la question.

(B) Si l'information (2) permet à elle seule de répondre à la question, et si l'information (1) à elle seule ne permet pas de répondre à la question.

(C) Si les deux informations (1) et (2) ensemble permettent de répondre à la question, et aucune séparément ne le peut.

(D) Si chaque information permet séparément de répondre à la question.

(E) Si les deux informations ensemble ne permettent pas de répondre à la question.

59. Stéphane achète 2 quiches et 9 éclairs au chocolat pour 28 euros. Quel est le prix d'une quiche ?

(1) Une quiche coûte cinq fois plus cher qu'un croissant.
(2) S'il avait eu deux fois plus d'argent, il aurait pu acheter 19 éclairs en plus.

60. Bob, Sacha et Alice sont trois amis. Bob a trois ans de moins que Sacha et Alice est plus vieille que Sacha de deux ans. Quel âge a chacun des trois amis ?

(1) Bob a cinq ans de moins qu'Alice.
(2) La somme des âges des trois enfants vaut 44 ans.

Si vous avez terminé, vous n'êtes pas autorisé(e) à revenir sur une épreuve précédente.
Vous n'êtes pas non plus autorisé(e) à travailler sur une épreuve suivante avant la fin du temps imparti.

STOP !

TEST BLANC TAGE MAGE
EPREUVE 5 : EXPRESSION

8

CONSIGNES

15 questions / 20 minutes / Calculatrice interdite

BAREME

Réponse juste : + 4 points / Réponse fausse : - 1 point / Aucune réponse : 0 point

Pour les questions 61 à 65, choisissez la reformulation dont le sens se rapproche le plus du passage souligné.

61. Les battements de cœur après une trentaine de secondes sont beaucoup plus <u>marqués</u> : plus rapides, plus forts. Cela renforce le réalisme et dit la subjectivité du héros, cela favorise l'identification, mais plus encore au bout d'une minute trente ce bruit devient oppressant pour le spectateur, tout comme les contorsions du héros.

(A) sonores
(B) forts
(C) sensibles
(D) bruyants
(E) douloureux

62. Les normes des docteurs sont comprises et respectées. Lorsqu'en l'absence des docteurs, ils doivent décider, cela ne concerne que des décisions d'importance <u>relative</u>. Les plus délicates sont toujours vérifiées auprès d'un responsable.

(A) discutable
(B) nuancée
(C) conséquente
(D) différente
(E) capitale

§§
§§
§§

63. <u>*La Jetée,* réalisée par Chris Marker en 1963, surprend tout spectateur par l'originalité de sa forme et de ses thèmes</u>. Le réalisateur s'était auparavant illustré dans quelques documentaires, mais *La Jetée* se signale dans toute son œuvre comme une fiction au traitement résolument expérimental. Bien entendu, ce film peut se rattacher à un ensemble de manifestations de l'époque qui expriment la peur des conflits nucléaires et de la destruction du monde, comme c'est le cas d'*Hiroshima mon Amour* d'Alain Resnais. Malgré cette proximité, l'originalité de Marker est indéniable, ce que souligne la diversité des prix que ce film a reçus : prix Jean-Vigo, Grand Prix du Festival de science-fiction, Ducat d'or au Festival du film de Mannheim, et même… prix du Club des bandes dessinées.

(A) *La Jetée* de Chris Marker en 1963 ne laisse aucun spectateur indifférent : son thème et sa forme sont très originaux.
(B) *La Jetée*, par Chris Marker en 1963, ne laisse personne insensible : thèmes et forme se distinguent.
(C) *La Jetée* de Chris Marker en 1963 touche tous les auditeurs parce que son thème et son style sont différents de ceux des autres films.
(D) *La Jetée* surprend par son originalité, à la fois thématique et formelle.
(E) *La Jetée* de Chris Marker a de quoi surprendre : elle a été réalisée en 1963, sa forme et ses thèmes sont originaux.

64. Les deux objectifs de Médecins sans frontières supposent que les actions des médecins et de leurs assistants soient rendues publiques. S'il faut aider les populations en danger, cela ne peut se faire qu'avec des moyens, et cela nécessite la générosité des donateurs. Il faut donc solliciter les donateurs <u>potentiels</u> en faisant connaître les activités de l'organisme. Par ailleurs, en prétendant sortir ces populations de l'oubli, Médecins sans frontières s'assigne une mission explicite de sensibilisation, par-delà les réseaux journalistiques classiques. Ces deux finalités exigent des campagnes de presse, et ce sous différentes formes : journaux, affichages, mailings…

(A) puissants
(B) riches
(C) virtuels
(D) généreux
(E) curieux

§§
§§
§§

65. Le retour à la vie civile, pour Paul Eluard comme pour toute sa génération, ne va pas sans méfiance à l'égard de cette société qui vient d'accuser sa propre vanité. Ainsi, tout en commençant à vivre avec Gala, Paul Eluard s'intéresse de près au mouvement Dada et collabore avec Tristan Tzara.

(A) à l'animation
(B) au groupe
(C) au changement
(D) au courant
(E) au devenir

Pour les 5 questions suivantes, choisissez la meilleure formulation du point de vue de l'orthographe, de la syntaxe et du style.

66. Indiquez la formulation la plus correcte pour exprimer le sens du passage souligné :
« Je me suis demandé si des hommes savent encore assumer ce genre de tâches si difficiles. Le courage n'est plus aujourd'hui une vertu bien courante ! »

(A) si il y a des hommes assez courageux pour faire face à des missions aussi dures
(B) si des hommes accepteraient des taches aussi difficiles
(C) qui sont ceux qui acceptent ces missions, malgré qu'elles soient particulièrement hardues.
(D) si l'on trouve encore des hommes dont l'envergure suffise à affronter de telles difficultés.
(E) s'il existe toujours des hommes pour assumer des tâches aussi dures, en dépit de toutes les difficultés

67. Quelle est la ponctuation la plus correcte ?

(A) J'ai rencontré Monsieur K. dans l'escalier. Après lui avoir parlé quelques instants, nous nous sommes aperçus que nous avions beaucoup de choses en commun, la science, la littérature, la philosophie. On peut d'ailleurs se demander si ce ne sont pas des domaines propres à intéresser tout humaniste.

§§
§§
§§

(B) J'ai rencontré Monsieur K. dans l'escalier. Après lui avoir parlé quelques instants nous nous sommes aperçus que nous avions beaucoup de choses en commun… la science, la littérature, la philosophie… On peut d'ailleurs se demander si ce ne sont pas des domaines propres à intéresser tout humaniste ?

(C) J'ai rencontré Monsieur K… dans l'escalier. Après lui avoir parlé quelques instants nous nous sommes aperçus que nous avions beaucoup de choses en commun, la science, la littérature, la philosophie… On peut d'ailleurs se demander si ce ne sont pas des domaines propres à intéresser tout humaniste ?

(D) J'ai rencontré Monsieur K… dans l'escalier. Après lui avoir parlé quelques instants, nous nous sommes aperçus que nous avions beaucoup de choses en commun : la science, la littérature, la philosophie… On peut d'ailleurs se demander si ce ne sont pas des domaines propres à intéresser tout humaniste.

(E) J'ai rencontré Monsieur K…. dans l'escalier. Après lui avoir parlé quelques instants, nous nous sommes aperçus que nous avions beaucoup de choses en commun : la science, la littérature, la philosophie… On peut d'ailleurs se demander si ce ne sont pas des domaines propres à intéresser tout humaniste.

68. Quelle est la meilleure formulation ?

(A) L'évoquation de tel événement lui fut pénible. On croie parfois avoir totalement refermé ses blessures alors qu'elles sont encore là. Cet homme a été mis à genoux pendant la guerre et il ne s'en est pas encore remis. D'aucun le savent.

(B) L'évoquation de tels évènements lui fut pénible. On croit parfois avoir totalement refermé ses blessures alors qu'elles sont encore la. Cet homme a été mis à genous pendant la guerre et il ne s'en est pas encore remis. D'aucuns le savent.

(C) L'évocation de tels événements lui fut pénible. On croie parfois avoir totalement refermé ses blessures alors qu'elles sont encore la. Cet homme a été mis à genoux pendant la guerre et il ne s'en est pas encore remis. D'aucun le savent.

§§
§§
§§

(D) L'évocation de tels événements lui fut pénible. On croit parfois avoir totalement refermé ses blessures alors qu'elles sont encore là. Cet homme a été mis à genous pendant la guerre et il ne s'en est pas encore remis. D'aucuns le savent.

(E) L'évocation de tels évènements lui fut pénible. On croit parfois avoir totalement refermé ses blessures alors qu'elles sont encore là. Cet homme a été mis à genoux pendant la guerre et il ne s'en est pas encore remis. D'aucuns le savent.

69. Quelle est la meilleure formulation ?

(A) Parfois, il faut savoir rester impassible face au destin. Puisqu'on ne peut tout résoudre, mieux vaut accepter la fortune avec humilité, même si cette posture peut sembler manquer de virilité.

(B) Des fois, il faut savoir rester impavide face au destin. Puisqu'on ne peut tout solutionner, mieux vaut accepter la fortune avec humilité, même si cette posture peut sembler manquer de virilité.

(C) Des fois, il faut savoir rester impassible face au destin. Puisqu'on ne peut tout solutionner, mieux vaut accepter la fortune avec humilité, même si cette position peut sembler manquer de virilité.

(D) Parfois, il faut savoir rester impassif face au destin. Puisqu'on ne peut tout défaire, mieux vaut accepter la fortune avec humilité même si cette posture peut sembler manquer de virilité.

(E) Parfois, il faut savoir rester impassible face au destin. Puisqu'on ne peut tout résoudre mieux vaut accepter la fortune avec humilité, même si cette position peut sembler manquer de virilité.

70. Quelle est la meilleure formulation ?

(A) Après avoir lu trois cents pages, il s'arrêta pour ouvrir ses dossiers verts et marron. Il y retrouva dix-sept de ses anciens poèmes et se demanda où étaient passés les trois mille qu'il avait écrits autrefois. Peut-être dans une de ses vieilles boîtes orange et roses où dans les dix millions de cahiers qu'il avait abandonnés dans ses différentes demeures.

§§
§§
§§

(B) Après avoir lu trois cent pages, il s'arrêta pour ouvrir ses dossiers verts et marrons. Il y retrouva dix-sept de ses anciens poèmes et se demanda où étaient passés les trois milles qu'il avait écrits autrefois. Peut-être dans une de ses vieilles boîtes orange et roses où dans les dix millions de cahiers qu'il avait abandonné dans ses différentes demeures.

(C) Après avoir lu trois cents pages, il s'arrêta pour ouvrir ses dossiers verts et marrons. Il y retrouva dix sept de ses anciens poèmes et se demanda où étaient passés les trois milles qu'il avait écrits autrefois. Peut-être dans une de ses vieilles boîtes orange et roses où dans les dix million de cahiers qu'il avait abandonné dans ses différentes demeures.

(D) Après avoir lu trois cent pages, il s'arrêta pour ouvrir ses dossiers verts et marron. Il y retrouva dix-sept de ses anciens poèmes et se demanda où étaient passés les trois mille qu'il avait écrits autrefois. Peut-être dans une de ses vieilles boîtes orange et roses où dans les dix million de cahiers qu'il avait abandonnés dans ses différentes demeures.

(E) Après avoir lu trois cents pages, il s'arrêta pour ouvrir ses dossiers verts et marrons. Il y retrouva dix-sept de ses anciens poèmes et se demanda où étaient passés les trois milles qu'il avait écrits autrefois. Peut-être dans une de ses vieilles boîtes orange et roses où dans les dix millions de cahiers qu'il avait abandonnés dans ses différentes demeures.

Pour les 5 questions suivantes, complétez en remplaçant les points de manière à rendre le texte le plus cohérent possible.

71. Le septième art est idéal pour (...) la ressemblance. Si la reconnaissance de l'autre passe notamment par son apparence, et si la vue nous donne un nombre d'informations non négligeable sur celle-ci, alors on comprend que c'est dans l'image et à plus forte raison dans l'image photographique que se pose le plus crucialement la question de la ressemblance. En assumant le privilège informatif de la vue et en cherchant à reproduire fidèlement un événement filmé, le cinéma suggère une saisie immédiate du réel jusqu'à le concurrencer.

(A) problématiser
(B) réfléchir
(C) interroger
(D) réfléchir à
(E) sonder

§§
§§
§§

72. Le mythe d'Aristophane dans *Le Banquet* de Platon interprète l'amour comme un retour à soi, ou encore comme une manière de posséder et de dominer l'autre. Dans l'amour, on veut trouver sa moitié, c'est-à-dire ce qui nous ressemble le plus. Or autrui n'est pas moi. La possession (…) la domination reviennent (…) à traiter autrui comme chose, c'est-à-dire à ramener la différence à l'identité.

(A) aussi / ainsi
(B) ou / alors
(C) et / par exemple
(D) comme / donc
(E) ou bien / aussi

73. L'après-guerre et l'exposition au monde de la Shoah ont (…) posé la question de la possibilité du pardon dans de tels cas. Car même en réformant le droit, comme celui de Nuremberg, on rencontre une difficulté insurmontable dans le cadre de la seule justice, celle de ne pouvoir trouver de peine proportionnée à l'importance du crime.

(A) fondamentalement
(B) définitivement
(C) sérieusement
(D) sincèrement
(E) historiquement

74. La Seconde Guerre mondiale a posé la question de la légitimité du langage cinématographique. Le cinéma français était (…) coupable de s'être mêlé à la propagande allemande. (…), il restait marqué par ses origines populaires et foraines et n'accédait toujours pas au rang d'art.

(A) aussi / Enfin
(B) alors / Par ailleurs
(C) à ce moment là / Ici
(D) donc / En même temps
(E) également / Alors

§§§
§§§
§§§

75. Et si être un bon élève apparaissait aussi comme un handicap ? L'école dispense en effet une philosophie très saine : (…) celle de la justice, de l'adéquation des résultats proportionnés aux mérites, du travail… Mais cela ne conduit-il pas les meilleurs élèves à (…) le monde plus qu'à l'observer ?

(A) aussi / penser
(B) alors / imaginer
(C) notamment / rêver
(D) également / construire
(E) comme / admirer

Si vous avez terminé, vous n'êtes pas autorisé(e) à revenir sur une épreuve précédente.
Vous n'êtes pas non plus autorisé(e) à travailler sur une épreuve suivante avant la fin du temps imparti.

STOP !

8

TEST BLANC TAGE MAGE
EPREUVE 6 : LOGIQUE

CONSIGNES
15 questions / 20 minutes / Calculatrice interdite

BAREME
Réponse juste : + 4 points / Réponse fausse : - 1 point / Aucune réponse : 0 point

76.

		248			(A)	339
555	861	?	645	924	(B)	744
		212			(C)	111
		326			(D)	483
		428			(E)	618

77.

OPM	NJU	XSO	?	WAQ	(A)	ZSQ
			DRS		(B)	XQP
			EQZ		(C)	WDX
			FPP		(D)	ZSP
			GOB		(E)	CAX

****
****
****

78.

684	146	?	891	366	(A)	383
		84			(B)	497
		75			(C)	633
		3333			(D)	912
		66			(E)	255

79.

YVT	EDB	NLJ	?	QSQ	(A)	SNB
			JUR		(B)	IQP
			QWS		(C)	SZX
			JNP		(D)	QSP
			OKG		(E)	DTR

80.

128	734	?	956	761	(A)	843
		691			(B)	285
		427			(C)	145
		832			(D)	648
		119			(E)	135

81.

LOH	?	NMJ	NLU	OKL	(A)	SNQ
	BVC				(B)	IRR
	GAD				(C)	SZB
	BUE				(D)	QNB
	NBF				(E)	DTR

****
****
****

82.

7535	1874	?	6725	1199	(A)	9830
		3948			(B)	5537
		6877			(C)	2240
		3324			(D)	5744
		2130			(E)	8796

83.

EQA	LRO	?	SWX	DAR	(A)	STA
		ZMU			(B)	QZT
		FBV			(C)	ORL
		APW			(D)	ATT
		ADX			(E)	SZA

84.

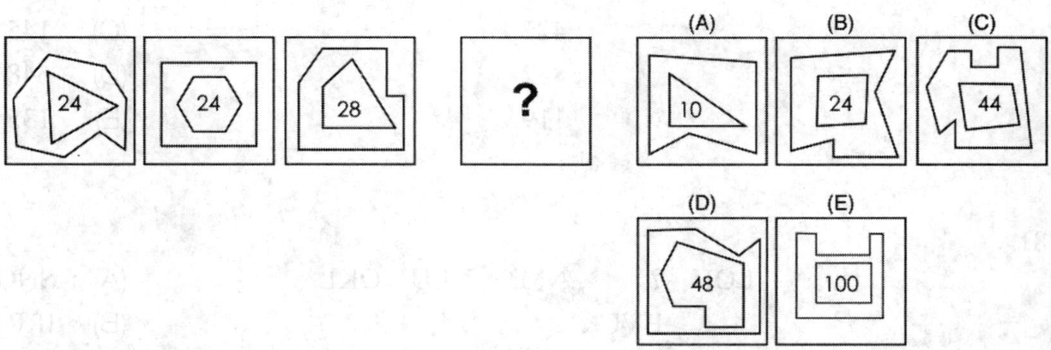

****
****
****

85.

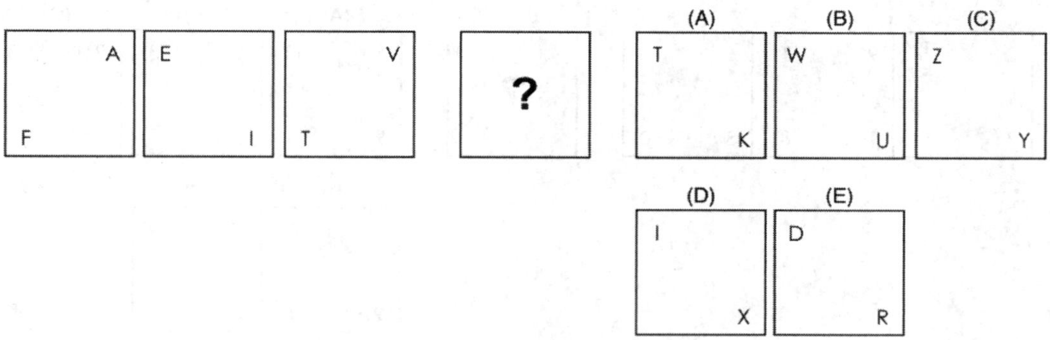
A
F
E
I
V
T
?
(A)
T
K
(B)
W
U
(C)
Z
Y
(D)
I
X
(E)
D
R

86.

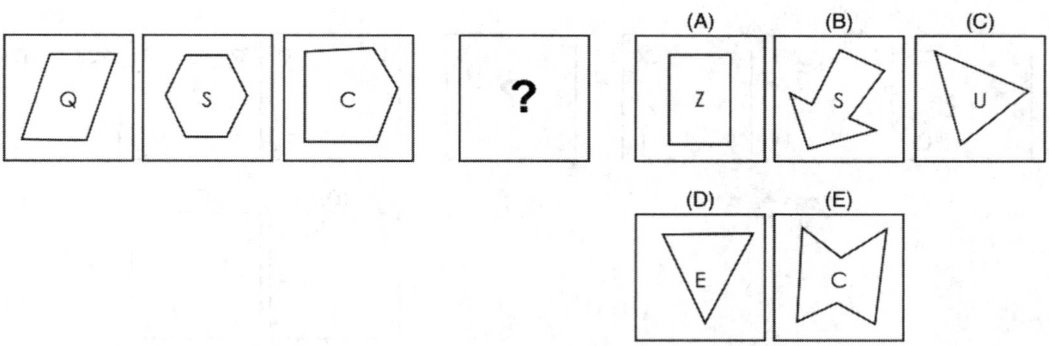
Q
S
C
?
(A)
Z
(B)
S
(C)
U
(D)
E
(E)
C

87.

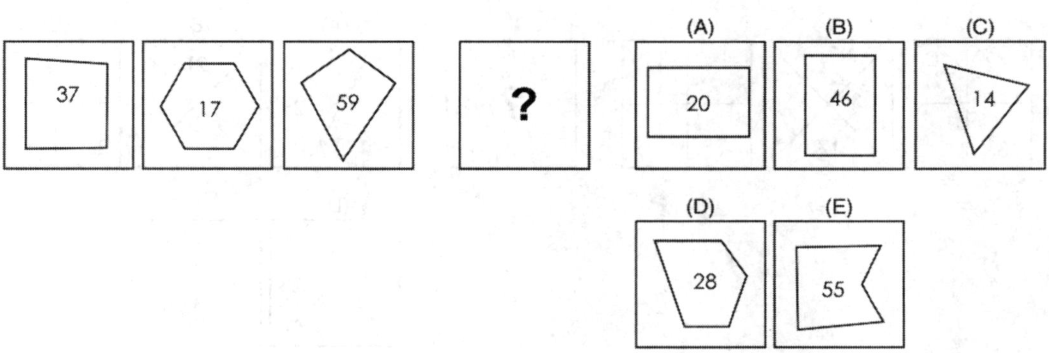
37
17
59
?
(A)
20
(B)
46
(C)
14
(D)
28
(E)
55

****
****
****

88.

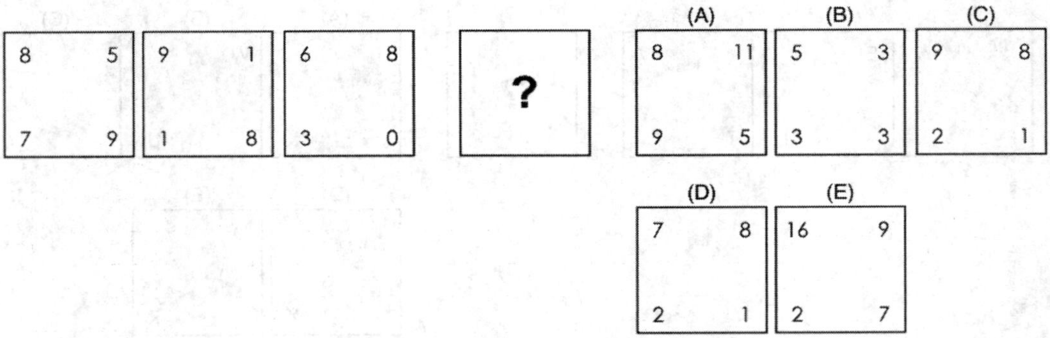
8 5 7 9
9 1 1 8
6 8 3 0
?
(A) 8 11 9 5
(B) 5 3 3 3
(C) 9 8 2 1
(D) 7 8 2 1
(E) 16 9 2 7

89.

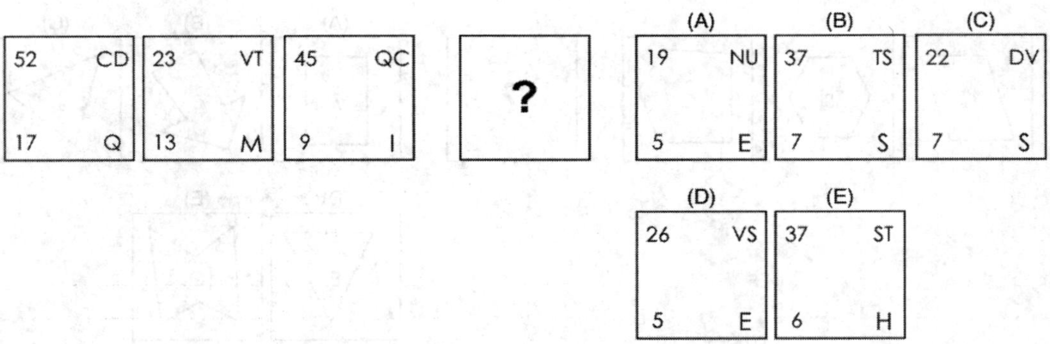
52 CD 17 Q
23 VT 13 M
45 QC 9 I
?
(A) 19 NU 5 E
(B) 37 TS 7 S
(C) 22 DV 7 S
(D) 26 VS 5 E
(E) 37 ST 6 H

90.

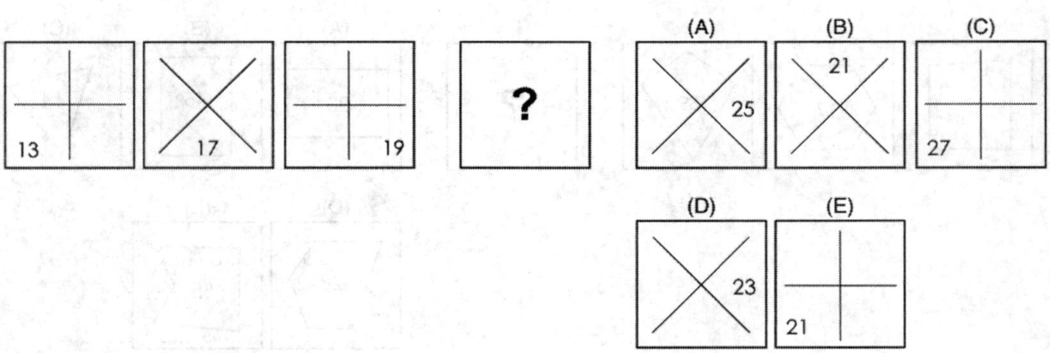
13
17
19
?
(A) 25
(B) 21
(C) 27
(D) 23
(E) 21

TEST BLANC TAGE MAGE NUMERO 8 : GRILLE DES REPONSES JUSTES

COMPREHENSION		CALCUL		RAISONNEMENT	
1	D	16	C	31	E
2	D	17	B	32	C
3	D	18	D	33	D
4	B	19	C	34	E
5	E	20	C	35	D
6	B	21	E	36	D
7	E	22	D	37	A
8	E	23	C	38	B
9	B	24	D	39	C
10	C	25	D	40	E
11	B	26	B	41	D
12	E	27	C	42	A
13	E	28	B	43	A
14	C	29	B	44	C
15	E	30	D	45	C
COND. MINIMALES		EXPRESSION		LOGIQUE	
46	B	61	C	76	A
47	E	62	A	77	D
48	C	63	B	78	E
49	B	64	C	79	C
50	E	65	D	80	C
51	E	66	E	81	D
52	C	67	D	82	B
53	E	68	E	83	D
54	E	69	A	84	C
55	C	70	A	85	D
56	A	71	C	86	B
57	C	72	D	87	C
58	A	73	E	88	A
59	D	74	B	89	D
60	B	75	C	90	D

CALCULEZ VOTRE SCORE :

Réponses justes		x 4	=	Pour calculer votre score sur 600, multipliez votre score sur 360 par 5, puis divisez le résultat obtenu par 3.
Réponses fausses		x -1	=	
Non réponses		x 0	=	
		TOTAL (SUR 360)	=	
		TOTAL (SUR 600)	=	

TEST BLANC TAGE MAGE NUMERO 9

TEST TAGE MAGE NUMERO 9 : VOTRE GRILLE DE REPONSES

Epreuve 1 **Compréhension de textes**						Epreuve 2 **Calcul**						Epreuve 3 **Raisonnement/Argumentation**					
1	A	B	C	D	E	16	A	B	C	D	E	31	A	B	C	D	E
2	A	B	C	D	E	17	A	B	C	D	E	32	A	B	C	D	E
3	A	B	C	D	E	18	A	B	C	D	E	33	A	B	C	D	E
4	A	B	C	D	E	19	A	B	C	D	E	34	A	B	C	D	E
5	A	B	C	D	E	20	A	B	C	D	E	35	A	B	C	D	E
6	A	B	C	D	E	21	A	B	C	D	E	36	A	B	C	D	E
7	A	B	C	D	E	22	A	B	C	D	E	37	A	B	C	D	E
8	A	B	C	D	E	23	A	B	C	D	E	38	A	B	C	D	E
9	A	B	C	D	E	24	A	B	C	D	E	39	A	B	C	D	E
10	A	B	C	D	E	25	A	B	C	D	E	40	A	B	C	D	E
11	A	B	C	D	E	26	A	B	C	D	E	41	A	B	C	D	E
12	A	B	C	D	E	27	A	B	C	D	E	42	A	B	C	D	E
13	A	B	C	D	E	28	A	B	C	D	E	43	A	B	C	D	E
14	A	B	C	D	E	29	A	B	C	D	E	44	A	B	C	D	E
15	A	B	C	D	E	30	A	B	C	D	E	45	A	B	C	D	E

Epreuve 4 **Conditions minimales**						Epreuve 5 **Expression**						Epreuve 6 **Logique**					
46	A	B	C	D	E	61	A	B	C	D	E	76	A	B	C	D	E
47	A	B	C	D	E	62	A	B	C	D	E	77	A	B	C	D	E
48	A	B	C	D	E	63	A	B	C	D	E	78	A	B	C	D	E
49	A	B	C	D	E	64	A	B	C	D	E	79	A	B	C	D	E
50	A	B	C	D	E	65	A	B	C	D	E	80	A	B	C	D	E
51	A	B	C	D	E	66	A	B	C	D	E	81	A	B	C	D	E
52	A	B	C	D	E	67	A	B	C	D	E	82	A	B	C	D	E
53	A	B	C	D	E	68	A	B	C	D	E	83	A	B	C	D	E
54	A	B	C	D	E	69	A	B	C	D	E	84	A	B	C	D	E
55	A	B	C	D	E	70	A	B	C	D	E	85	A	B	C	D	E
56	A	B	C	D	E	71	A	B	C	D	E	86	A	B	C	D	E
57	A	B	C	D	E	72	A	B	C	D	E	87	A	B	C	D	E
58	A	B	C	D	E	73	A	B	C	D	E	88	A	B	C	D	E
59	A	B	C	D	E	74	A	B	C	D	E	89	A	B	C	D	E
60	A	B	C	D	E	75	A	B	C	D	E	90	A	B	C	D	E

Si vous souhaitez répondre la réponse B à la question 31, alors noircissez la case comme suit :

31	A	B	C	D	E
		■			

9

TEST BLANC TAGE MAGE
EPREUVE 1 : COMPREHENSION DE TEXTES

CONSIGNES

15 questions / 20 minutes / Calculatrice interdite

BAREME

Réponse juste : + 4 points / Réponse fausse : - 1 point / Aucune réponse : 0 point

TEXTE 1

L'individualisme suscite souvent le doute et la réprobation. Il arrive même qu'on le présente comme le plus grand malaise de nos sociétés : politiquement et socialement, il est décrié comme un repli sur soi pathogène, un refus de se conformer aux lois, de vivre avec les autres, voire comme le fourrier du totalitarisme ; moralement, on le dit narcissique et d'un égoïsme haïssable privilégiant les idiosyncrasies et les choix personnels avant l'éthique ; psychologiquement, on l'assimile très vite au défoulement, à l'exubérance, aux instincts, aux désirs, en bref à un hédonisme sans scrupule que certains font remonter jusqu'à la période d'après-guerre et surtout à la vague d'émancipation des années soixante.

Il ne s'agit pas de nier qu'il existe des formes dégradées et futiles de l'individualisme. Seulement, à vouloir s'en tenir à de telles généralités, ne perd-on pas de vue, dans un univers comme le nôtre, plus que jamais « désaxé », « élargi » et « hétéroclite sous son apparente unicité scientifique et médiatique », que l'individualisme est devenu une composante essentielle de l'éthique contemporaine ? En tout cas, nombreux sont ceux qui en parlent comme d'une force positive, notamment dans le registre socioéconomique où l'application de principe de l'égalité des chances (discrimination positive, politique sociale de reconnaissance, multidiversité) est l'autre nom de libéralisme. Il est bien difficile de passer sous silence le rôle moteur de

@@
@@
@@

l'individualisme dans l'économie de marché mondiale, dans le développement des loisirs et de la société de consommation, lesquels contribuent en retour à le renforcer et à le promouvoir très sérieusement. En outre, des mouvements laïques et néo-religieux aux courants progressistes et libéraux, en passant par la pensée du New Age, l'idéologie du retour à la nature ou encore les associations axées sur le bien-être et la croissance personnelle, tous se réclament des idéaux individualistes d'excellence, de performance, de « reconnaissance », d'« authenticité » et d'« expression de soi ».

De manière générale, pour tous ceux qui font l'apologie de la différence, l'individualisme, loin d'être responsable de tous les maux de notre société, d'affaiblir ou d'empêcher la cohésion sociale, est d'abord une manière d'être soi-même et un art de vivre. S'ils n'hésitent pas à monter au créneau pour en condamner sans ambiguïté les dérives, et pour rappeler à l'individu qu'il n'a pas seulement des droits, qu'il est aussi « sociétaire », ils estiment tout autant qu'une société ne peut se développer et se maintenir qu'en veillant à ce que le besoin d'un « retour sur soi » puisse être satisfait, honoré et reconnu comme tel. Il y a certainement là, dans cet éloge de la différence, de l'individualité et de l'originalité, une part de vérité dont on ne saurait trop longtemps faire abstraction sans négliger une dimension importante de toute la réflexion contemporaine sur la dignité et le respect la personne.

1. De l'avis du plus grand nombre, l'individualisme est jugé comme :

(A) Maléfique.
(B) Obscène.
(C) Dangereux.
(D) Révolu.
(E) Idoine.

2. Selon l'auteur, il faut concilier :

(A) souci de soi et santé.
(B) société et individu.
(C) soin des autres et harmonie avec soi-même.
(D) bonheur personnel et harmonie collective.
(E) soi et les autres.

@@@
@@@
@@@

3. Faire l'« apologie de la différence », c'est :
   1. être égoïste 2. cultiver l'amour de soi 3. défendre des valeurs

(A) 1 et 2.
(B) 2 et 3.
(C) 2 seulement.
(D) 3 seulement.
(E) 1, 2 et 3.

4. D'après ce texte, le « New Age » est :

(A) une philosophie.
(B) un parti politique.
(C) une secte.
(D) une tendance.
(E) une colonie.

5. D'après l'auteur, on peut défendre l'individualisme tout en :

(A) refusant le racisme.
(B) soutenant le droit à la différence.
(C) aimant son prochain.
(D) connaissant beaucoup de choses.
(E) aidant les autres.

@@

TEXTE 2

Parménide se distingue de ses prédécesseurs grecs sur la question du devenir et de l'un et du multiple. En effet, contre Héraclite, Parménide insiste sur l'immobilité des choses. Alors qu'Héraclite pense, notamment par l'insistance sur le rôle transformateur ou destructeur du feu, le mouvement des choses, Parménide insiste quant à lui sur leur immobilité. Si pour Héraclite on ne se baigne jamais deux fois dans le même fleuve, alors selon Parménide il n'y aura plus de discours sur rien. C'est la notion de vérité qui est mise en danger.

Or nous parlons et nous nous efforçons dans notre langage de tous les jours de découvrir la vérité. Il faut donc que nous nous référions à une stabilité : tout n'est pas mouvement, et plus encore c'est l'immobilité qui prime. Dans son *Poème,* Parménide écrit ceci : « Allons, je vais te dire et tu vas entendre quelles sont les seules voies de recherche ouvertes à l'intelligence ; l'une, que l'être est, que le non-être n'est pas, chemin de la certitude, qui accompagne la vérité ; l'autre, que l'être n'est pas, et que le non-être est forcément, route où je te le dis, tu ne dois aucunement te laisser séduire. Tu ne peux avoir connaissance de ce qui n'est pas, tu ne peux le saisir ni l'exprimer ; car le pensé et l'être sont une même chose. » Ce fragment nous explique que seul l'être en son éternité compte vraiment. Lui seul peut rendre compte de la vérité. Le non-être est une absurdité et le mouvement, contrairement à ce qu'en pense Héraclite, n'est qu'une illusion : « Il faut qu'il soit tout à fait ou ne soit pas. Et la force de la raison ne te laissera pas non plus, de ce qui est, faire naître quelque autre chose. Ainsi ni la genèse ni la destruction ne lui sont permises par la Justice (…). » De même : « Ainsi disparaissent la genèse et la mort inexplicables. Il n'est pas non plus divisé, car Il est partout semblable ; nulle part rien ne fait obstacle à sa continuité, soit plus, soit moins ; tout est plein de l'être, tout est donc continu, et ce qui est touche à ce qui est. Mais il est immobile dans les bornes de liens inéluctables. »

La difficulté évidente de cette théorie, c'est qu'elle ne rend plus compte du mouvement qui est pourtant une composante essentielle de notre expérience. A force de vouloir sauver la vérité, Parménide empêche de comprendre le mouvement et le devenir sensible. De surcroît, le discours lui-même est peut-être mis en danger par cette doctrine alors même qu'elle veut le sauver. Car si l'être est et le non-être n'est pas, la science ne se condamne-t-elle pas à une tautologie : A est A et B est B ?

@@@@@@@@@@@@@@@@@@@@@@@@@@@@@@@@@@@@@
@@@@@@@@@@@@@@@@@@@@@@@@@@@@@@@@@@@@@
@@@@@@@@@@@@@@@@@@@@@@@@@@@@@@@@@@@@@

6. Dans le texte 2, la controverse Parménide-Héraclite porte sur :
   1. la cause du mouvement 2. le devenir 3. la métaphysique

(A) 1 et 2.
(B) 2 et 3.
(C) 2 seulement.
(D) 3 seulement.
(E) 1, 2 et 3.

7. Avec Parménide, la science risque de se réduire à :

(A) une redite.
(B) une répétition.
(C) une suite de truismes.
(D) une coïncidence.
(E) un sophisme.

8. Pour Parménide, le monde est :

(A) infini.
(B) vaste.
(C) gigantesque.
(D) fini.
(E) petit.

9. Dans ce texte, le « multiple » est du côté :

(A) de l'un.
(B) de tous.
(C) de l'immobile.
(D) de la Justice.
(E) du mouvement.

@@@

10. D'après le texte, on peut dire que :

(A) Héraclite est grec.
(B) Parménide est grec.
(C) Héraclite et Parménide sont grecs.
(D) la philosophie est née en Grèce.
(E) ni Héraclite ni Parménide ne sont grecs.

TEXTE 3

En se présentant comme un cyborg à apparence humaine, le Terminator suggère à sa manière la question traditionnelle de la définition de l'homme. Et relativisant le caractère exceptionnel de l'être vivant et intelligent que nous sommes, ces trois films introduisent un grand malaise. On ne peut être que déstabilisé quand l'être humain est si bien imité que nous devenons incapables de le distinguer. Comment reconnaître la copie de l'authentique, et surtout au sujet de l'inimitable par excellence, l'irréductible chose pensante qu'est l'homme ?

Cette question de l'identité, la tétralogie des *Terminator* la pose essentiellement du point de vue de la reconnaissance de l'autre. Car ce sont moins des figures de double que mettent en scène ces films que des individus originaux qui se laissent d'abord confondre avec des humains par les observateurs. L'être que nous croisons, à l'apparence si proche de la nôtre, avec sa figure originale et vraisemblablement unique, est-ce un homme ? Pouvons-nous dire que cet individu, qui ressemble en tous points à ceux que nous côtoyons habituellement, est bien de même nature que nos semblables ? Le héros humain face au Terminator se trouve ainsi confronté à la question de la reconnaissance de son alter ego.

Le premier épisode se termine ainsi sur une mise en scène évidente de cette ressemblance. Après un difficile combat dans lequel Reese vient de trouver la mort, Sarah Connor est seule face au T-101. Certes, celui-ci est maintenant dépouillé de son enveloppe charnelle et ne nous présente plus que son endosquelette. Mais quelques secondes avant d'être détruit, on observe de manière alternée les mouvements de Sarah et ceux de la machine. Tous deux rampent, symétriquement, synchroniquement, souffrant des mêmes blessures et se dirigeant dans la même direction. Les gestes sont identiques, corps blessés mais frénétiquement motivés par l'urgence.

@@@

On retrouve dans *Terminator 2* cette comparaison entre le corps blessé de Sarah Connor et l'endosquelette du Terminator. Lorsque Sarah se laisse aller au sommeil, elle fait un cauchemar et rêve la destruction de toutes choses. Elle s'imagine entourée d'enfants dans un parc où tout semble paisible. Puis tout à coup, une lumière intense et une explosion renversent tout. Sarah se tient au grillage et la chaleur commence à détruire son corps. Pendant quelques secondes, on distingue encore ses formes, puis très vite on n'aperçoit plus que son squelette. Il y a là quelque chose de troublant parce que c'est l'image du Terminator tel qu'on l'a vu à la fin du premier épisode : endosquelette sans chair, surgissant des flammes.

Les deux épisodes suivants poursuivent la mise en scène de cette ressemblance, toujours plus grande. Si le T-101, interprété par Arnold Schwarzenegger, était plus fort que la moyenne des hommes, le T-1000 et le T-X ont une corpulence plus commune. Et surtout leurs vêtements sont toujours près du corps : l'habit du policier, mais surtout les vêtements de cuir du T-X. Il s'agit de montrer les muscles, de dessiner le mouvement, de laisser sentir le corps pour mieux dire la ressemblance et la communauté de chair.

11. Dans le texte 3, on comprend que le Terminator est :

(A) une pâle imitation de l'homme.
(B) un pantin électronique.
(C) un automate.
(D) un robot à tout faire.
(E) une machine.

12. On comprend ici que le T-X :

(A) est encore plus réaliste.
(B) ne ressemble plus à un homme.
(C) a la même apparence que le T-101.
(D) est plus léger.
(E) a 50 ans d'avance sur le modèle précédent.

@@@@@@@@@@@@@@@@@@@@@@@@@@@@@@@@@@@@@
@@@@@@@@@@@@@@@@@@@@@@@@@@@@@@@@@@@@@
@@@@@@@@@@@@@@@@@@@@@@@@@@@@@@@@@@@@@

13. L'endosquelette est :

(A) un squelette que l'on endosse.
(B) le squelette du dos.
(C) le squelette du Terminator.
(D) le squelette du T-X.
(E) On ne peut répondre.

14. L'auteur veut montrer que la ressemblance du Terminator à l'homme dans ces films est :

(A) accidentelle
(B) voulue
(C) troublante
(D) complexe
(E) trompeuse

15. Selon ce texte, on comprend que l'alter ego est :

(A) quelqu'un d'autre.
(B) un autre robot qui me ressemble.
(C) une personne ressemblante.
(D) un ami.
(E) ma moitié.

Si vous avez terminé, vous n'êtes pas autorisé(e) à revenir sur une épreuve précédente.
Vous n'êtes pas non plus autorisé(e) à travailler sur une épreuve suivante avant la fin du temps imparti.

STOP !

9

TEST BLANC TAGE MAGE
EPREUVE 2 : CALCUL

CONSIGNES
15 questions / 20 minutes / Calculatrice interdite

BAREME
Réponse juste : + 4 points / Réponse fausse : - 1 point / Aucune réponse : 0 point

16. Karen prend un nombre à deux chiffres et lui soustrait la somme des chiffres. Laquelle des réponses suivantes est un résultat possible de cette opération ?

(A) 44
(B) 63
(C) 15
(D) 59
(E) 49

17. Quel nombre de 3 chiffres obtient-on si l'on divise le nombre de quatre chiffres *ABCD* par le nombre de deux chiffres *AB* (*A*, *B*, *C* et *D* sont différents de 0) sachant que $CD = AB \times A$?

(A) 100
(B) $1A1$
(C) $10A$
(D) $11A$
(E) $1A0$

//
//
//

18. Alors que je suis les rails du tramway, je remarque qu'un tramway me dépasse toutes les 12 minutes et que toutes les 4 minutes j'en croise un. Les tramways et moi-même nous déplaçons à vitesse constante. A quels intervalles les tramways quittent-ils leur terminus ?

(A) Toutes les 2 minutes.
(B) Toutes les 3 minutes.
(C) Toutes les 4 minutes.
(D) Toutes les 6 minutes.
(E) Toutes les 8 minutes.

19. Un tavernier remplit 25 bouteilles avec un tonneau de vin et 23 verres avec 5 bouteilles. Combien de verres peut-il remplir avec 5 tonneaux ?

(A) 115
(B) 575
(C) 590
(D) 600
(E) 620

20. On crée le mélange de 2 litres d'une solution à 11 degrés d'alcool avec 5 litres d'une solution à 15 degrés d'alcool. Quel est le degré du mélange ainsi formé ?

(A) 11,4
(B) 12,8
(C) 13
(D) 14,1
(E) 13,8

//
//
//

21. Les six cercles sont identiques. Quelle aire représente la partie du carré non grisée, sachant que l'aire du carré est égale à 64 cm^2 ?

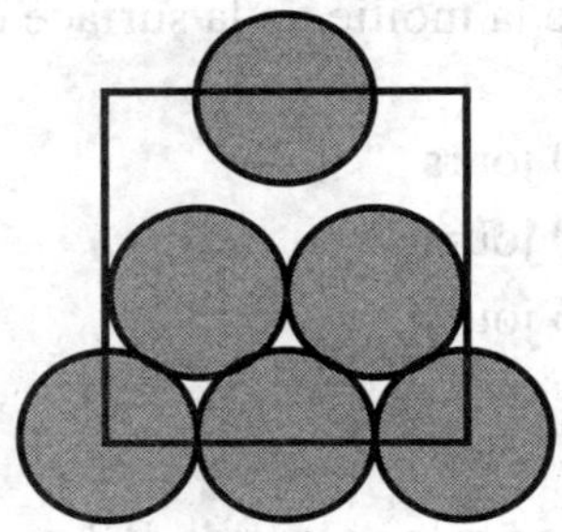

(A) $36 + 14\pi$

(B) $56 + 2\pi$

(C) 48π

(D) $64 - 8\pi^2$

(E) $64 - 14\pi$

22. Une compagnie aérienne dessert 15 villes. Toutes les villes sont reliées une à une entre elles. Combien de lignes aériennes existe-t-il ?

(A) 125

(B) 225

(C) 144

(D) 105

(E) 210

23. Avec une grande cuve d'eau de 2 m^3, combien est-il possible de remplir de bouteilles de 50 cl ?

(A) 2 500

(B) 4 000

(C) 2 000

(D) 14 000

(E) 40 000

24. Un problème d'imprimante a obligé Franck à numéroter à la main les pages de sa thèse de doctorat. Il a écrit en tout 3 773 chiffres. Combien sa thèse contient-elle de pages ?

(A) 1 090

(B) 1 112

(C) 1 178

(D) 1 220

(E) 1 227

25. Un nénuphar dont la surface double tous les jours, met 400 jours pour couvrir la surface d'un lac. Combien de temps mettront 4 nénuphars pour couvrir à eux quatre la moitié de la surface de ce lac ?

(A) 100 jours
(B) 200 jours
(C) 396 jours
(D) 397 jours
(E) 398 jours

26. Quelle est la valeur de P ?

$$\begin{array}{r} 4\ 1\ 7 \\ \times\ P\ P \\ \hline -\ -\ -\ - \\ -\ -\ 6\ -\ - \\ \hline -\ -\ 3\ -\ 8 \end{array}$$

(A) 2
(B) 3
(C) 4
(D) 6
(E) 8

27. Dans une suite géométrique $(a_n)_{n\geq 1}$, nous avons les inégalités suivantes :
$a_3 < a_2 < a_4$. Alors :

(A) $a_3 \times a_4 > 0$
(B) $a_2 \times a_3 < 0$
(C) $a_2 \times a_4 < 0$
(D) $a_2 \times a_3 > 0$
(E) $a_2 \times a_4 = 1$

//
//
//

28. On ajoute 11 à un nombre. On le multiplie ensuite par 3 et on lui soustrait 10. On divise alors le nombre obtenu par 4 et on lui ajoute 9. On obtient au final 59. Que vaut ce nombre ?

(A) 26
(B) 37
(C) 48
(D) 59
(E) 65

29. Dans le carré ABCD, W est le milieu de AB, X le milieu de BC, Y le milieu de CD et Z le milieu de AD. Que vaut l'aire de la figure WXYZ sachant que AB est égal à k cm ?

(A) $2/3 \times k^2$ cm²
(B) k^2 cm²
(C) $3/2 \times k^2$ cm²
(D) $1/2 \times k^2$ cm²
(E) $2k^2$ cm²

30. Dans le parking d'un supermarché, il y a 150 voitures dont 80 % de marque française. Dans le parking du stade, il y a 250 voitures dont 96 % de marque française. Quel est le pourcentage de voitures françaises garées sur les deux parkings ?

(A) 84 %
(B) 87 %
(C) 90 %
(D) 94 %
(E) 96 %

Si vous avez terminé, vous n'êtes pas autorisé(e) à revenir sur une épreuve précédente.
Vous n'êtes pas non plus autorisé(e) à travailler sur une épreuve suivante avant la fin du temps imparti.

STOP !

TEST BLANC TAGE MAGE
EPREUVE 3 : RAISONNEMENT / ARGUMENTATION

9

CONSIGNES

15 questions / 20 minutes / Calculatrice interdite

BAREME

Réponse juste : + 4 points / Réponse fausse : - 1 point / Aucune réponse : 0 point

31. Les consommateurs prennent des habitudes. On ne change pas immédiatement sa manière de dépenser son argent même quand on est tout à coup gêné. Il y a là ce que les économistes appellent un effet « d'hystérésis », c'est-à-dire une inertie. Ces habitudes se prennent le plus souvent dans l'enfance et sont autant mathématiques que sociales : on dépense selon le milieu auquel on appartient et à somme d'argent égale, on peut déterminer la culture d'un individu en fonction de son panier de courses.
De cela, on peut déduire que :

(A) Le pauvre qui gagne au Loto va tout dépenser tout de suite.
(B) Celui qui perd tout va devenir ascète.
(C) Celui qui gagne peu à peu davantage va peu à peu changer ses habitudes.
(D) Tous les ouvriers veulent au fond vivre comme des bourgeois.
(E) La consommation n'est qu'une habitude parmi d'autres.

>>>
>>>
>>>

32. L'un des premiers à avoir envisagé une analyse technique de la Bourse fut Charles Dow. En effet, il analysa les cours des actions de la Bourse de New York sur plusieurs décennies et mit en avant des récurrences surprenantes. Le marché financier ne lui apparut pas comme un lieu mystérieux où l'on fait des paris, mais comme un lieu rationnel mû à moyen terme par certaines lois que l'on pouvait dégager. Ce premier modèle était évidemment capital pour anticiper les cours et mieux gérer son capital.
Quelle conclusion en tirer ?

(A) La Bourse n'est jamais irrationnelle.

(B) Avec ce modèle, on peut gagner à tous les coups.

(C) La Bourse n'est pas modélisable à court terme.

(D) Les investisseurs sont régis par des lois de comportement.

(E) Tout s'explique.

33. Pendant l'été 2009, on a beaucoup parlé des signes de la reprise que l'on a exposés. La crise qui bouleverse l'Occident depuis alors un an a conduit à la fermeture de centaines d'entreprises, à la diminution des profits et à la paralysie partielle du système de crédit. Les marchés financiers se sont d'abord écroulés puis tout le système de confiance dont a besoin une économie s'est trouvé mis à mal. Mais à la fin de l'été, le chômage est reparti à la hausse. On sait qu'il y a un retard systématique des statistiques de l'emploi sur le reste de l'économie.
Quelle conclusion peut-on en tirer ?

(A) La reprise n'était pas encore pour tout de suite.

(B) La crise était profonde.

(C) Ce pouvait être la reprise.

(D) C'était la fin de la crise.

(E) Cette crise était d'abord une crise de l'emploi.

>>
>>
>>

34. Normalement, on ressemble plus à celui qui habite près de nous ou qui est originaire d'un pays voisin qu'à quelqu'un qui vient d'un pays lointain du nôtre. C'est ce qu'illustre entre autres ce qui s'est passé il y a peu. En effet, un étranger est arrivé en ville. Il a croisé des gens d'ici qui se sont étonné de sa présence. Parmi ceux-ci, fait troublant, il y avait en réalité un étranger qui n'a jamais avoué ses origines. Cet étranger « dissimulé » a trouvé des papiers et a aujourd'hui un emploi. Lorsqu'il se lève le matin pour aller au travail, il croise des étrangers dans le métro et des natifs. Une fois, un étranger lui a trouvé une ressemblance et émis l'hypothèse qu'il n'était pas natif. Mais c'est subtil et seul un homme de son pays peut s'en rendre compte.
L'homme qui se fait passer pour natif est :

(A) du même pays que celui qui arrive en ville.
(B) d'un autre pays que celui qui arrive en ville.
(C) jumeau du nouvel arrivant.
(D) d'un pays très éloigné de celui dont vient l'homme qui arrive en ville.
(E) d'un pays très proche de celui qui arrive en ville.

35. On trouve des pyramides en Amérique, en Egypte et en Asie. Comment expliquer que des peuples très différents aient produit des constructions semblables ? Certains disent qu'ils ont communiqué entre eux. D'autres disent que ce sont des extraterrestres qui les ont poussés à construire ces monuments et cela à plusieurs endroits. D'autres encore croient que des peuples peuvent avoir les mêmes idées indépendamment de leurs relations. Enfin, certains disent que ce sont les matériaux qui imposent de construire de manière pyramidale.
Quelle proposition étaye le mieux la dernière hypothèse ?

(A) Plus on construit haut, plus le vent risque de tout renverser.
(B) Tous les hommes ont la même raison.
(C) Une pyramide n'est pas si solide qu'on le croit.
(D) Tous les hommes ont besoin d'enterrer leurs morts.
(E) Plus on élargit la base, plus l'édifice a de chances de durer.

>>
>>
>>

36. « La dernière fois que nous nous sommes vus, j'avais 17 ans. Demain j'en aurai 39. Mais la dernière fois que j'ai entendu parlé de toi, tu avais 27 ans et nous étions encore très amis. Pour la dernière fois, je te demande de ne plus couper les ponts comme tu le fais depuis 10 ans et d'entretenir tes relations. Elles réclament autant de patience qu'un être vivant. Combien d'amitiés se perdent seulement par négligence ? C'est ce que nous avions constaté la dernière fois que nous nous sommes parlés. »
Quel était mon âge lorsque nous nous sommes parlé ?

(A) Plus de 27 ans.
(B) Plus de 38 ans.
(C) Moins de 37 ans.
(D) Moins de 26 ans.
(E) Plus de 17 ans.

37. Hier, nous nous sommes parlés en sortant du travail, un an jour pour jour après notre rencontre. Je me suis souvenu du jour où nous nous sommes présentés l'un à l'autre, 3 jours après que tu te sois toi-même fait embauché. Tu as été recruté 6 mois avant moi, exactement 200 ans après le début du XIXe siècle.
Quel jour sommes-nous aujourd'hui ?

(A) Le 05/01/2001.
(B) Le 07/09/2000.
(C) Le 31/01/2008.
(D) Le 05/01/2002.
(E) Le 07/07/2002.

38. Serge est plus gentil que Robert mais moins intelligent. Sarah est amoureuse de Paul parce qu'il est plus beau que ses deux frères et Marc est très jaloux pour cette raison. Cela dit, Marc est de très loin le plus gentil de la bande et beaucoup plus intelligent que Robert et Sarah réunis. Mais Serge est vraiment deux fois plus beau que Paul.
Qui est le plus beau de tous ?

(A) Serge.
(B) Marc.
(C) Paul.
(D) On ne sait pas.
(E) Robert.

>>
>>
>>

39. On s'est longtemps demandé comment parler de Dieu, être parfait et apparemment inaccessible. On ne peut certes utiliser le même discours que pour un homme car le discours est imparfait. Mais quel est le meilleur discours ? La poésie ? L'art ? La philosophie ? Aucun registre ne semble à la hauteur, malgré tous les efforts des penseurs. Est-on pour autant condamné au silence, ou à l'inspiration mystique ? On a alors proposé une théologie négative : parler de Dieu non pour dire ce qu'Il est mais pour dire ce qu'Il n'est pas, telle est l'une des solutions devenues classiques.
Que suppose une telle pratique ?

(A) Dieu est totalement connaissable.
(B) Dieu est éprouvable.
(C) L'homme se connaît.
(D) Dieu a donné la parole spécifiquement aux hommes.
(E) Dieu est bon.

40. Le Moyen Age n'a eu de cesse d'interroger le problème du mal. Alors que la chrétienté s'était installée dans l'essentiel de l'Europe, on continuait à s'interroger sur l'origine du mal dans le monde. Cette question est aussi vieille que l'humanité mais ne se posait pas auparavant avec autant de tensions. En effet, dès lors que vous parlez d'un Dieu d'amour et de perfection, la question de la souffrance des hommes est vraiment problématique. Les dieux mythologiques avaient des traits humains et leur courroux étonnait moins.
Quelle proposition explique le moins cette incompréhension ?

(A) Dieu existe.
(B) Dieu fait de son mieux.
(C) La religion est illusoire.
(D) Les hommes ne sont jamais contents.
(E) Il y a eu du mal dans le monde.

>>>
>>>
>>>

41. Lors de la grande crise financière de 2008, certaines banques ont été mises en danger en raison de leurs actifs toxiques. Elles s'étaient en effet fait séduire par des produits financiers juteux dont le mécanisme était pourtant assez opaque. Il ne s'agissait pas d'actions au sens classique mais d'ensemble de très petites fractions d'actions dont la multitude cachait des crédits truqués. Quand les ménages américains ont avoué leur non-solvabilité, les éléments sains de ces actifs complexes ont été contaminés et ces produits ont été immédiatement dévalorisés. Les pertes de Natixis ont ainsi été de plusieurs milliards. Le cours de cette banque s'est alors effondré. Lorsqu'en août 2009, en pleine montée du chômage, la maison mère de cette banque s'est portée garante pour une trentaine de milliards de ces actifs toxiques, le cours a flambé et l'action est remontée de 30 % en un jour.

On peut en conclure que :

(A) cette banque est sauvée.
(B) les marchés financiers sont frileux.
(C) la Bourse est folle.
(D) les actifs toxiques sont de nouveau sains.
(E) on va fixer de nouvelles règles sur les marchés.

42. Change-t-on vraiment ? La sagesse populaire affirme que non : chassez le naturel, il revient au galop ! Cependant, toute l'éducation a pour but de transformer les hommes. Plus encore, la culture peut tellement imprégner un homme qu'elle en vient à prendre la place de la nature et à se présenter comme telle aux yeux de l'intéressé. Peut-être est-ce la raison pour laquelle on croit que l'on ne change pas : on croit que l'on a toujours été ainsi, alors que l'on a déjà été transformé !

Quelle proposition renforce le plus ce raisonnement ?

(A) Tous les hommes sont pareils au fond.
(B) La nature est plus forte que la culture.
(C) L'homme n'a pas de nature.
(D) Tout dépend des éducateurs que l'on croise.
(E) Avec un homme, on peut presque tout faire.

>>>
>>>
>>>

43. L'homme pense mais il lui arrive de croire n'importe quoi. Il parle mais il lui arrive d'être muet. Une voiture roule mais il lui arrive d'être en panne. Une voiture a normalement 4 roues mais l'on peut lui en retirer une. Un mouton a d'habitude 4 pattes mais on en a vu à 5, de même qu'il existe des veaux à 2 têtes. Ce sont en quelques sortes des monstres de la nature.
A quel couple logique se réfère précisément à cette description ?

(A) L'universel et le singulier.
(B) L'essence et l'accident.
(C) Le général et le particulier.
(D) Le pour et le contre.
(E) Le possible et l'impossible.

44. Certaines personnes aiment l'argent pour l'argent. Il s'agit pour elles de fantasmer à partir du nombre. Ce n'est pas tant la dépense qui les fascine que l'augmentation progressive de leurs économies : le chiffre pour le chiffre. L'attitude sage revient plutôt à savoir pourquoi l'on veut gagner telle somme et à la cristalliser dans un achat concret. C'est là l'une des conclusions possibles de l'analyse marxiste, du moins dans ses premiers écrits de 1944.
Quel est l'avenir le plus probable de ceux qui ont une mauvaise conception de l'argent ?

(A) Ils vont mourir.
(B) Ils passeront leur vie à accumuler des objets.
(C) Ce seront de vrais bourgeois.
(D) Ils seront toujours insatisfaits.
(E) Ils vont travailler toute leur vie.

45. On dit souvent : « Ne remets jamais au lendemain ce que tu peux faire le jour même. » Alphonse Allais répondait : « Remets-le au surlendemain. »
Par analogie, quelle réponse convient le mieux à celui qui dit : « Bien mal acquis ne profite jamais » ?

(A) Un tiens vaut mieux que deux tu l'auras.
(B) A chacun ce qui lui revient.
(C) Et alors ?
(D) « Vanité, vanité, tout n'est que vanité et poursuite du vent. »
(E) Mais c'est toujours ça de pris !

Si vous avez terminé, vous n'êtes pas autorisé(e) à revenir sur une épreuve précédente.
Vous n'êtes pas non plus autorisé(e) à travailler sur une épreuve suivante avant la fin du temps imparti.

STOP !

9

TEST BLANC TAGE MAGE
EPREUVE 4 : CONDITIONS MINIMALES

CONSIGNES
15 questions / 20 minutes / Calculatrice interdite

BAREME
Réponse juste : + 4 points / Réponse fausse : - 1 point / Aucune réponse : 0 point

Vous répondrez :

(A) Si l'information (1) permet à elle seule de répondre à la question, et si l'information (2) à elle seule ne permet pas de répondre à la question.

(B) Si l'information (2) permet à elle seule de répondre à la question, et si l'information (1) à elle seule ne permet pas de répondre à la question.

(C) Si les deux informations (1) et (2) ensemble permettent de répondre à la question, et aucune séparément ne le peut.

(D) Si chaque information permet séparément de répondre à la question.

(E) Si les deux informations ensemble ne permettent pas de répondre à la question.

46. Pour se rendre chez Maryse, Antoine parcourt 25 % du trajet en train, les deux tiers suivants en vélo, et fait le reste du trajet à pied. Quelle est en km, la longueur totale de son trajet ?

(1) S'il ne prend ni le train, ni le vélo, alors il doit marcher 12 fois plus.

(2) Il est 20 fois plus vite en train qu'en vélo.

##
##
##

Vous répondrez :

(A) Si l'information (1) permet à elle seule de répondre à la question, et si l'information (2) à elle seule ne permet pas de répondre à la question.

(B) Si l'information (2) permet à elle seule de répondre à la question, et si l'information (1) à elle seule ne permet pas de répondre à la question.

(C) Si les deux informations (1) et (2) ensemble permettent de répondre à la question, et aucune séparément ne le peut.

(D) Si chaque information permet séparément de répondre à la question.

(E) Si les deux informations ensemble ne permettent pas de répondre à la question.

---

47. Stéphanie veut acheter plusieurs livres qui coûtent tous le même prix. Quel est le prix d'un livre ?

(1) Si elle achète 4 livres, il lui reste 30 € dans son portefeuille.
(2) Il lui manque 2 € pour pouvoir acheter 6 livres.

48. La moyenne des poids de mes trois enfants est égale à 36 kg. Est-ce que le poids du plus léger d'entre eux dépasse 20 kg ?

(1) Le plus lourd des enfants pèse 44 kg.
(2) L'un des enfants pèse 40 kg.

49. Un club de supporters organise un déplacement. Pour couvrir certains frais liés à l'organisation, il est prévu que chaque membre participe aux frais de façon égale. Combien de supporters font le déplacement ?

(1) Avec 2 fois plus de supporters, le montant total des frais s'élève à 4 200 €.
(2) Le jour du départ, 10 membres du club sont absents et chacun des membres présents doit payer 2 € de plus que prévu initialement.

##
##
##

Vous répondrez :

(A) Si l'information (1) permet à elle seule de répondre à la question, et si l'information (2) à elle seule ne permet pas de répondre à la question.

(B) Si l'information (2) permet à elle seule de répondre à la question, et si l'information (1) à elle seule ne permet pas de répondre à la question.

(C) Si les deux informations (1) et (2) ensemble permettent de répondre à la question, et aucune séparément ne le peut.

(D) Si chaque information permet séparément de répondre à la question.

(E) Si les deux informations ensemble ne permettent pas de répondre à la question.

---

50. Simon est âgé de 30 ans. Dans combien d'années son âge sera-t-il égal au double de celui de son fils unique ?

(1) Simon a 20 ans d'écart avec son fils.
(2) Dans 30 ans, Simon sera une fois et demie plus vieux que son fils.

51. Henri part en vélo de Marseille à 9 h en direction de Cassis. Après s'y être promené 2 heures, il retourne à Marseille où il arrive à 19 h précises. Quelle distance sépare Marseille de Cassis ?

(1) A l'aller, Henri roule à la vitesse de 10 km/h.
(2) Au retour, Henri roule à la vitesse de 30 km/h.

52. Stéphie décide de démarrer un footing. Deux heures plus tard, Joseph part en bicyclette derrière elle. Au bout de combien de temps l'aura-t-elle rattrapé ?

(1) Stéphie court à la vitesse de 10 km/h.
(2) Joseph roule trois fois plus vite que Stéphie ne court.

##
##
##

Vous répondrez :

(A) Si l'information (1) permet à elle seule de répondre à la question, et si l'information (2) à elle seule ne permet pas de répondre à la question.

(B) Si l'information (2) permet à elle seule de répondre à la question, et si l'information (1) à elle seule ne permet pas de répondre à la question.

(C) Si les deux informations (1) et (2) ensemble permettent de répondre à la question, et aucune séparément ne le peut.

(D) Si chaque information permet séparément de répondre à la question.

(E) Si les deux informations ensemble ne permettent pas de répondre à la question.

---

53. Les masses, en kilogramme, de 5 pastèques sont des entiers tous différents. On pèse les pastèques deux par deux sur une balance. Les plus petites masses que l'on peut obtenir sont 16 kg et 18 kg ; les plus grandes masses que l'on peut obtenir sont 26 kg et 27 kg. Quelles sont les masses respectives des différentes pastèques ?

(1) L'une des masses est 13 kg.
(2) L'une des masses des 12 kg.

54. Une feuille est rectangulaire. On découpe un carré de côté *Y* cm dans chaque coin. Combien vaut l'aire de la partie restante ?

(1) La surface de papier restant est le double de celle enlevée.
(2) La feuille est de dimension 20 cm x 12 cm.

55. Lise, Léa et Lucette prennent le train à Beauvais à 14 h 25 pour arriver au Mans à 17 h 25. Quelle est la distance parcourue par le train entre Beauvais et Le Mans ?

(1) Durant le premier tiers du voyage, le TGV se déplace à 250 km/h, durant le deuxième tiers, il roule à 275 km/h et la fin du trajet se fait à la vitesse de 225 km/h.
(2) Une voiture roulant deux fois moins vite que le train mettrait 6 heures pour parcourir la distance.

##
##
##

Vous répondrez :

(A) Si l'information (1) permet à elle seule de répondre à la question, et si l'information (2) à elle seule ne permet pas de répondre à la question.

(B) Si l'information (2) permet à elle seule de répondre à la question, et si l'information (1) à elle seule ne permet pas de répondre à la question.

(C) Si les deux informations (1) et (2) ensemble permettent de répondre à la question, et aucune séparément ne le peut.

(D) Si chaque information permet séparément de répondre à la question.

(E) Si les deux informations ensemble ne permettent pas de répondre à la question.

---

56. p est un nombre à trois chiffres divisible par 7. Que vaut p ?

(1) p est divisible par 8.
(2) p est divisible par 17.

57. Robert a 10 ans de plus que son frère Jean-Louis qui est deux fois plus jeune que sa sœur Yvette. Quel âge a Jean-Louis ?

(1) Si Robert retranche 6 à son âge et triple le résultat, il obtient l'âge de Jean-Louis plus 30.
(2) Yvette a un an de moins que Robert.

58. Un cinéma propose des places à 15 € et d'autres à 20 € pour une avant-première. Combien de places à 15 € ont été vendues ?

(1) La recette totale a été de 8 000 €.
(2) 470 spectateurs ont assisté à cette avant-première.

59. Que vaut X ?

(1) $2X^2 - 7X = -6$
(2) X est un entier positif.

##
##
##

Vous répondrez :

(A) Si l'information (1) permet à elle seule de répondre à la question, et si l'information (2) à elle seule ne permet pas de répondre à la question.

(B) Si l'information (2) permet à elle seule de répondre à la question, et si l'information (1) à elle seule ne permet pas de répondre à la question.

(C) Si les deux informations (1) et (2) ensemble permettent de répondre à la question, et aucune séparément ne le peut.

(D) Si chaque information permet séparément de répondre à la question.

(E) Si les deux informations ensemble ne permettent pas de répondre à la question.

60. Un récipient en forme de pavé fait 12 cm de longueur. On le remplit de sirop. Quelle est la hauteur de sirop dans le récipient ?

(1) Le récipient fait 1 080 cm^3.

(2) Le volume de sirop versé est de 2,7 L.

Si vous avez terminé, vous n'êtes pas autorisé(e) à revenir sur une épreuve précédente.
Vous n'êtes pas non plus autorisé(e) à travailler sur une épreuve suivante avant la fin du temps imparti.

STOP !

9

TEST BLANC TAGE MAGE
EPREUVE 5 : EXPRESSION

CONSIGNES

15 questions / 20 minutes / Calculatrice interdite

BAREME

Réponse juste : + 4 points / Réponse fausse : - 1 point / Aucune réponse : 0 point

Pour les 5 questions suivantes, choisissez la reformulation dont le sens se rapproche le plus du passage souligné.

61. Il ne faut pas perdre de vue que ce sont des élèves et que leurs opinions restent tout le temps objets de jugement et d'évaluation. D'emblée, leur statut rend leurs opinions discutables.

(A) Immédiatement,
(B) Tout de suite,
(C) Aussitôt,
(D) A présent,
(E) Sûrement,

62. Le débat sur l'engagement du poète n'est pas un débat nouveau. C'est même une question qui anime la réflexion sur la poésie depuis sa naissance. Mais les circonstances de la Seconde Guerre mondiale lui donnent toute son envergure.

(A) le serment
(B) la prise à partie
(C) l'investissement
(D) la responsabilité
(E) la promesse

§§
§§
§§

63. Par une suite de photographies immobiles, ce film raconte en 29 minutes « l'histoire d'un homme marqué par une image d'enfance ». Ce héros, prisonnier des vainqueurs d'une guerre atomique, devient le cobaye des docteurs du camp souterrain où il est enfermé. L'expérience consiste à transporter cet individu en un autre temps d'où il pourrait rapporter à son propre temps des moyens permettant à l'humanité de survivre dans un monde « pourri par la radioactivité ». Ses voyages ont d'abord lieu dans le passé où il retrouve la femme dont il gardait l'image depuis son enfance.

(A) celle dont il conservait le souvenir depuis toujours
(B) l'épouse dont il gardait le souvenir depuis tant d'années
(C) celle qu'il se remémorait depuis ses 15 ans
(D) la pucelle dont il rêvait tant
(E) celle dont il se rappelait depuis qu'il était petit

64. Nous pouvons tenter un « coup » spéculatif avec à la clé un potentiel de l'ordre de 25 % de gains en quelques semaines sur la valeur que voici. En effet, qui ne tente rien n'a rien !

(A) il faut être téméraire
(B) il faut savoir prendre des risques
(C) tel est pris qui croyait prendre
(D) la méfiance est mère de sûreté
(E) la fortune sourit aux audacieux

65. La culture est l'élément dans lequel nous naissons et grandissons, comme ce qui par définition nous est imposé. Elle apparaît ainsi parmi les déterminations premières qui pèsent sur l'individu. C'est pourquoi l'idée d'un affranchissement de la culture ne va non seulement pas de soi, mais plus encore s'il est issu de la culture elle-même. On ne se refait pas !

§§
§§
§§

(A) L'être est identique à lui-même.
(B) Change-t-on vraiment ?
(C) On ne change pas les gens !
(D) Tel père, tel fils !
(E) Sait-on ce que l'avenir nous réserve ?

Pour les 5 questions suivantes, choisissez la meilleure formulation, du point de vue de l'orthographe, de la syntaxe et du style.

66. Quelle est la meilleure orthographe ?

(A) Ce chien a été abandonné près de l'abbatiale. En l'appelant et en m'approchant de lui, je me suis aperçu qu'il avait été accidenté. Il fallait donc l'accompagner chez le vétérinaire pour éviter que les choses déjà affreuses ne s'aggravent. Il était vraiment très amaigri, presque immobilisé mais encore très irascible.

(B) Ce chien a été abandonné près de l'abbatiale. En l'appelant et en m'aprochant de lui, je me suis aperçu qu'il avait été accidenté. Il fallait donc l'accompagner chez le vétérinaire pour éviter que les choses déjà affreuses ne s'agravent. Il était vraiment très amaigri, presque immobilisé mais encore très irascible.

(C) Ce chien a été abandonné près de l'abatiale. En l'appelant et en m'approchant de lui, je me suis aperçu qu'il avait été accidenté. Il fallait donc l'acompagner chez le vétérinaire pour éviter que les choses déjà affreuses ne s'agravent. Il était vraiment très amaigri, presque immobilisé mais encore très irascible.

(D) Ce chien a été abandonné près de l'abbatiale. En l'appelant et en m'approchant de lui, je me suis apperçu qu'il avait été accidenté. Il fallait donc l'accompagner chez le vétérinaire pour éviter que les choses déjà affreuses ne s'aggravent. Il était vraiment très amaigri, presque immobilisé mais encore très irrascible.

(E) Ce chien a été abbandonné près de l'abatiale. En l'appelant et en m'approchant de lui, je me suis aperçu qu'il avait été accidenté. Il fallait donc l'accompagner chez le vétérinaire pour éviter que les choses déjà affreuses ne s'aggravent. Il était vraiment très amaigri, presque immobilisé mais encore très irascible.

§§§
§§§
§§§

67. Combien de fautes comporte ce passage ?

Après que les pompiers soient venu, le médecin prît le poul du blessé. Rien indiquait a priori que la blessure fut grave. C'est pourtant à un drame que l'on assistat quelques heures plus tard. Le patient fut prit d'une attaque qui le laissa raide-mort. Au final, on osa plus jamais parlé de cet accident.

(A) cinq
(B) huit
(C) onze
(D) douze
(E) treize

68. Quelle est la meilleure formulation ?

(A) Il repris abondamment de ce repas. Mais c'est impatiamment qu'il attendit le dessert. Même adulte, il restait en vérité un grand enfant. On ne se refait pas !

(B) Il reprit abondamment de ce repas. Mais c'est impatiamment qu'il attendit le déssert. Même adulte, il reste en vérité un grand enfant. On ne se refaisait pas !

(C) Il reprit abondamment de ce repas. Mais c'est impatiamment qu'il attendait le déssert. Même adulte, il restait en vérité un grand enfant. On ne se refait pas !

(D) Il reprit abondamment de ce repas. Mais c'est impatiemment qu'il attendit le dessert. Même adulte, il restait en vérité un grand enfant. On ne se refaisait pas !

(E) Il reprit abondamment de ce repas. Mais c'est impatiemment qu'il attendait le dessert. Même adulte, il restait en vérité un grand enfant. On ne se refait pas !

69. Quelle est la bonne orthographe ?

(A) J'ai vu passer trois rouge-gorges au-dessus des deux autos-écoles du quartier. Mêmes nos grand-parents ne sont pas habitués à en voir autant au même endroit. Et à côté du rond point, près des deux libres-services où l'on croise des garde-chasses, j'ai vu aussi deux tourterelles qui montraient à leur progénitures tout leurs savoir-faires pour s'envoler.

§§§
§§§
§§§

(B) J'ai vu passer trois rouges-gorges au-dessus des deux auto-écoles du quartier. Mêmes nos grands-parents ne sont pas habitués à en voir autant au même endroit. Et à côté du rond point, près des deux libre-services où l'on croise des gardes-chasses, j'ai vu aussi deux tourterelles qui montraient à leur progénitures tout leurs savoirs-faire pour s'envoler.

(C) J'ai vu passer trois rouges-gorges au dessus des deux autos-écoles du quartier. Mêmes nos grand-parents ne sont pas habitués à en voir autant au même endroit. Et à côté du rond-point, près des deux libre-services où l'on croise des gardes-chasses, j'ai vu aussi deux tourterelles qui montraient à leur progénitures tout leurs savoirs-faires pour s'envoler.

(D) J'ai vu passer trois rouges-gorges au-dessus des deux auto-écoles du quartier. Mêmes nos grands-parents ne sont pas habitués à en voir autant au même endroit. Et à côté du rond-point, près des deux libres-services où l'on croise des gardes-chasses, j'ai vu aussi deux tourterelles qui montraient à leur progénitures tout leurs savoir-faire pour s'envoler.

(E) J'ai vu passer trois rouges-gorges au-dessus des deux auto-écoles du quartier. Mêmes nos grands-parents ne sont pas habitués à en voir autant au même endroit. Et à côté du ronpoint, près des deux libres-services où l'on croise des garde-chasses, j'ai vu aussi deux tourterelles qui montraient à leur progénitures tout leurs savoir-faire pour s'envoler.

70. Quelle est la meilleure orthographe et ponctuation ?

(A) Tout les dimanches, il vient me voir. Il m'offre des fleurs qui sont toutes oranges et me regarde de ses yeux verts-foncé. Je lui propose alors de s'assoir et il en va ainsi chaque dimanche. A quoi bon changer une habitude lorsqu'elle est bonne !

(B) Tous les dimanches, il vient me voir. Il m'offre des fleurs qui sont toutes oranges et me regarde de ses yeux verts-foncés. Je lui propose alors de s'asseoir et il en va ainsi chaque dimanche. A quoi bon changer une habitude lorsqu'elle ait bonne ?

(C) Tout les dimanches, il vient me voir. Il m'offre des fleurs qui sont tout oranges et me regarde de ses yeux verts foncés. Je lui propose alors de s'asseoir et il en va ainsi chaque dimanche. A quoi bon changer une habitude lorsqu'elle est bonne !

§§
§§
§§

(D) Tous les dimanches, il vient me voir. Il m'offre des fleurs qui sont tout orange et me regarde de ses yeux vert-foncé. Je lui propose alors de s'assoir et il en va ainsi chaque dimanche. A quoi bon changer une habitude lorsqu'elle est bonne ?

(E) Tous les dimanches, il vient me voir. Il m'offre des fleurs qui sont tout orange et me regarde de ses yeux vert-foncé. Je lui propose alors de s'asseoir et il en va ainsi chaque dimanche. A quoi bon changer une habitude lorsqu'elle est bonne ?

Pour les 5 questions suivantes, complétez en remplaçant les points de manière à rendre le texte le plus cohérent possible.

71. Peu de philosophes se sont véritablement intéressés à la question de la différence sexuelle. Avant le XXe siècle, on la considère comme contingente et la femme se définit le plus souvent par la passivité – comme chez Aristote –, par l'ingénuité – c'est le cas de Kant –, ou par l'immédiateté affective – notamment chez Hegel. La différence (…) est ou bien indifférente, ou bien réduite à des problématiques plus importantes.

(A) sexuelle
(B) générique
(C) génétique
(D) paritaire
(E) intellectuelle

72. Selon le philosophe Paul Ricœur, le volontaire n'existe pas sans l'involontaire, (…) la liberté n'est jamais pure. Elle est mélange de contraires.

(A) de même que
(B) autrement dit
(C) donc
(D) ainsi
(E) comme

§§
§§
§§

73. Le rapport de la justice au pardon manque de clarté. Le pardon se distingue de la justice (…) celui qui pardonne ne réclame aucune réparation. Le pardon est (…) une grâce et peut déstabiliser le système des fautes et des peines. Il est donc à la fois une grâce et un danger pour la société.

(A) car / donc
(B) aussi / alors
(C) ici / partout
(D) c'est pourquoi / donc
(E) alors / alors

74. « Nous nous proposons de comprendre l'évolution de l'image animée, c'est-à-dire de l'image qui s'efforce de retenir le mouvement des choses et qui pour ce faire est image en mouvement. Car si le cinéma apparaît en 1895, il surgit au terme d'une longue histoire. Cette histoire n'est pas seulement une histoire de la technique et ne se (…) pas davantage à une histoire de l'art. Liée à celles-ci, elle ne prend complètement sens que dans le contexte philosophique et historique des inventions. Ainsi seulement peut-on comprendre ce que signifie l'image en mouvement. Et ainsi seulement peut-on saisir ce que voir veut dire. »

(A) donne
(B) traduit
(C) résume
(D) réduit
(E) ramène

75. On ne saurait passer sa vie à s'amuser. Certes, c'est un moment nécessaire au bonheur lui-même. Mais cette activité n'est pas assez (…) pour constituer l'essentiel d'une vie.

(A) heureuse
(B) intense
(C) sérieuse
(D) certaine
(E) fameuse

Si vous avez terminé, vous n'êtes pas autorisé(e) à revenir sur une épreuve précédente.
Vous n'êtes pas non plus autorisé(e) à travailler sur une épreuve suivante avant la fin du temps imparti.

STOP !

TEST BLANC TAGE MAGE
EPREUVE 6 : LOGIQUE

9

CONSIGNES

15 questions / 20 minutes / Calculatrice interdite

BAREME

Réponse juste : + 4 points / Réponse fausse : - 1 point / Aucune réponse : 0 point

76.

		758		
		397		
		156		
219	658	?	987	106
		994		

(A) 625
(B) 438
(C) 345
(D) 874
(E) 325

77.

		DMN		
		OPE		
		FTF		
STL	CPF	?	AHA	LDL
		HJK		

(A) ALP
(B) SDF
(C) ELG
(D) MAK
(E) RNG

****
****
****

78.

		190		
		399		
		114		
94	571	?	814	625
		38		

(A) 85
(B) 49
(C) 57
(D) 76
(E) 94

79.

		ZDB		
		RTG		
		QGL		
PQE	DFU	?	MQA	CHT
		EAV		

(A) RSU
(B) ORQ
(C) LMD
(D) TWA
(E) SAQ

80.

		6216		
		11		
		7343		
676	191	?	848	111
		9729		

(A) 636
(B) 464
(C) 327
(D) 999
(E) 828

81.

		NYS		
		VUA		
		LRM		
CSZ	NBD	?	UIF	GVE
		AOG		

(A) EVU
(B) EPR
(C) XOS
(D) XPS
(E) ELS

****
****
****

82.

				624	
				416	
				728	
				208	
752	651	835	413	?	

(A) 112
(B) 321
(C) 972
(D) 936
(E) 520

83.

PNU	SNV	RZW	?	TEY
			DXS	
			EDZ	
			FOP	
			GNB	

(A) ZCZ
(B) CQW
(C) ZDX
(D) ZAS
(E) CAX

84.

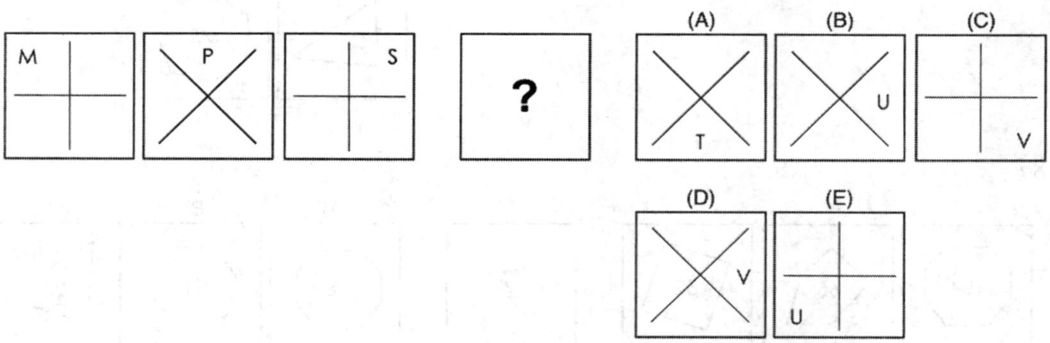

****
****
****

85.

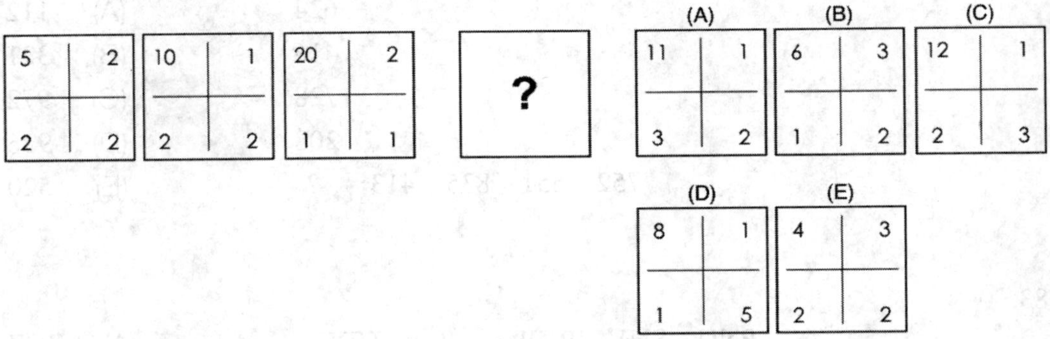
5 2 2 2
10 1 2 2
20 2 1 1
?
(A) 11 1 3 2
(B) 6 3 1 2
(C) 12 1 2 3
(D) 8 1 1 5
(E) 4 3 2 2

86.

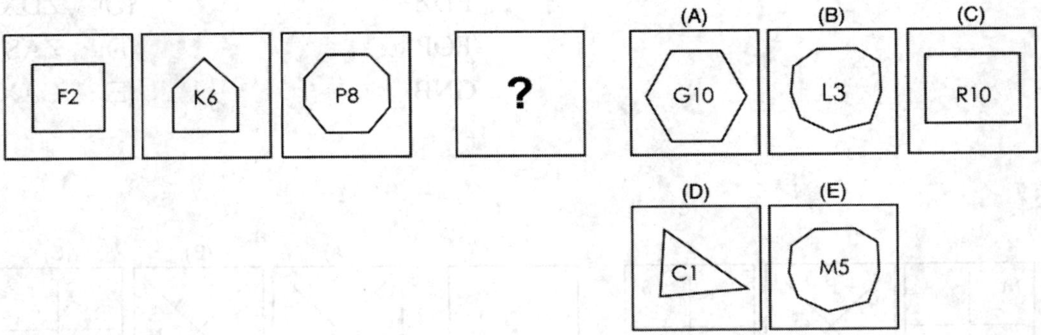
F2
K6
P8
?
(A) G10
(B) L3
(C) R10
(D) C1
(E) M5

87.

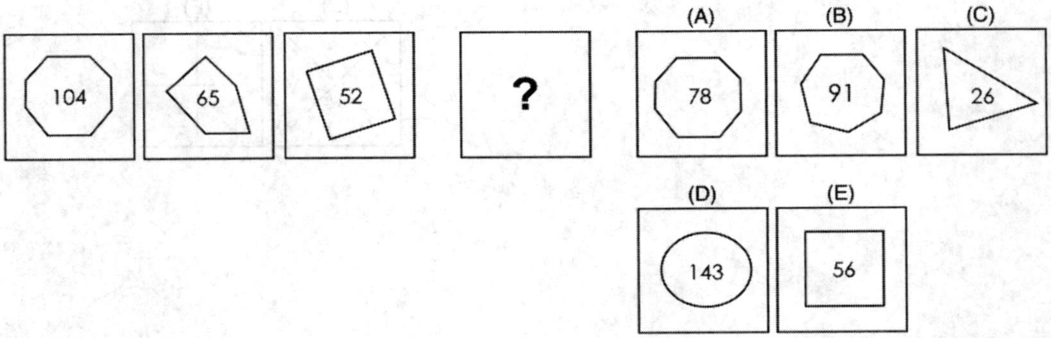
104
65
52
?
(A) 78
(B) 91
(C) 26
(D) 143
(E) 56

****
****
****

88.

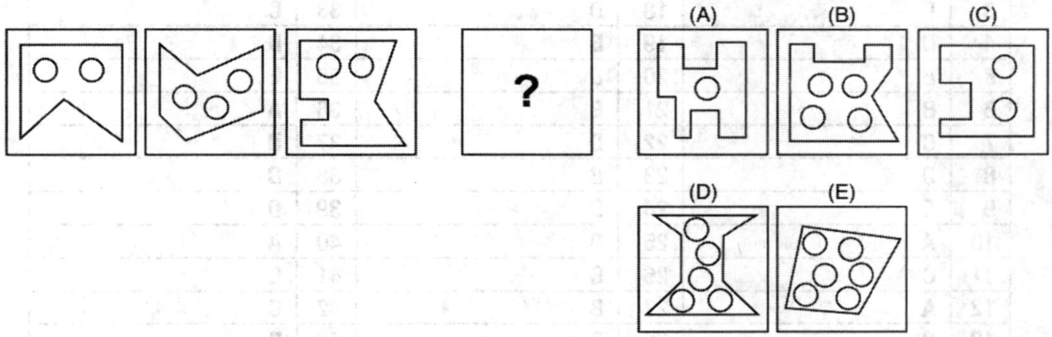
?
(A)
(B)
(C)
(D)
(E)

89.

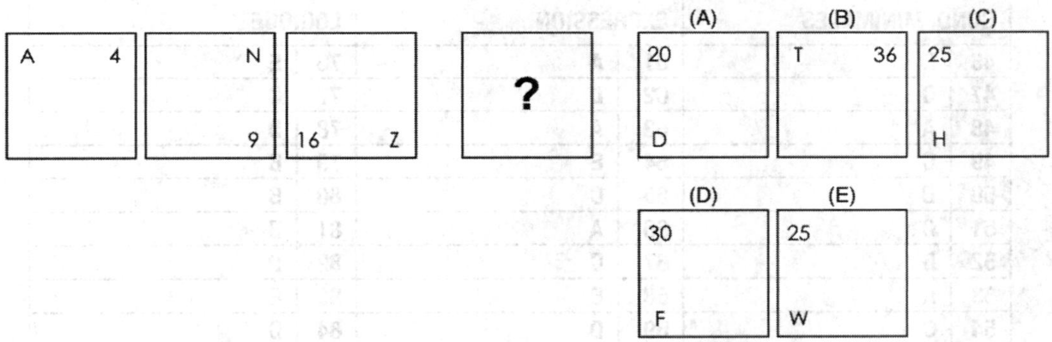
A 4
N
9
16 Z
?
(A)
20
D
(B)
T 36
(C)
25
H
(D)
30
F
(E)
25
W

90.

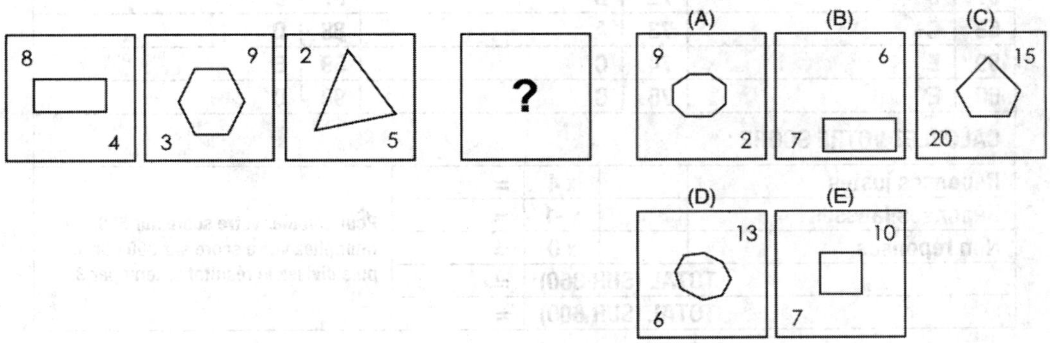
8
4
9
3
2
5
?
(A)
9
2
(B)
6
7
(C)
15
20
(D)
13
6
(E)
10
7

TEST BLANC TAGE MAGE NUMERO 9 : GRILLE DES REPONSES JUSTES

COMPREHENSION		CALCUL		RAISONNEMENT	
1	C	16	B	31	C
2	D	17	C	32	D
3	D	18	D	33	C
4	D	19	B	34	D
5	B	20	D	35	E
6	B	21	E	36	A
7	C	22	D	37	D
8	D	23	B	38	D
9	E	24	D	39	D
10	A	25	D	40	A
11	C	26	C	41	C
12	A	27	B	42	C
13	C	28	D	43	B
14	C	29	D	44	D
15	C	30	C	45	E
COND. MINIMALES		**EXPRESSION**		**LOGIQUE**	
46	E	61	A	76	E
47	C	62	D	77	C
48	A	63	A	78	D
49	C	64	E	79	B
50	D	65	C	80	B
51	C	66	A	81	B
52	B	67	C	82	D
53	A	68	E	83	E
54	C	69	D	84	D
55	A	70	E	85	D
56	C	71	B	86	B
57	D	72	B	87	B
58	C	73	A	88	D
59	E	74	C	89	E
60	E	75	C	90	C

CALCULEZ VOTRE SCORE :

Réponses justes		x 4	=	Pour calculer votre score sur 600, multipliez votre score sur 360 par 5, puis divisez le résultat obtenu par 3.
Réponses fausses		x -1	=	
Non réponses		x 0	=	
		TOTAL (SUR 360)	=	
		TOTAL (SUR 600)	=	

TEST BLANC TAGE MAGE NUMERO 10

TEST TAGE MAGE NUMERO 10 : VOTRE GRILLE DE REPONSES

Epreuve 1 **Compréhension de textes**						Epreuve 2 **Calcul**						Epreuve 3 **Raisonnement/Argumentation**					
1	A	B	C	D	E	16	A	B	C	D	E	31	A	B	C	D	E
2	A	B	C	D	E	17	A	B	C	D	E	32	A	B	C	D	E
3	A	B	C	D	E	18	A	B	C	D	E	33	A	B	C	D	E
4	A	B	C	D	E	19	A	B	C	D	E	34	A	B	C	D	E
5	A	B	C	D	E	20	A	B	C	D	E	35	A	B	C	D	E
6	A	B	C	D	E	21	A	B	C	D	E	36	A	B	C	D	E
7	A	B	C	D	E	22	A	B	C	D	E	37	A	B	C	D	E
8	A	B	C	D	E	23	A	B	C	D	E	38	A	B	C	D	E
9	A	B	C	D	E	24	A	B	C	D	E	39	A	B	C	D	E
10	A	B	C	D	E	25	A	B	C	D	E	40	A	B	C	D	E
11	A	B	C	D	E	26	A	B	C	D	E	41	A	B	C	D	E
12	A	B	C	D	E	27	A	B	C	D	E	42	A	B	C	D	E
13	A	B	C	D	E	28	A	B	C	D	E	43	A	B	C	D	E
14	A	B	C	D	E	29	A	B	C	D	E	44	A	B	C	D	E
15	A	B	C	D	E	30	A	B	C	D	E	45	A	B	C	D	E

Epreuve 4 **Conditions minimales**						Epreuve 5 **Expression**						Epreuve 6 **Logique**					
46	A	B	C	D	E	61	A	B	C	D	E	76	A	B	C	D	E
47	A	B	C	D	E	62	A	B	C	D	E	77	A	B	C	D	E
48	A	B	C	D	E	63	A	B	C	D	E	78	A	B	C	D	E
49	A	B	C	D	E	64	A	B	C	D	E	79	A	B	C	D	E
50	A	B	C	D	E	65	A	B	C	D	E	80	A	B	C	D	E
51	A	B	C	D	E	66	A	B	C	D	E	81	A	B	C	D	E
52	A	B	C	D	E	67	A	B	C	D	E	82	A	B	C	D	E
53	A	B	C	D	E	68	A	B	C	D	E	83	A	B	C	D	E
54	A	B	C	D	E	69	A	B	C	D	E	84	A	B	C	D	E
55	A	B	C	D	E	70	A	B	C	D	E	85	A	B	C	D	E
56	A	B	C	D	E	71	A	B	C	D	E	86	A	B	C	D	E
57	A	B	C	D	E	72	A	B	C	D	E	87	A	B	C	D	E
58	A	B	C	D	E	73	A	B	C	D	E	88	A	B	C	D	E
59	A	B	C	D	E	74	A	B	C	D	E	89	A	B	C	D	E
60	A	B	C	D	E	75	A	B	C	D	E	90	A	B	C	D	E

Si vous souhaitez répondre la réponse B à la question 31, alors noircissez la case comme suit :

31	A	B ▬	C	D	E

10

TEST BLANC TAGE MAGE
EPREUVE 1 : COMPREHENSION DE TEXTES

CONSIGNES
15 questions / 20 minutes / Calculatrice interdite

BAREME
Réponse juste : + 4 points / Réponse fausse : - 1 point / Aucune réponse : 0 point

TEXTE 1

« Un pays comme la France ne peut pas hésiter quatre ans devant sa propre résolution, sans déconsidération pour lui et sans dommage pour son avenir. Il fallait, il faut encore forcer la France à parler en posant plus nettement la question ; il faut lui dire : voulez-vous conserver Alger au prix de trente millions et de trente mille hommes par année ? Voulez-vous conserver Alger avec un moindre développement et à des conditions onéreuses ? Enfin vous n'en voulez-vous pas du tout ? Si vous n'en voulez pas du tout, retirez les troupes et fermez le trésor ; si ainsi que je l'espère vous voulez conserver Alger au moins comme colonie expérimentale et comme occupation militaire, déterminez dès aujourd'hui la forme, la mesure, les conditions de cette colonie, et rendez douze ou quinze millions aux contribuables. Vous mettez fin ainsi à cet agiotage scandaleux des terres de la régence, que l'on vend et que l'on revend sans y semer un épi, comme un papier de Bourse qui va périr entre les mains du dernier possesseur.

Vous rassurerez les colons en leur disant : voici sur quoi vous pouvez compter, voilà jusqu'où vous pouvez vous étendre sous la puissante garantie de la mère patrie. Au reste cette délibération si fâcheuse sous d'autres rapports, aura eu au moins ce résultat, d'arracher au gouvernement ce mot, qui satisfait le sentiment national : nous n'abandonnerons jamais Alger. Mais ce mot qui suffit à notre orgueil ne suffit pas à nos intérêts ; il ne dit pas comment nous conserverons nôtre conquête. Selon moi, les questions devraient être ainsi posées.

@@
@@
@@

1 - La France doit-elle entrer dans le système des colonisations ?

2 - Alger est-il la colonie qui convienne à la France et qui lui promette de l'indemniser de ses dépenses ?

3 - Dans le cas où, sous le rapport agricole et commercial, Alger ne présenterait pas tous les avantages désirables à la France. Comme colonie militaire, comme avant-garde de la civilisation sur la barbarie, comme vedette sur la mer qui nous appartient, sur la Méditerranée, conserverons-nous Alger ?

4 - Quelle sera la constitution définitive, la forme et la mesure de cette colonie ?

Dans ma conviction, de grandes colonisations entrent indispensablement dans le système politique que l'époque assigne à la France et à l'Europe. L'Orient les rappelle et le défaut de débouchés intérieurs les rend nécessaires à nos populations croissantes. Les orateurs qui ont parlé contre ce système, n'ont envisagé les colonisations que sous le rapport commercial et agricole ; ils ont négligé le côté politique de la question. Ne craignons-nous pas qu'on ne dise qu'il a suffi de quelques heures de discussion et de deux ou trois orateurs, pour nous faire abandonner un rivage qu'il nous a fallu deux ans de préparatifs, 60 millions et 60 000 hommes pour conquérir ? (…)

Maintenant, comme colonie militaire, comme essai de colonie commerciale, devons-nous rester à Alger ? Les conclusions, au moins tacites, des orateurs que nous avons entendus, me font craindre qu'ils n'aient fait germer cette pensée dans l'esprit de la chambre et du pays. Pensée funeste, Messieurs, pensée antinationale, antisociale, antihumaine que nous devons repousser, comme nous repousserions la pensée d'une honte ou d'un crime. Eh quoi ! Messieurs, les nations n'ont-elles donc qu'une balance de chiffres à établir ? Et serions-nous descendus à ce degré de matérialisme social, que l'arithmétique dût s'asseoir seule dans les conseils de la chambre et du gouvernement et peser seule les résolutions de ce noble pays ? Si l'or a son poids, la politique, l'honneur national, la protection désintéressée du faible, l'humanité, n'ont-ils pas le leur ? Abandonnerions-nous ces mers à leurs pirates ? Les côtes de France, d'Italie et d'Espagne à leurs insultes ? Repousserions-nous les bénédictions de ces rivages que nous avons affranchis de leur terreur ? Laisserons-nous repeupler d'esclaves français et européens ces nids d'esclavage que nous avons détruits pour jamais ? Refermerons-nous notre commerce, à notre marine marchande cette route de l'Orient que nous leur avons rouverte au moment même où cet Orient va les appeler à des destinées nouvelles ? »

@@
@@
@@

1. Pour l'auteur, le moins bon placement, c'est :

(A) la terre.
(B) l'immobilier.
(C) l'armée.
(D) la Bourse.
(E) la politique.

2. L'auteur est :
1. matérialiste 2. religieux 3. colonialiste

(A) 1.
(B) 2.
(C) 3.
(D) 1 et 2.
(E) 2 et 3.

3. Dans le texte, on comprend que la colonisation est une nécessité :
1. historique 2. politique 3. sociale

(A) 1.
(B) 2 et 3.
(C) 3.
(D) 1 et 3.
(E) 1, 2 et 3.

4. Pour l'auteur, la politique se doit d'être :
1. prudente 2. utile 3. cohérente

(A) 1.
(B) 2.
(C) 1 et 2.
(D) 3.
(E) 1, 2 et 3.

@@@@@@@@@@@@@@@@@@@@@@@@@@@@@@@@@@@@
@@@@@@@@@@@@@@@@@@@@@@@@@@@@@@@@@@@@
@@@@@@@@@@@@@@@@@@@@@@@@@@@@@@@@@@@@

5. La chambre des députés dont parle l'auteur est plutôt :

(A) royaliste.
(B) ambitieuse.
(C) visionnaire.
(D) réactionnaire.
(E) casanière.

6. Le texte se présente avant tout comme :

(A) une invitation à la réflexion.
(B) une suite des questions rhétoriques.
(C) un essai.
(D) une thèse de doctorat.
(E) un débat.

7. Au moment où l'auteur écrit, les colonies françaises s'étendent :

(A) en Afrique du Nord.
(B) en Afrique noire.
(C) en Orient.
(D) en Amérique.
(E) en Chine.

@@@@@@@@@@@@@@@@@@@@@@@@@@@@@@@@@@@
@@@@@@@@@@@@@@@@@@@@@@@@@@@@@@@@@@@
@@@@@@@@@@@@@@@@@@@@@@@@@@@@@@@@@@@

TEXTE 2

Peu connu, Moses Hess a pourtant mis en place une très belle philosophie de l'argent. Dans son texte *L'Essence de l'argent,* il présente la société idéale comme un grand corps, dans la mesure où toute la vie est d'abord échange : échange d'un être avec son milieu, d'un être avec un autre. Pourtant, cette société, bien que proche du mouvement naturel de tout être, n'est possible qu'au terme d'une histoire. Et durant cette histoire, il y a une hésitation entre la vie sociale et l'égoïsme, car les hommes naissent isolés ou en petits groupes. Malgré cette hésitation, la tendance réelle est bien celle d'une vie sociale de plus en plus harmonieuse. Cependant, le christianisme vient rompre ce progrès. En faisant de l'individu une fin en soi qui ne subordonne plus spontanément sa vie à celle du groupe, le christianisme se constitue comme la « logique de l'égoïsme ». L'argent n'est que la traduction économique de cette aliénation religieuse : « Ce que Dieu est à la vie théorique, l'argent l'est à la vie pratique, dans ce monde à l'envers : le pouvoir aliéné des hommes, leur activité vitale mise à l'encan. L'argent est la valeur humaine exprimée en chiffres, il est la marque de notre esclavage, le stigmate ineffaçable de notre servitude. Les hommes qui peuvent s'acheter et se vendre sont bien des esclaves. » L'argent est à l'origine d'une double aliénation : de la liberté personnelle, qui devient monnayable ; et du rapport à autrui : « L'aliénation de l'essence humaine par isolement des individus et l'avilissement de cette essence réduite à n'être plus qu'un moyen d'existence pour ces individus. L'égoïsme du monde moderne marchand réalisé en son principe fait disparaître ici-bas comme dans l'au-delà, théoriquement et pratiquement, tout commerce immédiat, toute vie immédiate, et fait de celle-ci un simple moyen pour l'existence privée. Là où tout commerce humain et toute activité humaine sont immédiatement supprimés et ne peuvent plus être utilisés que comme des moyens en vue de l'existence égoïste, là où tous les rapports depuis l'amour naturel, le commerce des sexes jusqu'à l'échange des pensées du monde cultivé, ne peuvent être pratiqués sans argent. […] On peut dire que la "félicité" de l'au-delà est devenue le "bonheur" d'ici-bas […] et que l'égoïsme théorique s'est fait pratique. » Comme chez Feuerbach, l'homme attend donc que lui revienne du ciel ce qu'il y a mis lui-même, de même qu'il attend de l'argent un bonheur que son existence même lui interdit principiellement. En même temps l'argent devient étalon de toute valeur : « De même que jadis les législateurs recevaient de Dieu la perfection de leur puissance, ils la reçoivent maintenant de la propriété, de l'argent. […] L'objet qu'est pour l'homme Dieu dans le ciel, le bien surhumain, c'est, sur la terre, le bien humain, matériel,

saisissable, la chose, la propriété, le produit arraché à son producteur, à son créateur, l'essence abstraite du commerce, l'argent. » L'argent même possédé est ce qui appauvrit l'homme dans ce qu'il a de plus humain : « Que penser de l'homme qui s'identifie à son argent au point de ne pas pouvoir s'en séparer, sinon qu'il est un pauvre type ? » L'argent est donc une médiation en vue de l'échange mais qui finit par séparer les hommes, d'eux-mêmes et des autres. M. Hess conclut son texte ainsi : « A l'étape actuelle de notre développement, nous ne pouvons plus que nous exploiter et nous dévorer les uns les autres, si nous nous n'unissons pas dans l'amour. »
Chez Hess, l'argent est considéré comme médiation séparatrice, conception qui l'oppose parfaitement à la pensée des économistes classiques. On voit donc que Marx s'inspire fortement des thématiques de l'abstraction, de l'appauvrissement, et reprend l'idée d'un moyen d'échange qui finit par séparer l'homme et de lui-même et des autres. De même, Marx s'inspire de l'idée de la puissance séductrice de l'argent ; l'idée d'un fétichisme.
Marx reste ainsi globalement proche de Hess dans la description du rapport du travail aliéné et de l'argent, en reprenant l'argument essentiel de la séparation et du renversement des rapports par l'argent. Il s'en distingue trois fois : tout d'abord, dans la description du lien de l'argent et des besoins ; ensuite par une définition plus radicale encore de l'abstraction ; et enfin parce qu'il ne reprend pas l'idée d'un organicisme social, dont l'évolution serait celle que décrit Hess. Ces différences s'expliquent notamment parce que Marx cherche à intégrer les concepts hessiens dans une pensée où il conçoit l'aliénation de manière personnelle. L'objectif de Marx, c'est la description du système d'aliénation, en partant de la théorie du travail aliéné. Et c'est à partir de cette théorie du travail aliéné qu'il peut reformuler à sa manière les propositions de Hess, d'une manière propre. Chez Hess, l'argent est certes un moyen d'échange, mais l'auteur n'envisage que trop peu les termes concrets de l'échange, et ce qui apparemment les suscite.

8. Pour Hess, la religion est avant tout :

(A) protection de l'individu.
(B) soutien psychologique.
(C) illusion.
(D) aliénation.
(E) déisme.

@@@

9. La relation de la religion à l'argent est de nature :

(A) illustrative.
(B) exemplaire.
(C) identique.
(D) expressive.
(E) causale.

10. Le texte est de nature :
1. polémique 2. descriptive 3. critique

(A) 1 et 2.
(B) 2 et 3.
(C) 2 seulement.
(D) 3 seulement.
(E) 1, 2 et 3.

11. On devine dans le texte que pour Feuerbach la religion est :

(A) une stimulation au dépassement de soi.
(B) l'occasion d'une ascension.
(C) une ouverture mystique.
(D) une relation affaiblissante à soi-même.
(E) une contemplation désintéressée.

12. Harmonieuse ou non, toute société pour Hess se définit par :

(A) la vie.
(B) l'amour.
(C) la circulation.
(D) l'échange.
(E) l'intérêt.

@@@@@@@@@@@@@@@@@@@@@@@@@@@@@@@@@@@@
@@@@@@@@@@@@@@@@@@@@@@@@@@@@@@@@@@@@
@@@@@@@@@@@@@@@@@@@@@@@@@@@@@@@@@@@@

13. La conception de la société pour Hess avant l'apparition de l'argent peut se définir comme :

(A) un holisme.
(B) un individualisme.
(C) une aliénation.
(D) un organicisme.
(E) un corporatisme.

14. Ce texte provient :

(A) d'une revue d'histoire.
(B) d'une revue économique.
(C) d'un manuel d'histoire de l'économie.
(D) d'une revue universitaire.
(E) d'un manuel de culture générale.

15. Ce texte est :

(A) un texte pris dans son intégralité.
(B) un extrait.
(C) le début d'un texte.
(D) la fin d'un texte.
(E) le milieu d'un texte.

Si vous avez terminé, vous n'êtes pas autorisé(e) à revenir sur une épreuve précédente.
Vous n'êtes pas non plus autorisé(e) à travailler sur une épreuve suivante avant la fin du temps imparti.

STOP !

TEST BLANC TAGE MAGE
EPREUVE 2 : CALCUL

10

CONSIGNES

15 questions / 20 minutes / Calculatrice interdite

BAREME

Réponse juste : + 4 points / Réponse fausse : - 1 point / Aucune réponse : 0 point

16. Le Championnat de France de rugby débute par une première phase pendant laquelle les 14 équipes du championnat s'affrontent toutes deux fois dans la saison, puis s'achève par une seconde phase à élimination directe qui commence aux huitièmes de finale pour aller jusqu'en finale. Combien de matchs un champion de France a-t-il joués dans la saison ?

(A) 27
(B) 29
(C) 30
(D) 31
(E) 32

17. Une bombe explosera dans 2 heures 52 minutes et 13 secondes. Le compte à rebours est indiqué sur un compteur qui affiche des secondes. Que peut-on lire sur le compteur ?

(A) 10 002 secondes.
(B) 10 121 secondes.
(C) 10 333 secondes.
(D) 10 842 secondes.
(E) 10 972 secondes.

//
//
//

18. Un réservoir contient 480 litres quand il est à moitié plein. Combien de litres d'essence doit-on ajouter de façon à ce qu'il soit rempli aux deux tiers ?

(A) 160
(B) 180
(C) 200
(D) 220
(E) 240

19. Combien y a-t-il de nombres de trois chiffres dont la somme des chiffres est égale à 24 ?

(A) 1
(B) 3
(C) 6
(D) 7
(E) 10

20. Monsieur Roger dispose aujourd'hui de 44 000 € qu'il désire partager entre ses deux enfants, Jean et Jacques, âgés respectivement de 16 et 17 ans. Les deux parts sont placées à intérêts composés au taux annuel de 20 %. Quelle est la différence entre la part de Jacques et celle de Jean, sachant que monsieur Roger souhaite que chacun de ses enfants reçoive la même somme d'argent à l'âge de 18 ans ?

(A) 2 600 €
(B) 2 800 €
(C) 3 200 €
(D) 3 600 €
(E) 4 000 €

21. La rentrée scolaire de Manon aura lieu précisément dans 2 semaines 3 jours 5 heures et 12 minutes. Combien d'heures de vacances reste-t-il à Manon ?

(A) 386 heures
(B) 398 heures
(C) 407 heures
(D) 413 heures
(E) 421 heures

//
//
//

22. Quel terme initie la suite suivante :
? 189 214 339 964

(A) 184
(B) 164
(C) 64
(D) 36
(E) 25

23. On compte dans un magasin de chaussures 330 paires de chaussures noires, 124 paires de chaussures blanches et 92 paires de chaussures bleues. On tire au hasard des chaussures. Combien de paires de chaussures doit-on tirer au minimum pour être sûr d'avoir 2 paires de chaussures de couleurs différentes ?

(A) 112
(B) 118
(C) 124
(D) 125
(E) 331

24. Si 30 % du volume de la bouteille A correspond à 80 % du volume de la bouteille B, que vaut alors le volume de la bouteille B en fonction du volume de la bouteille A ?

(A) 12,5 %
(B) 25 %
(C) 32,5 %
(D) 37,5 %
(E) 45 %

25. L'escalator d'une gare permet de transporter des passagers normalement en 20 s à la vitesse de 2 m/s. Un usager emprunte l'escalator, mais à la moitié du parcours, l'escalator tombe en panne. Le passager met 15 s pour parcourir la fin de l'escalator. Quelle est la vitesse de marche de l'usager ?

(A) 2 m/s
(B) 2,25 m/s
(C) 2,50 m/s
(D) 2,66 m/s
(E) 3 m/s

//
//
//

26. 40 % des gens ne répondent pas au téléphone lorsqu'ils ne connaissent pas le numéro qui les appelle. Parmi ces gens, 30 % ne le font pas car ils ont peur qu'on leur annonce une mauvaise nouvelle et 40 % ne le font pas parce qu'ils sont timides. Quel est le pourcentage des personnes qui ne répondent pas au téléphone par peur d'une mauvaise nouvelle ou par timidité ?

(A) 16 %
(B) 14 %
(C) 12 %
(D) 10 %
(E) 8 %

27. Un bateau met 5 heures pour aller sans s'arrêter d'une ville X à une ville Y située en aval du fleuve. Au retour, le bateau a mis 7 heures pour remonter le courant, également sans s'arrêter et en gardant la même vitesse constante. Combien de temps mettra un radeau pour aller de X à Y, sachant qu'il se déplace avec la vitesse du courant ?

(A) 10 heures.
(B) 14 heures.
(C) 25 heures.
(D) 32 heures.
(E) 35 heures.

28. Dans le nombre 1&9&9&5, on doit remplacer les esperluettes par des chiffres en s'arrangeant pour que le nombre obtenu soit divisible par 2, 5 et 9. Combien de nombres différents peut-on fabriquer satisfaisant à ces conditions ?

(A) 111
(B) 105
(C) 104
(D) 102
(E) 81

//
//
//

29. Nous avons deux solutions d'eau oxygénée : à 30 % et à 3 %. Il nous faut les mélanger de façon à obtenir une solution à 12 %. Alors…

(A) il nous faut autant de solution à 3 % que de solution à 30 %.
(B) il nous faut deux fois plus de solution à 3 % que de solution à 30 %.
(C) il nous faut trois fois plus de solution à 3 % que de solution à 30 %.
(D) il nous faut quatre fois plus de solution à 3 % que de solution à 30 %.
(E) il nous faut cinq fois plus de solution à 3 % que de solution à 30 %.

30. Un bidon plein de lait pèse 34 kg. Le même bidon quand il est à moitié plein pèse 17,5 kg. Combien pèse le bidon vide ?

(A) 1 kg
(B) 0,5 kg
(C) 1,25 kg
(D) 1,5 kg
(E) 2 kg

Si vous avez terminé, vous n'êtes pas autorisé(e) à revenir sur une épreuve précédente.
Vous n'êtes pas non plus autorisé(e) à travailler sur une épreuve suivante avant la fin du temps imparti.

STOP !

10

TEST BLANC TAGE MAGE
EPREUVE 3 : RAISONNEMENT / ARGUMENTATION

CONSIGNES
15 questions / 20 minutes / Calculatrice interdite

BAREME
Réponse juste : + 4 points / Réponse fausse : - 1 point / Aucune réponse : 0 point

31. Gérard, Marie, Simon, Roger, Arthur, Raphaël, Igor et Fatima sont assis autour d'une table octogonale. Fatima est en face de Marie et à droite de Simon. Raphaël est juste à droite de Gérard et Arthur juste à gauche de Marie. Simon et Roger sont l'un à côté de l'autre. Igor est juste à droite de Simon.
Parmi les 5 propositions suivantes, laquelle est vraie ?

(A) Marie est face à Simon
(B) Roger est face à Arthur
(C) Gérard est juste à gauche de Marie
(D) Marie est juste à gauche de Roger
(E) Igor est juste à droite de Fatima

>>
>>
>>

32. Sur les marchés financiers, on conseille parfois de moyenner à la baisse : après avoir acheté des titres qui baissent et, potentiellement, perdu de l'argent, il ne faut pas hésiter à acheter de nouveau des actions identiques mais à un prix inférieur. Cela fait baisser le prix moyen d'achat. D'autres disent au contraire qu'il faut moyenner à la hausse, ce qui est plus prudent.
Quel présupposé permet de défendre l'idée selon laquelle il faut moyenner à la hausse ?

(A) Toute action finit toujours par remonter.
(B) La Bourse, c'est risqué.
(C) Les Bourses connaissent de graves crises.
(D) Une action peut toujours baisser davantage.
(E) Quand une action remonte, il est plus certain qu'elle ne rebaisse pas.

33. Je m'appelle Franck, je suis français et vit en France depuis longtemps. Mais je vous affirme très clairement aujourd'hui et devant tous que tous les Français ne sont que des menteurs. Vous pouvez me violenter, me battre et même essayer de me tuer, je maintiendrai coûte que coûte que tous les Français sans exception sont identiques et mentent tout le temps. Qu'allez-vous penser de moi, que vous soyez français ou non ? Vous penserez :

(A) que j'ai trop travaillé ces derniers temps.
(B) que je vais partir en vacances bientôt.
(C) que je ferais mieux d'aller vivre à l'étranger.
(D) que c'est courageux de dire la vérité, même si elle ne nous met pas en valeur.
(E) que c'est vrai.

34. Nous sommes le dimanche 29 août 2010. Quel jour sera-t-on le 16 février 2019 ?

(A) Lundi.
(B) Mardi.
(C) Jeudi.
(D) Vendredi.
(E) Samedi.

>>
>>
>>

35. Je suis assis à côté de l'autoportrait de mon père et de mon grand frère. Ma sœur cadette est à ma gauche. Dans le salon, mon oncle discute avec son fils avec qui je me suis disputé à cause de sa femme, plus jeune que ma mère. Ils viennent d'avoir un enfant qui porte le même nom que mon père et c'est le sujet de notre conversation. J'en ai parlé à une cousine, plus jeune que moi, qui en est très heureuse bien que sa tante désapprouve.
On peut alors déduire que :

(A) je porte le prénom de mon oncle.
(B) ma sœur est plus âgée que ma cousine.
(C) mon père est vivant.
(D) je suis moi.
(E) ma tante a 35 ans.

36. Le déficit de la Sécurité sociale atteint des proportions astronomiques. Déjà conséquent il y a 10 ans, il n'a cessé de se creuser et les prévisions sont alarmistes : vieillissement de la population, mauvaises habitudes, diminution de la population active, prolongement de la vie… autant de raisons qui réduiront les recettes et accroîtront les dépenses. Le gouvernement enchaîne les propositions de réforme mais qui ne suffisent pas. Le plus dur est de voir que même en déremboursant certains médicaments à 30 %, cela change trop peu de choses. Il faut cependant prévoir un système de remboursement des soins, même si l'on ne peut plus imposer davantage les Français.
Laquelle de ces solutions paraît judicieuse ?

(A) Il faut cesser de soigner les personnes âgées.
(B) Il faut faire des enfants.
(C) Il faut cotiser davantage.
(D) Il faut tout dérembourser.
(E) Il faut dérembourser davantage.

37. Les religions polythéistes ont été les premières sur Terre. Les hommes ont spontanément attribué des âmes à chaque chose et les dieux s'en sont trouvés multipliés. La première exception concerne le judaïsme : un seul Dieu, de surcroît créateur. En réalité, c'est cette conception qui est la plus défendable sur le plan logique. Le christianisme va ensuite poursuivre ce mouvement jusqu'à faire du polythéisme une pratique minoritaire.
Quel argument renforce le plus le poids logique du monothéisme ?

(A) Judaïsme et christianisme se sont imposés, ce qui prouve leur valeur.
(B) Dieu veille sur nous.
(C) Même les religions polythéistes avaient un dieu plus puissant que les autres.
(D) S'il y avait plusieurs causes au monde, il faudrait encore une cause à ces causes.
(E) Tout mouvement renvoie à sa cause.

38. Dans le film *Alien,* tout pousse à détester le monstre. Il est laid, il fait souffrir, il tue. C'est un parasite qui vient pour se reproduire dans les vaisseaux spatiaux de ceux qu'il va utiliser pour déposer en eux ses œufs et se reproduire par eux. Les plus chanceux survivront un peu pour servir de nourriture aux jeunes aliens. Tous les spectateurs ont donc raison de le détester et d'admirer ces hommes qui luttent pour survivre.
Quelle proposition contredit le mieux cette conclusion ?

(A) Il faut beaucoup de courage pour combattre un puissant alien.
(B) Les aliens comme les hommes veulent survivre.
(C) Les hommes sont créés par Dieu à son image.
(D) Un alien est bien mieux armé naturellement qu'un homme.
(E) Les hommes ne souffrent pas vraiment longtemps quand ils meurent de cette façon.

>>
>>
>>

39. Le problème de choix est essentiel dans la vie d'un homme. Mais le possède-t-on ? Choisir est bien moins évident qu'on ne le croit. L'homme pourrait ne pas être libre du tout mais avoir sans cesse l'illusion de l'être. Ainsi, l'enfant qui a faim réclame à manger en pensant être à l'origine de sa requête, mais l'est-il vraiment ? N'est-ce pas son ventre qui commande ? Imaginons un instant que nous ne sommes pas libres du tout et que l'illusion soit défaite.
Quelle conséquence cela aurait-il dans ma vie si je suis cohérent ?

(A) Aucune.
(B) Toutes.
(C) J'attendrais que cela se passe.
(D) Je n'agirais plus sauf si l'on m'y contraint.
(E) J'oublierais tout.

40. La théorie du chaos a été développée en sciences physiques au cours des années 1970. Elle affirme que certains phénomènes matériels sont chaotiques, c'est-à-dire qu'ils ne répondent pas à la conception classique de la physique. Plus précisément, cette théorie met en cause la perfection du modèle causal selon lequel on peut définir des lois certaines pour l'univers. Certes, ces lois jouent un rôle mais seulement ponctuellement. En vérité, les lois causales sont précédées d'une fonction de probabilité qui introduit dans l'univers une part d'indétermination. C'est ce que prouvent certaines expériences chimiques.
On peut en déduire que :

(A) il n'y a pas d'ordre dans l'univers.
(B) même la matière est libre.
(C) tout n'est pas prévisible dans l'univers.
(D) Newton a tort.
(E) les physiciens sont aussi peu fiables que les charlatans.

>>
>>
>>

41. On est parfois choqué par une image, une figure, un corps, une couleur… et cela jusqu'au dégoût. On juge ainsi une œuvre laide ou un visage hideux. Ce qui est néanmoins surprenant, c'est que certaines choses qui nous ont d'abord paru laides finissent par nous plaire : le vieux meuble de famille que l'on ne regardait pas devient séduisant, ce qui surprenait négativement prend de l'allure. Les habitudes esthétiques existent donc bel et bien. Quel présupposé renforce cette conclusion ?

(A) Toute habitude esthétique est modifiable.
(B) Le beau est subjectif.
(C) On s'habitue à tout.
(D) L'homme est un être d'habitudes.
(E) Il n'y a que les imbéciles qui ne changent pas d'avis.

42. Prenons une voiture. Si j'en change d'abord les roues, sans toucher au reste, je peux toujours dire que c'est ma voiture avec de nouvelles roues. Si j'en change le moteur, je dois alors dire que c'est toujours ma voiture avec de nouvelles roues et un nouveau moteur. Si je change alors les sièges, la carrosserie et le volant, puis le châssis ainsi que toute l'électronique de bord, c'est-à-dire tout ce que je pouvais encore changer, je dois dire :

(A) que ce n'est plus vraiment ma voiture.
(B) que c'est toujours ma voiture.
(C) que c'est la même voiture.
(D) que c'est presque la même voiture.
(E) que la nouvelle voiture ressemble à l'ancienne.

43. Jean est plus grand que Pierre, lui-même plus petit que Roger et Sarah. Ainsi :

(A) Sarah est peut-être plus grande que Roger.
(B) Sarah est plus grande que Roger.
(C) Roger est plus grand que Jean.
(D) Jean est plus grande que Sarah.
(E) Roger et Sarah sont plus grands à eux deux que Pierre et Jean réunis.

>>
>>
>>

44. Qu'est-ce donc que l'utilité ? Lorsque j'ai soif, j'apprécie l'eau. Lorsque je suis désaltéré, je n'ai plus soif. Quand j'ai faim, j'aime le pain, mais après avoir bien mangé, il peut me dégoûter. Il devient alors complètement inutile. Il semble donc que le pain et l'eau soient tantôt utiles, tantôt inutiles. Le sont-ils vraiment ? Pourquoi le diamant coûte-t-il si cher alors qu'il ne sert presque à rien ?
Quel couple logique traduit le mieux ce raisonnement ?

(A) Universel/particulier.
(B) Subjectif/objectif.
(C) Réel/irréel.
(D) Absolu/relatif.
(E) Positif/négatif.

45. Si Dieu existe, et s'il a créé le monde, il n'a rien fait par hasard. Cet homme a été créé en vue d'une action précise. Cette plante a sa raison d'être. Chaque chose est à sa place, sous l'œil bienveillant du Créateur. Telle est l'une des croyances les plus fondamentales du judéo-christianisme, même si elle se heurte au problème de la responsabilité morale et de la punition. Suis-je encore responsable de mes actes si tout est d'abord pensé par Dieu ? Cela fait partie des mystères chrétiens et le poids du péché originel rajoute en complexité à ce problème.
On peut en déduire que :

(A) Dieu est bon.
(B) Dieu est parfois étourdi.
(C) On ne peut avoir deux choses parfaitement identiques.
(D) Tout est permis.
(E) Aucune action n'est dramatique.

Si vous avez terminé, vous n'êtes pas autorisé(e) à revenir sur une épreuve précédente.
Vous n'êtes pas non plus autorisé(e) à travailler sur une épreuve suivante avant la fin du temps imparti.

STOP !

10

TEST BLANC TAGE MAGE

EPREUVE 4 : CONDITIONS MINIMALES

CONSIGNES

15 questions / 20 minutes / Calculatrice interdite

BAREME

Réponse juste : + 4 points / Réponse fausse : - 1 point / Aucune réponse : 0 point

Vous répondrez :

(A) Si l'information (1) permet à elle seule de répondre à la question, et si l'information (2) à elle seule ne permet pas de répondre à la question.

(B) Si l'information (2) permet à elle seule de répondre à la question, et si l'information (1) à elle seule ne permet pas de répondre à la question.

(C) Si les deux informations (1) et (2) ensemble permettent de répondre à la question, et aucune séparément ne le peut.

(D) Si chaque information permet séparément de répondre à la question.

(E) Si les deux informations ensemble ne permettent pas de répondre à la question.

46. *A, B, C* et *D* sont quatre nombre entiers : que vaut *B* ?

(1) *A, B, C* et *D* sont quatre multiples de 7 consécutifs.

(2) $200 < A + B + C + D < 230$

##
##
##

Vous répondrez :

(A) Si l'information (1) permet à elle seule de répondre à la question, et si l'information (2) à elle seule ne permet pas de répondre à la question.

(B) Si l'information (2) permet à elle seule de répondre à la question, et si l'information (1) à elle seule ne permet pas de répondre à la question.

(C) Si les deux informations (1) et (2) ensemble permettent de répondre à la question, et aucune séparément ne le peut.

(D) Si chaque information permet séparément de répondre à la question.

(E) Si les deux informations ensemble ne permettent pas de répondre à la question.

47. Le carré ABCD et un triangle équilatéral DEG ont même périmètre. Quelle est la mesure d'un côté du triangle ?

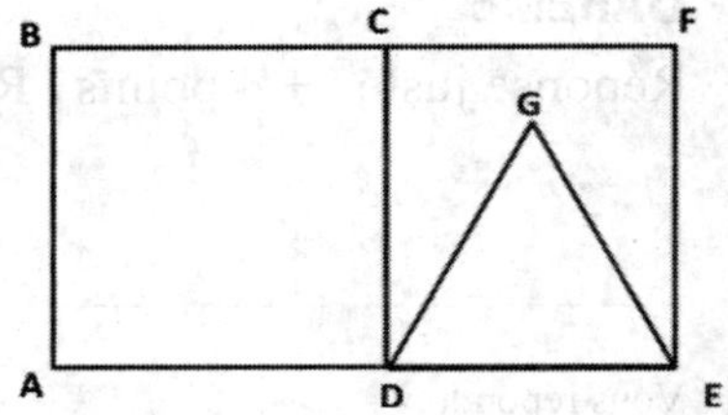

(1) Le quadruple de l'aire du carré ABDC est égal à trois fois celle du rectangle CDEF.

(2) Le côté du triangle est 0,75 fois plus petit que celui du carré.

48. Le nombre a est solution de l'équation 20 % x $(a^2 - 1) = a - 1$. Que vaut a ?

(1) a est le cube d'un entier.

(2) L'inverse de a est entier.

49. Y est un nombre entier à quatre chiffres inférieur à 3 000. Que vaut son chiffre des unités ?

(1) Y est un cube d'entier.

(2) La somme du chiffre des dizaines et des centaines de Y est égal à la racine carrée du quadruple du carré de 5.

##
##
##

Vous répondrez :

(A) Si l'information (1) permet à elle seule de répondre à la question, et si l'information (2) à elle seule ne permet pas de répondre à la question.

(B) Si l'information (2) permet à elle seule de répondre à la question, et si l'information (1) à elle seule ne permet pas de répondre à la question.

(C) Si les deux informations (1) et (2) ensemble permettent de répondre à la question, et aucune séparément ne le peut.

(D) Si chaque information permet séparément de répondre à la question.

(E) Si les deux informations ensemble ne permettent pas de répondre à la question.

---

50. On verse de la marmelade dans un moule de forme pyramidale et de volume 125 m^3. La marmelade est versée simultanément depuis deux tonneaux : l'un de forme cylindrique de 300 m^3 de volume et l'autre de forme cubique. En combien de temps le moule sera-t-il entièrement rempli ?

(1) S'il n'y avait que le tonneau cylindrique, le moule serait rempli en 10 mn.
(2) Le volume du tonneau cylindrique est égal à 200 m^3.

51. A et B sont deux entiers naturels. Combien vaut $A - B$?

(1) $A^2 = B^2$ (2) $A + B = 0$

52. Une voiture consomme 10 L d'essence tous les 100 km, quelle que soit sa vitesse. Quelle distance a-t-elle parcourue ?

(1) En roulant 2 fois plus longtemps, elle aurait consommé 3 fois plus d'essence.
(2) Elle roule à 100 km/h sur l'intégralité du parcours.

53. Françoise travaille dans une agence bancaire. Quel est le pourcentage de femmes parmi les salariés de cette agence ?

(1) Le nombre d'hommes correspond au 3/2 du nombre de femmes.
(2) Le nombre de femmes correspond au 2/3 du nombre d'hommes.

##
##
##

Vous répondrez :

(A) Si l'information (1) permet à elle seule de répondre à la question, et si l'information (2) à elle seule ne permet pas de répondre à la question.

(B) Si l'information (2) permet à elle seule de répondre à la question, et si l'information (1) à elle seule ne permet pas de répondre à la question.

(C) Si les deux informations (1) et (2) ensemble permettent de répondre à la question, et aucune séparément ne le peut.

(D) Si chaque information permet séparément de répondre à la question.

(E) Si les deux informations ensemble ne permettent pas de répondre à la question.

---

54. David est né au XXe siècle. Quelle est l'année de sa naissance ?

(1) La somme des chiffres de l'année de naissance de David est égale à 19.
(2) L'année de naissance de David est le carré d'un nombre.

55. A et B sont deux entiers naturels tels que $A - B = 45$. Que valent A et B ?

(1) Le quotient de la division du plus grand par le plus petit est 5.
(2) Le reste de la division du plus petit par le plus grand est 55.

56. Alain, René, Yanis et Thomas vont au cinéma et ont réservé 4 places côte à côte. Quel est leur placement ?

(1) Yanis ne veut pas d'Alain ou de René à côté de lui et il n'y personne à sa gauche.
(2) Thomas ne veut pas s'asseoir à côté de René.

57. On coupe une corde de 280 m de long en trois morceaux. Quelle est la longueur du morceau le plus long ?

(1) La différence de longueur entre les deux premiers morceaux est égale à 32 mètres, et le troisième et dernier morceau mesure 16 mètres.
(2) Un morceau mesure 148 mètres.

##
##
##

Vous répondrez :

(A) Si l'information (1) permet à elle seule de répondre à la question, et si l'information (2) à elle seule ne permet pas de répondre à la question.

(B) Si l'information (2) permet à elle seule de répondre à la question, et si l'information (1) à elle seule ne permet pas de répondre à la question.

(C) Si les deux informations (1) et (2) ensemble permettent de répondre à la question, et aucune séparément ne le peut.

(D) Si chaque information permet séparément de répondre à la question.

(E) Si les deux informations ensemble ne permettent pas de répondre à la question.

---

58. Quel est le plus petit des trois nombres x, y et z ?

(1) Le produit de x par z est égal à 12 et celui de y par z est égal à 20.
(2) x, y, z sont des entiers positifs et le produit de x par y est égal au triple de la racine carrée de 25.

59. Lors d'un vote, trois candidats *A, B* et *C* se sont présentés. Combien de votes chacun des candidats a-t-il obtenus sachant que le vote blanc était interdit ?

(1) *A* a obtenu 17 votes de plus que *B* et 103 votes de plus que *C.*
(2) Le total des votes comptabilisés est égal à 1 704.

60. La somme de 2 006 entiers positifs non nuls est 2 010. Combien vaut leur produit ?

(1) Ce produit n'est pas divisible par 5.
(2) Ce produit est multiple de 3.

Si vous avez terminé, vous n'êtes pas autorisé(e) à revenir sur une épreuve précédente.
Vous n'êtes pas non plus autorisé(e) à travailler sur une épreuve suivante avant la fin du temps imparti.

STOP !

TEST BLANC TAGE MAGE
EPREUVE 5 : EXPRESSION

10

CONSIGNES

15 questions / 20 minutes / Calculatrice interdite

BAREME

Réponse juste : + 4 points / Réponse fausse : - 1 point / Aucune réponse : 0 point

Pour les 5 questions suivantes, choisissez la seule formulation correcte du point de l'orthographe et du style.

61.

(A) Tous les traders craignent les krachs boursiers. Mais un krach est-il par essence mauvais ? Certes, lorsqu'on pense aux différentes crises spéculatives dont la première est peut-être celle des tulipes, au XVIIe siècle, cela n'a jamais été bon pour l'ensemble de l'économie. Qui dit perte record sur les marchés financiers dit méfiance généralisée et notamment réticence du système bancaire dans le financement de l'économie.

(B) Touts les traders craignent les krachs boursiers. Mais un krach est-il par essence mauvais ? Certes, lorsqu'on pense aux différentes crises spéculatives dont la première est peut-être celle des tulipes, au XVIIe siècle, cela n'a jamais été bon pour l'ensemble de l'économie. Qui dit perte record sur les marchés financiers dit méfiance généralisée et notamment rétissance du système banquaire dans le financement de l'économie.

§§
§§
§§

(C) Tout les traders craignent les kraschs boursiers. Mais un krach est-il par essence mauvais ? Certes, lorsqu'on pense aux différentes crises spéculatives dont la première est peut-être celle des tulipes, au XVIIe siècle, cela n'a jamais été bon pour l'ensemble de l'économie. Qui dit perte record sur les marchés financiers dit méfiance généralisé et notamment rétissance du système banquaire dans le financement de l'économie.

(D) Tous les traders craignent les kraschs boursiers. Mais un krach est-il par essence mauvais ? Certes, lorsqu'on pense aux différentes crises spéculatives dont la première est peut-être celle des tulipes, au XVIIe siècle, cela n'a jamais été bon pour l'ensemble de l'économie. Qui dit perte record sur les marchés financiers dit méfiance généralisée et notamment rétissence du système bancaire dans le financement de l'économie.

(E) Tous les traders craignent les krachs boursiers. Mais un krach est-il par essence mauvais ? Certes, lorsqu'on pense au différentes crises spéculatives dont la première est peut-être celle des tulipes, au XVIIe siècle, ça n'a jamais été bon pour l'ensemble de l'économie. Qui dit perte record sur les marchés financiers dit méfiance généralisée et notamment réticence du système banquaire dans le financement de l'économie.

62.

(A) Lévi-Strauss observe une omologie entre cette structure et celle des mythes, jusque dans les schémas les plus généraux de la pensée. Car la « pensée sauvage » n'est pas moins élaborée que la pensée scientifique occidental. Elle est seulement plus imagée mais fondamentalement raisonne comme les scientifiques occidentaux sur des schémas oppositionnels.

(B) Lévi-Strauss observe une homologie entre cette structure et celle des mythes, jusque dans les schémas les plus généraux de la pensée. Car la « pensée sauvage » n'est pas moins élaborée que la pensée scientifique occidentale. Elle est seulement plus imagée mais fondamentalement raisonne comme les scientifiques occidentaux sur des schémas oppositifs.

(C) Lévi-Strauss observe une homologie entre cette structure et celle des mythes jusque dans les schémas les plus généraux de la pensée. Car la « pensée sauvage » n'est pas moins élaborée que la pensée scientifique occidentale. Elle est seulement plus imagée mais fondamentalement raisonne comme les scientifiques occidentaux sur des schémas oppositifs.

§§§
§§§
§§§

(D) Lévi-Strauss observe une homologie entre cette structure et celle des mythes jusque dans les schémas les plus généraux de la pensée. Car la « pensée sauvage » n'est pas moins élaborée que la pensée scientifique occidental. Elle est seulement plus imagée mais fondamentalement raisonne comme les scientifiques occidentaux sur des schémas oppositionnels.

(E) Lévi-Strauss observe une homologie entre cette structure et celle des mythes, jusque dans les schémas les plus généraux de la pensée. Car la « pensée sauvage » n'est pas moins élaborée que le penser scientifique occidentale. Elle est seulement plus imagée mais fondamentalement raisonne comme les scientifiques occidentaux sur des schémas oppositionnels.

63.

(A) La femme que j'ai étées il y a quelques années n'est plus. Le temps passe et tout devient. Comment retrouver le temps perdu, celui des souvenirs ? On se les rappelle, on ne les ressuscite guère.

(B) La femme que j'ai étée il y a quelques années n'est plus. Le temps passe et tout devient. Comment retrouver le temps perdu, celui des souvenirs ? On s'en rappelle, on ne les ressuscite guère.

(C) La femme que j'ai étée il y a quelques années n'est plus. Le temps passe et tout devient. Comment retrouver le temps perdu, celui des souvenirs ? On s'en rappelle mais on ne les ressuscite guère.

(D) La femme que j'ai étée il y a quelques années n'est plus. Le temps passe et tout devient. Comment retrouver le temps perdu, celui des souvenirs ? On se les rappelle, on ne les ressuscite guerre.

(E) La femme que j'ai été il y a quelques années n'est plus. Le temps passe et tout devient. Comment retrouver le temps perdu, celui des souvenirs ? On se les rappelle, on ne les ressuscite guère.

64.

(A) « Fais ce que tu dois, advienne que pourra. » Telle est la maxime de la morale du devoir. L'essentiel n'est pas dans la téléologie, mais dans la déontologie. Cette éthique est-elle cependant satisfaisante ?

§§
§§
§§

(B) « Fais ce que tu dois advienne que pourra. » Telle est la maxime de la morale du devoir. L'essentiel n'est pas dans la téléologie, mais dans la déontologie. Cette éthique est-elle cependant satisfaisante ?

(C) « Fais ce que tu dois, advienne que pourra. » Tel est la maxime de la morale du devoir. L'essentiel n'est pas dans la théologie, mais dans la déontologie. Cette éthique est-elle cependant satisfaisante ?

(D) « Fais ce que tu dois, advienne que pourra. » Telle est la maxime de la moral du devoir. L'essentiel n'est pas dans la théléologie, mais dans la déonthologie. Cette étique est-elle cependant satisfaisante ?

(E) « Fais ce que tu dois, advienne que pourra. » Telle est la maxime de la morale du devoir. L'essentiel n'est pas dans la téléologie, mais dans la déontologie. Cette étique est-elle cependant satisfaisante ?

65.

(A) Une demande d'autorisation de cumuls d'activité à titre accessoire pour un agent d'Etat doit répondre au décret n°2007-658 des agents non titulaires de droit public et des ouvriers des établissements industriels de l'Etat. L'autorité académique peut décider de s'opposer à la poursuite de l'activité lorsque l'intérêt du service le justifie, les informations sont erronées ou lorsque l'activité ne revêt pas un caractère accessoire. Les agents publics qui ne respectent pas la réglementation encourent le reversement des sommes indument perçues par voie de retenue sur traitement ainsi que l'engagement d'une procédure disciplinaire.

(B) Une demande d'autorisation de cumul d'activités à titre accessoire pour un agent d'état doit répondre au décret n°2007-658 des agents non titulaires de droit public et des ouvriers des établissements industriels de l'Etat. L'autorité académique peut décider de s'opposer à la poursuite de l'activité lorsque l'intérêt du service le justifie, les informations sont eronées ou lorsque l'activité ne revêt pas un caractère accessoire. Les agents publics qui ne respectent pas la réglementation encourent le reversement des sommes indument perçues par voie de retenue sur traitement ainsi que l'engagement d'une procédure disciplinaire.

§§
§§
§§

(C) Une demande d'autorisation de cumuls d'activités à titre accessoire pour un agent d'Etat doit répondre au décret n°2007-658 des agents non titulaires de droit public et des ouvriers des établissements industriels de l'Etat. L'autorité académique peut décider de s'opposer à la poursuite de l'activité lorsque l'intérêt du service le justifie, les informations sont erronées ou lorsque l'activité ne revêt pas un caractère accessoire. Les agents publics qui ne respectent pas la réglementation encourent le reversement des sommes indûment perçues par voie de retenue sur traitement ainsi que l'engagement d'une procédure disciplinaire.

(D) Une demande d'autorisation de cumul d'activités à titre accessoire pour un agent d'Etat doit répondre aux décrets n°2007-658 des agents non titulaires de droit publique et des ouvriers des établissements industriels de l'Etat. L'autorité académique peut décider de s'opposer à la poursuite de l'activité lorsque l'intérêt du service le justifie, les informations sont eronées ou lorsque l'activité ne revêt pas un caractère accessoire. Les agents publics qui ne respectent pas la réglementation encourent le reversement des sommes indument perçues par voie de retenue sur traitement ainsi que l'engagement d'une procédure disciplinaire.

(E) Une demande d'autorisation de cumul d'activités à titre accessoire pour un agent d'Etat doit répondre au décret n°2007-658 des agents non titulaires de droit public et des ouvriers des établissements industriels de l'Etat. L'autorité académique peut décider de s'opposer à la poursuite de l'activité lorsque l'intérêt du service le justifie, les informations sont erronées ou lorsque l'activité ne revêt pas un caractère accessoire. Les agents publics qui ne respectent pas la réglementation encourent le reversement des sommes indûment perçues par voie de retenue sur traitement ainsi que l'engagement d'une procédure disciplinaire.

Pour les 5 questions suivantes, choisissez le meilleur synonyme de l'expression soulignée.

66. Internet est un outil de mise en relation. Cela signifie qu'il permet à des gens éloignés d'entrer en contact plus facilement qu'auparavant. C'est là <u>une fonction d'autant plus surprenante que</u> cette invention a d'abord été militaire et avait pour but de relier des points séparés en cas d'attaque nucléaire.

§§
§§
§§

(A) une situation si tonitruante que
(B) une utilité assez impressionnante car
(C) une mission si inattendue que
(D) une utilisation bien étonnante car
(E) une conversion d'autant plus inhabituelle que

67. Investir dans le secteur du pétrole <u>n'est pas une mince affaire</u> : les commandes se contractent à la moindre incertitude, et les cours explosent dès que l'on entre dans des spirales économiques vertueuses.

(A) n'est pas une sinécure
(B) est une promenade de santé
(C) est une charge lourde
(D) est une affaire de confiance
(E) ne va pas de soi

68. Le poète doit absolument « donner à voir ». Il doit donner à voir ce qui est mais aussi ce qui peut être. Le poète est donc toujours partagé entre l'expression d'une réalité contemporaine et l'annonce d'un idéal à atteindre. <u>C'est pourquoi il doit prendre en compte toutes les critiques que l'on fait à ceux qui rêvent d'autre chose.</u> Mais « donner à voir », ou encore « tout dire », c'est avant tout inciter à l'action.

(A) Ainsi, il doit tenir compte des avertissements que l'on donne aux rêveurs.
(B) Rêver est une activité trop peu féconde pour qu'on laisse certains céder à cette tentation.
(C) Aussi faut-il savoir entendre les adversaires des rêveurs.
(D) Il lui faut donc être attentif aux discours de ceux qui se contentent de ce monde-ci.
(E) Par conséquent, il a pour obligation d'entendre les objections adressées aux utopistes.

§§
§§
§§

69. On doit aimer le travail bien mené. Bien préparer une œuvre, quelle qu'elle soit, la réaliser avec patience pour pouvoir ensuite l'apprécier. Tel est le sens d'une œuvre parfaite.

(A) réussie
(B) formidable
(C) finie
(D) parachevée
(E) accomplie

70. Mozart a commencé à composer à l'âge de 5 ans. Il a écrit son premier opéra à 8 et jouait excellemment de la musique depuis ses 3 ans. Bien sûr, l'enseignement sévère et tenace de son père Léopold n'y est pas pour rien. Malgré son jeune âge, il l'emmenait à travers toute l'Europe pour montrer son génie. Décidément, son jeune âge ne l'a jamais handicapé.

(A) le dynamisme est le propre de la jeunesse
(B) le talent n'attend pas les ans
(C) la jeunesse n'est qu'un mot
(D) si jeunesse savait, si vieillesse pouvait
(E) il faut que jeunesse se passe

Pour les 5 questions suivantes, choisissez le terme qui viendrait le mieux combler le manque (...).

71. Dans le jugement pratique de toute conscience qui impose à la personne d'accomplir un acte déterminé se révèle un lien de la liberté à la vérité. Le degré de (...) de ces jugements – et, en définitive, de l'homme qui en est le sujet – se mesure non par la libération de la vérité mais par une recherche pressante de celle-ci.

(A) réactivité
(B) objectivité
(C) responsabilité
(D) pondération
(E) sincérité

§§
§§
§§

72. Le krach boursier est souvent le révélateur d'une crise économique et de problèmes conjoncturels (…) structurels plus importants.

(A) et
(B) mais aussi
(C) voir
(D) ou
(E) ni

73. Non seulement le président de séance n'a pas relevé ce qui s'est dit, mais il n'a pas (…) écouté la suite.

(A) encore
(B) d'avantage
(C) plus
(D) aujourd'hui
(E) pu

74. En réalité, c'est le cœur tourné vers le Seigneur et vers l'amour du Bien qui est la source de la dignité. Car pour pouvoir discerner ce qui est bon, il ne suffit pas d'être savant mais de se tourner vers Dieu. Là se trouve la source de toute valeur de la personne (…) cela signifie qu'il existe une connaturalité véritable entre elle et Dieu, ou entre elle et le Bien.

(A) alors que
(B) même si
(C) pour que
(D) car
(E) pour cette simple raison que

§§
§§
§§

75. Mais comme pour toute crise, on peut toujours se demander s'il ne peut pas en ressortir quelque chose de bon. (…) une crise de foie nous apprend quelque chose : on doit manger et boire sans excès, sans quoi le corps ne peut pas assimiler la nourriture ingérée. Il pourrait en aller de même pour l'économie. En comprenant les raisons de la crise actuelle, on se donne les moyens de ne pas la revivre.

(A) Bien qu'
(B) Cependant
(C) Alors qu'
(D) Même
(E) Et

Si vous avez terminé, vous n'êtes pas autorisé(e) à revenir sur une épreuve précédente.
Vous n'êtes pas non plus autorisé(e) à travailler sur une épreuve suivante avant la fin du temps imparti.

STOP !

10

TEST BLANC TAGE MAGE
EPREUVE 6 : LOGIQUE

CONSIGNES

15 questions / 20 minutes / Calculatrice interdite

BAREME

Réponse juste : + 4 points / Réponse fausse : - 1 point / Aucune réponse : 0 point

76.

		65		
		156		
		143		
		260		
93	84	?	57	282

(A) 85
(B) 170
(C) 39
(D) 742
(E) 633

77.

		AME		
		LIZ		
		RFV		
		FDG		
ZRC	HHK	?	LEO	TRW

(A) OCR
(B) OFP
(C) VQR
(D) TCL
(E) HIK

****
****
****

78.

		961			(A)	565
		286			(B)	752
		943			(C)	844
		736			(D)	431
963	752	?	853	431	(E)	637

79.

	DHO				(A)	JIK
	GZC				(B)	ERG
	JAB				(C)	PDE
	MPL				(D)	HDL
ONA	?	TEE	IJK	FTD	(E)	PGG

80.

		326			(A)	908
		919			(B)	188
		428			(C)	458
		122			(D)	515
476	962	?	836	557	(E)	224

81.

	XXW				(A)	GDT
	ASZ				(B)	RJW
	QNP				(C)	BJG
	FIP				(D)	CDH
RHW	?	ALF	OTT	MLR	(E)	LAT

****
****
****

82.

986 175 369 ? 240

701
143
289
214

(A) 353
(B) 497
(C) 653
(D) 912
(E) 255

83.

CDE
OPN
JKI
XYX
DQF ? PAL BOO SDR

(A) EFI
(B) EUO
(C) IJH
(D) EAI
(E) ILM

84.

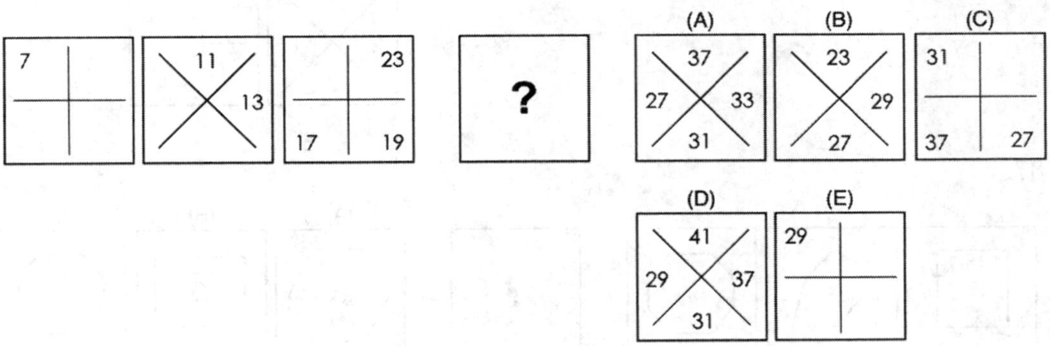

****
****
****

85.

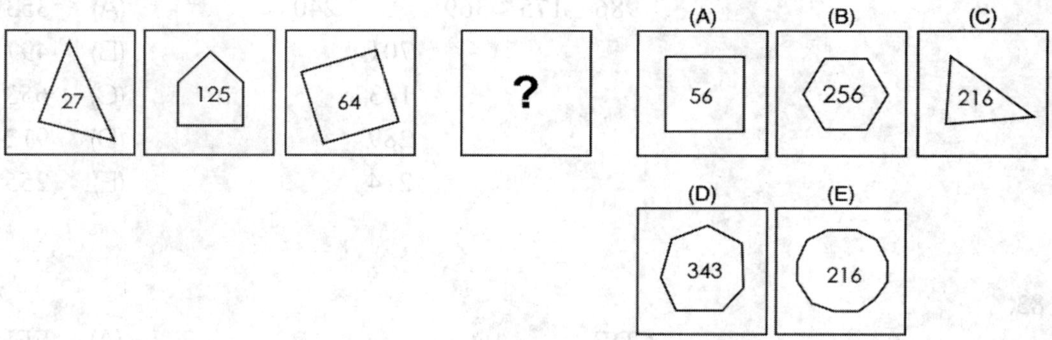
27
125
64
?
(A)
56
(B)
256
(C)
216
(D)
343
(E)
216

86.

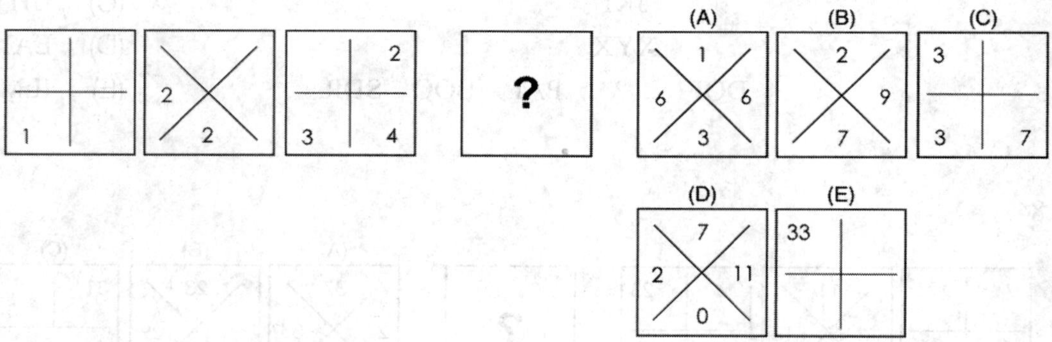
1
2
2
2
3
4
?
(A)
1
6
6
3
(B)
2
9
7
(C)
3
3
7
(D)
7
2
11
0
(E)
33

87.

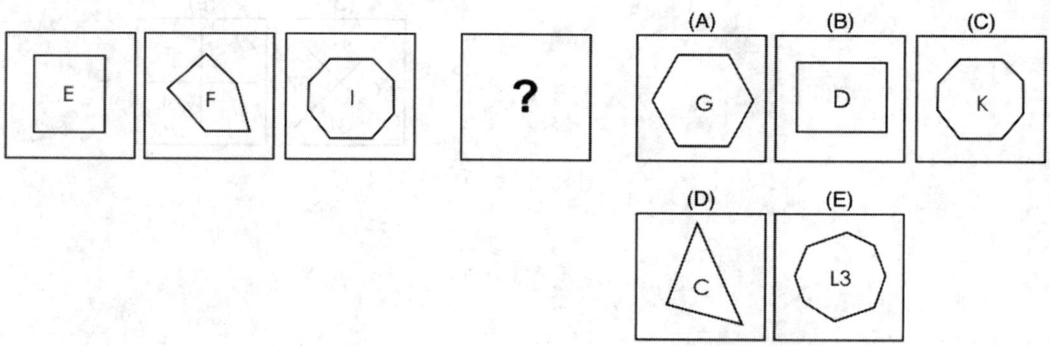
E
F
I
?
(A)
G
(B)
D
(C)
K
(D)
C
(E)
L3

88.

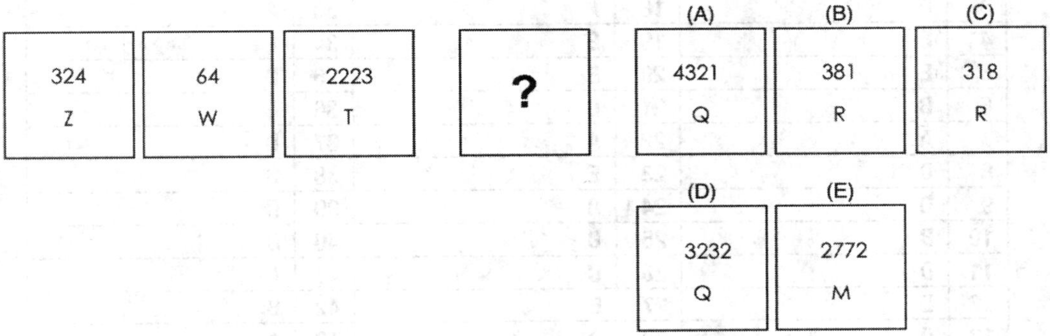
324
Z
64
W
2223
T
?
(A)
4321
Q
(B)
381
R
(C)
318
R
(D)
3232
Q
(E)
2772
M

89.

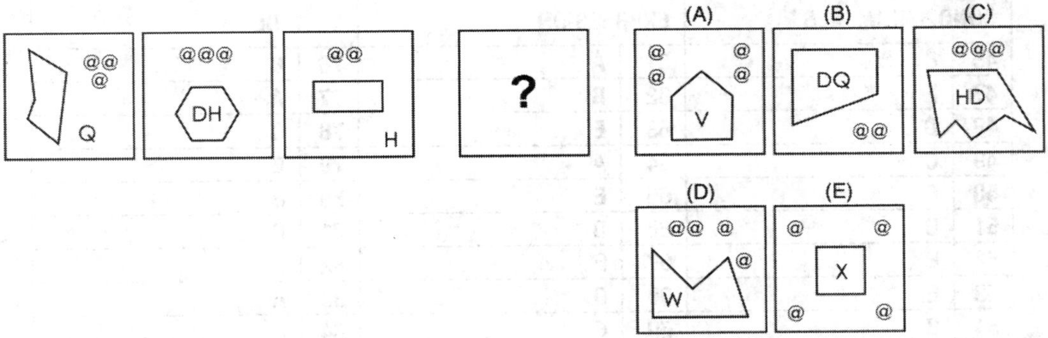
@@
@
Q
@@@
DH
@@
H
?
(A)
@ @
@ @
V
(B)
DQ
@@
(C)
@@@
HD
(D)
@@ @
@
W
(E)
@ @
X
@ @

90.

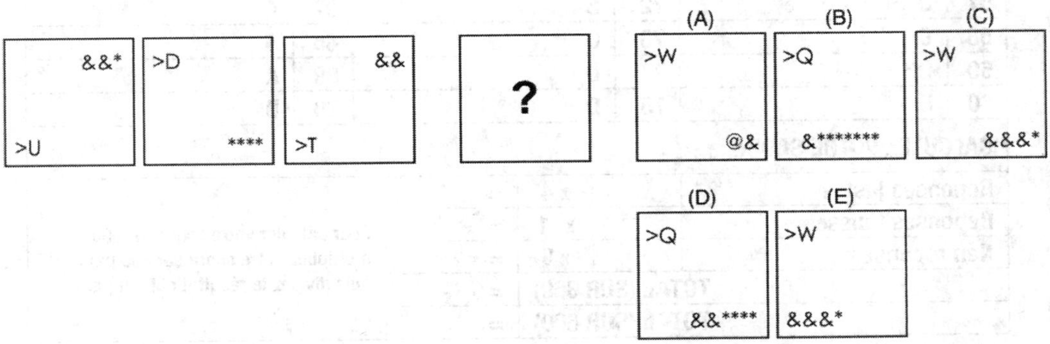
&&*
>U
>D
****
&&
>T
?
(A)
>W
@&
(B)
>Q
&*******
(C)
>W
&&&*
(D)
>Q
&&****
(E)
>W
&&&*

TEST BLANC TAGE MAGE NUMERO 10 : GRILLE DES REPONSES JUSTES

COMPREHENSION		CALCUL		RAISONNEMENT	
1	D	16	C	31	D
2	B	17	C	32	E
3	E	18	A	33	A
4	E	19	E	34	E
5	E	20	E	35	D
6	B	21	D	36	E
7	A	22	A	37	D
8	D	23	E	38	B
9	D	24	D	39	C
10	B	25	D	40	C
11	D	26	C	41	A
12	D	27	E	42	B
13	D	28	A	43	A
14	D	29	B	44	D
15	E	30	A	45	C
COND. MINIMALES		**EXPRESSION**		**LOGIQUE**	
46	C	61	A	76	C
47	E	62	B	77	A
48	D	63	E	78	C
49	C	64	A	79	E
50	E	65	E	80	B
51	D	66	D	81	D
52	E	67	E	82	A
53	E	68	D	83	A
54	B	69	E	84	D
55	B	70	B	85	D
56	C	71	C	86	A
57	D	72	B	87	A
58	C	73	C	88	A
59	C	74	D	89	A
60	E	75	D	90	B

CALCULEZ VOTRE SCORE :

Réponses justes		x 4	=	
Réponses fausses		x -1	=	Pour calculer votre score sur 600, multipliez votre score sur 360 par 5, puis divisez le résultat obtenu par 3.
Non réponses		x 0	=	
		TOTAL (SUR 360)	=	
		TOTAL (SUR 600)	=	

TABLE DES MATIERES

DEUXIEME PARTIE

10 TESTS BLANCS INEDITS ACCOMPAGNES DE LEURS CORRIGES

NOTES PERSONNELLES

NOTES PERSONNELLES

NOTES PERSONNELLES

NOTES PERSONNELLES

NOTES PERSONNELLES

NOTES PERSONNELLES

NOTES PERSONNELLES

NOTES PERSONNELLES

NOTES PERSONNELLES

NOTES PERSONNELLES

NOTES PERSONNELLES

NOTES PERSONNELLES

NOTES PERSONNELLES

NOTES PERSONNELLES

NOTES PERSONNELLES

34/38, rue Camille-Pelletan – 92309 Levallois-Perret Cedex
Imprimerie France Quercy – 46090 Mercuès
Imprimé en France – 4e trimestre 2010 - N° 10704/

Service éditorial : Marjorie Champetier, Elsa Goisnard, Deborah Lopez, Marie Tourat
Conception graphique : Emmanuel Regard, Clémentine Sanchez

Dépôt légal à parution
ISBN 978-2-7590-1131-5